TRAITÉ
DE
PRONONCIATION FRANÇAISE

PIERRE FOUCHÉ
Professeur a la Sorbonne

TRAITÉ
DE
PRONONCIATION FRANÇAISE

PARIS
LIBRAIRIE C. KLINCKSIECK
1959

2ᵉ **Édition** : 1959.

Tous droits de reproduction, traduction et adaptation réservés.
© by Librairie C. Klincksieck, 1959.

A ma femme
Vilma FOUCHÉ
née *LADIŠIĆ*

AVANT-PROPOS

En écrivant ce livre, il est naturel que nous ayons pensé avant tout aux étudiants et aux professeurs étrangers désireux de bien connaître notre langue. Cependant ce n'est pas le seul but que nous nous soyons proposé.

Jusqu'ici, d'une façon générale, les ouvrages consacrés à l'étude de la prononciation française ont été rédigés essentiellement, sinon uniquement, en vue des Étrangers. Pour ne parler que de ceux qui, laissant de côté tout ce qui concerne le rythme, l'intonation ou même la diction, se sont bornés, comme nous le faisons ici, aux phénomènes d'articulation, un seul a le droit d'être excepté : celui de P. Martinon (*Comment on prononce le français*, Paris, Larousse, 1913). L'auteur entre en effet dans un grand nombre de détails susceptibles d'intéresser ses compatriotes eux-mêmes. Pendant plus d'un quart de siècle, ces derniers ont pu trouver un certain profit à le consulter. Toutefois la part qu'il fait à ces détails est relativement petite. C'est le trait commun de tous les manuels de prononciation, du sien et surtout de tous les autres, de passer sous silence une multitude de problèmes sur lesquels chacun de nous aimerait à l'occasion être renseigné. Dans l'ouvrage que nous présentons au public, nous avons tâché au contraire d'être le plus complet possible. Nous avons littéralement « fouillé » la langue et nous ne nous sommes caché aucune difficulté. Nous avons ainsi conscience d'avoir fait œuvre sincère.

Une autre considération nous a guidé en pensant aux Français. Il n'y a pas si longtemps encore, il leur suffisait de connaître et de pratiquer, à quelques exceptions près, le lexique de leur langue. Mais les temps ont changé ! Pour diverses raisons que tout le monde connaît, c'est depuis le début du siècle un va-et-vient continuel de mots et surtout de noms propres [1] d'un pays à l'autre. Les Français se trouvent donc amenés à chaque instant, soit au cours d'une conversation, soit au cours d'une lecture, d'une conférence ou d'un discours, à prononcer tel ou tel mot, tel ou tel nom propre anglais, allemand, espagnol, italien, etc. Qu'il y ait là pour eux une source de difficultés, on ne saurait le nier en entendant les fautes, parfois grossières, que certains commettent. Le mal n'est pas grand lorsqu'il s'agit d'une conversation privée. Il l'est davantage lorsqu'on parle en public ou devant le micro. Nous avons donc pensé qu'il serait utile de donner quelques indications à ce sujet.

*
* *

Pour ce qui est des mots et des noms propres français, nous avons adopté comme base de notre étude la prononciation en usage dans une conversation « soignée » chez les Parisiens cultivés. Nous nous sommes donc tenu à égale distance entre la prononciation de la Comédie-Française ou du Conservatoire ou même celle de la conférence, du sermon ou du discours, d'une part, et la prononciation familière, surtout la prononciation populaire, de l'autre. Nous sommes d'avis que les phénomènes caractérisant ces deux étages, l'un supérieur, l'autre inférieur, présentent un grand intérêt par eux-mêmes. Sans doute aurait-il valu la peine de les noter pour les opposer à ceux de la conversation soignée. Cependant nous ne l'avons pas fait, sauf lorsque c'était absolument nécessaire, comme par exemple dans le cas des Liaisons. Notre ouvrage, déjà assez long sans cela, aurait pris des proportions beaucoup trop vastes.

D'ailleurs le domaine que nous avons délibérément choisi demande à être encore précisé. Les limites en sont en effet plus ou moins vagues. Suivant le tempérament et le milieu auquel appartiennent les individus, suivant aussi les circonstances, tels traits de prononciation se glissent parfois dans la conversation soignée, qui seraient

---

[1]. Pour abréger, nous avons écrit simplement *nom* au lieu de **nom propre** tout le long de cet ouvrage.

mieux à leur place dans une salle de conférences ou autour de la table familiale. D'autre part, la population parisienne étant continuellement alimentée par la province, il peut arriver d'y surprendre telle ou telle façon de prononcer qui sent le terroir. Cependant, malgré ces infiltrations et l'imprécision qui en résulte, on ne saurait nier qu'on soit en présence d'une réalité. La conversation soignée comporte des habitudes de prononciation bien à elle et différentes de celles du parler relevé, du parler familier ou du parler provincial. Elle se reconnaît à un ensemble de faits phonétiques communs à tous les milieux parisiens cultivés, faits constituant à leur tour une sorte de norme d'après laquelle toute autre prononciation que la sienne est sentie comme déplacée ou comme défectueuse. Mais il y a plus grave. Sous l'action combinée de la langue familière et de l'orthographe, manœuvrant chacune en sens inverse, la prononciation de la conversation soignée se renouvelle lentement, mais sûrement, envers et contre tous les obstacles que les institutions lui opposent. Elle n'est pas la même d'une génération à l'autre.

On peut mesurer la distance parcourue en comparant la prononciation des Parisiens cultivés de 30, 50 et 70 ans. Dans ce dernier cas, surtout si l'influence du milieu où s'est fait l'apprentissage linguistique s'y ajoute, la prononciation de la conversation soignée finit souvent par rejoindre celle de l'étage supérieur. Nous avons eu mainte fois l'occasion de le constater. Aussi un nouveau choix s'impose. La prononciation soignée qui fera l'objet de cet ouvrage sera celle des Parisiens cultivés nés vers la fin du xixe siècle ou plus tard.

Pour la décrire, nous nous sommes inspiré évidemment des ouvrages déjà parus. Mais ce n'a été qu'un premier pas. Nous avons enquêté nous-même pendant de nombreuses années dans divers milieux cultivés de la capitale. Nous avons eu ainsi l'occasion de rectifier, quand il l'a fallu, ce que d'autres avaient écrit avant nous. Grâce à l'amabilité de M. J. Tardieu, Directeur du *Club d'Essai de la Radiodiffusion française*, nous avons pu instituer des séances de travail éminemment instructives. De plus, l'émission radiophonique *Monsieur Jourdain chez les Speakers*, que nous avons dirigée de 1951 à 1954, nous a valu un courrier des plus précieux. Nous profitons de l'occasion qui se présente ici pour remercier vivement tous nos **informateurs**. De tous les documents accumulés, nous avons dégagé une moyenne, et c'est cette moyenne que nous avons consignée. Ainsi donc, les prononciations enregistrées dans cet ouvrage ont été entendues à diverses reprises et ont fait souvent l'objet d'études dans nos réunions phonétiques. Loin de nous la pensée que telle ou telle prononciation passée sous silence ne soit pas bonne. Mais on ne commettra pas de faute en s'en tenant à celles qui sont notées ici.

Pour les noms géographiques français les plus connus, il existe une prononciation générale qui peut n'être pas la même que la prononciation régionale ou locale. C'est elle que nous avons indiquée. Pour d'autres, de moindre importance, il n'existe au contraire aucune tradition. Après avoir consulté les habitants de la région à laquelle ils appartiennent, sans oublier MM. les Archivistes, nous avons adopté la prononciation française qui a cours dans les chefs-lieux de départements. Que ces informateurs soient aussi remerciés !

La documentation recueillie, on s'en apercevra, est considérable. Une fois l'enquête finie, nous avons essayé de la mettre en ordre. La Table des Matières montrera, mieux que nous ne saurions le dire, comment nous avons fait. Le matériel est distribué entre de nombreuses sections où il sera relativement aisé de le retrouver. Que ce soient les voyelles accentuées ou les voyelles inaccentuées qui présentent une difficulté, que ce soient au contraire les consonnes initiales, les consonnes intérieures de mot ou les consonnes finales, le compartimentage en diverses parties et en divers chapitres permettra au lecteur de s'y reconnaître et de trouver vite l'endroit de la solution. De plus, chaque fois que le sujet s'y prêtait, nous avons tâché de dégager des formules générales. Ainsi pour ce qui concerne les voyelles accentuées et les voyelles inaccentuées, matière des plus touffues qui soient. La consultation de l'ouvrage s'en trouve de la sorte grandement facilitée.

* *

Dans l'étude que nous avons faite des mots et des noms propres français, nous nous sommes contenté d'exposer en les classant les résultats obtenus. A aucun moment l'idée de « norme » n'a dirigé notre enquête. Il va sans dire cependant que la prononciation consignée dans notre ouvrage ne peut qu'être proposée comme modèle à ceux qui désirent s'exprimer correctement en français.

Notre point de vue et notre méthode ne pouvaient être les mêmes dans le cas des mots ou des noms propres étrangers.

A vrai dire, les mots étrangers ne posent guère de problèmes. Ils ont été et continuent toujours, à quelques exceptions près, à être traités comme des mots français. Il en a été de même pour les noms propres étrangers connus de longue date en France. C'est le cas de *Berlin*, de *Dante*, de *Don Juan*, etc. Là on ne peut plus en principe toucher à la prononciation. Ce qui ne veut pas dire qu'à l'occasion nous ne nous soyons pas permis de redresser quelques erreurs trop fréquentes, comme *Mi-gou-el* pour *Miguel*, *Tor-cou-e-ma-da* pour *Torquemada*, etc. Mais déjà pour certains exemples, la prononciation à la française a provoqué chez plusieurs de nos informateurs un léger sourire et parfois davantage. Nous pensons en particulier au nom propre anglais *Southampton*, prononcé à la française *Sou-tan-pton* ou *Sou-tan-pton(e)*. C'est qu'un nouveau courant s'est fait jour. En effet, on répugne de plus en plus dans les milieux cultivés à prononcer les noms propres étrangers d'introduction récente comme s'ils étaient français. Seule la masse continue l'ancienne mode, témoin la prononciation ordinaire *Da-cho* de l'allemand *Dachau*, où tant de Français, appartenant à toutes les couches de la nation, ont souffert. De ce nouveau courant on a une preuve en consultant les dernières éditions du *Petit Larousse illustré*. La plupart des noms propres étrangers y sont accompagnés d'une notation phonétique transcrivant la prononciation nationale.

Faut-il donc prononcer ces noms comme ils se prononcent dans leur langue ? Après enquête, il nous est apparu qu'on ne saurait aller si loin. Tout d'abord, devant la multitude de noms propres étrangers que les journaux et les revues proposent chaque jour à leurs lecteurs, on ne saurait exiger de ces derniers qu'ils en connaissent la prononciation exacte. En second lieu, il y a un fait dont il faut bien tenir compte. Le Français éprouve une sorte de répugnance à accentuer les noms propres étrangers autrement que sur la syllabe finale. Les choses pourront changer avec le temps ; pour le moment, elles sont ainsi.

De l'avis de ceux que nous avons consultés et qui pratiquent eux-mêmes cet usage, il y a une solution qui tout en permettant de se faire comprendre des étrangers sans exciter leur moquerie, sauvegarde en même temps les droits du français. Elle nous paraît fort sage. Aussi l'avons-nous adoptée et la recommandons-nous à notre tour. Elle consiste d'une part à ne pas déroger aux habitudes françaises qui consistent à placer l'accent sur la dernière syllabe des noms propres étrangers (les exceptions, dont certaines sont déjà acquises, seront signalées en temps et lieu), et de l'autre à respecter autant que possible tout ce qui concerne leur vocalisme [1] et leur consonantisme. Pour cela, nous avons indiqué les correspondances qui existent pour les principales langues entre l'orthographe et la prononciation. Dans les cas où les langues étrangères présentent dans le corps du nom propre une voyelle ou une consonne inconnues du français, nous avons signalé l'équivalent français le plus proche.

* * *

Un mot à propos du système que nous avons employé dans cet ouvrage pour représenter les voyelles et les consonnes. Pour une langue comme le français (on peut en dire autant, sinon plus, pour l'anglais) où l'orthographe n'a souvent que des rapports très lointains avec la prononciation, il était nécessaire d'user d'un code de signes ayant une valeur absolue et indépendante de la graphie, bref de ce qu'on appelle un système de transcription. Nous avons choisi dans ce but celui de l'*Association Phonétique Internationale*, appliqué depuis longtemps aux diverses langues du monde. On trouvera dans l'Introduction de cet ouvrage et aussi dans les tableaux dépliants placés à la fin les correspondances entre les signes de ce système et les sons du français. Nous ne pensons pas que les lecteurs éprouvent une difficulté quelconque à les assimiler et à s'en servir. Cette notation est tellement simple qu'il suffit de quelques minutes pour la comprendre. L'utilisant nous-même avec profit auprès des Étudiants étrangers, nous espérons avoir le même succès auprès des lecteurs

---

[1]. Pour le vocalisme des noms propres anglais nous nous sommes constamment inspiré du livre de M. D. JONES : *An English Pronouncing Dictionary* et de celui de M. J. F. BENDER : *NBC Handbook of Pronunciation*.

français. C'est en tout cas un procédé qui permet d'alléger considérablement la rédaction.

Un mot aussi à propos du double index qui termine cet ouvrage. Il était absolument impossible de relever la totalité des mots et des noms propres, tellement ils sont nombreux. Il fallait se borner. On a donc choisi d'une part les graphies françaises et étrangères pour lesquelles les renvois nécessaires ont été faits au texte, et de l'autre les mots et les noms propres français ayant fait l'objet de remarques.

Enfin, malgré le soin consciencieux que nous avons apporté à cet ouvrage, nous ne nous dissimulons pas que des erreurs et des oublis ont pu s'y glisser. Nous sommes conscient de quelques malfaçons que nous éviterions si tout était à recommencer. Nous alléguerons cependant comme excuse la masse énorme du matériel élaboré. En tout état de cause, l'effort valait d'être tenté et plus qu'à l'indulgence de nos lecteurs nous faisons appel à leur aimable collaboration : nous leur demandons amicalement de nous faire part de leurs remarques.

P. Fouché,

Professeur à la Sorbonne,
Directeur de l'Institut de Phonétique
de l'Université de Paris
et de l'École Supérieure de Préparation
des Professeurs de français à l'Étranger
(Sorbonne).

INTRODUCTION

Avant d'aborder la prononciation des mots ou des noms propres français eux-mêmes, quelques questions générales s'imposent. On les traitera de la façon la plus simple possible et avec le souci d'épargner au lecteur un apparat scientifique le plus souvent inutile.

I

LES VOYELLES FRANÇAISES

Une des caractéristiques du français est de posséder des voyelles dites *orales* (p. ex. *i, é, a, o*, etc.) et des voyelles dites *nasales* (p. ex. *an, on*, etc.). Pour les premières, le courant expiratoire, après avoir fait vibrer les cordes vocales contenues dans le larynx s'échappe uniquement par la cavité buccale. Pour les secondes, il s'échappe et par la cavité buccale et par la cavité nasale.

A. — LES VOYELLES ORALES.

Elles sont au nombre de douze, en ne comptant que les formes types. Ce sont :

[i] dans *il, habit, poli*, etc.
[e] ou *é* fermé, dans *thé, café, gai, j*'ai, etc.
[ɛ] ou *è* ouvert, dans *procès, forêt, tête, m*ai, etc.

INTRODUCTION

[a] ou *a* antérieur, dans *p*apa, *s*ac, *P*aris, *il* part, etc.
[ɑ] ou *a* postérieur, dans *p*as, *b*as, *v*ase, *â*ne, *m*ât, etc.
[ɔ] ou *o* ouvert, dans *o*r, *m*ode, *r*obe, *P*aul, etc.
[o] ou *o* fermé, dans *p*ot, *r*epos, *ch*e*v*au*x*, *B*eau*c*e, etc.
[u], c'est-à-dire *ou* français, dans *m*ou, *l*oup, *v*ous, *j*our, etc.
[y], c'est-à-dire *u* français, dans *t*u, *p*ur, *m*ûr, *j*'ai eu, etc.
[ø], c'est-à-dire *eu* fermé français, dans *p*eu, *il v*eu*t*, *c*eu*x*, *cr*euse etc.
[œ], c'est-à-dire *eu* ouvert français, dans *p*eur, *n*euf, *s*eul, *j*eu*n*e, etc.
[ə], c'est-à-dire *e* muet français, dans l'article *l*e, *pr*emier, *br*e*l*an, *n*ous a*ppr*enons, etc.

Ces voyelles se laissent classer de diverses façons. Mais pour comprendre ces classements, il importe d'avoir présentes à l'esprit quelques notions sommaires d'anatomie.

Voici une coupe schématique de la cavité buccale grande ouverte, le voile du palais étant relevé.

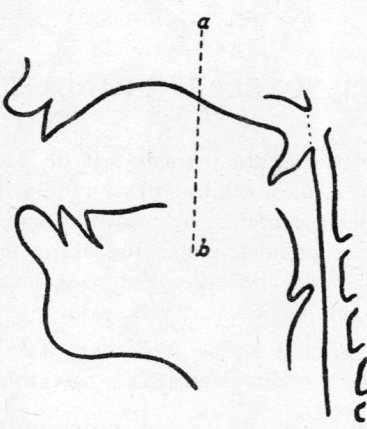

La ligne *a b*, passant par le point de séparation du palais dur et du palais mou, partage la cavité buccale en deux parties : l'une à gauche que l'on appellera *antérieure*, l'autre à droite que l'on appellera *postérieure*.

Toute voyelle exigeant un soulèvement de la langue, les voyelles pour lesquelles le point maximum de soulèvement lingual se trouve dans la partie antérieure sont dites *antérieures* ; les voyelles pour lesquelles le point maximum de soulèvement lingual se trouve dans la partie postérieure sont dites *postérieures*.

Les voyelles orales antérieures du français sont : [i], [e], [ɛ], [a], [y], [ø], [œ] et [ə]. Les voyelles orales postérieures sont [ɑ], [ɔ], [o] et [u]. Ainsi la différence qu'il y a entre les [a] du mot *papa* et l'[ɑ] du mot *pas* est due au fait que pour ce dernier le point maximum de soulèvement lingual est plus en arrière que pour [a]. En d'autres termes [a] est un *a* d'*avant*, et [ɑ] un *a* d'*arrière*.

Dans chacune des deux parties de la cavité buccale, le soulèvement de la langue est plus ou moins considérable. Plus il est grand, plus on dit que la voyelle est *fermée* ; plus il est faible, plus on dit que la voyelle est *ouverte*. Il faut s'entendre sur la valeur de ces termes : ce qui est plus ou moins fermé et plus ou moins ouvert, c'est en réalité le canal buccal entre la voûte palatale et la langue. Ce n'est que par image que ce qui est vrai du canal buccal est dit des voyelles elles-mêmes. Ainsi dans la série des voyelles orales antérieures, [i] est la voyelle la plus fermée et [a] la voyelle la plus ouverte. De même, dans la série des voyelles de la série postérieure, [u] est aussi la voyelle la plus fermée et [ɑ] la voyelle la plus ouverte. Les termes de « fermé » et d'« ouvert » servent en français à distinguer l'[e] de *thé* de l'[ɛ] de *procès*, l'[o] de *pot* de l'[ɔ] de *or*, l'[ø] de *peu* de l'[œ] de *peur*. Dans [e], [o] et [ø] le soulèvement de la langue est plus grand que pour [ɛ], [ɔ] et [œ].

Jusqu'ici on n'a considéré que les mouvements de la langue soit dans le sens horizontal (voyelles *antérieures* ou voyelles *postérieures*), soit dans le sens vertical (voyelles *fermées*, voyelles *ouvertes*). Il importe aussi de considérer le jeu des lèvres. Pour [i], [e], [ɛ] et [a], voyelles antérieures, les commissures labiales sont écartées et les lèvres sont plus ou moins collées aux incisives. Au contraire, les voyelles postérieures [ɑ], [ɔ], [o], [u] s'accompagnent d'un double mouvement de projection et d'arrondissement des lèvres, faible pour [ɑ] mais qui va en s'amplifiant jusqu'à [u]. On dit que [ɑ], [ɔ], [o], [u] sont des voyelles *arrondies* et [i], [e], [ɛ], [a] des voyelles *non-arrondies*.

Mais si [i], [e], [ɛ], [a], voyelles antérieures, sont des voyelles non-arrondies, cela ne veut pas dire que toutes les voyelles antérieures du français le soient. Il y a précisément dans cette langue toute une série de voyelles antérieures pour lesquelles il est nécessaire de projeter et d'arrondir les lèvres. Outre les voyelles *antérieures non-arrondies*, il faut donc reconnaître des voyelles *antérieures arrondies*. Font partie de cette catégorie [y], [ø], [œ] et [ə].

Cette dernière catégorie se laisse analyser de la façon suivante : [y] est la résultante du travail lingual de [i] et du travail labial de [u] ; [ø] la résultante du travail lingual de [e] et du travail labial de [o] ; [œ] la résultante du travail lingual de [ɛ] et du travail labial de [ɔ]. Tout cela évidemment n'est que par approximation, car en réalité [y], [ø] et [œ] sont légèrement moins antérieurs et moins fermés que [i], [e] et [ɛ]. Mais ce qui vient d'être dit permet de comprendre pourquoi [y], [ø] et [œ] sont appelés des voyelles *composées* et pourquoi [i], [e], [ɛ] d'une part, et [u], [o], [ɔ] de l'autre, qui concourent chacun pour une part à les former, sont appelés des voyelles *simples*.

Noter que l'[ə] français (*e* muet) est une voyelle antérieure arrondie, du même type que [œ], mais moins ouverte que lui : la langue articule dans la région avant de la cavité buccale et en même temps les lèvres s'arrondissent et se projettent.

Rem. I. — Dans le cours de cet ouvrage, lorsqu'il s'agira d'opposer à *e* muet toutes les autres voyelles, on aura l'occasion de désigner ces dernières sous le nom de *voyelles fermes*.

Rem. II. — Pour la différence de timbre plus ou moins sensible qui peut exister entre voyelles accentuées et voyelles inaccentuées, cf. p. 63.

*
* *

Voici, en se plaçant au point de vue du timbre et non de la durée, les équivalences (plus ou moins *approximatives*) que l'on peut établir d'après divers auteurs entre les voyelles orales françaises et les voyelles orales de l'allemand, de l'anglais, de l'espagnol, du portugais, de l'italien, du danois, du suédois, du hollandais, du polonais, du tchèque et du hongrois.

fr. [i]

All. : *Liebe, Riese, sie*, etc.
Angl. : *chief, keen, sea*, etc.
Esp. : *chico, mira, vida*, etc.
Port. : *delicias, martyrio, vi*, etc.
Ital. : *fisso, ira, via*, etc.
Dan. : *dine, drive, lide*, etc.
Suéd. : *fin, liten, vi*, etc.
Holl. : *dier, drie, knie*, etc.
Polon. : *bić, lipa, lis*, etc.
Tchèq. : *biti, lidé, milá*, etc.
Hongr. : *híd, szinház, víz*, etc.

fr. [e]

All. : *fehlen, leben, schwer*, etc.
Port. : *parede, pequena, sê*, etc.
Ital. : *bere, messo, stella*, etc.
Dan. : *le, Smedje, Blik*, etc.
Suéd. : *del, mera, sed*, etc.
Holl. : *deelde, gretig, nemen*, etc.
Hongr. : *ég, jég, lég*, etc.

Pas d'équivalent en espagnol, en polonais, en tchèque ni en anglais, sinon pour ce dernier dans la prononciation écossaise de *day, play, way*, etc.

Le polonais et le tchèque n'ont qu'un *e* ouvert.

L'*e* des mots espagnols *compré, pecho, queso* ou *lejos, perro, rey*, et l'*e* des mots anglais *bed, red, wed* est intermédiaire entre l'[e] et l'[ɛ] du français.

fr. [ɛ]

All. : *ähnlich, Erbe, helfen*, etc.
Ital. : *bello, cielo, prete*, etc.
Port. : *bello, esta, pé*, etc.
Dan. : *begge, dette, længe*, etc.

Suéd. : äta, bäver, räka, etc.
Holl. : bel, lekker, redding, etc.
Pol. : deska, rzeka, pewny, etc.
Tchèq. : kdežto, jelen, mech, etc.
Hongr. : csermely, erdő, hegy, etc.

Comme il a été dit à propos de [e], l'e de l'espagnol est intermédiaire entre l'[e] et l'[ɛ] du français.

Il ne faut pas rapprocher de l'[ɛ] français l'[æ] anglais, intermédiaire entre [ɛ] et [a] français, des mots *bag, cat, that*. Le son anglais qui se rapproche le plus de [ɛ] français est le premier élément de la diphtongue [ɛə] de *care, bear, hair*, etc.

fr. [a]

Dan. : Fader, Gaden, Hagen, etc.
Suéd. : banna, daggen, tagg, etc.
Holl. : avond, haver, paar, etc.

L'anglais et le polonais n'ont qu'un [ɑ].

L'allemand n'a qu'un *a* central, intermédiaire entre l'[a] et l'[ɑ] du français.

L'espagnol, le portugais, l'italien et le tchèque ont un *a* central et de plus un [ɑ]. En hongrois, l'*á* est un *a* central long (cf. *láb, láda, tál*, etc.) ; mais l'*a* sans accent (cf. a*lma*, *kapta*ʃ*a, patak*, etc.) ne correspond pas à l'[ɑ] français : il est beaucoup plus postérieur et proche de [ɔ].

fr. [ɑ]

Angl. : father, half, staff, etc.
Esp. : causa, malva, igual, etc.
Port. : altura, especial, mau, etc.
Ital. : ala, ara, uguale, etc.
Dan. : bare, Par, takke, etc.
Suéd. : bana, hake, tak, etc.
Holl. : akker, bak, last, etc.
Pol. : baba, dać, para, etc.
Tchèq. : bába, kámen, málo, etc.

fr. [ɔ]

All. : *kommen, Osten, Sonne*, etc. (un peu moins ouvert que l'[ɔ] franç.).
Ital. : *donna, moro, notte*, etc.
Port. : *avó* « grand-mère », *homem, pó*, etc.
Dan. : *borte, faar, Maade*, etc. (avec un [ɔ] long moins ouvert que l'[ɔ] franç.) — ; *bort, dog, godt*, etc. (avec un [ɔ] bref plus ouvert que l'[ɔ] franç.).
Suéd. : *hålla, folk, pojke*, etc. (avec un [ɔ] moins ouvert que l'[ɔ] franc.).
Holl. : *los, onzin, pot*, etc. (avec un [ɔ] plus ouvert que l'[ɔ] franç.).
Pol. : *bok, pole, snop*, etc.
Tchèq. : *boleti, domú, koruna*, etc.

L'espagnol a un *o* moyen, intermédiaire entre l'[o] et l'[ɔ] du français.

Le hongrois n'a pas d'[ɔ].

L'[ɔ] de l'anglais *dog, not, top* est plus ouvert que l'[ɔ] français et plus postérieur.

fr. [o]

All. : *Hof, Sohn, wohl*, etc. (un peu plus fermé que l'[o] franç.).
Port. : *avô* « grand père », *nome, superior*, etc.
Ital. : *bocca, dove, voce*, etc.
Dan. : *borede, Konen, Moder*, etc.
Suéd. : *fågel, lovdag, stå*, etc.
Holl. : *doos, hoog, over*, etc. (avec un [o] plus fermé et plus postérieur que l'[o] franç.).
Hongr. : *bolygó, folyó, tó*, etc.

Comme on l'a vu ci-dessus, l'espagnol ne possède qu'un *o* moyen, intermédiaire entre l'[o] et l'[ɔ] du français.

L'[o] n'existe pas en polonais ni en tchèque.

L'[o] existe dans la prononciation écossaise de l'anglais ; cf. *coat, home, rose*, etc.

Le son qui en anglais se rapproche le plus de [o] français est le premier élément de la diphtongue [ou] dans *so, home, road*, etc.

fr. [u]

All.   : *B*u*be, K*u*h, Sch*u*le*, etc.
Angl.   : *bl*u*e, f*oo*d, r*u*le, sh*oe, etc.
Esp.   : *ag*u*do, c*u*ra, nin*gu*no*, etc.
Port.   : *alg*u*ma, br*u*to, desa*v*ent*u*ra*, etc.
Ital.   : *u*no, p*u*ro, s*u*bito*, etc.
Dan.   : *R*u*der, Sn*u*den,* u*de*, etc.
Suéd.   : *b*o*, br*o*der, st*o*r*, etc.
Holl.   : *b*oe*r, g*oe*d, l*oe*ren*, etc.
Pol.   : *b*ó*l, d*u*ż*o*, m*u*r*, etc.
Tchèq. : *b*ů*h, h*ů*ř, p*ů*vodní*, etc.
Hongr. : *b*ú*tor, f*ú*ró, k*ú*t*, etc.

fr. [y]

All.   : *M*ü*hle, T*ü*r,* ü*ber*, etc.
Dan.   : *l*y*nede, n*y*lig, S*y*geleje*, etc.
Suéd.   : *b*y*ka, gr*y*ta, m*y*t*, etc.
Holl.   : *t*u*ren, t*uu*rde, v*uu*rrood*, etc.
Hongr. : *m*ü*vész, t*ű*z, t*ű*zhányó*, etc.

Le son [y] manque en anglais, en espagnol, en portugais, en italien, en polonais et en tchèque.

fr. [ø]

All.   : *h*ö*ren, K*ö*nig, S*ö*hne*, etc.
Dan.   : *B*ø*lge, F*ø*dder, L*ø*ve*, etc.
Suéd.   : *d*ö*, l*ö*v, h*ö*na*, etc.
Holl.   : *k*leu*r, n*eu*s, n*eu*riend*, etc.
Hongr. : *f*ő*város, sz*ő*l*ő*, t*ő*zsde*, etc.

Le son [ø] manque en anglais, en espagnol, en portugais, en italien, en polonais et en tchèque.

fr. [œ]

All.   : *können, Köpfe, Wörter*, etc.
Dan.   : *Bryllop, gøre, rørte*, etc.
Suéd. : *fötter, höll, höst*, etc.
Hongr. : *kör, körút, közúti*, etc.

Le son [œ] manque en anglais, en hollandais, en espagnol, en portugais, en italien, en polonais et en tchèque.

fr. [ə]

L'*Association Phonétique Internationale* transcrit par le signe [ə] les sons de l'allem. *arbeitete, Gabe, Handel*, etc. ; de l'angl. *about, again, speaker*, etc., du dan. *begge, det, er*, etc., du suéd. *gosse, hunden, taket*, du holl. *beteekenis, jongetje, vader*, etc. et du port. *se, te, se te der*, etc. Mais l'[ə] de ces langues est complètement différent de celui du français, pour deux raisons : il n'est pas antérieur et il ne comporte pas de projection ni d'arrondissement des lèvres.

Cependant, les voyelles des langues étrangères auraient-elles exactement le même point d'articulation que celles du français, qu'elles en différeraient encore profondément. Cela pour la raison suivante.

Toute voyelle suppose un effort musculaire, une certaine tension des muscles de la phonation. Cet effort peut être faible, ou considérable. S'il est relativement faible, les voyelles sont ce qu'on appelle *relâchées* : leur timbre est plus ou moins vague. S'il est au contraire assez grand, on a alors des voyelles *tendues*, caractérisées par leur netteté et leur précision.

Or les voyelles françaises sont très tendues : elles exigent une forte contraction des muscles de la langue et des lèvres. Et puisqu'il est question des lèvres, il convient de recommander aux étrangers qui désirent acquérir une bonne prononciation du français, de multiplier pour [ɔ], [o], [u], [y], [ø], [œ] le double mouvement labial de projection et d'arrondissement qui n'est pour ainsi dire qu'en germe chez eux. La recommandation s'impose surtout pour l'*e* muet, dont la fréquence est si grande en français.

B. — Les Voyelles nasales.

Le français possède quatre voyelles nasales. Ce sont :

[ɛ̃] dans *b*rin, *p*ain, *s*ein, etc.
[ɑ̃] dans *b*lanc, *espé*rance, *il pr*end, etc.
[ɔ̃] dans *b*lond, *h*onte, *comp*ter, etc.
[œ̃] dans *b*run, *au*cun, *quelqu'*un, etc.

Pour ces quatre voyelles nasales, la langue fait à peu près le même travail que pour [ɛ], [ɑ], [ɔ] et [œ]. Il faut par conséquent projeter et arrondir les lèvres pour [ɔ̃] et [œ̃], comme on le fait pour [ɔ] et [œ]. Faute de quoi un mot comme *blond* risque de se confondre dans la bouche d'un étranger, surtout au cours d'une conversation, avec le mot *blanc* ; et un mot comme *brun* avec le mot *brin*. Ici encore le jeu des lèvres est de première importance.

L'allemand, l'anglais, l'espagnol, l'italien, le danois, le suédois, le hollandais, le tchèque et le hongrois ne connaissent pas de voyelles nasales.

Par contre le polonais a un [ɛ̃], écrit ę, et un [ɔ̃], écrit ą, assez proches de l'[ɛ̃] et de l'[ɔ̃] français. Le portugais lui aussi possède des voyelles nasales et en plus grand nombre que le français ; mais aucune des voyelles nasales françaises n'a d'équivalent dans cette langue. En effet l'*a* nasal, l'*e* nasal et l'*o* nasal portugais sont le premier trop antérieur, les deux derniers trop fermés.

Il convient de noter que devant une occlusive les voyelles nasales françaises ne développent pas après elles un embryon de consonne nasale. Ainsi des mots comme *chanter, camper* doivent se prononcer avec un [ɑ̃] suivi immédiatement de *t* ou de *p*, et non avec un [ɑ̃] accompagné d'un léger *n* ou d'un léger *m*, puis de *t* ou de *p*. On dit en conséquence que les voyelles nasales françaises sont des voyelles nasales *pures*.

C'est en particulier cette absence d'appendice consonantique nasal qui fait que l'[ɛ̃] et l'[ɔ̃] français se distinguent de l'[ɛ̃] du polonais *ręka* « la main » et de l'[ɔ̃] du polonais *dąb* « le chêne ».

II
LES CONSONNES FRANÇAISES

Le français possède 17 consonnes dont la transcription phonétique est la suivante :
[p] dans p*è*re, p*a*pa, ca*p*, etc.
[t] dans *t*u, é*t*ang, ma*t*, etc.
[k] dans *c*as, é*c*aille, ba*c*, etc.
[b] dans *b*on, é*b*ahi, ca*b*, etc.
[d] dans *d*ire, ca*d*et, cellu*l*oïd, etc.
[g] dans *g*oût, ba*g*ue, zi*g*za*g*, etc.
[f] dans *f*eu, a*ff*aire, che*f*, etc.
[v] dans *v*ent, ga*v*er, ou*v*rir, etc.
[s] dans *s*ort, cha*ss*e, héla*s* !, etc.
[z] dans *z*éro, rai*s*on, ga*z*, etc.
[ʃ] dans *ch*ou, ha*ch*er, Au*ch*, etc.
[ʒ] dans *j*our, â*g*é, man*g*er, etc.
[ʀ] dans *r*ond, Pa*r*is, fini*r*, etc.
[l] dans *l*ong, mo*ll*esse, ba*l*, etc.
[m] dans *m*ur, a*m*er, ho*mm*e, etc.
[n] dans *n*euf, ba*n*al, dolme*n*, etc.
[ɲ] dans a*gn*eau, arai*gn*ée, pei*gn*er, etc.

Rem. — Il faut aussi ajouter à cette liste le son [ŋ] (= *n* vélaire) de la terminaison anglaise -*ing* qui a pénétré par voie d'emprunt dans le système consonantique français ; cf. *meeting, parking, smoking*, etc. Le son de cet [ŋ] est identique à celui de l'anglais dans les mots précédents, à celui de l'allemand dans *lang*, à celui de l'espagnol dans *blanco*, à celui de l'italien dans *bianco*, etc.

Certains termes qui reviennent assez souvent dans le cours de cet ouvrage doivent être expliqués ici.

1° On appelle *sonores* les consonnes pendant l'articulation desquelles les cordes vocales vibrent. En l'absence de vibrations des cordes vocales, elles sont dites *sourdes.* Ainsi [p], [t], [k], [f], [s], [ʃ] sont normalement sourds ; [b], [d], [g], [v], [z], [ʒ], [ʀ], [l], [m], [n] sont normalement sonores.

Dans certaines conditions qui seront étudiées au chap. V de cette Introduction, il peut arriver que les consonnes normalement sourdes deviennent sonores, et que les consonnes normalement sonores deviennent sourdes.

Deviennent également sourdes les consonnes [ʀ], [l], terminant un mot suivi d'une pause, quand elles sont précédées d'une consonne ; ainsi dans *maîtr(e)*, *tabl(e)*, etc. Dans ce cas [ʀ] et [l] seront transcrits [ʀ̥], [l̥]. On a ainsi en français les groupes finals [-pʀ̥], [-tʀ̥], [-kʀ̥], [-bʀ̥], [-dʀ̥], [-gʀ̥] et [-pl̥], [-kl̥], [-bl̥], [-gl̥] ; cf. *propr(e)*, *maîtr(e)*, *il exècr(e)*, *macabr(e)*, *cadr(e)*, *aigr(e)*, *peupl(e)*, *il racl(e)*, *tabl(e)*, *aigl(e)*, etc. Dans tous ces exemples, [ʀ̥], [l̥] se prononcent à voix « chuchotée » et c'est là une caractéristique du consonantisme français.

2º Pour certaines consonnes, le voile du palais est relevé contre la paroi postérieure du pharynx de telle sorte que la cavité buccale se trouve isolée de la cavité nasale : ce sont des consonnes dites *orales*. Pour d'autres au contraire le voile du palais est abaissé et la cavité nasale est ainsi mise en communication avec la cavité buccale : on a alors des consonnes dites *nasales*. Appartiennent à cette dernière catégorie : [m], [n], [ɲ] et [ŋ] ; les autres consonnes appartiennent à la première.

3º On appelle *occlusives* les consonnes orales qui comportent une occlusion (= fermeture complète) du canal buccal, par opposition aux *constrictives*, pour lesquelles le canal buccal est simplement resserré : [p], [t], [k], [b], [d], [g] appartiennent à la première catégorie ; les autres consonnes à la seconde.

4º Les consonnes [p], [t], [k], [f], [s], [ʃ] sont des *fortes* par comparaison avec [b], [d], [g], [v], [z], [ʒ] qui sont des *douces*. La force articulatoire des consonnes du premier groupe est en effet plus considérable que celle des consonnes correspondantes du second.

5º Les consonnes [l] et [ʀ] ou [l̥], [ʀ̥] portent le nom général de *liquides*.

LES CONSONNES FRANÇAISES

6º Une consonne est dite *simple* lorsqu'elle fait partie de la même syllabe que la voyelle précédente (comme dans *mer, il,* etc.) ou que la voyelle suivante (comme dans *pari, vilain,* etc.). Elle est dite *géminée*, et dans ce cas on la transcrit à l'aide d'un double signe, lorsque l'un de ses éléments appartient à une syllabe et l'autre à la syllabe suivante ; ainsi dans *immense, illusion* on a une syllabe *im-* ou *il-* et une autre syllabe *-men-* ou *-lu-*.

Pour ce qui est de [ʀ], le français possède une géminée [ʀʀ] provenant de la chute de *e* muet dans les mots du type *verr(e)rie* ou de la rencontre d'un *r* final du mot avec un *r* commençant le mot suivant, par exemple dans *mer Rouge*.

Mais dans le cas d'un [ʀ] simple, il convient de distinguer un [ʀ] bref, celui de *Paris, il part, carton*, etc., et un [ʀ] légèrement plus long et légèrement plus fort, celui de *race, rue,* etc., *il verra, perron, terre,* etc., c'est-à-dire celui de *r* initial ou celui de la graphie française *-rr-*. Dans le cours de cet ouvrage, on adoptera pour ce dernier la notation phonétique [ʀ·].

* * *

Voici les équivalences plus ou moins *approximatives* qui existent entre les consonnes françaises et les consonnes de l'allemand, de l'anglais, de l'espagnol, du portugais, de l'italien, du danois, du suédois, du hollandais, du polonais, du tchèque et du hongrois.

fr. [p]

Esp. : *padre, capa,* etc.
Port. : *pouco, apito,* etc.
Ital. : *pane, capo,* etc.
Holl. : *paard, papegaai,* etc.
Pol. : *perka, popełnić,* etc.
Tch. : *pád, opírá,* etc.

Le [p], le [t] et le [k] de l'allemand sont *aspirés*, c'est-à-dire suivis d'un souffle, surtout sensible en syllabe accentuée devant une voyelle ; ainsi dans *Paar, Rappe, Platz, Prüfung,* etc., *Tasse, Scheitel, trinken*, etc., *kalt*, *Bäcker*, *Klumpen*, *krumm*, etc. Il en est de même, quoi qu'à un degré moindre, pour l'anglais; ainsi dans p*eace*, p*oppy*, p*lague*, p*roof*, etc., *tea*, *gittern*, *true*, etc., *keep*, *bakery*, *clam*, *crude*, etc. L'aspiration est la plus forte en danois. Elle existe aussi en suédois et en norvégien, sauf lorsque [p], [t], [k] sont précédés d'un [s] ; de même en hongrois.

En français (comme dans les autres langues romanes, les langues slaves et le hollandais), on passe immédiatement de [p], [t], [k] à la voyelle ou à la consonne suivantes. On a dans ce cas ce qu'on appelle des occlusives *pures*. Pour supprimer le souffle ou l'aspiration on n'a qu'à augmenter légèrement la pression des lèvres pour [p], celle de la pointe de la langue pour [t], celle du dos de la langue pour [k].

Dans les dialectes du Mitteldeutsch et de l'Oberdeutsch, les occlusives sourdes fortes (aspirées ou non), *p*, *t*, *k* sont souvent remplacées par des occlusives sourdes douces : *b*, *d*, *g*. La force articulatoire de ces dernières se situant entre celle de *p*, *t*, *k* et celle de *b*, *d*, *g* (sonores) français, il en résulte que la prononciation du français par certains Allemands prête parfois à des confusions : au lieu de *Porto*, le Français croit entendre *Bordeaux*. Inversement, au lieu de *Bordeaux* il pourra comprendre *Porto*. On ne saurait trop leur recommander de bien distinguer entre [p], [t], [k] et [b], [d], [g]. La même recommandation s'adresse aussi à certains Scandinaves.

fr. [t]

Esp.	:	*tanto*, *pata*, etc.
Port.	:	*touro*, *rato*, etc.
Ital.	:	*tempo*, *fato*, etc.
Holl.	:	*taal*, *eten*, etc.
Pol.	:	*tępy*, *utonąć*, etc.
Tch.	:	*tady*, *léto*, etc.

Pour l'aspiration de [t] en allemand, en anglais, en danois, en suédois et en hongrois, cf. les remarques qui ont été faites à propos de [p].

De plus en anglais le [t] est articulé non contre les dents et les alvéoles supérieures comme en français, mais un peu plus en arrière.

fr. [k]

Esp.	:	*caballo, loco,* etc.
Port.	:	*caridade, faca,* etc.
Ital.	:	*come, oca,* etc.
Holl.	:	*kamer, koker,* etc.
Pol.	:	*kamień, lekarz,* etc.
Tch.	:	*koruna, okamžení,* etc.

Pour l'aspiration de [k] en allemand, en anglais, en danois, en suédois et en hongrois, cf. les remarques qui ont été faites à propos de [p].

fr. [b]

All.	:	B*ad,* h*aben,* etc.
Angl.	:	*bee, ebbing,* etc.
Esp.	:	*bajo, bueno,* etc.
Port.	:	*barro, beco,* etc.
Ital.	:	*bello, greba,* etc.
Dan.	:	*gabede, dybe,* etc.
Suéd.	:	*jubel, snabel,* etc.
Holl.	:	*gebaar, dobber,* etc.
Pol.	:	*bania, dębina,* etc.
Tch.	:	*byt, doba,* etc.
Hongr.	:	*bál, gubacs,* etc.

En danois et dans plusieurs parlers du Mitteldeutsch et de l'Oberdeutsch, le [b], le [d] et le [g] de l'initiale de mot sont sourds, et partant plus forts que le [b], le [d] et le [g] du français. Il faut se garder de les utiliser en français, ce qui donnerait dans cette langue l'impression de [p], de [t] et de [k]. Les [b], [d], [g] initiaux du hollandais sont eux-mêmes incomplètement sonores, et présentent un peu le même danger.

Les *b, d, g* espagnols qui peuvent être utilisés pour le français sont ceux qui se prononcent à l'initiale d'un mot isolé ou précédé d'un silence, ou qui viennent après un *m* ou un *n*. Partout ailleurs ces consonnes sont constrictives, c'est-à-dire trop faibles. On n'utilisera donc pas le [b] constrictif de *lobo, doble, cubrir, arbol, alba, esbelto,* etc., le [d] constrictif de *madre, orden, desde, admirable, adquirir,* etc., le [g] constrictif de *siglo, negro, cargo, colgar, rasgar, digno,* etc.

Ni non plus les *b, d, g* du portugais lorsqu'ils sont intervocaliques, entre voyelle et liquide, suivis d'une consonne ou après [z], dans lesquels cas ils sont constrictifs : *cabo, abrigo, Lisboa,* etc., *fada, pedra, adquirir, desde,* etc., *fraga, negro, digno,* etc.

Ni enfin les *b, d, g* intervocaliques de l'allemand du Nord, également constrictifs.

fr. [d]

All.	:	*Dach, leiden,* etc.
Angl.	:	*deal, hiding,* etc.
Esp.	:	*dejar, doblar,* etc.
Port.	:	*dizer, duro,* etc.
Ital.	:	*destra, guida,* etc.
Dan.	:	*Dag, Hjærte,* etc.
Suéd.	:	*dag, kvida,* etc.
Holl.	:	*midden, moeder,* etc.
Pol.	:	*dąb, dodać,* etc.
Tch.	:	*doba, lidé,* etc.
Hongr.	:	*dal, vidámság,* etc.

Pour les prononciations à éviter en français, cf. les remarques faites à propos de [b].

fr. [g]

All.	:	*gut, Regen,* etc.
Angl.	:	*game, sugar,* etc.
Esp.	:	*gana, golpe,* etc.
Port.	:	*gado, goso,* etc.
Ital.	:	*gola, luogo,* etc.
Dan.	:	*Gaden, igen,* etc.
Suéd.	:	*dager, mager,* etc.
Pol.	:	*góra, mogiła,* etc.
Tch.	:	*garda, doga,* etc.
Hongr.	:	*gát, taliga,* etc.

Pour les prononciations à éviter en français, cf. les remarques faites à propos de [b].

En hollandais, [g] n'existe qu'à l'intérieur de mot ou de groupe devant une consonne sonore ; ainsi dans *hakbord*, *ik doe*, etc.

fr. [f]

All.	:	o**ff**en, vo**ll**, etc.
Angl.	:	**f**eed, sa**f**e, etc.
Esp.	:	**f**also, **f**uerza, etc.
Port.	:	**f**esta, re**f**ugo, etc.
Ital.	:	**f**orte, re**f**e, etc.
Dan.	:	**F**ader, Sku**ff**e, etc.
Suéd.	:	**f**å, **f**inna, etc.
Holl.	:	**f**ijn, **f**iguurtje, etc.
Pol.	:	**f**unt, sza**f**a, etc.
Tch.	:	**f**unim, sa**f**írový, etc.
Hongr.	:	**f**ok, ke**f**e, etc.

fr. [v]

All.	:	**W**asser, **W**ol*f*, etc.
Angl.	:	**v**oice, gi**v**e, etc.
Port.	:	**v**alle, a**v**iso, etc.
Ital.	:	**v**olere, vi**v**o, etc.
Dan.	:	**V**ej, Ha**v**e, etc.
Suéd.	:	**v**år, so**v**a, etc.
Pol.	:	**w**ojna, domo**w**y, etc.
Tch.	:	**v**ás, no**v**iny, etc.
Hongr.	:	**v**aj, zi**v**atar, etc.

Bien qu'il utilise le signe *v* dans son orthographe, l'espagnol ne possède pas de son [v]. Ce signe a la valeur de [b] occlusif ou de [b] constrictif ; cf. les remarques faites à propos de [b].

Le son [v] est sourd à l'initiale du mot en hollandais et ressemble à un [f] doux. Même entre voyelles il n'est pas toujours complètement sonore et il peut ainsi donner la même impression.

fr. [s]

All.	:	*Eis, Masse*, etc.
Angl.	:	*cell, silence*, etc.
Esp.	:	*santo, rosa*, etc.
Port.	:	*sal, paço*, etc.
Ital.	:	*solo, servire*, etc.
Dan.	:	*Sengen, fraaser*, etc.
Suéd.	:	*sol, visa*, etc.
Pol.	:	*sad, osoba*, etc.
Tch.	:	*sadě, nositi*, etc.
Hongr.	:	*szám, fürdőszoba*, etc.

Le *s* hollandais de *soort, jas*, etc. a quelque chose de chuintant qui le fait ressembler légèrement à un [ʃ]. Il ne convient qu'imparfaitement au français.

fr. [z]

All.	:	*sehr, Sorge*, etc.
Angl.	:	*raise, easy*, etc.
Port.	:	*zagal, fuso*, etc.
Ital.	:	*asilo, rosa*, etc.
Pol.	:	*ząb, kazać*, etc.
Tch.	:	*zobraziti, jazyku*, etc.
Hongr.	:	*zárni, vízvezeték*, etc.

Le danois et le suédois n'ont pas de [z], mais simplement un [s].

L'espagnol ne possède de [z] que devant une consonne sonore ; ainsi dans *asno, mismo, las manos, los huesos* (avec [w] init.), etc.

Le hollandais n'a pas de [z] qui convienne au français. Le z initial de *zak* par exemple est plutôt sourd et ressemble au *s* initial hollandais, en plus faible, mais toujours avec le caractère légèrement chuintant qu'on a signalé à propos de [s]. Le z intervocalique de *muziek* est sonore, mais il a aussi légèrement le son chuintant de [ʒ].

fr. [ʃ]

All.   : Sch*ale*, *Bu*sch, etc.
Angl. : *sh*oe, *wi*sh, etc.
Port. : *ch*ave, li*x*a, etc.
Ital. : *sc*ena, *c*ons*c*io, etc.
Dan.   : *Sj*æl, *P*ortion, etc.
Suéd. : *sk*är, *sk*ina, etc.
Holl. : *hui*sje, *k*nuistje, etc.
Pol.   : s*z*afa, *k*ieliszek, etc.
Tch.   : *š*at, sly*š*el, etc.
Hongr. : *s*ódar, ka*k*as, *s*as, etc.

L'espagnol et l'anglais n'ont pas de [ʃ], mais seulement l'affriquée [tʃ] ; cf. esp. *ch*ico, ma*ch*o, etc., hongr. *cs*ak, e*cs*et, etc.

fr. [ʒ]

Angl. : mea*s*ure, a*z*ure, etc.
Port. : *g*ente, cere*j*a, etc.
Holl. : *c*ollege, vitra*g*e, etc.
Pol.   : *rz*eka, u*ży*wać, etc.
Tch.   : *ž*elezo, o*ž*il, etc.
Hongr. : *zs*emlye, pá*zs*it, etc.

L'allemand, le danois, le suédois et l'espagnol n'ont pas de [ʒ]. Cependant en Argentine et en Espagne même dans certaines régions de la Nouvelle Castille et de l'Andalousie, de même que chez le peuple de Madrid, le *y* et le *ll* de l'orthographe se prononcent [ʒ] ; ainsi dans *y*egua, ma*y*o, lla*v*e, e*ll*a, etc.

L'italien non plus n'a pas de [ʒ] ; mais il possède l'affriquée [dʒ] dans *g*ente, ma*g*ico, etc.

fr. [l]

All.   : *l*ernen, ei*l*en, etc.
Angl. : *l*eaf, *l*aw, etc.
Esp.   : *l*argo, co*l*a, etc.

Port.   : *l*igeiro, *v*alor, etc.
Ital.   : *l*egge, *a*la, etc.
Dan.   : *L*uften, maal*ø*s, etc.
Suéd.   : *l*ie, må*l*a, etc.
Holl.   : *l*aat, ge*l*ach, etc.
Pol.   : *l*as, *k*ró*l*owa, etc.
Tch.   : *l*éto, má*l*o, etc.
Hongr. : *l*ény, *f*eleség, etc.

Mais on ne peut utiliser en français l'[l] vélaire tel qu'il se prononce en anglais et en portugais à la fin d'un mot ou devant une consonne ; cf. angl. *b*i*ll*, *w*e*ll*, *ch*i*l*d, *m*i*l*k, etc., port. *c*a*l*, *s*o*l*, *f*a*l*tar, po*l*d*r*o, etc. Ni l'*ł* polonais qui est aussi vélaire, celui par exemple de *ł*a*w*a, aposto*ł*, *dzieł*o, etc. Ni enfin, pour la même raison, l'*l* hongrois entre voyelles sombres *(a, o, u)*.

fr. [ʀ]

All.   : R*a*d, M*ä*h*r*e, etc.
Angl.   : *r*ed, *s*to*r*y, etc.
Esp.   : *c*o*r*o, pe*r*eza, etc.
Port.   : *c*a*r*a, me*r*ecer, etc.
Ital.   : *c*a*r*o, a*r*a, etc.
Dan.   : R*a*der, me*r*e, etc.
Suéd.   : *r*ök, *h*öra, etc.
Holl.   : *r*ook, ge*r*egeld, etc.
Pol.   : *r*ana, pa*r*a, etc.
Tch.   : *r*áno, *k*oruna, etc.
Hongr. : *r*úd, mogyoró, etc.

Les étrangers de langue allemande, espagnole, portugaise, italienne, danoise, suédoise, polonaise, tchèque et hongroise n'ont pas à se préoccuper de la façon dont ils doivent prononcer l'*r* français. Leur propre *r* suffit, à la condition qu'il soit doux.

Précisément parce qu'ils sont trop forts, on ne pourra utiliser l'*r* initial ou le *rr* intervocalique de l'espagnol, du portugais et de l'italien, celui de mots comme esp. *r*ey, tie*rr*a, port. *r*ei, te*rr*a, ital. *r*e, te*rr*a —, ni l'*r* interconsonantique du tchèque, celui de mots comme *pr*st, *s*r*st*, etc. Par contre, les étrangers de langue espagnole, portugaise, italienne et tchèque pourront adopter pour le français, en l'adoucissant toutefois (surtout à l'initiale, dans le cas du tchèque), l'*r* qu'ils prononcent dans les exemples cités dans le tableau ci-dessus.

Quant à l'*r* anglais, il ne peut être utilisé en français. Pour deux raisons : la surface de la langue étant légèrement creusée, la pointe de cet organe articule trop haut —, de plus elle n'exécute aucun battement.

fr. [m]

All.	:	M*agen*, i*mmer*, etc.
Angl.	:	m*ake*, m*nemonic*, etc.
Esp.	:	m*alo*, esti*mar*, etc.
Port.	:	m*irar*, ca*misa*, etc.
Ital.	:	m*onte*, uo*mo*, etc.
Dan.	:	M*und*, sa*mme*, etc.
Suéd.	:	m*or*, da*mer*, etc.
Holl.	:	m*oeder*, he*mel*, etc.
Pol.	:	m*aly*, do*mowy*, etc.
Tch.	:	m*ost*, po*moc*, etc.
Hongr.	:	m*ész*, cse*mege*, etc.

fr. [n]

All.	:	N*adel*, i*nnen*, etc.
Angl.	:	n*ew*, fi*nish*, etc.
Esp.	:	n*acer*, lle*no*, etc.
Port.	:	n*eto*, ma*no*, etc.
Ital.	:	n*onno*, co*no*, etc.
Dan.	:	N*at*, ru*nde*, etc.
Suéd.	:	n*ot*, s*kina*, etc.
Holl.	:	n*at*, ge*noeg*, etc.
Pol.	:	n*apój*, mi*nąć*, etc.
Tch.	:	n*aproti*, pa*nováni*, etc.
Hongr.	:	n*ap*, ki*menet*, etc.

fr. [ɲ]

Esp. : añadir, pequeño, etc.
Port. : manha, canhão, etc.
Ital. : agnello, ogni, etc.
Pol. : niebo, pani, etc.
Tch. : někdy, pani, etc.
Hongr. : nyél, szőnyeg, etc.

L'allemand, l'anglais, le danois et le suédois n'ont pas de [ɲ]. Dans l'apprentissage qu'ils auront à faire de ce son, ils devront se garder de prononcer à la place un groupe [n]+ [j], tel qu'il existe dans *panier, printanier*, etc.

En hollandais, le son [ɲ] n'existe que devant consonne. Ainsi dans *eendje, eventjes*, etc.

III

LES SEMI-VOYELLES FRANÇAISES

Le français possède les 3 semi-voyelles :

[j] = *yod*, dans y*euse*, y*eux*, y*ole*, *lieu*, *meunier*, *hier*, etc.
[ɥ] = *ué*, dans *huile, huit, lui, buis, nuire, suivre*, etc.
[w] = *oué*, dans *oui, ouest, ouate, cambouis, Baudouin*, et *ou* dans l'onomatopée *miaou* [mjaw].

Du point de vue pratique, celui qui importe ici, on peut considérer [j], [ɥ], [w] comme des voyelles [i], [y], [u], prononcées très rapidement.

Comme équivalents étrangers, plus ou moins approximatifs, on peut citer :

Pour [j] : all. *Jahr, jung*; angl. *yet, you*; esp. *ayuda, patio*; port. *maio, noxio*; ital. *aia, viene*; dan. *jeg, Hjem*; suéd. *jaga, njuta*;

holl. j*aa*r, j*o*ngen ; pol. j*a*sny, j*ę*zyk ; tch. j*a*ksi, j*e*len ; hong. j*á*r, j*é*gesö.

Pour [w] : angl. w*a*lk, w*i*ll ; esp. c*ua*ndo, h*ue*vo ; port. ag*ua*, s*ue*to ; ital. *uo*mo, q*uo*ta.

L'allemand, le danois, le suédois, le hollandais, le polonais, le tchèque et le hongrois ne possèdent pas de [w].

Aucune de ces langues en y ajoutant l'anglais, l'espagnol, le portugais et l'italien ne connaît de [ɥ], son qui est ainsi caractéristique du français.

*
* *

On va étudier dans quelles conditions on prononce [j], [ɥ] ou [w] en français.

[j]

Le [j] peut être représenté par un *i*, un *ï* ou un *y* suivis de voyelle autre que *e* muet, dans les conditions suivantes :

i

Le signe *i*, suivi d'une voyelle autre que *e* muet se prononce [j] :

1º Quand il est au début d'un mot : *iode* [jɔd], *ion, ionien, ionique, ioniser, ionisation, iota, iotacisme, iouler, iourte, iule, Iablonec, Iablonoï, Iaroslav, Iaxarte, Iékatérinoslav, Iéna, Iénikaleh, Iénisséi, Io, Iole, Ionie, Iorga, Iule*, etc., auxquels il faut ajouter *hiatus, hièble, hiémal, hiémation, hiérarchie, hiératique, hiéroglyphe, hiéronymite, hiérophante, Hiempsal, Hien-Yang, Hiéroclès, Hiéron, Hiersac*, etc.

Rem. — *Iowa* se prononce ordinairement en français [ajɔwa].

2º Quand il est précédé d'une voyelle : *pléiade* [plejad], *séquoia* [sekɔja], *tarpéienne* [taʀpejɛn], *les Pléiades, Tarpéia*, etc. —, ou de voyelle + *h* dans *Bahia* [baja].

Rem. I. — Mais le groupe *-uia* se prononce [ɥija] ou [yja] dans *alleluia*, et [ɥia] ou [ɥija] dans *à quia*.

Rem. II. — Lorsque *i* est séparé de la voyelle suivante par un *h*, il se prononce [i]. Ainsi dans *hihan* [iɑ̃], *Iholdy, Morbihan, Tatihou*, etc. ; cf. p. 3.

3° Quand il est précédé d'une seule consonne : *acacia* [akasja], *acariâtre, aérien, agio, allier, il s'assied, banian, biais, biniou, camélia, champion, chariot, chien, ciel, cierge, coriace, dahlia, dédier, démiurge, diable, diadème, diète, diurne, éolien, enthousiasme, escalier, fiacre, fief, fièvre, fiole, folio, galimatias, genièvre, gloriole, grandiose, hérésiarque, hier, historiette, humilier, hygiène, idiome, idiot, incendiaire, ingrédient, kyrie, kyrielle, liane, liasse, liège, lier, lièvre, lion, loriot, maniaque, mariage, mendier, médius, miauler, milieu, moitié, niais, officiel, opiniâtre, orient, période, pied, piètre, pieuvre, plusieurs, précieux, radium, relief, rien, rufian, scabieuse, siècle, siège, soulier, tiare, tiède, ils tiennent, tierce, variable, viande, vieille, ils viennent, vierge, Ariège, Bièvre, Biot, Chénier, Compiègne, Curiace, Daniel, Diane, Dieppe, Ecclésiaste, Escurial, Fiesque, Fléchier, Goriot, Iliade, Jansénius, Kiev, Mariotte, Montpellier, Nodier, Orion, Plombières, Poitiers, Pradier, Sirius, Stradivarius, Tullius, Vadius*, etc.

4° Quand il est précédé de deux consonnes dont la seconde n'est pas une liquide : *asphyxié* [asfiksje], *axiome, bastion, bestiaux, bestiole, espiègle, hardiesse, interview* [ɛtɛrvju], *jusquiame* [ʒyskjam], *martial, partiel, serviable, vestiaire, Actium* [aksjɔm], *Bastia, Bormio, Carniole, Caspienne, Garnier, Hervieu, Ixion, Miltiade, Sogdiane*, etc.

Mais *i* se prononce [i] lorsqu'il est précédé de consonne + liquide *(l, r)* : *criard, il plia*, etc. ; cf. p. 4. Il est à noter qu'un léger [j] peut s'intercaler entre [i] et la voyelle suivante ; cf. *criard* [kʀia:ʀ] ou [kʀija:ʀ], etc.

Note. — Le seul exemple où *i* final se prononce [j] est l'interjection *ahi !* ou *aïe !* [aj !] ; cf. p. 5.

Ï

A. — Le signe *ï* suivi d'une voyelle autre que *e* muet se prononce toujours [j].

Ex. de *ï* initial : *ïambe* [jɑ̃:b], *ïambique, Ïambes* (d'A. Chénier), *Ïambes et poèmes* (d'A. Barbier).

LES SEMI-VOYELLES FRANÇAISES   XXXIII

Ex. de *ï* précédé de voyelle : *aïeul* [ajœl], *aïeux*, etc. (p. 32), *baïoque*, *gaïac*, etc. (p. 144), *boïard* (ou *boyard*), *Boïardo*, etc. (p. 189).

B. — A la fin d'un mot, *ï* se prononce toujours [j] quand il est précédé de *o* : *Hanoï*, *monts Iablonoï*, *Tolstoï*, etc. (p. 189). De même, dans *Bosna-Seraï* [sεʀaj], *Shanghaï*, où il est précédé de *a* (p. 144).

C. — Le seul exemple où, étant suivi de *e* muet, *ï* se prononce [j] est l'interjection *aïe!* ou *ahi!* [aj !] ; cf. p. 5.

y

Le signe *y* suivi d'une voyelle se prononce [j] dans les cas suivants :

1º A l'initiale du mot : *yèble* [jεbl], *yeuse*, pl. *yeux*, *Yenne*, *Yères*, *Yerres*, *Yersin*, *Yerville*, *île d'Yeu*, *Saint-Yon*, *Yonne*, et, avec *y* précédé de *h*, *hyacinthe*, *hyalin*, *hyalographe*, *hyaloïde*, *hyalotechnie*, *Hyades*, *Hyacinthe*, *Hyères*. Il en est de même pour tous les mots ou noms propres étrangers : *yachmak*, *yacht*, *yachting*, *yack*, *yamagiri*, *yatagan*, *yod*, *yoghourt*, *yogi*, *Yanaon*, *Yang-tchéou*, *Yankee*, *Yeddo*, *Yémen*, etc.

2º Après une seule consonne (avec ou sans *h*), quand la voyelle qui suit *y* est autre que *i* ou *e* muet : *aryen* [aʀjɛ̃], *empyème*, *thyade*, *Amyot*, *Aryas*, *Euryanthe*, *Géryon*, *Hunyade*, *Lyautey*, *Lyon*, *Montyon* [mɔ̃tjɔ̃], *Nyanza*, *Nyassa*, *Nyons*, *Procyon*, *Sicyone*, *Pontus de Thyard*, etc.

Rem. I. — Mais *Thyia* se prononce [tija].

Rem. II. — Si la voyelle qui suit est un *e* muet, *y* se prononce [i] ; cf. *Libye* [libi], *Orithye*, *Titye*.

3º Après deux consonnes dont la seconde n'est pas une liquide : *Amphictyon* [ɑ̃fiktjɔ̃], *Astyage*, *Astyanax*.

Rem. I. — Mais s'il est précédé de consonne + liquide, *y* se prononce [i] : *amphitryon*, [ɑ̃fitʀiɔ̃], *bryonne*, *dryade*, *embryon*, *Amphitryon*, *Aubryet*. Dans ce cas, un léger [j] peut s'intercaler entre [i] et la voyelle suivante : *amphitryon* [ɑ̃fitʀiɔ̃] ou [ɑ̃fitʀijɔ̃].

Rem. II. — Pour les groupes *gy*, *ly*, *ny* du hongrois et le groupe *ny* du catalan, cf. pp. 227-228.

4º Dans le groupe -ey- suivi de voyelle : *je grasseye* [gʀɑsɛj], *je grasseyerais* [gʀɑsɛjʀɛ], *nous grasseyons, je grasseyais* (et formes correspondantes de *brasseyer, langueyer*), *(qu')ils s'asseyent* [asɛj], *nous nous asseyons, grasseyement* [gʀɑsɛjmã], *langueyage, langueyeur*.

Rem. I. — Pour les imparf. de l'indic. et les subj. prés. en -*eyions*, -*eyiez*, avec [-jj-], cf. p. 35.

Rem. II. — Cependant la terminaison -*eye* se prononce [ɛ] dans le nom propre **Laveleye**.

Rem. III. — Pour les noms étrangers avec -*ey*- suivi de voyelle, cf. p. 166 sq.

5º Dans le goupe -*ay*- suivi de voyelle. Pour la valeur de *a* dans ce groupe et pour les exemples, cf. pp. 33 sq.

Rem. I. — *Abbaye* se prononce pourtant [abei] ou [abeji] ; cf. p. 34.

Rem. II. — Dans *pays*, qui se prononce [pei], un léger [j] peut s'intercaler entre [e] et [i], d'où [peji].

Rem. III. — Pour la prononciation du groupe -*ay*- suivi de voyelle dans les mots et noms étrangers, cf. p. 148.

6º Dans le groupe -*oy*- suivi d'une voyelle autre que *e* muet. Dans ce cas, ce groupe se prononce ordinairement [waj] dans les mots et noms français ; cf. p. 45. Cependant il a la valeur de [ɔj] dans *oyat, caloyer, coyot* (p. 45) et *cacaoyer, coyote, goyave, -ier, oyant, Devoyod, Foyatier, Foyot, Goyau, Goyon, Oyonnax, Samoyèdes*.

Rem. I. — Pour les imparf. de l'indic. et les subj. prés. en -*oyions*-, -*oyiez*, avec [jj], cf. p. 45.

Rem. II. — Le groupe -*oy*- suivi de voyelle se prononce [ɔj] dans les noms propres étrangers : *Goya, Loyola, Nicoya, Oyama, Oyapok.* etc. Cependant l'anglais *(îles) Loyalty*, se prononce à la française [lwajalti].

7º Dans le groupe -*ouy*- suivi de voyelle ; cf. *Pouyastruc* [pujastʀyk], *Pouyer-Quertier, Rouyer* et les mots ou noms étrangers *bouyouk-imrokhor, fouyé, Ouya*.

8º Dans le groupe -*uy*- suivi de voyelle. Pour la prononciation de ce groupe et les divers exemples, cf. p. 6.

Rem. — Dans la prononciation de -*uy*- suivi de voyelle dans les noms étrangers, cf. pp. 214, 215.

[w]

Le [w] est représenté par le groupe *ou* suivi de voyelle autre que *e* muet, dans les conditions suivantes :

1º Au début d'un mot : *ouaille* [wɑ:j], *ouais, ouate, oued, ouest, oui, ouïe, ouiche, ouistiti, Ouadaï, Ouessant, Ouezzan, Ouidah, Ouistreham*, etc., auxquels il faut ajouter *houari, houer, houette* avec *h* initial.

2º Après une seule consonne : *alouette* [alwɛt], *avoué, babouin, bivouac, bivouaquer, bouée, boueux, chouan, chouette, couac, couard, couette, dévoué, douaire, douane, douar, doué, échouer, enfouir, enroué, fouailler, fouet, fouetter, fouine, gouache, gouailler, gouaillerie, inouï, jouable, jouer, jouet, joueur, jouir, louable, louange, louer, loueur, louis, mouette, nouer, nouet, noueux, pingouin, pouah, réjoui, rouage, rouennerie, rouer, rouet, rouir, rouissage, rouissoir, secouer, touaille, vouer, zouave, Arouet, Audouard, Audouin, Couesnon, golfe Jouan, Jouaust, Jouy-en-Josas, Louis, Malouet, Malouin, Papouasie, Raynouard, Rouelle, Rouen, Rouergue, Souabe, Thouarcé, Thouars, Touareg, Touat, Vouet*, etc.

Rem. — Le groupe *ou* se prononce aussi [w] dans *souhait, souhaiter*; cf. p. 8.

3º Après deux consonnes dont la seconde n'est pas une liquide : *escouade* [ɛskwad], *marsouin, Cornouailles, Hardouin, Saint-Hilaire-du-Harcouët*, etc.

Rem. — Mais le groupe *ou* se prononce [u] lorsqu'il est précédé de consonne + liquide : *il cloua, il trouait*, etc., p. 8.

[ɥ]

Le [ɥ] est représenté par le signe *u* suivi de voyelle autre que *e* muet dans les cas suivants :

A. — Le groupe *ui* se prononce toujours [ɥi] dans les mots et noms propres français, quelle que soit sa position :

Huile [ɥil], *huilerie, huis clos, huissier, huit, huitième* —; *buire, buis, buisson, casuiste, cuir, cuire, cuisse, cuit, cuivre, ennui, depuis, il essuie, fuir, fuite, jésuite, juif, juive, lui, luire, muid, nuire, nuit, puis, puisard, puisque, puissant, qu'il puisse, ruine, ruisseau, ruisseler, suif, je suis, suite, qu'il suive, suivre, traduire, tuile,* Nuits, Puisaye, Puiseaux, Puisserguier, Suippes, Thuir, *les Tuileries*, etc. — ; *aujourd'hui, fortuit, pertuis, pertuisane, poursuite, poursuivre,* Maupertuis, etc. —; *autrui, bruine, bruire, bruissement, bruit, construire, construit, détruire, détruit, druide, fluide, fruit, fruiterie, instruire, instruit, pluie, truie, truisme, truite*, etc.

De même, devant *y* = [i] ou *in* = [ɛ̃], *u* se prononce toujours [ɥ] : Bruys [bʀɥis], Cuyp, Dupuytren, Duruy, Lhuys [lɥi], Luynes, Le Muy, Porrentruy, Le Puy, Puycerda, Puylaurens, Puységur, Ruy-Blas, Ruysdaël, etc., et *juin* [ʒɥɛ̃], *suint, suinter,* Alcuin, Thuin.

Enfin les groupes *uî* et *üy* ont la valeur de [ɥi] dans *puîné* et *Haüy* [aɥi].

NOTE. — Pour la prononciation du groupe *ui* dans les mots ou noms anciens et étrangers, cf. pp. 212, 213.

B. — En dehors des cas précédents, *u* suivi d'une voyelle autre que *e* muet se prononce [ɥ].

1º Après un *h* initial de mot : *huer* [ɥe] (et *forhuer*), *chat-huant* [ʃaɥɑ̃], *huée,* Huard, *Hué,* Huelgoat, Huest, Huêtre, Huon.

2º Après une consonne simple : *buée* [bɥe], *contribuable, dénué, destituer, désuet, dissuader, duègne, duel, duo, duodenum, duodi, duumvir* [dɥɔmvi:ʀ], *écuelle, fuégien, habitué, insinuant, luette, lueur, manuel, menuet, muet, nuage, nuance, nuée, ossuaire, prostituée, remuer, ruade, ruer, ruelle, sinueux, situé, statuette, suave, sueur, tuer, triduum* [tʀidɥɔm], *vacuum* [vakɥɔm], Assuérus, Bueil, Emmanuel, Fualdès, Gargantua, Josué, Mons-en-Puelle, Nantua, Pothuau, Romuald, Rueil, Suarez, Suède, Suez, Thueyts [tɥɛts], Vénézuéla, etc.

3º Après un groupe de consonnes dont le second élément n'est pas une liquide : *affectueux* [afɛktɥø], *annuaire* [annɥɛ:ʀ], *immuable* [immɥabl], *mortuaire, persuader, sanctuaire* [sɑ̃ktɥɛ:ʀ], *sextuor, vertueux*, *victuailles*, *Stuart*, etc., auxquels il faut ajouter *belluaire* [bɛllɥɛːʀ].

Rem. — Mais *u* se prononce [y] lorsqu'il est précédé de consonne + liquide : *affluent* [aflyã], *affluer, concluant, confluent, fluet, fluor, gluant, gluau, glui, gruau, influer, obstruer, refluer, tonitruant, truand, truandaille, truanderie, truelle, Pantagruel, Struensée*, etc.

Note. — Pour la prononciation des groupes *ua*, *ue*, *uo*, *uu* dans les mots ou noms anciens et étrangers, cf. pp. 210 sq.

IV

LA DURÉE DES VOYELLES EN FRANÇAIS

Dans les mots français, les voyelles n'ont pas toutes la même durée : certaines sont plus longues que les autres. Sans qu'on puisse parler de voyelles vraiment longues ni de voyelles vraiment brèves, on distinguera donc pour simplifier des voyelles que l'on appellera *longues* et des voyelles que l'on appellera *brèves*. Toute relative qu'elle soit, cette distinction est à recommander, car c'est un des éléments qui contribuent à la souplesse de la langue.

Suivant l'usage de l'*Association Phonétique Internationale*, la longueur sera notée par deux points placés immédiatement après la voyelle. Ex. : *fosse* [foːs], *il part* [paːʀ], etc.

En français, la durée vocalique est déterminée par les deux principes suivants :

Les voyelles inaccentuées sont toujours brèves.
Seules les voyelles accentuées peuvent être longues.

Les voyelles inaccentuées étant hors de cause, il s'agit de déterminer les conditions qui font qu'une voyelle accentuée est de fait longue.

A. — *Voyelles accentuées suivies d'une seule consonne prononcée.*

Il convient de distinguer trois groupes de phénomènes :

1º Les voyelles nasales accentuées sont longues lorsqu'elles sont suivies de n'importe quelle consonne prononcée :

XXXVIII INTRODUCTION

    enfant [ɑ̃fɑ̃]   *enfance* [ɑ̃fɑ̃:s]
    blanc [blɑ̃]   *blanche* [blɑ̃:ʃ]
    long [lɔ̃]   *longue* [lɔ̃:g]
    plomb [plɔ̃]   *il plombe* [plɔ̃:b]
    enceint [ɑ̃sɛ̃]   *enceinte* [ɑ̃sɛ̃:t]
    il craint [kRɛ̃]   *crainte* [kRɛ̃:t]
    défunt [defœ̃]   *défunte* [defœ̃:t]
    emprunt [ɑ̃pRœ̃]   *il emprunte* [ɑ̃pRœ̃:t], etc.

Cf. encore : *jambe* [ʒɑ̃:b], *rampe* [Rɑ̃:p], *il danse* [dɑ̃:s], *balance* [balɑ̃:s], *ange* [ɑ̃:ʒ], *langue* [lɑ̃:g], *banque* [bɑ̃:k], *fente* [fɑ̃:t], *tante* [tɑ̃:t], *plante* [plɑ̃:t], etc.

bombe [bɔ̃:b], *colombe* [kɔlɔ̃:b], *il trompe* [tRɔ̃:p], *triomphe* [triɔ̃:f], *comte* [kɔ̃:t], *mensonge* [mɑ̃sɔ̃:ʒ], *conque* [kɔ̃:k], *honte* [ɔ̃:t], *refonte* [Rəfɔ̃:t], *il s'enfonce* [ɑ̃fɔ̃:s], *bronze* [bRɔ̃:z], etc.

mince [mɛ̃:s], *dinde* [dɛ̃:d], *linge* [lɛ̃:ʒ], *il distingue* [distɛ̃:g], *labyrinthe* [labiRɛ̃:t], *coloquinte* [kɔlɔkɛ̃:t], etc.

lunch [lœ̃:ʃ].

2º De même, parmi les voyelles orales, [o], [ø] et [ɑ] accentués sont longs lorsqu'ils sont suivis de n'importe quelle consonne prononcée :

    chaud [ʃo]   *chaude* [ʃo:d]
    haut [o]   *haute* [o:t]
    un saut [so]   *il saute* [so:t]
    creux [kRø]   *creuse* [kRø:z]
    il émeut [emø]   *une émeute* [emø:t]
    un pas [pɑ]   *il passe* [pɑ:s]
    gras [gRɑ]   *grasse* [gRɑ:s]
    un dégât [degɑ]   *il gâte* [gɑ:t], etc.

Cf. encore : *daube* [do:b], *gauche* [go:ʃ], *jaune* [ʒo:n], *mauve* [mo:v], *rauque* [Ro:k], *sauce* [so:s], *taupe* [to:p], *chose* [ʃo:z], *rose* [Ro:z], *il ôte* [o:t], *rôle* [Ro:l], *trône* [tRo:n], *Vosges* [vo:ʒ], etc.

berceuse [bɛRsø:z], *couveuse* [kuvø:z], *veilleuse* [vɛjø:z], *jeûne* [ʒø:n], *leude* [lø:d], *Maubeuge* [mobø:ʒ], *Pentateuque* [pɛ̃tatø:k], *Polyeucte*, [pɔljø:kt], *Zeus* [dzø:s], etc.

atlas [atlɑ:s], *base* [bɑ:z], *phrase* [frɑ:z], *entrailles* [ɑ̃trɑ:j], *il raille* [rɑ:j], *classe* [klɑ:s], *rare* [rɑ:r], *il bâcle* [bɑ:kl], *châle* [ʃɑ:l], *âne* [ɑ:n], *il gâche* [gɑ:ʃ], *Jacques* [ʒɑ:k], *Versailles* [vɛrsɑ:j], etc.

3º Les autres voyelles orales accentuées ne sont longues que lorsqu'elles sont suivies d'une consonne *allongeante*, c'est-à-dire de [r], [ʒ], [z], [v].

Cuir [kɥi:r], *envahir* [ɑ̃vai:r], *blanchir* [blɑ̃ʃi:r], *finir* [fini:r], *prodige* [prɔdi:ʒ], *vertige* [vɛrti:ʒ], *franchise* [frɑ̃ʃi:z], *vantardise* [vɑ̃tardi:z], *archives* [arʃi:v], *ogive* [ɔʒi:v], *prérogative* [prerɔgati:v], etc. —; mais *équipe* [ekip], *principe* [prɛ̃sip], *diatribe* [djatrib], *élite* [elit], *visite* [vizit], *guide* [gid], *perfide* [pɛrfid], *magique* [maʒik], *symbolique* [sɛ̃bɔlik], *public* [pyblik], *prodigue* [prɔdig], *fatigue* [fatig], *naïf* [naif], *hâtif* [ɑtif], *cuisse* [kɥis], *lisse* [lis], *biche* [biʃ], *habile* [abil], *famille* [famij], *digne* [diɲ], *fine* [fin], *abîme* [abim], *infime* [ɛ̃fim], etc.

Fer [fɛ:r], *verre* [vɛ:r], *mère* [mɛ:r], *faire* [fɛ:r], *piège* [pjɛ:ʒ], *neige* [nɛ:ʒ], *il pèse* [pɛ:z], *chaise* [ʃɛ:z], *treize* [trɛ:z], *grève* [grɛ:v], *trêve* [trɛ:v], etc. —; mais *cep* [sɛp], *guêpe* [gɛp], *plèbe* [plɛb], *sept* [sɛt], *tête* [tɛt], *tiède* [tjɛd], *raide* [rɛd], *sec* [sɛk], *évêque* [evɛk], *bègue* [bɛg], *chef* [ʃɛf], *greffe* [grɛf], *caisse* [kɛs], *sagesse* [saʒɛs], *flèche* [flɛʃ], *pêche* [pɛʃ], *fraîche* [frɛʃ], *soleil* [sɔlɛj], *oreille* [ɔrɛj], *règne* [rɛɲ], *daigne* [dɛɲ], *enseigne* [ɑ̃sɛɲ], *tel* [tɛl], *aile* [ɛl], *mêle* [mɛl], *il mène* [mɛn], *peine* [pɛn], *haine* [ɛn], *chêne* [ʃɛn], *chaîne* [ʃɛn], *spécimen* [spesimɛn], *il sème* [sɛm], *il aime* [ɛm], *blême* [blɛm], etc.

Char [ʃa:r], *égard* [ega:r], *rempart* [rɑ̃pa:r], *phare* [fa:r], *courage* [kura:ʒ], *plage* [pla:ʒ], *enclave* [ɑ̃kla:v], *esclave* [ɛskla:v], etc. —; mais *cap* [kap], *nappe* [nap], *arabe* [arab], *délicate* [delikat], *écarlate* [ekarlat], *aubade* [obad], *cognac* [kɔɲak], *flaque* [flak], *bague* [bag], *girafe* [ʒiraf], *tenace* [tənas], *crevasse* [krəvas[, *hache* [aʃ], *travail* [travaj], *il émaille* [emaj], *bagne* [baɲ], *animal* [animal], *organe* [ɔrgan], *dame* [dam], *femme* [fam], etc.

Cor [kɔ:r], *accord* [akɔ:r], *mort* [mɔ:r], *éloge* [elɔ:ʒ], *horloge* [ɔrlɔ:ʒ], *il innove* [inɔ:v], *Saint-Maur* [mɔ:r], *Limoges* [limɔ:ʒ], *Laure de Noves* [nɔ:v], etc. —; mais *myope* [mjɔp], *il stoppe* [stɔp], *globe* [glɔb], *dot* [dɔt], *capote* [kapɔt], *calotte* [kalɔt], *yod* [jɔd], *ode* [ɔd], *bloc* (blɔk], *coq* [kɔk], *loque* [lɔk], *vogue* [vɔg], *strophe* [strɔf], *bosse* [bɔs], *cloche* [klɔʃ], *col* [kɔl], *école* [ekɔl], *cigogne* [sigɔɲ], *madone* [madɔn], *automne* [otɔn], *colonne* [kɔlɔn], *économe* [ekɔnɔm], *homme* [ɔm], etc.

Labour [labu:ʀ], *il court* [ku:ʀ], *bouge* [bu:ʒ], *rouge* [ʀu:ʒ], *blouse* [blu:z], *épouse* [epu:z], *louve* [lu:v], *il trouve* [tʀu:v], etc. —; mais *croupe* [kʀup], *houppe* [hup], *caroube* [kaʀub], *absoute* [apsut], *goutte* [gut], *croûte* [kʀut], *coude* [kud], *bouc* [buk], *felouque* [fəluk], *fougue* [fug], *touffe* [tuf], *douce* [dus], *secousse* [səkus], *farouche* [faʀuʃ], *quenouille* [kənuj], *boule* [bul], etc.

Obscur [ɔpsky:ʀ], *bordure* [bɔʀdy:ʀ], *refuge* [ʀəfy:ʒ], *déluge* [dely:ʒ], *cornemuse* [kɔʀnəmy:z], *recluse* [ʀəkly:z[, *effluve* [efly:v], *étuve* [ety:v], etc. ; mais *dupe* [dyp], *tube* [tyb], *brut* [bʀyt], *chute* [ʃyt], *hutte* [yt], *habitude* [abityd], *caduc* [kadyk], *nuque* [nyk], *fugue* [fyg], *truffe* [tʀyf], *puce* [pys], *russe* [ʀys], *rûche* [ʀyʃ], *répugne* [ʀepyɲ], *calcul* [kalkyl], *fortune* [fɔʀtyn], *écume* [ekym], etc.

Cœur [kœ:ʀ], *acteur* [aktœ:ʀ], *demeure* [dəmœ:ʀ], *fleuve* [flœ:v], *neuve* [nœ:v], etc. —; mais *neuf* [nœf], *bœuf* [bœf], *feuille* [fœj], *il cueille* [kœj], *seul* [sœl], *filleule* [fijœl], *jeune* [ʒœn], etc.

B. — *Voyelles accentuées suivies de deux ou trois consonnes prononcées.*

Il faut encore distinguer entre voyelles nasales ou [o], [ø], [ɑ] accentués et les voyelles orales accentuées autres que [o], [ø], [ɑ].

1º Les voyelles nasales accentuées et [o], [ø], [ɑ] accentués sont longs devant n'importe quel groupe consonantique :

Ensemble [ɑ̃sɑ̃:bl̩], *membre* [mɑ̃:bʀ̩], *ample* [ɑ̃:pl̩], *pampre* [pɑ̃:pʀ̩], *cendre* [sɑ̃:dʀ̩], *ancre* [ɑ̃:kʀ̩], *angle* [ɑ̃:gl̩], *centre* [sɑ̃:tʀ̩], *chanvre* [ʃɑ̃:vʀ̩] —; *vaincre* [vɛ̃:kʀ̩], *distincte* [distɛ̃:kt], *cylindre* [silɛ̃:dʀ̩], *épingle* [epɛ̃:gl̩], *malingre* [malɛ̃:gʀ̩], *peintre* [pɛ̃:tʀ̩], *sphinx* [sfɛ̃:ks] —; *nombre* [nɔ̃:bʀ̩], *rompre* [ʀɔ̃:pʀ̩], *il gonfle* [gɔ̃:fl̩], *ongle* [ɔ̃:gl̩], *congre* [kɔ̃:gʀ̩], *monstre* [mɔ̃:stʀ̩], *montre* [mɔ̃:tʀ̩] —; *humble* [œ̃:bl̩] ; etc.

2º Les voyelles orales accentuées autres que [o], [ø], [ɑ] sont brèves non seulement devant un groupe de consonnes dont la première n'est pas une consonne allongeante, mais encore devant un groupe [ʀ] + consonne ; elles sont longues, au contraire, devant un groupe [v] + liquide *(l, r)* :

a) Voyelles brèves : *infaillible* [ɛ̃fajibl̥], *fibre* [fibʀ̥], *article* [aʀtikl̥], *verdict* [vɛʀdikt], *stricte* [stʀikt], *bridge* [bʀidʒ], *cidre* [sidʀ̥], *gifle* [ʒifl̥], *chiffre* [ʃifʀ̥], *sigle* [sigl̥], *énigme* [enigm], *tigre* [tigʀ̥], *tilde* [tild], *sylphe* [silf], *filtre* [filtʀ̥], *sylve* [silv], *triple* [tʀipl̥], *éclipse* [eklips], *crypte* [kʀipt], *fisc* [fisk], *égoïsme* [egoism], *astérisque* [asteʀisk], *modiste* [mɔdist], *rythme* [ʀitm], *arbitre* [aʀbitʀ̥], *phénix* [feniks], *rixe* [ʀiks], *mixte* [mikst], etc. —; *faible* [fɛbl̥], *célèbre* [selɛbʀ̥], *siècle* [sjɛkl̥], *il exècre* [ɛgzɛkʀ̥], *infect* [ɛ̃fɛkt], *insecte* [ɛ̃sɛkt], *spectre* [spɛktʀ̥], *cèdre* [sɛdʀ̥], *trèfle* [tʀɛfl̥], *règle* [ʀɛgl̥], *flegme* [flɛgm], *aigre* [ɛgʀ̥], *elfe* [ɛlf], *belge* [bɛlʒ], *svelte* [svɛlt], *indemne* [ɛ̃dɛmn], *lèpre* [lɛpʀ̥], *biceps* [bisɛps], *concept* [kɔ̃sɛpt], *adepte* [adɛpt], *sceptre* [sɛptʀ̥], *ouest* [wɛst], *sieste* [sjɛst], *équestre* [ekɛstʀ̥], *lettre* [lɛtʀ̥], etc. ; — *table* [tabl̥], *spectacle* [spɛktakl̥], *fiacre* [fjakʀ̥], *compact* [kɔ̃pakt], *acte* [akt], *ladre* [ladʀ̥], *diaphragme* [djafʀagm], *podagre* [pɔdagʀ̥], *galbe* [galb], *talc* [talk], *algue* [alg], *calme* [kalm], *il palpe* [palp], *calque* [kalk], *valse* [vals], *malt* [malt], *halte* [alt], *salve* [salv], *naphte* [naft], *rapt* [ʀapt], *miasme* [mjasm], *jaspe* [ʒasp], *casque* [kask], *ballast* [balast], *caste* [kast], *astre* [astʀ̥], *battre* [batʀ̥], *anthrax* [ɑ̃tʀaks], *axe* [aks], etc. —; *noble* [nɔbl̥], *opprobre* [ɔpʀɔbʀ̥], *socle* [sɔkl̥], *ocre* [ɔkʀ̥], *docte* [dɔkt], *coffre* [kɔfʀ̥], *girofle* [ʒiʀɔfl̥], *dogme* [dɔgm], *ogre* [ɔgʀ̥], *solde* [sɔld], *golfe* [gɔlf], *récolte* [ʀekɔlt], *sinople* [sinɔpl̥], *propre* [pʀɔpʀ̥], *copte* [kɔpt], *microcosme* [mikʀɔkɔsm], *kiosque* [kjɔsk], *compost* [kɔ̃pɔst], *poste* [pɔst], *rostres* [ʀɔstʀ̥], *boxe* [bɔks], etc. — ; *double* [dubl̥], *boucle* [bukl̥], *coudre* [kudʀ̥], *moufle* [mufl̥], *gouffre* [gufʀ̥], *coulpe* [kulp], *foulque* [fulk], *soulte* [sult], *couple* [kupl̥], *langouste* [lɑ̃gust], *poutre* [putʀ̥], etc. — ; *soluble* [sɔlybl̥], *lugubre* [lygybʀ̥], *sucre.* [sykʀ̥], *buffle* [byfl̥], *bugle* [bygl̥], *bulbe* [bylb], *sépulcre* [sepylkʀ̥], *il promulgue* [pʀɔmylg], *pulpe* [pylp], *il inculque* [ɛ̃kylk], *il compulse* [kɔ̃pyls], *indult* [ɛ̃dylt], *culte* [kylt], *centuple* [sɑ̃typl̥], *musc* [mysk], *muscle* [myskl̥], *buste* [byst], *lustre* [lystʀ̥], *luxe* [lyks], etc. —; *meuble* [mœbl̥], *aveugle* [avœgl], *peuple* [pœpl̥], etc.

Et *firme* [fiʀm], *extirpe* [ɛkstiʀp], *cirque* [siʀk], *kirsch* [kiʀʃ], *thyrse* [tiʀs], *myrte* [miʀt], etc. —; *il cherche* [ʃɛʀʃ], *cercle* [sɛʀkl̥], *serbe* [sɛʀb], *perdre* [pɛʀdʀ̥], *moderne* [mɔdɛʀn], *serpe* [sɛʀp], *herse* [ɛʀs], *verste* [vɛʀst], *verve* [vɛʀv], etc. —; *barbe* [baʀb], *arbre* [aʀbʀ̥], *parc* [paʀk], *arche* [aʀʃ], *garde* [gaʀd], *large* [laʀʒ], *hargne* [aʀɲ], *il nargue* [naʀg], *il parle* [paʀl], *arme* [aʀm], *lucarne* [lykaʀn], *harpe* [aʀp], *barque* [baʀk], *farce* [faʀs], *carte* [kaʀt], *martre* [maʀtʀ̥], etc. —; *il absorbe* [apsɔʀb], *torche* [tɔʀʃ], *corde* [kɔʀd], *ordre* [ɔʀdʀ̥], *orge* [ɔʀʒ], *borgne* [bɔʀɲ], *orgue* [ɔʀg], *orme* [ɔʀm], *corne* [kɔʀn], *remorque* [ʀəmɔʀk], *écorce* [ekɔʀs], *escorte* [ɛskɔʀt], etc. —; *courbe* [kuʀb], *fourche* [fuʀʃ], *lourde* [luʀd], *sourdre* [suʀdʀ̥], *courge* [kuʀʒ], *il ourle* [uʀl], *gourme* [guʀm], *il tourne* [tuʀn], *pourpre* [puʀpʀ̥], *ours* [uʀs], *course* [kuʀs], *courte* [kuʀt], etc. —; *purge* [pyʀʒ], *il hurle* [yʀl], *urne* [yʀn], *il usurpe* [yzyʀp], *turque* [tyʀk], etc. —; *il heurte* [œʀt], *meurtre* [mœʀtʀ̥], etc.

b) Voyelles longues : *ivre* [i:vʀ̥], *suivre* [sɥi:vʀ̥], *vivre* [vi:vʀ̥], etc.—; *chèvre* [ʃɛ:vʀ̥], *fièvre* [fjɛ:vʀ̥], *orfèvre* [ɔʀfɛ:vʀ̥], etc. —; *Hanovre* [anɔ:vʀ̥] —; *il ouvre* [u:vʀ̥], *il couvre* [ku:vʀ̥], etc. —; *œuvre* [œ:vʀ̥], *pieuvre* [pjœ:vʀ̥], etc.

NOTE. — Il est bien entendu que pour qu'une voyelle soit longue dans les conditions décrites ci-dessus, il faut qu'elle soit *pleinement* accentuée. Si pour des raisons syntactiques un mot perd en partie son accent, la voyelle perd en même temps une partie de sa longueur. C'est ce que l'on constate en comparant par exemple *un vase* et *un vase de fleurs*. Dans le premier cas, l'[ɑ] de *vase* est long et on le transcrira phonétiquement [vɑ:z]. Dans le second, l'[ɑ] n'est que faiblement accentué, l'accent de groupe étant sur le mot fleurs ; il est alors demi-long et on transcrira simplement [vɑ·z].

V

L'ENCHAINEMENT DES MOTS

Dans le passage d'un mot à un autre, divers phénomènes peuvent se produire en dehors de la Liaison qui sera étudiée p. 434 et sq.

Ces phénomènes concernent les quatre séquences suivantes :

a) Voyelle finale de mot + voyelle initiale de **mot** suivant.

L'ENCHAÎNEMENT DES MOTS

b) Voyelle finale de mot + groupe consonantique initial de mot suivant.

c) Consonne finale de mot + voyelle initiale de mot suivant.

d) Consonne finale de mot + consonne initiale de mot suivant.

1º *Voyelle finale de mot + voyelle initiale de mot suivant.*

Lorsque deux voyelles se rencontrent dans le passage d'un mot à un autre, la voix ne s'interrompt pas plus entre elles que si le contact avait lieu à l'intérieur d'un même mot.

Il n'y a pas de « cassure » entre les deux voyelles. Elles sont au contraire liées. Ce qui fait qu'en plus de la liaison « consonantique », qui est celle qu'on entend lorsqu'on emploie le terme de *liaison*, le français en connaît une autre, qu'on pourrait appeler « vocalique ».

Cette dernière existe entre deux voyelles fermes (p. XII) de même timbre ou de timbre différent :

Je me suis hissé. J'ai été éclaboussé. J'ai hésité. J'ai aimé. Je l'ai élevé. J'ai aiguisé mon couteau. Il a habité à Paris. Il l'a happé. Il l'a accepté. Il faut hausser la voix. Il va à Arles. La hache. Des héros; etc.

Je me suis hâté. Je me suis hasardé. Tu es honteux. Il s'est heurté à... Il est hardi. Je l'ai appris. J'en ai eu un autrefois. Il l'a eu. Il a été heureux. Un garçon intelligent. Un accident affreux. La hausse. Un héros. Du hachis. Des haches. Des haricots; etc.

Ou entre un *e* muet final et la voyelle d'un mot suivant commençant par *h* aspiré :

Le hasard. Le houx. Une harpe. Une hotte. Cette harangue. Une halte. Il commença à le harceler. Il parle haut; etc.

2º *Voyelle finale de mot + groupe consonantique initial de mot suivant.*

Aucune difficulté ne se présente pour les groupes initiaux constitués par consonne + liquide *(l, r)*.

Mais dans le cas de groupes initiaux contenant comme second élément une consonne autre qu'une liquide, il faut éviter de les dissocier et de faire de la première consonne l'élément final de la syllabe précédente.

Prononcer :

un sbire [œ̃ sbiːʀ]	et non	[œ̃s biːʀ]
un stade [œ̃ stad]	»	[œ̃s tad]
il est svelte [ilɛ svɛlt]	»	[ilɛs vɛlt]
un tsigane [œ̃ tsigan]	»	[œ̃t sigan]
un psaume [œ̃ psoːm]	»	[œ̃p soːm]
un squelette [œ̃ skəlɛt]	»	[œ̃s kəlɛt]
la phtisie [la ftizi]	»	[laf tizi]
la sclérose [la skleroːz]	»	[las kleroːz]
la splendeur [la splɑ̃dœːʀ]	»	[las plɑ̃dœːʀ]
les strophes [le strɔf]	»	[les trɔf]
les Khmers [le kmɛːʀ]	»	[lek mɛːʀ]
les Tchèques [le tʃɛk]	»	[let ʃɛk], etc.

3º *Consonne finale de mot + voyelle initiale de mot suivant.*

Deux cas sont à distinguer suivant que le premier mot se termine par une seule consonne prononcée ou par un groupe de consonnes prononcées.

a) Dans le premier cas, la consonne finale du premier mot fait partie de la même syllabe que la voyelle initiale du second :

Prononcer :

il entend [i lɑ̃tɑ̃]	et non	[il ɑ̃tɑ̃]
il existe [i lɛgzist]	»	[il ɛgzist]
elle écoute [ɛ lekut]	»	[ɛl ekut]
un char énorme [œ̃ ʃaˑʀenɔʀm]	»	[œ̃ ʃaˑʀ enɔʀm]
un art inouï [œ̃ naˑʀinwi]	»	[œ̃ naˑʀ inwi]
il part en guerre [il paˑʀɑ̃ gɛːʀ]	»	[il paˑʀ ɑ̃ gɛːʀ], etc.

b) Dans le second cas, la première consonne du groupe final appartient à la même syllabe que la voyelle précédente ; mais l'autre ou les autres consonnes font partie de la même syllabe que la voyelle initiale du mot suivant :

Prononcer :

du talc en poudre
[dy tal kɑ̃ pudʀ̥]   et non   [dy talk ɑ̃ pudʀ̥]
un parc immense
[œ̃ paʀ kimmɑ̃:s]   »   [œ̃ paʀk immɑ̃:s]
une fresque admirable
[yn fʀɛs kadmiʀabl̩]   »   [yn fʀɛsk admiʀabl̩]
ils oublient
[il zubli]   »   [ilz ubli]
elles attendent
[ɛl zatɑ̃:d]   »   [ɛlz atɑ̃:d]
du quartz hyalin
[dy kwaʀ tsjalɛ̃]   »   [dy kwaʀts jalɛ̃], etc.

4º *Consonne finale de mot* + *consonne initiale de mot suivant.*

Dans les divers cas qui peuvent se présenter : consonne finale + consonne initiale, consonne finale + groupe consonantique initial, groupe consonantique final + consonne initiale, groupe consonantique final + groupe consonantique initial, la consonne ou le groupe consonantique finals font partie de la même syllabe que la voyelle précédente, et la consonne ou le groupe consonantique initiaux font partie de la même syllabe que la voyelle suivante.

Exemples :

il court [il ku:ʀ]
elle parle [ɛl paʀl]
il crie [il kʀi]
elle pleure [ɛl plœ:ʀ]
le parc central [paʀk sɑ̃tʀal]
un anthrax charbonneux [œ̃ nɑ̃tʀaks ʃaʀbɔnø]

un arc-boutant [œ naʀk butɑ̃]
modern style [mɔdɛʀn stil]
le fisc tchécoslovaque [lə fisk tʃekɔslɔvak], etc.

Mais ce qu'il y a de plus important à noter, ce sont les modifications de nature que peut subir la consonne finale au contact de la consonne initiale du mot suivant.

a) Si les deux consonnes sont identiques, elles forment une géminée, c'est-à-dire une seule consonne avec fléchissement de la tension musculaire à l'intérieur et une détente unique à la fin.

2 Cons. sourdes	2 Cons. sonores
une *cap(e) pontificale*	un *arab(e) blessé*
un *diplomat(e) turc*	une *promenad(e) déserte*
chaq(ue) quartier	un *collèg(ue) gallois*
un *chef fameux*	un *brav(e) volontaire*
une *tass(e) sale*	
	une *sall(e) large*
	un *char royal*
	une *âm(e) merveilleuse*
	de la *lain(e) naturelle*.

Etc.

b) Si les deux consonnes ont le même point et le même mode d'articulation, mais non la même sonorité (l'une étant une sourde, l'autre une sonore, ou inversement), il continue à n'y avoir comme plus haut qu'une seule détente, à la fin ; mais de plus la première consonne s'assimile à la seconde au point de vue de la sonorité : elle devient sonore si la seconde est sonore, sourde si la seconde est sourde. Il importe bien de noter que l'assimilation se borne uniquement à cela. Le degré de force articulatoire de la première consonne n'est pas modifié : devant un *t* initial, un *d* final par exemple devient sourd, mais ne cesse pas d'être un *d*, c'est-à-dire une « douce » s'opposant à *t* qui est une « forte ».

Ce phénomène d'assimilation est très délicat à saisir et à reproduire pour un étranger : chez lui l'assimilation au lieu de se borner à la sonorisation ou à l'assourdissement de la consonne finale, va plus loin : devant une consonne initiale « forte », la consonne finale devient « forte » ; devant une consonne initiale « douce », la consonne finale devient « douce ».

Étant donné ce phénomène, on voit que la répartition ordinaire des consonnes françaises en consonnes « sourdes-fortes » et consonnes « sonores-douces » ne représente pas toute la réalité. Il convient de distinguer :

1º des consonnes « sourdes-fortes » : [p], [t], [k], [f], [s], [ʃ].

2º des consonnes « sonores-douces » : [b], [d], [g], [v], [z], [ʒ].

3º des consonnes « sourdes-douces » ; qu'il conviendrait de noter par [b], [d], [g], [v], [z], [ʒ] avec un petit rond au-dessous, indiquant la sourdité.

4º des consonnes « sonores-fortes » qu'il faudrait noter [p], [t], [k], [f], [s], [ʃ], avec le signe ⁀ au-dessous, indiquant la sonorité.

Les exigences typographiques ne nous permettent pas d'utiliser les notations indiquées aux nᵒˢ 3 et 4. Qu'on sache cependant que la consonne finale est une « sonore-forte » dans :

une napp(e) blanche,
une patt(e) d'oie,
un évêq(ue) gallican,
une caraf(e) vide,
une prêtress(e) zélée,
une tâch(e) journalière ; etc.

et une « sourde-douce » dans :

une rob(e) propre,
une peuplad(e) terrible,
une bagu(e) cachée,
un esclav(e) furieux,
une bas(e) solide,
un lignag(e) charentais ; etc.

c) Si les deux consonnes ont un point ou un mode d'articulation différent, mais la même sonorité, la consonne finale ne subit aucune modification du fait de sa rencontre avec la consonne initiale du mot suivant :

Exemples de consonne finale sourde + consonne initiale sourde :
>une étap(e) très longue,
>une tomat(e) pourrie,
>un sac troué,
>tarif préférentiel,
>une trac(e) perdue,
>bouch(e) fermée ; etc.

Exemples de consonne finale sonore + consonne initiale sonore :
>un crab(e) géant,
>la brigad(e) mondaine,
>une vag(ue) de fond,
>un rêv(e) délicieux,
>une phras(e) bien tournée,
>un visag(e) voilé ; etc.

d) Si les deux consonnes, de point ou de mode d'articulation différent, sont l'une sourde et l'autre sonore, il se produit une assimilation de sonorité du même ordre que celle dont il a été question sous *b*. La première devient sonore si la seconde est sonore, sourde si la seconde est sourde. Mais rien n'est changé quant à la force articulatoire.

La consonne finale est une « sonore-forte » dans :
>une étap(e) douloureuse,
>une baguett(e) magique,
>un bec d'aigle,
>un pontif(e) romain,
>une class(e) joyeuse,
>une tach(e) noire ; etc.

et une « sourde-douce » dans :
>un glob(e)-trotter,
>une od(e) pindarique, .
>une vag(ue) promesse,
>des archiv(es) compromettantes,
>un malais(e) passager,
>un paysag(e) charmant ; etc.

Note. — Les phénomènes sont les mêmes quand deux consonnes entrent en contact à l'intérieur d'un mot, par suite de la chute d'un *e* muet. C'est ainsi en particulier que dans *méd(e)cin* [mɛdsɛ̃] [d] est en réalité une « sourde-douce », que dans *un ch(e)val* [œ̃ʃval] [ʃ] est en réalité une « sonore-forte », que les transcriptions [mɛdsɛ̃], [œ̃ʃval] ne sont pas tout à fait conformes à la vérité, mais que de toute façon il faut se garder de prononcer un [t] dans le premier cas, un [ʒ] dans le second et de transcrire [mɛtsɛ̃], [œ̃ʒval].

VI

L'ACCENT EN FRANÇAIS

Toutes les syllabes constituant le mot ou la phrase ne sont pas prononcées avec la même intensité ni sur la même note : dans certaines la voix est plus forte ou plus haute ; dans d'autres, elle est plus faible ou plus basse.

Dans cet ouvrage consacré uniquement à des problèmes d'articulation, il ne saurait être question de traiter dans le détail de l'accent et de l'intonation en français. Le sujet est trop vaste. On se réserve d'en parler longuement dans un autre ouvrage qui fera suite à celui-ci. Quelques indications suffiront pour le moment, et encore ne porteront-elles que sur l'accent.

On distinguera deux sortes d'accent : l'accent *normal*, commun à tout mot isolé et seulement à certains mots dans la proposition ou la phrase, dans une prononciation neutre et sans intention particulière —, et l'accent d'*insistance* qui s'ajoute occasionnellement au premier quand il s'agit de mettre en relief tel ou tel mot pour des raisons affectives ou logiques ; ou qui frappe tel ou tel mot qui, en l'absence de ces raisons, serait inaccentué dans la chaîne parlée.

I. — Accent normal.

Il convient de distinguer le mot isolé et le mot dans la chaîne parlée.

a) *Le mot isolé.* — Dans un plurisyllabe français, c'est toujours la dernière voyelle « ferme » qui est accentuée. Ainsi l'accent est sur l'*i* de *gentil*, sur l'*é* de *bonté*, sur l'*a* de *Montmartre*, sur l'*o* de *vignoble*, etc.

Pour se rendre bien compte des habitudes françaises, on n'a qu'à comparer la prononciation de mots d'origine étrangère, comme *numéro*, *piano*, ou *budget*, *tunnel*, accentués par les Français sur la voyelle finale, à la prononciation de ces même mots par les Italiens (l'accent est en italien sur l'*u* de *numero* et sur l'*a* de *piano*) ou les Anglais (l'accent est en anglais sur la première syllabe de *budget* et *tunnel*). Ce transport de l'accent sur la dernière syllabe se constate aussi pour les noms propres étrangers ; cf. la prononciation française de *Schiller*, *Wagner*, avec l'accent sur *-er* [-ɛ:ʀ], qui s'oppose à la prononciation allemande avec l'accent sur la syllabe initiale et avec le groupe final [-əʀ] inaccentué.

Rem. — Sauf indication spéciale, les mots et les noms étrangers cités dans l'ouvrage sont prononcés en français avec l'accent sur la finale.

L'accent français est faible. Une comparaison avec d'autres langues permet de s'en convaincre. Soient par exemple les mots français *allée*, *hôtel* et les mots allemands *Allee*, *Hotel*, accentués les uns et les autres (en allemand, ce sont des mots empruntés au français) sur la finale. En faisant prononcer les premiers par un Français et les seconds par un Allemand, on peut vérifier combien l'accent allemand est plus fort que l'accent français. On pourra répéter la même expérience en faisant prononcer des mots comme *caprice*, *caress*, *machine*, *police* par un Anglais. La conclusion sera la même.

Il se trouve de plus que dans le mot isolé (et il en est de même pour le mot qui termine la phrase) la voyelle finale accentuée est plus basse que les voyelles inaccentuées précédentes. Hauteur et accent ne coïncident donc pas. Il s'ensuit, étant donné la faiblesse de l'accent français, que les étrangers sont parfois tentés de prendre pour accentuée la voyelle qui porte le sommet de hauteur, et non la voyelle finale. Cela en particulier dans le cas des mots qui se terminent par une voyelle « ferme » de faible pouvoir acoustique : voyelle nasale, [ø], [y]. Soit un mot comme *maison* : la syllabe *mai-* est la plus haute et [ɛ] a un pouvoir acoustique plus grand que [ɔ̃]. Un étranger habitué à un système où l'intensité coïncide avec la hauteur peut être amené à croire que la syllabe *mai-* est accentuée, alors qu'il n'en est rien. Cf. cependant pp. LXII-LXIII.

b) *Le mot dans la chaîne parlée.* — A l'intérieur de la proposition ou de la phrase divers phénomènes de *désaccentuation* se produisent. L'accent du mot isolé se perd ou peut se perdre. D'où deux catégories de mots.

⁂

Les uns ne sont jamais accentués dans la chaîne parlée :

1º Les articles définis ou indéfinis : *le, la, les, du, des, aux, un, une.*

2º Les adjectifs démonstratifs : *ce, cet, cette, ces.*

3º Les adjectifs possessifs : *mon, ton, son, ma, ta, sa, mes, tes, ses, notre, votre, leur, nos, vos, leurs.*

4º Les « adjectifs » relatifs : *lequel, laquelle, lesquels, lesquelles, auquel, à laquelle,* etc.

5º Les « adjectifs » indéfinis : *aucun, autre, certain, chaque, maint, même, nul, plusieurs, quelque, tel, tout, pas un, plus d'un, quelque (...que), quel (...que),* etc.

6º Les pronoms personnels sujets : *tu, il, ils* ou compléments : *me, te, se.*

7º Le pronom indéfini *l'on.*

8º Les pronoms relatifs : *que, dont, où.*

9º Le pronom interrogatif neutre *que.*

10º Les prépositions : *à, de, par, pour, sur,* etc.

⁂

D'autres ne sont inaccentués que dans certaines conditions. Ce sont :

1º Le substantif suivi d'un mot avec lequel il forme une unité sémantique :

Les Champs-Élysées. Pyrénées-Orientales. Lieutenant-colonel. Le code civil. Un moulin à vent. Un fer à repasser. Une perdrix aux choux. Une heure et demie. Une heure du matin. Un mètre et quart. Etc.

Rem. — A plus forte raison le substantif suivi d'un adjectif monosyllabique : *Du pain bis. Un homm(e) bon.* Etc. Le français, en effet, ne tolère pas une suite de deux syllabes accentuées non séparées par un silence.

2° L'adjectif qualificatif épithète devant un substantif :

Un grand avocat. Une vieille histoire. Un brillant écrivain. D'étonnantes aventures. Etc.

Rem. — A plus forte raison l'adjectif suivi d'un substantif monosyllabique : *Un grand homme. Une vieill(e) femme.* Etc.

3° L'adjectif numéral (cardinal ou ordinal) devant un substantif, précédé ou non d'un adjectif :

Deux grandes nations. Trois principes. La sixième semaine. Etc.

Rem. — A plus forte raison le numéral suivi d'un substantif monosyllabique : *Deux hommes. Trois arbres.* Etc.

4° Les noms de nombre dans les combinaisons du type :

Deux à deux. De deux en deux. Deux pour cent. Deux et deux. Etc.

5° Les adjectifs interrogatifs *quel(s)*, *quelle(s)* devant le verbe *être* ou un substantif :

Voilà quel tu es. Quelle sera la récompense ? Quelle est cette personne ? Quel livre avez-vous choisi ? A quelle heure viendrez-vous ? Etc.

6° Le pronom personnel *je* après un verbe à la 1ʳᵉ pers. sing. :

Ai-je raison ? Que vois-je ? Lui dis-je. Dussé-je ne pas réussir. Puissé-je vous rendre heureux. Etc.

7° Les pronoms personnels sujets *je, elle, nous, vous, elles* précédant immédiatement un verbe ou un pronom (personnel ou adverbial) complément :

Je parle. Elle chante. Nous venons. Vous le cherchez ? Elles nous l'ont dit. Elles nous en apportent. Etc.

Rem. — Mais le pronom sujet est accentué lorsqu'il est séparé du verbe par d'autres mots : *Je soussigné certifie que... Nous, juge de paix soussigné, sommes convaincu...* Etc.

8° Les pronoms personnels compléments *le, la, lui, nous, vous, les, leur* devant un verbe :

Il me parle. Nous lui obéissons. Nous nous amusons. Vous les approuvez ? Ne leur dites rien. Etc.

9° Les pronoms personnels attributs *le* (masc. ou neutre), *la*, *les* ;

Nous ne le sommes pas. Je me regarde comme la mère de cet enfant; je la suis en effet (Acad.). *J'ai défini les bons citoyens; ces bons citoyens, vous les serez* (Grevisse). Etc.

10º Les pronoms personnels *tu, il, elle, nous, vous, ils, elles*, sujets inversés, suivis d'un monosyllabe accentué :

Écrit-il bien? Sommes-nous seuls? Êtes-vous sage? Se porte-t-il mal? Vient-il donc? Etc.

11º Les pronoms personnels *tu, il, elle, nous, vous, ils, elles*, sujets inversés, entre un auxiliaire et un participe passé ou entre un semi-auxiliaire et un infinitif :

As-tu terminé? Avez-vous écrit? Ont-ils été heureux? Devez-vous parler? Etc.

12º Les pronoms personnels *moi, toi, nous, vous, lui, elle, eux, elles* suivis de *même(s), seul(s), seule(s), aussi* :

Moi-même. Nous-mêmes. Lui seul. Elles seules. Lui aussi. Etc.

13º Les pronoms personnels *nous, vous, eux, elles* suivis de *tous, toutes* ou d'un nombre cardinal :

Vous tous. A elles toutes. Nous deux. A elles trois. Etc.

14º Les pronoms personnels *nous, vous* suivis de *autres* :

Nous autres. Vous autres.

15º Le pronom personnel réfléchi *soi* suivi de *disant* ou de *même, seul* :

Il était venu, soi-disant pour avoir des nouvelles. Soi-même. Soi seul.

Rem. — *Soi-disant* suivi d'un substantif ou d'un adjectif est lui-même inaccentué : *Un soi-disant héritier. Des personnes soi-disant sérieuses.* Etc.

16º Le pronom indéfini sujet *on* précédant immédiatement un verbe ou un pronom (personnel ou adverbial) complément :

On apprend en travaillant. On l'a vu. On nous en a parlé. Etc.

17º Le pronom indéfini *on*, sujet inversé, suivi d'une syllabe accentuée :

Se porte-t-on bien? Est-on seul? Est-on sage? Etc.

18º Le pronom indéfini *on*, sujet inversé, entre un auxiliaire et un participe passé où entre un semi-auxiliaire et un infinitif :
A-t-on été heureux ? A-t-on goûté ce spectacle ? Doit-on écrire ? Etc.

19º Les pronoms adverbiaux *en, y* devant un verbe :
Il en parle. Vous lui en parlerez. Il leur en parla. Etc.

20º Les pronoms adverbiaux *en, y* après un impératif, suivis d'un **monosyllabe** accentué :
Garde-t'en bien. Prenez-en peu. Etc.

21º Le pronom adverbial *y* suivi de *en* inaccentué ou accentué :
Il y en a. Y en a-t-il ? Mettez-y-en. Etc.

22º Les pronoms démonstratifs *ceci, cela* (ou *ça,* familier) sujets :
Ceci est beau. Cela me plaît. Ça ne se fait pas. Etc.

23º Les pronoms démonstratifs *celui, celle(s), ceux* suivis immédiatement de *qui* :
Ceux qui veulent: Pour ceux qui savent. Celles qui le disent. Celui qui partira. Celui qui arrivera le premier. Etc.

24º Le pronom démonstratif neutre *ce*, en dehors des formules *de ce (non content), sur ce* ou *et ce, pour ce* non suivi d'un verbe :
Ce qui... Ce que... Ce à quoi... Ce dont... Ce n'est pas bon. Si ce n'est... Ce disant... Ce faisant... Fût-ce... Quand est-ce que... Est-ce que... Qu'est-ce ? Sera-ce demain ? Et ce fut un désastre. Pour ce faire. Etc.

25º Le pronom relatif *qui* non prépositionnel, sauf lorsqu'il est répété dans le sens de « celui-ci... celui-là, ceux-ci... ceux-là ».
Celui qui parle. L'enfant qui dort. Qui vivra verra. Le premier qui en trouvera. Etc.

26º Le pronom interrogatif *qui* suivi d'un monosyllabe accentué :
Qui donc ? Qui donc le voit ? Qui ça ? Qui vive ! Qui parle ? Qui diantre a pu le faire ? Qui sont ces hommes ? etc.

27º Le pronom interrogatif *quoi* suivi d'une syllabe accentuée ou d'un infinitif précédé ou non d'un pronom personnel :

Quoi donc ? A quoi bon ? Quoi d(e) neuf ? En quoi f(ai)sant ? (familier). *Quoi faire ? Il n'y a pas de quoi rire. Il faut savoir quoi répondre. Il ne savait quoi lui répondre. Il ne sait quoi leur dire.*

28º Les pronoms interrogatifs composés *lequel, laquelle*, etc., suivis de *est-ce qui ? est-ce que ?*, donc :

Lequel est-ce qui commence ? Par lequel est-ce qu'on commencera ? Lequel donc ? Etc.

29º Les pronoms indéfinis *aucun(e), chacun(e), l'un(e), pas un(e), quelqu'un(e), rien* suivis d'une syllabe accentuée :

Aucun d(e) nous. Chacun d(e) vous. L'un d(e) vous. Pas un d(e) nous. Quelqu'un d(e) nous. Aucun (chacun, l'un, pas un, quelqu'un) d'eux. Aucune (chacune, l'une, pas une, quelqu'une) d'elles. Quelqu'un d(e) grand. Rien autre. Rien d'autre. Rien moins. Rien d(e) moins. Rien d(e) tel. Ne rien faire. Il n'a rien dit. Etc.

30º Les verbes auxiliaires *avoir* et *être* suivis immédiatement ou non d'un participe passé :

Il a chanté. Elle est aimée. Vous avez parlé. Elles sont arrivées. A-t-il chanté ? Est-elle aimée ? Avez-vous parlé ? Sont-elles arrivées ? Etc.

31º Les verbes semi-auxiliaires *aller, devoir, falloir, pouvoir, vouloir* suivis immédiatement ou non d'un infinitif :

Il doit écrire. Il peut s'étonner. Vous allez chanter. Nous allons le lui dire. Il va partir. Je vais m'embarquer. Ils vont bientôt finir. Il faut le faire. Il faut l'excuser. Il voulait aussitôt en acheter. Etc.

32º Une forme verbale suivie d'une syllabe accentuée :

Qui est-il ? Est-elle aimable ? Qu'y a-t-il ? Qu'ont-elles ? Où sommes-nous ? A qui écrivez-vous ? Que fera-t-on ? Il ne le dit pas. Vous ne lisez pas ? Elle y voit bien. Il écrit mal. Il voyage peu. Que fait Paul ? C'est bon. Elle est belle. Si ce n'est lui... Il fait beau. Il faisait chaud. Etc.

33º Une forme verbale monosyllabique (non précédée d'un pronom personnel complément ou d'un adverbe pronominal *en, y*) suivie de deux syllabes dont la seconde est accentuée :

Il est heureux. Nous sommes fidèles. Ils sont aimables. Il a un an. Il lit un livre. Ils lis(ent) un livre. Ils font un pas. Il fait un d(e)voir. Il dit toujours la même chose. Il fait très chaud. Elle voit très loin. Etc.

Rem. I. — Mais le verbe est accentué dans : *Nous lui sommes fidèles. Il lui lit un livre. Il lui dit toujours... Il en fait un peu. Il y voit un peu. Elle y voit à peine.* Etc.

Rem. II. — Cependant le verbe est inaccentué dans : *Il y a un an*, où *y a* ne constitue qu'une seule syllabe.

34º Les formes bisyllabiques de *avoir* et *être* (non précédées d'un pronom personnel complément ou d'un adverbe pronominal *en, y*) suivies de deux syllabes dont la seconde est accentuée :

Il était aimable. Ils seront fidèles. Il était une fois. Nous avons un livre. Ils auront une lettre. Etc.

Rem. I. — Mais le verbe est accentué dans : *Ils lui seront fidèles. Il y sera un jour. Il en aura un peu. Il en avait encore.* Etc.

Rem. II. — Cependant le verbe est inaccentué dans : *Il y avait une fois. Y était encore* ; etc. où *y a, y é-* ne constituent qu'une seule syllabe.

35º. Les formes verbales *peut, (il) importe* dans les locutions *peut-être, n'importe lequel, n'importe laquelle*, et pluriels correspondants.

36º Les adverbes devant une syllabe accentuée :

C'est le plus âne de tous. Il a très hâte de partir. Il a trop faim. Il sera bientôt seul. Il est ainsi fait. Il est déjà grand. C'est encore mal. Il n'est guèr(e) bon. Il fait plutôt froid. Il fait toujours frais. Il ne veut jamais dire ce qu'il pense. Il vaut mieux rire. Pourquoi non ? Pourquoi pas ? Voir(e) même ! Etc.

37º Les adverbes devant un mot ou un groupe bisyllabique qu'ils déterminent :

Il est moins poète que lui. Il a plus raison que lui. Une non-valeur. Personne n'a jamais été aussi ingrat. Il est tout joyeux. Vous êtes trop sévère. Un débiteur non solvable. C'est bien caché. Il est moins heureux. C'est trop vouloir. Au pis aller. C'est bien écrit. Il n'a jamais fini. Il a tellement fait froid. Cette femme tant aimée. Il a parlé assez longtemps. Etc.

38⁰ Les conjonctions *et, ou, ni, si, mais* non répétées et non suivies d'une incise (et par conséquent d'un silence) :

Et lui s'en alla. Et les hommes arrivèrent. Et les trois camarades se séparèrent. Mais lui se mit en colère. Mais lui-même l'a dit. Mais les autres collaborateurs furent d'un autre avis. Etc.

39⁰ Les conjonctions *puis, car, comme, lorsque, puisque, quand, quoique* et les locutions conjonctives *bien que, c'est que, comme si, de ce que, dès que, loin que, outre que, parce que, pour que, sans que, sauf que, soit que (...ou), tant que, vu que* non suivies d'une incise (et par conséquent d'un silence) et devant un groupe de deux syllabes dont la seconde est accentuée :

Puis les hommes partirent. Car tout seul il n'y arrivait pas. Comme il faut. Mais quand il vient... Dès qu'il parle. Parce qu'il cherche. Etc.

40⁰ Les conjonctions *ainsi, or, soit* et les locutions conjonctives *ou bien, à savoir* suivies de *donc*.

Ainsi donc. Or donc. Soit donc. Ou bien donc. A savoir donc.

Sans doute, en dehors des cas qui viennent d'être signalés, les mots français gardent-ils leur accent dans la phrase. Cependant, ces cas sont assez nombreux pour permettre de dire que ce qui caractérise le français ce n'est pas l'*accent de mot*, mais l'*accent de groupe*. La phrase française se laisse découper en une succession de groupes qui respectent très peu l'individualité du mot, et « dont chacun produit une impression d'unité phonétique, au point que celui qui ignore la langue le prend pour un mot unique » (Roudet).

Il faut ajouter que ces groupes sont toujours constitués par une suite de syllabes inaccentuées terminée par une syllabe accentuée, qu'il n'y a pas par conséquent d'*enclitiques* en français, comme c'est le cas par exemple en allemand, en anglais, en espagnol ou en italien. Des groupes du type angl. g*i*ve him, allem. *i*st es, esp. desp*e*nseme, ital. and*a*rsene n'existent pas en français. Le seul exemple d'enclitique que l'on pourrait objecter est le pronom démonstratif neutre *ce* dans *Qu'est-ce ?* Mais il n'est pas valable, la voyelle de ce mot étant muette et le groupe se prononçant [kɛs ?].

II. — Accent d'insistance.

Outre l'accent normal qui frappe la dernière voyelle « ferme » d'un mot, le français en possède un autre que l'on peut appeler *d'insistance*, et qui sert à mettre en valeur tel ou tel mot, soit en position isolée, soit dans la proposition ou la phrase.

Cet accent est de double nature. Avec M. J. Marouzeau (cf. en dernier lieu *Notre langue*, Delagrave, 1955, p. 14 sq.), on distinguera un accent *affectif* « qui met en jeu la sensibilité, traduisant par exemple une attitude d'approbation ou de désapprobation », un sentiment de surprise, de stupéfaction, de plaisir, de colère, etc. —, et un accent *intellectif* « qui a pour effet de mettre en valeur une notion, avec le souci de définir, de distinguer, de caractériser ».

Avant de dire en quoi ils consistent, quelques remarques préalables sont nécessaires :

L'accent d'insistance frappe une autre syllabe que la finale, lorsque le mot ou le groupe de mots en a plus de deux.

Il ne supprime pas l'accent normal, quand il frappe la syllabe venant immédiatement avant lui.

Dans un dissyllabe, il peut frapper la syllabe qui a déjà l'accent normal.

1º L'ACCENT AFFECTIF. — On distinguera quatre cas :

a) Dans un plurisyllabe commençant par une consonne ou un groupe de consonnes, l'accent affectif frappe toujours la première syllabe :

Dé*goûtant ! For*midable ! Ri*dicule ! Mi*sérable ! Stu*pide ! Splen*dide ! Etc.

Ou :

*C'est dé*goûtant ! C'est for*midable ! Tu n'es qu'un mi*sérable ! C'est un garçon stu*pide ! Etc.

Ou :

*Ce sont des ma*nièr(es) dégoûtantes ! Une not(e) formidable ! C'est un homm(e) stupide ! Etc.

La consonne initiale ou le groupe consonantique initial est renforcé. Quant à la voyelle suivante, elle augmente en intensité, en durée et surtout en hauteur.

Rem. — Il en est de même dans les groupes commençant par consonne : Pas *du tout ! Tout à fait !* Tais-*toi donc ! Je ne tiens* pas *du tout à le voir ! Certes*, je me suis bien *gardé de lui parler ! Mais fais cela ! Il s'y trouvait peut-être*, mais je ne *l'ai* pas *vu ! Voilà* bien *dix jours que j'attends !* Etc.

b) Si un mot de plus de deux syllabes commence par une voyelle, c'est la première syllabe intérieure qui reçoit l'accent affectif :

A*dorable !* É*pouvantable !* A*bominable !* E*xécrable !* A*dmirable !* E*xtrêmement !* Etc.

Ou :

Un en*fant adorable ! Un ac*ci*dent épouvantable ! Un temps a*bo*minable ! Un re*pas e*xécrable ! Un point de vue a*dmirable !* Etc.

Ou :

*Il est a*do*rable ! C'est é*pou*vantable ! Une œu*vr(e) a*dmirable ! Un ca*rac*tèr(e) e*xé*crable ! Une pa*rol(e) a*bominable !* Etc.

Ici encore la première consonne intérieure du mot est renforcée, et la voyelle suivante augmente en intensité, en durée et surtout en hauteur.

c) Si un mot commençant par une voyelle n'a que deux syllabes, l'accent affectif tombe sur la dernière et coïncide ainsi avec l'accent normal :

O*dieux !* A*ffreux !* E*xquis !* I*gnoble !* — ; *Un garçon o*dieux *! Un accident a*ffreux *! Un individu i*gnobl(e) *! Un plat e*xquis *!* — ; *C'est a*ffreux *! C'est o*dieux *! C'est e*xquis *! C'est i*gnobl(e) *!* Etc.

Dans ce cas, l'accent normal de la fin du mot est renforcé et la voyelle finale, doublement accentuée, est dite sur une note haute.

d) Si *huit*, tête d'un groupe, est précédé d'un mot terminé par une voyelle, l'accent affectif se réalise de la façon suivante : l'[i] augmente en intensité, en durée et surtout en hauteur ; quand au [ɥ] initial il peut etre précédé d'une aspiration selon le degré d'insistance. Ainsi dans l'exemple : *Voilà* huit *jours que j'attends!*

2º L'ACCENT INTELLECTIF. — Au contraire de l'accent affectif, l'accent intellectif frappe toujours la syllabe initiale du mot qui le reçoit.

Diverses particularités sont cependant à remarquer suivant que ce dernier commence par une consonne ou par une voyelle.

a) *Mots commençant par une consonne.* — Voici quelques exemples de mots isolés :

Est-ce cela ? Naturellement. *Objectif ou subjectif ? Non,* subjectif. *Que demandez-vous donc ?* L'égalité. *Que croyez-vous qu'il faille faire ?* Recommencer. Etc.

Comme dans le cas de l'accent affectif, la consonne initiale **du mot** est renforcée. Cependant il y a une différence en ce qui concerne **la v**oyelle suivante : elle augmente en durée et en hauteur, mais surtout en intensité.

Les phénomènes sont les mêmes lorsque le mot est précédé d'un autre. Mais un degré de plus dans l'insistance peut amener un silence entre les deux mots. C'est ce qui a lieu surtout dans les oppositions :

*Simple ou... mu*lti*ple ? Objectif ou... subjectif ? Absolu ou... re*lati*f ? Non approximatif, mais...* précis. *Non pas irréel, mais...* réel. Etc.

b) *Mots commençant par une voyelle.* — Voici quelques exemples de mots isolés :

Inutile ! Unique ! Approximatif ! Indéfini ! Irréel ! Etc.

La voyelle initiale, frappée de l'accent intellectif, augmente **en durée** et en hauteur, mais surtout en intensité. De plus, son attaque est forte et, suivant le degré d'insistance, peut devenir même violente. S'il est permis de s'exprimer scientifiquement, on dira qu'elle est précédée d'une « occlusive laryngale », phonème qui sera représenté ci-dessous par une apostrophe (') placée devant la voyelle :

'*Inutile !* '*Unique !* etc.

De plus, si la voyelle initiale est suivie d'une consonne faisant partie de la même syllabe qu'elle, cette consonne est renforcée :

'Ab*solu!* 'Ab*surde!* 'Ar*bitraire!* 'Ex*clusif!* (='Ek*sklusif*) 'O b*jectif!* 'Sub*jectif!* Etc.

Lorsque le mot qui reçoit l'accent intellectif est précédé d'un autre, il faut faire une distinction suivant que le premier mot se termine par une voyelle ou par une consonne prononcée.

α. — Après un mot terminé par une voyelle, les faits sont les mêmes que dans le cas du mot isolé :

Un moyen '*unique! Un emploi* '*abusif! C'est une autorité* '*arbitraire! Une réalité* '*objective!* Etc.

Un degré de plus dans l'insistance peut amener un silence assez appréciable entre les deux mots, ce qui a lieu surtout dans le cas d'oppositions :

Subjectif et non... '*objectif. Juste et non...* '*arbitraire.* Etc.

β. — Après un mot terminé par une consonne prononcée, la voyelle initiale qui reçoit l'accent intellectif se soude à cette consonne qui alors se renforce ; son attaque n'est plus forte ; seules sa durée et sa hauteur augmentent et surtout son intensité.

C'est in*dispensable! C'est unique! C'est un fait* in*déniable! C'est illégal! C'est un usag(e) ancien! C'est êtr(e) exclusif!* Etc.

*
* *

On a déjà parlé (p. L) de la faiblesse de l'accent normal dans le mot français isolé et de l'incertitude où peut se trouver parfois un étranger relativement à sa place. Si l'on considère non plus le mot isolé, mais le mot placé dans la proposition ou dans la phrase, cette incertitude peut s'accroître. En effet, certains mots qui pourraient lui paraître avoir un accent (normal) lorsqu'ils sont prononcés tout seuls ou en fin de groupe, sont franchement inaccentués à l'intérieur ; cf. par exemple l'adjectif *beaux* dans *ils sont beaux* et dans *de beaux enfants.* De plus pour un même mot, suivant sa place à l'intérieur du groupe, le mouvement musical est tantôt montant, tantôt descendant. Pas même, semble-t-il, le point de repère mélodique (note basse) que l'on a pour le mot isolé. Autre chose enfin qui peut renforcer l'incertitude. Que l'on prononce avec indignation le mot *épouvantable* : la syllabe *-pou-* va ressortir et il semblera que c'est elle seule qui soit accentuée. L'accent d'insistance aura l'air de détruire l'accent normal de la terminaison *-able*.

Pour toutes ces raisons, il est évident que l'accent français est quelque chose d'assez fuyant. Il existe néanmoins. L'accent est indéniablement en français sur la dernière voyelle ferme du mot isolé ou du mot final de groupe.

Il n'est pas exact par exemple de prétendre que les deux vers de Marc Monnier :

> *Gall, amant de la reine, alla (tour magnanime!)*
> *Galamment de l'Arène à la Tour Magne, à Nîmes.*

riment entre eux d'un bout à l'autre. Ils ne le pourraient que dans une prononciation volontairement déformée, aux fins de calembour. Voici en effet l'accentuation réelle du premier vers :

> *Gall, amant de la reine, all*a *(tour magnanim*e*!)*

et celle du second :

> *Galamm*ent *de l'Arène à la Tour Magne, à Nîmes.*

Un Français se prêtera au jeu, mais n'en sera pas dupe.

Pour en revenir à l'accent d'insistance, on a dit que c'est là un accent supplémentaire qui s'ajoute à l'accent normal de la finale, mais ne le supprime pas. Il convient d'ajouter que cet accent d'insistance est occasionnel et que le français de la société cultivée ne l'emploie, somme toute, que rarement et à bon escient. L'ennemi n'est pas bien dangereux. C'est autre chose cependant lorsqu'il s'agit de la langue populaire. Là, c'est le règne de l'affectivité. L'accent d'insistance devient fréquent, si fréquent qu'il peut finir par paraître normal. L'accent de la fin du mot, physiologiquement faible et psychologiquement banal, tend encore à perdre de son importance. C'est là un fait gros de conséquences. Sans doute, est-il encore prématuré de parler, comme certains l'ont fait, d'un recul de l'accent, qui acheminerait le français vers le mode d'accentuation du germanique. Le langage de la société cultivée maintient l'accent sur la finale. Mais pendant combien de temps le français familier résistera-t-il à la poussée du français populaire ? Et une fois le français familier atteint, qu'adviendra-t-il du français plus soigné ? ... A moins qu'un « enrayement » se produise, comme il y en a eu tellement au cours de l'histoire du français !

PREMIÈRE PARTIE

VOYELLES

CHAPITRE PREMIER

VOYELLES AVEC UN SEUL TIMBRE DANS LES MOTS ET NOMS PROPRES FRANÇAIS

[i], [u], [y], [ɛ̃], [ɑ̃], [ɔ̃], [œ̃].

[i]

La voyelle [i] est représentée en français par les graphies suivantes :

i [1]

Cette graphie a la valeur de [i] :

1º *Au début d'un mot*, quand *i* se trouve :

a) devant *h*, une consonne orale ou un groupe consonantique à premier élément oral ; cf. *ici, idéal, isolé, ignoble, irrité, issue, isthme,* etc., *Iholdy, Icare, Iliade, Isabelle, Irlande,* etc.

b) devant *m, n, nh, mm, nn,* suivis de voyelle ; cf. *image, inaugurer, inhabilité, immense, innombrable,* .etc., *Imécourt, Inaumont, Ineuil, Innimond, Innocent,* etc.

REM. — Pour *immangeable* et *immanquable*, cf. p. 12.

1. Pour les cas où *i* a la valeur de [j], cf. *Introd.*, III.

2º *A l'intérieur du mot*, lorsque *i* se trouve :

a) entre une consonne et un *h*, une consonne orale ou un groupe consonantique à premier élément oral ; cf. *bihebdomadaire, bidon, civil, fil, dictée, migraine, siffler*, etc., *Bihécourt, Morbihan, Niherne, Bicêtre, Cilicie, Philippe, Mistral*, etc.

b) entre une consonne et *m, n, nn* suivis de voyelle ; cf. *ciment, dimanche, linon*, etc., *Corinne*, etc.

c) entre *h*, une consonne ou un groupe consonantique et les terminaisons *-e, -es, -ent* ou *e* suivi de consonne appartenant à la syllabe suivante, tous cas où l'*i* seul se prononce dans les mots français ; cf. *hi(e), mi(e), vi(e), il ni(e)*, etc. —, *tu li(es), tu pri(es)*, etc —, *ils oubli(ent), ils sci(ent)*, etc. —, *il ni(e)ra, ils pri(e)ront*, etc., *Normandie, Picardie, Tuileries*, etc.

Rem. I. — Il en est de même dans *St-Pri(est)*, nom de plusieurs localités françaises.

d) entre un groupe *consonne + liquide* et une voyelle ferme ; cf. *criard, il plia, étrier, peuplier, brièvement, fabliau, priorité, oublieux, striure, friand, triangle, triomphe*, etc., *Briosne, Brioude, Blieux, Chateaubriand, Adrien*, etc.

e) entre *i, é, u* et une consonne ou les terminaisons muettes *-e, -es* ; cf. *foliicole, il obéit, obéie, il suit, suif, puits, tuile, aiguille,* [egɥij], *cuiller* [kɥijɛ:ʀ], *quitter* [kite], pl. *truies*, etc., *Maupertuis, Nuits, Tuileries*, etc.

Rem. I. — Les deux *i* se prononcent [i] dans *Hiis*, localité des Hautes-Pyrénées.

f) entre *eu, ou* et une consonne autre que *l* ou les terminaisons muettes *-e, -es* ; cf. *bleuir, bleuie, éblouir, éblouie, il enfouissait*, pl. *enfouies*, etc. *Louis, Louise*.

3º *A la fin d'un mot*, quand *i* se trouve précédé :

a) d'une consonne de *h* ou de *ch* ; cf. *ceci, dormi, parti, ahi* (cri), *enrichi*, etc., *Henri, Remi*, etc.

b) de *é, u, eu, ou* ; cf. *obéi, aujourd'hui* [oʒuʀdɥi], *étui* [etɥi], *qui* [ki], *bleui, enfoui*, etc., *Blanqui* [-ki], *Créqui* [-ki], etc.

î

Cette graphie a toujours la valeur de [i] ; cf. *abîme, bélître, dîner, épître, huître, île, nous vîmes, vous fîtes, qu'il dormît, qu'il obéît, qu'il jouît*, etc.

ï

Cette graphie a la valeur de [i].

1º *A l'intérieur du mot*, lorsque *ï* se trouve :

a) entre une voyelle et une consonne ; cf. *caïque, laïque, laïcité, naïf, naïveté, qu'il haït, égoïsme, héroïsme, ovoïde, stoïque, ouïr, contiguïté, exiguïté, cocaïne, égoïne, héroïne,* etc., *Baïf, Baïse.* etc.

REM. I. — On prononce [ɔj] dans *voïvode, voïvodat,* et [ɔil] ou [ɔj] dans *(langue d') oïl.*

b) Entre une voyelle ferme et *e* final ; cf. part. passé fém. *haïe, haïes, ouïe* [wi].

REM. — On prononce cependant [j] dans l'interprétation *aïe !* [aj].

2º *A la fin du mot*, après une voyelle ou une consonne, dans *aï* (nom d'un animal), part. passé *haï.*

y[1]

Cette graphie a la valeur de [i] : dans l'adverbe *y* et de plus :

1º *Au début du mot*, quand *y* se trouve suivi d'une consonne ; cf. *ypérite, ysopet, ypréau, Yport, Ypres, Ys, Yves, Yvetot, Yvon, Yzeure,* etc.

---

1. Pour les cas où *y* a la valeur de [j], cf. *Introd.,* III.

2º *A l'intérieur du mot*, quand *y* se trouve :

a) entre une consonne ou *h* et une consonne orale ; cf. *analyse, chrysanthème, dysenterie, lyre, martyr, pachyderme, style, cycle, cyprès, mythe, xylophone, hygiène, hypothèse, hybride, hypsométrie*, etc., *Cysoing*, etc.

b) entre une consonne ou *h* et *m, n, mn* suivis de voyelle ; cf. *anonyme, homonyme, dynastie, synagogue, gymnase, parenchyme, hymne*, etc.

c) entre une consonne et *-e* ou *-es* finals ; cf. *Libye* [libi], *Titye* [titi], *Andryes, Ryes* (localité du Calvados) [ʀi].

d) entre un *u* et une consonne orale ou nasale ; cf. avec [ɥi] : *Bruys, Dupuytren, Guys, Luys, St-Gildas-de-Ruys, Puységur, Luynes, Puymaigre, Puymorens*, etc. ; avec [i] : *Guynemer, Guyton de Morveau.*

e) d'une façon générale, entre *u* et une autre voyelle (dans ce cas, [i] est suivi d'un [j]) ; cf. *il appuya* [apɥija], *fuyard* [fɥija:ʀ], *écuyer* [ekɥije], *essuyer* [esɥije], *tuyère* [tɥijɛ:ʀ], *tuyau* [tɥijo], *ennuyeux* [ɑ̃nɥijø], *bruyant* [bʀɥijɑ̃], *bruyamment* [bʀɥijamɑ̃], etc., *Guyane* [gɥijan], *Guyard* [gɥija:ʀ], *Guyenne* [gɥijɛn], *Guyau* et *Guyot* [gɥijo], *Puyoo* [pɥijo], *Guyon (Chatel-, Longuyon, Vauguyon)* [gɥijɔ̃].

Rem. — L'ancienne prononciation [yj] s'est maintenue dans *gruyer, gruyère, Berruyer, Gruyère, Truyère.*
D'autre part, le français hésite entre [yj] et [ɥij] dans *bruyère, Bruyères, La Bruyère.* Ces deux noms se prononcent cependant plutôt avec [yj].
Quant à *bruyant, bruyamment, tuyau, tuyère*, la prononciation avec [yj] est dialectale ou familière.

f) exceptionnellement dans quelques mots ou noms propres avec *ay* suivi de consonne ou de *e* final.

Si l'*a* du groupe *ay* se prononce [a], *y* a simplement la valeur de [i] ; cf. *Haydée* [aide], *Ysaye* [izai].

Si l'*a* se prononce [e], il peut s'intercaler un [j] entre [e] et [i] ; cf. *pays* (et *paysans, paysage, paysagiste*) [pei] ou [peji], *Fays-Billot* (localité de la Marne) [fei] ou [feji], *abbaye* [abei] ou [abeji].

3º *A la fin du mot*, quand *y* se trouve :

a) **après une consonne** ; cf. *Clichy, Cluny, Coigny, Daubigny, Juilly, Halévy, Noisy, Sully, Valmy, Vichy,* etc.

b) **après** *u, ü, ou* ; cf. avec [ɥi] : *puy, Dhuy, Huy, Le Puy,* etc. et *Haüy* [aɥi] ; avec [wi] : *Jouy, Mouy,* etc. ; avec [i] : *Guy.*

c) **exceptionnellement après** *a* **et** *o* **dans certains noms propres** ; cf. *Ay* [ai], *L'Hay* et *Lay* [lai], *Croy* (ou *Crouy*) [kʀui].

Rem. — On écrit plutôt aujourd'hui *L'Haÿ, L'Haÿ-les-Roses.*

[u]

La voyelle [u] est représentée en français par les graphies suivantes :

ou[1]

Cette graphie a la valeur de [u] dans la conjonction *ou* et de plus :

1º *Au début d'un mot*, quand *ou* se trouve :

a) **devant une consonne (toujours orale) ou un groupe consonantique (à premier élément toujours oral)** ; cf. *ouragan, outil, ouvert, ouche, oubli, ours, outrage, ouvrir, Oudinot, Oudry, Ourcq, Ourthe,* etc.

b) **devant le groupe** -*ill*- ; cf. *ouillage* [uja:ʒ], *ouiller* [uje].

2º *A l'intérieur du mot*, quand *ou* se trouve :

a) **entre une voyelle ou** *h* **et une consonne** ; cf. *caoutchouc, chaouch, giaour, houle, houppe, houx,* etc., *Collioure, Raoul, Bouhours, La Hougue,* etc.

b) **entre deux consonnes** ; cf. *boule, douleur, foudre, souffre, amour, velours, goum, bout, il coud, sous, doux,* etc., *Doubs, Dupanloup, St-Cloud,* etc.

c) **entre une consonne ou** *h* **et les groupes** -*ill*-, -*ilh* ; cf. *qu'il bouille,*

---

1. Pour les cas où le groupe *ou* a la valeur de [w], cf. *Introd.*, III.

dépouille, quenouille, rouille, brouillard, fouiller, souiller, houille, etc., *Gribouille, Pouille, Anouilh* [anuj], *Bouilhet* [bujɛ], etc.

d) entre une consonne ou *h* et *-e* final, entre une consonne et les terminaisons muettes *-es, -ent*, ou entre une consonne et *e* muet + consonne appartenant à une syllabe suivante ; cf. *boue, joue, il loue, tu échoues, ils secouent, il trouera, dénouement, houe*, etc., *La Noue*, etc.

e) entre un groupe consonne + liquide et une voyelle autre que *e* muet ; cf. *il cloua, il trouait, écrouer, éblouir*, etc., *Duguay-Trouin.*

f) entre une consonne et *h ;* cf. *Bouhier, Bouhours, Louhans, Plouha, Rouher, Le Trouhadec*, etc.

Cependant on prononce [w] dans *souhait, souhaiter*.

3º *A la fin d'un mot*, après *h*, une voyelle ou une consonne ; cf. *biniou, mildiou, pioupiou, voyou, youyou, cou, fou, mou, sou, brou, clou, trou, hou !*, etc. *Elleviou, Montesquiou, Daunou*.

Cependant *ou* final a la valeur de [w] dans *miaou !*

où

Cette graphie ne se présente que dans le cas de l'adverbe *où* [u].

oû

Cette graphie a toujours la valeur de [u] ; cf. *dégoût, goût, ragoût, soûl, soûle, coûter, dégoûter, goûter, soûler*, etc.

aou

Cette graphie a la valeur de [u] dans *saoul, saoule, saouler*, qui s'écrivent plutôt aujourd'hui *soûl, soûle, soûler*.

Rem. I. — On prononce [u] dans *Le Faou*, localité du Finistère, et [au] dans *Le Faouët*, localité du Morbihan. Mais *Faou*, patronyme, se prononce [fau].

Rem. II. — Partout ailleurs, le groupe *aou* se prononce [au] ; cf. *Baour-Lor-*

mian, Caours, Chaouilley, Chaource, Chaourse, Daoulas, Daourie, Daours, Naours, Raoul(t), Raousset-Balbon, Raoux, etc.

Les prononciations locales en [u] ou en [ɔ] qui peuvent exister pour tel ou tel de ces noms de localité n'ont pas été adoptées par la langue générale.

aoû

Cette graphie a la valeur de [u] dans *août* [u].

Rem. I. — La prononciation [au] est archaïque ou dialectale. Il en est de même de [ut] et à plus forte raison de [aut].

Rem. II. — Par contre, l'*a* se prononce dans *aoûtat*. Pour *aoûter, aoûté, aoûtage, aoûtement* et *aoûteron*, l'usage est flottant. Sans doute, comme le dit Martinon, « on serait dans la vraie tradition française en prononçant toujours et uniquement [u] »; mais comme ce sont là des mots campagnards, assez rares dans la langue commune, la prononciation provinciale avec [au] ne saurait être condamnée.

eou

Cette graphie a la valeur de [u] dans *Maupeou* [mopu], seul exemple où on la rencontre.

Groupe -ehould

Ce groupe se prononce [u] dans *Sainte-Menehould* [mənu], localité de la Marne.

o

Cette graphie a la valeur de [u] dans *La Trémoille* [tʀemuj] et dans *Croy* [kʀui].

u

Le seul exemple français dont l'*u* se prononce [u] est *Banyuls* [baɲuls], localité des Pyrénées-Orientales, qui se prononce aussi parfois, moins bien, avec un [y]. Encore faut-il remarquer que si ce nom est géographiquement français, il appartient linguistiquement au catalan.

[y]

La voyelle [y] est représentée en français par les graphies suivantes :

u[1]

L'*u* se prononce [y] :

1° *Au début d'un mot*, quand il se trouve :

a) devant une consonne orale ; cf. *urée, usage, utile, ulcère, urbain, urgent, Ugines, Uzès,* etc.

b) devant *n* suivi de voyelle ; cf. *uni, union, Unienville, Unieux,* etc.

2° *A l'intérieur du mot*, quand il se trouve :

a) entre consonne ou *h* et une consonne orale ; cf. *buffet, cuve, furie, il mourut, reflux, durcir, fustiger, muscle, huche, huppe, lutte, Hécube, S*t*-Luc, Tulle, Fréjus,* etc.

b) entre une consonne ou *h* et *m, n, mm,* suivis de voyelle ; cf. *cumin, jumeau, humeur, lune, brunir, hune, nummulite, Béthune.*

c) entre consonne ou *h* et *-e, -es, -ent* finals (muets) ou *e* muet + consonne appartenant à la syllabe suivante ; cf. *étendue, rue, il sue, tu remues, ils ruent, il tuera, dénuement, cohue, il hue, ils hueront, Eugène Sue, Perpétue,* etc.

Rem. — Il en est de même dans *aiguë, ciguë, contiguë, exiguë,* etc., dans lesquels l'*ë* ne se prononce pas.

1. Pour les cas où *u* a la valeur de [ɥ], cf. *Introd.,* iii.

d) entre un groupe consonne + liquide et une voyelle autre que *i ;* cf. *il reflua, obstruer, cruel, concluant, affluence, nous excluons,* etc.

e) entre *i, é, ou* et une consonne ; cf. *diurne, sciure, réunir, réussir, enclouure* [ãkluy:ʀ], *nouure* [nuy:ʀ], *Diusse, Riunoguès, Riupeyroux, Viuz-en-Sallaz, La Réunion,* etc.

3º *A la fin d'un mot*, après une consonne, un *h* ou un *i ;* cf. *bu, écu, moulu, venu, glu, joufflu, perdu, vertu, Chapu, Trochu, Riu* (p. 180), etc.

û

Cette graphie a toujours la valeur de [y] ; cf. *dû, crû* (part. passé de *croître*), *mû, qu'il fût, qu'il mourût, mûr, sûr, bûche, rûche,* etc.

eu

Cette graphie a la valeur de [y] dans la conjugaison du verbe *avoir ;* cf. *j'eus, que j'eusse,* etc., part. passé *eu* ; et dans *chargeure, égrugeure, gageure, laceure, mangeure, vergeure,* où *e* sert à indiquer que *c* et *g* se prononcent [s], [ʒ].

eû

Cette graphie a la valeur de [y] dans la conjugaison du verbe *avoir* ; cf. *qu'il eût, nous eûmes.*

[ɛ̃]

La voyelle [ɛ̃] est représentée en français par les graphies suivantes :

im

Cette graphie a la valeur de [ɛ̃].

1º *Au début d'un mot*, quand *im* se trouve :

a) devant un *m* dans les deux seuls exemples *immangeable* et *immanquable* qui se prononcent d'ailleurs plus souvent avec [imm-].

b) devant *b, p, ph* ; cf. *imbécile, imbiber, impie, impossible, imbriqué, imprimer, Imbart, Imbert, Imbleville, Imphy*, etc.

2º *Au milieu d'un mot*, quand *im* se trouve suivi de *b, p* + voyelle ou consonne ; cf. *limbes, nimbe, gimblette, timbre, simple, Mimbaste, Quimper, Rimbaud*, etc.

in

Ce groupe se prononce [ɛ̃] :

1º *Au début d'un mot*, quand il est suivi d'une consonne orale ; cf. *ingambe, intact, ingrédient, intrigue, instant, Indre, Infreville, Ingrandes, Inval*, etc.

2º *A l'intérieur d'un mot*, quand il se trouve :

a) entre une consonne ou *h* et une consonne orale ; cf. *gingembre, linceul, mince, pincer, cylindre, plinthe, Lindennes, Provins, Vincent*, etc.

b) entre une voyelle autre que *a* ou *e* (sans accent) et une consonne orale ; cf. *coing* [kwɛ̃], *poing* [pwɛ̃], *pointe* [pwɛ̃:t], *moins* [mwɛ̃], *coincer* [kwɛ̃se], *suint* [sɥɛ̃], *suinter* [sɥɛ̃te], *Loing* [lwɛ̃], *Tourcoing* [tuʀkwɛ̃], etc.

3° **A la fin du mot,** quand il se trouve :

a) après une consonne ou *h* ; cf. *fin, lin, pin, bambin, moulin, tin, Martin, Pantin,* etc.

b) après *o, ou, u* ; cf. *coin, foin, loin, soin, Camoins-les-Bains, Le Bec-Hellouin, Baudouin,* etc., avec [wɛ̃] ; *Duguay-Trouin, Drouin,* avec [uɛ̃] ; *juin* [ʒɥɛ̃].

în

Ce groupe n'existe que dans la conjugaison des verbes *tenir, venir* et composés, où il se prononce [ɛ̃] ; cf. *nous tînmes* [tɛ̃:m], *vous tîntes* [tɛ̃:t], *qu'il tînt* [tɛ̃], *nous vînmes* [vɛ̃:m], *vous vîntes* [vɛ̃:t], *qu'il vînt* [vɛ̃].

ïn

Ce groupe se prononce [ɛ̃] dans *coïncidence* et dans *Ebroïn* [ebʀɔɛ̃], nom d'un ancien maire de Neustrie.

em

Ce groupe se prononce [ɛ̃], devant *b, p* + voyelle, dans les mots suivants : *sempiterne, (-nel, -nellement), Sembat, Sempé* et *Lembous, Lemboulas,* rivières du Lot.

REM. — Pour *em* dans les mêmes conditions se prononçant [ɑ̃], cf. p. 18.

en

Ce groupe a la valeur de [ɛ̃].

1° *Au début du mot,* devant une consonne orale :

a) dans les composés en *endéca-,* écrit aussi *hendéca-* ; cf. *(h)endécagone, (h)endécasyllabe.*

b) dans les composés en *ensi-* ; cf. *ensiforme, ensifolié.*

c) dans les noms français suivants : *Enco-de-Botte, Encourtiech, Endoufielle, Endoume, Engayrac, Engayresque, Engomer, Engraviés, Enguiales, Ens, Ensuès.*

Rem. — Pour *en* dans les mêmes conditions se prononçant [ɑ̃], cf. p. 18.

2° *Au milieu du mot*, devant une consonne orale :

a) dans les composés de *bien*, tels que *bienfaisance, bienfait, bienséance, bientôt, bienveillance, bienvenu(e), Bienvenüe*, et à plus forte raison dans *bien-dire, bien-disant, bien-fondé, bien-jugé, bien-tenant, bien-voulu, biens-fonds.*

Rem. — Il en est de même dans *bienheureux* où *bien* est suivi phonétiquement d'une voyelle, ainsi que dans *bien-être, bien-aimé(e).*

b) dans *chiendent*, composé de *chien*, et dans *chrétienté*, dérivé de *chrétien.*

c) dans les formes verbales de *tenir, venir* et composés, où *ien* n'est pas suivi de *n* + voyelle ; cf. *je (tu) tiens, je tiendrai*, etc., et les formes correspondantes de *venir.*

d) dans les mots savants d'introduction relativement récente ; cf. *amentacées, amentifère, appendice* (terme d'anatomie), *appendicite, benzine*, etc. *brenthe, cendal, centumvirat, élenctique, genthite, kentomanie, kentrophylle, martensite, mendozite, menthol, mentorat, mentxélie, menziérie, omentopexie, strengite, zendicisme*, et dans les composés du grec *penta*; cf. *pentacle, pentagone, pentothal*, etc.

Rem. I. — Les termes médicaux *appendice* et *appendicite*, avec [ɛ̃], ont fini par influencer *appendice* (d'un ouvrage), qui avait autrefois un [ɑ̃]. Quel que soit son sens, *appendice* ne se prononce guère plus aujourd'hui qu'avec un [ɛ̃].

Rem. II. — Pour d'autres mots savants se prononçant avec [ɑ̃] ou pouvant se prononcer soit avec [ɑ̃] soit avec [ɛ̃], cf. pp. 18 s.

e) dans les noms propres français, d'origine française : *Benserade, Emendraz* (H^te-Sav.), *Gensac, Gensonné, Lalbenque* (Lot), *Parentis-en-Born* et *Parentis-Uchacq* (Landes), *Penmarch, Penthièvre, Yencesse* —, parmi ceux qui sont terminés en *-enc* dans *Déhodenc, Doumenc, Mézenc, Paulhenc, Poulenc, Teisserenc, Thorrenc* (Ardèche), — parmi ceux qui sont terminés en *-ens* [-ɛ̃ːs] dans *Albens* (Savoie), *Eybens* (Isère) et dans les noms du Midi de la France *Arrens, Artas-*

VOYELLES AVEC UN SEUL TIMBRE   15

sens, *Assens*, *Ayrens*, *Bassens*, *Bessens*, *Bostens*, *Boussens*, *Canens*, *Cézens*, *Charens*, *Correns*, *Couffoulens*, *Coussens*, *Coutens*, *Dessens*, *Douzens*, *Ens*, *Escalquens*, *Escatalens*, *Escoussens*, *Flassens*, *Flourens*, *Giroussens*, *Goulens*, *Gouzens*, *Lévens*, *Loubens*, *Marzens*, *Maurens*, *Mauvens*, *Mauzens*, *Montbazens*, *Moussoulens*, *Peyrens*, *Puymorens*, *Rabastens*, *Ramouzens*, *Roullens*, *Roumens*, *Saint-Gaudens*, *Saubens*, *Saussens*, *Seignalens*, *Sénarens*, *Sigalens*, *Toutens*, *Urdens* —, dans les noms du Midi de la France terminés en *-enx* : *Canenx*, *Morcenx*, *Morenx*, *Navarrenx*, *Poudenx*, *Sarpourenx* —, et dans les noms terminés en *-iens* : *Amiens*, *Damiens*, *Espiens*, *Giens*.

REM. I. — Pour les noms en *-enc*, *-ens* se prononçant avec [ã], cf. p. 20.
REM. II. — Pour *Argens* (fleuve côtier du Var), *Clarens* (H^{tes}-Pyr.), *Laurens* (Hérault), *Puylaurens* (Tarn), cf. p. 20.

3º *A la fin du mot*, lorsqu'il se trouve :

a) après *é, i, ī, u* ou *y* ; cf. *cyclopéen, européen, bien, chien, chrétien, biscaïen, païen, éduen, doyen, moyen*, etc., *Saint-Méen, Brien, Enghien* [ãgɛ̃], *Gien, Ayen*, etc.

REM. — Pour *Saint-Ouen*, cf. p. 20.

b) Après consonne dans *Agen, Bégouen, Blehen* (Belgique), *Dupuytren, Elven, Giren, Guichen, Lesneven, Magen, Pleyben, Quélen, Rosporden, Rostrenen*.

REM. — Pour le flottement entre [ɛ̃] et [ɛn] dans d'autres noms français du même type, cf. p. 385.

ën

Cette graphie a la valeur de [ɛ̃] dans les noms français *Boën* [bɔɛ̃], *Broëns* [bʀɔɛ̃:s] et *Samoëns* [samɔɛ̃:s].

aim, ain

Ces deux graphies ont la valeur de [ɛ̃].

1º *A l'intérieur du mot*, quand elles sont suivies d'une consonne (toujours orale) ; cf. *mainlevée, mainmise, mainmorte, maint(e), maintenant, parpaing, saint, sainteté*, toute la conjugaison de *vaincre* et *convaincre, Paimbœuf, Paimpol, Saintonge, Seraing*, etc.

2° *A la fin du mot*, dans tous les cas ; cf. *daim, essaim, faim, dédain, main, sain, Ain, Blain, Champlain, Méchain, Stain, Tain*, etc.

eim, ein

Ces deux graphies ont la valeur de [ɛ̃].

1° *Au début et à l'intérieur du mot*, quand elles sont suivies d'une consonne (toujours orale) ; cf. *seing, ceint, feint, peinture, teindre, il teint, peindre, il peint, peintre. Eincheville, Einvaux, Einville, Seingalt, Tonneins, Reims*, etc.

2° *A la fin du mot*, dans tous les cas ; cf. *dessein, frein, plein, serein, Monein*, île de *Sein*, etc., auxquels il faut ajouter les noms belges *Ehein, Elvein*.

ym

Cette graphie a la valeur de [ɛ̃].

1° *A l'intérieur du mot*, devant *b, p* ; cf. *corymbe, cymbe, cymbale, olympiade, olympique, sympathie, tympan, lymphe, nymphée, symphonie, symptôme, Symphorien*, etc.

2° *A la fin du mot*, dans *thym* [tɛ̃], seul exemple où on la rencontre.

yn

Cette graphie a la valeur de [ɛ̃].

1° *A l'intérieur du mot*, devant une consonne (toujours orale) ; cf. *larynx, lynx, ornithorynque, lyncher, syncope, syndicat, syntaxe, synthèse*, etc.

2° *A la fin du mot*, dans tous les cas ; cf. *Duguay-Trouyn, Drouyn*, **tous** les deux avec [uɛ̃], *Gédoyn* [ʒedɔɛ̃], *Jamyn, Jocelyn*, etc.

[ã]

La voyelle [ã] est représentée en français par les graphies suivantes :

am

Ce groupe se prononce [ã].

1º *Au début et à l'intérieur du mot*, quand il se trouve une consonne ; cf. *ambassade, ambigu, amputer, ambre, ampleur, framboise, somnambule, lampadaire, mélampyre, camp, champ, Ambert, Ampère, Cambacérès, Campra, Chambord, Champmeslé, Dampierre, Nampcel, Chamfort, Chamlay, Damploup, Damrémont, Damville, Damvillers, Damvix*, etc.

2º *A la fin du mot*, dans *dam* [dã], encore employé dans l'expression théologique *la peine du dam*. C'est également [dã] que l'on prononce dans les locutions aujourd'hui vieillies *à mon (ton, son) dam*.

an

Ce groupe se prononce [ã].

1º *Au début ou à l'intérieur du mot*, devant *h* ou une consonne autre que *n* ; cf. *ancêtre, ange, anse, antenne, antique, anxiété, anthyllide, ancre, anglais, banc, truand, rang, panmagique, néanmoins, autant, fantôme, cantharide, transporter, Anduze, Angers, Candide, Dancourt, Dupanloup, Grandpré, Landres, Lanslebourg, Orléans, Talleyrand, Panhard* [pãa:ʀ], etc.

2º *A la fin du mot*, dans tous les cas ; cf. *an, alezan, antan, bilan, cadran, cancan, flan, maman, ouragan, paysan, tympan, volcan, Artagnan, Audran, Buridan, Conan, Dinan, Grignan, Malibran, Morvan, Péan, Renan, Tristan, Vauban*, etc.

em

Ce groupe se prononce [ɑ̃] au début ou à l'intérieur du mot dans les cas suivants :

1º Devant *m* dans les composés d'origine française avec premier élément *em-* ou *rem-* : *emmagasiner (-age, -eur), emmailloter (-ement), emmancher (-age, -ement, -ure), emmanteler, emmarchement, emmarger, emmasser (-ement), emmécher, emmêler (-ement), emménager (-ement), emmener, emmenotter, emmétrer (-age), emmétrope (-ie), emmiellé (-ement, -ure), emmitonner, emmitoufler, emmitrer, emmortaiser, emmotté, emmouffler (-age, -ement), emmousseliné, emmoustaché, emmurer (-ement), emmuscler, emmusquer, remmailler (-age, -ement), remmailloter, remmancher, remmener.*

Rem. — Pour les composés commençant par *emm-* dont le premier élément est le grec *emmena-*, cf. p. 28.

2º Devant *b*, *p* dans les mots ou noms propres français autres que ceux dont il a été question p. 13 ; cf. *emballer (-age, -ement), embarcadère, embarcation, embarquer (-ement), embaumer (-ement), assembler (-age), sembler, exempt, exempter, coemption, métempsycose, rassembler (-ement), remplacer (-ement), remplir, remplissage, ressembler (-ance), tempête, temps, Embresin, Embrun, Empis, Falemprise, Gastempe, Gembloux, Grand Lemps* [lɑ̃], etc.

Rem. — Il y a flottement entre [ɑ̃] et [ɛm] dans *Hemptine*, localité de Belgique.

en

Ce groupe se prononce [ɑ̃] dans le mot *en* et de plus :

1º *Au début d'un mot*, quand il se trouve :

a) devant un *h*, aspiré ou non ; cf. *enhachement* [ɑ̃aʃmɑ̃], *enhardir* [ɑ̃aʀdiːʀ], *enharnacher* [ɑ̃aʀnaʃe], *enhuché* [ɑ̃yʃe] d'une part, et *enharmonie* [ɑ̃naʀmɔni], *enharmonique* [ɑ̃naʀmɔnik], *enherber* [ɑ̃nɛʀbe] de l'autre.

b) devant un *n*, dans les composés d'origine française dont le premier élément est *en-* ; cf. *ennasser, ennillage, ennoblir, ennoblissement*.

Rem. — Pour les composés commençant par *enn-* dont le premier élément est le grec *ennea-*, cf. p. 28.

c) devant une voyelle dans les composés *enarbrer* [ɑ̃naʀbʀe], *enivrer* [ɑ̃nivʀe], *s'enorgueillir* [ɑ̃nɔʀgœjiːʀ].

Rem. I. — A côté de *enamourer* [ɑ̃namuʀe], il existe aussi le verbe *énamourer*, donné par le Dictionnaire de l'Académie, qui se prononce [enamuʀe].

Rem. II. — Il ne faut pas confondre *ennoblir, ennoblissement*, avec [ɑ̃], et *anoblir, anoblissement*, avec [a].

d) dans les mots *ennui* [ɑ̃ɥi], *ennuyer* [ɑ̃ɥije], *ennuyeux* [ɑ̃ɥijø].

e) devant une consonne orale dans tous les mots français à l'exception de ceux qui ont été signalés p. 14 ; cf. *encadrer, enceinte, enchérir, encore, endormir, enfant, engager, ensemble, enclave, endroit, engrenage*, etc. et les mots savants refaits sur le latin ou le grec : *encalypte, encéphale, enchondral, enchylème, encyclique, endémique, entérite, enthousiasme, entomologie, entropie, enzoïque*, etc.

De même, à l'exception de ceux qui ont été signalés p. 14, dans tous les noms propres français ; cf. *Encausse, Encastrayes, Enfantin, Enfidaville, Enfonvelle, Engenville, Enghien, Engins, Engis, Enlart, Enquin, Ensival, Entrevaux, Enveitg* [ɑ̃vɛtʃ], etc.

2º *A l'intérieur d'un mot*, devant une consonne orale :

a) dans les mots français, à l'exception des composés de *bien*, de *chiendent* et des formes de *tenir, venir* dont il a été question p. 14 ; cf. *amende, appentis, auvent, cent, dent, fiente,* les *gens, guet-apens, gentil, hareng, lent, lentille, mendier, mensonge, pencher, pendant, sentier, tenter, trente, cendre, fendre, gendre, tendre, vendre*, etc. et les mots savants refaits sur le latin ou le grec : *adventice, bucentaure, calendes, centurie, compendieux, dentirostre, épenthèse, lentisque, menstrues, mentagre, penthène, révérentiel, septentrion, stipendié, tentacule, térébentine, vendémiaire, ventôse*, etc.

Rem. I. — L'opposition qui existe entre *chiendent*, avec [ɛ̃], et *chienlit*, avec [ɑ̃] provient du fait que ce dernier mot est pour *chie-en-lit*.

Rem. II. — Il y a flottement entre [ɛ̃] et [ɑ̃] dans les composés ou dérivés du grec *dendron*, tels que *dendrite, dendrobie, dendrographe*, etc. — et dans *(livres) sapientiaux*.

b) Dans les noms propres français autres que ceux dont il a été question, p. 14. Ainsi dans *Alençon, Argentan, Argenteuil, Armentières, Beaugency, Bérenger, Besenval, Buzenval, Carentan, Carpentras, Caventou, Charente* (et *charentais*), *Charenton, Clemenceau, Clément, Clémentel, Cotentin, Daubenton, Fromentin, Fulgence, Genlis, Gentilly, Gentioux, Ghislenghien, Givenchy, Hendaye, Henri, Henriade, Hersent, Hodeng, Hortense, Jouvence, Jouvency, Juslenville, Laurent, Lenclos, Lenglet, Lovenjoul, Mende, Menton, Montmorency, Montpensier, Nogent, Pentecôte, Pont-Sainte-Maxence, Porrentruy, Port-Vendres, Provence, Rocklenge, Saint-Quentin, Senlis, Tarentaise, Tencin, Tende, Valençay, Valence, Valenciennes, Valentin, Vence, Vendée, Vendôme, Mont Ventoux, Vincent*, etc. —, et en particulier, pour les noms en *-enc*, dans *Hodenc* (Oise), *Thorenc* (Alpes-Mar.) ; pour les noms en *-ens*, dans *Lens, Mens, Sens*, avec *s* final prononcé, et *Clarens, Confolens* (et *confolentais*), *Doullens, Feillens, Forens, Furens, Rotherens, Saint-Romain-Bapens, Thorens, Warens*, ou en Suisse Romande *Coppens, Sottens*, etc. sans *s* final prononcé.

Rem. — *Brens* (Tarn), *Clarens* (H^{tes}-Pyr.), *Laurens* (Hérault), *Puylaurens* (Tarn) se prononcent avec [ɛ̃]. Mais on prononce [ɑ̃] dans *Brens* (Ain, H^{te}-Savoie), *Clarens* (Suisse), et dans *Laurens, Dulaurens, Puylaurens*, noms de personnes. De même *Argens*, fleuve côtier du Var, a [ɛ̃] ; mais *(marquis d') Argens* a un [ɑ̃].

3° **A la fin d'un mot**, dans la préposition *en* et dans *Ecouen* [ekwɑ̃], *Rouen* [ʀwɑ̃].

Rem. I. — Les nombreux *Saint-Ouen* de la France du Nord se prononcent avec [ɑ̃]. Cependant, à Paris, on prononce [ɛ̃] dans *Saint-Ouen* (Seine), bien que, sous l'influence de l'orthographe, [ɑ̃] gagne actuellement du terrain.

ean

Ce groupe se prononce [ɑ̃] après *g* :

1° *Au milieu d'un mot*, lorsqu'il est suivi d'une consonne autre que *n* ; cf. *allégeance* [alleʒɑ̃:s], *vengeance, affligeant, en dégageant, encourageant, en forgeant, en mangeant*, etc.

2º *A la fin du mot*, dans tous les cas ; cf. *Gigean, Jean, Sigean, Valjean.*

aen

Ce groupe se prononce [ɑ̃] en fin de mot ; cf. *Caen* [kɑ̃], *Decaen* [dəkɑ̃], *Olivier Messiaen.*

aën

Ce groupe se prononce [ɑ̃] dans *Saint-Saëns* [sɛ̃sɑ̃:s], où il est suivi d'une consonne autre que *n*.

aon

Ce groupe se prononce [ɑ̃] en fin de mot dans *faon* [fɑ̃], *paon* [pɑ̃], *taon* [tɑ̃] et dans *Laon* [lɑ̃], *Saint-Haon* [sɛ̃tɑ̃].

Rem. I. — Mais on prononce [aɔ̃] dans *Chaon* (Doubs, Loir-et-Cher). De même, *Craon, Raon-l'Etape, Thaon* qui se prononçaient autrefois uniquement avec [ɑ̃], se prononcent assez souvent avec [aɔ̃] depuis la guerre de 1914-1918.

Rem. II. — Pour *Saint-Laon* (Vienne), avec [ɔ̃], cf. pp. 22 et 42.

[ɔ̃]

Cette voyelle est représentée en français par les graphies suivantes :

om

Ce groupe se prononce [ɔ̃].

1º *Au début et à l'intérieur du mot*, quand il se trouve suivi d'une consonne orale ; cf. *ombelle, ombre, bombe, compact, complet, dompter, nombreux, plomb, pomper, rompu, somptueux, comté, Omblèze, Omps, Bompas, Combloux, Compiègne, Dompierre, Lombez, Lompnas, Lompnès, Lompnieu, Pompadour, Rombres, Comtat-Venaissin, Domfaing, Domfront, Domgermain, Domjean, Domloup, Domqueur, Domremy, Domsure, Domvallier*, etc.

Rem. — Mais l'*o* n'est pas nasal dans *circompolaire* (et *circumpolaire*), *cromlech* (mot breton) et *Oms* (Pyr.-Or.).

2º *A la fin du mot*, dans tous les mots et noms français ; cf. *dom, nom, prénom, renom, surnom, Billom, Condom, Riom, le Grand Som*, etc. Mais *Bouxom, Cattenom* se prononcent avec [ɔm].

on

Ce groupe se prononce [ɔ̃].

1º *Au début et à l'intérieur du mot*, lorsqu'il est suivi d'une consonne orale ; cf. *once, onduler, oncle, onglet, onction, onguent, bonté, bronchite, condiment, consort, dont, fonds, jonc, pondre, Blondel, Bondy, Brongniart, Concarneau, Conthey, Fontenelle, Honfleur, Mons, Monthey, Montréal*, etc.

2º *A la fin du mot*, dans tous les cas en dehors de la terminaison -*aon* (p. 21) ; cf. *action, bon, démon, division, garçon, lion, mention, mon, on, son, thon, Fénelon, Léon, Marion, Tronchon*, etc.

aon

Ce groupe se prononce [ɔ̃] dans *Saint-Laon*, localité de la Vienne (p. 42).

Rem. — Pour la prononciation du groupe -*aon* dans les autres cas, cf. p. 21.

eon

Ce groupe se prononce [ɔ̃], après *g* :

1º *A l'intérieur du mot*, quand il n'est pas suivi de *n* ; cf. **nous dégageons, nous encourageons, nous forgeons, nous mangeons**, etc.

2° *A la fin du mot*, dans tous les cas ; cf. *badigeon, esturgeon, plongeon*.

um

Ce groupe se prononce [ɔ̃], au début et à l'intérieur du mot, dans les cas suivants : *umbracule, umbraticole, consumptibilité, consumptible, plumbéine, résumpté, résumption, subsumption* (et *subsomption*).

Rem. — *Umbre*, nom de poisson, a cédé la place à *ombre*. Pour *circumpolaire*, cf. p. 22.

un

Ce groupe se prononce [ɔ̃], au début ou à l'intérieur du mot, dans les cas suivants : *uncial, unciale, unciaux* (écrits plus souvent avec *on*), *unciforme, uncinaire, unciné, uncinule, uncinulé, uncipenne, undécennal, unguéal, unguifère, unguinal, acupuncter* et *acupuncture* (écrits aussi avec *-ponc-*), *aduncirostre, arundinacé, arundinaire, avunculaire, fungible, fungicide* et *fungiforme* (écrits plus souvent avec *fong-*), *infundibulé, infundibiliforme, nuncupatif, nuncupation, nundinaire, nundinal, nundines, punctiforme, puntarelle, runcaire, runcinée, tungstate, tungstène, tungstite, Burgundes* (écrit plus souvent avec *on*).

oon

Ce groupe se prononce [ɔ̃] dans *Broons* [bRɔ̃], localités des Côtes-du-Nord et de l'Ille-et-Vilaine.

[œ̃]

Cette voyelle est représentée en français par les graphies suivantes :

um

Ce groupe se prononce [œ̃].

1º *Au début et à l'intérieur du mot*, devant *b*, *p*, dans tous les cas autres que ceux dont il a été question p. 23 ; cf. *humble, Umpeau, Humbeauville, Humbécourt, Humbercamps, Humbert, Humbligny, Lumblin, Lumbres*, etc.

Rem. — Il y a flottement entre [œ̃] et [ɔ̃] dans *Humpfroy*, qui s'écrit aussi *Humfroy* ou *Onfroy*.

2º *A la fin du mot*, dans *parfum*, seul exemple qui se présente en français.

un

Ce groupe se prononce [œ̃].

1º *Au début ou à l'intérieur du mot*, devant une consonne autre que *n*, dans tous les exemples français autres que ceux dont il a été question p. 23 ; cf. *défunt, emprunt, emprunter, lundi, Uncey, Unchair, Unverre, Unzent, Belzunce, Brunvillers, Buncey, Bunzac, Cunfin, Dunkerque, Nuncq*, etc.

2º *A la fin du mot*, dans tous les cas ; cf. *aucun, brun, chacun, commun, Autun, Dun, Glun, Grun, Ahun, Mehun*, etc.

eun

Ce groupe se prononce [œ̃] dans *(à) jeun* [ʒœ̃] et *Meung* [mœ̃].

CHAPITRE II

VOYELLES AVEC DEUX TIMBRES DANS LES MOTS ET NOMS PROPRES FRANÇAIS

Tandis qu'il n'existe en français qu'un seul type de [i], qu'un seul type de [u] et qu'un seul type de [y], on a au contraire un *e* fermé [e] et un *e* ouvert [ɛ], un *o* fermé [o] et un *o* ouvert [ɔ], un *eu* fermé [ø] et un *eu* ouvert [œ]; un *a* antérieur [a] et un *a* postérieur [ɑ]. Ainsi pour quatre voyelles, que l'on représentera ci-dessous par les symboles E, O, EU et A, il existe deux variétés typiques de timbre.

Une double question se pose donc pour chacune d'elles :

1º savoir, comme ç'a été déjà le cas pour [i], [u], [y], comment E, O, EU et A sont représentés dans l'orthographe française ou, si l'on veut, quelles sont les graphies qui leur correspondent.

2º ce travail fait, déterminer ensuite dans quelles conditions E, O, EU et A se prononcent en français soit [e], [o], [ø], [a], soit [ɛ], [ɔ], [œ], [ɑ].

I

REPRÉSENTATION GRAPHIQUE DE *E, O, EU, A,* EN FRANÇAIS

E

Cette voyelle peut être représentée en français par les graphies *e, é, è, ê, ë, æ, œ, ai, aï, aî, ei, eî, ay, ey, eai.*

e

Il faut tout d'abord noter que parfois *e* n'est qu'une simple graphie sans valeur phonétique.

C'est toujours le cas en français dans les groupes suivants, où *e* précède une autre voyelle :

ea (groupe ne se rencontrant qu'après g ou j) ; cf. *il mang(e)a, il neig(e)a, encourag(e)ant, veng(e)ance, oblig(e)amment, Fig(e)ac, J(e)an, J(e)anne,* etc.

eâ (groupe ne se rencontrant qu'après c ou g) ; cf. *douc(e)âtre, roug(e)âtre, nous encourag(e)âmes, vous jug(e)âtes, qu'il mang(e)ât,* etc.

eo (groupe qui ne se rencontre qu'après g) ; cf. *flag(e)olet, ging(e)ole, roug(e)ole, G(e)orges, Mig(e)ot, Voug(e)ot,* etc.

eô (groupe ne se rencontrant qu'après g) ; cf. *g(e)ôle, g(e)ôlage, g(e)ôlier.*

eai (groupe ne se rencontrant qu'après g) ; cf. *j'exig(e)ai, tu interrog(e)ais, il néglig(e)ait, g(e)ai, mang(e)aille,* etc.

eoi ; cf. *boug(e)oir, nag(e)oire, s'ass(e)oir, Albig(e)ois,* etc.

eau ; cf. *(e)au, b(e)au, fard(e)au, chevr(e)au, B(e)auce, M(e)aux,* etc.

eou ; cf. *Maup(e)ou.*

De même dans les groupes suivants où *e* vient après une autre voyelle :

aie ; cf. *hai(e), vrai(es), je balai(e), tu délai(es), ils essai(ent), il pai(e)ra, gai(e)té, gai(e)ment,* etc.

oie ; cf. *soi(e), des oi(es), je broi(e), tu emploi(es), ils envoi(ent), il nettoi(e)ra, aboi(e)ment,* etc.

uie ; cf. *sui(e), des plui(es), j'appui(e), tu essui(es), ils s'ennui(ent), il appui(e)ra,* etc.

Il en est encore de même dans les groupes ci-dessous, mais dans certaines conditions seulement : à la fin du mot —, à l'intérieur du

VOYELLES AVEC DEUX TIMBRES

mot quand *e* est suivi d'une consonne simple + voyelle ou de *s* final non prononcé —, de plus, dans les verbes, aux 3mes pers. du pluriel.

ée ; cf. *anné(e)*, *des allé(es)*, *j'agré(e)*, *tu cré(es)*, *ils maugré(ent)*, *il supplé(e)ra*, *fé(e)rie* [feʀi], *fé(e)rique* [ferik], *Sé(es)* ou *Sé(ez)*, etc.

ie ; cf. *ami(e)*, des *mani(es)*, *endormi(e)*, *fini(es)*, *j'étudi(e)*, *tu ni(es)*, *ils mendi(ent)*, *il pri(e)ra*, *remerci(e)ment*, etc.

ue ; cf. *cohu(e)*, *des charru(es)*, *j'attribu(e)*, *tu insinu(es)*, *ils remu(ent)*, *il tu(e)ra*, *dénu(e)ment*, *nu(e)ment*, etc.

aye ; cf. *Blay(e)*, *Henday(e)*, avec [aj] —, *je bégay(e)*, *tu balay(es)*, *ils essay(ent)*, *il pay(e)ra*, *pay(e)ment*, etc., avec [ɛ] — ; *abbay(e)*, avec [ei].

eye ; cf. *je brassey(e)*, *tu grassey(es)*, *ils grassey(ent)*, *grassey(e)ment*, etc.

oue ; cf. *bou(e)*, *des jou(es)*, *je dénou(e)*, *tu échou(es)*, *ils lou(ent)*, *il rou(e)ra*, *dénou(e)ment*, *dévou(e)ment*, etc.

Enfin l'*e* ne se prononce pas dans *Peir(e)horade*, *Sainte-Men(e)hould*, *Saint-Pri(est)*, *Ca(e)nnais* ou *Ca(e)nais* [kanɛ].

*
* *

Mais *e* se prononce avec la valeur de E dans les cas suivants :

1º Devant consonne simple + voyelle dans (Georges) *Clemenceau*, *Desormeaux*, *Desormes*, *Desormières*, *Elorn*, (riv. du Finistère), (Franchet d') *Esperey*, abbé *Bremond*.

Rem. I. — Il en est de même dans *Jemappes*, qui s'écrit aussi *Jemmapes*.

Rem. II. — L'*e* de *Domremy*, *Remi*, *Saint-Remi* a la valeur de E ou de *e* muet. Il en est de même du second *e* de *Esterel*.

2º Devant un groupe consonne + *h* suivi de voyelle ; cf. *menhir*, *Deshaies* [deɛ], *Deshairs*, *Deshayes*, *Deshauterayes*, *Deshoulières*.

Rem. — Pour la prononciation du groupe -*esh*- dans ces mots, cf. p. 365.

3º Devant *x* + voyelle ou *h* ; cf. *exact*, *exagérer*, *exalter*, *exaspérer*, *exaucer*, *exécrable*, *exécuter*, *convexité*, *flexion*, *inexorable*, *sexe*, *exhalaison*, *exhausser*, *exhaustif*, *exhiber*, *exhorter*, *exhumer*, etc.

4º Devant une consonne orale redoublée + voyelle, *h* ou consonne ; cf. *peccadille, greffe, effaré, elle, cellier, interpeller, rouelle, guerre, erreur, prouesse, essayer, nécessaire, chouette, nettoyer, regretter, ecchymose, ecclésiastique, efflanqué, beffroi, lettre. nous mettrons, Felletin, Le Tellier, Vaucresson*, etc.

Rem. I. — Mais *e* a la valeur de *e* muet dans *dessous, dessus, pardessus* et dans les verbes ou substantifs commençant par *ress-*, comme *ressac, ressaisir, ressasser, ressaut, ressauter, ressembler, ressentir, resserrer, ressortir, ressource, se ressouvenir*, etc., à l'exception de *ressayer, ressui, ressuiement, ressuyer (-age, -ant), ressusciter (-able, -ation, -iteur)* qui se prononcent avec un E.

On a de même un *e* muet dans *Chastellain, Chastellux, Evellin, Gellée* et dans *Montpellier, Morellet* qui se prononcent pourtant aussi avec un E.

Par contre, *cresson, cressonnière* et *Vaucresson*, avec *e* muet, sont dialectaux ou populaires.

Rem. II. — Malgré la rime de V. Hugo *(moelle : cruelle)* et celle de Baudelaire *(moelle : elle), moelle* se prononce généralement avec [a]. La prononciation avec [ɛ] est archaïque et dialectale. Il faut en dire autant pour *moelleux, moelleusement* et *moellon, moellonage*.

A Paris, on entend parfois un [a] dans *il fouette*. De même dans *fouet*. Mais c'est là une prononciation surannée.

A côté de *boette* (ou *boete* et *boëte*) et de *couette*, avec [wɛ], il existe aussi les formes *boitte, coite*, avec [wa].

5º D'une façon ordinaire, devant une consonne nasale redoublée + voyelle ; cf. *dilemme, flemme, gemme, lemme, maremme, emménagogue, emménalogie, emmensite, gemmation, gemmé, gemmipare, antenne, benne, étrenne, garenne, géhenne, penne, renne, qu'il prenne, antienne, chienne, mienne, sienne, tienne, qu'il vienne, biennal, blennie, blennorhagie, chrétiennement, décennal, doyenné, empenner, ennéacorde, ennéagogue, ennemi, moyennant, penniforme, pennon, quatriennal, septennal, triennal, vicennal, Emmelines, Emmery, Jemmapes, Angennes, Ardennes, Cévennes, Rennes, Varennes, Etienne, Valenciennes, Hennequin, Saint-Ennemond*, etc.

Rem. I. — Pour les cas où *emm-* et *enn-* suivis de voyelle se prononcent avec [ɑ̃], cf. p. 18.

Rem. II. — L'*e* a la valeur de *e* muet dans *Lamennais*.

Rem. III. — L'*e* se prononce [a] dans *couenne, couennerie, rouennerie, solennel*, etc., *Confolennais, Doulennais, Rouennais, femme, femmelette* et dans les adverbes en *-emment* : *ardemment, décemment, diligemment, excellemment*, etc.

Rem. IV. — Les mots *hennir* et *hennissement* se prononcent généralement avec [e]. L'ancienne prononciation avec [a] est en train de disparaître.

Au contraire, dans *nenni*, c'est [a] et non [e] qui est le plus fréquent.

VOYELLES AVEC DEUX TIMBRES

6° Devant un groupe consonantique + voyelle, dont le premier élément est une consonne orale et le second une consonne autre que *l*, *r* ; cf. *infecter, rectifier, spectre, flegmatique, elfe, belge, quelque, svelte, syllepse, adepte, sceptre, cierge, vergue, merle, fermeté, moderne, serpe, herse, perte, tertre, conserver, acquiescer, descendre, grotesque, geste, trimestre, excédent, excellent, expédier, extension, prétexte, exclamation, exclure, expliquer, dextre, extrait, Anselme, Desportes, Desprez, Couesnon*, etc.

Rem. — La prononciation de *Couesnon*, avec [a], indiquée encore par certains, est vieillie.

7° devant un groupe *mp* + voyelle ou *h* dans *pempadarque, pempade, pemphéride*.

8° devant le groupe *mn* + voyelle ; cf. *bélemnite, indemne, lemnisque, Agamemnon, Clytemnestre, Memnon*, etc.

Rem. — Pour *indemniser, indemnisable, indemnisation* et *indemnité*, il existe deux prononciations, l'une avec [ɛ], l'autre avec [a]. Mais cette dernière est en train de vieillir.

9° Devant une consonne orale finale autre que *s* ; cf. *bec, chef, appel, ciel, cep, fer, net, Alfred, Lebel, Murger*, etc., tous avec consonne prononcée —, *pie(d), il s'assie(d), cle(f), chante(r), premie(r), e(t), bonne(t), ne(z), vous chante(z), chantie(z)*, etc., avec consonne finale muette.

10° Devant un *s* final dans les monosyllabes *ce(s), de(s), le(s), me(s), se(s), te(s), tu e(s)*.

Rem. — Dans les mots ou noms propres de deux syllabes ou plus, l'*e* de la terminaison *-e(s)* est un *e* muet ; cf. *des chain(es), des ros(es), Charl(es), Domb(es)*, etc.

11° Devant un *m* final (prononcé) dans l'interjection *hem!* et dans *Michel Eyquem de Montaigne, Château-Yquem, Duhem*.

12° Devant *n* final, en dehors des cas signalés p. 15. Ainsi dans *aven, dolmen, Kerguélen, Pleven, Pont-Aven, Suffren*, etc.

13° Devant un groupe consonantique final, à premier élément oral ; cf. *ouest, Capvern, Ger(s)*, etc., avec consonne ou consonnes prononcées —, les *pie(ds), tu t'assie(ds), aspe(ct), mes respe(cts), des cle(fs), le(gs), premie(rs), il e(st), re(ts)*, etc., avec consonnes muettes.

é

Ex. : *abrégé, abrégé(s), abrégé(es), allié, atténué, bébé, envoyé, été, fédéré, imprégné, Condé, Les Mé(es)*, etc.

Rem. I. — A côté de *révisable, réviser, réviseur, révisibilité, révisible, révision*, avec *ré-* [ʀe-], on a *revisable, reviser, reviseur, revisibilité, revisible, revision*, avec *re-* [ʀə-]. Mais on n'a que *revisionniste*, avec *re-* [ʀə].

Rem. II. — Noter l'opposition entre *Abbéville* (M.-et-Mos.), *Abbécourt* (Aisne), avec E, et *Abbeville* (Oise, S.-et-Oise, Somme), *Abbecourt* (Oise), avec e muet.

Rem. III. — L'orthographe officielle de *Mégève* est avec *é* à la première syllabe. On prononce donc [meʒɛːv]. Cependant sous l'influence de la prononciation locale, on commence à dire [məʒɛːv] et à écrire même *Megève*.

Rem. IV. — La prononciation *oé* = [wa] dans *goéland, goélette, goémon*, recommandée par certains, a complètement vieilli. Le groupe *oé* se prononce [ɔe] dans ces trois mots.

è

Ex. : *bègue, calèche, diadème, espiègle, fièvre, genèse, liège, nèfle, procès, Ardèche*, etc.

ê

Ex. : *arête, bête, carême, dépêche, extrême, fête, guêpe, quête, rêche, salpêtre, tête, Bicêtre*, etc.

Rem. — Cependant *oê* a la valeur de [wa] dans *poêle, poêlée, poêler, poêlier, poêlon, poêlonnée*.

ë

Ex. : *maërl, naëgite, boësse (-er), boëtte* (et *boëte, boete, bouette*), *coëf, coësre, foëne* (et *fouëne, foëne*), *foëner* (et *foéner*), *moëre* (et *moëre, moere*), *troëne* (vieux, auj. *troène*), *Caëstre* (Nord), *Laënnec, Laërec, Laërte, Maël, Maël-Carhaix, Maël-Pestivien, Boëge, Boëly, Boësset* (et *Boesset*), *Coëffeteau, Coësmes, Coëtlogon, Coëtlosquet, Coëtquidam, Couëron, Les Coëvrons, Moët, Noël, Ploërmel*, etc.

Rem. I. — Cependant *Woëvre* se prononce [vwa:vʀ].
Rem. II. — *Boësset* et *Coëffeteau*, avec *oë* = [wa], sont aujourd'hui vieillis.
Rem. III. — L'*ë* ne se prononce pas dans *Saint-Aignan-sur-Roë*. D'autre part, *Coëtlogon*, avec *ë* muet, est aujourd'hui vieilli.

æ

Ex. : *æchmée, ægagre, ægosome, ægyrine, æschynante, æsculacées, cæcal, kæmpfirie, pædogénèse, pæonié*, etc.

Rem. — A côté de la graphie æ, il peut en exister une autre avec *é*. Par exemple dans le cas de *ægagropile, ægophonie, cænogénie, ænoménèse, pædiatre*, etc.

œ

Ex. : *cœlentérés, cœliaque, cœlome, fœtal, œcanthe, œcidie, œcumène, œcuménique, œdème, œnologie, œsophage, œstre, périœciens, périœsophagien, Œdipe, Œnone, Œnotrie*, etc.

Rem. — A côté de la graphie œ, il peut en exister une autre avec *é* ; cf. *cœnure* et *cénure*.

Noter la différence orthographique entre *homœogénèse, homœomère (-ies), homœoptote, homœose, homœotéleute, homœotère, homœotherme, homœozoïque* d'une part et *homéographe, homéokinèse, homéopathe (-ie, -ique), homéostrophe, homéotrope (-ie)* de l'autre.

ai

Cette graphie a la valeur de E.

1º à la finale ; cf. *j'ai, balai, essai, gai, mai, vrai, Cambrai, Douai*, etc.

2º devant un e muet ; cf. *que j'aie, que tu aies, qu'ils aient, baie, craie, gaie, plaie, il essaiera, il paiera, bégaiement, paiement*, etc.

3º devant une consonne orale finale (sauf *l*) ; cf. *laid, air, chair, engrais, palais, qu'il ait, il fait, lait, faix, paix, Desaix, Roubaix, Valais*, etc.

4º devant une consonne orale, simple ou redoublée (sauf *ll*) + voyelle ; cf. *aigu, aiguille, aiguiser, aile, aire, éclairer, aise, raisin, baisse, caisse, épaisseur, vous faites, laitue, Blaise*, etc.

5º devant un groupe consonantique à premier élément oral + voyelle ; cf. *faible, aigle, araignée, baignade, aigre, maigre, Alaigne, Cavaignac, Clairvaux, Montaigne, Raismes, Sardaigne*, etc.

6º devant une consonne nasale + voyelle ; cf. *il aime, essaimer, aubaine, gaine, haine, Aimard, Hainaut, Lorraine*, etc.

Rem. I. — Le groupe *-aigne* se prononce [-aɲ], plutôt que [-ɛɲ], dans *Philippe de Champaigne*, qui s'écrit aussi *Philippe de Champagne*. Inversement, la prononciation de *Montaigne* avec [-aɲ] est pédante.
Noter les doubles graphies correspondant à deux prononciations différentes : *Bretaigne, Maignan, Maigneux, Saint-Aignan*, avec [ɛ], et *Bretagne, Magnan, Magneux, Saint-Agnan* avec [a]. Localement on prononce cependant [a] dans *Saint-Aignan* et *Saint-Aignan-sur-Roë*.

Rem. II. — On prononce A dans les groupes *-ail, -aill-*, où *-il* et *-ill-* servent à noter un [j] ; cf. *ail, bercail, émail, travail, bataille, caille, maille, brailler, tailler, joaillier, quincaillier, Versailles*, etc.

Rem. III. — On prononce un *e* muet dans *faisan* et dans *nous faisons, je faisais,* etc., *faisant*.

aï

Ce groupe se prononce E dans *Maïmonide*, qui s'écrit aussi *Maimonide*.

Rem. — Mais l'*a* du groupe *aï* se prononce dans les autres cas, que *ï* ait la valeur de [i], comme dans *haïr* et les formes en *-aï-* de sa conjugaison, *Aï, Baïse*, etc., ou celle de [j] comme dans *aïeul, aïeux, baïonnette, faïence, glaïeul, naïade, païen*.

aî

Ex. : *il connaît, il naît, il paraît, aîné, aître, chaîne, faîte, fraîche, gaîté* (ou *gaieté*), *gaîment* (ou *gaiement*), *laîche, maître, connaître, naître, paître, paraître, traître, Maîche*, etc.

ei

Cette graphie a la valeur de E.

1º devant une consonne orale suivie ou non de voyelle ; cf. *seiche, beige, neige, seize, treize, conseil, soleil, Corbeil, La Gleize, Meilhac, La Reid, Seilhac, Saint-Yrieix*, etc.

2º devant une consonne orale double + voyelle ; cf. *abeille, corbeille, veiller, Corneille, Mireille, Meillet, Meissonnier*, etc.

3º devant un groupe consonantique à premier élément oral + voyelle ; cf. *seigle, enseigne, teigne, beignet, seigneur, Meignan, Seignelay*, etc.

4º devant une consonne nasale + voyelle ; cf. *seime, baleine, peine, veinure, Seine*, etc.

eî

Cette graphie ne se rencontre que dans *reître* (ou *rêtre*).

ay

I. — Le groupe *ay* non suivi de voyelle a la valeur de E :

1º quand il est final ; cf. *Auray, Cernay, Châtenay, Chimay, Corday, Courtenay, Du Bellay, Epernay, Fontenay, de Launay, de Molay, Orsay, Le Play, Semblançay, Viroflay*, etc.

Rem. — Cependant on prononce [ai] dans *Ay, L'Hay, Lay* (p. 7) —, et [aj] dans *Nay* (B.-Pyr.).

2º devant une consonne + voyelle ; cf. *saynète, Aymon, Aymerillot, Caylus, Palayrach, Frayssinous, Maynard, Raynaud, Raynouard, Taygète, Vayrac, Vayson, La Ferronays*, etc.

Rem. — Mais on prononce A + [i] dans *Haydée* —, E + [i] dans *Fays-Billot* (Marne), *pays* et *paysan, paysannerie, paysage* ; cf. p. 6.

II. — Le groupe *ay* suivi de *e* muet se prononce :

E + [j] dans la conjugaison des verbes en -*ayer* (excepté *bayer*) ; cf. *je paye, ils payent, je payerai*, etc. —, et dans le postverbal *paye*.

Rem. — A côté des formes en *ay* = E + [j], il en existe d'autres avec *ai* = E. Les deux prononciations sont très vivantes l'une et l'autre. Mais il semble que E + [j] soit plus commun, dans tous les sens du mot.

Dans les dérivés en -*ment* des mêmes verbes ; cf. *bégayement, déblayement, enrayement, étayement, frayement, payement, rayement*.

Rem. — A côté de *bégayement, déblayement, enrayement, étayement, payement,* avec *ay* = E + [j], il existe aussi *bégaiement, déblaiement, enraiement, étaiement, paiement,* avec *ai* = E. A propos de ces deux prononciations, il convient de faire la même remarque que précédemment. Il faut pourtant remarquer que *frayement* et *rayement* n'ont pas de formes correspondantes en *ai* ; ces mots se prononcent avec E + [j].

E d'une façon générale dans les autres cas ; cf. *Aye d'Avignon, Claye, Hesbaye, Houssaye, Laboulaye, La Curne de Sainte-Palaye, La Fresnaye, La Haye, Naye, Puisaye, Saint-Germain-en-Laye, Vibraye, Deshayes,* etc.

Rem. — Cependant on prononce A + [i] dans *Ysaye* (p. 6) —, A + [j] dans *pagaye* (écrit aussi *pagaïe* ou *pagaille*), *Biscaye, Blaye, Faye, Hendaye, Saint-Jean-de-Daye, Tramayes, Ubaye* —, E + [i] dans *abbaye* (p. 6).

III. — Le groupe *ay* suivi d'une voyelle autre que *e* muet se prononce E + [j] :

a) dans la conjugaison des verbes en -*ayer* (sauf *bayer*) ; cf. *nous payons, vous payez, je payais,* etc.

Rem. — Aux 1re et 2e pers. plur. de l'imparfait de l'indicatif et du subjonctif présent, on prononce un E + [jj]. Ainsi dans *nous payions, vous payiez, que nous payions, que vous payiez,* qui se distinguent ainsi de *nous payons, vous payez,* avec E + [j].

b) dans les substantifs dérivés des mêmes verbes ; cf. *balayage, balayeur, débrayage, débrayeur, essayage, payeur, balayures, délayure,* etc.

c) dans la conjugaison du verbe *avoir* ; cf. *que nous ayons, que vous ayez, ayant*.

d) dans la conjugaison des verbes *distraire, extraire, traire ;* cf. *nous extrayons, vous extrayez, j'extrayais,* etc., *que nous extrayions, que vous extrayiez, extrayant*.

e) dans les substantifs dérivés du verbe *traire* ; cf. *trayeur, trayon*.

f) dans un certain nombre de mots ou noms isolés ; cf. *métayage, métayer, quayage* (ou *quaiage*), *layette, layetterie, layetier, sayette, sayetterie, sayetteur, layeur, crayon, crayonner, playon* (ou *pleyon, ployon*), *rayon, rayonne, rayonner, rayonnage, sayon, Brayon* (du pays de Bray), *Clayette, Le Trayas, Paraguayen, Uruguayen*.

N.-B. — Partout ailleurs on prononce [aj] ; cf. outre le verbe *bayer* et sa conjugaison, *bayadère, batayole, brayère, brayette, fayot* (ou *fayol*), *jayet, papayer, tayaut* (ou *taïaut*), *tayon, Ayen, Bayard, Bayet, Bayeux, Bayonne, Cayeux, Fayard, Fayel, La Fayette, Layard, Le Fayet, Le Vayer, Mayotte, Payot, Rayet*, etc.

ey

I. — Le groupe *ey* non suivi de voyelle a la valeur de E.

1º quand il est final ; cf. *Amancey, Belley, Bugey, Chalindrey, Chambley, Cirey, Ferney, Jussey, Larivey, Marey, Ney, Sarcey*, etc.

REM. — *Briey* (Meurthe-et-Mos.) et *Espoey* (B.-Pyr.) se prononcent localement le premier [bʀiji], le second [ɛspwɛj]. Mais la prononciation générale est [bʀijɛ], [ɛspwɛ].

De même, *Rey*, qui est [ʀɛj] dans le Midi, se prononce [ʀɛ] dans la langue générale.

2º devant une consonne suivie ou non de voyelle ; cf. *beylical, beylicat, beylier, beylieur, ceylanite, cheylète, dreyfusard, dreyfusiste, heyduque* (et *heiduque*), *Aveyron, Beyle, Beynat, Ceyzériat, Eymet, Eymoutier, Feydeau, Freycinet, Lapeyrouse, La Seyne, Les Eyzies, Meymac, Meyrueis, Peyrebrune, Peyrehorade, Peyronet, Peytral, Reybaud, Reynier, Thueyts, Veynes*, etc.

REM. — Le nom de *Talleyrand* se prononce [talʀã] ou [talɛʀã].
Eyne, localité des Pyr.-Or., se prononce [ɛjn].

II. — Le groupe *ey* suivi de *e* muet se prononce :

E + [j] dans la conjugaison des verbes en -*eyer* ; cf. *je grasseye, je grasseyerais*, etc., et dans *ils asseyent, que j'asseye*, etc.

E dans *Laveleye*.

III. — Lorsque la voyelle qui suit est une voyelle autre que *e* muet, le groupe *ey* a toujours la valeur de E + [j] ; cf. les formes de la conjugaison des verbes en -*eyer* : *nous grasseyons, je grasseyais*, etc., et *Cheyenne, nous asseyons, j'asseyais*, etc.

REM. — Aux 1ʳᵉ et 2ᵉ pers. plur. de l'imparfait de l'indicatif et du subjonctif présent des verbes en -*eyer*, on prononce E + [jj]. Ainsi dans *nous grasseyions, vous grasseyiez, que nous grasseyions, que vous grasseyiez*, qui se distinguent ainsi de *nous grasseyons, vous grasseyez*, avec E + [j].

eai

On a vu p. 26 que dans ce groupe, qui n'existe en français qu'après *g*, l'*e* n'a aucune valeur phonétique. On prononce donc E dans *geai, je mangeais, tu jugeais, il exigeait, ils voyageaient, démangeaison,* etc.

REM. — Cependant *mangeaille* se prononce [mɑ̃ʒaːj].

O

Cette voyelle peut être représentée en français par les graphies *o, ô, u, ü, ao, aô, eo, eô, au, eau*.

o

Il faut tout d'abord noter que parfois *o* ne se prononce pas dans certains cas où il est en contact avec une autre voyelle.

C'est ce qui a lieu dans les groupes suivants .

oo. — On ne prononce qu'un *o* dans *alc(o)ol, Romain C(o)olus* —, mais deux *o* partout ailleurs : *alcoolique, alcoolisme, coopérer (-ation, -ative), épizootie (-ique), oolithe, zoo, zoologie*.

REM. — La prononciation de *alcoolique, alcoolisme* avec un seul *o*, autrefois familière ou populaire, est devenue elle aussi correcte.

ao. — Pour la non prononciation de *o* dans *fa(o)nner, pa(o)nne, pa(o)nneau, ta(o)nné* (à côté de *tonné*), cf. pp. 21 et 38.

***

En dehors des cas signalés ci-dessus, l'*o* n'est jamais muet. Il peut cependant avoir diverses valeurs. Sauf exceptions, il a celle de O dans les conditions suivantes :

VOYELLES AVEC DEUX TIMBRES

1° Devant une voyelle prononcée, toujours dans le cas de *oï* et *oa*.

oï. — Ex. : *égoïste, égoïne* (ou *égohine*), *héroïne, langue d'oïl, sphéroïdal, Moïse, Oïlée*, etc., avec *ï* = [i] —, *coïncider, coïnculper, coïntéressé*, etc., avec *ïn* = [ɛ̃] —, *boïard* (ou *boyard*), *Boïeldieu, Boïens*, etc., avec *ï* = [j].

oa. — Ex. : *cloaque, coactif, coadjuteur, coaguler, coaliser, coasser, coassocié, croasser, inchoatif, Noailles, Roanne*, etc.

Rem. — La prononciation de *Roanne, roannais* avec *oa* = [wa] est locale.

Ordinairement dans le cas des groupes *oe, oé, oè* et *oë*.

oe. — Ex. : *coefficient, coercible (in-), coercitif, coercition, coexistent, coexistence, coexister*, avec *e* = [ɛ] —, et dans *coemption*, avec *em* = [ɑ̃].

Rem. I. — Mais *o* a la valeur de [w] dans *boete* (ou *boëtte*), *boesse* (ou *boësse*), *boesser* (ou *boësser*), *moelle, moelleux, moelleusement, moellon, moellonage, moere* (ou *moëre, moère*), *Coesnon*, à côté desquels on a *bouette, Couesnon*.

Rem. II. — Cependant *o* ne se prononce pas dans *Château-d'Oex* [ʃɑtodɛ] (canton de Vaud, Suisse).

oé. — Ex. : *coéchangiste, coéducation, coéquation, coéternel, goéland, goélette, goémon, poésie, poétique, La Boétie*, etc.

Rem. — Mais *o* a la valeur de [w] dans *foéner* (ou *foëner*). La prononciation de *goéland, goélette, goémon* avec *o* = [w] est surannée.

oè. — Ex. : *poème, poète, troène, Boèce*, etc.

Rem. — Mais *o* a la valeur de [w] dans *foène* (ou *foëne, fouëne*) et dans *moère* (ou *moëre, moere*).

oë. — Ex. : *coëf, coësre, troëne* (vieux), *Boëge, Boëly, Boësset, Coëffeteau, Coësmes, Coëtlogon, Coëtlosquet, Coëtquidam, Noël, Ploërmel*, avec *ë* = [ɛ] —, *Samoëns*, avec *ëns* = [ɛ̃:s].

Rem. — Mais *o* a la valeur de [w] dans *boësse (-er), boëtte, foëne (-er), moëre, Les Coëvrons*, avec *ë* = [ɛ]; dans *Woëvre*, avec *ë* = [a].
Il y a flottement entre [ɔ] et [w] dans *Moët* et *Boën*.
Pour *Boësset* et *Coëffeteau*, cf. p. 31.

Jamais dans le cas de **oê**, dont l'*o* a la valeur de [w]; cf. *poêle* et ses dérivés : *poêlée, poêler, poêlier, poêlon, poêlonnée*.

2° Devant *y* + voyelle dans *oyat*, [ɔja] mot picard qui désigne une graminée employée pour fixer le sable des dunes, et dans *caloyer* [kalɔje], *coyau, coyer, coyot, coyote, coyoté, oyant compte, Oye-Plage, Oyonnax.*

Rem. — Pour *oy* = [ui] dans *Croy,* cf. p. 9. Pour *oy* = [w] + A + [j] dans les exemples autres que ceux qui ont été signalé ci-dessus, cf. p. 45.

3º devant consonne orale ou *h* ; cf. *phobie, noble, sobriété, férocité, brioche, socle, ocre, doctrine, codifier, étoffe, loger, dogme, ogre, col, école, galoper, propreté, opter, coq, loque, or, orbite, porc, ordre, forger, borgne, escorter, torve, os, doser, cahot, pelote, innover, équinoxe, Andrinople, Bohême, Cosne, Ohnet, Vosges,* etc.

4º devant *m, n, mm, mn, nn* + voyelle ; cf. *économe, tome, aromatique, carbone, hexagonal, commencer, nommer, automne, omnipotent, bonne, donner, Rome, Barcelone, Commercy, Dommarie, Pommard, Domne, Domnon, Bayonne,* etc.

Rem. — Cependant on prononce [ʒ] dans *Maisonneuve,* et il y a flottement entre [ɔ] et [ʒ] dans *Dommartin.*

5º Devant *m* + consonne orale dans *cromlech* (mot breton), *circompolaire, Oms* (Pyr.-Or.).

ô

Cette graphie a toujours la valeur de O ; cf. *drôle, rôle, enjôler, frôler, dôme, fantôme, chômage, diplômé, cône, trône, aumônier, nivôse, pluviôse, aussitôt, côtelette, côté, rôtir, Drôme, Rhône, Pentecôte,* etc.

ao

Ce groupe se prononce O dans *le Saosnois.*

Rem. I. — L'*a* se prononce ou non dans *aoriste* et *Aoste ;* cependant [aɔ] semble plus fréquent dans le premier cas, et [ɔ] dans le second.
Le groupe *ao* de *extraordinaire (-ement)* se réduit souvent à [ɔ] dans le parler ordinaire. Mais l'*a* se prononce dans le langage soigné.

Rem. II. — Inversement c'est l'*a* qui se prononce et l'*o* qui est muet dans *fa(o)nner, fa(o)nne, fa(o)nneau, paonne, paonneau, paonner.*
Noter encore les deux orthographes *tonné* et *ta(o)nné* « piqué par les taons », auxquelles correspondent deux prononciations, l'une avec [ɔ], l'autre avec [a].

Rem. III. — Dans tous les autres cas, l'*a* et l'*o* du groupe *ao* se prononcent; cf. *aorte, cacaotier, chaologie, chaomancie, chaonien, chaotique, kaolin, Chaonie, Laodice,* etc.

aô

Ce groupe se prononce O dans *Saône*, seul exemple où il se présente.

eo

Ce groupe se prononce O après *g*, seul cas où il se présente ; cf. *flageolet, gingeole, rougeole, Georges, Migeot, Vougeot,* etc.

eô

Ce groupe se prononce O après *g*, seul cas où il se présente ; cf. *geôle, geôlage, geôlier.*

oi

Ce groupe a la valeur de O dans *boille, cancoillotte* « sorte de fromage », *oille*, et dans *oignon, Jodoigne* (ou *Jodogne*), où *-ill-* et *-ign-* ne sont que des graphies pour [j] et [ɲ].

REM. I. — Cependant *-oille* se prononce [uj] dans *La Trémoille*, écrit aussi *La Trémouille* ; cf. p. 9.

REM. II. — Il y a flottement entre [ɔ] et [wa] dans *encoignure et moignon*. Cependant [ɔ] est plus fréquent dans le premier mot, et [wa] dans le second.

REM. III. — Dans *empoigner, poigne, poignée, poignet, poignard*, l'ancienne prononciation avec [ɔ] a pour ainsi dire disparu. On ne la note que dans certaines expressions familières ou populaires : *avoir de la poigne, foire d'empoigne*, qui se prononcent aussi avec [wa].

au

Cette graphie a toujours la valeur de O ; cf. *aube, augmenter, aumône, baume, chauffer, débauche, épaule, faucher, gauche, laurier, mauvais, naufrage, pauvre, rauque, sauce, taupe, il vaut, Auch, Aude, Caucase, Escaut, Gaule*, etc.

eau

Cette graphie a toujours la valeur de O ; cf. *agneau, beauté, cadeau, gâteau, marteau, peaussier, sceau,* Boileau, Bordeaux, Cîteaux, Pourceaugnac, etc.

EU

Cette voyelle est représentée en français par les graphies suivantes :

eu

A l'exception de *(à) jeun* où *-eun* se prononce [œ̃] (p. 24) et de *chargeure, égrugeure, gageure, laceure, mangeure, vergeure,* Villeurbanne ou de la conjugaison du verbe *avoir* où *eu* se prononce [y], le groupe *eu* a partout la valeur de EU ; cf. *épieu, lieu, alleu, cheveu, bleuâtre, bleuet, banlieue, bleue, deuil, écureuil, feuille, qu'il veuille, meuble, neuf, aveugle, filleul, jeune, heure, meurtre, creuser, eux,* Matthieu, Saint-Leu, Neuilly, Saint-Brieuc, Maubeuge, Meurthe, Eustache, Dieuze, etc.

eû

Ce groupe a la valeur de EU dans le substantif *jeûne* et dans *La Deûle,* rivière du départ. du Nord.

Rem. — Pour *eû* = [y] dans la conjugaison du verbe *avoir*, cf. p. 11.

ue

Ce groupe a la valeur de EU dans -*ueil*, -*ueille*, où -*il* et -*ill*- représentent [j] ; cf. *accueil, cercueil, écueil, orgueil, recueil, il (re)cueille, Arcueil, Argueil, Bourgueil, Longueil, Montorgueil,* etc.

Rem. — Mais *Rueil* se prononce [ʀɥɛj] et *Bueil* [bɥɛj].

ueu

Ce groupe a la valeur de EU après *g, q* ; cf. *queue, gueule, liqueur, vainqueur, gueuse, visqueuse, fougueux, belliqueux, Périgueux,* etc.

Rem. — Mais après une consonne autre que *g, q,* l'*u* initial du groupe *ueu* se prononce avec la valeur de [y] dans *flueurs, monstrueux,* et avec celle de [ɥ] dans les autres mots : *lueur, sueur, tueur, affectueux, fastueux, impétueusement, luxueusement, tumultueux, voluptueux, Lesueur,* etc.

œu

Le groupe *œu* a la valeur de EU ; cf. *vœu, nœud, bœuf, œuf, chœur, cœur, consœur, sœur, écœurer, (hareng) œuvé, œuvre, Mercœur,* etc.

œ

Le mot *œil,* se prononce EU + [j], ainsi que le groupe -*œill*- ; cf. *œillade, œillard, œillère, œillet, œilleton, œilletonnage, œilletonner, œillette.*

A

Cette voyelle est représentée en français par les graphies suivantes :

a

Il faut noter tout d'abord que *a* n'a aucune valeur phonétique dans un certain nombre de cas où il est suivi d'une autre voyelle.

aa. — On ne prononce qu'un seul *a* dans *Saales* (Vosges), *Saint-Vaast* (Nord, S.-Inf., Calvados, Oise, Manche) et dans *le Saint-Graal*.

aen. — L'*a* est muet devant *en* = [ã] ; cf. *Caen* [kã], *Decaen* [dəkã], *Olivier Messiaen* [mesjã].

Rem. — Mais c'est le contraire qui a lieu dans *Caen(n)ais* [kanɛ], où c'est l'*a* qui se prononce et l'*e* qui est muet.

aë. — L'*a* est muet devant le groupe final *-ëns* = [ã:s] dans *Saint-Saëns* [sã:s].

Rem. — Cependant l'*a* devant *ë* se prononce dans tous les autres cas ; cf. *maërl*, *naëgite*, *Caëstre* (Nord), *Laënnec*, *Laërec*, *Laërte*, *Maël*, *Maël-Carhaix*, *Maël-Pestivien*, etc.

A côté de *maërl* existe aussi la forme *merl*.

ao. — L'*a* est muet dans *le Saosnois* ; cf. p. 38.

Rem. — Pour *aoriste*, *extraordinaire* et *Aoste*, cf. p. 38, rem. I.

aon. — L'*a* est muet dans *Saint-Laon* [lɔ̃], localité de la Vienne ; cf. p. 21.

Rem. — Pour *aon* = [ã] ou [aɔ̃] dans les autres cas, cf. p. 21.

aou. — L'*a* est muet dans *s(a)oul*, *s(a)oule*, *s(a)ouler*, écrits le plus souvent *soûl*, *soûle*, *soûler*.

Rem. — Pour la prononciation du groupe *aou* dans les autres exemples, cf. p. 8.

aoû. — L'*a* est muet dans *août* [u] ; cf. p. 9.

Rem. — Pour la prononciation du groupe *aoû* dans les autres exemples, cf. p. 9.

Mais *a* se prononce, avec la valeur de [a] ou de [ɑ] suivant les cas.

1º A la finale ; cf. *il a, il chanta, il aura*, etc.

2º Devant une voyelle, non seulement dans les exemples signalés au cours des remarques concernant les groupes *ae* (p. 31), *aë* (p. 42), *aï* (p. 32), *ao* (p. 38), *aou* (p. 8), *aoû* (p. 9), mais encore dans les groupes *-ail, -aill-* (p. 32).

Rem. — Pour *Philippe de Champaigne*, cf. p. 32.

3º Devant *y*, dans les exemples signalés au cours des remarques de la p. 33 s.

4º Devant une consonne orale ou *h* ; cf. *louable, il se cabre, bac, hache, cénacle, exact, malade, cadre, agrafe, nuage, bagne, cale, palper, calquer, valse, halte, salve, cape, diapré, cloaque, arbre, large, basque, liasse, quatre, suave, axe, ah!, bah!, pouah!, Gap, Jacques, Tarn*, etc.

5º Devant *m, n, mm, nn, mn* + voyelle ; cf. *amer, dame, chicane, fané, flamme, grammaire, année, bannir, Chramne, Ramnes*, etc.

à

Cette graphie ne se rencontre que dans la préposition *à* [a] et dans *là, çà*.

â

Cette graphie a toujours la valeur de A ; cf. *âcre, âge, albâtre, âpre, bâche, bâton, châsse, château, débâcle, fâché, grâce, hâte, lâche, mâcher, mât, pâte, plâtre, râle, râteau, tâcher, théâtre, bâiller, bâillon*, etc. et en particulier les terminaisons verbales de la première conjugaison : *nous chantâmes, vous chantâtes, qu'il chantât*.

e

Cette graphie a la valeur de A dans les exemples signalés p. 28, rem. III.

Rem. — Pour *hennir, hennissement, nenni*, cf. p. 28, rem. IV. Pour *indemniser, indemnisable, indemnisation* et *indemnité*, cf. p. 29, rem.

ê

Cette graphie a la valeur de A dans le groupe *oê* = [wa] ; cf. *poêle*, etc., p. 30, rem.

ea

Ce groupe se prononce A après *g*, seul cas où il se présente ; cf. *il abrégea, il mangea, il plongea, orangeade, orangeat, orgeat, dirigeable, dommageable, mangeable, négligeable, dame-jeanne, Jeanne*, etc.

eâ

Ce groupe a la valeur de A après *c, g*, seuls cas où il se présente ; cf. *douceâtre, qu'il abrégeât, nous mangeâmes*, etc.

eai

Ce groupe a la valeur de A dans *mangeaille*, seul exemple où on le rencontre.

De plus, certaines graphies représentent ou peuvent représenter dans certaines conditions un groupe phonétique [w] + A.

oi

A l'exception des mots en *-oill-* et *-oign-* signalés p. 39, le groupe *oi* se prononce toujours [w] + A ; cf. à la finale : *aloi, emploi, foi,* *moi, pourquoi*, etc. —, devant *e* muet intérieur ou final : *il emploiera, il tournoiera, courroie, foie, joie, oie*, etc. —, ou devant consonne : *froid, soif, éloigner, soigner, poil, étoile, avoir, mouchoir, baignoire, tu dois, croiser, adroit, toiture, qu'il boive, poivre, coiffe, assoiffé, angoisse, paroissien, avoine, moine, pivoine, Antoine*, etc.

REM. — La prononciation est la même dans l'adjectif archaïque *roide* et dans *Pont-de-Roide* (Doubs).

oî

Cette graphie a toujours la valeur de [w] + A ; cf. *benoît, benoîte, boîte, cloître, cloîtrer, tu crois, croître, Benoît*.

oy

Ce groupe a une double valeur en français. Il représente :

1º [w] + A à la finale et devant un *e* muet ou une consonne ; cf. *Darboy, Fontenoy, Jouffroy, Roy, Millevoye, Roye, Troyes, Coypel, Coysevox, Loyson, Roybet*, etc.

REM. — *Croy* se prononce cependant [kʀui] ; cf. p. 9.

2º [w] + A + [j] devant une voyelle autre que *e* muet ; cf. les formes de la conjugaison des verbes en -*oyer* : *nous broyons, vous broyez, je broyais, je broyai, broyant, broyé* —, *nous croyons, vous croyez, croyant, nous voyons, vous voyez, voyant* —, *aloyau, boyau, coyer, doyen, hoyau, loyal, loyauté, loyer, moyen, moyette, moyeu, savoyard, voyage, voyelle, voyou, Boyer, Foyatier, Giboyer, Noyants, Noyel, Noyers, Noyon, Royan, Royat, Royer, Royère, Troyon, Vaudoyer*, etc.

REM. I. — La prononciation est la même dans les 1ʳᵉ et 2ᵉ pers. plur. de l'imparfait de l'indicatif et du subjonctif présent en -*oyions*, -*oyiez* : *Nous croyions, vous voyiez, que nous croyions, que vous voyiez* ne se distinguent en rien de *nous croyons, vous croyez*, ni *nous broyions, vous broyiez, que nous broyions, que vous broyiez*, de *nous broyons, vous broyez*, etc.

REM. II. — On prononce cependant O + [j] dans *oyat, caloyer, coyau, coyot* etc. ; cf. p. 37.

eoi

Ce groupe a toujours la valeur de [w] + A ; cf. *il rougeoie, asseoir, bougeoir, égrugeoir, mangeoire, nageoire, bourgeois, villageoise, Albigeois*, etc.

eoy

Ce groupe a toujours la valeur de [w] + A + [j] dans la conjugaison de *rougeoyer*.

ay

Enfin, le groupe *ay* a la valeur de A + [j] dans la conjugaison du verbe *bayer* ; cf. *je baye, tu bayes, ils bayent, il bayait, il bayera*, etc.

Rem. — Aux 1re et 2e pers. plur. de l'imparfait de l'indicatif et du subjonctif présent du même verbe, on prononce A + [jj] ; cf *nous bayions, vous bayiez, que nous bayions, que vous bayiez*, qui se distinguent ainsi de *nous bayons, vous bayez*.

II
DÉTERMINATION DU DOUBLE TIMBRE DE *E*, *O*, *EU*, *A*, EN FRANÇAIS

Il s'agit maintenant d'étudier dans quels cas E, O, EU et A se prononcent.

[e] ou [ɛ]
[o] ou [ɔ]
[ø] ou [œ]
[a] ou [ɑ]

Pour plus de clarté, on considérera le traitement de **e, o, eu** et **a** d'abord en syllabe accentuée, puis en syllabe inaccentuée.

PREMIÈRE PARTIE
E, O, EU, A, EN SYLLABE ACCENTUÉE

E accentué = [e] ou [ɛ] ?

Il faut distinguer deux cas, selon que E accentué est suivi d'une consonne *prononcée* ou non.

I. — E accentué suivi d'une consonne prononcée.

Quelle que soit sa graphie, E accentué suivi d'une consonne prononcée est toujours ouvert.

Quant à [ɛ], il est bref ou long suivant ce qui a été dit plus haut, *Introd.*, v.

a) *Exemples de* [ɛ] *bref* :

Graphie **e** : *bec* [bɛk], *cep* [sɛp], *chef* [ʃɛf], *sagesse* [saʒɛs], *telle* [tɛl], *ferme* [fɛRm], *insecte* [ɛ̃sɛkt], *svelte* [svɛlt], *abdomen* [abdɔmɛn], *hymen* [imɛn], *indemne* [ɛ̃dɛmn], *veste* [vɛst], etc.

Graphie **è** : *bègue* [bɛg], *obsèques* [ɔpsɛk], *plèbe* [plɛb], *poète* [pɔɛt], *sèche* [sɛʃ], *(il) sème* [sɛm], *tiède* [tjɛd], *zèle* [zɛl], *célèbre* [selɛbR], *trèfle* [trɛfl], etc.

Graphie **ê** : *blême* [blɛm], *chêne* [ʃɛn], *évêque* [evɛk], *guêpe* [gɛp], *(il) mêle* [mɛl], *pêche* [pɛʃ], etc.

Graphie **ë** : *Ismaël* [ismaɛl], *Israël* [israɛl], *Noël* [nɔɛl], etc.

Graphie **ei** : *abeille* [abɛj], *baleine* [balɛn], *enseigne* [ãsɛɲ], *peigne* [pɛɲ], *pleine* [plɛn], *soleil* [sɔlɛj], *seigle* [sɛgl̩], etc.

Graphie **eî** dans *reître* [RɛtR].

Graphie **ai** : *(il) aime* [ɛm], *baisse* [bɛs], *(il) daigne* [dɛɲ], *haine* [ɛn], *raide* [Rɛd], *(il) souhaite* [swɛt], *aigle* [ɛgl], *faible* [fɛbl], etc.

Graphie **aî** : *chaîne* [ʃɛn], *faîte* [fɛt], *fraîche* [fRɛʃ], *maître* [mɛtR], *paraître* [paRɛtR], etc.

Graphie **œ** dans *œstre* [ɛstR].

b) *Exemples de* [ɛ] *long :*

Graphie **e** : *fer* [fɛːʀ], *mer* [mɛːʀ], *(il) perd* [pɛːʀ], *verre* [vɛːʀ], *vert* [vɛːʀ], etc.

Graphie **è** : *(il) lève* [lɛːv], *liège* [ljɛːʒ], *première* [pʀəmjɛːʀ], *thèse* [tɛːz], *chèvre* [ʃɛːvʀ̥], *fièvre* [fjɛːvʀ̥], *lèvre* [lɛːvʀ̥], etc.

Graphie **ei** : *beige* [bɛːʒ], *neige* [nɛːʒ], *seize* [sɛːz], *treize* [tʀɛːz], etc.

Graphie **ai** : *air* [ɛːʀ], *aise* [ɛːz], *chaise* [ʃɛːz], *paire* [pɛːʀ], *glaive* [glɛːv], etc.

Rem. — On prononce aussi [ɛː], malgré l'orthographe, dans les formules du type *dussé-je*, *puissé-je*, etc,

II. — E accentué non suivi d'une consonne prononcée.

Dans ce cas, E se prononce ouvert ou fermé. Il faut d'ailleurs remarquer que lorsqu'on a un [ɛ], celui-ci est moins ouvert que s'il est suivi d'une consonne prononcée.

C'est l'orthographe de E qui permet de décider si on a un [e] ou un [ɛ].

Or, il convient de distinguer deux groupes de graphies. Certaines ne trompent pas et représentent *toujours* les unes [e], les autres [ɛ]. D'autres au contraire sont trompeuses et peuvent représenter indifféremment l'un ou l'autre de ces timbres.

1º *Graphies représentant une seule prononciation.*

Elles sont au nombre de *six* :

é (dans les terminaisons *-é*, *-és*, *-ée*, *-ées*) = [e]; cf. *chanté*, *chantés*, *chantée*, *chantées* [ʃɑ̃te], *dé* plur. *dés* [de], *bonté* plur. *bontés* [bɔ̃te], etc.

è (dans la terminaison *-ès*, avec s muet) = [ɛ]; cf. *après* [apʀɛ], *abcès*, *accès*, *cyprès*, *grès*, *progrès*, *succès*, etc.

ê (dans les terminaisons *-êt*, *-êts*, avec t ou ts muets) = [ɛ]; cf. *forêt* plur. *forêts* [fɔʀɛ], *genêt* plur. *genêts* [ʒənɛ], *intérêt* plur. *intérêts* [ɛ̃teʀɛ], *prêt* plur. *prêts* [pʀɛ], etc.

aî (dans la terminaison -*aît*-, avec *t* muet) = [ɛ] ; cf. *il connaît* [kɔnɛ], *il naît* [nɛ], *il plaît* [plɛ], *il paraît* [paRɛ], etc.

ay ayant la valeur de E ; cf. *Auray, Cernay, Châtenay, Chimay*, etc. (p. 33) et *Claye, Hesbaye, Houssaye*, etc. (p. 34).

ey ayant la valeur de E ; cf. *Ferney, Ney, Vevey*, etc. (p. 35) et *Laveleye* (p. 35).

2º *Graphies représentant deux prononciations.*

Elles sont au nombre de *deux* : **e** sans accent aigu, grave ou circonflexe, dans le cas où il a la valeur de E (p. 27 s.) et **ai**.

A. — **e** sans accent, ayant la valeur de E.

Lorsque **e** sans accent est suivi de *r, z, d, f* ou *rs, ds, fs* muets, il se prononce [e].

a) Terminaisons **-e(r)**, **-e(rs)** ; cf. *chanter* [ʃɑ̃te], *parler, voler*, etc. —, *clocher* plur. *clochers* [klɔʃe], *léger* plur. *légers* (leʒe), *premier* plur. *premiers* [pRəmje], etc.

b) Terminaison **-e(z)** ; cf. *vous chantez* [ʃɑ̃te], *vous chantiez, vous chanterez, vous chanteriez*, etc. —, *assez, nez, Desprez, Douarnenez, Duprez*, etc.

Rem. — On prononce cependant [ɛ] dans *Fore(z)*.

c) Terminaisons **-ie(d)**, **-ie(ds)** ; cf. *pied* plur. *pieds* [pje], *il s'assied* et *tu t'assieds* [asje], *il sied* [sje].

d) Terminaisons **-e(f)**, **e(fs)** ; cf. *clef* plur. *clefs* [kle], écrits aussi *clé* plur. *clés*.

Mais lorsque **e** sans accent est suivi d'une consonne ou d'un groupe consonantique autre que *r, z, d, f* ou *rs, ds, fs* muets, il se prononce [ɛ] ; cf. *bonnet* plur. *bonnets* [bɔnɛ], *cadet* plur. *cadets* [kadɛ], *il met* et *tu mets* [mɛ], *rets* [Rɛ], *tu es* [ɛ], *il est* [ɛ], *legs* [lɛ], *aspect* plur. *aspects* [aspɛ], *respect* plur. *respects* [Rɛspɛ], *suspect* plur. *suspects* [syspɛ], *Bex* [bɛ], *Cardinal de Retz* [Rɛ], *Château d'Oex* [ɛ], etc.

Rem. — Après un impératif, le pronom accentué *les* se prononce avec [e]. Ainsi dans *prends-les, donne-les*, etc.

B. — Lorsque **ai** est suivi d'un *e* muet ou d'une consonne **quel**conque muette, il se prononce [ɛ].

a) Terminaisons **-ai(e)**, **-ai(es)** **-ai(ent)** ; cf. *baie* plur. *baies* [bɛ], *plaie* plur. *plaies* [plɛ], *je paie, tu paies, ils paient* [pɛ], *que j'aie, que tu aies, qu'ils aient* [ɛ], *ils parlaient* [paʀlɛ], *ils parleraient* [paʀləʀɛ], etc.

b) Terminaisons **-ai(t)**, **-ai(ts)** ; cf. *souhait* plur. *souhaits* [swɛ], *portrait* plur. *portraits* [pɔʀtʀɛ], *il fait* [fɛ], *il sait* [sɛ], *qu'il ait* [ɛ], *il parlait* [paʀlɛ], *il parlerait* [paʀləʀɛ], etc.

c) Terminaisons **-ai(d)**, **-ai(ds)** ; cf. *laid* plur. *laids* [lɛ].

d) Terminaison **-ai(s)** ; cf. *dais* [dɛ], *frais, palais, anglais, français, tu parlais* [paʀlɛ], *tu parlerais* [paʀləʀɛ], *je fais* [fɛ], *tu sais* [sɛ], etc.

Rem. — *Je sais* a conservé son ancien [e] à la Comédie-Française. Dans l'usage courant on prononce plutôt [ɛ], comme dans *tu sais, il sait*.

e) Terminaison **-ai(x)** ; cf. *faix* [fɛ], *paix, Desaix, Roubaix*, etc.

Mais lorsque **ai** n'est pas suivi d'un *e* muet ou d'une consonne muette, il faut distinguer entre substantifs, verbes et adjectifs.

a) Dans les substantifs, **-ai** se prononce [ɛ] ; cf. *balai* [balɛ], *délai* [delɛ], *essai* [esɛ], *mai* [mɛ], *minerai*, etc.

Rem. I. — La prononciation des substantifs terminés en *-ai* est le même au pluriel ; cf. *balais* [balɛ], *délais* [delɛ], etc.

Rem. II. — Le mot *quai* se prononce avec [e], de même que le plur. *quais*.

b) Dans les formes verbales, la finale *-ai* se prononce [e] ; cf. *j'ai* [e], *je parlai* [paʀle], *je parlerai* [paʀləʀe], etc.

Rem. — Noter la différence entre *je parlai, je parlerai*, avec [e], et *je parlais, je parlerais*, avec [ɛ], conformément à ce qui a été dit plus haut, cette différence se maintient encore aujourd'hui dans la langue soignée ; elle a presque disparu dans la langue courante où l'on prononce [ɛ] dans tous les cas.

c) Le français possède trois adjectifs terminés en *-ai* ; *bai, gai* et *vrai*. *Gai* se prononce avec [e] ; *bai* et *vrai* avec [ɛ].

Rem. — La prononciation reste la même au singulier féminin et au pluriel masculin et féminin.

O accentué = [o] ou [ɔ] ?

Deux cas sont à distinguer, selon que O accentué est suivi d'une consonne *prononcée* ou non.

I. — O accentué suivi d'une consonne prononcée.

Lorsque O accentué est suivi d'une consonne prononcée, il peut être ouvert ou fermé.

1º On a un [ɔ] dans les cas suivants :

a) Lorsque O est écrit *o* et que cet *o* est suivi de [p], [t], [k], [b], [d], [g], [f], [ʃ], [l], [ɲ] ou de [v], [ʀ], [ʒ].

L'[ɔ] est bref, si la consonne prononcée est l'une du premier groupe : *chope* [ʃɔp], *il développe, pope, syncope, il adopte, propre* [pʀɔpʀ̥], *Calliope, Andrinople,* etc.

anecdote [anɛkdɔt], *cote, dot* [dɔt], *note, vote, botte, flotte, il trotte, Hérodote, Charlotte,* etc.

coq [kɔk], *époque, loque, roc, docte, ocre, socle, Duroc, Saint-Roch* [ʀɔk], *Sophocle,* etc.

globe [glɔb], *lobe, robe, noble* [nɔbl̥], *sobre* [sɔbʀ̥], *vignoble, Macrobe,* etc.

code [kɔd], *épisode, mode, période, Hérode, Hésiode, Rhodes,* etc.
églogue [eglɔg], *dogme* [dɔgm], *ogre* [ɔgʀ̥], *Hogue, Paléologue,* etc.
étoffe [etɔf], *philosophe* [filozɔf], *strophe, coffre* [kɔfʀ̥], *girofle* [ʒiʀɔfl̥], *Roscoff, Christofle,* etc.
broche [bʀɔʃ], *cloche, croche, poche, roche, Antioche, Hoche, Loches,* etc.
bol [bɔl], *col, école, parole, il vole, golfe, récolte, solde, Rivarol,* etc.
besogne [bəzɔɲ], *cigogne, il grogne, ivrogne, Boulogne, Pologne,* etc.

Rem. — Il faut ajouter le cas du sing. *os* [ɔs]. Pour le pluriel de ce mot, cf. p. 395.

L'[ɔ] est long, si la consonne prononcée est une consonne du second groupe :

il innove [innɔːv], *ove, Hanovre, Laure de Noves,* etc.
il s'arroge [aʀɔːʒ], *éloge, horloge, loge, Limoges,* etc.
accord [akɔːʀ], *cor, encore, fort, mort, sonore, Armor, Bosphore, Cahors* [kaɔːʀ], *Périgord,* etc.

Rem. I. — Pour l'[oː] de *Vosges,* cf. p. 52.

Rem. II. — Noter [ɔ] bref lorsque [ʀ] est suivi d'une consonne prononcée ; cf. *borgne* [bɔʀɲ], *forge* [fɔʀʒ], *forte* [fɔʀt], *morte, torse* (tɔʀs), etc.

b) Dans les terminaisons **-omme, -onne** ; cf. *homme, il nomme, somme, nous sommes, bonne, consonne, couronne, il donne, il sonne, Sully Prudhomme, Carcassonne, Narbonne*, etc., tous avec [ɔ] bref.

c) Dans les mots où *o* est suivi d'un *s* prononcé + consonne ; cf. *microcosme, imposte, poste, périoste, rostres, Coste, Manosque, Osques*, etc., tous avec [ɔ] bref.

2º On a un [o] long dans les cas suivants :

a) Lorsque *o* est suivi d'un [z] ; cf. *il arrose* [aʀˈoːz], *chose, dose, il ose, rose, Théodose, Berlioz, Culoz*, etc.

b) Lorsque *o* est suivi de *s* non prononcé + consonne ; cf. *crosne* [kʀoːn], *Cosme* (écrit aussi *Côme*), *Cosne, Crosne, Vélosnes, Vosges* [voːʒ], etc.

c) Lorsque *o* est surmonté d'un accent circonflexe ; cf. *côte* [koːt], *hôte, alcôve, drôle, pôle, rôle, arôme, binôme, il chôme, diplôme, dôme, monôme, polynôme, icône, trône, apôtre, le nôtre, le vôtre, Brantôme, Puy-de-Dôme, Drôme, Saint-Jérôme, Pentecôte, Rhône, Vendôme*, etc.

Rem. I. — Distinguer entre *hôte* avec [o] long et *hotte* avec [ɔ] bref. Noter de plus que l'*h* est muet dans le premier mot et aspiré dans le second.

Rem. II. — Pour les adjectifs possessifs *notre, votre*, avec [ɔ] bref, cf. p. 75.

d) Lorsque O est écrit *aô* ; cf. *Saône* [soːn].

e) Lorsque O est écrit *au* ou *eau* ; cf. *taupe* [toːp], *faute, haute, il saute, rauque* [ʀoːk], *aube, chaude, fraude, il chauffe, sauf, chauve, fauve, il chausse, il exauce, fausse, cause, pause, débauche, gauche, auge, sauge, épaule, saule, beaume, chaume, paume, aune, jaune, il se vautre, gaufre, pauvre, rougeaude, heaume, épeautre, Aube, Claude, Plaute, Beauce, Beaune*, etc.

Rem. I. — Cependant on prononce un [ɔ] bref dans *Paul. Paule* au contraire suit la règle ordinaire et prend un [o] long.

Rem. II. — On prononce aussi un [o] long dans les terminaisons -aur, -aure ; cf. *hareng saur* [soːʀ], *Saint-Maur, Centaure, Faure, Maures, Minotaure*, etc.

3º Dans les terminaisons **-osse, -ome, -one**, on prononce [ɔ] bref ou [o] long suivant les mots.

a) Terminaison **-osse-**. On a un [o] long dans *fosse* [foːs], *grosse, il s'adosse, il désosse, il endosse, il engrosse, Lafosse*.

Mais un [ɔ] bref ailleurs ; cf. *bosse* [bɔs], *brosse, colosse, cosse, il écosse, crosse, il drosse, Josse*, etc.

Rem. — Noter que la terminaison *-oce* se prononce toujours avec [ɔ] bref ; cf. *atroce* [atʀɔs], *féroce, négoce, noce, précoce,* etc.

b) Terminaison **-ome.** — On a un [o] long dans *arome* (ou *arôme*), *atome, axiome, brome, chrome, fibrome, gnome, idiome, lipome, monochrome, polychrome, rhizome, sarcome, staphylome, Saint-Jean Chrysostome.*

Il y a hésitation entre [o] long et [ɔ] bref dans les mots terminés en *-drome* (*hippo-, palin-, pro-, vélo-*).

Mais on prononce un [ɔ] bref partout ailleurs : *amome, carcinome, cardamome, craniotome, dichotome, ignivome, majordome, nome, phlébotome, rhinopome, rhizostome, stéatome, tome,* etc., et en particulier dans les mots ou noms terminés en *-onome : astronome, autonome, econome, gastronome,* etc., *Deutéronome, Le Home, Rome, Sodome,* etc.

c) Terminaison **-one.** — On a un [o] long dans *cyclone, icone* (ou *icône*), *zone.*

Il y a hésitation entre [o] long et [ɔ] bref dans *amazone, l'Amazone.*

Partout ailleurs on prononce un [ɔ] bref : *anémone, aphone, carbone, madone, matrone, monotone, ozone, polygone, trombone, Barcelone, Dodone, Pétrone,* etc.

II. — **O accentué non suivi d'une consonne prononcée.**

L'O accentué non suivi d'une consonne prononcée est toujours fermé et bref :

plur. *os* [o].

dos [do], *éclos, gros, propos, repos, Ducos, Ninon de Lenclos,* etc.

cahot [kao], *chariot, idiot, mot, pot, sot, cageot* [kaʒo], *Charcot, Lescot, Renaudot,* etc.

aussitôt [osito], *prévôt, tantôt,* etc.

Goth [go], *Ostrogoth, Wisigoth.*

Gounod [guno].

boyau [bwajo], *fléau, joyau* [ʒwajo], *noyau* [nwajo], *tuyau* [tɥijo], *Castelnau, La Crau, Pau,* etc.

chaud [ʃo], *crapaud, nigaud, noiraud, ribaud, Bertaud, Renaud, Thibaud,* etc.

Arnauld [aʀno], *La Rochefoucauld* [ʀɔʃfuko], etc.
Boursault [buʀso], *Hérault* [ˈeʀo], etc.
artichaut [aʀtiʃo], *il faut, haut, saut, Boucicaut, Escaut,* **Manon Lescaut**, etc.
aulx [o] plur. de *ail, chaux* [ʃo], *faux, taux,* plur. en -*aux* (*animaux, généraux, soupiraux,* etc.), *Clairvaux, Marivaux, Roncevaux,* etc.
agneau [aɲo], *beau, cadeau, eau, marteau, sceau, seau, Boileau, Fontainebleau, Rameau,* etc.
Bordeaux [bɔʀdo], *Carpeaux, Chenonceaux, Meaux, Sceaux,* etc.

Rem. — Il en est de même dans les terminaisons du pluriel -*ots*, -*eots*, -*oths*, -*auds*, -*auts*; cf. *cahots* [kao], *cageots* [kaʒo], *wisigoths* [vizigo], *prévôts*, [pʀevo], *chauds* [ʃo], *artichauts* [aʀtiʃo], etc.

EU accentué = [ø] ou [œ] ?

Deux cas sont à distinguer, selon que EU accentué est suivi d'une consonne *prononcée* ou non.

I. — **EU accentué suivi d'une consonne prononcée.**

Lorsque EU accentué est suivi d'une consonne prononcée, il peut être ouvert ou fermé.

1° On a un [œ] lorsque EU est suivi de [p], [b], [f], [j], [n] ou de [v], [ʀ].

L'[œ] est bref, si la consonne prononcée est l'une du premier groupe :

peuple [pœpl].
éteuble [etœbl], *meuble.*
éteuf [etœf], *neuf, veuf, Elbeuf, Marbeuf, Rutebeuf,* etc.
bœuf [bœf], *œuf.*
bouvreuil [buvʀœj], *chevreuil, deuil, fauteuil, Argenteuil, Auteuil, Montreuil,* etc.
il endeuille [ɑ̃dœj], *feuille, qu'il veuille,* etc.
il cueille [kœj], *il recueille.*
œil [œj].
aïeul [ajœl], *glaïeul, filleul, seul, Chevreul, Choiseul,* etc.

aïeule [ajœl], *filleule, seule.*
gueule [gœl].
il déjeune [deʒœn], *jeune, Lejeune.*

Rem. I. — Il en est de même dans les terminaisons du pluriel *-eufs, -euils, -euls;* cf. *neufs* [nœf], *fauteuils* [fotœj], *seuls* [sœl], etc.

Rem. II. — On prononce cependant un [ø] long dans *meule, veule, la Deûle, Veules.*

L'[œ] est long, si la consonne prononcée est une consonne du second groupe :

il abreuve [abʀœ:v], *fleuve, qu'il meuve, neuve, ils peuvent, preuve, veuve, œuvre, Sainte-Beuve, Cœuvres,* etc.
couleur [kulœ:ʀ], *froideur, fleur, laideur, meilleur, sauveur, stupeur, Honfleur, Pasteur,* etc.
il affleure [aflœ:ʀ], *demeure, heure, il pleure, Eure,* etc.
beurre [bœ:ʀ].
ailleurs [ajœ:ʀ].
heurt [œ:ʀ].
chœur et *cœur* [kœ:ʀ], *Mercœur, il écœure* (ekœ:ʀ].

Rem. I. — Il en est de même dans les terminaisons du pluriel *-eurs, -œurs, -eurts;* cf. *couleurs* [kulœ:ʀ], *cœurs* [kœ:ʀ], *heurts* [œ:ʀ], etc.

Rem. II. — Noter que [œ] est bref lorsque [ʀ] est suivi d'une consonne prononcée ; cf. *il heurte* [œʀt].

2º On a un [ø] long :

a) lorsque EU est suivi de [t], [k], [d], [z], [ʒ], [m] :
il ameute [amø:t], *émeute, meute, il calfeutre* [kalfø:tʀ̥], *feutre, neutre, pleutre.*
Pentateuque [pɛ̃tatø:k], *Polyeucte* [pɔljø:kt], *Leuctres* [løktʀ̥].
leude [lø:d], *Eudes.*
baigneuse [bɛɲø:z], *berceuse, chartreuse, creuse, heureuse* [œʀø:z], *Chevreuse, Meuse,* etc.
Dezeuze [dəzø:z], *Greuze, Leuze.*
Maubeuge [mobø:ʒ].
empyreume [ɑ̃piʀø:m], *neume.*

b) lorsqu'on a l'orthographe *eû;* cf. *jeûne* [ʒø:n], qui se distingue ainsi de *jeune* (adjectif) et de *il déjeune,* tous les deux avec [œ] bref.

3º Lorsqu'il est suivi de [g], EU est ouvert et bref dans *aveugle* [avœgl], mais fermé et long dans *il beugle* [bø:gl], *il meugle* [mø:gl], *teugue* [tø:g].

II. — **EU accentué non suivi d'une consonne prononcée.**

EU accentué non suivi d'une consonne prononcée est toujours fermé et bref.

aveu [avø], *bleu, feu, jeu, peu, Saint-Leu*, etc.
épieu [epjø], *essieu, lieu, pieu, Dieu, Jussieu, Montesquieu*, etc.
Saint-Brieuc [bʀiø].
bleue [blø], *Barbe-Bleue*.
banlieue [bɑ̃ljø], *lieue*.
Yseult [izø].
monsieur [məsjø].
messieurs [mesjø].
Il se meut [mø], *il peut, il pleut, il veut*.
deux [dø], *eux* [ø], *lumineux, nombreux, paresseux, vaseux, Dreux Evreux*, etc.
Lisieux [lizjø].
boueux [bwø], *noueux*.
affectueux [afɛktɥø], *fastueux, luxueux, voluptueux*, etc.
aïeux [ajø], *copieux, envieux, pieux, soucieux, Andrieux* [ɑ̃dʀiø], etc.
vœu [vø], plur. *vœux* [vø].
nœud [nø], plur. *nœuds* [nø].
plur. *bœufs* [bø], plur. *œufs* [ø].
queue [kø].

A ACCENTUÉ = [a] ou [ɑ] ?

La répartition de [a] et [ɑ] dans le français correct d'aujourd'hui est assez délicate à établir.

Pour plus de simplicité, on ne parlera ici que des terminaisons où on a toujours [ɑ] et des terminaisons où on a tantôt [a], tantôt [ɑ] suivant les mots. Il est entendu que celles dont il ne sera pas question se prononcent toujours avec [a].

VOYELLES AVEC DEUX TIMBRES

I. — Cas où l'on prononce toujours un [ɑ].

Cet [ɑ] peut être long ou bref.

1º On prononce un [ɑ] long dans les terminaisons :

a) **-afle** : *il érafle* [eʀɑ:fl̩], *il rafle* [ʀɑ:fl̩].

b) **-avre** : *cadavre* [kadɑ:vʀ̩], *havre, il navre, Favre, Le Havre*, etc.

c) **-as** (avec *s* prononcé) : *ambesas* [ãbzɑ:s], *hélas!, mas* (métairie), *Alcofribas, Arras, d'Assas, Barras, Calas, Cujas, comtesse d'Escarbagnas*, etc.

d) **-ase** : *base* [bɑ:z], *case, extase, phase, phrase, vase, Caucase, Pégase*, etc.

e) **-aze** : *gaze* [gɑ:z], *topaze, Artabaze, Cazes, Decazes*, etc.

De plus, dans les mots ou noms suivants : *gaz* [gɑ:z], **Chasles** [ʃɑ:l], *Dombasle* [dõbɑ:l], *Jacques* [ʒɑ:k], *le Saint-Graal* [gʀɑ:l].

2º On prononce un [ɑ] bref dans le mot *gars* [gɑ], et dans *île de Batz* [bɑ], *Les Matz* [mɑ], *Ressons-sur-Matz* [mɑ], *Pointe du Raz* [ʀɑ], *Saint-André-le-Gaz* [gɑ].

II. — Terminaisons où l'on prononce tantôt [a], tantôt [ɑ], suivant les mots.

L'[ɑ] est long quand il est suivi d'une consonne quelconque prononcée ; de même l'[a] quand il est suivi d'une consonne allongeante : [ʀ], [z], [ʒ], [v]. En dehors de ces conditions, [a] et [ɑ] sont brefs.

a) **-a** : On prononce un [ɑ] bref dans les monosyllabes *fa, la* (notes de musique), dans le nom des lettres *a* et *k* [kɑ], et dans le mot *bêta* [betɑ] « personne bête ».

Ailleurs on prononce un [a] bref : *il a* [a], *il va, il parla, il chantera*, etc. De même dans l'expression *a b c*.

b) **-abe** : On peut prononcer un [ɑ] long dans *crabe*.

Partout ailleurs on prononce uniquement un [a] bref ; cf. *arabe, syllabe, Souabe*, etc.

c) **-able** : On prononce un [ɑ] long dans *il accable* [akɑ:bl̩], *diable, fable, jable, sable*.

Certains font la distinction entre *sable* (un des six émaux de l'écu), avec [a], et *sable* (silice en grain), avec [ɑ] long.

Partout ailleurs on prononce un [a] bref ; cf. *affable* [afabl̩], *aimable, capable, étable, table,* etc.

Le mot *gable* [gɑbl̩] s'écrit aussi *gâble*.

d) **-abre** : On prononce un [ɑ] long dans *il se cabre* [kɑ:bʀ̥], *candélabre, il se délabre, sabre*.

Il y a hésitation entre [ɑ] long et [a] bref dans *glabre, macabre, Calabre, Cantabres, Delabre, Fabre, Saint-Benoît Labre, Sabres, Vabre, Vélabre*.

Mais on prononce un [a] bref dans *cinabre* et *palabre*.

e) **-ace** : On peut prononcer un [ɑ] long dans *espace* et *il lace*.

Partout ailleurs on prononce uniquement un [a] bref ; cf. *audace* [odas], *coriace, dédicace, face, populace, vorace, Alsace, Horace, Ignace, Laplace*, etc.

f) **-acle** : On prononce un [ɑ] long dans *miracle* [miʀɑ:kl̩], *oracle* et *il racle*.

Partout ailleurs on prononce un [a] bref ; cf. *cénacle, obstacle, pinacle, spectacle, tabernacle*.

g) **-acs** : Ce groupe se prononce [ɑ] bref dans *entrelacs* et *lacs* (filet).

Mais *lacs*, pluriel de *lac*, se prononce [lak].

h) **-adre** : On prononce un [ɑ] long dans *cadre* [kɑ:dʀ̥], *il encadre* et *madre*.

Mais il y a hésitation entre [ɑ] long et [a] bref dans *escadre*.

i) **-af(f)re** : On peut prononcer un [ɑ] long dans *(une, il) balafre* et dans *les affres* (de la mort).

Partout ailleurs, on prononce uniquement un [a] bref ; cf. *safre, Mgr Affre, Cafres, Vénafre*.

j) **-agne** : On prononce ordinairement un [ɑ] long dans *il gagne* [gɑ:ɲ], *il regagne*.

Partout ailleurs, on prononce un [a] bref ; cf. *bagne* [baɲ], *campagne, montagne, Cerdagne, Champagne*, etc.

k) **-ail** : On prononce ordinairement un [ɑ] long dans *rail* [ʀɑ:j], *Cail*.

VOYELLES AVEC DEUX TIMBRES

Partout ailleurs on prononce un [a] bref ; cf. *ail* [aj], *bail, bercail, détail, émail, gouvernail, portail, vitrail, Ponson du Terrail, Raspail,* etc.

l) **-aille** : Il faut distinguer entre substantifs et verbes.

1º Dans les substantifs on prononce ordinairement un [ɑ] long : *bataille* [batɑ:j], *broussailles, écaille, funérailles, mangeaille, paille, représailles, Cornouaille, Noailles, Versailles, Xaintrailles,* etc.

Rem. — Mais on prononce un [a] bref dans le substantif *faille* (étoffe, fente) et dans *médaille*.
De plus, *taille* se prononce ordinairement avec un [a] bref, quand il signifie la hauteur ou une partie du corps ; avec un [ɑ] long quand il a une autre signification ; cf. *prendre par la taille* [taj] et *la taille* [tɑ:j] *des arbres fruitiers.*

2º Dans les verbes qui ont comme correspondant un substantif en *-ail* [-aj], la terminaison *-aille* se prononce [-aj]. Au contraire, si le verbe n'a pas de substantif correspondant en *-ail* et à plus forte raison s'il a un substantif correspondant en *-aille* [-ɑ:j], on prononce [ɑ:j].

D'où quatre séries d'exemples :

il baille (= donne), *il détaille, il émaille, il travaille,* etc., avec [-aj], à cause de *bail, détail, émail, travail,* etc., qui se prononcent eux-mêmes avec [-aj].

il braille, il caille, il se chamaille, il criaille, il écrivaille, il piaille, il raille, il rimaille, etc., avec [-ɑ:j], parce qu'il n'y a pas de substantifs correspondants en *-ail*.

il bataille, il écaille, il ferraille, il mitraille, il taille, etc., avec [-ɑ:j], à cause de *bataille, écaille, ferraille, mitraille, taille,* etc. qui se prononcent eux-mêmes avec [-ɑ:j].

il déraille, avec [-ɑ:j], à cause de *rail* [Rɑ:j].

Rem. — Cependant les subjonctifs *aille, faille, vaille,* pour lesquels il n'y a pas de formes correspondantes en *-ail,* se prononcent avec [aj].
Il en est de même pour *il assaille, il tressaille.*

m) **-ale** : On peut prononcer un [ɑ] long dans *il hale.*
Partout ailleurs, on prononce un [a] bref ; cf. *annales* [annal], *banale, céréale, cigale, égale, scandale,* etc.

n) **-am(m)e** : On peut prononcer un [ɑ] long dans *il brame, il clame, il déclame, il diffame, il proclame, (il) réclame, il enflamme, flamme, oriflamme.*

Partout ailleurs on prononce uniquement un [a] bref ; cf. *il affame* [afam], *bigame, dame, drame, il entame, il étame, madame, gramme,* etc.

Rem. — Il faut rapprocher des cas précédents celui de *brahme* qui se prononce avec un [ɑ] long.

o) **-amne** : le groupe se prononce [ɑ:n] dans *il (se) damne*.
Mais il y a hésitation entre [ɑ:n] et [an] dans *il condamne*.

p) **-an(n)e** : On peut prononcer un [ɑ] long dans *manne* (nourriture d'origine céleste), *Anne* et *Jeanne*. On entend aussi, mais beaucoup moins souvent, un [ɑ] long dans *il émane, il glane, il plane, profane*.

Partout ailleurs on prononce uniquement un [a] bref ; cf. *cane, canne, manne* (sorte de panier), *panne, paysanne, vanne, Marianne*, etc.

q) **-ape** : On peut prononcer un [ɑ] long dans *il dérape*.
Partout ailleurs on prononce uniquement un [a] bref : *il attrape, cape, il se drape, pape, sape, il tape, Esculape, Jemmapes, Priape*, etc.

r) **-ar(r)e** : On peut prononcer un [ɑ] long dans *are, gare, rare, (il) barre, il carre, il contrecarre, il rembarre, de la Barre*.

Partout ailleurs on prononce uniquement un [a] long ; cf. *avare* [ava:ʀ], *barbare, fanfare, bagarre, bizarre, il narre, Baléares, La Fare, Lazare*, etc.

s) **-as** (avec *s* muet) : On prononce ordinairement un [a] bref dans *ananas, bras, cadenas, canevas, cervelas, chas, chasselas, compas, damas, débarras, échalas, embarras, fatras, fracas, galetas, galimatias, judas, matelas, plâtras, taffetas, tracas, verglas*.

Ailleurs on prononce un [ɑ] bref ; cf. *amas* [amɑ], *appas, bas, cas, frimas, glas, gras, haras, las, lilas, pas, ras, repas, sas, tas, trépas, Carabas, Dumas, Lucas, Nicolas, Privas, Thomas*, etc. Il en est de même dans les formes verbales *tu as, tu vas, tu aimas, tu aimeras*, etc., où l'[ɑ] est du reste très légèrement postérieur.

t) **asse** : On prononce un [ɑ] long :

1º Dans les mots qui ont comme correspondant un autre mot terminé en *-a(s)* ayant un [ɑ] bref : *il amasse* [amɑ:s], *basse, il entasse, grasse, Grasse, De Grasse, impasse, (il) lasse, il passe, il*

VOYELLES AVEC DEUX TIMBRES

tasse, il trépasse, etc., à côté desquels existent *amas, bas, gras, las, pas, tas, trépas*, etc., avec [ɑ].

2° Dans quelques mots isolés ; cf. *il casse, casse* (action de briser, objets brisés), *(une, il) classe, il déclasse, une tasse.*

Il y a hésitation entre [ɑ] long et [a] bref dans *brasse* (mesure de longueur), *calebasse, casse* (de l'imprimeur, du pharmacien, de la cuisinière), *il compasse, il damasse, échasse, une embrasse, impasse, nasse, il se prélasse, il ressasse, il sasse, sasse* (sorte de pelle), *Annemasse, Montparnasse, Parnasse.*

Partout ailleurs, on prononce uniquement un [a] bref ; cf. *bécasse* [bekas], *il cadenasse, carcasse, chasse, crevasse, cuirasse, il débarrasse, il embarrasse, qu'il fasse, il fracasse, il jacasse, liasse, masse, paillasse, paperasse, il tracasse*, etc., ainsi que les formes en *-asse, -asses, -assent* de la 1re conjugaison : *que je parlasse*, etc.

u) **-at** (avec *t* muet) : On peut prononcer un [ɑ] bref, très légèrement postérieur, dans *chocolat, climat, grabat, prélat.*

Partout ailleurs on prononce uniquement un [a] bref ; cf. *avocat* [avɔka], *il bat, béat, chat, délicat, éclat, forçat, ingrat, légat, magistrat*, etc.

REM. — Au pluriel, la terminaison *-ats* peut se prononcer avec un [ɑ] bref très légèrement postérieur, dans *chocolats, climats, grabats*, dans *gravats* qui n'existe qu'au pluriel, et dans l'expression toute faite *mort aux rats*. Dans tous les autres pluriels, on prononce uniquement un [a] bref ; cf. *avocats* [avɔka], *béats, chats, rats*, etc.

v) **-ate** : On peut prononcer un [ɑ] long dans *Pilate* [pilɑ:t].

Partout ailleurs, on prononce uniquement un [a] bref ; cf. *agate* [agat], *aromate, automate, il constate, délicate, il dilate, disparate, Euphraste, Pisistrate*, etc.

w) **-ave** : On peut prononcer encore à la rigueur un [ɑ] long dans *esclave* et *grave.*

Partout ailleurs on prononce uniquement un [a] long ; cf. *cave* [ba:v], *brave, cave, enclave, gave, (il) lave, slave, Barnave, Graves, Octave*, etc.

x) **-â** : On prononce un [a] bref dans les terminaisons *-âmes, âtes, ât-* de la 1re conjugaison (*nous parlâmes*, etc.).

Il y a hésitation entre [a] et [ɑ] longs dans le mot *âge.*

Partout ailleurs, on prononce un [ɑ], bref ou long selon que la consonne suivante est muette ou non.

Avec [ɑ] bref : *appât* [apɑ], *bât, dégât, mât.*

Avec [ɑ] long : *âcre* [a:kʀ̥], *âme, âne, âpre,* terminaison *-âtre, bâche, il bâcle, il bâille, blâme, câble, crâne, débâcle, il se fâche, il flâne, gâche, il gâte, grâce, il se hâte, hâve, infâme, vâle, La Châtre, Cléopâtre, Malfilâtre,* etc.

Rem. — Distinguer *bât, qu'il bâte, il bâille, châsse, mâle, il mâte, il tâche,* avec [ɑ], bref dans le premier mot, long dans les autres, et *il bat, qu'il batte, il baille, chasse, malle, il mate, une tache,* avec [a] bref.

y) -oi- : On a vu p. 44 que cette graphie représente en français [w] + A. Actuellement, il n'y a guère que deux mots où l'on soit d'accord pour prononcer un [ɑ], lequel d'ailleurs est bref : *hautbois* et *trois.*

Mais on peut encore prononcer un [ɑ] bref dans les mots *bois* (substantif), *mois, pois, poids, noix, poix, voix* —, et après un [ʀ] ; cf. *beffroi, effroi, orfroi, palefroi, roi, froid, courroie, lamproie, proie, que je croie, ils croient, tu crois, hongrois, adroit, il croit, droit, endroit, étroit, maladroit, tu croîs (accroîs, décroîs), il croît (accroît, décroît),* avec [ɑ] bref ; *froide, croire, il croise, hongroise, qu'il croisse (accroisse, décroisse), il froisse, ils croissent (accroissent, décroissent), adroite, droite, étroite, maladroite, croître (accroître, décroître),* avec [ɑ] long.

Rem. — Cependant on prononce toujours [a] bref dans les terminaisons verbales *-oie, -oient* précédées de [ʀ] ; cf. *il broie* [bʀwa], *il guerroie, il foudroie, ils octroient, ils poudroient.* Il en est de même dans le postverbal *octroi.*

Partout ailleurs on ne prononce plus guère que [a] :

Ex. de [a] bref : *emploi* [ãplwa], *foi, loi, moi, pourquoi, soi, toi,* etc., *il aboie, foie, joie, soie, que tu sois, ils se noient,* etc., *il boit, il doit, exploit, il reçoit, toit, il voit,* etc., *soif, il assoiffe, coiffe, il éloigne, il soigne, il témoigne,* etc., *poil, étoile, voile,* etc., *avoine, moine, pivoine,* etc., *anchois, je bois, tu dois, empois, fois, sournois, tu vois,* etc., *angoisse, paroisse, il poisse,* etc., *il boite, il convoite, moite,* etc., *goitre, benoîte, boîte, cloître, benoît, Benoît, François, Void.*

Ex. de [a] long : *avoir* [avwa:ʀ], *bonsoir, miroir, noir, recevoir,* etc., *boire, ivoire, mémoire, poire,* etc., *ardoise, il boise, framboise, il pavoise, toise,* etc., *qu'il aperçoive, qu'il boive, qu'il doive,* etc., *poivre.*

Rem. — La prononciation du groupe *-oy-* est parallèle à celle du groupe *-oi-*. Après un [ʀ], on peut prononcer un [ɑ] bref ; cf. *Jouffroy, Leroy, Roy, Roye, Troyes*, etc. Mais hors de ce cas, on prononce uniquement un [a] ; cf. *Billoy, Darboy, Millevoye*, etc.

Enfin, pour parler des mots où A est graphié autrement que par *a*, on prononce un [a] bref dans *moelle* [mwal], *femme* [fam], *couenne* [kwan], et un [ɑ] long dans *poêle* [pwɑ:l].

DEUXIÈME PARTIE
E, O, EU, A EN SYLLABE INACCENTUÉE

La distinction qui existe en syllabe accentuée entre [e], [o], [ø], [a] d'une part, et [ɛ], [ɔ], [œ], [ɑ] de l'autre, se retrouve en syllabe inaccentuée.

Dans ce dernier cas, pas plus que dans le premier, il n'est pas indifférent de prononcer [e], [o], [ø], [a] au lieu de [ɛ], [ɔ], [œ], [ɑ], ou vice-versa.

La seule différence, c'est qu'en syllabe inaccentuée les voyelles sont légèrement moins fermées ou moins ouvertes qu'en syllabe accentuée. En réalité on a pour les voyelles E, O, EU, A quatre types de timbre, comme l'indique le tableau suivant, dans lequel on part du plus fermé ou du plus antérieur pour aboutir au plus ouvert ou au plus postérieur :

Voyelles accentuées	Voyelles inaccentuées
[e], [o], [ø] [a]	
	[e], [o], [ø], [a]
	[ɛ], [ɔ], [œ], [ɑ]
[ɛ], [ɔ], [œ], [ɑ]	

Cependant, pour des raisons typographiques, on se servira pour les voyelles inaccentuées des mêmes signes que pour les voyelles accentuées. C'est au lecteur à rétablir la différence.

De plus, dans ce qui va suivre, on distinguera pour chacune des voyelles inaccentuées E, O, EU, A, deux groupes de mots :

1º Mots dans lesquels E, O, EU, A inaccentués n'ont pas comme correspondants un E, un O, un EU, un A accentués dans la langue. Type *éternel*, dont l'E inaccentué des deux premières syllabes n'apparaît comme accentué dans aucun mot français.

2º Mots dans lesquels E, O, EU, A inaccentués ont comme correspondant un E, un O, un EU, un A accentués dans la langue. Type *fraîcheur*, dont l'E inaccentué de la première syllabe apparaît comme accentué dans *fraîche*.

Au point de vue pratique, cette distinction a son utilité. On est déjà censé savoir d'après ce qui précède (p. 47 à p. 63) si la voyelle accentuée d'un mot se prononce [e], [o], [ø], [a] ou [ɛ], [ɔ], [œ], [ɑ]. Partant de ce fait, on se demandera si la voyelle accentuée change de timbre quand elle perd son accent, soit au cours de la dérivation (type *gai : gaieté, fraîche : fraîcheur*, etc.), soit au cours de la conjugaison (type *il fête : fêter, il creuse : nous creusons*, etc.).

Rem. — Une notion est indispensable pour la compréhension de l'exposé. On appelle *ouverte* une syllabe qui se termine par une voyelle, et *fermée* une syllabe qui se termine par une consonne prononcée. Ainsi dans le franç. *parti* ou *partis* [paʀti], la première syllabe [paʀ] est fermée, la seconde [ti] ouverte.

E inaccentué = [e] ou [ɛ] ?

I. — Mots dans lesquels E inaccentué n'a pas, comme correspondant, de E accentué dans la langue.

Il faut distinguer deux cas, selon que la syllabe suivante contient une voyelle ferme (= autre que *e* muet) ou un *e* muet.

A. — La syllabe suivante contient une voyelle ferme.

La répartition de [e] et [ɛ] dépend du caractère ouvert ou **fermé de la syllabe**.

VOYELLES AVEC DEUX TIMBRES

1º En syllabe *fermée*, on prononce toujours [ɛ], orthographié *e* sans accent. Ex. : *heptagone* [ɛptagɔn], *ethnique, excédent, excès, exploit, exquis, lecteur, spectacle, hebdomadaire, exempt* [ɛgzã], *exemple, exil, inexorable, escalier, esprit, estomac, merveille, serpent, versant, éternel, Heptaméron, Edmond, Elbeuf, Perpignan*, etc.

2º En syllabe *ouverte*, on prononce ordinairement un [e].

Cet [e] est écrit *é* dans les plurisyllabes où il est suivi d'une voyelle, d'un *h*, d'une consonne orthographiquement simple ou d'un groupe consonne + liquide. Ex. : *déicide* [deisid], *géographie, réunir, réussir, séance*, etc., *déhiscent, cérémonie, désir, égal, léger, répandre, sénat*, etc., *éblouir, ébruiter, étrenne, étrange, flétrir*, etc.

REM. — Comme exceptions à cette règle, il faut signaler (abbé) *Bremond*, (Georges) *Clemenceau* [klemãso] et (Franchet d')*Esperey* [epɛrɛ]. Cette dernière prononciation est celle de la famille. Quant à G. Clemenceau, il tenait à ce qu'on prononçât son nom [klemãso]. Mais sous l'influence de *Clément*, l'usage a prévalu de dire [klemãso].
Noter de plus *Domremy, Remi, St-Remi* dont l'*e* a la valeur soit de [e], soit de [ə]. Enfin *Jemappes*, qui s'écrit aussi *Jemmapes*, se prononce avec [e].

Au contraire, l'[e] s'écrit *e* sans accent :

a) dans les plurisyllabes où il est suivi des consonnes redoublées *ff, ll, mm, nn, ss, tt*, prononcées comme simples ; cf. *effacer, effet, effleurer, effluve, effort, effraction, effrayer, effroi, effusion, cellule, ellipse, du Bellay, Belleau, Deffand, Pellisson, Le Tellier, Jemmapes, hennir, hennissement, pennonceau, besson, cresson, essai, essieu, message, messieurs, plessis, ressusciter, ressuyer, session, tessiture, tesson, Bessèges, Essonnes, Messine, Quessoy, Tessier, Lettons*, etc.

b) devant le goupe -*sce*- ; cf. *descellement, descendre, descente, effervescent, à bon escient, incandescent, phosphorescent, prescience, recrudescence*, etc.

c) devant *s* muet + consonne, *h* ou *ch* ; cf. *desdites, desdits, desquels, desquelles, lesdites, lesdits, lesquels, lesquelles, mesdames, mesdemoiselles, Beslier, Desbordes, Descartes, Desforges, Desjardins, Desmoulins, Desnoyers, Despériers, Desroches, Hesdin, Mesnier, Mesnil, Nesmond, Nesmy, Restif de la Bretonne, Sesmaisons, Deshayes, Deshoulières, Bescherelle, Deschamps, Eschassérieau, Eschine, Eschyle*, etc.

d) dans les monosyllabes inaccentués *ces, des, les, mes, ses, tes, et, chez*.

Rem. — Sous l'influence de l'orthographe, certains prononcent [ɛ] au lieu de [e] dans les trois premiers cas, exception faite cependant des composés dont le premier élément est le préfixe *des-* et le second un mot commençant par *s* (types : *dessaisir, dessaler, dessécher*, etc.).

Au théâtre, les monosyllabes *ces, des, les, mes, ses, tes* se prononcent avec [ɛ]. Mais c'est là une prononciation artificielle, qui peut être de mise dans le discours ou même dans la lecture soignée, mais qui paraîtrait affectée dans la conversation.

Cependant, même en syllabe ouverte, on prononce [ɛ] :

a) dans le groupe orthographique *-err-* ; cf. *derrière* [dɛrjɛːr], *perron, perroquet, perruque, terreur, terroriser*, etc., et en particulier les futurs et conditionnels des verbes *acquérir, conquérir, requérir, envoyer, voir* : *il acquerra* [akɛra], *il enverrait, ils conquerront, ils verraient, Berruyer, Berry, La Ferronays, Herriot*, etc.

b) dans le cas des graphies *ë, ê, ai, ei, ay, ey* ; cf. *naëgite, Laënnec, Laërec, Boëly, Boësset, Couëron, de Rênac, airelle, aisselle, cargaison, maison, raisin, raison, vaisseau, beignet, meilleur, seigneur, Meissonnier, Reignier, Seilhac, Seillière, Aymard, Frayssinous, Raynaud, Aveyron, Peyronnet, Seyssel*, etc.

Rem. — Mais dans la conversation on prononce [e] lorsque la voyelle accentuée du mot est un [i] ou un [y]. C'est ce qu'on appelle l'*harmonisation vocalique*. Ainsi dans *aiguille* [egɥij] (d'où *aiguillon, aiguillonner*, avec [e]), *pays* [pei] ou [peji] (d'où *paysan, paysage*, etc., avec [e]), *saisie* [sezi], *saisir* (d'où *saisissement*, avec [e]), *aigu* [egy], *laitue* [lety], *rainure* [renyːr], *Caylus* [kelys], etc. Dans la langue soutenue, on peut prononcer [ɛ].

c) La voyelle initiale des formes de l'imparfait *étais, était, étaient* se prononce soit [e], ce qui est conforme à la règle et à l'orthographe, soit le plus souvent [ɛ], par assimilation avec l'[ɛ] accentué de la syllabe suivante.

B. — La syllabe suivante contient un [ə] muet.

Quatre groupes de faits sont à distinguer.

a) Dans une prononciation soutenue, E inaccentué (écrit *é*) suivi d'une consonne simple et d'un [ə] muet se prononce normalement [e]. En effet, l'[ə] muet s'y prononce et E se trouve dès lors en syllabe ouverte. On dit donc *crénelé* (krenəle), *déceler* [desəle], *décevoir* [desəvwaːr], etc.

Mais dans la conversation, l'[ə] muet n'étant précédé que d'une seule consonne prononcée tombe. Par suite de cette chute, E se trouve alors en syllabe fermée. Dans ce cas, on peut garder [e] sous l'influence de l'orthographe ou de la prononciation soutenue ; mais ordinairement on prononce [ɛ] ; cf. *céleri* [sɛlʀi], *crénelé* [kʀɛnle], *déceler* [dɛsle], *décevoir* [dɛsvwa:ʀ], *dégeler* [dɛʒle], *se démener* [dɛmne], *dételer* [dɛtle], *détenir* [dɛtni:ʀ], *échelon* [ɛʃlɔ̃], *écheveau* [ɛʃvo], *élever* [ɛlve], *émeraude* [ɛmʀo:d], *émeri* [ɛmʀi], *événement* [evɛnmã], *médecin* [mɛdsɛ̃], *prévenir* [pʀɛvni:ʀ], *Barthélemy* [baʀtɛlmi], *Fénelon* [fɛnlɔ̃], *Mézeray* [mɛzʀɛ], *Thévenard* [tɛvna:ʀ], etc

Rem. I. — Il en est de même dans les mots du type *afféterie, éperon, Séderon, Séverac, Séverin*, etc., car les groupes consonantiques résultant ici de la chute de [ə] muet ne sont pas exactement ceux de *pétrin, après, vaudra, couvrir*, etc. Dans ces derniers mots, *-tr-, -pr-, -dr-, -vr-* appartiennent à la même syllabe. Dans les premiers au contraire, ces groupes sont précédés d'un léger élément consonantique appartenant à la syllabe précédente : *afféterie* est en réalité [afɛᵗ-tʀi].

Rem. II. — Le premier [ə] muet ne tombant jamais dans *échevelé, écheveler*, on prononce toujours un [e] à l'initiale de ces mots.

b) Lorsqu'on a un E inaccentué écrit *è*, on prononce toujours [ɛ], que l'[ə] muet de la syllabe suivante se fasse entendre ou non ; cf. *avènement* [avɛnmã], *chènevis* [ʃɛnvi], *chènevière* [ʃɛnvjɛ:ʀ], *chènevotte* [ʃɛnvɔt], *pèlerin* [pɛlʀɛ̃], *pèlerinage* [pɛlʀina:z], *pèlerine* [pɛlʀin], etc. —, ou, dans une prononciation soutenue, [avɛnəmã], [ʃɛn̮əvi], etc.

Rem. — Il en est de même dans le cas de la graphie *ë* ; cf. *Coëffeteau* = [kɔɛfto] dans la conversation, [kɔɛfəto] dans une prononciation soutenue.

c) Dans une prononciation soutenue où l'[ə] muet se maintient, l'*e* initial de *ennemi* a la valeur de [e]. Mais dans la conversation on dit ordinairement [ɛnmi].

d) Dans les mots où l'[ə] muet de la syllabe initiale est suivi d'une consonne simple et d'un autre [ə] muet qui tombe, le premier [ə] peut être remplacé par [ɛ] ; cf. *breveté* [bʀəvte] ou [bʀɛvte], *chevecier* [ʃəvsje] ou [ʃɛvsje], *genevois* [ʒənvwa] ou [ʒɛnvwa], *genevrette* [ʒənvʀɛt] ou [ʒɛnvʀɛt], *greneler* [gʀənle] ou [gʀɛnle], *seneçon* [sənsɔ̃] ou [sɛnsɔ̃], *Senecé* [sənse] ou [sɛnse], etc.

Il en est de même dans les mots où le premier [ə] muet n'appartenant pas à une syllabe initiale est précédé de deux consonnes prononcées ; cf. *buffleterie* [byflətʀi] ou [byflɛtʀi], *marqueterie* [maʀkətʀi] ou [maʀkɛtʀi], *mousqueterie* [muskətʀi] ou [muskɛtʀi], *parqueterie* [paʀkətʀi] ou [paʀkɛtʀi].

Mais, dans ce cas, si le premier [ə] muet est précédé d'une seule consonne prononcée, il tombe ainsi que le second ou prend la valeur de [ɛ] ; cf. *bonneterie* [bɔntʀi] ou [bɔnɛtʀi], *briqueterie* [bʀiktʀi] ou [bʀikɛtʀi], *caqueterie* [kaktʀi] ou [kakɛtʀi], *grèneterie* [gʀɛntʀi] ou [gʀɛnɛtʀi], *louveterie* [luvtʀi] ou [luvɛtʀi], *paneterie* [pantʀi] ou [panɛtʀi], *papeterie* [paptʀi] ou [papɛtʀi], *pelleterie* [pɛltʀi] ou [pɛlɛtʀi].

II. — **Mots dans lesquels E inaccentué a, comme correspondant, un E accentué dans la langue.**

On distinguera deux cas selon que la syllabe suivante contient une voyelle ferme ou un *e* muet.

A. — La syllabe suivante contient une voyelle ferme.

1º Si au cours de la dérivation ou de la conjugaison un [e] accentué devient inaccentué, il se conserve *toujours* fermé.

Radical accentué	Radical inaccentué
[e]	[e]
fée [fe]	*féerie* [feʀi]
	féerique [feʀik]
gai [ge]	*gaieté* [gete]
	gaiement [gemã]
gué [ge]	*guéable* [geabl]
	en guéant [geã]
thé [te]	*théière* [tejɛːʀ]
etc.	

2º Si au cours de la dérivation ou de la conjugaison, un [ɛ] accentué devient inaccentué, trois cas sont à distinguer.

a) Cas de [ɛ] *accentué écrit* **è**.

L'[ɛ] accentué devenu inaccentué passe à [e], qui s'écrit **é**.

VOYELLES AVEC DEUX TIMBRES

Radical accentué	Radical inaccentué
lèpre [lɛpʀ̥]	lépreux [lepʀø]
	léproserie [leproznʀi]
mètre [mɛtʀ̥]	métrer [metʀe]
	métrage [metʀa:ʒ]
algèbre [alzɛbʀ̥]	algébrique [alʒebʀik]
ténèbres [tenɛbʀ̥]	ténébreux [tenebʀø]
	enténébré [ɑ̃tenebʀe]
il possède [pɔsɛd]	posséder [pɔsede]
	il posséda [pɔseda]
bègue [bɛg]	bégayer [begeje]
	bégaiement [begɛmɑ̃]
intègre [ɛ̃tɛgʀ̥]	intégrité [ɛ̃tegʀite]
	intégral [ɛ̃tegʀal]
règle [ʀɛgl̥]	régler [ʀegle]
	réglet [ʀeglɛ]
	réglure [ʀegly:ʀ]
nèfle [nɛfl̥]	néflier [neflije]
il lèse [lɛ:z]	léser [leze]
	lésion [lezjɔ̃]
il assiège [asjɛ:ʒ]	assiéger [asjeʒe]
	il assiégea [asjeʒa]
il révèle [ʀevɛl]	révéler [ʀevele]
	révélation [ʀevelasjɔ̃]
sévère [sevɛ:ʀ]	sévérité [seveʀite]
ébène [ebɛn]	ébéniste [ebenist]
système [sistɛm]	systématique [sistematik],

etc.

Rem. I. — Il en est de même pour les dérivés de mots en -*ême*, -*el* ou -*en*; cf. *chrême, extrême, suprême, Bohême, Gênes*, avec [ɛ], et *chrémeau, extrémité, extrémisme, suprématie, bohémien, génois*, avec [e] —, *caramel, Carme*, avec [ɛ], et *caramélisé, carmélite*, avec [e] —, *dolmen, éden, hymen*, avec [ɛ], et *dolménique, édénien, édénique, hyménée*, avec [e].

De même encore pour le verbe *mélanger* et son postverbal *mélange*, tous deux avec [e], qui s'opposent à *il mêle*, avec [ɛ] ; et pour *discrétion, sécrétion*, tous les deux avec [e], en face de *discrète, il sécrète*, tous les deux avec [ɛ].

b) *Cas de* [ɛ] *accentué écrit* ai, aî, ei, ay, ê (sauf mots en -*ême*, cf. ci-dessus) et e (devant *ff*, *ss*, *tt*).

L'[ɛ] accentué devenu inaccentué se conserve ouvert ou passe à [e] sans modification de l'orthographe.

1º Si la syllabe accentuée suivante contient une voyelle autre que [i], [e], [y], on a toujours [ɛ].

Radical accentué	Radical inaccentué
aigre [ɛgʀ]	*aigreur* [ɛgʀœːʀ]
	aigrissement [ɛgʀismɑ̃]
clair [klɛːʀ]	*clairière* [klɛʀjɛːʀ]
	éclaireur [eklɛʀœːʀ]
	éclairage [eklɛʀaːʒ]
laide [lɛd]	*laideur* [lɛdœːʀ]
	enlaidissement [ɑ̃lɛdismɑ̃]
faîte [fɛt]	*faîtière* [fɛtjɛːʀ]
	faîtage [fɛtaːʒ]
fraîche [fʀɛʃ]	*fraîcheur* [fʀɛʃœːʀ]
	rafraîchissement [ʀafʀɛʃismɑ̃]
il traîne [tʀɛn]	*traîneau* [tʀɛno]
	il traînasse [tʀɛnas]
veine [vɛn]	*veineux* [vɛnø]
	veinard [vɛnaːʀ]
treize [tʀɛːz]	*treizième* [tʀɛzjɛm]
il paye [pɛj]	*payeur* [pɛjœːʀ]
	payable [pɛjabl̩]
il essaye [esɛj]	*essayeur* [esɛjœːʀ]
	essayage [esɛjaːʒ]
fête [fɛt]	*fêtard* [fɛtaːʀ]
	nous fêtons [fɛtɔ̃]
tête [tɛt]	*têtard* [tɛtaːʀ]
salpêtre [salpɛtʀ]	*salpêtrière* [salpɛtʀijɛːʀ]
	salpêtreux [salpɛtʀø]
greffe [gʀɛf]	*greffage* [gʀɛfaːʒ]
	greffoir [gʀɛfwaːʀ]
presse [pʀɛs]	*pressage* [pʀɛsaːʒ]
	pressoir [pʀɛswaːʀ]

VOYELLES AVEC DEUX TIMBRES

il professe [pʀɔfɛs]   *professeur* [pʀɔfɛsœ:ʀ]
                                profession [pʀɔfɛsjɔ̃]
nette [nɛt]   *nettoiement* [nɛtwamɑ̃]
                                il nettoie [nɛtwa]

2º Mais si la syllabe accentuée suivante contient un [i], un [e] ou un [y], on prononce [e] dans le parler de la conversation. C'est ce qu'on appelle l'*harmonisation vocalique*.

Radical accentué	Radical inaccentué
aigre [ɛgʀ̥]	*aigri* [egʀi]
clair [klɛ:ʀ]	*éclairer* [ekleʀe]
laide [lɛd]	*enlaidi* [ɑ̃ledi]
fraîche [fʀɛʃ]	*rafraîchi* [ʀafʀeʃi]
il traîne [tʀɛn]	*traînée* [tʀene]
fête [fɛt]	*fêter* [fete]
tête [tɛt]	*têtu* [tety]
	entêté [ɑ̃tete]
bête [bɛt]	*abêtir* [abeti:ʀ]
	bêtise [beti:z]
salpêtre [salpɛtʀ̥]	*salpêtrier* [salpetʀije].

etc.

Rem. I. — Ainsi l'harmonisation vocalique peut entraîner une alternance [ɛ] — [e] au cours de la conjugaison, suivant le timbre de la voyelle accentuée finale ; cf. *il éclaire, il baisse, il fête, ils éclairent*, etc., avec [ɛ] accentué, et en face *nous éclairons, en éclairant, nous baissons, en baissant, nous fêtons, en fêtant*, etc., avec [ɛ] inaccentué, d'une part, et *éclairer, éclairé, baisser, baissé, fêter, fêté*, etc., avec [e] inaccentué, de l'autre.

La même alternance se constate dans le cas de *es, est* (du verbe *être*), selon qu'ils appartiennent ou non à des formules interrogatives avec sujet pronominal ; cf. *tu y es* [ɛ], *il y est* [ɛ], mais *y es-tu ?*, *y est-il*, avec [e].

Rem. II. — L'harmonisation vocalique, on le répète, caractérise le parler de la conversation. Plus la prononciation est soutenue, moins elle joue.

c) Cas de [ɛ] *accentué suivi de* rr *ou de deux consonnes différentes.*

L'[ɛ] accentué devenu inaccentué reste toujours ouvert et continue à s'écrire e. L'harmonisation vocalique ne joue pas.

Radical accentué	Radical inaccentué
il erre [ɛ:ʀ]	*nous errons* [ɛʀ·ɔ̃]
	en errant [ɛʀ·ɑ̃]
	et aussi :
	errer [ɛʀ·e]
terre [tɛ:ʀ]	*terrain* [tɛʀ·ɛ̃]
	terroir [tɛʀ·wa:ʀ]
	et aussi :
	se terrer [tɛʀ·ɛ]
	atterré [atɛʀ·e]
	atterrir [atɛʀ·i:ʀ]
il serre [sɛ:ʀ]	*nous serrons* [sɛʀ·ɔ̃]
	en serrant [sɛʀ·ɑ̃]
	et aussi :
	serrer [sɛʀ·e]
	vous serrez [sɛʀ·e]
il affecte [afɛkt]	*affection* [afɛksjɔ̃]
	affectueux [afɛktɥø]
	et aussi :
	affecter [afɛkte]
	vous affectez [afɛkte]
il se vexe [vɛks]	*vexant* [vɛksɑ̃]
	vexation [vɛksɑsjɔ̃]
	et aussi :
	vexer [vɛkse]
	vous vexez [vɛkse]
il ferme [fɛʀm]	*fermoir* [fɛʀmwa:ʀ]
	fermail [fɛʀmaj]
	et aussi :
	fermer [fɛʀme]
	vous fermez [fɛʀme]
il perce [pɛʀs]	*perçoir* [pɛʀswa:ʀ]
	perçage [pɛʀsa:ʒ]
	et aussi :
	percer [pɛʀse]
	vous percez [pɛʀse]

VOYELLES AVEC DEUX TIMBRES

il perd [pɛːʀ]	*perdition* [pɛʀdisjɔ̃]
	en perdant [pɛʀdɑ̃]
	et aussi :
	vous perdez [pɛʀde]
	perdu [pɛʀdy]
il reste [ʀɛst]	*restant* [ʀɛstɑ̃]
	il resta [ʀɛsta]
	et aussi :
	rester [ʀɛste]
	vous restez [ʀɛste]
	etc.

B. — La syllabe suivante contient un [ə] muet.

Si au cours de la dérivation ou de la conjugaison l'[ɛ] du radical, devenu inaccentué, est suivi d'une syllabe contenant un [e] muet, il se conserve ouvert, que l'[ə] soit prononcé ou non.

Au point de vue orthographique, il convient de distinguer trois cas.

a) Cas de [ɛ] *accentué écrit* **ai, aî, ei, ay, ê** *ou* **e**.

L'orthographe ne change pas quand le radical devient inaccentué.

Radical accentué	Radical inaccentuée
[ɛ]	[ɛ]
aigre	aigrement
laide	laidement, laideron
clair	clairement, il éclairera
fraîche	fraîchement
il entraîne	entraînement, il entraînera
il paye	payement, il payera
il bégaye	bégayement, il bégayera
merveille	émerveillement, il émerveillera
il enseigne	enseignement, il enseignera.
il pêche	pêcherie, il pêchera.
même	mêmement
il appelle	il appellera

il erre   *errement, il errera*
il s'empresse   *empressement, il s'empressera*
superbe   *superbement*
concierge   *conciergerie*
ferme   *fermeté, fermement*
il discerne   *discernement, il discernera*
il berce   *bercement, il bercera*
alerte   *alertement, il alertera*
il énerve   *énervement, il énervera*
manifeste   *manifestement, il manifestera*
terrestre   *terrestrement*

etc.

b) *Cas de* [ɛ] *accentué écrit* **è**.

Lorsque le radical devient inaccentué, on peut avoir la **graphie è** ou **é**.

1° On écrit **è** au futur et au conditionnel des verbes *acheter, achever, amener, celer, crever, écarteler, engrener, enlever, geler, harceler, lever, marteler, mener, modeler, peler, peser, promener, régler, semer, soulever*; cf. *il achètera, il achèverait*, etc.

Dans les postverbaux en *-ement* des mêmes verbes; cf. *achèvement, enlèvement, harcèlement, martèlement, règlement, soulèvement*, etc.

Enfin dans *espièglerie*, dérivé d'*espiègle*.

Rem. — Cependant l'[ɛ] inaccentué s'écrit *é* dans *réglementaire* (*-airement, -ation, -er*).

2° Au contraire, on écrit **é** au futur et au conditionnel des verbes *abréger, accélérer, agréger, allécher, alléger, altérer, céder, célébrer, compléter, considérer, différer, ébrécher, empiéter, espérer, exagérer, inquiéter, intercéder, interpréter, lacérer, lécher, libérer, modérer, obséder, opérer, pécher, posséder, préférer, procéder, protéger, régner, réitérer, répéter, révéler, sécher, tempérer, tolérer, végéter, vénérer*; cf. *il abrégera, il accélérerait*, etc.

Rem. — Il faut noter cependant que la graphie tend à se conformer à la prononciation dans tous ces futurs et conditionnels et qu'on les écrit de plus en plus avec *è*.

c) Dans les postverbaux en *-ement* des verbes cités ci-dessus, on trouve soit **é**, soit **è** pour une prononciation unique [ɛ]. Ainsi on écrit avec **é** : *abrégement, allégement, empiétement*, et avec **è** : *allèchement, ébrèchement, lèchement*.

Rem. — On fait la distinction dans l'orthographe entre l'adverbe *complètement* et le substantif *complétement* « action de mettre au complet ». Cependant dans les deux cas, la prononciation est la même : on dit [kɔ̃plɛtmɑ̃].

O inaccentué = [o] ou [ɔ] ?

I. — Mots dans lesquels O inaccentué n'a pas, comme correspondant, de O accentué dans la langue.

A la différence de ce qui a lieu pour E inaccentué (p. 64), il n'est pas nécessaire de distinguer entre syllabe ouverte et syllabe fermée quand il s'agit de O inaccentué. Dans un cas comme dans l'autre, on prononce ordinairement un [ɔ].

Ex. de [ɔ] en syllabe ouverte : *coaguler* [kɔagyle], *coasser, coefficient, coexister, coopérer, coordonner, croasser, égoïste, héroïne, stoïque, troène, cohésion, cohue, éolien, théocratie, théologie, théorie, bocal, boréal, docile, erroné, forêt, fromage, joli, malotru, obus, soleil, solide, La Boétie, Boïeldieu, Colas, Commentry, Donnay, Fromentin, Gohier*, etc.

Ex. de [ɔ] en syllabe fermée : *corbeille* [kɔʀbɛj], *corset, fortuit, fortune, horloge, horticulture, hostie, morceau, morphine, mortier, normand, obtenir, ordinaire, orfroi, orgie, ortie, phosphore, portion, sordide, torpille, Bordeaux, Colbert, Dormans, Fortoul, Orléans*, etc.

Rem. I. — Comme on peut le voir par quelques-uns des exemples ci-dessus, l'harmonisation vocalique ne joue pas dans le cas de o inaccentué. On prononce [ɔ] même si la voyelle accentuée suivante est un [i], un [e] ou un [y].

Rem. II. — Les adjectifs possessifs *notre, votre* sont toujours inaccentués et prennent par conséquent un [ɔ], à la différence des pronoms *le nôtre, le vôtre, les nôtres, les vôtres*, qui sont accentués et se prononcent avec un [o] long.

Rem. III. — L'adverbe *trop*, lorsqu'il est accentué, se prononce [tʀo]. Mais devant un adjectif ou un adverbe, il est inaccentué et se prononce alors [tʀo] ou [tʀɔp], selon que le mot suivant commence par une consonne ou une voyelle. Noter encore .a double prononciation de *mot* suivant qu'il est accentué ou non dans le composé *mot-à-mot* [mɔtamo].

Dans les expressions dont *pot* constitue le premier élément, ce mot se prononce tantôt avec [ɔ], tantôt avec [o] ; cf. *pot à eau* [pɔtao], *pot au feu* [pɔtofø], *pot au lait* [pɔtolɛ], *pot aux roses* [pɔtoʀoːz] d'une part, et *pot à fleurs* [poaflœːʀ], *pot à tabac* [poataba], *pot au noir* (poonwaːʀ), *pot de chambre* [podʃɑ̃ːbʀ̥] de l'autre.

Cependant on prononce [o] dans les cas suivants :

1º Lorsque la consonne qui suit est un [z] ; cf. *corrosion* [kɔʀˑozjɔ̃], *éclosion, érosion, gosier, groseille, oseille, oseraie, osier, roseau, rosée, Joseph, Joséphine*, etc.

Rem. — Mais on prononce un [ɔ] dans *cosaque, losange, myosotis, ozène, ozone, ozonisation, ozonomètre, philosophe, philosophie, Ozanam, cosy, créosote, mosaïque, Moselle, Mozart*.

2º Dans le cas de la graphie *au* ; cf. *aucun* [okœ̃], *aumône, aussi, autant, auteur, automne, baudet, baudrier, dauphin, faucon, il faudra, fauteuil, paupière, il vaudra, Aulnay, Aumale, Bausset, Daubenton, Daumas, Dauzat, Faulquemont*, etc.

Rem. — La prononciation hésite entre [o] et [ɔ] dans *augment, augmenter (-ation), augure* (-er, -al), *auguste, aumône* (-ier, -ière), *j'aurai, j'aurais, auréole (-er), auriculaire, aurifère, aurifier, aurification, aurochs, ausculter (-ation), auspice, austère (-ité), austral, autel, authentification, authentifier, authentique (-er), auto, automate (-ique), -isme, automne (-al), autopsie (-ier), autoriser (-ation), autorité, auxiliaire, cauchemar, causticité, caustique, cautère (-iser, -isation), centaurée, daurade, encaustique (-er), il faudra, il faudrait, inaugurer (-ation), lauréat, laurier, mauvais, naufrage (-er), paupière, sauf-conduit, je saurai, je saurais, je vaudrai, je vaudrais, Saint-Amaury, Auguste, Aulu-Gelle, Auray, Aurel, Aurèle, Aurélie, Aurélien, d'Aurelle de Paladines, Aurès, Auriac, Aurignac, Aurillac, Auriol, Australie (-ien), Austrasie, Auvergne (-at), Auxerre (-ois), Caucase (-ien, -ique), Cauterets, Faustine, Haussonville, Jaurès, Laura-guais, Mauriac, Maurice, Maurienne, Maurras (-assien), Maury, Pauillac, Sauternes, Tauride*. La prononciation avec [ɔ] semble d'ailleurs la plus fréquente ; elle est en tout cas la meilleure.

3º Dans la terminaison *-otion* ; cf. *dévotion* [devosjɔ̃], *émotion, lotion, motion, notion, potion*.

4º Dans les noms où *o* est suivi d'un *s* non prononcé + consonne ; cf. *Cosnac* [konak], *Crosnier* [kʀonje], *Rosny* [ʀoni].

5º Dans les possessifs pluriels inaccentués *nos* [no], *vos* [vo].

6º Dans les mots enfantins *bobo* [bobo], *dodo* [dodo].

Noter enfin le flottement de prononciation dans *coco* [kɔko] ou [koko], *rococo* [ʀɔkɔko] ou [ʀɔkoko] ou [ʀokoko], *vomir* [vɔmiːʀ] ou [vomiːʀ], *fossile* [fɔsil] ou [fosil] et *hôpital* [ɔpital] ou [opital].

II. — Mots dans lesquels O inaccentué a, comme correspondant, un O accentué dans la langue.

1º Lorsqu'au cours de la dérivation ou de la conjugaison un [ɔ] accentué devient inaccentué, il se conserve *toujours* ouvert.

Radical accentué	Radical inaccentué
bosse [bɔs]	*bossu* [bɔsy]
	bosseler [bɔsle]
	bossellement [bɔsɛlmɑ̃]
école [ekɔl]	*écolier* [ekɔlje]
	écolâtre [ekɔlɑ:tʀ]
économe [ekɔnɔm]	*économie* [ekɔnɔmi]
	économiser [ekɔnɔmize]
loge [lɔ:ʒ]	*loger* [lɔʒe]
	logeur [lɔʒœ:ʀ]
	logement [lɔʒmɑ̃]
mode [mɔd]	*modal* [mɔdal]
	modeler [mɔdle]
	modiste [mɔdist]
roche [ʀɔʃ]	*rocher* [ʀɔʃe]
	rocheux [ʀɔʃø]
vol [vɔl]	*voler* [vɔle]
	volant [vɔlɑ̃]
	volaille [vɔlɑ:j]
maure [mɔ:ʀ]	*Mauritanie* [mɔʀitani]

etc.

Rem. — Pas plus que dans les mots dont le radical n'est jamais accentué, l'harmonisation vocalique ne joue ici, comme on peut le constater par les exemples *bossu, écolier, économie*, etc.

2º Lorsqu'au cours de la dérivation ou de la conjugaison un [o] accentué devient inaccentué, il peut se conserver fermé ou passer à [ɔ] suivant les cas.

a) A l'intérieur de la conjugaison, on a *toujours* [o].

Radical accentué	Radical inaccentué
il s'adosse [adoːs]	*s'adosser* [adose]
	il s'adossa [adosa]
	il s'adossera [adosʀa]
il ose [oːz]	*oser* [oze]
	il osa [oza]
	il osera [ozʀa]
il pose [poːz]	*poser* [poze]
	il posa [poza]
	il posera [pozʀa]
il chôme [ʃoːm]	*chômer* [ʃome]
	il chôma [ʃoma]
	il chômera [ʃomʀa]
il frôle [fʀoːl]	*frôler* [fʀole]
	il frôla [fʀola]
	il frôlera [fʀolʀa]
il trône [tʀoːn]	*trôner* [tʀone]
	il trôna [tʀona]
	il trônera [tʀonʀa]
il fauche [foːʃ]	*faucher* [foʃe]
	il faucha [foʃa]
	il fauchera [foʃʀa]
	etc.

b) Lorsqu'il s'agit de substantifs, d'adjectifs ou d'adverbes dérivés, on a *ordinairement* un [o] :

dos [do]	*dossier* [dosje]
	endossement [ɑ̃dosmɑ̃]
gros [gʀo]	*grossier* [gʀosje]
	grossièreté [gʀosjɛʀte]
	grossiste [gʀosist]
	grossesse [gʀosɛs]
rose [ʀoːz]	*rosier* [ʀozje]
	rosette [ʀozɛt]
	rosace [ʀozas]
	roseraie [ʀozʀɛ]

VOYELLES AVEC DEUX TIMBRES

il explose [ɛksplo:z]	*explosion* [ɛksplozjɔ̃]
	explosif [ɛksplozif]
	exploseur [ɛksplozœ:ʀ]
il pose [po:z]	*posage* [poza:ʒ]
	poseur [pozœ:ʀ]
	position [pozisjɔ̃]
	posément [pozemɑ̃]
fosse [fo:s]	*fossé* [fose]
	fossette [fosɛt]
côte [ko:t]	*côté* [kote]
drôle [dʀo:l]	*drôlerie* [dʀolʀi]
	drôlement [dʀolmɑ̃]
geôle [ʒo:l]	*geôlier* [ʒolje]
	geôlage [ʒola:ʒ]
hôte [o:t]	*hôtesse* [otɛs]
il fauche [fo:ʃ]	*fauchage* [foʃa:ʒ]
	faucheur [foʃœ:ʀ]
gauche [go:ʃ]	*gaucher* [goʃe]
	gauchement [goʃmɑ̃]
	gauchissement [goʃismɑ̃]
	etc.

Il en est de même pour les verbes dérivés en *-ir*, dont le radical n'est jamais accentué :

gros [gʀo]	*grossir* [gʀosi:ʀ]
rose [ʀo:z]	*rosir* [ʀozi:ʀ]
gauche [go:ʃ]	*gauchir* [goʃi:ʀ]
jaune [ʒo:n]	*jaunir* [ʒoni:ʀ]

De même encore pour le composé *vaurien* [voʀjɛ̃], dont le premier élément est *vaut* [vo], du verbe *valoir*.

Mais l'[o] accentué passe à [ɔ] lorsqu'il devient inaccentué dans les cas suivants :

arome [aʀo:m]	*aromatique* [aʀɔmatik]
	aromatiser [aʀɔmatize]
	aromate [aʀɔmat]

atome [ato:m]	*atomique* [atɔmik]
	atomisme [atɔmism]
	atomiser [atɔmize]
	atomicité [atɔmisite]
axiome [aksjo:m]	*axiomatique* [aksjɔmatik]
idiome [idjo:m]	*idiomatique* [idjɔmatik]
icone [iko:n]	*iconoclaste* [ikɔnɔklast]
côte [ko:t]	*coteau* [kɔto]
diplôme [diplo:m]	*diplomate* [diplɔmat]
	diplomatie [diplɔmasi]
	diplomatique [diplɔmatik]
drôle [dʀo:l]	*drolatique* [dʀɔlatik]
pôle [po:l]	*polaire* [pɔlɛ:ʀ]
	polariser [pɔlaʀize]
	polarité [pɔlaʀite]

De même *auto*, qui se prononce [oto] ou [ɔto], change son [o] accentué en [ɔ] dans les composés *autobus, automate, automobile, automotrice, autorail, autonome*, etc.

Rem. — Noter la différence entre *taureau*, avec [o] bref final, et *torobole, tauromachie* dont le second *o* est ouvert.

Enfin dans une troisième série de mots, la prononciation hésite entre [o] et [ɔ]. Ainsi dans *côtelé, côtelette, fossoyer, fossoyeur, hôtel, hôtelier, hôtellerie* et *rôtir*, malgré la présence de *côte, fosse, hôte, rôt*, qui ont les trois premiers un [o] long et le dernier un [o] bref.

EU inaccentué = [ø] ou [œ] ?

I. — Mots dans lesquels EU inaccentué n'a pas comme correspondant de EU accentué dans la langue.

La répartition de [ø] et [œ] dépend du caractère ouvert ou fermé de la syllabe.

1º En syllabe *ouverte*, on prononce toujours [ø] : cf. *beuveau, beuverie, eucalyptol, eucharistie, eugénique, eunuque, euphémisme, euphorbe, euthanasie, heuristique, jeudi, leucémie, leucome, meunier, neural, peuplier, peupleraie, pleurésie, teuton, veuglaire, bœuvonne*, les mots commençant par *deuto-, deutéro-, neuro-, pleuro-, pneumo-, Beuchot, Beulé, Beuvray, Beuzeval, Creully, Deulin, Eubée, Euclide, Eugène, Euphrate, Europe, Euzet, Feuchère(s), Feugère, Fleurus, Meudon, Meurice, Pleubian, Reuilly, Seurat, Veuillot*, etc.

Rem. — La prononciation de *Eugène, Eugénie* avec [y], au lieu de [ø], est populaire.

2º En syllabe *fermée*, on prononce un [œ] si la consonne suivante est un [ʀ], un [ø] si la consonne suivante est un [s] ; cf. *pleurnicher, Beurnonville, Eurville, Meurchin, Meursac, Meursault, Pleurtuit*, etc. d'une part, et *euscarien, eustyle, neustrien, Eustache, Eustathe, Eustochie, Neustrie* de l'autre.

Rem. — Le mot *meunerie* dont la première syllabe est fermée par suite de la chute de [ə] muet intérieur se prononce cependant [mønʀi], avec [ø], sous l'action analogique de *meunier*. Mais *beuverie*, dans lequel la chute de [ə] muet intérieur entraîne un groupe consonantique [-v/vʀ], se prononce [bœᵛvri] avec [œ].

Rem. II. — La prononciation de *Eustache* avec [y], au lieu de [ø], est populaire. Cependant à côté de *Eustache* on a aussi *Ustache*, qui évidemment se prononce avec [y].

II. — Mots dans lesquels EU inaccentué a comme correspondant un EU accentué dans la langue.

1º Lorsqu'au cours de la dérivation de la conjugaison un [œ] accentué devient inaccentué, il se conserve *toujours* ouvert.

Radical accentué	Radical inaccentué
il abreuve [abʀœ:v]	*abreuver* [abʀœve]
	en abreuvant [abʀœvɑ̃]
	abreuvoir [abʀœvwa:ʀ]
beurre [bœ:ʀ]	*beurrer* [bœʀ·e]
	beurrier [bœʀ·je]
	beurrerie [bœʀʀi]
il cueille [kœj]	*cueillir* [kœji:ʀ]
	il cueillera [kœjʀa]
	cueillette [kœjɛt]

cœur [kœ:ʀ]	écœurer [ekœʀe]
	écœurant [ekœʀɑ̃]
	écœurement [ekœʀmɑ̃]
feuille [fœj]	effeuiller [efœje]
	feuillage [fœja:ʒ]
	feuillu [fœjy]
fleur [flœ:ʀ]	fleurir [flœʀi:ʀ]
	fleuriste [flœʀist]
	fleuron [flœʀɔ̃]
il heurte [œʀt]	heurter [œʀte]
	heurtement [œʀtəmɑ̃]
	heurtoir [œʀtwa:ʀ]
jeune [ʒœn]	rajeunir [ʀaʒœni:ʀ]
	jeunesse [ʒœnɛs]
meurtre [mœʀtr̥]	meurtrir [mœʀtʀi:ʀ]
	meurtrier [mœʀtʀije]
	meurtrissure [mœʀtʀisy:ʀ]
peuple [pœpl̥]	peupler [pœple]
	peuplade [pœplad]
	peuplement [pœpləmɑ̃]
peur [pœ:ʀ]	apeurer [apœʀe]
	apeurement [apœʀmɑ̃]
	peureux [pœʀø]
il pleure [plœ:ʀ]	pleurer [plœʀe]
	pleurard [plœʀa:ʀ]
	pleureur [plœʀœ:ʀ]
œil [œj]	œillère [œjɛ:ʀ]
	œillet [œjɛ]
	œillade [œjad]
orgueil [ɔʀgœj]	s'enorgueillir [ɑ̃nɔʀgœji:ʀ]
	orgueilleux [ɔʀgœjø]

etc.

Rem. I. — L'*eu* inaccentué de *heureux* se prononce aussi [œ]. Cet adjectif correspond en effet à l'ancien substantif *heur* [œ:ʀ] qui s'est conservé dans les locutions *il n'a pas l'heur de me plaire*, *heur et malheur*, et dans les composés *bonheur*, *malheur*. On prononce donc *heureux* [œʀø], *malheureux* [malœʀø].

Rem. II. — Dans les noms de lieux dont le premier élément est *neuf* [nœf], on prononce cependant [nø], que le *f* de *neuf* s'écrive ou non ; cf. *Neubois* [nøbwa],

VOYELLES AVEC DEUX TIMBRES

Neuchâtel, Neuvic, Neuvilly, etc. d'une part, et *Neuf-Brisach* [nøbʀizak], *Neuf-châtel, Neufmoulins, Neufville*, etc. de l'autre. De même dans *Neufjours* qui provient de *Novoialum* et qui n'a rien à voir avec l'adjectif *neuf*.

2º Lorsqu'au cours de la dérivation ou de la conjugaison un [ø] accentué devient inaccentué, il se conserve toujours fermé.

Radical accentué	Radical inaccentué
il ameute [amø:t]	*ameuter* [amøte]
	nous ameutons [amøtɔ̃]
	il ameutera [amøˈtʀa]
il creuse [kʀø:z]	*creuser* [kʀøze]
	nous creusons [kʀøzɔ̃]
	il creusera [kʀøzʀa]
deux [dø]	*deuxième* [døzjɛm]
il feutre [fø:tʀ̥]	*feutrer* [føtʀe]
	feutrier [føtʀije]
	feutrage [føtʀa:ʒ]
il jeûne [ʒø:n]	*jeûner* [ʒøne]
	il jeûnera [ʒønʀa]
	jeûneur [ʒønœ:ʀ]
neutre [nø:tʀ̥]	*neutral* [nøtʀal]
	neutralité [nøtʀalite]
	neutron [nøtʀɔ̃]
pleutre [plø:tʀ̥]	*pleutrerie* [pløtʀəʀi]
heureux [œʀø]	*heureusement* [œʀøzmɑ̃]
frileux [fʀilø]	*frileusement* [fʀiløzmɑ̃]
pompeux [pɔ̃pø]	*pompeusement* [pɔ̃pøzmɑ̃]
bleu [blø]	*bleuir* [bløi:ʀ]
	bleuet [bløɛ]
	bleuté [bløte]
il pleut [plø]	*pleuvoir* [pløvwa:ʀ]
	pleuviner [pløvine]
	etc.

Rem. — Lorsque les mots accentués ayant un [ø] final entrent en composition avec un mot suivant et deviennent de ce fait inaccentués, ils conservent leur [ø] ; cf. *lieutenant* [ljøtnɑ̃], *eux-mêmes* [ømɛm], etc., en face de *lieu* [ljø], *eux* [ø], etc. Cependant *peu* [pø] et *peut* [pø] changent leur [ø] en [œ] dans les locutions *à peu près* [apœpʀɛ], *peut-être* [pœtɛtʀ̥].

A inaccentué = [a] ou [ɑ] ?

I. — Mots dans lesquels A inaccentué n'a pas comme correspondant de A accentué dans la langue.

A inaccentué est ordinairement antérieur, qu'il soit en syllabe ouverte ou en syllabe fermée ; cf. *ailleurs* [ajœ:ʀ], *bataille, cadavre, canon, chacun, fabrique, faillir, galoper, jaillir, lapin, malin, narine, passible, passif, paternel, ragoût, saillir, salaire, tapis, valoir, Adolphe, Asie, Balaruc, Charenton, Daguerre, Draguignan, Faguet, Halévy, Lakanal, Malherbe, Napoléon, Pradier, Racine, Salies, Valois*, etc —, *accident* [aksidã], *algèbre, arbitre, astuce, balnéaire, barboter, calcul, carnage, dalmatique, falsifier, farcir, galvauder, garnir, harnacher, harpon, jardin, marmite, narquois, palpiter, pardon, salpêtre, sarment, targette, varlope, Alsace, Armand, Baltard, Barbier, Calvin, Carnot, Chardin, Dalcroze, Dargilan, Gascogne, Marguerite, Pascal, Raspail*, etc.

Rem. I. — Il en est de même dans les monosyllabes *la, ma, sa, ta*, qui sont essentiellement inaccentués.

Rem. II. — De même encore dans *solennel* [sɔlanɛl] et ses dérivés : *solennellement, solennisation, solenniser, solennité*.

Cependant on prononce un [ɑ] dans les cas suivants :

a) Lorsque *a* est surmonté d'un accent circonflexe ; cf. *bâtir* [bɑti:ʀ], *bâtard, bâton, câlin, châlit, châssis, châtain, châtaigne, château, il châtie, châtier, gâteau, hâtelle, hâtelet, hâtereau, pâtis, pâture, Blâmont, Châlons, Châlus, Mâcon*, etc.

Rem. I. — Pourtant on prononce un [a] bref dans *bâbord* et *Le Câtelet*.
De même, on hésite entre [a] et [ɑ] dans *mâchicoulis*, dans *râteau* et ses dérivés : *râtelage, râtelée, râteler, râtelier*.
Noter que *ratisser* (*-age, -oire, -ure*, etc.) n'a pas d'accent circonflexe sur *a* et se prononce avec un [a].

Rem. II. — Distinguer entre *mâtin* [mɑtɛ̃] « gros chien de garde » et *matin* [matɛ̃] « partie de la journée » —, entre *Paris* [pɑʀi], capitale de la France, ou *Paris* [paʀis], nom d'homme, et *Pâris* [pɑʀis], autre nom d'homme.

Rem. III. — On prononce aussi un [ɑ] dans les dérivés *abâtardir, bâtonnet,* (*-ner, -nier, -niste*), *câlinement, câlinerie, châtaigneraie, châtiment.*

b) Dans la terminaison *-ation* des mots ayant plus de deux syllabes ; cf. *consolation* [kɔ̃sɔlɑsjɔ̃], *création, donation, émulation, exploration, narration, pulsation*, etc.

Rem. I. — Il en est de même dans les dérivés *collationner (-ement), isolationnisme, (-iste), ovationner, sensationnel (-ellement)*.

Rem. II. — Mais dans *nation, ration, station*, l'[ɑ] est en train de céder la place à [a]. Il en est à plus forte raison de même dans les dérivés *national, nationalisme, nationalité*, etc., *rational, rationaliser,* etc., *stationnaire, stationner (-ement)*.

c) Dans les noms où *a* est suivi de *s* non prononcé + consonne ; cf. *Asnelles* [anɛl], *Basnage, Basville, Chastelard, Chastellain* [ʃɑtlɛ], *Chastellux* [ʃɑtly], *Praslin, Prasville*, etc.

Rem. — Cependant on prononce [a] dans *Asnières* [anjɛːʀ]. D'autre part, *Pasquier* se prononce avec [a] ou avec [ɑ] selon que l'*s* devant consonne se prononce ou non.

Enfin, dans un certain nombre de mots ou de noms propres, la prononciation hésite actuellement entre [a] et [ɑ].

a) C'est [ɑ] que l'on entend le plus souvent dans *blason, gazon, graillon, haillon, masure* —, et dans *Calais, Dugazon*.

Rem. — Mais l'[ɑ] est légèrement moins fréquent dans les dérivés *blasonner (-ement), gazonner, graillonner, haillonneux*.

b) L'[ɑ] ne fait que se survivre dans *baron, brasiller, carrosse, charogne, charron, gazette, gazetier, havresac, jadis, larron, maçon, madré, maflu, marraine, marron, parrain, passereau, praline, scabreux* —, dans *passion et compassion* —, dans les mots en *-asion* : *dissuasion, évasion, invasion, occasion,* etc. —, et dans *Baron, Basile, Bazaine, Bazeilles, Caron, Chablis, Charon, Charron, Jacob, Jacotot, Jason, Masson, Passerat, Scarron, Varron*, etc.

Rem. — Il en est de même dans les dérivés *baronnage, baronnet, baronnie, carrossable, carrossage, carrosser, carrosserie, carrossier, charognard, charronnage, charronnerie, maçonnage, maçonner, maçonnerie, maçonnique, marrainage, marronnier, parrainage, praliné* —, *passioniste, passionnaire, passionnant, passionné, passionnel, passionnément, passionner* —, *occasionnel, occasionnellement, occasionner*.
Il en est de même dans *dissuasif, évasif, persuasif* et dans *évasivement, persuasivement*.
Mais *jacobinisme, jacobiniste* se prononcent avec un [a].

c) Par contre l'[ɑ] a pour ainsi dire disparu dans *abrasif, avocaillon, basalte, basane, basilic, basilique, basoche, bazar, carotte, carrousel*, *casserole, chalet, chariot, charrier, charroyer, charrue, dissuasif, escarole, évasif, jazeran, madrier, magot, majeur, major, macaron, maquis, maraude, mardi, marri, mazette, nasal, naseaux, pascal, pasteur, pastoral, pastoureau, pastourel, persuasif, pomme d'api, quasi, quasiment, ramasse, ramure, sarrau, tasseau, valet* et leurs dérivés —, et dans *Adam, Bataves, Bazard, Bazin, Lazare, Madeleine, Satan*.

II. Mots dans lesquels A inaccentué a comme correspondant un A accentué dans la langue.

1º Lorsqu'au cours de la dérivation ou de la conjugaison un [a] accentué devient inaccentué, il se conserve *toujours* [a].

Radical accentué	Radical inaccentué
il aboie [abwa]	*aboyer* [abwaje]
	il aboiera [abwaʀa]
	aboyeur [abwajœ:ʀ]
il éloigne [elwaɲ]	*éloigner* [elwaɲe]
	il éloignera [elwaɲʀa]
	éloignement [elwaɲmã]
il nettoie [netwa]	*nettoyer* [netwaje]
	il nettoiera [netwaʀa]
	nettoiement [netwamã]
il part [pa:ʀ]	*partir* [paʀti:ʀ]
	en partant [paʀtã]
il soigne [swaɲ]	*soigner* [swaɲe]
	il soignera [swaɲʀa]
	soigneur [swaɲœ:ʀ]
il voile [vwal]	*voiler* [vwale]
	voilure [vwaly:ʀ]
	etc.

2º Lorsqu'au cours de la dérivation ou de la conjugaison un [ɑ] accentué devient inaccentué, il peut se conserver ou passer à [a] suivant les cas.

a) A l'intérieur de la conjugaison, on a toujours [ɑ].

VOYELLES AVEC DEUX TIMBRES

Radical accentué	Radical inaccentué
il accable [akɑ:bl̩]	*accabler* [akɑble]
	il accabla [akɑbla]
	il accablera [akɑbləʀa]
il blâme [blɑ:m]	*blâmer* [blɑme]
	il blâma [blɑma]
	il blâmera [blɑmʀa]
il fâche [fɑ:ʃ]	*fâcher* [fɑʃe]
	il fâcha [fɑʃa]
	il fâchera [fɑʃʀa]
il lâche [lɑ:ʃ]	*lâcher* [lɑʃe]
	il lâcha [lɑʃa]
	il lâchera [lɑʃʀa]
il lasse [lɑ:s]	*lasser* [lɑse]
	il lassa [lɑsa]
	il lassera [lɑsʀa]
il raille [ʀɑ:j]	*railler* [ʀɑje]
	il railla [ʀɑja]
	il raillera [ʀɑjʀa]
il tâte [tɑ:t]	*tâter* [tɑte]
	il tâta [tɑta]
	il tâtera [tɑtʀa]
il transvase [tʀɑ̃zvɑ:z]	*transvaser* [tʀɑ̃zvɑze]
	il transvasa [tʀɑ̃zvɑza]
	il transvasera [tʀɑ̃zvɑzʀa]

etc.

b) Dans les substantifs, adjectifs ou adverbes, l'[ɑ] se conserve ordinairement quand la syllabe à laquelle il appartient est suivie immédiatement de l'accent.

Radical accentué	Radical inaccentué
il classe [klɑ:s]	*classement* [klɑsmɑ̃]
	classeur [klɑsœ:ʀ]
il crâne [kʀɑ:n]	*crânement* [kʀɑnmɑ̃]
	crânerie [kʀɑnʀi]

CHAPITRE II

	crâneur [kʀɑnœ:ʀ]
	crânien [kʀɑnjɛ̃]
il enchâsse [ɑ̃ʃɑ:s]	*enchâssement* [ɑ̃ʃɑsmɑ̃]
	enchâssure [ɑ̃ʃɑsy:ʀ]
il gâche [gɑ:ʃ]	*gâchage* [gɑʃa:ʒ]
	gâcheur [gɑʃœ:ʀ]
	gâchis [gɑʃi]
il gâte [gɑ:t]	*gâterie* [gɑtʀi]
	gâteux [gɑtø]
	gâtisme [gɑtism]
(il) lâche [lɑ:ʃ]	*lâchage* [lɑʃa:ʒ]
	lâchement [lɑʃmɑ̃]
	lâcheté [lɑʃte]
	lâcheur [lɑʃœ:ʀ]
il racle [ʀɑ:kl̩]	*raclage* [ʀɑkla:ʒ]
	racleur [ʀɑklœ:ʀ]
	racloir [ʀɑklwa:ʀ]
	raclure [ʀɑkly:ʀ]
il rase [ʀɑ:z]	*rasage* [ʀɑza:ʒ]
	rasette [ʀɑzɛt]
	raseur [ʀɑzœ:ʀ]
	rasoir [ʀɑzwa:ʀ]
sable [sɑ:bl̩]	*sablage* [sɑbla:ʒ]
	sableux [sɑblø]
	sablon [sɑblɔ̃]
vase [vɑ:z]	*vasard* [vɑza:ʀ]
	vaseux [vɑzø]
	vasière [vɑzjɛ:ʀ]

etc.

Cf. encore avec [ɑ] : *ân(e)rie (âne), bâchage (bâche), bâclage, bâcleur (il bâcle), bâfreur (il bâfre), bâill(e)ment, bâilleur (il bâille), barreur, barrière (barre), bass(e)ment et soubass(e)ment, bassesse, basset, basson et bassoniste (bas), blâmable (blâme), braill(e)ment (il braille), brasier (il embrase), caill(e)ment (il caille), carreau, carr(e)lage, carr(e)ler, carr(e)lure, carrière (il carre), caucasien, caucasique (Caucase), diablesse, endiablé (diable), écaillage, écailleux, écaillure (écaille), éraflure (il érafle), éraill(e)ment, éraillure (il éraille), gazage, gazeux, gazier (gaz), godailleur (il godaille), gouaill(e)rie, gouailleur (gouaille), hâbleur (il hâble), hâtif (hâte), havrais (Le Havre), idolâtrie, idolâtrique (idolâtre), jas(e)ment, jas(e)rie, jaseur (il jase), lac(e)rie, lacet, laceur, lacis (il lace), mâch(e)lier, mâcheur, mâchoire, mâchure (il mâche), mât(e)reau (mât), pâleur, pâlir, pâlot (pâle), pâqu(e)rette, pâqu(e)rolle (Pâques), passade, passage, pass(e)ment et dépass(e)ment, pass(e)rette, passette, passeur (il passe), piaill(e)ment, piaill(e)rie (il piaille), poulailler, poulaill(e)rie (poulaille), râpage, râp(e)rie, râpure (il râpe), rar(e)ment, rar(e)té (rare), rempaillage (il rempaille), repassage, repasseuse (il repasse), ripaill(e)rie (ripaille), tâch(e)ron (tâche), taillable, taillade, taillage, taillant, taill(e)rie, tailleur (il taille), tass(e)ment et entass(e)ment (il tasse), tât(e)ment, tâteur, à tâtons (il tâte), trésaillure (trésaille)*, etc.

Rem. I. — On a cependant un [a] dans *bataillon, cadran, cadrat, caillot, classique, encablure, flammèche, flammerole, gracier, gracieux, infamant, infamie, jacquerie, jacquet, jacquin, Jacquard, Jacquemart, Jacquemin, maillot, paillard, pailleter, paillette, Paillard, Pailleron, Paillet, taillis, Tailhade, Tailhan,* en face de *bataille, cadre, classe, câble, flamme, grâce, infâme, Jacques, maille, paille, taille,* avec [ɑ].

Rem. II. — Il y a hésitation entre [ɑ] et [a] dans *cailletage, cailleteau, caillette, grasset, grassouillet, jacquot, Jacqueline, maillon, paillasse, paillis, paillon, paillot, taillable, taillade, tailloir, taillon,* en face de *il caille, casse, gras, Jacques, maille, paille, taille,* avec [ɑ].

De même dans *casserole, cassette,* en face de *casse* (substantif) avec [ɑ] ou [a].

Lorsque [ɑ] se trouve séparé par une syllabe de la voyelle accentuée finale, il y a hésitation entre [ɑ] et [a].

Ainsi dans *accablement (il accable), acclimatation (climat), âcreté (âcre), brahmanique, brahmanisme (brahme), câblogramme (câble), cadavéreux, cadavérique (cadavre), cassation (il casse), classifier (il classe), climatérique (climat), condamnation, condamnatoire, damnation (il damne), cranioscope (crâne), encadrement (cadre), ensablement (sable), entrelacement (il lace), fabuleux, fabuliste (fable), fâcheusement (il fâche), folâtrement, folâtrerie (folâtre), gazogène, gazomètre (gaz), grasseyement, grasseyer, grasseyeur, grassouillet (gras), hâblerie (il hâble), hâtivement (hâte), inflammation (flamme), ladrerie (ladre), lassitude (las), mâchonnement, mâchonner (il mâche), mazéage (il maze), paillarderie, paillardise, paillasson (paille), pâmoison (il se pâme), passager, passavent (il passe), pâtissage, pâtisser, pâtisserie, pâtisson, pâtissier, pâtissoire (pâte), plâtrerie (plâtre), railleusement (il raille), raréfiable, raréfier, rarescent (rare), rationnaire, rationnel, rationnellement (ration), refroidissement, refroidisseur (froid), sablerie, sablier, sablonneux, sablonner, sablonnière (sable), taillanderie, taillandier (il taille), tâtonnement, tâtonner, tâtonneur (il tâte), vasiducte (vase).*

Mais lorsque l'[ɑ] du radical se trouve séparé par plusieurs syllabes de la voyelle accentuée finale, il passe ordinairement à [a].

Ainsi dans *acrimonie (âcre), affabulation (fable), classification (classe), climatisation, climatologie (climat), craniologie (crâne), fabuleusement (fable), paillassonnage, paillassonner (paille), passagèrement, passementerie (il passe), phraséologie, phraséologique (phrase), raréfaction (rare), tatillonner (il tâte), vaso-moteur (vase).*

NOTE. — Lorsque [ɑ̃], dont l'élément oral est un [ɑ], devient inaccentué et se désanalise dans les dérivés, il passe à [a] ; cf. *prudent* [pʀydɑ̃] et *prudemment* [pʀydamɑ̃], *vaillant* [vajɑ̃] et *vaillamment* [vajamɑ̃], *Caen* [kɑ̃] et *Caennais* [kanɛ], *Rouen* [ʀwɑ̃] et *rouennerie* [ʀwanʀi], *Rouennais* [ʀwanɛ], etc.

Cf. aussi *Jean* [ʒɑ̃] et *Jeannette, Jeannot, Jeanneton*, avec [a], malgré *Jeanne*, qui peut se prononcer avec [ɑ].

CHAPITRE III
E MUET

On donne communément le nom d' « *e* muet » à l'*e* inaccentué non surmonté d'un accent aigu, grave ou circonflexe qui se trouve :

1) à la fin d'un mot, après une voyelle accentuée, suivi ou non de *s* et de *nt* ; *chantée, due, connue, finie* ; *chantées, dues, connues, finies*, etc. ; *agréent, récréent, nient, soient, voient*, etc.

2) entre une voyelle ou un *y* et une consonne simple suivie de voyelle : *dénuement, dévouement, gaieté, remerciement* ; *scierie, soierie, tuerie* ; *aboiera, appuiera, étudiera, jouera, niera*, etc. ; *balaiera* ou *balayera, essaiera* ou *essayera, paiera* ou *payera* ; *paiement* ou *payement* ; *layetier*, etc.
Cependant on n'a pas d'*e* muet dans *Ecouenais* et *Saint-Ouenais* qui se prononcent [ekwanɛ], [sɛ̃twanɛ].
Mais *Caennais*, qui s'écrit aussi *Caenais*, en a un, malgré la géminée orthographique *nn*.
Dans *Saint-Priest*, l'*e* est encore muet, malgré le groupe consonantique qui suit.
On n'a pas non plus de *e* muet, mais un *e* fermé dans les mots latins ou espagnols : *ne varietur, Consuelo, Puebla*, etc.

3) entre une consonne ou un groupe consonantique et une voyelle : *affligeant, asseoir, chargea, démangeaison, Dejean, douceâtre, gazeuse, geai, geôle, geôlier, Jean, Jeanne, (à) jeun, mangea, mangeoire, (Jean de) Meung, pigeon*, etc.
Mais dans les mots latins on a un *e* fermé : *Confiteor, deleatur, exeat, Te Deum*, etc.

4) entre une consonne intérieure de mot et *h* dans *(Sainte-)
Menehould*.

5) dans le groupe orthographique *eau* : *agneau, beau, corbeau,
fardeau, rameau, tombeau, Carpeaux, Meaux*, etc. et *eau*.
Cependant dans *Eauze*, nom d'une localité du Gers, l'*e* initial
est un *e* fermé : [eo:z].

6) entre consonne ou groupe consonantique et consonne simple
ou consonne + liquide suivies de voyelle : *amèrement, appeler, chemin,
dureté, fenêtre, honnêtement, secours, tenir*, etc. ; *aveuglement, escarpement,
fermeté, justement, ornement, premier*, etc. ; *Debry, Deprez,
Leblanc, Lebrun, Leclerc, Lefranc, levraut, levrette*, etc.

Mais dans les mots latins, italiens, espagnols, en particulier, on a
dans les mêmes conditions un *e* fermé : *alleluia, Angelus, cicerone, et
cœtera, Confiteor, Consuelo, Credo, deleatur, (Lope de) Vega, memento,
Miserere, Montebello, Montecuculli, Montenegro, Montevideo, Montezuma,
noli me tangere, Pontecorvo, Pontevedra, Remus, Unigenitus
(vade-)mecum, Vera-Cruz, veto*, etc.

7) entre consonnes et géminée orthographique *ll* dans *Chastellain,
Chastellux*, etc. ; cf. p. 28, 4º, rem. 1.

8) dans la syllabe initiale *re-*, même lorsqu'elle est suivie de la
géminée orthographique *ss* : *rebours, recéler, recette, recoudre, redingote,
refus, renard, repas, retable*, etc. ; *rebrousser, refluer, refroidir,
replâtrer, reprise, retraite, retrancher*, etc ; *rehausser, rehaussement,
reheurter*, etc. ; *ressaut, ressemblance, ressemeler, ressentir, resserrer,
ressort, ressource, (se) ressouvenir*, etc.

Cependant on prononce [ʀe] dans *ressusciter* [ʀesysite] et *ressuyer*
[ʀesɥije], etc. ; cf. p. 28, 4º, rem. 1.

9) dans les adverbes *dessus* et *dessous*, ainsi que dans le composé
pardessus.

10) dans les terminaisons *-e, -es, -ent* précédées de consonne : *belle,
belles ; neuve, neuves, spectre, spectres*, etc. ; *chante, chantes, chantent ;
ouvre, ouvres, ouvrent*, etc.

Mais dans les mots latins, italiens ou espagnols, terminés en *-e*, on
a un *e* fermé et non un *e* muet : *andante, Ave, cantabile, cicerone, dolce,
ecce(-homo), fac-simile, farniente, forte, in pace, Lœtare, Lope (de*

Vega), *Miserere, soli me tangere, nota bene, vade(-mecum), vice (-versa),* etc.

Pourtant *dilettante* peut avoir un *e* muet à la finale.

11) dans les monosyllabes *ce, me, te, se, de, ne, que* et dans *je, le* inaccentués.

REM. — A cause de leur caractère inaccentué, on ne saurait faire rentrer dans le cadre de *e* muet le pronom *le* [lø], lorsqu'il vient après un impératif sans être lui-même suivi d'un autre pronom, et le pronom *je* [ʒø] au début d'une attestation : *dis-le, chantons-le, prenez-le,* etc. ; *je soussigné...*

Dans les cas de 1 à 5 inclus, cet *e* ne se prononce jamais et doit être considéré comme un phénomène orthographique, servant ou non à des fins grammaticales. C'est là qu'il mérite vraiment son épithète de « muet ».

Il n'en est pas de même dans les autres cas. Dans ceux de 6 à 11 inclus, il se prononce aussi dans le débit oratoire et la diction des vers. Son timbre peut être alors assimilé à celui d'un [œ] inaccentué, c'est-à-dire d'un [œ] moins ouvert que celui de *peur* [pœ:ʀ] ou de *seul* [sœl]. Il est transcrit ici par le signe [ə]. Mais dans une conversation soignée, à plus forte raison dans une conversation familière, cet [ə] n'a pas partout la même solidité. Dans certains mots, il se conserve sans exception. Là, l'épithète de « muet » est complètement erronée. Dans d'autres, il tombe toujours. Dans d'autres encore, il se conserve ou disparaît suivant que telles conditions sont remplies ou non. C'est dans ce dernier cas seulement que l'épithète de « caduc » qu'on a proposée pour le désigner lui convient.

Quoi qu'il en soit, dans un cas comme dans l'autre, on maintiendra l'appellation d' « *e* muet » qui, bien que fausse, est largement consacrée par l'usage et qui au surplus ne peut tromper personne.

On divisera l'étude de *e* muet en cinq parties :

1º *E* muet à la fin d'un polysyllabe isolé ou suivi d'un mot commençant par consonne.

2º *E* muet à l'intérieur d'un polysyllabe ou *e* muet de monosyllabe à l'intérieur d'un groupe rythmique.

3º *E* muet au début d'un polysyllabe isolé ou d'un groupe rythmique isolé ou initial de phrase.

4º *E* muet au début d'un groupe rythmique intérieur de phrase.

5º *E* muet final de polysyllabe et *e* muet de monosyllabe suivis d'un mot commençant par voyelle.

Remarque. — On doit faire entrer dans la catégorie de *e* muet la première voyelle de *faisons, faisais*, etc. (et composés *refaisons, refaisais*, etc.), de *faisan* et de *monsieur*.

I. — E muet à la fin d'un polysyllabe isolé ou suivi d'un mot commençant par une consonne.

Les règles qui vont suivre valent aussi bien pour les terminaisons *-es*, *-ent* (dans lesquelles les consonnes finales ne se prononcent d'ailleurs pas) que pour la terminaison *-e*.

A. — Polysyllabes a la pause.

L'*e* muet final tombe, qu'il soit précédé d'une ou de plusieurs consonnes prononcées.

1º Exemples avec une seule consonne prononcée :

arabe, arabes ; remède, remèdes ; digue, digues ; houppe, houppes ; hutte, huttes ; opaque, opaques ; greffe, greffes ; lève, -es, -ent ; vice, vices ; vise, -es, -ent ; bouche, bouches ; auge, auges ; vieille, vieilles ; toile, toiles ; répare, -es, -ent ; aime, -es, -ent ; dune, dunes ; montagne, montagnes ; etc.

2º Exemples avec deux consonnes prononcées :

consonne + liquide *(l, r)* :

accable, -es, -ent ; aigle, aigles ; Naples ; miracle, miracles ; macabre, macabres ; cèdre ; aigre, aigres ; âpre, âpres ; mettre, exècre, -es, -ent ; nèfle, nèfles ; offre, -es, -ent ; Sèvres ; etc.

consonne + non liquide :

bridge ; diaphragme ; adepte, adeptes ; éclipse, éclipses ; rythme, rythmes ; secte, sectes ; rixe, rixes ; drachme, drachmes ; aphte ; Elbe ; Mathilde ; algue, algues ; Alpes ; halte, haltes ; calque, -es, -ent ; salve, salves ; elfe, elfes ; belge, belges ; Welches ; valse, valses ; calme, calmes ;

barbe, barbes; tarde, -es, -ent; vergue, vergues; serpe, serpes; carte, cartes; Dunkerque; conserve, -es, -ent; verse, -es, -ent; cierge, cierges; cherche, -es, -ent; parle, -es, -ent; arme, armes; moderne, modernes; épargne, -es, -ent; jaspe; presque; modiste, modistes; disque, disques; prisme, prismes, indemne, indemnes; etc.

3º Exemples avec trois consonnes prononcées :

consonnes + liquide *(l, r)* :

cercle, cercles; arbre, arbres; perdre; spectre, spectres; meurtre, meurtres; astre, astres.

consonnes + non liquide :

texte, textes; verste, verstes.

4º Exemple avec quatre consonnes prononcées :

dextre, dextres.

REMARQUE I. — Les consonnes sonores devenues finales par suite de la chute de e muet continuent à rester sonores.
Prononcer par conséquent [aʀab], [ʀəmɛd], [dig], [bridʒ], [alg], [baʀb], etc. et non [aʀap], [ʀəmɛt], [dik], [bridʃ], [alk], [baʀp], etc., pour *arabe, remède, digue, bridge, algue, barbe,* etc.

REMARQUE II. — Les occlusives devenues finales par suite de la chute de e muet, qu'elles soient sourdes ou sonores, conservent leur explosion, comme les occlusives finales de la fin du mot quand elles se prononcent.
A la différence par exemple de l'anglais où les occlusives finales n'ont pas d'explosion.

REMARQUE III. — Dans les mots terminés par consonne ou groupe consonantique + liquide + e muet, la liquide devenue finale par suite de la chute de cet e devient sourde et se prononce à voix chuchotée. On la transcrit ici par *l* et *r* avec au-dessous un petit cercle : *accable* [aka:bl̥], *offre* [ɔfʀ̥], *cercle* [sɛʀkl̥], *arbre* [aʀbʀ̥], etc.

B. — POLYSYLLABE SUIVI D'UN MOT COMMENÇANT PAR UNE CONSONNE.

Deux possibilités se présentent : l'*e* muet final peut tomber ou se prononcer.

1º *Chute de* e *muet.*

a) Lorsque l'*e* muet final précédé d'une seule consonne prononcée est suivi d'un mot commençant par une consonne ou deux :

Ex. : *une vieille femme* ; *derrière cette maison* ; *une grande prairie* ; *cette branche craque*.

b) lorsque l'*e* muet final précédé de deux consonnes prononcées est suivi d'un mot commençant par une seule consonne.

Ex. : *il reste debout* ; *elle était plus morte que vive* ; *cela porte bonheur* ; *il n'a pas la force de parler* ; *il veut que je parte demain* ; *il y a quelque dix ans*.

REMARQUE I. — Lorsqu'il est précédé de [z], l'*e* muet final se prononce cependant, si le mot suivant commence par [s], [ʒ] ou [ʃ] ; *onze sous* ; *une crise sans nom* ; *treize japonais* ; *douze chambres*.

REMARQUE II. — Lorsque l'*e* muet final est précédé d'une consonne + liquide (*l, r*), la chute peut ne pas avoir lieu. Si elle se produit, la liquide se prononce à voix chuchotée, comme devant une pause (p. 95) : *un maître d'école* ; *quatre jours* ; *votre père* ; *une lettre d'injures* ; *il doit être tard* ; *l'autre côté* ; *prendre du repos* ; *ouvre la porte* ; *une table d'hôte* ; *l'aigle des Alpes* ; *faible d'esprit*. Ce n'est que dans la conversation familière que la liquide et l'*e* muet final disparaissent dans certains mots ou certaines expressions d'usage fréquent, et qu'on dit par exemple : *un maît(re) d'école* ; *quat(re) jours* ; *vot(re) père* ; *not(re) sœur* ; *il faut êt(re) sérieux* ; *l'aut(re) côté*.

REMARQUE III. — La langue s'accommode fort bien des géminées qui résultent de la chute de e muet final : *il casse ses jouets* ; *une grande descente* ; *une forte tension* ; *un vaste territoire*.

2° *Conservation de e muet*.

a) lorsque l'*e* muet final précédé de deux consonnes est suivi d'un mot commençant par deux consonnes : *un cerne bleu* ; *une rixe tragique* ; *il tarde trop* ; *il parle très haut* ; *une arme blanche* ; *un rythme brisé* ; *une barbe crasseuse* ; *le disque brillant du soleil* ; *un aigle blanc* ; *prendre trois gouttes de ce remède* ; *le mettre plus près*.

b) lorsque l'*e* muet final précédé de trois consonnes est suivi d'un mot commençant par une ou deux consonnes : *un texte plus long* ; *un arbre très haut* ; *perdre trop d'argent* ; *astre brillant* ; *un meurtre provocateur*.

II. — **E muet à l'intérieur d'un polysyllabe ou E muet de monosyllabe à l'intérieur d'un groupe rythmique.**

On distinguera trois cas, suivant qu'il n'y a dans le mot ou dans le groupe qu'une seule syllabe contenant un *e* muet, ou qu'il y a dans le mot ou dans le groupe deux ou plus de deux syllabes consécutives avec *e* muet.

A. — Une seule syllabe avec *e* muet.

Le traitement de *e* muet obéit aux deux lois suivantes :

1° *E muet se conserve lorsqu'il est précédé de deux ou trois consonnes prononcées.*

Exemples de *e* muet intérieur de mot : *(il) accordera, accoutrement, âcreté, Angleterre, appartement, autrement, aveuglement, Barberousse, bergerie, bergeronnette, cervelas, cervelet, (il) conservera, contremarque, contrevent, (il) courbera, débordement, diablerie, entremets, entreprise, escarpement, exactement, fermeté, fortement, fourberie, gangrené, garderie, garnement, gouvernement, hébergement, herberie, horriblement, hurlement, impitoyablement, implacablement, improprement, incroyablement, (il) inculpera, indirectement, jobarderie, justement, ladrerie, largement, librement, lourdement, lugubrement, marchepied, Marguerite, marmelade, marteler, mercredi, morte-saison, mousquetaire, (il) narguera, nègrerie, noblement, notablement, orfèvrerie, orphelin, ornement, outrecuidant, palmeraie, parchemin, pardessus, parlement, parqueter, parvenir, perversement, pimprenelle, portemanteau, propreté, quelquefois, raclement, rassemblement, recouvrement, règlement, (il) rentrera, (il) réservera, (il) restera, (il) sablera, sacrement, sifflement, sobrement, sorbetière, soubresaut, souffleter, supercherie, tabletier, (il) tardera, tendrement, terriblement, (il) tournera, tristement, turquerie, (il) valsera, vergeté, (il) versera, vertement,* etc.

Exemples de *e* muet intérieur de groupe : *un gredin, un brevet, un premier prix, un brelan d'as, des brebis, des frelons, des preneurs, de la cretonne, de la grenaille, il a bredouillé, il a crevé, il a grelotté, un squelette,* etc., *os de poulet, bec de canard, bloc de marbre, il part demain, par-dessous, par-dessus, Arc-de-Triomphe,* etc.

Remarque I. — Lorsque la consonne qui précède immédiatement *e* muet est un [b], un [p], un [d], un [t], un [g], un [k] ou un [v] et que la consonne qui la suit est un [ʀ] accompagné d'une voyelle ferme, l'*e* muet peut tomber dans la conversation courante. C'est le cas de toutes les formes du futur, des trois pers. sing. et de la 3ᵉ pers. plur. du conditionnel des verbes de la première classe qui présentent ces conditions : *je courberai; j'inculperais; tu tarderas ; tu resterais;*

il narguera; nous calquerons; vous conserverez; ils marqueront; ils accorderaient; etc.

Mais aux 1re et 2e pers. plur. du conditionnel des mêmes verbes, où [ʀ] est suivi de [j], l'*e* muet se prononce toujours : *nous courberions; nous tarderions; vous resteriez; vous conserveriez;* etc.

REMARQUE II. — Dans *parce que*, l'*e* muet intérieur tombe toujours, sans doute par analogie avec *lorsque, puisque* : [paʀsk]. Dans *quelque chose* et *quelquefois*, l'*e* muet se prononce dans une bonne conversation : [kɛlkəʃoːz], [kɛlkəfwa]. Mais dans la conversation courante, il peut tomber : [kɛlkʃoːz], [kɛlkfwa].

2º E muet tombe lorsqu'il n'est précédé que d'une seule consonne prononcée.

Exemples de *e* muet intérieur de mot : *Abbeville, acheter, Agenais, aileron, alevin, alezan, ânerie, appeler, aqueduc, atteler, Barthélemy, bateleur, Becquerel, bêlement, Bescherelle, betterave, bijouterie, bimbeloterie, bracelet, campement, carrefour, Catherine, chanceler, (il) chantera, chaperon, chasselas, châtelain, chaudement, chevaleresque, chevalerie, chiquenaude, cimetière, cliquetis, coutelas, craquement, cuillerée, curetage, Danemark, dangereux, déguenillé, dépelotonner, développer, (il) doutera, draperie, (il) dressera, droguerie, duperie, dureté, échauffement, échevin, empereur, enlèvement, ennemi, épanchement, épeler, éperon, épicerie, épousseter, étiqueter, facilement, fameusement, (il) fauchera, femmelette, Fénelon, (il) fêtera, feuilleter, feuilleton, fidèlement, flatterie, (il) foncera, fraîchement, fruiterie, gabegie, galetas, ganterie, giletière, Gobelins, goguenard, grossièreté, groupement, habileté, habillement, haletant, haussement, hobereau, honnêtement, horlogerie, huguenot, huilerie, iceberg, imagerie, inachevé, isolement, ivrognerie, jalousement, jacquemart, jarretière, javelot, joaillerie, (il) jonchera, jovialement, jugement, (il) jugera, jurement, (il) lacera, (il) lâchera, laideron, Languedoc, (il) lèchera, lieutenant, lingerie, liseron, literie, longuement, (il) luttera, Madeleine, mademoiselle, Malesherbes, mamelon, matelas, matelot, médecin, moquerie, moucheron, mousseline, muletier, (il) nagera, naïveté, napperon, nécessairement, nettement, niaiserie, nivellement, noisetier (il) nommera, (il) nuancera, œilleton, oiseleur, oliverie, omelette, originalement, osselet, ossements, paletot, paperasse, papetier, parfumerie, pèlerin, (il) pillera, (il) posera, potelé, poterie, primevère, pruderie, puceron, quarantenaire, (il) quittera, quotidiennement, raillerie, (il) ramassera, (il) rampera, rarement, réellement, renseignement, (il) répétera, rive-*

tage, rondement, roseraie, ruisseler, sagement, saleté, samedi, sauterie, sauvegarde, sèchement, (il) signera, (il) soignera, sonnerie, sottement, soudaineté, souvenir, sûreté, (il) tachera, (il) taillera, taffetas, tannerie, tapisserie, taquinerie, tirelire, tonnelet, traquenard, tricherie, tromperie, tuilerie, (il) usera, utilement, vacherie, vaguemestre, vannerie, vaseline, vaudeville, (il) vengera, vilenie, virement, voleter, etc.

Exemples de *e* muet intérieur de groupe : *un bedeau, un devoir, un peloton, un tenancier, du velours, un faiseur, un secret, un genou, un chemin, un levier, un recel, un menu, un neveu, la besogne, la demande, la guenon, la pelouse, la teneur, la quenouille, la vedette, la fenêtre, la semaine, la gelée, la cheminée, la leçon, la remise, la mesure, il a deviné, il a pesé, il a tenu, il a semé, il a gelé, il a cheminé, il a levé, il a reçu, il a mené, il est venu, il viendra demain, nous faisons, je vous remercie,* etc.

vous aimez le travail, nous le croyons, promettez-le-moi, est-ce vrai ? goûtons ce vin, mais je sais ma leçon, et je crois mon frère, on me croit heureux, vous me trouverez ici, nous te voyons, on te suit, on se tait, on se tracasse, tout de suite, pas de traces, pas de scrupules !, nous ne voulons pas, on ne sait pas, on ne veut que toi, il sait que vous êtes prudent, etc.

On voit par les exemples ci-dessus que la chute de *e* muet intérieur a lieu même lorsqu'il doit en résulter un groupe de trois consonnes. Dans le cas de *pas de scrupules !* [pa d skrypyl !], on arrive même à prononcer quatre consonnes à la suite. Il est donc faux de parler, comme on le fait ordinairement, de *loi des trois consonnes*. Ce qui importe pour le traitement de *e* muet intérieur, c'est uniquement le nombre de consonnes qui se prononcent avant lui.

D'autre part, la chute de *e* muet intérieur peut amener la création de consonnes géminées. C'est ce qui arrive lorsque la consonne unique qui précède *e* muet est identique à celle qui le suit : *là-dedans, honnêteté, netteté, sainteté, (il) durera, (il) flairera, ivoirerie, serrurerie, trésorerie, pierreries, verrerie, Rochechouart, extrêmement, intimement, légitimement, magnanimement, mêmement, sublimement, suprêmement, unanimement,* auxquels il faut joindre les adverbes en *-ment* formés sur les numéraux ordinaux, comme *deuxièmement* [døzjɛmmɑ̃], *troisièmement* [tʀwazjɛmmɑ̃], etc.

La géminée peut encore résulter de la chute de *e* muet dans un monosyllabe, lorsque ce dernier est suivi d'un mot commençant par la même consonne que lui : *il vient de Damas, il vient de danser, il veut le lancer, il a ce souci de moins, et je juge, pourquoi me mentir? pourquoi te taire? comment se sent-il? il vient de danser, vous ne notez rien, il ne fait que courir*, etc.

EXCEPTIONS. — Même lorsqu'il n'est précédé que d'une seule consonne prononcée, l'*e* muet intérieur se conserve :

1) devant le groupe [lj].

Ainsi dans les 1res et 2es pers. plur. de l'imparfait indicatif et du subjonctif présent des verbes en -*eler* : *nous appelions; vous appeliez; que nous appelions; que vous appeliez.*

Et dans les substantifs : *atelier, bachelier, batelier, bourrelier, chamelier, chancelier, chandelier, chapelier, coutelier, hôtelier, râtelier, sommelier, tonnelier, bachelière, chapelière, chancelière, hôtelière, muselière, Richelieu.*

2) devant le groupe [ʀj].

Ainsi aux 1res et 2es pers. plur. du conditionnel du verbe en -*er* et du verbe *être* : *nous chanterions; vous chanteriez; nous aimerions; vous aimeriez; nous serions; vous seriez.*

Et dans le cas d'un monosyllabe avec *e* muet précédé de voyelle et suivi du mot *rien* = [ʀjɛ̃] : *il n'a besoin de rien; je pensais ne rien dire; il veut que rien ne bouge*; etc.

De même, *riant* et *rieur* ayant un [j] après *r*, l'*e* muet du monosyllabe qui précède se prononce dans les mêmes conditions : *et de riant qu'il était, le paysage devint tout à coup sévère; et le rieur s'en alla déconfit.*

3) devant le groupe [nj].

Dans les 1res et 2es pers. plur. de l'imparfait indicatif et du subjonctif présent des verbes *soutenir* et *(se) souvenir* : *nous soutenions; vous souteniez; nous nous souvenions; vous vous souveniez; que nous soutenions; que vous souteniez; que nous nous souvenions; que vous vous souveniez.*

Dans les substantifs : *centenier, fontenier*, auxquels il faut ajouter les anciens *dizenier* [dizənje], *cinquantenier* [sɛ̃kɑ̃tənje].

Et, à l'intérieur d'un groupe, aux 1res et 2es pers. plur. de l'imparfait indicatif et du subjonctif des verbes *tenir, venir* : *nous tenions; vous teniez; nous venions; vous veniez; que nous tenions; que vous teniez; que nous venions; que vous veniez.*

Il en est de même pour le mot *denier* dans les groupes : *un denier; trois deniers,* etc.

4) devant [ʀɥ], [ʀw] ou [lɥ] : *tu me ruines; pas de ruisseau; un morceau de roi; ce n'est pas celui-ci;* etc.

5) à l'intérieur d'un groupe, dans le mot *dehors* précédé d'une voyelle : *il est dehors; en dehors de la question;* etc.

6) facultativement dans le cas d'un polysyllabe, commençant par consonne + *e* muet et précédé d'une voyelle, dans lequel l'*e* muet est suivi d'un groupe consonantique : *un degré, vingt degrés; un secret, des secrets.*

Il en est de même lorsqu'un monosyllabe avec *e* muet est précédé d'une voyelle et suivi d'un mot commençant par deux consonnes : *il est de Troyes; à ce train; est-ce vrai?*

7) facultativement et à l'intérieur d'un groupe, dans les noms propres commençant par consonne + *e* muet et précédés d'une voyelle : *M. Lefort; MM. Denis et Martin; à Sedan.*

8) facultativement dans les groupes *c'est que, pas de* : *c'est que Paul est venu; pas de bruit; ce n'est pas de saison.*

B. — Deux syllabes consécutives avec *e* muet.

Le traitement des deux *e* muets dépend du nombre de consonnes prononcées qui les précèdent.

Quatre cas se présentent.

1º *Consonne* + e *muet* + *consonne* + e *muet.*

Le premier *e* muet n'étant précédé que d'une seule consonne tombe ; le second se conserve.

Exemples à l'intérieur d'un mot : *arrièr(e)-neveu, grèn(e)terie, louv(e)terie, pan(e)terie, pell(e)terie.*

Exemples à l'intérieur d'un groupe : *vous l(e) refusez?* ; *c'est c(e) que nous disons* ; *comment m(e) lever?* ; *on t(e) reproche cela* ; *pourquoi s(e) quereller?* ; *il vient d(e) reculer* ; *mais n(e) demande rien!* ; *il ne fait qu(e) remuer* ; *on n(e) te croira pas* ; *tu n'es qu(e) le 2ᵉ* ; *ceux qui t(e) menacent* ; *avant l(e) repas* ; *tu t(e) reposes* ; *et s(e) recouche*.

Cependant on note une double exception à la règle.

I. — Conservation du premier e muet et chute du second.

a) dans quelques mots dont la prononciation est figée : *échev(e)lé, ensev(e)lir, ensev(e)lissement, sa chev(e)lure, à Gen(e)viève*.

b) toujours dans le groupe *je ne* précédé de voyelle : *mais je n(e) sais pas* ; *quand je n(e) dis rien...* ; *si je n(e) parle pas...*

c) facultativement dans les monosyllabes avec *e* muet, quand ils sont précédés d'un monosyllabe avec voyelle ferme initial de groupe et suivis en même temps d'un polysyllabe commençant par consonne + *e* muet : *mais je d(e)mande cela* ; *on me r(e)fuse* ; *on te d(e)mande* ; *on se r(e)lève* ; *mais ce v(e)lours est magnifique* ; *on le r(e)dit* ; *on ne f(ai)sait rien* ; *mais que j(e)ter?* etc.

D'après ce qui a été dit p. 101, on peut aussi prononcer l'*e* muet de la syllabe initiale du polysyllabe dans les cas comme : *si le secret* ; *pas de degré* ; etc.

d) facultativement dans les groupes *je me, je le,* précédés de voyelle : *et je m(e) dis cela* ; *quand je m(e) souviens* ; *mais je l(e) sais* ; *et je l(e) crois encore* ; etc.

Cela même lorsque le second monosyllabe est suivi d'un mot commençant par la même consonne que lui : *mais je m(e) moque de cela* ; *et je l(e) laisse faire* ; *et que j(e) joue avec lui* ; *plutôt que d(e) dire cela*.

Au contraire, dans les groupes *je te, te le, se le, que je, que me, que te, que de, que le, que se, que ce, que ne (pas), ne me, ne te, ne le, ne se, de me, de te, de le, de ne, de se, de ce,* précédés de voyelle à l'intérieur d'un groupe rythmique, la règle ordinaire s'applique et l'*e* muet du premier monosyllabe tombe ; *mais j(e) te dis cela* ; *et qu(e) se passe-t-il?* ; *on n(e) te veut pas* ; *il vient d(e) se coucher*.

II. — Chute du premier et du second *e* muet.

a) Une seconde syncope de *e* muet s'est produite après celle qui a été déjà signalée (p. 101) dans *grèneterie, louveterie, paneterie* et *pelleterie*; d'où à côté de [gʀɛntəʀi], [luvtəʀi], [pantəʀi] et [pɛltəʀi], les prononciations [gʀɛntʀi], [luvtʀi], [pantʀi] et [pɛltʀi].

b) Quand le second *e* muet est précédé de [s], il peut tomber dans la conversation familière en même temps que le premier : *tu n(e) s(e)ras pas content; mieux qu(e) c(e)la; on n(e) s(e) moque pas de lui; rien n(e) s(e) fait sans peine;* etc.

Cependant le second *e* muet se conserve dans les mêmes conditions, lorsqu'il est suivi de [ʀj], [ʀɥ], [ʀw] ou de [lɥ] : *vous n(e) seriez pas content; l'eau d(e) ce ruisseau; l'étendue d(e) ce royaume; pas d(e) celui-ci!;* etc.

2º *Consonne + e muet + deux consonnes + e muet.*

Le premier *e* muet n'étant précédé que d'une seule consonne tombe; le second qui se maintiendrait déjà par lui-même, se conserve à plus forte raison, à cause des deux consonnes qui le précèdent.

Exemples à l'intérieur d'un mot : *pal(e)frenier, vil(e)brequin.*

Exemples à l'intérieur d'un groupe : *c'est l(e) premier; j'ai tué c(e) frelon; et j(e) grelottais; il est en train d(e) crever; vous n(e) prenez rien?; il ne fait qu(e) bredouiller;* etc.

Cependant à l'intérieur d'un groupe la création de géminées ou la rencontre de consonnes de point d'articulation identique semblent évitées : *(je vois) ce squelette (grimaçant)* = [sə skəlɛt], rarement [s skəlɛt]; *(il ne fait) que grelotter* = [kə gʀəlɔte], rarement [k gʀəlɔte]; etc.

3º *Deux consonnes + e muet + consonne + e muet.*

Le premier *e* muet, étant précédé de deux consonnes, se conserve ; le second tombe : *contref(ai)seur, contre-f(e)nêtre, contre-m(e)sure, contrev(e)nant, contrev(e)nir, s'entre-qu(e)reller, entre-r(e)garder, s'entre-s(e)courir, entret(e)neur, entret(e)nir, marquet(e)rie, mousquet(e)rie, parquet(e)rie.*

Cependant on note une double exception à cette règle.

I. — Chute du premier *e* muet et conservation du second.

Dans la locution conjonctive *parce que*, le premier *e* muet tombe et le second se prononce : *parc(e) que tu es là* [paʀskə ty ɛ la].

Parallèlement à *parce que*, le groupe *ce que*, même précédé d'une consonne, se prononce toujours [skə] : *pour c(e) que tu dis ; avec c(e) que tu fais ; car c(e) que tu lis* ; etc.

Il n'en est pas de même dans le groupe *par ce que* : *par ce qu(e) tu vois* [paʀ sə k ty vwa].

II. — Conservation des deux *e* muets.

a) Aux 1re et 2e pers. plur. de l'imparfait indicatif et du subjonctif présent des verbes *contrevenir* et *entretenir*, le second *e* muet se conserve en même temps que le premier, pour la raison qu'il est suivi du groupe [nj] : *nous contrevenions ; vous conreveniez ; nous entretenions ; vous entreteniez ; que nous contrevenions ; que vous contreveniez ; que nous entretenions ; que vous entreteniez.*

b) Lorsqu'un mot terminé par consonne + liquide + *e* muet est suivi d'un monosyllabe *le, ce, de*, ce dernier conserve sa voyelle et on a ainsi deux syllabes consécutives avec *e* muet : *il ouvre le tiroir ; on le couvre de fleurs ; on comble ce fossé ; pour entendre le sermon* ; etc. Mais lorsque ces mots sont suivis des groupes *ce qu'il(s), ce qu'elle(s), ce qu'on*, l'*e* muet de *ce* se prononce ou non : *comprendre ce qu'il dit ; entendre ce qu'on dit* ; etc.

c) Lorsqu'un mot terminé par consonne + liquide + *e* muet est suivi d'un polysyllabe dont la première syllabe est constituée par consonne + *e* muet, les deux *e* muets se prononcent : *il souffle dessus ; il pénètre dedans* ; etc.

d) Après une consonne prononcée, le groupe *de ce* + adjectif ou substantif se prononce plutôt [də sə] que [də s] : *hors de ce pays ; il part de ce principe ; il sort de ce congrès*.

4º *Deux consonnes* + *e muet* + *deux consonnes* + *e muet*.

Les deux *e* muets étant précédés chacun de deux consonnes se conservent tous les deux.

Exemples à l'intérieur d'un mot : *entreprenant, entrepreneur, nous entreprenons, vous entreprenez.*

Exemples à l'intérieur d'un groupe : *pour le premier ; il finira par te crever ; avec ce grelot ; car je bredouille ; couleur de grenade ;* etc.

C. — Plus de deux syllabes consécutives avec *e* muet.

Il peut y avoir en français jusqu'à neuf syllabes consécutives avec *e* muet à l'intérieur d'un même groupe rythmique.

Le traitement de ces *e* muets est conditionné par celui du premier et du second que l'on vient d'étudier. La règle est la suivante : si le second *e* muet se prononce, le troisième s'amuït, le quatrième se prononce, le cinquième s'amuït, etc. ; si au contraire le second *e* muet s'amuït, le troisième se prononce, le quatrième s'amuït, le cinquième se prononce, etc. Tout cela, si les exceptions déjà signalées pour les groupes de deux syllabes ne viennent pas contrarier cette ordonnance pour ainsi dire mathématique.

Cependant, cette prononciation n'est pas la seule. Soit par suite d'un besoin inconscient de netteté, soit à cause du ralentissement du débit, la langue peut tendre, à mesure que la série des *e* muets augmente, à les conserver le plus possible.

Deux prononciations se présentent donc. Dans l'étude qu'on va faire des groupes de trois, quatre, cinq, etc., syllabes consécutives avec *e* muet, c'est la première qui servira de cadre. La seconde sera indiquée, à chaque pas, dans les diverses remarques.

1° *Trois syllabes consécutives avec* e *muet.*

a) Le troisième *e* muet n'appartient pas au début d'un polysyllabe.

Formule O ə O.

Ex. : *elle me le dit ; mais que je te voie ! ; mais que je te rencontre ! ; parce que je veux ; pour ce que je vaux ! ; c'est que je ne veux pas ; c'est que je le pense ; c'est ce que je vois ; est-ce que je rêve ? ; qu'est-ce que le Louvre ? ; comme je ne sais rien ;* etc.

Rem. — On peut avoir aussi la formule O ə ə.

Formule ə O ə.

Ex. : *il ne te le dit pas ; car je ne le veux pas ; mais je ne te vaux pas ; car je ne me souviens pas* ; etc.

Rem. — On peut avoir aussi la formule ə ə ə.

Formule ə ə O.

Ex. : *puisque je ne sais pas ; lorsque je ne parle pas*, etc.
Rem. — On peut avoir aussi la formule ə ə ə.

b) Le troisième *e* muet appartient au début d'un polysyllabe.

Le polysyllabe ne commence pas par *re-*.

Formule O ə O.

Ex. : *mais je me demande ; et je le ferai* ; etc.

Formule ə O ə.

Ex. : *car je le demande ; car je le ferai ; mais je ne demande rien* ; etc.
Rem. — On peut avoir aussi la formule ə ə O.

Le polysyllabe commence par *re-*.

Formule O ə O.

Ex. : *et je te remercie ; mais je le refais ; elle le redit* ; etc.
Rem. — On peut avoir aussi la formule O ə ə.

Formule ə O ə.

Ex. : *car je te ressemble ; car je le redis ; mais je ne retiens pas* ; etc.
Rem. — On peut avoir aussi la formule ə ə O ou la formule ə ə ə.

2º *Quatre syllabes consécutives avec e muet.*

a) Le quatrième *e* muet n'appartient pas au début d'un polysyllabe.

Formule O ə O ə.

Ex. : *elle ne te le dit pas ; mais que je ne le sache pas ! ; et que je ne me fâche pas ! ; parce que je le veux ; c'est ce que je te disais ; c'est que je ne te dis pas cela ; est-ce que je te fais mal ? ; est-ce que je le sais ? ; qu'est-ce que je te dis ?* ; etc.

Rem. — On peut avoir aussi la formule O ə ə ə.

Formule ə O ə O.

Ex. : *si je ne te le dis pas ; mais je ne me le cache pas ; lorsque je te le disais ;* etc.

Rem. — On peut avoir aussi la formule ə O ə ə ou la formule ə ə ə ə.

Formule O ə ə O.

Ex. : *est-ce que je ne sais pas ? ; qu'est-ce que je ne fais pas ! ; c'est ce que je ne veux pas ; parce que je ne dois rien à personne ;* etc.

Rem. — On peut avoir aussi la formule O ə ə ə.

Formule ə ə O ə.

Ex. : *puisque je ne le veux pas ; lorsque je ne te cherche pas ;* etc.

Rem. — On peut avoir aussi la formule ə ə ə ə.

b) Le quatrième *e* muet appartient au début d'un polysyllabe.

Le polysyllabe ne commence pas par *re-* :

Formule O ə O ə.

Ex. : *on ne te le demande pas; mais je me le demande; est-ce que je devais écrire?; c'est ce que je mesure; qu'est-ce que je serai?; et que je ne deviendrai jamais riche;* etc.

Rem. — On peut avoir aussi la formule O ə ə O ou la formule ə ə ə O.

Formule ə O ə O.

Ex. : *il ne te le demande pas; mais je ne le ferai pas; car je ne le ferai pas;* etc.

Rem. — On peut avoir aussi la formule ə ə ə O.

Formule ə O ə ə.

Ex. : *mais je ne le brevète pas; car je ne le prenais pas;* etc.

Rem. — On peut avoir aussi la formule ə ə ə ə.

Le polysyllabe commence par *re-*.

Formule O ə O ə.

Ex. : *et je me le redis souvent; on ne te le retient pas?; mais que je ne revienne pas à te trouver en faute;* etc.

Rem. — On peut avoir aussi la formule O ə ə ə ou la formule ə ə ə ə.

Formule ə O ə ə.

Ex. : *mais je ne le relis pas; il ne se le redit jamais; il ne me le remet qu'à midi;* etc.

Rem. — On peut avoir la formule ə ə ə ə.

c) Le troisième et le quatrième *e* muet appartiennent au début d'un polysyllabe.

Formule O ə O ə.

Ex. : *mais je le reprenais ; vous ne le reprenez pas? ; et que je reprenais des forces ;* etc.

Rem. — On peut avoir aussi la formule O ə ə.

Ex. : *mais je le redeviens ; tu ne le redeviendras jamais ; et je le redemanderai ; vous ne le retenez pas? ; nous ne le devenons pas, nous le sommes ; et que je devenais heureux ;* etc.

Rem. — On peut avoir aussi la formule O ə ə O.

Formule ə O ə O.

Ex. : *il ne le devenait plus ; mais je ne redeviens pas ce que j'étais ; il ne le redeviendra jamais ; car je le redemanderai ;* etc.

Rem. — On peut avoir aussi la formule ə ə O.

Formule ə O ə ə.

Ex. : *et je ne reprenais plus confiance ; il ne se reprenait jamais ;* etc.

Rem. — On peut avoir aussi la formule ə ə ə ə.

Formule O ə ə O.

Ex. : *... et que je brevetais ce matelot ; on ne le reprenait pas ;* etc.

d) Les deuxième, troisième et quatrième *e* muet appartiennent au début d'un polysyllabe.

Formule O ə O ə.

Ex. : *et je redevenais (tranquille, inquiet,* etc.*).*

Rem. — On peut avoir aussi la formule O ə ə O.

Formule O ə ə O.

Ex. : *et je ressemelais moi-même mes chaussures.*
Rem. — On peut aussi avoir la formule ə ə ə O.

Formule ə ə ə O.

Ex. : *car je ressemelais moi-même mes chaussures.*

3º *Cinq syllabes consécutives avec e muet.*

a) Le cinquième *e* muet n'appartient pas au début d'un polysyllabe.

Formule O ə O ə O.

Ex. : *c'est que je ne te le dirai pas ; est-ce que je te le donnerai? ; mais de ce que je ne dis rien, ne conclus pas que...;* etc.
Rem. — On peut avoir aussi la formule O ə ə ə ə.

Formule O ə ə O ə.

Ex. : *est-ce que je ne le fais pas? ; est-ce que je ne te dis pas cela? ; qu'est-ce que je ne me mets pas en tête? ;* etc.
Rem. — On peut avoir aussi la formule O ə ə ə ə.

Formule ə ə O ə O.

Ex. : *puisque je ne te le dis pas ; lorsque je ne te le confie pas ;* etc.
Rem. — On peut aussi avoir la formule ə ə ə ə ə.

b) Le cinquième *e* muet appartient au début d'un polysyllabe.

Le polysyllabe ne commence pas par *re-* :

Formule O ə O ə O.

Ex. : *qu'est-ce que je te demande? ; c'est ce que je me demande ; est-ce que je me demande cela? ; dès que je te le demande* ; etc.

Rem. — On peut avoir aussi la formule O ə ə ə O.

Formule ə O ə O ə.

Ex. : *mais je ne te le demande pas ; et je ne me le demande pas* ; etc.

Rem. — On peut avoir aussi la formule ə ə ə ə O.

Formule O ə ə O ə.

Ex. : *est-ce que je ne demande pas cela? ; c'est ce que je ne devrais jamais faire ; qu'est-ce que je ne devine pas* ; etc.

Rem. — On peut avoir aussi la formule O ə ə ə O.

Le polysyllabe commence par *re*-.

Formule O ə O ə O.

Ex. : *qu'est-ce que je te refuse? ; dès que je te le reprends ; est-ce que je me relève?* ; etc.

Rem. — On peut avoir aussi la formule O ə ə ə ə.

Formule ə O ə O ə.

Ex. : *mais je ne me le représente pas ; et je ne te le refuserai pas* ; etc.

Rem. — On peut avoir aussi la formule ə ə ə ə ə.

Formule O ə ə O ə.

Ex. : *est-ce que je ne repars pas? ; c'est ce que je ne retiens jamais ; qu'est-ce que je ne regrette pas?* ; etc.

Rem. — On peut avoir aussi la formule O ə ə ə ə.

c) Le quatrième et le cinquième *e* muet appartiennent au début d'un polysyllabe.

Formule O ǝ O ǝ O.

Ex. : *on ne te le redemandera pas; c'est ce que je redemande;* etc.
Rem. — On peut avoir aussi la formule O ǝ ǝ ǝ O.

Formule ǝ O ǝ O ǝ.

Ex. : *il ne me le redemande pas; mais je ne le reprenais pas; et je ne le recevais jamais;* etc.
Rem. — On peut avoir aussi la formule ǝ ǝ ǝ ǝ O.

Formule O ǝ O ǝ ǝ.

Ex. : *vous ne me le reprenez pas?; si on ne te le reprenait pas;* etc.
Rem. — On peut avoir aussi la formule O ǝ ǝ ǝ ǝ.

d) Le troisième, le quatrième et le cinquième *e* muet appartiennent au début d'un polysyllabe.

Formule O ǝ O ǝ O.

Ex. : *vous ne le redevenez pas; mais ne le redevenait plus;* etc.
Rem. — On peut avoir aussi la formule O ǝ ǝ ǝ O.

Formule ǝ O ǝ O ǝ.

Ex. : *il ne le redevenait pas; pour ne le redevenir jamais plus;* etc.
Rem. — On peut avoir aussi la formule ǝ ǝ ǝ ǝ O.

4° *Six syllabes consécutives avec e muet.*

a) Le sixième *e* muet n'appartient pas au début d'un polysyllabe.

Formule O ə O ə O ə.

Ex. : *mais de ce que je te le dis, ne conclus pas que...; et de ce que je ne te parles pas...;* etc.

Rem. — On peut avoir aussi la formule O ə ə ə ə ə.

Formule O ə ə O ə O.

Ex. : *parce que je ne te le donnerai pas; parce que je ne me le permettrai pas;* etc.

Rem. — On peut avoir aussi la formule O ə ə ə ə ə.

b) Le sixième *e* muet appartient au début d'un polysyllabe.

Le polysyllabe ne commence pas par *re-*.

Formule O ə O ə O ə.

Ex. : *c'est que je ne te le devais pas; parce que je me le demande; est-ce que je te le tenais?;* etc.

Rem. — On peut avoir aussi la formule O ə ə ə ə O.

Formule O ə ə O ə O.

Ex. : *qu'est-ce que je ne te demanderais pas!; est-ce que je ne le devine pas?; parce que je ne le tenais pas;* etc.

Rem. — On peut avoir aussi la formule O ə ə ə ə O.

CHAPITRE III

Formule ə ə O ə O ə.

Ex. : *puisque je ne te le devrai plus; alors que je ne te le demandais pas;* etc.

Rem. — On peut avoir aussi la formule ə ə ə ə ə O.

Le polysyllabe commence par *re-* :

Formule O ə O ə O ə.

Ex. : *c'est que je ne te refuserais pas; parce que je me le redis souvent; est-ce que je te le regrettais ?;* etc.

Rem. — On peut avoir aussi la formule O ə ə ə ə ə.

Formule O ə ə O ə O.

Ex. : *qu'est-ce que je ne te revaudrai pas !; est-ce que je ne le remarque pas?; parce que je ne le recommande pas;* etc.

Rem. — On peut avoir aussi la formule O ə ə ə ə ə.

Formule ə ə O ə O ə.

Ex. : *puisque je ne te le redirai plus; alors que je ne te le refusais pas;* etc.

Rem. — On peut avoir aussi la formule ə ə ə ə ə ə.

c) **Le cinquième et le sixième *e* muet appartiennent au début d'un polysyllabe.**

Formule O ə O ə O ə.

Ex. : *dès que je ne le reprenais pas; c'est que je ne le redeviens plus; c'est que je ne te recevrai jamais plus; c'est que je ne le referais plus; que je le relevais;* etc.

Rem. — On peut avoir aussi la formule Q ə ə ə ə ə O.

Formule ə O ə O ə O.

Ex. : *mais je ne te le redemanderai plus ; et je ne me le redemande jamais ;* etc.

Rem. — On peut avoir aussi la formule ə ə ə ə O.

Formule O ə ə O ə ə.

Ex. : *est-ce que je ne le prenais pas? ; parce que je ne reprenais plus cet homme ;* etc.

Rem. — On peut avoir aussi la formule O ə ə ə O ə ou la formule O ə ə ə ə ə.

Formule O ə ə O ə O.

Ex. : *qu'est-ce que je ne recevais pas ! ; parce que je ne revenais pas ;* etc.

Rem. — On peut avoir aussi la formule O ə ə ə O ə ou la formule O ə ə ə ə ə.

Formule ə ə O ə O ə.

Ex. : *lorsque je ne me reprenais pas — ; alors que je ne le recevais plus ; puisque je ne le redemande pas ;* etc.

Rem. — On peut avoir aussi les formules ə ə ə ə ə ə — ; ə ə ə ə O.

d) Le quatrième, le cinquième et le sixième *e* muet appartiennent au début d'un polysyllabe.

Formule O ə O ə O ə.

Ex. : *c'est que je ne redevenais plus moi-même ; parce que je redevenais heureux ; est-ce que je redevenais maître de moi? ;* etc.

Rem. — On peut avoir aussi la formule O ə ə ə O ə ou la formule O ə ə ə ə O.

Formule ə O ə O ə O.

Ex. : *puisque je le redevenais toujours.*

Rem. — On peut avoir aussi la formule ə ə ə ə O ə ou la formule ə ə ə ə ə O.

Formule ə ə O ə O ə.

Ex. : *puisque je ne redevenais plus le premier...*
Rem. — On peut avoir aussi la formule ə ə ə O ə ou la formule ə ə ə ə ə O.

5° *Sept syllabes consécutives avec e muet.*

a) **Le septième *e* muet appartient au début d'un polysyllabe.**

Le polysyllabe ne commence pas par *re-*.

Formule O ə O ə O ə O.

Ex. : *et de ce que je ne te demande rien, tu conclus... ; et de ce que je ne le devinais pas, tu as conclu... ;* etc.
Rem. — On peut avoir aussi la formule O ə ə ə ə O.

Formule O ə O ə O ə ə.

Ex. : *et de ce que je ne te (ou le) prenais pas avec moi, tu as conclu...*
Rem. — On peut avoir aussi la formule O ə ə ə ə ə.

Formule O ə ə O ə O ə.

Ex. : *parce que je ne te le redirai plus ; parce que je ne me le refuserai plus ;* etc.
Rem. — On peut avoir aussi la formule O ə ə ə ə ə.

b) **Le sixième et le septième *e* muet appartiennent au début d'un polysyllabe.**

Formule O ə O ə O ə O.

Ex. : *et de ce que je ne devenais pas... ; et de ce que je ne redemande plus rien... ; et de ce que je ne revenais pas... ;* etc.
Rem. — On peut avoir aussi la formule O ə ə ə ə O.

Formule O ǝ ǝ O ǝ O ǝ.

Ex. : *parce que je ne le devenais pas ; parce que je ne te recevais pas ; parce que je ne me relevais pas ;* etc.

Rem. — On peut avoir aussi la formule O ǝ ǝ ǝ ǝ ǝ O.

Ex. : *parce que je ne me (*ou *je ne te, je ne le) reprenais pas.*

Rem. — On peut avoir aussi la formule O ǝ ǝ ǝ ǝ O ǝ ou la formule O ǝ ǝ ǝ ǝ ǝ O.

Formule ǝ ǝ O ǝ O ǝ O.

Ex. : *puisque je ne te le redemande plus ; alors que je ne te le redemande pas.*

Rem. — On peut avoir aussi la formule ǝ ǝ ǝ ǝ ǝ O ǝ ou ǝ ǝ ǝ ǝ ǝ ǝ O.

c) Le cinquième, le sixième et le septième *e* muet appartiennent au début d'un polysyllabe :

Formule O ǝ O ǝ O ǝ O.

Ex. : *et de ce que je redevenais continuellement aphone... ; parce que je le redevenais ;* etc.

Rem. — On peut avoir aussi la formule O ǝ ǝ ǝ ǝ O ǝ ou O ǝ ǝ ǝ ǝ ǝ O.

Formule O ǝ ǝ O ǝ O ǝ.

Ex. : *parce que je ne redevenais pas moi-même.*

Rem. — On peut avoir aussi la formule O ǝ ǝ ǝ ǝ O ǝ ou O ǝ ǝ ǝ ǝ ǝ O.

Formule ǝ ǝ O ǝ ǝ O ǝ.

Ex. : *puisque je ne le redevenais pas ; lorsque je ne le redevenais pas.*

Rem. — On peut avoir aussi la formule ǝ ǝ ǝ ǝ ǝ O ǝ ou la formule ǝ ǝ ǝ ǝ ǝ ǝ O.

6° *Huit syllabes consécutives avec e muet.*

a) **Le septième et le huitième *e* muet appartiennent au début d'un polysyllabe.**

Formule O ə O ə O ə O ə.

Ex. : *et de ce que je ne le (ou je ne me, je ne te) reprenais pas, tu concluais que...; et de ce que je te le reprenais...*
Rem. — On peut avoir aussi la formule O ə ə ə ə ə ə ə.

Formule O ə ə O ə O ə O.

Ex. : *parce que je ne te le redemandais pas; parce que je ne me le redemande plus;* etc.
Rem. — On peut avoir aussi la formule O ə ə ə ə ə O ə ou la formule O ə ə ə ə ə O.

Formule ə O ə O ə O ə ə.

Ex. : *car de ce que je te le reprenais, on pouvait conclure que...*
Rem. — On peut avoir aussi la formule ə ə ə ə ə ə ə ə.

Formule ə O ə ə O ə O ə.

Ex. : *car de ce que je ne le reprenais pas, tu pouvais conclure que...*
Rem. — On peut avoir aussi la formule ə ə ə ə ə ə O ə ou la formule ə ə ə ə ə ə ə ə.

b) **Le sixième, le septième et le huitième *e* muet appartiennent au début d'un polysyllabe.**

Formule O ə O ə O ə O ə.

Ex. : *et de ce que je ne redevenais pas bien portant, tu concluais que...*
Rem. — On peut avoir aussi la formule O ə ə ə ə ə O ə ou la formule O ə ə ə ə ə O.

Formule O ə ə O ə ə O ə.

Ex. : *et parce que je ne le redevenais pas, tu pensais que...*
Rem. — On peut avoir aussi la formule O ə ə ə ə ə O ə ou la formule O ə ə ə ə ə O.

Formule O ə O ə O ə O ə ə.

Ex. : *et de ce que je ne te le reprenais pas, on pouvait conclure que...*
Rem. — On peut avoir aussi la formule O ə ə ə ə ə ə O ə ou la formule O ə ə ə ə ə ə.

7° *Neuf syllabes consécutives avec e muet.*

a) Le huitième et le neuvième *e* muet appartiennent au début d'un polysyllabe.

Formule O ə O ə O ə O ə O.

Ex. : *et de ce que je ne te le redemandais plus, tu as conclu que...*
Rem. — On peut avoir aussi la formule O ə ə ə ə ə ə O ə ou la formule O ə ə ə ə ə O.

Formule O ə ə O ə O ə O.

Ex. : *car de ce que je ne te le redemandais plus, tu pouvais conclure que...*
Rem. — On peut avoir aussi la formule ə ə ə ə ə ə ə O ə ou la formule ə ə ə ə ə ə O.

Formule ə O ə ə O ə O ə ə.

Ex. : *car de ce que je ne te le reprenais pas, tu pouvais conclure que...*
Rem. — On peut aussi avoir la formule ə ə ə ə ə ə ə O ə ou la formule ə ə ə ə ə ə ə.

b) **Le septième, le huitième et le neuvième *e* muet appartiennent au début d'un polysyllabe.**

Formule O ə O ə O ə ə O ə.

Ex. : *et de ce que je ne le redevenais pas, tu pouvais conclure que...*

Rem. — On peut avoir aussi la formule O ə ə ə ə ə O ə O, ou la formule O ə ə ə ə ə O ə, ou encore la formule O ə ə ə ə ə ə O.

Formule ə O ə ə O ə O ə O.

Ex. : *car de ce que je ne le redevenais pas, tu pouvais conclure que...*

Rem. — On peut aussi avoir la formule ə ə ə ə ə ə O ə ou la formule ə ə ə ə ə ə ə O.

III. — E muet au début d'un polysyllabe isolé ou d'un groupe rythmique isolé ou initial de phrase.

Le polysyllabe ou le groupe peut commencer par une syllabe avec *e* muet ou par une série de syllabes avec *e* muet.

A. — Une seule syllabe avec *e* muet au début d'un mot ou d'un groupe.

Deux cas sont à distinguer, suivant que l'*e* muet est précédé de deux consonnes ou d'une.

1º *Deux consonnes précédant l'è muet.*

L'*e* muet se prononce toujours. Ainsi dans les mots comme *bredouille, brelan, Bretagne, premier, prenez, Drevet, gredin, grenade, Grenoble, crevasse, frelater, squelette,* etc.

2° *Une seule consonne précédant l'*e *muet.*

a) P r o n o n c i a t i o n   s o i g n é e : lorsque le débit est normal, l'*e* muet se prononce.

Ainsi dans les mots isolés comme : *belote, Benoît, degré, demain, devoir, guenon, pelouse, petit, tenace, tenir, quenouille, vedette, fenêtre, fenouil, second, semaine, genêt, jeton, chemin, cheval, leçon, levure, remède, repas, menace, mesure, neveu,* etc.

Ou dans les groupes commençant par les monosyllabes *ce, de, je, le, me, ne, que, se, te* : *ce livre; de mon côté; je pars; le sais-tu?; le champ; me vois-tu? ne parle pas; que veux-tu?; se laver les mains; te lèves-tu?;* etc.

Cependant, pour peu que le débit soit un peu rapide, l'*e* muet peut tomber lorsque la consonne initiale est une constrictive autre que [l], [ʀ], [n], [m] : *venez ici! secoue ce tapis! cela fait dix francs; ce linge est sale; je n'en sais rien; je vous attends; chemin faisant;* etc.

Exceptions. — Même dans ce dernier cas, l'*e* muet continue pourtant à se prononcer :

1) lorsque il est entouré de deux [s] ou de deux [ʒ] : *ce sac est vide; je jette un coup d'œil;* etc.

2) dans les formes du conditionnel *serions, seriez, ferions, feriez,* où il est suivi du groupe [ʀj] : *seriez-vous malade?; ferions-nous mieux d'écrire?;* etc.

3) dans les monosyllabes *je, se, ce* suivis des groupes [ʀj], [ʀɥ], [ʀw], [lj], [lɥ], [sɥ], [sw] : *ce rien; ce ruisseau; ce royaume; ce lion; je ruisselle; je lui donne un livre; je suis heureux; je suis ce chemin; je souhaite que...;* etc.

4) dans le démonstratif *celui,* où *e* muet est suivi du groupe [lɥ] : *celui qui est rouge...; celui-ci est meilleur;* etc.

b) P r o n o n c i a t i o n   f a m i l i è r e : lorsque le ton est vif et familier, l'*e* muet peut tomber après un [l], un [ʀ], un [m] ou un [n] initiaux de mot ou de groupe : *levez-vous!; remettez-vous; menez-moi là; ne l'oubliez pas;* etc.

Un degré de plus dans la vivacité ou la familiarité, l'*e* muet **peut** tomber entre deux [l], deux [m] ou deux [n] : *le long du ruisseau; me marques-tu un point? ; ne nage pas ! ;* etc.

Dans les mêmes conditions, l'*e* muet peut encore tomber devant une occlusive : *petit garnement! ; demain matin je viendrai ; te faut-il quelque chose? ; que veux-tu? ;* etc.

Cependant quel que soit le degré de familiarité, les exceptions signalées p. 121 sont maintenues, sauf la première. On peut entendre : *c(e) sac est vide ; j(e) jette une pierre ;* etc.

On ne dira jamais non plus, lorsque l'*e* muet est entouré de deux occlusives identiques : *te tires-tu d'affaire?* [t tiʀ ty dafɛːʀ ?] ; *que casses-tu là?* [k kas ty la ?] ; etc. Dans ce dernier cas, l'*e* muet se prononce toujours.

B. — Deux syllabes consécutives avec *e* muet au début d'un mot ou d'un groupe.

1° Comme mots isolés, on peut citer : *chevelu, chevelure, breveter, brevetons, brevetez, brevetais,* etc., *brevetai,* etc., *brevetions, brevetiez, breveté, brevetant, devenir, devenons, devenez, devenais,* etc., *devenu, devenant, recevoir, recevons, recevez, recevais,* etc., *recevions, receviez, recevant, receveur, recevable, receler, recelons, recelez, recelais,* etc., *recelai,* etc., *recelant, recelé, receleur, rediens, -ient, redevienne, -es, -ent, redeviendrai,* etc., *redeviendrais,* etc., *redevoir, redevons, redevez, redevais,* etc., *redevions, redeviez, redevant, redevable, redevance, refaisons, refaisais,* etc., *refaisions, refaisiez, refaisant, regeler, regelait, regela, regelant, regelé, rejeter, rejetons, rejetez, rejetais,* etc., *rejetai,* etc., *rejetions, rejetiez, rejetant, rejeté, relever, relevons, relevez, relevais,* etc., *relevai,* etc., *relevions, releviez, relevant, relevé, relevailles, ressemelle, -es, -ent, ressemellerai,* etc., *ressemellerais,* etc., *retenir, retenons, retenez, retenais,* etc., *retenant, retenu, (une) retenue, revenir, revenons, revenez, revenais,* etc., *revenant, revenu,* dans lesquels le premier *e* muet se prononce, tandis que le second tombe.

Et *devenions, deveniez, recelions, receliez, retenions, reteniez, revenions, reveniez, reprenons, reprenez, reprenais, -ait, -aient, reprenions, reprenez,* dans lesquels le second *e* muet se prononce en **même temps** que le premier, soit parce qu'il est suivi du groupe [nj], soit parce qu'il est précédé de deux consonnes, soit pour les deux raisons à la fois.

2º Dans les groupes, on peut avoir les trois formules suivantes :

$$\text{ə} — \text{O}$$
$$\text{ə} — \text{ə}$$
$$\text{ə} — \text{ə} \text{ ou } \text{O} — \text{ə}.$$

Formule ə — O

a) lorsque le premier *e* muet est entouré de deux occlusives :

te demandes-tu cela?; te tenais-tu à ta droite?; que de tracas!; que demandez-vous?; que te dit-il?; que tenait-il à la main?

EXCEPTION. — Le verbe *devenir* conservant toujours son premier *e* muet, on a la formule ə — ə dans : *que devient-il?*

b) lorsque le premier *e* muet est entouré de deux constrictives : *je ne sais pas; je me suis couché; je le crois; je reviens; le repas; le lever du soleil; revenez bientôt; recevez mes excuses; me le direz-vous?; me ferez-vous du mal?; ne me laissez pas; ne recommencez pas; ne levez pas la tête; ce chemin; se fera-t-il aider?*

EXCEPTION : Lorsque le second *e* muet est suivi du groupe [ʀj], il se prononce en même temps que le premier. D'où la formule ə — ə dans : *me feriez-vous cet affront?; me seriez-vous infidèle?; ne ferions-nous pas mieux de partir?; ne serions-nous pas mieux ici?; le feriez-vous?*

c) lorsque le premier *e* muet est précédé d'une occlusive et le second d'une constrictive : *que je fasse cela!; que me dit-il?; que le diable l'emporte; que ne vient-il?; que regardez-vous?; te le rappelles-tu?; te faisons-nous peur?; te refuse-t-on rien?*

PREMIÈRE EXCEPTION : lorsque le second *e* muet est suivi d'une syllabe commençant par [ʀj], on le prononce en même temps que le premier : *te ferions-nous mal?; que feriez-vous ici?; que serions-nous sans vous?*

Deuxième exception. — Le pronom *je* conservant son *e* muet devant les groupes [sɥ], [ʀɥ], on a la formule ə — ə dans : *que je suis sot!*; *que je suive cet homme!* *que je ruine de gens!*

Formule ə — ə

Lorsque le premier *e* muet est précédé d'une constrictive [l], [ʀ], [m], [n] et le second d'une occlusive : *me demandez-vous quelque chose?*; *me tenez-vous quitte?*; *ne demeure-t-il pas ici?*; *ne tenait-il pas à cela?*; *le demande-t-il?*

Formule ə — ə ou O — ə

Lorsque le premier *e* muet est précédé des constrictives [s], [ʒ], et le second d'une occlusive : *je demeure ici*; *je deviens sérieux*; *je tenais à te voir*; *je te dis que...*; *se querelle-t-on ici?*; *se tenaient-ils bien?*; *ce que tu fais là...*; *ce que tu es grand!*; *ce petit garçon.*

C. — Trois syllabes consécutives avec *e* muet au début d'un mot ou d'un groupe.

1º Comme mots isolés, il y a à citer : *ressemeler, ressemelons, ressemelez, ressemelant, ressemelé, ressemelage, redevenir, redevenons, redevenez, redevenant, redevenu*, dans lesquels les deux premiers *e* muets se prononcent et le troisième tombe ;

et : *ressemelions, ressemeliez, redevenions, redeveniez*, dans lesquels tous les trois *e* muets se conservent, le troisième étant suivi des groupe [lj], [nj].

2º Dans les groupes, le traitement des deux premiers *e* muets reste le même que pour les groupes de deux syllabes (p. 122 s.). Le troisième tombe ou se prononce suivant que le second se conserve ou non.

E MUET

On aura donc suivant les cas les formules :

ə — O — ə

ə — ə — O

ə — ə — O ou O — ə — O

Formule ə — O — ə

a) lorsque le premier *e* muet est entouré de deux occlusives : *que te demande-t-il? ; que de petits poissons! ; que de besoins il a! ; que de querelles dans cette famille!*

EXCEPTION : le verbe *devenir* conservant son premier *e* muet après *que*, on a la formule ə — ə — O dans : *que devenir? ; que devenez-vous?*

D'autre part, le second *e* muet de *deveniez* se maintenant à cause du groupe suivant [nj], on a la formule ə — ə — ə dans : *que devenions-nous? ; que deveniez-vous?*

b) lorsque le premier *e* muet est entouré de deux constrictives : *je ne demande rien ; je ne demeure pas ici ; je ne te dis rien ; je ne tenais pas à le voir ; je me demande si... ; je le demande instamment ; me le demandez-vous? ; me retenez-vous? ; je ne me fais pas d'illusions ; je ne me suis pas couché ; je ne le sais pas ; je ne reçois rien ; je ne reprends pas de ce vin ; ne me le dis pas ; ne me levez pas ; ne se le rappelle-t-il pas? ; ne se refuse-t-il pas à le faire? ; ne le feras-tu pas? ; ne refaisons pas la même chose ; ne revenez pas ; ne reprenez pas ce sujet ; le reprenait-on, il pleurait.*

PREMIÈRE EXCEPTION. — Toutes les formes du verbe *redemander* et les formes du verbe *redevenir* ne contenant que deux *e* muets (*redeviens, redevienne*, etc.) doivent être mises à part.

Le premier *e* muet s'y prononce et le second tombe. D'où la formule :

ə — ə — O

dans les groupes où ces formes verbales sont précédées d'un monosyllabe autre que *je* ou *se* : *me redemande-t-il? ; le redemande-t-il?*

ne redemandons pas cela; le redevient-il?; ne redeviens pas égoïste; etc.

et les formules :

$$ə — ə — O$$
$$\text{ou } O — ə — O$$

lorsque le monosyllabe qui précède est *je* ou *se* : *je redemande du pain; se redemandait-il cela, il devenait triste; je redeviens sage.*

DEUXIÈME EXCEPTION : Les formes de *ressemeler* accentuées sur la terminaison conservent toujours les deux premiers *e* muets :

D'où la formule :

$$ə — ə — O$$

Ex. : *ressemelez ces souliers; ressemelez-les bien; ressemelons nos souliers.*

De même, le premier *e* muet de *ressemelle, ressemellent* se maintient toujours :

D'où la formule :

$$ə — ə — O$$

lorsque *ressemelle* est précédé d'un monosyllabe autre que *je* et *se* : *ne ressemelle-t-on pas ici?; ne ressemellent-ils pas bien?; le ressemelle-t-il?*

et les formules :

$$ə — ə — O$$
$$\text{ou } O — ə — O$$

lorsque *ressemelle* est précédé de *je* ou de *se* : *je ressemelle mon soulier; se ressemelle-t-il son soulier?*

c) lorsque le premier *e* muet est entre une occlusive et une constrictive : *te le demande-t-il?; que me demande-t-il?; que se demande-t-il; que le devoir soit fait; que ne devient-il plus sérieux!; te le demander?; te le ferions-nous?; te le mener ici!; que ne faisons-nous pas!; que ne venez-vous ici?*

Exceptions : On a cependant la formule ə — ə — O :

1) lorsque le second et le troisième *e* muets appartiennent au verbe *redemander* : *que redemande-t-il? ; que redemandez-vous? ; te redemander cela !*

2) lorsque le second et le troisième *e* muets appartiennent aux formes verbales *ressemelle, -es, -ent* : *que ressemelle-t-il? ; que ressemelles-tu? ; te ressemelle-t-il bien tes souliers?*

3) lorsque le second et le troisième *e* muets appartiennent aux groupes *je ne, je me, je le* : *que je ne dise rien? ; que je me fâche? ; que je le dise, moi?*

4) lorsque le second *e* muet appartient au monosyllabe *ce* et le troisième à un mot en *che-* ou *se-* : *que ce chemin est long !*

Formule ə — ə — O

Lorsque le premier *e* muet est précédé des constrictives [l], [ʀ], [m], [n] et suivi d'une occlusive : *ne te le cache pas ; ne te le rappelles-tu pas? ; ne te refuse rien.*

Formule ə — ə — O ou O — ə — O

Lorsque le premier *e* muet est précédé des constrictives [s], [ʒ] et suivi d'une occlusive : *je te le dirai ; ce que je veux ; ce que le maître a dit... ; ce que ce vin est bon !*

D. — Quatre syllabes consécutives avec *e* muet au début d'un groupe.

Il n'y a pas en français de mot qui commence par plus de trois syllabes avec *e* muet. Il ne peut donc être question que de groupes.

Le traitement des trois premiers *e* muets y reste le même que pour les groupes de trois syllabes (p. 124 s.). Quant au quatrième, il tombe ou se prononce suivant que le troisième se conserve ou **non**.

On a ainsi, suivant les cas, les formules :

ə — O — ə — O

ə — ə — O — ə

ə — ə — O — ə   ou   O — ə — O — ə

Formule ə — O — ə — O

a) lorsque le premier *e* muet est entouré de deux occlusives : *que te redemande-t-il? ; que te ressemelle-t-il?*

b) lorsque le premier *e* muet est entouré de deux constrictives : *je ne te demande rien ; je ne te le dis pas ; je ne me demande pas si… ; je ne me le cache pas ; je ne le demande pas ; ne me le demandez pas ; ne me le ferez-vous pas dire? ; ne se le ferait-il pas reprocher? ; ne le redemanderais-tu pas?*

Première exception : On a cependant la formule ə — O — ə — ə :

1) lorsque le quatrième *e* muet du groupe appartient au mot *deviens* : *je ne le deviens pas.*

2) lorsque le quatrième *e* muet du groupe appartient à un mot commençant pas *re-* : *je ne le refuse pas ; ne me le redis pas ;* etc.

3) lorsque le quatrième monosyllabe du groupe est le pronom *le* suivi de *suis* : *je ne me le suis pas fait répéter.*

Deuxième exception : *Ressemelez* conservant toujours ses deux premiers *e* muets, on a la formule ə — ə — ə — O dans : *ne ressemelez pas ces souliers.*

Troisième exception : *Ressemelage* conservant toujours ses deux premiers *e* muets et le démonstratif *ce* pouvant conserver ou perdre son *e* muet, on a la formule ə — ə — ə — O ou O — ə — ə — O dans : *ce ressemelage est mal fait.*

c) lorsque le premier *e* muet est entre une occlusive et une constrictive : *que ne te demandes-tu si… ; que ne te le disait-il? ; que ne le demandes-tu? ; que ne se demande-t-elle pas? ; que ne me demandes-tu ce service? ; te le redemander? ; que je ressemelle ces souliers!*

Exceptions : On a cependant la formule ə — O — ə — ə :

1) lorsque le troisième et le quatrième *e* muet appartiennent à des monosyllabes : *que ne me le dis-tu pas? ; que ne te le dit-on pas? ;* etc.

2) lorsque le quatrième *e* muet du groupe appartient à un mot commençant par *re-* : *que ne te redit-il cela? ; que ne te reçoit-il? ;* etc.

3) lorsque le troisième et le quatrième *e* muets appartiennent au verbe *ressemeler* : *te le ressemeler!*

Formule ə — ə — O — ə

Lorsque le premier *e* muet est précédé des constrictives [l], [ʀ], [m], [n] et suivi d'une occlusive : *ne te le demande jamais ; ne te le redis pas.*

Exception : Lorsque le troisième et le quatrième *e* muets appartiennent au verbe *redemander*, on a la formule ə — ə — ə — O : *ne te redemande jamais cela.*

Formule O — ə — O — ə   ou   ə — ə — O — ə

Lorsque le premier *e* muet est précédé des constrictives [s], [ʒ] et suivi d'une occlusive : *je te le redirai ; ce que je demande ; ce que ce velours est beau! ; ce que le chemin est long!*

Exception : *Ce* conservant son *e* muet devant un mot en *che-* ou *se-*, on aura la formule ə — ə — ə — O ou O — ə — ə — O dans : *ce que ce chemin est dur! ; ce que ce semestre est long!*

E. — Cinq syllabes consécutives avec *e* muet au début d'un groupe.

Le traitement des trois premiers *e* muets reste le même que pour les groupes de trois syllabes (p. 124 s.). Quant à celui du quatrième et du cinquième, il peut être commandé par la conservation ou la chute du troisième, mais le plus souvent il dépend de la nature des mots qui terminent le groupe.

1º *Les trois premières syllabes sont organisées suivant la formule* ə — O — ə.

C'est ce qui a lieu lorsque le premier *e* muet est entouré de deux constrictives, ou qu'il est entre une occlusive et une constrictive.

La formule valant pour le quatrième et le cinquième *e* muets peut alors être :

$$O — ə$$
$$ə — O$$
$$ə — ə \;;$$

d'où pour l'ensemble du groupe de cinq syllabes :

$$ə — O — ə — O — ə$$
$$ə — O — ə — ə — O$$
$$ə — O — ə — ə — ə$$

Formule ə — O — ə — O — ə

Ex. : *je ne me le demande pas ; que ne me le demande-t-il ? ; que ne te le demande-t-il ? ; que ne se le demande-t-il ? ; que ne te le faisait-il pas apprendre ?*

Formule ə — O — ə — ə — O

Ex. : *je ne te retenais pas ; je ne le recevais pas ; je ne le redemande pas ; ne me le retenez pas ; ne se le redemande-t-il pas ? ; ne le ressemelez pas ; je ne le devenais pas ; que ne le redemandez-vous ? ; que ne le redevient-il pas ? ; que ne le refaisons-nous ?*

Formule ə — O — ə — ə — ə

Ex. : *je ne le reprenais pas ; ne me le reprenez pas,*

2º *Les trois premières syllabes sont organisées suivant la formule* ə — ə — O.

C'est ce qui a lieu lorsque le premier *e* muet est entre une constrictive autre que [s], [ʒ] et une occlusive.

La formule valant pour le quatrième et le cinquième *e* muet peut être :

$$ə — O$$
$$\text{ou } ə — ə\ ;$$

d'où pour l'ensemble du groupe de cinq syllabes :

$$ə — ə — O — ə — O$$
$$ə — ə — O — ə — ə$$

Formule ə — ə — O — ə — O

Ex. : *ne me le redemande pas ; ne te le redemande-t-il pas ?*

Formule ə — ə — O — ə — ə

Ex. : *ne te le reprenait-il pas ?*

3º *Les trois premières syllabes sont organisées suivant la formule* ə — ə — O *ou* O — ə — O.

C'est ce qui a lieu lorsque le premier *e* muet est entre les constrictives [s], [ʒ] et une occlusive.

La formule valant pour le quatrième et le cinquième *e* muet peut être :

$$ə — O$$
$$\text{ou } ə — ə\ ;$$

d'où pour l'ensemble du groupe de cinq syllabes :

$$\left.\begin{array}{c} ə — ə — O \\ \text{ou} \\ O — ə — O \end{array}\right\} \begin{array}{c} ə — O \\ ə — ə \end{array}$$

Formule ə — ə — O (ou O — ə — O) — ə — O

Ex. ; *je te le redemande ; ce que je redemande ; ce que je redeviens sérieux !*

Formule ə — ə — O (ou O — ə — O) — ə — ə

Ex. : *je te le reprenais ; ce que je reprenais d'un côté, je le perdais de l'autre ; ce que je reprenais...*

F. — Plus de cinq syllabes consécutives avec *e* muet au début d'un groupe.

Pour une série de six syllabes avec *e* muet, la proposition peut commencer par *je ne te le...* ou par *de ce que je...* :

Ex. : *je n(e) te l(e) red(e)mandais pas ; je n(e) te l(e) reprenais pas —; de c(e) que (je) red(e)mandais..., de c(e) que j(e) reprenais..., de c(e) que j(e) le r(e)disais..., de c(e) que j(e) te reçois...,* — *et de c(e) que je n(e) le disais pas..., de c(e) que je n(e) te parlais pas...,* etc.

Pour les séries de sept, huit ou neuf syllabes avec *e* muet, la proposition commence nécessairement par *de ce que je...*

Ex. de 7 syllabes : *de c(e) que j(e) te l(e) demande..., ou de c(e) que je n(e) te l(e) dis pas...*

Ex. de 8 syllabes : *de c(e) que je n(e) te l(e) demande pas..., de c(e) que je n(e) le dev(e)nais pas...*

Ex. de 9 syllabes : *de c(e) que je n(e) le r(e)dev(e)nais pas...*

* * *

Il importe de noter qu'à mesure que la série des *e* muets augmente, **il** devient possible de les prononcer dans des conditions analogues **à celles** qui ont été signalées précédemment au cours de la section II C (**p. 105 s.**).

IV. — E muet au début d'un groupe rythmique intérieur de phrase.

Deux cas se présentent, suivant que le groupe rythmique est séparé du précédent par un silence ou non.

A. — Le groupe rythmique est séparé du précédent par un silence.

Dans ce cas, le groupe rythmique est traité comme s'il était isolé ou initial de phrase.
En conséquence, le traitement de *e* muet reste le même que celui qui a été étudié p. 120 s. Formules générales et exceptions sont valables ici. Peu importe que le groupe rythmique précédent se termine par une voyelle ou une consonne. Le second groupe rythmique est complètement indépendant du premier et suit ses lois propres.
Exemples de conservation du premier *e* muet après un mot terminé par une voyelle : *je t'en prie, ne parle pas ; à minuit je me suis couché ; pourtant le repas est excellent ; si j'avais su, je ne l'aurais pas dit ; depuis dix ans je ne te dis rien ; j'ai exigé que le devoir fût fait ; si tu m'en crois, ne te refuse rien ; il vaut mieux, ne te le demande jamais ; si j'ai raison, ne me le reprenez pas ; cependant de ce que je ne te demande rien, il ne faut pas conclure que...*
Exemples de chute du premier *e* muet après un mot terminé par une consonne : *comme il est fort ce petit garçon ; plus tard je te le dirai ; toujours je te le redirai ; d'abord ce que je demande n'est rien.*

B. — Le groupe rythmique est soudé au précédent.

Dans ce cas il faut faire une distinction, suivant que le dernier mot du groupe rythmique précédant se termine par une consonne prononcée ou une consonne + *e, es, ent* ou par une voyelle.

1º *Le dernier mot du groupe rythmique précédent se termine par une consonne prononcée ou par une consonne* + *e, es, ent.*

Le second groupe rythmique n'est plus indépendant du premier pour ce qui concerne le traitement de *e* muet : le premier *e* muet de la série se prononce toujours : *ils savent ce qu(e) tu fais; il admire ce p(e)tit garçon; ils se demandent ce qu(e) je veux; ils me donnent ce qu(e) je demande;* etc.

Noter la différence qu'il y a entre les exemples ci-dessus et les suivants : *c(e) que tu fais me plaît; c(e) petit garçon est charmant; c(e) que j(e) veux, je le veux; c(e) que j(e) demande est difficile;* etc.

2° *Le dernier mot du groupe rythmique précédent se termine par une voyelle.*

Le second groupe rythmique peut être traité de deux façons : ou il est solidaire du premier, et alors son premier *e* muet tombe ; ou il en est indépendant, et alors son premier *e* muet se prononce.

Suivant qu'il en est d'une façon ou de l'autre, le traitement du second *e* muet de la série peut être différent, ainsi que celui du troisième.

Exemples où le double traitement du premier *e* muet a une répercussion sur le second : *j'ai envie de te battre; il est sur le point de le faire; il est en train de se laver; il a le temps de recommencer; je voulais justement te le dire; il ne peut pas se retourner; il ne veut pas te tenir; on ne parlait que de cet homme; il peut te le redemander.*

Exemples où le double traitement du premier *e* muet a une répercussion sur le second et le troisième : *je veux que le repas soit prêt; on ne parlait que de cela; il veut te le demander.*

Exemples où le double traitement du premier *e* muet n'a pas de répercussion sur le second ou le troisième : *il ne peut pas le tenir; il peut le redevenir; il peut le ressemeler.*

REMARQUE. — L'*e* muet de la syllabe qui suit un mot terminé par consonne + liquide + *e*, *es*, *ent* se prononce toujours, que l'*e* muet qui suit la liquide se prononce ou non : *il ouvre le tiroir* [i luvʀ lə tiʀwa:ʀ] ou [i luvʀə lə tiʀwa:ʀ] ; *il comble le fossé* (il kɔ̃.bl) lə fose] ou [il kɔ̃.blə lə fose] ; *ils tremblent de peur* [il tʀɑ̃.bl də pœ:ʀ] ou [il tʀɑ̃.blə də pœ:ʀ] ; etc.

V. — E muet final de polysyllabe ou E de monosyllabe suivis d'un mot commençant par une voyelle.

On distinguera les trois cas suivants : terminaison -*e* de polysyllabe ou de monosyllabe ; terminaison verbale -*es* ; terminaison nominale -*es* et terminaison verbale -*ent*.

1º *Terminaison* -e *de polysyllabe ou de monosyllabe.*

L'*e* muet ne se prononce pas, quel que soit le nombre de consonnes qui précède : *une école ; cette arche ; il aime à rire ; il habite Orléans ; derrière la maison ; on lui offre un bouquet ; il a presque accepté ; un texte intéressant ; un spectacle horrible ;* etc.

Dans les polysyllabes il continue à s'écrire, excepté dans le cas de *lorsque, puisque* et *quoique,* où il est remplacé par une apostrophe : *lorsqu'il est arrivé ; puisqu'il vient ; quoiqu'il vienne... ;* etc.

Dans les monosyllabes, il cède toujours la place à l'apostrophe : *il est en train d'écouter ; j'entends ; on l'aime ; il ne sait qu'obéir ; il n'aime personne ;* etc.

Exceptions. — Cependant l'*e* muet se prononce :

1) devant un mot commençant par un *h* aspiré : *une haie ; toute honteuse ; on me hait ; on le harcèle ; un plat de haricots ; elle hache du bois ;* etc.
Pour la liste de ces mots, cf. p. 252 s.

2) devant les mots étrangers commençant par *y* + voyelle : *yacht, yack* ou *yak, yard, yatagan, yod, yole, youyou, yucca,* etc. : *quatre yachts ; de maigres yuccas ; un pot de yogourt ; un coup de yatagan ; le yod ;* etc.

3) devant les numéraux *un, huit, onze,* précédés de *ce, le,* de *quatre,* des substantifs *acte, chapitre, chiffre, livre, note, paragraphe, scène, strophe, tome, volume,* ou du nom propre *Charles* [-ə]. Ex. : *ce 11 est mal écrit, le 8 n'est pas assez net, vous avez oublié quatre 1, acte I, le chiffre 1, livre VIII, note 1, paragraphe XI, tome VIII, volume XI, Charles VIII,* etc.

De même devant les ordinaux *huitième*, *onzième* précédés de *ce*, *cette*, *le*. Ex. : *le huitième de cent, ce onzième volume, cette onzième partie*, etc.

Rem. — *L'onzième...* qui se disait autrefois et que Littré admet encore à côté de *le (la) onzième* est, malgré l'emploi que peuvent en faire encore aujourd'hui certains écrivains, purement archaïque.

Mais l'*e* muet de *mille* ne se prononce pas devant *un, unième, huit, huitième, onze, onzième*, ni celui de *trente, quarante, cinquante, soixante* devant *huit, huitième*.

Un cas particulier est celui de *autre, contre, de, ensuite, entre, être, que* (et composés), de *être* ou d'un verbe en -*re*, suivis des numéraux *un, huit, onze*.

a. — L'*e* muet de ces mots se prononce devant *huit* et *onze*, lorsque ces derniers sont isolés ou suivis d'un mot autre que *heures*. Ex. : *bien que 8 et 4 fassent 12, cinq contre onze, trois contre huit, au nombre de huit, 7 ôté de 11, à partir de 8, il y a plus de onze enfants, ils seront ensuite onze, venaient ensuite huit beaux chevaux, entre huit soldats, entre onze gendarmes,... lorsque onze lettres arrivèrent, puisque huit suffisent, ils ne sont que onze, il n'y a que huit places, quoique onze soient nécessaires, il faut être huit (onze), il devait lire onze pages*, etc.

b. — Il en est de même devant *huit* suivi du mot *heures*. Ex. : *il a changé contre huit heures, il est plus de huit heures, il sera ensuite huit heures, entre huit heures et huit heures un quart, il est presque huit heures, quoique huit heures viennent de sonner, il n'est que huit heures*, etc.

c. — Mais l'*e* muet se prononce ou ne se prononce pas devant *onze* suivi du mot *heures*. Qu'il se prononce ou non, on continue à l'écrire dans *contre, ensuite, entre, presque*; cf. *il a changé contre onze heures, il sera ensuite onze heures, il est entre onze heures et midi, il est presque onze heures*. Mais dans le cas où on ne le prononce pas, il s'élide dans *bien que, de, lorsque, puisque, que, quoique*; d'où *bien que* [kə] ou *bien qu'onze heures sonnent, à partir de* [də] ou *à partir d'onze heures, il est plus de* [də] ou *plus d'onze heures, le train* [də] ou *d'onze heures, lorsque* [-kə] ou *lorsqu'onze heures sonnent, puisque* [-kə] ou *puisqu'onze heures sonnent, il n'est que* [kə] ou *il n'est qu'onze heures,* quoique [-kə] ou *quoiqu'onze heures sonnent.* Noter encore sans *e* **muet** prononcé ni écrit : *belle-d'onze-heures* ou *dame d'onze heures* (plante), *bouillon d'onze heures* (potion empoisonnée).

d. — L'*e* muet se prononce devant *un,* entendu comme chiffre, et par conséquent dans le langage arithmétique ; cf. *bien que 1 et 2 fassent 3, de 1 à 3, lorsque 1 se trouve devant 3, entre 1 et 2, puisque 1 et 4 font 5,* etc. En dehors de ce cas, l'*e* muet ne se prononce pas ; cf. *à deux contre un, et ensuite un,* d'une part, et *plus d'un le sait, il n'y en a qu'un,* etc. de l'autre.

e. — L'*e* muet ne se prononce jamais devant le numéral féminin *une,* qu'il soit isolé ou suivi de n'importe quel mot ; cf. *il a changé contre une heure, il va être une heure, il sera ensuite une heure, entre une heure et deux heures,* d'une part, et *bien qu' (quoiqu') une heure suffise, à partir d'une heure, il est presque une heure, puisqu'une heure sonne, il n'est qu'une heure,* de l'autre.

4) devant le mot *oui : tu veux qu'il réponde oui ; mais ce oui voulait dire non.*

Dans la conversation familière, l'*e* muet de *que* peut tomber dans la locution *je crois que oui.*

5) devant le mot *uhlan : un combat entre uhlans et cuirassiers ; un régiment de uhlans ; le uhlan.*

6) devant le nom des voyelles, celui de *h* [aʃ] et celui des sept consonnes *f* [ɛf], *l* [ɛl], *m* [ɛm], *n* [ɛn], *r* [ɛːʀ], *s* [ɛs], *x* [iks], quand le mot précédent est *que* ou un de ses composés : *je crois que* [kə] *o est ici ouvert, il faut que* [kə] *s..., lorsque* [-kə] *l est suivi d'une consonne, parce que* [-kə] *a est la voyelle la plus ouverte, puisque* [-kə] *m est ici double,* etc.

L'*e* de la préposition *de* se prononce ordinairement : *dè a à z, dans le cas de o, à côté de h, à défaut de o ouvert, au lieu de..., prononciation de..., fermeture de..., durée de..., qualité de..., parler de..., précédé de..., suivi de...,* etc. Mais il ne se prononce ni ne s'écrit dans les groupes *une infinité d'..., un certain (grand, petit) nombre d'..., une série (suite) d'..., assez d'..., autant d'..., beaucoup d'..., moins d'..., peu d'..., plus d'..., tant d'..., trop d'....*

Quant à l'*e* muet final de tous les autres mots, il ne se prononce pas : *un autre f, quatre a, entre m et n, il faut écrire x*, etc.

7) Dans l'usage linguistique, l'*e* de la préposition *de* se prononce devant un mot commençant par voyelle cité comme mot, et qui dans le texte se trouve entre guillemets ou en italique, à condition que l'on veuille attirer l'attention sur cette voyelle : *l'a de « avoir », l'u de « unité », l'o de « occasion »*. Mais si l'attention se porte sur une voyelle ou une consonne intérieure, l'usage est flottant : *l'e muet de* [də] ou *d'« empereur », le double f de* [də] ou *d' « effet »*, etc.

Devant les titres d'ouvrages commençant par une voyelle, l'*e* muet de *de, que* (et composés) s'élide ordinairement. Celui de *ensuite, entre* s'écrit sans se prononcer. Mais l'*e* final des verbes en -*re* se prononce quand le titre de l'ouvrage commence par *à, au, aux, un, une*. Ainsi pour prendre comme exemple « *Au Maroc* » de P. Loti, on écrit et on dit : *je termine la lecture d' « Au Maroc », je crois qu' « Au Maroc » vous plaira, il lut ensuite* [-sɥit] *« Au Maróc », entre* [-tʀ] *« Au Maroc » et son roman suivant*, mais : *P. Loti venait d'écrire* [-ʀə] *« Au Maroc », je viens de lire* [-ʀə] *« Au Maroc », venait de paraître* [-tʀə] *« Au Maroc », il alla prendre* [-dʀə] *« Au Maroc »*.

2º *Terminaison verbale -es.*

Dans cette terminaison, ni l'*e* ni l'*s* ne se prononcent : *tu aimes à rire ; tu chantes une belle chanson ; tu cherches une chose impossible ; tu accables un innocent ; tu prétextes un voyage* ; etc.

Exceptions. — L'*e* muet se prononce, sans l'*s*, dans les mêmes cas que ceux qui ont été signalés p. 135 s. : *... que tu fasses halte ; tu en trouves huit (onze) ; ... que tu répondes oui* ; etc.

Noter l'opposition qu'il y a dans le traitement de -*es*, suivant que *un* est numéral ou non : *tu en demandes* [-ɑ̃də] *un (et non deux) ; tu en demandes* [-ɑ̃d] *un (un = un de ceux-là)*.

3º *Terminaison nominale -es et terminaison verbale -ent.*

On verra que la liaison est obligatoire entre un adjectif et un substantif, entre le pronom et le verbe, lorsque les seconds mots commencent par une voyelle ; et qu'elle est facultative dans les mêmes conditions entre un substantif pluriel et un adjectif ou entre une forme verbale en *-ent* et le mot suivant.

Lorsque le premier mot est un substantif ou un adjectif terminés en *-es*, ou encore le pronom *elles*, l'*e* muet de cette terminaison tombe si le groupe réalisé par les consonnes qui le précèdent et le [z] qui la suit ne comprend pas plus de trois éléments ; il se conserve dans le cas contraire : *de grandes actions ; des hommes intelligents ; de fortes émotions ; des fermes immenses ; elles ont peur*, etc., sans [ə] ; mais : *des textes embarrassants ; des meurtres horribles ; des arbres énormes ;* etc., avec [ə].

L'*e* muet de la terminaison *-ent* tombe ou se maintient dans les mêmes conditions : *ils aiment à rire ; ils chantent une belle chanson ; ils se battent avec fureur ; ils cherchent à s'amuser* ; etc., sans [ə] ; mais : *ils cerclent un tonneau ; ils prétextent un voyage* ; etc., avec [ə].

EXCEPTIONS. — L'*e* muet se prononce sans l'*s* ni le *t* dans les mêmes cas que ceux qui ont été signalés plus haut : *de vieilles haches ; toutes hérissées ; ils répondent haut ; ils en demandent huit (onze) ; ils disent oui ;* etc.

Noter encore l'opposition qu'il y a dans le traitement de *-ent*, suivant que *un* est numéral ou non : *ils en demandent* [-ãdə] *un (et non deux) ; ils en demandent* [-ãd] *un (un = un de ceux-là)*.

CHAPITRE IV

LA PRONONCIATION DES VOYELLES DANS LES MOTS ET NOMS PROPRES ANCIENS ET ÉTRANGERS

Sauf exceptions, il n'a été question jusqu'ici que de mots ou de noms propres français. On a jugé utile de grouper dans un chapitre à part un certain nombre d'indications concernant la prononciation « française » des mots et des noms propres anciens ou étrangers, que les uns et les autres aient conservé leur forme originelle ou qu'ils aient été plus ou moins francisés.

Pour plus de simplicité, on adoptera pour chaque voyelle l'ordre suivant : *voyelle simple* (suivie ou non de consonne orale), *voyelle + voyelle, voyelle + semi-voyelle, voyelle + consonne nasale*.

a

1° On prononce [a] l'*a* anglais de syllabe finale, suivi d'une consonne ou d'un groupe consonantique autre que -*ll*, -*lk*, -*lt*. Ex. : *policeman* (et tous les mots ou noms propres en -*man*), *goddam, (maca)dam, (madapo)lam, cab, lad, drag, bar, star, staff, flint-glass, watt, krach, drawback, tract, stewart, ballast, catch, match, scratch, jazz, (Har)vard, Spratt, Watt.*, etc.

De même, l'*a* anglais de syllabe non finale, suivi de deux consonnes ou d'une consonne orthographiquement redoublée. Ex. : *challenge, challenger, charleston, chatterton, cracking, garden-party, garrick, haddock, macfar(lane), mackintosh, paddock, rallye, starter,* **tatter** *(sall), wagon, warr(ant), Ashburn-(-ham), Asquith, Attfield, Attlee, Baldwin, Barkston, Caldwell, Catford, Flatbush, Gladstone, Hackett, Hampshire, Harry, Jackson, Patterson, Shackleton, Stanhope, Thackeray, Waldorf, Wall(ace), Walpole,* etc.

Rem. I. — On prononce aussi [a] dans le plur. *waters* (fam.) et les composés de *water* tels que *water (-ballast, -closet, -man, -polo, -proof).*

Rem. II. — On prononce [a] dans les composés dont le premier terme se prononce lui-même avec [a], d'après ce qui a été dit plus haut. Ex. : *back ground, bag pipe, black-bottom, blak-rot, jam-session, jazz-band, jazz-hot.*

Rem. III. — On prononce enfin [a] dans *maca(dam), madapo(lam), ma(nager), Ha(thaway), Macaulay.*

2º On prononce [ɛ] l'*a* anglais suivi d'une seule consonne + *e* final. Ex. : *cake, cottage, ginger-ale, God save..., keepsake, made in..., (pale-)ale, plum-cake, shake(-hand), stake, steeple-chase,* Blake, Brace, Cade, Cane, Cape, Case, Drage, Glave, Grace, James, Kate, Lane, Slade, Tate, Wales, etc., et notamment les noms en *-gate,* comme *Billingsgate, Bishopsgate,* etc.

Rem. I. — On prononce aussi [ɛ] dans *The Dispatch,* et les dérivés de *dispatch : dispatcher, dispatching* —, ainsi que dans *Ashe.*

Rem. II. — Mais *(macfar)lane, square, (Wall)ace* sont complètement francisés, et ont un [a]. On prononce par contre [skwɛ:ʀ] dans *Times Square, Trafalgar Square,* etc.

De même, l'*a* anglais non suivi de consonne + *e* final dans *baby, lady, ladies, (ma)nager, quaker* (et *quakeresse, quakerisme), racer, racing, (rally-)paper, (shake)hand, skating,* Acheson, Capetown, Chaplin, Davey, Davies, Davis, Davidson, Katty, Mary, Paget, Raleigh, Shakespeare, Travies, Wakefield. De même dans le premier terme des composés *cake(-walk), grape-fruit, pale(-ale).*

Rem. — *Fashionable* se prononce en français [fɛʃœnɛbl], avec deux [ɛ] dont le dernier est accentué.

3º L'*a* anglais se prononce [o:] dans *(basket-)ball* [bo:l], *football, hall, music-hall, Vauxhall, (cake-)walk* [wo:k], *(lambeth-)walk, Salt Lake City* (so:lt lɛk siti)—, et [ɔ] dans *all right, squatter* [skwɔtœ:ʀ].

Rem. I. — On prononce de même un [o] dans le dérivé français *footballeur.*

Rem. II. — Mais on prononce [a] dans *(tatter)sall* [tatɛrsal], et [ɛ] dans *Pall-Mall* [pɛlmɛl].

4° L'*a* anglais se prononce [œ] dans *negro-spiritual, Herald Tribune, New Chronical, (Ha)tha(way)*.

aa

Les deux *a* se prononcent dans les noms anciens ou bibliques *Aaron, Baal, Balaam, Isaac, Nausicaa, Sennaar*.

Ils se prononcent [a] ou mieux [ɔ] dans les noms scandinaves ou finlandais *Aabo, Aaland, Aalborg, Aalesund, Aarhus, Ahvenamaa, Kierkegaard*, etc.

Ils se prononcent [a] dans les autres noms étrangers. Ex. : *Aar, Aarau, Boerhaave, Haase, Raab, Raabe, Saa de Miranda, Saad-Eddyn-Mohammed, Saale, Saalfeld, Saavedra, Transvaal*, etc.

REM. — Noter les doubles graphies *Aali-Pacha* et *Ali-Pacha*, *Baalbek* et *Balbek*, *Haarlem* et *Harlem*, *Saadi* et *Sadi*, *Saardam* et *Sardam*, etc., avec [a] dans un cas comme dans l'autre.

ae

Ce groupe se prononce [ɛ] dans le nom anglais *Raeburn* et dans les noms allemands *Auerstaedt, Baedeker, Baeyer, Haeckel, Maelzel*, etc., qui s'écrivent aussi avec æ.

Il se prononce [a] dans *Maelström* (ou *Malstrom*) et d'une façon générale dans tous les noms flamands ou néerlandais : *Baelen, Baerdeghem, Laeken, Maes, Naert, Ruysdaël, Verhaeren*, etc.

REM. — *Maeterlink*, nom du célèbre écrivain belge, se prononce en français [mɛtɛRlɛ̃:k]. C'est la prononciation de la veuve de l'auteur.

Dans tous les autres cas, l'*a* et l'*e* se prononcent : Ainsi dans les mots italiens *maestoso, maestria, maestro*, dans le mot chinois *tael*, et dans les noms propres *Baena, Baeza, Baescha, Faed, Paesiello, Vaez*, etc.

aë

Ce groupe se prononce [a] dans *Maëstricht* (qui s'écrit aussi *Maastricht*) et dans *Staël-Holstein*, Mme *de Staël*.

Dans les autres cas, les deux voyelles se prononcent. Ainsi dans *Ismaël*, *Israël*, *Paër*, *Paëz*, etc.

aen

Ce groupe se prononce [ã] dans *Jordaens* et dans *Laensberg* (ou *Lansberg*) nom d'un chanoine liégeois — ; [aɛn] dans l'espagnol *Jaen*.

ai

Ce groupe se prononce [ɛ] dans les mots et noms anglais. Ex. : *bar-maid*, *coktail*, *fair-play*, *mail-coach*, *raid*, *rocking-chair*, *Aileen*, *Aird*, *Airey*, *Aith*, *Blaickley*, *Craig*, *Daily News*, *Daisy*, *Fair Deal*, *Fairfax*, *Faith*, *Haig*, *Maidstone*, *Maitland*, *Paisley*, *Quaile*, *Tait*, *Whait*, etc.

Rem. I. — Il en est de même de l'irlandais *cairn*, *Cairns*, et de l'écossais *Nairn*.
Rem. II. — *Rail* fait exception et se prononce [ʀɑj]. Cependant *rail-road* et *railway* se prononcent avec [ʀɛl-].

Le groupe *ai* se prononce [aj] dans le nom grec *Hephaistos*, et dans les noms étrangers non anglais autres que *Kairouan* [kɛʀwã]. Ex. : *Aichinger*, *Aidin* (ou *Aydin*), *Airolo*, *Cairoli*, *Kaisarieh*, *Kaiserslautern*, *Nairobi*, *Raibolini*, etc. Cependant si l'un de ces noms est porté par des Français, on prononce [ɛ].

Rem. I. — L'allem. *kaiserlick*, nom donné pendant la Révolution française aux Impériaux, se prononce avec [ɛ]. Mais *kaiser* se prononce avec [aj]. La prononciation avec [ɛ] est plutôt populaire.
Le nom allem. *Drais* se prononce [dʀajs]. Mais le souvenir de l'ancienne prononciation française avec [ɛ] se retrouve dans le dérivé *draisienne* [dʀɛzjɛn].
Rem. II. — On prononce [ɛ] dans le chilien *Valparaiso*, et dans *Raimondi* (graveur italien du xvᵉ-xvɪᵉ s.), complètement francisés l'un et l'autre.

aï

Ce groupe se prononce [ai] à la finale ou devant une consonne : *banzaï*, *saï*, *samouraï*, *Adonaï*, *Altaï*, *Hawaï*, *Hokusaï*, *Ouadaï*, etc., et *baïram*, *caïd*, *caïman*, *kaïmak*, *Aïda*, *Baïkal*, *Caïffa*, *Haïphong*, *Haïti*,

Jaïre, Laïs, Naïs, Port-Saïd, Saïs, Taïti, Taï-Yuan, etc. ; — [aj] devant voyelle : *baïoque, gaïac, maïadan, raïa, Baïus, Caïus, Craïova, Gaïa, Maïa*, etc.

REM. I. — On prononce cependant [aj] dans *Bosna-Seraï* et *Shanghaï*. *Saraïevo* s'écrit aussi *Sarajevo* ; mais dans les deux cas on prononce [aj].

REM. II. — On prononce [ɛ] dans *Maïmonide* et dans *Faïçal, Moulaï, Pilpaï*, écrits plus communément *Fayçal* ou *Feyçal, Moulay, Pilpay*. On a les deux formes *Saïgon* [saigɔ̃] et *Saigon* [sɛgɔ̃] ; mais c'est [saigɔ̃] qui se rapproche le plus de la prononciation autochtone.

aïm

Ce groupe se prononce [ajm] dans les noms allemands *Behaim, Daimler, Laimbach, Znaim* (germanisation du tchèque *Znojmo*), etc.

aïm

Ce groupe se prononce [aim] : *Ephraïm, Naïm, Mezraïm.*

ain

Le groupe anglais *ain* se prononce [in] dans *Chamberlain* et [ɛn] dans *Gainsborough, Nain, Port of Spain, Sainsbury, Tain, Twain*, etc. Le groupe allemand *ain* se prononce [ajn] dans *Hain, Main, Rain*, etc. *Cain*, se prononce [kɛ̃], qu'il ne faut pas confondre avec *Caïn* [kaɛ̃].

REM. I. — Cependant l'angl. *Chamberlain* qui est d'ailleurs d'origine française, se prononce aussi avec [ɛ̃].

REM. II. — Le nom allemand *(le) Main*, écrit aussi *Mein*, peut se prononcer encore [mɛ̃], comme autrefois. Mais cette prononciation tend à vieillir.

aïn

Ce groupe se prononce [aɛ̃] dans les noms bibliques *Caïn* et *Tubalcaïn* — ; [ain] dans *aïn, Aïn-Sefra, Aïn, Aïnous*...

ao

Ce groupe se prononce [ao] dans *cacao* (et *cacaotier*), *chaos* [kao], *Bilbao, Laos* [lao:s], *Macao, Néchao, Palikao, Mindanao* —, [aw] dans *Callao*, ville du Pérou.

ão

Ce groupe, particulier au portugais et au brésilien, se prononce [ãw] : *Damão, Ribeirão, São Luis, São Paulo*, etc.

aon

Ce groupe se prononce [aɔ̃] dans les noms anciens *Chaon, Lycaon, Machaon, Phaon, Pharaon*.

aou

Ce groupe se prononce toujours [au] ; cf. *caouk, caoutchouc, giaour, raout* (transcription française de l'angl. *rout*) [ʀaut], *Chaouïa, Haoussa, Tandjaour*, etc.

au

1º On prononce [o] dans les mots latins *aura, aurigo, caudex, gaudeamus, nauplius*, etc. (cf. aussi les formes modernes *aurantia, laudanum, paulownia*, etc.) —, dans les mots grecs *trauma* (avec dérivés), *tau* —, dans les noms propres anciens *Augias, Augusta, Aulis, Aurelius, Caudium, Claudius, Faustus, Glaucos, Laurium, Nausicaa, Paulus, Pausanias, Tauris, Taurus, Heautontimoroumenos*, etc. —, et dans les citations grecques ou latines : *gnôthi seauton, audaces fortuna juvat, aurea mediocritas, aures habent et non audient, auri sacra fames, laudator temporis acti*, etc.

Pour les mots étrangers, on prononce [o] dans *autodafé*, *caurcourou*, *cauris*, *gaucho*, *vaudou* —, [oː] dans *blockhaus*, *gauss*, *traul* (francisation de l'angl. *trawl*).

Rem. I. — Mais on prononce [anʃ] dans les mots anglais *launch*, *steam-launch*.

Rem. II. — Dans le préfixe grec *auto* et dans *auto*, abréviation de *automobile*, le groupe *au* se prononce [o] ou [ɔ].

On prononce [o] dans les noms anglais : *Auburn*, *Auckland*, *Austen*, *Austin*, *Chaucer*, *Connaught*, *Laud*, *Laughton*, *Launceston*, *Lauriston*, *Maud*, *Maudsley*, *Vauxhall*, etc. —, et dans les noms de l'Asie ou de l'Océanie : *Aurangabad*, *Aurangzeb*, *Gaumata*, *Gaurisankar*, *Gautama*, *Mauna-Kéa*, *Mauna-Loa*, etc.

2⁰ On prononce aussi [o] dans un certain nombre de noms allemands. Ainsi dans *Breslau*, *Eylau*, *Hanau*, *Laknau* (ou *Laknô*), *Rantzau*, *Spandau*, et d'une façon générale dans les noms alsaciens terminés en *-au*, comme *Andlau*, *Haguenau*, *La Thumenau*, *Rothau*, etc. De plus, dans *Austerlitz*, *Faust*, *Naundorff*, *Tauler* (xive s.) ; dans les noms terminés en *-bourg* (francisation de *-burg*), comme *Augsbourg*, *Lauenbourg*, *Laufenbourg*, *Lauterbourg*, *Naumbourg*, etc. ; et dans les locutions *bec Auer*, *sel de Glauber*. On hésite entre [o] et [aw] pour *Strauss* (nom des célèbres musiciens viennois). Tous les autres noms allemands se prononcent avec [aw] ; cf. *Aue*, *Donau* (et *Donauwœrth*), *Fraunhofer*, *Glauchau*, *Graubunden*, *Graudenz*, *Hauptmann*, *Hohenstaufen*, *Jungfrau*, *Kauffmann*, *Kaulbach*, *Klausenburg*, *Laue*, *Lauter*, *Plauen*, *Rauch*, *Zwickau*, etc. Ils ne prennent un [o] que lorsqu'ils sont portés par des Français ; cf. en particulier *Baumann*, *Haussmann*, *Laufenburger*, *Naumann*, etc.

Rem. I. — La prononciation *Schopenhauer* [ʃɔpenɔːʀ] est vieillie. On prononce d'ordinaire [ʃɔpənawəʀ], avec l'accent sur [a].

Rem. II. — Noter, lorsqu'ils sont portés par des Français, la suppression du tréma sur l'*a* dans *Dan(n)hauser* et *Hauser*, qui se prononcent [danozɛːʀ], [ozɛːʀ]. Même prononciation à la finale dans *Tannhäuser* (opéra de Wagner), où le tréma sur l'*a* est pourtant conservé.

Rem. III. — *Taunus*, nom d'un massif montagneux d'Allemagne, se prononce soit [tawnus] à l'allemande (mais avec l'accent sur la dernière syllabe), soit [tonys] à la française. Mais *Clausius* se prononce [klawsjus], avec l'accent sur [-us].

Rem. IV. — *Münchhausen* se prononce [mynʃawzən]. Mais l'ancienne prononciation française [mynʃozɛn] n'a pas encore disparu.

3º On prononce [aw] dans les noms flamands ou néerlandais avec -au- ou -auw- : *Auderghem, Lauwe, Pauwe*, etc. — ; dans les noms catalans : *Escunyau, Gausac, Palau de..., Sant Jaume, Santa Pau*, etc. — ; dans le nom mythologique scandinave *Audhumbla*, le nom de port norvégien *Haugesund* et le nom de ville lithuanien *Kaunas*.

Le nom de l'homme politique espagnol *Maura* est francisé en [mɔʀa] ; mais on prononce [au] dans *Catalina d'Erauso* (xvᵉ-xviᵉ s.).

Quant aux noms italiens comme *Aulisio, Aurispa, Lauri, Lauria*, etc., ils se prononcent avec [aw]. On a cependant [au] dans *Aulla*.

aü

Ce groupe se prononce [ay] ; cf. *Esaü, Amphiaraüs, Archélaüs, Danaüs*, etc.

Rem. — Il ne faut pas confondre *Saul* [sɔl], premier nom de l'apôtre Paul, avec *Saül* [sayl], premier roi des Israélites.

aw

Ce groupe se prononce [o] ou [o:] dans les mots ou noms anglais : cf. [o] dans *drawback, outlaw, lawn-tennis, Hawkins, Hawthorne*, etc. —, [o:] dans *crawl, trawl*.

Rem. I. — Les noms anglais *Awe, Dawes, Hawes* se prononcent [o:], [do:s], [ho:s].

Rem. II. — Le nom du financier écossais *Law* se prononce [lɑ:s] en français. L's final s'explique ici par le fait que ce nom a été employé à l'origine surtout au génitif (*Law's Bank*).

On prononce [o:] dans le mot indien *tomahawk* [tɔmao:k].

ay

1º Ce groupe se prononce [ε] dans les mots et noms anglais, qu'il soit final : *play, railway, ray-grass, tramway, Ash-Wednesday, Baggallay, Billerickay, Broadway, Friday, Gray, Kay, Lindsay, Macaulay, May, Pray, Tay, Thackeray, Way*, etc. —, ou suivi d'une consonne : *Aylesbury, Aylesford, Ayliffe, Ayr, Ayrton, Ayscough, Ayscue,*

Ayton, Bayswater, Blaydes, Brayley, Cayley, Cayman, Chaytor, Clayton, Daylesford, Dayton, Drayton, Grayson, Hayles, Hays, Hayter, Laycock, Layton, Mayfair, Maynooth, Maynwaring, Naylor, Payne, Paynter, Playfair, Quayle, Rayleigh, Sayce, Taylor (et *taylorisme*), *Traylee, Wayland, Wayne*, etc.

Il en est de même dans les noms hindous *Bombay, Pilpay* (ou *Bidpay*) —, dans les noms hispano-américains *Buenos-Aires* (byenozɛ:ʀ], *Paraguay* [-gɛ], *Uruguay* [yʀygɛ] —, dans le nom hongrois *Tokay* (cf. aussi *du tokay*), qui s'écrit dans sa langue *Tokaj* et se prononce avec [aj].

2º On prononce [ɛj] dans les mots et noms anglais dans lesquels *ay* est suivi d'une voyelle. Ex. : *stayer* [stɛjœ:ʀ], *Ayers, Player, Sayer*, etc. —, *Layamon, Layard, Mayo* (comté d'Irlande), etc. —, *Kaye* [kɛj], *Kayes* [kɛjz], *Hayes*, etc.

Rem. — Mais il est évident qu'on prononcera [aj] dans *Fayette-City, Fayetteville*, dont le premier terme est emprunté au français.

3º On prononce [aj] dans *aye-aye* [ajaj], *cipaye, cobaye, congaye* et dans l'esp. *ayuntamiento*.

Il en est de même pour les noms étrangers non anglais, dans lesquels *ay* est suivi de consonne : *Aydin* (ou *Aidin*), *Baylen, Bayreuth* [bajʀø:t], *Guayra, Haydn* [ajdn], *Laybach, Paysandu*, etc.

De même, à la finale, dans l'espagnol *Fray* (cf. *Fray Bentos, Fray Luis de Leon*, etc.), dans le hongrois *Gyulay*.

Il en est de même encore pour tous les noms étrangers, non anglais, dans lesquels *ay* est suivi d'une voyelle. Ex. : *Ayala, Ayacucho, Ayoubites, Dayaks, Fayoum, Guayaquil, Himalaya, Laya, îles Lucayes, Maya, Mayo* (nom indien), *Mayombé, Ramayana, Monts Sayansk*, etc.

4º La terminaison *-ay* des noms indochinois se prononce [-aj] : *Hon-Gay, Lao-Kay, Mong-Cay, Yen-Bay*, etc. Mais la terminaison *-ây* se prononce [-ɛj] : *Mo-Cây, Son-Tây, Song-Chây*, etc.

ayn

Ce groupe se prononce [ɛ̃] dans le nom de localité belge *Sclayn* —, et [ajn] dans le nom allemand *Falkenhayn*.

am

(suivi de consonne)

1° Devant *b* ou *p*, le groupe *am* se prononce [ã] dans les mots grecs ou latins, anciens ou de création récente : *ambitus, amblyopsis, amphi, amphioxus, bambusina, cambium, campanularia, cérambyx, lambda* (et *lambdacisme*), *lampris, sampi, wampyrops*, etc. Cf. aussi les locutions latines : *in ambiguo* [ãbigɥo], *surge et ambula, ambulans in tenebris*, etc.

REM. — Cependant le latin *campus*, dans le sens universitaire qu'il a en U. S. A., se prononce [kɛmpəs].

De même, d'une façon générale, dans les mots étrangers. Ex. : *ambira, bambino, bambou, bamboula, campanile, campéador, camping, campos, clamp* (ou *clan*), *jambul, kampong, lamparilla, lampas, lampujang, liquidambar, pamban-manché, pampa, pampero, pamphlet, samba, sambaglione, sambaqui, sambenito, sampa, sampan* (ou *sampang*), *sampot, shampooing, strambotto, tambac, tamboul, tambourah, zamboureck, zambra*, etc. De même dans *vamp* [vã:p].

REM. — Mais on prononce [am] dans *lambeth-walk, wampun*.

De même encore dans les noms de l'Antiquité, qu'ils soient francisés ou non : *Ambigat, Ambiorix, Ambrax, Amphïaraüs, Amphipolis, Amphissa,* fl. *Ampsagas, Lampadius, Mambré* (Palestine), *Sambucas*, etc. et *Ambracie, Ambrons, Amphitrite, Amphitryon, Bambyse, Cambyse, Campaspe, Lampride*, etc. — ; dans les noms latins scientifiques de création récente, comme *Bamberga, Hamburga*, désignant des planètes — ; dans les noms d'étrangers appartenant à l'histoire du Moyen-Age, comme *Ambasa* (général arabe), *Mambrin* (roi maure), *Wamba* (roi des Visigoths), etc. — ; dans les noms géographiques des pays de l'Union française : *Bambaras, Bambouck, Cambodge* (-*ien*), *Gambie* (et *Séné-*), *Lambessa,* fl. *Mambéré*, etc. —, dans les noms étrangers *Bamboche* (d'où *bambochade, bambocheur*), *Campêche, Hambourg, Mozambique, Pampelune, Pernambouc, Stamboul, Topinambour, Zambèze* (-*ie*), dont la forme est plus ou moins francisée —, et dans *Alhambra, Monts Grampians, Pampa, les Pampas*.

En dehors de ces cas, les noms étrangers peuvent continuer à se prononcer avec [ã] comme autrefois. Mais de plus en plus l'usage s'établit de les prononcer avec [am-]. Ainsi dans *Ambato, Ampurias, Bamberg, Battambang, Bamra, Campana, Campanella, Campbell, Campeggi, Campoamor, Campobasso, Chambers, Cochabambre, Crampton, Dampier, Hampden, Hampshire, Hampstead, Hampton-Court, Kampen, Lamb', Riobamba, Sampiero, Tampere, Tampico*, etc.

Rem. I. — Mais on prononce uniquement [ã] lorsque ces noms étrangers sont portés par des Français, ce qui est le cas par exemple d'*Ambrosio, Bamberger, Campinchi, Gambetta*, etc. —, ou qu'ils désignent une rue, une institution ou une œuvre française : *rue Campo-Formio, rue Oberkampf, musée Campana, Zampa* (opéra de Herold), etc.

Rem. II. — Les prononciations [kãbʀidʒ], [nɔʀtãptɔ̃] ou [-ɔn], et [sutãptɔ̃] ou [-ɔn] pour *Cambridge, Northampton* et *Southampton* sont en train de vieillir. On prononce généralement [kɛmbʀidʒ] et de plus en plus [nɔʀθɛmtɔn], [sawθɛmtɔn]. De même, l'angl. *Sampson* se prononce avec [am], ou mieux avec [ɛm].

Rem. III. — *Campulung*, ville de Roumanie, se prononce [kœmpuluŋg]. L'*a* de la graphie française est pour un *â* roumain.

Rem. IV. — *Dambrowa*, ville de Pologne, se prononce [dɔ̃brɔva]. Il existe une seconde orthographe de ce nom en français : *Dombrowa*. Mais ni l'une ni l'autre ne sont polonaises. Le polonais écrit *Dąbrowa*, avec un *ą* qui a la valeur d'un *o* nasal.

2º Suivi d'une consonne autre que *b* ou *p*, le groupe *am* se prononce [am]. Ex. : *hamza, khamsin, rams* et le verbe dérivé *ramser* —, *Adams, Amri, Amritsar, Amrou, Amstel, Amsterdam, Camden, Chams, Flamsteed, Hamlet, Hamsun, Kamtchatka, Ramsay, Ramsès, Ramsgate, Ras-Shamra, Samnium* (et *Samnites*), *Samsœ, Samsonov, Samsoun*, etc.

Rem. — Il n'y a d'exception que pour *Samson* qui se prononce en français avec [ã], lorsqu'il s'agit du personnage biblique. Mais on prononce [am] et mieux [ɛm] dans le prénom et patronyme anglais *Samson*.

3º On prononce [am], lorsque le groupe *am* est suivi de *h, m* ou *n*. Ex. : *Amhara, Damanhour, Kamm, Kramm, Friederikshamn*, etc.

am (final)

On prononce [am] dans les mots latins ; cf. *in memoriam, ad vitam æternam, ad majorem Dei gloriam, et nunc erudimini qui judicatis terram*, etc. —; dans les mots étrangers : *baïram, macadam, madapo-*

lam, ramdam (popul.), *tam-tam*, etc. — ; et dans les noms anciens ou étrangers : *Abraham, Agram, Amsterdam, Annam, Aram, Balaam, Bentham, Birmingham, Buckingham, Cham, Elam, Grand-Bassam, Ham, Islam, Ozanam, Potsdam, Priam, Roboam, Siam, Wagram,* etc.

Rem. I. — Mais on prononce [ã] dans *Adam*, lorsque ce nom désigne le premier homme ou qu'il est prénom ou patronyme français. De même dans *Pont d'Adam* (dans la Mer des Indes) et dans *Pic d'Adam* (Ceylan). En dehors de ce cas, ce nom se prononce [adam]. Ex. : *Jacob Adam* (viennois), (*Albert, Benno, François, Eugène*) *Adam* (bavarois), *Adam de Brême, Adam d'Orleton* (anglais), *William Patrick Adam, Adam Bede* (roman de G. Eliot).

Rem. II. — Le latin *quidam*, employé comme substantif pour désigner une personne dont on ignore ou dont on ne dit pas le nom, se prononce aujourd'hui avec [am]. La prononciation avec [ã] est vieillie.

Rem. III. — Les noms anglais *Brougham, Maugham* et *Vaughan* se prononcent [bʀugam], [mɔgam], [vɔgam], ou mieux, à l'anglaise, [bʀuəm], [mɔəm], [vɔəm].

Rem. IV. — On prononce [ã], ou mieux [ãw], dans le nom du navigateur portugais *Pedro de Covilham* [-ijã] ou [-ijãw], qui s'écrit aussi *P. de Covilhão*.

an

(suivi de consonne)

1º Devant une consonne (autre que *n*) suivie de voyelle ou devant un groupe consonantique suivi de voyelle, ce groupe se prononce [ã] dans tous les mots latins ou gréco-latins, anciens ou de création récente : *anchilops, andropogon, angélus, antéros, anthémis, anthrax, aurantia, cancer, memorandum, pancréas, pandanus, quantum, quanta, trochanter, xanthia,* etc. De même dans les noms anciens : *Alexandropolis, Ancus, Antalcidas, Antinoüs, Antium, Manlius, Osymandias,* etc., à plus forte raison lorsqu'ils sont francisés, comme *Alexandre, Anchise, Ancyre, Andécaves, Andrinople, Andromaque, Cassandre, Constantinople,* etc. De même dans les locutions latines : *mutatis mutandis, fabricando fit faber,* etc.

On prononce aussi [ã] dans la plupart des mots étrangers : *andante, andantino, angora, antiar, banco, banderillero, banjo, canter, chimpanzé, dancing, dandy* (et *dandysme*), *dilettante* (et *dilettantisme*), *fandango, fantasia, fantoccini, franco, gandoura, handicap* (et *handicaper*), *kangourou, landtag, landwehr, landsturm, mandrill, manzanilla, nankin, nansouk, panda, pandit, pantoum, paraguante, performance, rancho, rancio, sandjak, sandwich, sanderling, standard, tandem, tango, yankee,* etc.

Rem. — En style d'orchestre, *andante* et *andantino* se prononcent plutôt à l'italienne [andante], [andantino], avec l'accent sur [dan] et sur [ti].

On prononce aussi [ã] dans les noms étrangers suivants : *Achantis, Almanzor, îles An(daman), Anderlecht* (Belgique), *Anderlues* (id.), *Andlau-au-Val* (B.-Rhin), *Anglesey, Angola, Angora, Antivari, Antar, Arkansas, Arkhangelsk, Aurangzeb, Bab El-Mandeb, Cervantes, Cantemir, Chandernagor, Chandos, Chanxhe* (Belg.), *Coromandel, Dandolo, Dankalis, Dantzig, Dryander, Fianarantsoa, Iskander, Jehanster, le Kansas, Manfred, Néanderthal, Oubanghi, Ouganda, Panckoucke, la Panda* (fl. du Congo belge), *Rouanda-Ouroundi, Sancho-Pança* [sãʃo pãsa], *îles Sandwich, la Sangha* (affl. du Congo), *Santos-Dumont, Standard, Stavanger, lac Tanganyika, Wrangel, Xylander, Zanguebar, Zanzibar,* auxquels il faut ajouter *Pangloss,* création de Voltaire.

De même dans les noms étrangers dont la physionomie est française ou qui ont été plus ou moins francisés, ne serait-ce que par un accent aigu, grave ou circonflexe : *Abrantès, Alexandrie, Alicante, Ancône, Andalousie, les Andes, Andorre, Andrée* (explorateur suéd.), *Antilles, Bangalore, Bangouélo, Bragance, Bramante, Brandebourg* (et *brandebourg*), *Brandès, Candie, Canfranc, Cantacuzène, Canthô, Canton, Dante, Diamante, Finlande, Francfort, le Gange, Guanches, Hollande, Islande, Jornandès, Lancastre, la Manche* (Espagne), *Mandalay, Mandave, Mandchourie* (et *mandchou*), *Mandingues, Manrique, Mansour, Mansourah, Mantoue, Mazandéran, Mercadante, Michel-Ange, Mirandole, Nankin, Otrante, Rangebé, Rossinante, Salamanque, Samarcande, Santillane, Tancrède, Tandjore, Tanger, Tangoutes, Travancore, Zante, Zélande,* etc., ainsi que les noms commençant par *Trans-,* comme *Transjordanie, Transleithanie, Transtamare, Transvaal, Transylvanie,* etc.

Il y a hésitation entre [ã] et [an] dans *Alecsandri, Alexandra, Alexandresco, Angkor, Ankara, Anspach, Bangkok, Banquo, Cantorbéry, Fra Angelico, Manchester, Mélanchton, Pirandello* (auteur dramatique), *Santiago* et *Shanghaï.*

PRONONCIATION DES MOTS ÉTRANGERS 153

Rem. I. — On prononce de même [ã] dans *Anvers*, qui est la forme française correspondant au flamand *Antwerpen*.

Rem. II. — *Manzanarès* se prononce aussi à l'espagnole [mansanarɛs] et mieux [manθa-].

Rem. III. — *San Francisco* se prononce [sãfrãsisko] ou [sanfransisko].

Dans les autres noms étrangers, si la prononciation avec [ã] existe encore, elle tend de plus en plus à être remplacée par [an]. Voici une liste d'exemples : *Africander, Alcandro, Alcantara, Aldobrandini, Aldovrandi, Almansa, Anckarstrœm, Andersen, Anderson, Andujar, Angelo, Angelotti, Anghiera, Angra-Pequeña, Angstrœm, Anguilla, Angus, Anson, Anslow, Antequera, île d'Anticosti, île Antigoa, Antioquia, Antofagasta, Antrim, Aranjuez, Atlanta, Atlantic City, Avenanmaa, Bahia Blanca, Bancroft, îles Banda, Bandello, Bandinelli, Bandoeng, Bangka, Bantam, Barranquilla, Blanckenberg, Blankenberghe, Brando, Cantu, Cardiganshire, Catanzaro, Costantza, Cranmer, Diamante, Diamantina, Durando, Durango, Erlangen, Fernandez, Filiangieri, Fioraventi, Florida-Blanca, Franceschini, Franckenau, Franckendorf, Frankenstein, Frankfurt, Gandja, la Granja, rio Grande, Hanley, Hermandad, Highlander, Janssens, Kandahar, Kansas-City, Kermanchah, Khatmandou, Kilimandjaro, Lancaster, Landau* (mais [ã] dans *landau*), *Landowski, Landseer, Landshut, Landskrona, Landsting, Langenthal, Langiewicz, Langmuir, Langnau, Langreo, Langside, Lansin, Lanzarote, Manco-Capac, Mandchoukouo, Manfield, Manfredi, Manresa, Mansfeld, Mansfield, Manteuffel, Manzanillo, Manzoni, Marianské-Lazné, Matanzas, Mezzafanti, Miranda, Mirandola, Pallanza, Pandateria, Penzance* (Anglet.), *Plankstaat, Plankstetten, Randers, Ranke, Rantzau, Romancero, Romanshorn, Sandomir, Sandracotos, (San-)Fernando, Sangallo, Sanlucar, Santa…, Santarem, Santos, Scranton, Segantini, Spandau, Stanley, Stanleyville, Taganrog, Tantah, Toutankhamon* (ou *Tut-Ank-Ammon*), *Uitlander, Villafranca, Wyspianski, Ypsilanti, Zaandam, Zangwill,* etc.

Rem. I. — Les noms ci-dessus (et d'autres) se prononcent avec [ã] lorsqu'ils sont portés par des Français. C'est le cas en particulier de *Antonelli, Bianchi, Blankenberg, Franconi, Janssen, Landowski, Mancini, Servandoni,* etc.

Rem. II. — Il en est de même lorsque les noms étrangers servent de titre à des ouvrages littéraires ou désignent un de leurs personnages ; cf. *Angelo, tyran de Parme* (drame de V. Hugo), *Antony* (drame d'Al. Dumas), *Fantasio* (comédie de Musset), *Sangrado* (personnage de Le Sage). Cependant *Les Rantzau*, comédie d'Erckmann-Chatrian, se prononce soit avec [ɑ̃], soit avec [an].

Rem. III. — On prononce avec [an] *Francesca, Mantegna* (prénom ou patronyme italiens). De même *Francesca da Rimini*. Mais on prononce avec [ɑ̃] *Francesca de Rimini* et *Mantegna*, lorsque ce mot désigne le peintre célèbre. De même on prononce [an] dans *Rafaello Sanzio* ou dans *Il Sanzio* ; mais on prononce [ɑ̃] dans *Raphaël Sanzio*. De même encore, *Franklin* se prononce avec [ɑ̃] lorsqu'il désigne l'homme d'Etat américain ou qu'il s'applique à un Français ; mais on prononce [an] s'il s'agit d'un anglo-saxon ou d'un étranger, ou encore d'une localité anglo-saxonne.

2º Suivi de *h* + voyelle, le groupe *an* se prononce [an] : *Damanhour, Danhäuser, Danhauser* (adaptation française du précédent, p. 146), etc.

3º Le groupe *an* se prononce [ɑ̃] dans les mots étrangers *bank-note, ranch, tank*. Au contraire, la voyelle n'est pas nasale dans *Banks, Franck, Planck*, etc. Mais *Franck, Planck* se prononcent pourtant avec [ɑ̃] quand ils sont portés par des Français.

Rem. — Pour la prononciation de *ch*, *k*, *ck* dans les groupes *-anch*, *-ank*, *anck-*, cf. pp. 417, 418.

4º Dans les mots étrangers terminés en *-and*, le groupe *an* se prononce [ɑ̃] dans *maryland, portland, rand, stand*. Il y a hésitation entre [ɑ̃] et [an] pour *hinterland* et *vaterland*. Mais le groupe *an* se prononce [ɛn] dans l'angl. *four in land, shake-hand* : la prononciation avec [an] est périmée.

Dans les noms étrangers, le groupe *an* de la terminaison *-and* prend aussi diverses valeurs. Il se prononce [ɑ̃] dans *Cumberland, (avenue de) Friedland, Gand, Groenland, Jutland, Maryland, Northumberland, Portland, Samarkand, Yarkand, Weygand*. Il y a hésitation entre [ɑ̃] et [an] dans *Christiansand, Kadsand, Kokand* et dans les noms en *-land*, autres que les précédents. Cependant *Island* se prononce [ajlənd], à l'anglaise, plutôt que [izlɑ̃:d] ou [izland], dans *Coney Island, Elis-Island, Long-Island* et *Rhode-Island*.

Enfin le groupe *an* se prononce toujours [an] dans la terminaison *-ands* ; cf. *Highlands, Land's-End, Lowlands*. Il se prononce [an] dans *Brandt*, mais [ɑ̃] dans *Rembrandt*.

Rem. — Pour la prononciation de *d* ou des groupes *ds*, *dt* dans les terminaisons *-and*, *-ands*, *-andt*, cf. pp. 412, 426, 431.

5° Dans les mots étrangers terminés en *-ang*, le groupe *an* se prononce [ɑ̃] : *boomerang, gang, ilang-ilang, mustang, orang-outang, rotang, slang*, etc.

Dans les noms étrangers, au contraire, l'*a* n'est pas nasalisé. Cf. *Alang Gol, Arang, Klang, Lang* et en particulier les noms géographiques de l'Extrême-Orient ou de l'Océanie : *Kiang-Sou, Kouang-Si, Louang-Prabang, Pahang*, etc.

Rem. — Pour la prononciation de *g* final dans la terminaison *-ang*, cf. p. 414.

6° Le groupe *an* de la terminaison *-ans* se prononce [ɑ̃] dans : *Balkans, défilé des Bibans* (Algérie), *Bierset-Awans* (Belgique), *Fans* (tribu nègre) —, et [an] dans *Evans, Exelmans, Vizagapatans*. De même, la voyelle est nasalisée dans *Monts Sayansk*.

Rem. — Pour la prononciation de *s* et *-sk* dans les terminaisons *-ans, -ansk*, cf. pp. 419, 423 s.

7° Dans les mots étrangers terminés en *-ant*, le groupe *an* se prononce [ɑ̃] ; cf. *cant, covenant, warrant*, et les locutions latines *caveant consules, cedant arma tagae, grammatici certant*, etc.

Il se prononce [an] dans *Grant* et [ɑ̃] dans *Kant*.

Le groupe *an* se prononce encore [an] dans le nom du peintre hollandais *Wijnants*, en fr. [vejnants].

Rem. — Pour la prononciation de *t* final dans la terminaison *-ant*, cf. p. 429.

8° Dans le mot *ranz*, le groupe *an* se prononce [ɑ̃]. Mais les noms étrangers *Franz, Kranz* se prononcent avec [an], sauf s'ils sont portés par des Français, ce qui est le cas du premier.

Rem. — Pour la prononciation de *z* dans la terminaison *-anz*, cf. p. 432.

9° Le groupe final *-ann* se prononce toujours [an] : *Boëlmann, Haussmann, Hermann, Hoffmann, Schumann, Winkelmann*, etc. Cela même si ces noms sont portés par des Français. On prononce de même [an] lorsque *ann* est suivi d'une voyelle ou de *h* : *Bannetze, Channing, Mannheim*, etc.

an (final)

Ce groupe se prononce [ã] dans tous les mots étrangers : *aman, astrakan, caïman, clan, divan, dolman, hetman, iman, khan, landamman, pemmican, raglan, ramadan, slogan, uhlan, yatagan*, etc.

Il en est de même dans les noms anciens ou étrangers qui suivent : *Abidjan, Afghanistan, Alcman, Aldébaran, Ali-Khan, Aman*, îles *Andaman, Anjouan*, val d'*Aran, Artaban, Assouan, Astrak(h)an, Azerbaïdjan, Baloutchistan* (ou *Bé-*), *Bout(h)an*, Don *César de Bazan* (pers. de *Ruy Blas*), val de *Baztan* (ou *Bastan*), *Boschiman, Saint-Brandan, Buchanan* (humaniste écossais), *Ceylan, Chanaan, Coran, Daghestan, Dan, Dathan, Dekkan, Duncan* (roi d'Écosse), *Isadora Duncan, Saint-Dunstan, Erivan, Erzindjan, Farsistan, Fezzan, Gengis-Khan, Guzman d'Alfarache* (roman picaresque), *Hamadan, Han d'Islande* (roman de V. Hugo), *Hindoustan, Hyrcan, Iran, Ispahan, Ivan, Joathan, Jonathan* (pers. biblique), *Don Juan, Juan d'Autriche, Kâfiristan, Kairouan, Kankan* (Guinée fr.), *Kazakstan, Kazan, Kirghizistan, Khorassan, Khouzistan, Kordofan, Kurdistan, Laban, Laristan, Léviathan, Liban, Locman, Magellan*, cap *Matapan, Mathan, Mazagan* (Maroc), *Mazagran* (Algérie), *Mazandéran, Michigan, Mohican, Nichan*, mer d'*Oman, Oran, Osman, Ossian, Othman, Ottoman, Ouezzan, Pakistan, Pan, Raban-Maur, Satan, Soliman, Soudan, Tadjikistan, Tamerlan, Téhéran, Tétouan, Touran, Turcoman, Turkestan, Turkménistan, Uzbékistan*, lac de *Van, Wotan*.

De même encore dans les noms arméniens en *-an* ou *-ian*, et dans les noms où *-an* est le continuateur de *-anum* latin ou l'adaptation française de *-ano* italien ou espagnol : le *Bassan, Cardan, Carignan, Coriolan, Eridan, Gaétan, Latran, Milan, Séjan, Trajan, Vatican*, etc.

Deux prononciations [ã] et [an] existent pour certains noms étrangers : *Aga-Khan* (mais *Ali-Khan* avec [ã] seulement), *Haïnan* ou *Haï-Nan, Yucatan* [jykatã] ou [jukatan], *Yunnan, Zurbaran* [syʀbaʀã] ou [suʀbaʀan) et mieux [θuʀ-].

Ailleurs on prononce [an]. Entre autres exemples, dans les noms britanniques et anglo-américains *Allan, Bridgman, Chapman,*

Flaxman, Glamorgan, Ibadan (Nigéria), *Ku-Klux-Klan, Mac Clellan, Mid Lothian,* île de *Man, Millikan, Saskatchewan, Sherman, Swan, Truman, Whitman, Wigan, Wiseman,* etc. — ; dans les noms de l'Extrême-Orient : *An-Houeï, An-King, Chan-Si, Fa-Tchan, Fouji-San, Fusan, Han-Kiang, Han-Yang, Hou-Nan, Kan-Sou, Kan-Tchéou, Kiu-Yuan, Kouan-Toung, Lan-Tchéou, Nan-Ning, Phan-Tiet, Tian-Tchang, Tran-Ninh, Tsi-Nan, Tuyen-Quan,* etc. — ; dans les noms mongols *Oulan-Bator, Oulan-Oudé* — ; dans les noms espagnols ou hispano-américains : *Aleman, Balthazar Gracian, Perez de Guzman, Juan de Mena, Mazatlan, Pardo-Bazan, Popayan, Tucuman,* etc. — ; dans les noms russes *Andidjan, Nakhitchevan, Namagan, Riazan,* etc. — ; dans les noms de langue arabe : *Abadan, Abd Er-Rahman, Abd Ur-Rahman, Hassan Ibn Sabbah, Moulay Hassan, Haourân,* etc. — ; dans les noms néerlandais *Tasman, Wouwerman* — ; dans les noms suédois *Angerman, Bergman* — ; dans le nom norvégien (île) *Jan-Mayen* — ; dans le nom hongrois *Gran* — ; dans le nom polonais *Poznan* — ; dans l'ancien nom de ville roumaine *Akkerman* — ; dans le nom de ville albanais *El Bassan* — ; dans le nom philippin *Palaouan* —, et d'autres encore parmi lesquels il convient de signaler *Ahriman*, nom du principe du mal dans la religion de Zoroastre.

Rem. I. — *Guzman d'Alfarache*, nom d'un célèbre roman picaresque, se prononce [gyzmā dalfaraʃ] ou [guzman]. Mais si le titre est donné en espagnol (*Guzman de Alfarache*), il faut prononcer [guzman] ou mieux [guθman de alfaratʃe].

Rem. II. — Lorsqu'un de ces noms étrangers est porté par un Français, il se prononce avec [ã] ; cf. *Allan Kardec, Bazan, Corman, Hotman,* etc.

Rem. III. — *San*, premier élément de noms propres espagnols ou italiens, se prononce avec [ã] ou mieux avec [an], lorsqu'il est suivi d'un nom commençant par une consonne ; si le nom suivant commence par une voyelle ou un *h*, *San* se prononce uniquement [san]. Il en est de même pour la particule néerlandaise *Van*.

e

Cette voyelle ne présente aucune difficulté lorsqu'il s'agit de mots et de noms anciens ou de mots et de noms appartenant à d'autres langues que celles du groupe germanique (allemand, anglais, flamands ou néerlandais, scandinave). Dans ce cas, en effet, l'*e* se prononce toujours [e] ou [ɛ], suivant les principes étudiés plus haut dans les mots et les noms français. Nous nous dispensons par conséquent de donner des exemples.

Il n'y a de remarque à faire que pour *e* ou *es* ou *er* finals. L'*e* final ne se prononce pas dans l'italien *dilettante* [dilɛtã:t] et dans *Alicante*, *Algarve*, *Bonaparte*, *Bradamante* [-ã:t], *Bramante* [-ã:t], *Broglie* [bʀɔj] nom de famille et *Broglie* (bʀɔgli) nom de localité, *Dante*, *d'Este*, *Fiesole*, *Mercadante* [-ã:t], *Rossinante* [-ã:t]. *Andante* se prononce [ãdã:t]; mais dans le style d'orchestre, on prononce [andante]. Le groupe final *-es* est muet dans *Buenos-Aires* [bɥenɔzɛ:ʀ], dont la prononciation est complètement francisée. Quant à *Dnieper* et *Dniester*, ils se prononcent avec [ɛ:ʀ] accentué, et non plus comme autrefois [dniɛpʀ̥] et [dniɛstʀ̥].

Noter encore que la préposition *de* se prononce [de] dans *Lope de Vega*, mais [də] dans *Rio de Janeiro* [ʒanɛʀo].

Cela dit, voici ce qu'il convient de signaler :

1º L'*e* a la valeur de [i] dans la syllabe initiale du mot anglais *remember* qui se prononce en français [ʀimɛmbœ:ʀ], avec l'accent sur la finale ou [ʀimɛmbəʀ] avec l'accent sur l'avant-dernière syllabe. On prononce de même un [i] dans *be-bop*, dans la citation d'Hamlet : *to be or not to be*, et dans l'avant-dernière syllabe des noms anglais *Haslemere*, *Rushmere*.

2º L'*e* de la syllabe initiale de l'anglais *Defoe* (écrit plutôt *De Foe*, en français) se prononce [ə]. De même dans la première syllabe de l'anglais *De Forest*.

3º L'*e* suivi de consonne simple + voyelle, à l'intérieur d'un mot, se prononce [ə] dans les noms allemands, anglais, etc. Ex. : *Ascheberg, Bergedorf, Bielefeld, Eisenach, Fürstenau, Hahneman, Kotzebue, Lindenau, Lorelei, Mädelegabel, Madelungen, Medebach, Niebelungen, Oberammergau, Riesener, Rœderer, Runeberg, Thumenau, Wüstegarten,* etc. — ; *Baddeley, Berkeley, Cleveland, Danelagh, Dunedin, Edgeworth, Exeter, Foreland, Gargery, Gravesend, Hedgeley, Iredale, Ireton, Jeffery, Kennedy, Kitchener, Loreday, Naseby, Rothedaz, Sedgefield, Sillery, Totteridge, Whateley,* etc. — *Arteveldt, Barneveldt.*

Rem. I. — Il en est de même pour *wateringue*, qui provient du flamand *wateringen*.

Rem. II. — Dans les noms anglais où l'*e* intérieur est précédé d'un groupe consonne + liquide, l'*e* qui se prononce [ə] s'intercale entre le premier et le second élément du groupe. Ex. : *Ambleside* [ambəlsajd], *Appleby* [apəlbi], *Middletown*, *Saddleback*, *Tweedledee*, etc.

4° En syllabe intérieure, le groupe *er* + consonne se prononce [ɛʀ] dans l'allemand *hinterland*, et les mots anglais *chatterton*, *water-closet*, *waterman*, *water-polo*—, mais [əʀ] dans les mots anglais *chesterfield*, *quaker-oats*, *wager-boat*, *water-ballast*, *waterproof*, et dans *watergang* qui vient du hollandais. De même, le groupe *es* + consonne se prononce [əs] dans l'anglais *charleston*.

Dans les noms anglais ou allemands, les groupes intérieurs *el*, *er*, *es* + consonne ou *h* se prononcent [əl], [əʀ], [əs]. Ex. : *Adelsberg, Fichtelgebirge, Grindelwald, Heidelberg, Ingelmunster, Pechelbronn* (B.-Rhin), *Wittelsheim*, etc. —, *Beccher-Stowe, Echternach, Ebersbach, Egerton, Feuerbach, Halberstadt, Kimberley, Klosterkampf, Meistersinger, Niederbronn* (B.-Rhin), *Niederbruck* (H.-Rhin), *Peterson, Pinkerton, Rutherford, Somerset, Wawerley, Wassermann, Zimmermann*, etc. — ; *Albestroff, Beresford, Bundestag, Catesby, Hovestadt, Jamestown, Joannesberg, Johannesburg, Landesbergen, Lindesnœs, Shaftesbury*, etc.

Rem. I. — Cependant on prononce un [ɛ] dans les noms allemands *Austerlitz, Mendelssohn, Metternich, Meyerbeer, Oberland, Oberammergau* —, et dans les noms anglais en *-cester* ou *-chester* : *Glocester, Leicester, Worcester, Colchester, Dorchester, Manchester, Rochester, Winchester*, etc.

Rem. II. — On prononce aussi [ɛ] lorsque les noms en *el*, *er*, *es* + consonne sont portés par des Français.

5° L'*e* final est muet dans les mots et noms anglais : *pipe-line, side-car, (steeple-)chase* [stiplətʃɛːz], etc., *Blake, Bruce, Bukle* [bœkəl], *Burke, Bute, Cade, Drake, Eddystone, Folkestone, Home Rule, Hooke, Kate*, etc. Même après une voyelle : *boogie-woogie, clue-book, rallye-paper, Mackenzie, Defoe, Monroe*, etc.

L'*e* final est encore muet dans les noms allemands du type *Carlsruhe, Hohenlohe*.

Dans la terminaison *-es* des noms anglais, seul l'*s* se prononce : *Cecil Rhodes, Gaines, Hobbes, James, Jones, Sherlock Holmes, Times, Davies, Dawes*, etc. Mais le nom allemand *Görres* se prononce avec [-əs].

6º Dans les mots et noms allemands, anglais, etc., terminés en -*el*, cette terminaison prend l'accent en français et se prononce [ɛl]. Ex. : allem. *bretzel, kummel, nickel* ; angl. *shrapnel, tunnel* —, *Amstel, Ariel, Brueghel, Brummel, Cassel, Diesel, Dipnel, Van Drebbel, Duppel, Eifel, Hændel, Hænsel et Gretel, Herschel, Kemmel, Lionel, Lommel, Maelzel, Manteuffel, Nobel, Œsel, Pfeffel, Rommel, Sybel, Tetzel, Texel, Van den Vondel, Wesel, Wrangel*, etc.

La terminaison -*els* se prononce de même [ɛls]. Ex. : *Gœbbels, Engels, Israels, Weissenfels*, etc.

REM. — *Eulenspiegel* porte pourtant son accent sur l'avant-dernière syllabe et la terminaison -*el* se prononce alors [-əl].

7º Dans les noms allemands, néerlandais ou scandinaves terminés en -*er*, cette terminaison prend l'accent en français et se prononce [ɛ:ʀ] Ex. : allem. *bitter, hamster, kaiser, kreutzer, minnesinger, meistersinger, spalier, statthalter, thaler* ; dan. *geyser* ; suéd. *eider* ; holl. *polder, stathouder* —, *Adenauer, Adler, Africander, Baumgartner, Blücher, Brenner, Bruckner, Dender, Deventer, Dürer, Euler, Fechner, Gessler, Gessner, Glauber, Grillparzer, Gunther, Helder, Henner, Herder, Hitler, Keller, Kohler, Luther, Müller, Munster, Oder, Potter, Prater, Riesener, Rœderer, Richter, Rœmer, Ruyter, Scheffer, Schiller, Schneider, Tannhauser* [-ozɛ:ʀ], *Tacher, Tœpffer, Uitlander, Weber, Wilhelm Meister, Werther, Weser, Wurmser, Zeller*, etc.

De même, la terminaison -*ers* est accentuée et se prononce [-ɛʀs]. Ex. : *Ebers, Kistemaekers, Snyders*, etc.

REM. I. — Cependant la première syllabe reste accentuée dans *lieder* (pluriel de *lied*), et la terminaison -*er* se prononce [-əʀ]. De même on accentue l'avant-dernière syllabe des composés *kirschwasser, Schopenhauer, Reisenbilder, Schumacher*, etc., tous avec [əʀ].

REM. II. — Les prononciations (bedɛkʀ) et (nɛkʀ) pour *Baedeker* et *Necker* sont périmées. On prononce [bedekɛ:ʀ] et [nekɛ:ʀ].

REM. III. — *Boers* (colons de l'Afrique australe, d'origine hollandaise), se prononce [bu:ʀ] ou [bɔɛ:ʀ]. Par contre, *Boerhaave*, nom d'un célèbre médecin hollandais du xvie-xviie siècle, se prononce avec oe = [u].

Les mots anglais terminés en -*er* prennent l'accent sur cette terminaison. Mais les uns se prononcent avec [ɛ:ʀ] : *chester, cocker, hunter, palmer, partner, poker, reporter, revolver, setter, spencer, spider, starter, tender, tumbler, ulster* ; d'autres avec [œ:ʀ] : *bookmaker, bootlegger, broker, clipper, coroner, cutter, destroyer, driver, gentleman-*

farmer, globe-trotter, highlander, leader, outrigger, puncher, quaker, rallye-paper, gentleman-rider, sinn-feiner, shokker, speaker, squatter, squeezer, stepper (francisé aussi en *steppeur*), *stayer, steamer, supporter, sweater*.

Rem. I. — On prononce [ɛːʀ] ou [œːʀ] dans *pull-over*. De même, *manager* se prononce [manaʒe] ou mieux, à l'anglaise, [manɛdʒœːʀ].

Rem. II. — Cependant on prononce [ʀivəʀ] dans les composés en *-river*, comme *East-River, Fall-River, Snake-River*, etc.

Rem. III. — Pour *outsider* et *bull-dozer*, cf. pp. 190 et 204.

Enfin on prononce [-ɛːʀ] dans les pluriels *waters* (franç. famil.), *Boxers* — ; mais [-œʀs] dans *Brothers, Chambers, Flinders, Rogers, Somers,* etc.

ea

Le groupe anglais *ea* se prononce [i] dans *cold-cream (dead-)heat, leader, if you please, reader, sealskin, sex-appeal, sneak-box, speak, speaker, steamboat, steamer, sweater, tea-room, Beacher-Stowe, Beaconsfield, Beales, Castlereagh, Chelsea, Chesapeake, Eastlake, East-River, Eastwick, Gulf-Stream, Kean, Keats, le roi Lear, Long-Beach, Peabody, Shakespeare* (et *shakespearien*), etc.

[ɛ] dans *break, clearing, dead(-heat), dreagnought, go ahead, great event, ready, steak, Commonwealth, Great Britain, Great(heart), Hampstead, Reading, Weald,* etc.

Rem. — Noter la francisation des mots anglais *beef-steak* et *rump-steak* en *bifteck* et *romsteck*.

[a] dans *sweetheart* [swit-aʀt], *(Great)heart*.

[œ] dans *yearling* [jœʀliŋ], *Earle*.

Rem. — Mais le groupe *ea* se prononce [ea] dans *Minneapolis,* en anglais [minɛp-].

ee

Le groupe *ee* se prononce [i] dans les mots et noms anglais. Ex. : *creek, free-trade, green, greenback, keel, keepsake, meeting, munjeet, pedigree, queen, sleeping, speech, spleen, steeple-chase, sweepstake, tweed, wheeler, yankee* —, *Aberdeen, Dundee, Flamsteed, Freeman,*

Greenock, Greenwich, Landseer, Lee, Leeds, Robert Peel, Queensland, Queenstown, Regent Street, Seeley, Steele, Tenessee, etc.

> REM. — *Beefsteak* et *roast-beef* ont été francisés en *bifteck* et *rosbif*.

Dans les mots et noms appartenant à d'autres langues que l'anglais, le groupe *ee* se prononce [e] ou [ɛ], suivant les mêmes règles qu'en français. Ex. : *jonkheer —, Aalsmeer, Bakkeveen, Beethoven, Ee, Eecloo, Eelde, Eem, Eersel, Eext, Geefs, Geer, Geestemünde, Geestland, Gheel, Häädemeeste, Leegen, Leemans, Leende, Leer, Leerdam, Lees, Leege, Meep, Meerlo, Meeso, Meyerbeer, Neerwinden, Peer-Gynt, Schaerbeek, Steeg, Steen, Steendrop, Steene*, etc.

ei

Ce groupe se prononce [ɛ] dans les mots étrangers *cheik* (ou *scheik*), *geisha, gneiss, heiduque* (ou *heyd-*), *speiss* —; dans les mots français dérivés de noms étrangers : *leishmanie, leishmaniose, reichardite, scheidage, weibyeïte*, etc. —; et dans les noms anglais *Greig, Leicester, Meigs*.

[ɛ] dans les noms anglais terminés en *-leigh* [lɛ] : *Ardleigh, Bickleigh, Butterleigh*, etc.

[i] dans les noms anglais *Keig* [ki:g], *Keir, Keith, Leitch, Leith, Neil, Reid* —, *Feilden, Feilding, Geikie, Keighley, Keightley, Leidy, Leishman, Neilson, Teignmouth*, etc., et dans *Foreign-Office* [fɔʀin].

[ɛj] dans *eider, geiser* (ou *geyser*), *reis* et *milreis* —; dans le nom grec *Poseidon* —; dans les noms étrangers qui ne sont ni anglais ni allemands : *Almeida, Eibar, La Madeira, Leiria, Leitha, Pei-Ping, Queiroz, Wei-Haï-Wei, Zeila*, etc., et en particulier dans les noms néerlandais : *Deil, Eibergen, Zeist*, etc. —, et dans les noms anglais *Deighton, Leighton, Leiston*.

> REM. I. — On prononce cependant [ɛ] dans *Rio de Janeiro*.
>
> REM. II. — On prononce [ei], en deux syllabes, dans le nom italien *Maffei* et dans le grec *(Kyrie) eleison*.

[aj] dans les noms anglais *Beit, Creighton, Eiger, Eisenhower, Feiling, Heighway, Reigate* —; dans l'allem. *leitmotiv* —; et dans les noms allemands : *Eisenach, Eisleben, Fahrenheit, Freischütz, Geibel, Geiger, Geissler, Heidelberg, Kleist, Lorelei, Meister, Reich,*

Reichstadt, Reichswehr, Reisenbilder, etc. De même, dans les noms allemands, lorsque *ei* est suivi d'une voyelle : *Freia, Freiamt, Schleiermacher*, etc.

Rem. I. — Le mot allemand *edelweiss* se prononce soit avec [aj] à l'allemande, soit avec [ɛ]. Il en est de même pour les noms propres allemands *Leibnitz, Leipzig* et *Weimar*. Quant au nom du poète allemand *Heine*, il se prononce avec [ɛ] lorsqu'il est précédé de son prénom, *Henri*. Sinon, on dit [ajn].

Rem. II. — Les noms allemands en *ei* se prononcent avec [ɛ], lorsqu'ils sont portés par des Français. De même *Reichshoffen* (B.-Rhin) se prononce [Rɛʃɔfɛn].

ein
(final ou suivi de consonne)

Ce groupe se prononce [ɛ̃] dans *Heinsim*, nom d'un humaniste hollandais, et dans *Steinkerque*, ville de Belgique, aujourd'hui *Steenkerke*.

[ɛn] dans *sinn-fein, Bahrein, El-Alamein, Hussein-Dey, Moulmein* et dans les noms néerlandais *Eindhoven, Einthoven, Ijsselstein*, etc.

[ajn] dans l'allem. *vergiss mein nicht* et dans les noms allemands : *Beinweld, Deinste, Einbeck, Einsiedeln, Holstein, Meinsdorf, Rhein, Schweinfurth, Zollverein*, etc.

Rem. I. — Pour le nom allemand de rivière *Mein*, autre orthographe de *Main*, cf. p. 388.

Rem. II. — *Einstein* (physicien), *Holbein, Rubinstein* (pianiste) peuvent se prononcer chez certains avec [ɛn]. Mais cette prononciation est vieillie. Il en est de même pour *la Grande Duchesse de Gérolstein*, opéra-bouffe d'Offenbach.

Rem. III. — Les noms allemands en *-ein* se prononcent avec [ɛn] lorsqu'ils sont portés par des Français.

eim
(final ou suivi de consonne)

Ce groupe se prononce [ɛm] dans *Bir-Hakeim* et [ajm] dans les noms allemands : *Deimbach, Eimsbüttel, Arnheim, Benheim*, etc.

Rem. I. — La finale *-heim* se prononce [ɛm] dans les noms de lieux alsaciens : *Didenheim, Ensisheim, Molsheim, Marckolsheim, Sansheim*, etc.

Rem. II. — Les noms allemands en *-eim* se prononcent [ɛm] lorsqu'ils sont portés par des Français.

eo

L'*e* de ce groupe ne se prononce pas dans les mots anglais *yeoman*, *yeomanry*, ni dans les noms propres *Geordie*, *Georgetown*, *Georgey*, *Karageorgevitch*, avec g = [dʒ]. Cependant l'*e* et l'*o* se prononcent dans l'allem. *Stephen Georg*, avec g = [g].

Les noms anglais *Geoffrey*, *Geoffry* se prononcent [dʒɛfʀi].

Enfin le groupe *eo* se prononce [i] dans le nom du journal anglais *The People* [pipəl] —, et [aw] dans le nom écossais *Mac Leod*.

eu

1º Dans les mots gréco-latins et dans les noms de l'Antiquité, le groupe *eu* se prononce [ø] ou [œ], suivant les mêmes règles qu'en français, lorsqu'il ne se trouve pas en syllabe finale : *eucalyptus*, *euphorbium*, *euspongia*, *teucrium*, *zeugma*, etc., *Eucharis*, *Eupatoria*, *Eupolis*, *Eurotas*, *Eurus*, *Eutychès*, *Teucer*, *Teutatès*, *Teutobochus*, *Zeuxis*, etc. Il en est à plus forte raison de même lorsque ces mots ou ces noms sont francisés : *eucharistie*, *eurythmie*, *euthanasie*, *Eubée*, *Euclide*, *Eudore*, *Eumée*, *Euphrate*, *Euripide*, *Eurydice*, *Euterpe*, etc. Mais lorsque *eu* appartient à la syllabe finale, il convient de distinguer. On prononce [ø:s] dans les mots et noms grecs terminés en -*eus* : *basileus*, *Orpheus*, *Prometheus*, *Zeus*, etc. De même, on prononce un [ø:] dans les noms francisés *Pentateuque* [pɛ̃tatø:k] et *Polyeucte* [pɔljø:kt]. Au contraire, la finale -*eus* des mots latins se prononce [ey:s] : *aureus*, *calceus*, *clipeus*, *pileus*, *deus* (dans les locutions : *deus, ecce deus ; deus ex machina ; deus nobis haec otia fecit*) etc. De même, la finale latine -*eum* se prononce [eɔm] dans *te deum*.

Rem. I. — La finale -*æus* se prononce aussi [ey:s] dans le mot latin *uræus*.

Rem. II. — A l'exception de *te deum*, les mots latins terminés en -*eum* sont écrits -*éum*, avec un accent aigu, en français. Ils se prononcent par conséquent avec [eɔm] : *calcanéum, caséum, castoréum, linoléum, nymphéum*, etc.

Le groupe *eu* se prononce [ø], comme dans la langue d'origine, dans les noms flamands ou néerlandais : *Heusden, Leupeghem, Meulebeke, Van der Meulen*, etc.

Dans les mots allemands *keuper, kreutzer*, le groupe *eu* se prononce comme en français. Il en est de même à plus forte raison dans les dérivés français *deutzie, keupérien, keuprique, reuchlinien*. On peut aussi continuer à prononcer un [ø] dans les noms propres allemands, à deux exceptions près : *Freud* [fʀœjd] et *Freund* [fʀœjnd]. Cependant l'usage s'établit de plus en plus de prononcer [œj] : *Deutschland uber alles, Feusisberg, Leuchtenberg, Leuckart, Leuthen, Manteuffel, Neuburg, Neuenkirch, Neuenege, Neuhof, Neukirch, Neumann, Neuss, Neustadt, Neustettin, Neustrelitz, Neuwied, Reuchlin, Reuss, Reussbuhl, Reuter, Reutlingen*, etc.

Rem. I. — Mais on prononce [ø] dans *Bayreuth* [bajʀø:t], *Peutinger* (carte de) [pøtɛ̃ʒɛːʀ].

Rem. II. — De même, le groupe *eu* se prononce [ø] dans les noms allemands de localités françaises ou belges et dans les noms allemands portés par des Français : *Deutsch de la Meurthe, Deutz, Reuss*, etc., avec [ø] long, *Creutzwald-la-Croix* (Moselle), *Eupen* (Belgique), *Neuwiller* (B.-Rhin), *Neumann, Theunissen*, etc., avec [ø] bref.

Rem. III. — On prononce aussi [ø] dans les anciens noms germaniques : *Euric, Theudis*, rois wisigoths.

Enfin on prononce un [ø] long dans *Peuls* ou *Peuhls*, nom d'un peuple africain, et un [ø] bref dans les noms chinois *Lao-Tseu, Koung Fou-tseu (Confucius)*, etc., ainsi que dans *Ceuta*, ville du Maroc espagnol dont le nom est complètement francisé.

2º On prononce [ɛw] dans les noms catalans, espagnols, italiens et portugais ou brésiliens : *Andreu, Mateu, Montmaneu, cap de Creus, Reus, la Seu* (en castillan *la Seo*, avec même prononciation), etc. —, *Santa Eufemia, Santa Eugenia, Santa Eulalia, Picos de Europa*, etc. —, *Santa Maria de Leuca, Capo Teulada*, etc. — *Abreu, Deus Nogueira Ramos (João de), Santa Eugenia de Ribeira*, etc.

Rem. — On prononce cependant [ø] dans les noms catalans portés par des Français, en particulier dans *Andreu, Romeu*; cf. aussi *Font-Romeu* dans les Pyr.-Or.

ew

1º Le groupe se prononce [u] dans les mots et noms anglais *chewing-gum, Andrew, Blewett, Blewitt, Brew, Brewer, Brewster, Drew, Jew, Jewel, Jewess, Jewin, Jewish, Jewry, Jewsbury, Lewis;*

2º [ju] dans les autres mots ou noms anglais : *mildew* (ou en français aussi *mildiou*), *interview, new-kent, new-leicester, steward, Daily News, French Review, Heward, Hewetson, Hewett, Hewitt, Hewke, Hewlett, Hewson, Kew, New-Albany, Newark, Newgate, New-Haven, New-Jersey, Newman, New-Market, Newport, Steward, Stewart,* etc.

Rem. I. — *Newton* se prononce soit à l'anglaise [njutɔn], soit à la française [nœtɔ̃]. Mais on a seulement [œ] dans *newtonianisme, newtonisme, newtonien.*

Rem. II. — Seul des composés commençant par *New*, le nom de *New-York* se prononce avec [nu] et non [nju] en français : [nujɔrk]. On dit de même [nujɔrkɛ] = *new-yorkais*. Les prononciations [nœjɔrk] [nœjɔrkɛ] existent aussi, mais sont en train de vieillir.

Rem. III. — L'anglais *interviewer* (celui qui fait l'action d'interviewer) et le verbe français *interviewer* (soumettre à une interview) se prononcent le premier [ɛ̃tɛrvjuvœːr], le second [ɛ̃tɛrvjuve]. La prononciation [ɛ̃tɛrvjue] pour le verbe, quoique plus conforme à l'anglais, est en train de disparaître.

ey
(non suivi de *n* final ou de *n* + consonne)

A. — Mots et noms anglais.

1º On prononce [ɛ] dans *attorney, greyhound, grey-ooze, jersey, jockey, (time is) money, trolley.*

Rem. — Il est à noter que l'angl. *pony* s'écrit *poney* et se prononce [pɔnɛ] en français.

Et, sauf exceptions, dans les noms terminés en *-ey* : *Ainsley, Airey, Anglesey, Bailey, Berkeley, Bodley, Carey, Grey, Guernesey, Hartley, Harvey, Huxley, Jersey, Orkney, Paisley, Priestley, Shelley, Stanley, Sydney, Wey,* etc. — ; ou les noms dans lesquels *ey* est suivi d'une consonne : *Cheyne, Eyre, Greycoat, Greyhood, Greylock, Heycock, Heysham, Heytesbury, Heywood, Leyton, Reynolds, Weybridge, Weyman, Weymouth,* etc.

2º [iː] dans *Eyam* [iːəm], *Key, Key West, Keyes, Keymer, Keyne, Keynes, Ley, Leybourne, Leys.*

Rem. — *Seymour*, avec [i] ou avec [ei] en anglais, se prononce [sɛmuːr] en français. Le substantif dérivé *seymouria* a également un [ɛ].

3º [ɛj] dans *Jeyes.*

4º [aj] dans *Birdseye, Cheyenne, Cheyenne River, Eye, Eyemouth, Eyles, Eyton.*

B. — Mots et noms appartenant a d'autres langues que l'anglais.

1º On prononce [ɛ] dans *bey, beyler-bey, beylik* (et *beylical, -icat*), *dey, eyra, heyduque* (et *heid-*), etc.

Et dans les noms étrangers de l'Afrique ou de l'Asie, quand *ey* est final ou suivi de consonne : *Abomey, Bey-Dagh, Dahomey, Mouley-el-Hassan, Prey-Veng,* etc. — ; *Aureng-Zeyb* (ou *Zeb*), *Beyla, Beypur, Beyrouth, Bibi-Eybad, Feyrouz, la Seybouse* (ou *Oued Seibous*), etc.

2º [ɛj] dans *meydan* (turco-persan), *peyotl* (mexicain), *weyschuyt* (néerl.) et les mots du Midi de la France : *eyssade, meytadenc.*

Rem. — Le mot islandais *geyser* (ou *geiser*) se prononce [ʒɛjzɛːʀ] ou plus ordinairement [ʒɛzɛːʀ]. Cf. aussi *geysérien, geysérite*. La prononciation avec [g] initial tend à disparaître.

Dans les noms espagnols : *Camaguey, Eybar* (ou *Eibar*), *Feyjoo, (Antonio de) Leyva, île de Leyte* (Philipp.), *Monterrey, Rey de Artieda, Huerta del Rey, Rio del Rey, Reyes, Caldas dos Reyes, Punta Reyes, Reynosa, Punta de Teyde,* etc.

Dans les noms flamands ou néerlandais : *Eygenbilsen, Eyken(s), Eyne, Groote-Eytland, Heymans, Heyne, Heyse, Heyst, Leydecker, Leyderdorp, Leys, Leysele, Meygem, Pleyte, Van der Heyden, Van der Weyden, Weyniss,* etc.

Rem. I. — De même dans le dérivé français *eytlandite*.

Rem. II. — Mais on prononce [ɛ] dans *Leyde* (francisation du néerl. *Leiden*), *Van Eyck* et dans le nom du général français *Weygand*.

Dans les noms italiens *Leyni, Reynaldo.*

Rem. — Mais on prononce [ɛ] dans *Reynaldo Hahn*, compositeur français, et dans *Reynaldo*, personnage de l'*Hamlet* de Shakespeare.

Et dans les noms de l'Afrique ou de l'Asie, quand *ey* est suivi d'une voyelle : *Eyad ben Moussa, Ibn Nasr-Allah Eyâd, Eyo, Abou Eyoub-Ensari, Eyoum, Seyan, Abou-Djomaïl Zeyan,* etc.

3º [aj] dans *dreyeller, dreyling, dreyer*, empruntés à l'allemand ; et dans les noms allemands : *Beyer, Beyerberg, Beyerdorf, Deyelsdorf, Eyach, Eydtkau, Eye, Eylenz, Eystrup, Eyth, Eythra, Freystadt, Geyer, Heydebreck, Heyne, Heyse, Kreypau, Ley-Bucht, Leyr, Meyerich, Neyruz, Peyse, Pleystein, Rheydt, Seyda, Seyss-Inquart, Seythen, Steyr, Steyrling, Treysa, Weyarn, Weyhausen, Zeyer, Zeysen,* etc.

Rem. I. — On prononce cependant [ɛ] dans *Eylau* et [ɛj] dans *Meyerbeer*.

Rem. II. — Dans les noms allemands portés par des Français, le groupe *ey* se prononce [ɛ] ou [ɛj] selon qu'il est suivi de consonne ou de voyelle ; cf. avec [ɛ] : *Dreyfus* (et *dreyfusard, -usiste*), *Dreyss*, etc., avec [ɛj] : *Feyen, Meyer, Pleyel, Reyer,* etc. On prononce de même [ɛ] devant consonne et [ɛj] devant voyelle dans les noms allemands de localités françaises : *Eywiller, Leywiller, Meyenheim, Reyersviller, Weyer, Weyersheim,* etc.

Rem. III. — Les substantifs *heynée, seybertite*, dérivés de noms allemands, se prononcent avec [ɛ].

Et dans les noms scandinaves ou islandais : *Eyolf, Eystein, Eyvind Finsson; Feyö, Leyonmark, Reykjanes, Seydisfjord,* etc., auxquels il faut ajouter les noms avec *-eyj-* comme *Eyjafjalla Jökull, Eyja-Fjord, Freyja,* etc.

Rem. — On prononce cependant [ɛ] en français dans *Reykjavik* ou *Reikiavik*.

eyn
(final ou suivi de consonne)

Ce groupe se prononce [ɛn] dans les noms flamands ou néerlandais *Steyn, Steynsburg, Steynsdorp, Eynhoveck* (ou *Eynhouedts*), ainsi que dans le nom anglais *Eynsham* — ; mais [ɛ̃] dans le nom belge *Deynze* et le nom français *Jean de Reyn*.

éy

Ce groupe se prononce [ei] dans le nom grec *Céyx* [seiks], employé aussi comme substantif pour désigner une espèce d'oiseaux.

em

A. — Devant *P*, *B*.

1° Le groupe *em* se prononce [ɛ̃] dans les mots latins ou gréco-latins : *bembex, bembidion, pemphigus, semper virens*, etc. Cf. les locutions latines : *regis ed exemplar, exempli gratia, disjecti membra poetae, tempus edax rerum, o tempora ! o mores*, etc.

Dans les noms anciens : *Emporium, Hiempsal, Memphis, Sempronia, Sempronius*, etc.

Rem. — On prononce cependant [ɛm] dans les noms latins *Novempopuli, Novempopulana* ; cf. aussi avec [ɛm] le franç. *Novempopulanie*.

Dans les noms étrangers *(Thomas a) Kempis, Mecklembourg, Nuremberg, Wurtemberg*.

2° On prononce [ɑ̃] dans le mot espagnol *embargo*, dans le nom ancien francisé *Empédocle*, et dans les noms étrangers *Luxembourg, Nouvelle-Zemble*.

Rem. — On hésite entre [ɛ̃] et [ɑ̃] pour *Rembrandt, Tempé* et *Wissembourg*.

3° On prononce [ɛm] dans les mots italiens *semplice, sempre* et dans le mot anglais *remember*.

Rem. — Le mot italien *tempo*, désignant le mouvement de la parole ou de la phrase, se prononce avec [ɛ̃] ou [ɛm]. Mais dans le langage musical, on prononce [tɛmpo] ; cf. *a tempo, tempo di marcia, tempo primo*, etc.

Et dans les noms étrangers autres que ceux dont il a été question plus haut : *Embabeh, Empecinado, Grembergen, Hemberg, Kembs, Kemp, Kempen, Kempten, Lembach, Lembeke, Lemberg, Palembang, Pemba, Pemberton, Pembroke, Rembang, Semper* (n. allem.), *Tempelhof, Temple* (n. angl.), *Tremp, Zemplen*, etc.

Rem. I. — On hésite entre [ɛ̃] et [ɛm] pour (le cardinal) *Bembo* —, et entre [ɑ̃] et [ɛm] pour *Emptinne* (Belgique).

Rem. II. — La prononciation de *Lembach, Lemberg* et *Sempach* avec [ɛ̃] est aujourd'hui désuète.

Rem. III. — Le nom allemand *Daremberg*, porté par des Français, se prononce avec [ɛ̃]. Il n'en est pas cependant de même pour *Kemp*, ni d'ailleurs pour *Kembs*, localité du Haut-Rhin.

B. — Devant une consonne autre que *P*, *B*.

Le groupe *em* se prononce [ɛm] dans tous les mots et noms anciens ou étrangers : *décemvir* (et *décemviral, -virat*), *Alemtejo, Emden, Ems, Hemsterhuis, Hemsworth, Kemseke, Kremlin, Memling, Nemrod, Potemkine, Remscheid, Tlemcen, Zemzem*, etc. et *Agamemnon, Clytemnestre, Lemnos, Memnon, Chemnitz, Djemna*, etc.

em
(final)

Ce groupe se prononce toujours [ɛm] : mots latins, locutions latines *ibidem, idem, item, ad hominem, ad rem, ad unguem, ad valorem, non bis in idem, desinit in piscem*, etc. — ; mots et noms étrangers ou bibliques : *alem, chelem, harem, makaddem, tandem, totem, Achem, Bethléem, Corswarem, Harlem, Jérusalem, Keyem, Mathusalem, Jean de Ockeghem, Salem, Sem, Sichem, Van Thiegem, Vottem*, etc.

Rem. — Il en est de même pour les mots latins en *-iem* ; cf. *requiem, carpe diem, diem perdidi*, etc.

en

A. — Devant une consonne orale.

1º Le groupe *en* se prononce [ɛ̃] dans les mots latins, grecs ou gréco-latins : *addenda, agenda, centrum, centumvir, (-iral, -irat), compendium, élenchos, éléodendron, enchiridion, gens, halobenthos, hendiadys, kentia, lentigo, mémento, pensum, placenta, ramentum, referendum, retentum, rhododendron, sensorium, alma parens, delirium tremens, in extenso, modus vivendi, pacta conventa, semper virens, spina-ventosa;* cf. les locutions latines *currente calamo, castigat ridendo mores*, habe-

mus confitentem reum, bis repetita placent, horresco referens, ense et aratro, etc.

Rem. I. — Il en est de même dans les composés du grec *endéca-* ou *hendéca-* (cf. *(h)endécagone, (h)endécasyllabe*, etc.), et du grec *penta-* (cf. *pentacorde, pentaèdre, pentagone, pentamètre, pentapole, pentarchie, pentathlon, penthémimère,* etc.).

Rem. II. — Pour le néo-latin *hortensia*, cf. ci-dessous.

De même dans les mots étrangers suivants : *entada —, bengali, benjoin, benturong, blende, coendou, effendi, emmenthal, pechblende, pentas, polenta, spencer, valencia, vendetta, yengué, zend, zendik*, etc.

De même encore dans les mots savants d'introduction récente, refaits sur le gréco-latin ou sur des mots ou noms étrangers, tels que *amentacées, amentifère, benzène, benzine, benzoate, benzol, benzoïque, brenthe, cenchrite, centumviral, centumvirat, dendrite, dendrobie, dendrographe, dendrophile, élenchtique, ensifolié, ensiforme, genthite, kentomanie, kentrophylle, martensite, mendozite, mentorat, mentzélie, menziérie, cementopexie, strengite, zendicisme*, etc.

On prononce enfin [ɛ̃] dans les noms latins ou gréco-latins : *Agendicum, Argentoratum, Censorinus, Laurentius, Lentulus, Mentor, Valens*, etc., dans le nom néo-latin *Mencius (Meng-Tseu)* et dans le nom biblique *Benjamin*.

Rem. — Pour *Hortensius* et *Stentor*, cf. p. 172.

De même dans les noms étrangers suivants *d'Arenberg, Czenstochowa, Gutenberg, Irmensul* (ou *Irminsul*), *Kerensky, Lorenzaccio* (drame d'A. de Musset), *Magenta, Marengo*, archipel de *Mendana, Ostrolenka, Ouenza, Smolensk, Tollendal, Valentia* (Irlande), *Wenceslas* — ; dans les noms flamands terminés en *-ens* : *Huyghens, Martens, Melsens, Perrens, Rubens, Stevens*, etc. — ; et dans les noms francisés *Abencérages, Ventimille*.

Rem. — A côté de *Pensylvanie*, avec [ɛ̃], existe aussi la forme *Pennsylvanie*, avec [ɛn].

2º D'autre part, le groupe *en* se prononce [ã] dans le néo-latin *hortensia* et dans les mots étrangers suivants : *alkékenge, cheng, pendragon, tender*.

Rem. I. — Le mot anglais *challenge* se prononce [ʃalã:ʒ]. On a aussi un [ã] dans le verbe *challenger*. Mais le substantif *challenger* se prononce à l'anglaise : [tʃalɛnʒœ:ʀ].

Rem. II. — Le mot italien *influenza* se prononce soit avec [ã], soit avec [ɛ̃].

On prononce de même [ã] dans le nom latin *Hortensius* et le nom gréco-latin *Stentor* — ; dans les noms suivants : *Aurengabad* (ou *Aurangabad*), *Aureng-Zeyb* (ou *Aurangzeb*), *mont Aventin, île de Carpentarie, Engadine, Juslenville, Mazendéran* (ou *Mazandéran*), *Timour-Lank* (d'où *Tamerlan*), et dans les noms terminés en *-ence, -ende, -ent* ou *-ente* : *Evence, Florence, Térence, Valence* (Espagne), *Ostende, Tende, Wendes, Bénévent, Agrigente, Salente, Sorrente, Tarente, Trente*, etc.

Rem. I. — Les noms anglais *Clarence, Lawrence* se prononcent avec [-ɛnts]. Mais on dit *Georges d'Anjou, duc de Clarence*, avec (-ã:s). De même, le dérivé français *lawrencite* se prononce avec [ã].

Rem. II. — *Pentélique, Penthée, Penthésilée* se prononcent soit avec [ã], soit avec [ɛ̃].

3º Enfin, le groupe *en* suivi de consonne se prononce [ɛn] dans les noms étrangers suivants : esp. *asiento, ayuntamiento, flamenco, hacienda, pronunciamento, tendido* ital. *cadenza, crescendo, farniente, lento, morendo, piangendo, polenta, quattrocento* [kwatʀɔtʃɛnto] (et *quattrocentiste*), *rallentando, risorgimento*, angl. *event, french (-cancan), gentleman (-men), gentry, pence, self-government, stencil, suspense, week-end*, allem. *alpenstock, alpenglühen, privat-docent* ; cf. encore chin. *ginseng*, v. égypt. *pschent*, hind. *pendjabi*.

On prononce de même [ɛn] dans les noms étrangers dont il n'a pas été question plus haut : *Aguas Calientes, Aïn-Temoutchent, Alfenz, Asención, Avenzoar, Barentz, Bendigo, Bengazi, Benguela, Bentham, Bentivoglio, Bentley, Bentz, la Brenta, Brienz, Calenzana, Cenci* [tʃɛntʃi], *Cienfuegos, Clementi, Corrientes, Cosenza, Covent (-garden), Crescentini, Dender, Denderah, Denderhautem, Denderleeuw, Denver, Desenzano, Derbent, Deventer, Elvend, Encarnación, Encke, Enfield, Engels, Enggadi, En(khuysen), Enrique, Enschede, Ensheim, Ensenada, Entre-Rios, Enver-Pacha, Enzeli, Enzio, Enzo, Faenza, Feng(-Tien), Fenris, Flensburg, Folengo, Formentera,* cap *Formentor, French, Fuerteventura, Genck, Gentbrugge, Gentz, Girgenti, Graudenz, Gravesend, Helmend, Hendon, Horssens, Janssens,*

*Kendal, Kensington, Kent, Kerensky, Koblentz, Kravtchenko, Krylenk,
Lorentz, Lourenço-Marques, Mendel, Mendéléev, Mendizabal, Mendoza,
Mengs, Mentana, Mentchikov, Menzaleh, Menzcl, Nyssens, Odense,
Orense, Palencia, Pendjab, Penshyn, Pensacola, Penza, Pirmasens,
Pollensa, Potenza, Quarenghi, Renfrewshire, Requesens, Rienzo,
Ruwenzori, Sacramento, Semendria, Sendaï, Senta, Siemens, Sienkiewicz, Szentes, Tagliamento, Taschkent, Tcheng-Tou, Tolentino,
Trenck, Trenton, Venlo, Ventspils, Zenta,* etc.

Rem. I. — Pour tel ou tel de ces noms, la prononciation avec [ɛ̃] peut s'être
conservée. Mais elle tend de plus en plus à disparaître. On la note en particulier
pour *Ch. Dickens, Mendelssohn, Rienzi* (de Wagner), *Spencer,* et dans *Sonates de
Clementi.*

Rem. II. — En syllabe médiane, le groupe *en* se prononce ordinairement [ən],
au lieu de [ɛn], dans les noms anglais et allemands : *Abensberg, Allenstein,
Allentown, Battenberg, Eichendorf, Eschenbach, Furstenbund, Hardenberg,
Hindenburg, Hohenlinden, Hohenlohe, Hohenstaufen, Hohenzollern, Immensee,
Klagenfurt, Lautenbach, Ludendorff, Marienbad, Schwarzenberg, Stephenson,
Stevenson, Tischendorf, Wallenstein,* etc. Cependant on prononce [ɛn] dans
*Cavendish, Clarendon, Coventry, Mackensen, Mackensie, Penzence, Providence,
Struensée* — ; [ɛn] ou [ɛ̃] dans *Appenzell, Emmenthal.*
Le nom du compositeur allemand *Offenbach* se prononce avec [ɛn] ; mais
lorsque ce nom désigne une localité allemande, on prononce [ɛn] ou [ən].

Rem. III. — Les noms étrangers portés par des Français ou désignant des
localités françaises se prononcent avec [ɛ̃] : *Baldensperger, Julien Benda, Benfeld*
(B.-Rhin), *Benveniste, Blumenthal, Engelbrecht, Engelmann, Ensisheim* (Ht-
Rhin), *Funk-Brentano, rue de Furstenberg* (Paris), *Mackenzie, Catulle Mendès,
Mendès-France, Rosenberg, Rosenthal, Vicenti, Wendel,* etc.

B. — Devant *M, N.*

L'*e* se prononce [ɛ] dans *Benmore, Kenmare.* Il en est de même dans
le cas du groupe -*enn*-, que -*nn*- se prononce [n], comme dans l'angl.
penny, dans les noms allemands, anglais ou scandinaves : *Bennett,
Bennington, Brenner, Dennewitz, Ennel, Glenner, Jenny, Kennedy,
Kennett, Lac Stenness, Tennessee, Tenningering, Tennyson, Wennigsen,* etc., auxquels il faut naturellement ajouter *Brenn, Senn,
Sennwald, Zenn,* etc. —, ou qu'il se prononce [nn] comme dans *henné,*
venu de l'arabe, dans les noms anciens : *Brennus, Ennius, Ennodius,
Fescennia, Herennius, Porsenna, Sennaar, Sennachérib,* etc., et dans
les noms étrangers qui ne sont ni allemands, ni anglais, ni scandi-

naves : *Djenné, Enna, Ennedi, Grenna, Kerkenna, Punta della Penna, Pennan, Pennar, Senna, Senno, Tenna*, etc.

Rem. I. — Il en est de même dans *Ennéades*, titre français de l'œuvre du philosophe grec Plotin, et dans *Pennsylvanie*, de l'amér. *Pennsylvania*.

Rem. II. — A côté de *Kerkenna*, existe aussi la forme *Kerkhénah*, qui se prononce avec [e] et [n].

en
(final)

1º Le groupe final -*en* se prononce [ɛn] dans les mots gréco-latins : *abdomen, cérumen, cyclamen, dictamen, gluten, gramen, hymen, lichen, pollen, semen-contra, solen, spécimen*, etc. — ; dans les mots hébreux *amen, éden* —, et dans les mots étrangers : allem. *groschen*, angl. *clubmen, gentlemen, policemen* (et autres pluriels en -*men*), *garden-party, english spoken*, arab. *maghzen*.

Rem. — Le mot *examen* fait exception. Il se prononce avec [ɛ̃], sauf lorsqu'on lit du latin. De plus, l'allem. *Statsexamen* se prononce avec l'accent sur l'*a* de -*amen* et avec [-en] final inaccentué.

Dans les noms anciens : *Chéphren, Gessen, Hellen, Ousirtesen, Philopœmen*, etc. —, et dans les noms étrangers non anglais, allemands, flamands, néerlandais ou scandinaves : *Aben-Hamet, Aden, Althen, Bailen, Ben-Ahin, Biren, Carmen, Cohen, Daïren, Halphen, Ilmen, Mien-Tchéou, Moukden, Niémen, Pahlen, Pleven* (Bulgarie), *Prizren, Sien-Réap, Sliven, Tien-Tsin, Tioumen, Tlemcen, Yémen, Youen*, etc.

Rem. I — *Ruben*, fils aîné de Jacob, se prononce avec [ɛ̃]. Comme patronyme français, il se prononce soit [Rybɛ̃], soit [Rybɛn] selon les personnes qui portent ce nom. Comme patronyme étranger, il se prononce [Rybɛn] ou [Rubɛn] ; ainsi dans *Ruben Dario*, poète nicaraguais.

Rem. II. — *Ćahen* se prononce soit [kaɛn], soit [kaɛ̃] selon les personnes qui portent ce nom.

2º Dans les noms anglais, allemands, flamands ou néerlandais et scandinaves, le groupe final -*en* se prononce d'une manière générale avec [-ən] inaccentué, l'accent étant sur la syllabe immédiatement précédente : *Aldenhoven, Altenkirchen, Baden, Baden Powell, Beethoven, Bergen, Bergen-op-Zoom, Berlichingen, Botzen*,

Bremerkaven, Bremgarten, Brocken, Ca(e)rmarthen, Covent-Garden, Culloden, Cuxhaven, Dillingen, Drammen, Droysen, Dryden, Duren, Eisleben, Emmen, Enkhuysen, Erlangen, Essen, Esslingen, Euskirchen, Francken, Froben, Gelsenkirchen, Giessen, Gœppingen, Gœttingen, Guben, Gumbinnen, Gylden, Hagen, Halden, Hampden, Heerlen, Heeren, Hochfelden, Hohenlinden, Hohenstaufen, Horgen, Grafenstaden, Interlaken, Kampen, Kreuzlinden, Leeuwarden, Ludwigshafen, Meiningen, Meissen, Memmingen, Minden, Münchhausen, Newhaven, Nidwalden, Niebelungen, Nordhausen, Oberhausen, Olten, Peterlingen, Pfordten, Pilsen, Platen, Posen, Recklinghausen, Reutlingen, Rheinfelden, Richthofen, Rustringen, Solingen, Solenhofen, Steuben, Todleben, Tubingen, Unterwalden, Verhaeren, Wettingen, Whitehaven, Wieringen, Wiesbaden, Wohlen, Zofingen, Zweibrucken, etc.

Rem. I. — La prononciation avec [ɛn] accentué peut s'entendre encore ; mais elle tend de plus en plus à disparaître.

Rem. II. — On prononce cependant [ɛn] accentué dans les noms de personne suivants : *Amundsen, Andersen, Elisabeth Arden, de Bonstetten, Bunsen, Cobden, Van Diémen, Hampden, Hanssen, Ibsen, Janssen, îles Lofoden, Mackensen, Mommsen, Nysten, Van Swieten, Thorwaldsen*. De même, l'article *den* de l'allemand, du flamand, du néerlandais, etc., se prononce toujours [dɛn].

Rem. III. — On prononce aussi [ɛn] dans *Bautzen, Elchingen* (Ney, duc d'), *Lützen*, célèbres par l'épopée napoléonienne, et dans *duché de Teschen* (Silésie), *le Gœben* (croiseur allemand de la guerre 1914-1918). Quant à *Baden-Baden*, la prononciation [badɛn badɛn] est aussi très fréquente, à côté de [badən badən]. De même, le nom du peintre hollandais *Van den Weyden* se prononce avec [ɛn] ou avec [ən].

Rem. IV. — Enfin on prononce [ɛn] dans les noms allemands ou flamands désignant des localités belges ou françaises : *Baelen, Bilsen, Drulingen* et *Reichshoffen* (B.-Rhin), *Esschen, Eupen, Grimbergen, Haelen, Haboken, Laeken, Neerwinden, Raeren, Tervuren*, etc. De même, lorsque ces noms sont portés par des Belges ou des Français : *Van Beneden, Eisen, Rosen, de Wimpfen*, etc.

Rem. V. — Le groupe final *-en* se prononce [in] inaccentué dans les noms anglais *Austen, Ennis-Killen, Owen* — ; [ən] ou [in] inaccentués dans l'anglais *Boscawen* [bɔskowən] ou [bɔskowin].

3º On prononce [ɛ̃] dans le nom belge *Blehen* [bləɛ̃].

4º Le groupe final *-en* est muet dans *Deux Acren* [akʁ], localité de Belgique.

i
(anglais)

1° L'*i* anglais se prononce [i] dans les mots suivants : *bickford (cordeau), boogie-woogie, bowie(-Knife), bridge, caterpillar, carrick, clipper, cricket, dispaching, dominion, gill-box, gipsy, grill-room, handicap, kilt, kitchen-garden, milady, milord, miss, mistress, music-hall, negro-spiritual, outrigger, pemmican, pickles, pick-pocket, pick-up, pilchard, pin-up, sandwich, shirting, spanish(-stripes), spider, stick, tennis, ticket, tilbury, whig, whip, whisky, whist, wigwam, writ,* etc.

Rem. I. — L'angl. *spider*, qui a un [aj] en anglais, se prononce avec [i] en français.

Rem. II. — L'*i* de *business* ne se prononce pas en anglais. Il en est de même en français, où le mot se prononce [biznɛs].

Dans les noms suivants : *Addiscombe, Addison, Adirondack, Aelfric, Aisgill, Aitchison, Alison, Allison, Anwick, Archibald, Ardwick, Asgill, Baltimore, Bannister, Barbican, Barnicott, Bewick, Bice* [bitʃi]*, Bicester, Bickford, Bicknell, Biddle, Bideford, Bigelow, Bigge, Biggs, Bigham, Bignell, Bilborough, Bill, Billericay, Billing, Billington, Billy, Bilston, Bilton, Bithell, Blawith, Blisset, Bodilly, Bridge, Bridge (-north, -rule, -town, -water], Bridger, Bridges, Bridget, Bridlington, Brid(-port, -son), Brigham, Bristol, Bristow(e), British Museum, Britten, Brixton, Bushmills, Butterick, Cahill, Cambridge, Chadwick, Chichester, Chiddingly, Childermas, Chillingworth, Chilton, Chippendale, Chiselhurst, Chisholm, Chitty, Chivers, Christabel, Christ-cross, Christendom, Christian, Christie, Christopher, Christy, Christmas, Christy, Cissie, Cissy, Claridge, Clifford, Clifton, Conisbrough, Cornwallis, Cratchit, Crediton, Cripplegate, Crisfield, Crisp, Cullinan, Cunliffe, Davidge, Davis, Davidson, Denison, Derrick, Dibble, Dickens, Dickson, Didcot, Digby, Digges, Diggle, Diggory, Dilke, Dill, Dillon, Dillwyn, Dimmesdale, The Dispatch, Diss, Ditchling, Ditton, Dix, Dix(-ie, -on, -well), Doddridge, Donnithorne, Dorriforth, Driffield, Edgehill, Ellis, Faddiley, Fennimore, Figg, Filmore, Fishkill, Fishwick, Fitz(-alan, -charles, -gerald, -roy,* etc.*). Fothergill, Frith, Friswell, Garrison, Gibbon, Gibbs, Giblett, Gibson, Giddings, Gifford,*

Gilchrist, Gilfil, Gilfillan, Gilford, Gilkes, Gill, Gillespie [gilespi],
Gillett, Gillingham, Gillmore, Gills, Gilson, Gilroy, Gissing, Glenfinnan, Goodliffe, Grandison, Greenwich, Gribble, Gridley, Griffith, Griswold, Guildhall, Guilford, Guillamore, Guinnes, Guisborough, Gunnison, Halifax, Hamilton, Hardwick, Harris, Harwich, Havershill, Hazlitt, Hickens, Hickory, Hick(s), Hickson, Higgins, Hillhead, Hitchcock, Homildon, Honiton, Horwitch, Howick, Iffley, Ilchester, Ilkestone, Ilminster, Illinois, Innisfail, Ipswich, (Irv)ine, Islington, Jellicoe, Jitterburgh, The Kid, Kidd, Kidderminster, Killarney, Kilmacolm, Kilpatrick, Kilwarden, Kipling, Kitcat, Kitchen, Kitchener, Kitchin, Kitson, Languish, Latimer, Lewis, Lewisham, Lichfield, Liddell, Liffey, Lilliput, Linlithgow, Lipscomb(e), Linnet, Lipton, Liskeard, Lister, Liston, Litheby, Lithgow, Littell, Little(r), Littleton, Litton, Livermore, Liverpool, Livingston(e), Lizzie, Mac Gillicudy, Macmillan, Madison, Mickey, Mildenhall, Mildred, Milford, Millbank, Mills, Milne(s), Milton, Milwaukee, Minneapolis, Minnesota, Minnie, Missouri, Mitcham, Mitchell, Mitford, Morison, Mortimer, New Chronicle, Nickleby, Nicol(l), Nixon, Parrish, Pattison, Pembridge, Penicuik, Phillips, Picadilly, Pickwick, Pilch, Pillsbury, Piltdown, Pitcher, Pitman, Pitts, Pittsburg(h), Poughill, Providence, Quick(e), Quiggin, Quiller-Cough, Quilp, Quilter, Radcliffe, Redcliffe, Reginald, Ribston, Rickett, Ridg(e)way, Ridley, Ridpath, Rigby, Ripley, Ripon, Risboro, Ritchie, Ritson, River, Rivington, Runciman, Sabine, Saline, Salisbury, Savile, Scribner, Scripture, Scrivener, Shiplake, Shipton, Sibley, Sidgwick, Sidmouth, Sidney, Silchester, Sill(s), Sillery, Silvertown, Simnel, Sittingbourne, Skiddaw, Skrine, Smith, Sopwith, Spiller, Spilling, Spithead, Sprigg, Stiggins, Stilton, Sullivan, Surbiton, Swift, Thornhill, Tibbs, Tichborne, Tilley, Tilling, Tilly, Tipperary, Tiverton, Tothill, Travis, Trevithick, Trilby, Tullibardine, Tunbridge, Twigg, Twist, Underhill, Uxbridge, Vicker(s), Vickery, Warwick, Whickham, Whiffen, Whig, Whigham, Whipp, Whippingham, Whistler, Whit, Whitaker, Whit(-bread, -by, -church, etc.), Whitfield, Whittingham, Whittle, Wick, Wickens, Wick (-ham, -liffe, -low), Wiclef, Widdicombe, Widnes, Wiffen, Wigan, Wiggins, Wigmore, Wilberforce, Wilding, Wilfred, Wilkes, Wilkie, Willcocks, William(s), Willington, Willoughby, Wills, Willsted, Winnipeg, Wisconsin, Witley, Witney, Woolbridge, etc.

2º On prononce [aj] dans *all right, bagpipe, (bowie-)knife, copyright, digest, drive, esquire, five o'clock, gentleman-rider, high-life, highlander, hornpipe, ice(-boat, -cream, -field), night-club, pipe-line, rag-time, rifle, right man at the right place, rough-rider, side-car, (spanish-)stripes, struggle for life, time (is money), typewriter,* etc.

Dans les noms suivants : *Albright, Albrighton, Ballantine, Belsize, Biden, Bigod, Bligh, Blighty, Bridewell, Bridson, Brierly, Bright, Brighton, Burnside, Carlile, Carlisle* [-ajl], *Cheapside, Cheesewright, Childe-Harold, Christchurch, Christlike* [kʀajstlajk], *Cirencester, Clive, Chrichton, Devine, Devizes, Dicey, Digest, Dighton, Diman, Dives, Driver, Dwight, Fiennes, Fife, Fifield, Filey, Fison, Flight, Flite, Fortnightly, Friern, Gihon, (Gil)white, (Gir)gashite, (Gir)gasite, Grimes, Guiseley, Higham, Highflyer, Highgate, Highlands, Highness, High Street, Idaho, Iden, Ightam, Ightham, Ike, Ikey, Iredale, Iredell, Iron, Ironton, Ironwood, Island (Coney, Long-, Rhode-,* etc.), *Isleworth, Ives, Ivens, Kishon, Knight, Landside, Lightfoot, Limehouse, Lisle, Maguire, Miers, Mike, Mildmay, Miles, O'Brian, Pipe, Piper, Price, Rice, Riding(s), Ridinghood, Riley, (Ship)wright, Shishak, Sidebotham, Sikes, Sillence, Simon, Sligo Bay, Smike, Smile, Smillie, Spiers, Squire, The Times, Tilehurst, Times-Square, Twining, United States, Twinning, Vialls, Vigar, Vigers, Vipen, Viscount* [vajkaunt], *White, White(-chapel, -field, -hall, -haven, -head), Whiteley, Whiting, Oscar Wilde, Wilding, Wile, Wiseman,* etc.

Rem. I. — Certains noms anglais hésitent entre [i] et [aj] : *Islip, Livesey, Mivart,* etc. Pour *outsider,* cf. p. 190. On prononce un [i] dans *driver.*

Rem. II. — *Brice* et *Price,* patronymes français, se prononcent avec [i]. *Wiseman* se prononce soit [vizman] à la française, soit [wizman] ou [wizmœn] à l'anglaise, quand il s'agit de l'archevêque de Westminster ; sinon, c'est l'une des deux dernières prononciations que l'on emploie.

L'angl. *Klondique,* qui se prononce avec [aj], s'écrit en français *Klondyke* et se prononce [klɔ̃dik]. De même, *Miami,* en anglais [majəmi] avec l'accent sur la seconde syllabe, se prononce en français [mjami].

3º Enfin l'*i* anglais se prononce [œ] dans *flirt* (et *flirtage, flirter, flirteur), girl, sir.*

Rem. I. — Le mot *shire,* employé comme second élément de composé dans les toponymes, se prononce soit [ʃiːʀ], soit [ʃœːʀ] : *Banffshire, Berkshire, Hampshire, Yorkshire,* etc.

Rem. II. — Dans les noms anglais où *i* est suivi d'un *r* accompagné de consonne, on peut prononcer [i] à la française, ou [œ] à l'anglaise : *Birchenough,*

Birdseye, Birkett, Dirk, Falkirk, Firbank, Firth, Girdlestone, Girtin, Hirst, Irvine, Irving, Kirby, Kirk(e), Kirkby, Kirkpatrick, Kirkstall, Shirley, Stirling, Thirsk, etc. Cependant *Birmingham* se prononce avec [ɪʀ].

ie

1º Le groupe *ie* a la valeur de [i] dans les mots ou noms allemands, anglais, flamands, néerlandais ou scandinaves : allem. *lied* (sing.), *lieder* (plur.), angl. *fieldsman, fielder* —, *Bielefeld, Bierbeek, Bjœrnstierne, Diehl, Dieffenbach, Diesel, Diest, Diez, Dumfries, Einsiedeln, Field, Fielding, Fierens-Gevaert, Friedlingen, Giessen, Grieg, Kiepert, Kierkegaard, Liebermann, Liebknecht, Niebelungen, Niederbronn, Niedermann, Niedermeyer, Nietzsche, Pierce, Riemann, Ries, Riesener, Schiedam, Schliemann, Siegburg, Siegen, Siegfried, Siegmund, Siemens, Spielberg, Tieck, Van Thiegem, Wieland, Wiesbaden,* etc. Cf. en particulier les composés en *-field* de l'anglais : *Chesterfield, Garfield,* etc.

Rem. I. — Cependant les deux éléments du groupe *ie* se prononcent en allemand comme en français dans *Brienz* et en français dans *Friedland* et *Van Swieten*. De même, dans *produits Liebig*. L'ancienne prononciation [kjɛl] pour *Kiel* subsiste encore ; cependant on prononce le plus souvent [kil]. On dit enfin *un moteur Diesel,* avec [i] ou avec [je].

Rem. II. — Les noms anglais, allemands, etc., avec *ie* se prononcent avec les deux éléments quand ils sont portés par des Français : Dans ce cas, ils ont pu prendre un accent aigu sur l'*e* : *Diébolt, Diemen* (et *Diémen*), *Diemer* (et *Diémer*), *Dierx, Friédel, Othon Friesz, Van Miéris, Ziegler* (et *Ziégler*), etc.
On prononce de même [je] dans *Bierset-Awans* (bjɛʀsɛ awã], *Bierwaert* [bjɛʀwa:ʀ], noms de localités belges.

2º Les deux éléments du groupe *ie* se prononcent dans les mots et noms latins : *pie Jesu, sine die, ne varietur, etiam periere ruinae, pulsate et aperietur vobis, Dies irae, facies, requiescat in pace, Avienus, Labienus,* etc., et *carpe diem, diem perdidi, requiem,* etc. (p. 170). Il en est de même pour le grec liturgique *Kyrie eleison*. De même encore dans les noms étrangers qui ne sont ni anglais, ni allemands, etc. : *Bielgorod, Bielinsky, Bielaia-Tzerkov, Cavallieri, Fieschi, Fiesole, Gallieni, Galliera, Kiev, Mickiewicz, Mierolawski, Orvieto, Oviedo, Piedicroce, Riego, Rienzi, Siemiradzki, Sobieski, Tiepolo, Wienawski,* etc., et *Mien-Tchéou, Sien-Réap, Tien-Tsin,* etc.

ieuw
(néerlandais)

Ce groupe se prononce [i:v] : *De Nieuwe* [ni:v] *Courant, Nieuws* [ni:vs] *van den Dag*, etc., noms de journaux néerlandais.

io
(anglais)

Iowa et *Ohio* tendent à abandonner leur ancienne prononciation : [jɔa], [ɔjo] pour se conformer à celle de l'anglais. On prononce de plus en plus [ajɔa] et [ɔajo].

Il est bon aussi de savoir qu'en anglais l'*i* de *Lionel, Viola, Violet* se prononce [aj], tandis que dans *Balliol, Elliot, Gwalior*, etc., il a la valeur de [j].

iu

En dehors des noms latins en -*ius*, -*ium*, où *i* a la valeur de [i] ou de [j] suivant qu'il est précédé ou non d'un groupe consonne + liquide, et -*us*, -*um* celle de [ys], [ɔm] (cf. p. 204 et p. 217), on prononce :

1º [jy] dans le nom biblique *Abiu*.

2º [ju] dans le nom espagnol *Ciudad Real, Ciudad...*, et le **nom roumain** *Sibiu*,

Rem. — Le nom italien *Giulio* se prononce en français [dʒuljo] et mieux, à l'italienne, [dʒuljo].

3º [iw] dans les noms catalans : *Biure d'Empordà, Ciutadilla, Darnius, Dosrius, Estamariu, Montoliu, Olius, Orrius*, etc.

Rem. — Le nom catalan *Riu*, porté par des Français, se prononce [ʀjy]. D'autre part les noms de localité roussillonnaises St-*Feliu-d'Amont*, St-*Feliu d'Avall* se prononcent en français [feljø damɔ̃], [feljø davaj].

im
(suivi de consonne)

1º On prononce [ɛ̃] dans les mots ou noms latins et gréco-latins avec *im* suivi de *b* ou de *p* : *cimbex, impedimenta, imperium, impetigo, impluvium, imprimatur, impromptu, nimbus, (aqua) simplex, Cimbri, Fimbria, Imbros, Imperia*, etc. Cf. les locutions latines : *impavidum ferient ruinae, imperium in imperio*, etc.

On prononce de même [ɛ̃] dans les mots et noms étrangers suivants : *chimpanzé, imbroglio, impresario, mimber* (ou *mimbar*) — ; *Cimbébas* (peuplade du Sud-Ouest de l'Afrique), *Edimbourg* (francisation de l'angl. *Edinburgh*), *Limbourg* et *Simplon*.

2º On prononce [im] dans l'ital. *rimbombo* et dans tous les noms étrangers autres que ceux qui ont été signalés ci-dessus : *Coquimbo, Crescimbeni, Grimberghen, Grimm, Grimnitz, Grimsby, Grimsel, Himly, Imbs, Imnau, Kimberley, Krimmler, Krimskaia, Limbach, Limfjord, Limmritz, Limne, le Limpopo, Plimsoll, Primrose, Rimsky-Korsakov, Simbireck, Simbirsk, Simca, Simféropol, Simla, Simnau, Simrock, Sims, Timgad, Trimbach, Wimpfen, Zimbaoué*, etc.

Rem. I. — On hésite entre [ɛ̃] et [im] pour *Chimborazo*.

Rem. II. — Noter l'opposition entre les mots latins *simplex, imperium* avec [ɛ̃], et *Simplicissimus* (roman de Grimmelshausen et illustré satirique allemand), *Imperia* (ville d'Italie), avec [im].

im
(final)

1º On prononce [ɛ̃] dans *Joachim* [ʒɔaʃɛ̃], prénom ou patronyme français, et dans *Saint Joachim*, père de la Vierge Marie.

Rem. I. — Pour *Joachim du Bellay*, certains prononcent [ʒɔakim] ; mais la prononciation [ʒɔaʃɛ̃] est de beaucoup la plus commune et en tout cas la meilleure.

Rem. II. — Mais on prononce [jɔakim] dans *Joachim de Brandebourg*, *Joachim Rheticus*, *Joachimsthal*, et dans *Joachim*, nom d'un violoniste hongrois —; [ʒɔaʃɛ̃] ou [ʒɔakim] dans *Joachim*, nom de deux rois de Juda.

On prononce [ʒɔakim] dans *Joachim de Fiore* ; mais [ʒɔaʃɛ̃] dans *le Bienheureux Joachim de Fiore*.

2º Partout ailleurs, le groupe final *-im* se prononce [-im]. Ainsi dans des mots latins *intérim*, *olim*, *passim*, dans le nom biblique *Elohim*, et dans les noms étrangers *Ibrahim*, *Klim*, *Périm*, *Prim*, *Sélim*, *Zizim*, etc.

Rem. — On prononce de même [im], dans le nom portugais *Joaquim*, correspondant du nom français *Joachim*.

in
(suivi de consonne)

1º Le groupe *in* se prononce [ɛ̃] dans tous les mots latins ou gréco-latins : *index*, *indigitamenta*, *infarctus*, *infundibulum*, *ingesta*, *(à l')instar (de)*, *intérim (et intérimaire)*, *introït*, *pinxit*, *phorminx*, *princeps*, *sinciput*, *sphinx*, *syrinx*, etc. et avec [ɥɛ̃] : *quindecemvir*, *quindecimo*, *quingentesimo*, *quinquennium*, *quinquevir*, *quinquies*, *quinto*. Cf. encore le composé mi-latin, mi-français *intrados*, et les locutions ou citations latines : *intra muros*, *intelligenti pauca*, *invitus invitam dimisit*, etc.

Dans les mots étrangers suivants : *aqua-tinta* ou *aquatinta* (d'où *aqua-tintiste* ou *aquatintiste*), *chinchilla*, *dingo*, *ginkgo*, *hindoustani incognito*, *indigo*, *influenza*, *inga*, *intermezzo*, *interview*, *jingo* (et *jingoïsme*, *-iste*), *kinjal*, *kincajou*, *linga* ou *lingam*, *linsang*, *pinchina*, *pinta*, *pippermint* (de l'angl. *peppermint*), *quinquina*, *quintilla*, *ringo*, *shinto* (et *shintoïsme*, *-iste*), *singleton*, *vindas*, etc.

Rem. — *Quintette* (autrefois *quintetto*, emprunté de l'italien) se prononce [kɥɛ̃tɛt].

Dans les noms anciens : *Cincinnatus*, *Incitatus*, *Indus*, *Indutiomarus*, *Interamnium*, *Tingis*, *Vercingétorix*, *Vindex*, etc., et avec [ɥɛ̃] : *Quinctius*, *Quintus*, *Quintilianus*, etc.

PRONONCIATION DES MOTS ÉTRANGERS 183

Rem. — A plus forte raison en est-il de même lorsque ces noms sont francisés : *Insubres, Lingons, Minturnos, Pindare, Pinde, Vindélicie*, etc., et avec [ɥɛ̃] : *Quinte-Curce, Quintilien, Quinquagésime*, etc.

Et dans les noms étrangers suivants, francisés ou non : *Brindisi, Cinzano, (comtesse de) Cinchon, (grotte de) Fingal, Gœttingue, Indénié, Indra, Irminsul, Leczinski (-a), Mindouli, (table de) Peutinger, Sindbad le Marin, Singapour, Tintagel, Tubingue, (Léonard de) Vinci, Vintimille, Zwingle* — ; auxquels il faut ajouter tous ceux qui sont ou peuvent être précédés d'un article : *Cingalais, Dinkas, Finlande (-ais), Hindous, Hindou-Kouch, Hindoustan, Incas, Inde(s), Indochine (-ois), Indo-européens, Indonésie (-ien), Ingouches, Ingrie, Insulinde, Malinkés, Mandingues, Mingrélie, Thuringe, Tintoret* —, *Abyssins, Açvins, Algonquins, Apennins, Gibelins, Marais-Pontins, Monténégrins, Pahouins, (famille des) Ursins* (= ital. *degli Orsini*), etc.

Rem. I. — On prononce soit [ɛ̃], soit [in] dans l'*Aminta* (poème du Tasse], *Cincinnati, Cintra, Guatimozin, Mincio* [mɛ̃ʃo] ou [mintʃjo], *(marais de) Pinsk, Witikind* —, soit [ɛ̃], soit [iŋ] dans *(mer de) Behring* ou *Béring, Birmingham*. La prononciation sans voyelle nasale gagne du terrain.

Rem. II. — Les formes francisées *Gœttingue* [gœtɛ̃ːg] et *Tubingue* [tybɛ̃ːg] sont aujourd'hui fortement concurrencées par les formes allemandes *Göttingen* et *Tübingen* qui se prononcent [gœtiŋɡən] et [tybiŋɡən].

Rem. III. — On prononce [ɛ̃] dans *Algonkins* (peuple indien de l'Amérique du Nord), *Indiana* (roman de G. Sand), *Lincoln* (président des U.S.A.), *Mæterlinck* [mɛtɛʀlɛ̃k] (écrivain belge ; prononciation adoptée par sa veuve), (pilules) *Pink, Robinson Crusoë*, (machine) *Singer*. Mais on prononce, sans voyelle nasale : *Algonking-Park, Indiana* (un des Etats de l'U. S. A.), *Lincoln* (ville), *Maeterlinck* (désignant une autre personne que l'écrivain), *Pinck* (patronyme), *Robinson* (patronyme et toponyme anglais), *Singer* (patronyme et second élément des composés allemands *meistersinger, minnesinger*).

2º Le groupe *in* se prononce au contraire [in] dans les mots étrangers suivants : *bull-finch, flint-glass, ginseng, hindi, income-tax, kindergarten, kronprinz, links, mackintosh, mezzo-tinto, mint-julep, perkins, rinforzando, sindhi, sprint, sprinter, wintergreen*, etc., et [iŋ] dans angl. *king's charles*, allem. *meistersinger, minnesinger, springbock, springer*, etc.

Rem. I. — La terminaison *-ing* des mots anglais se prononce [iŋ] : *betting, browning, camping, clearing, dumping, footing, King, lasting, lemming, meeting, plum-pudding, ring, shilling, shirting, shooting, skating, smoking, spinning, sterling, swing, yachting*, etc. A noter que *pouding* et *poudingue*, francisations de l'angl. *pudding*, se prononcent le premier avec [iŋ], le second avec [ɛ̃:g]. Quant à *sanderling*, il se prononce [sɑ̃dɛʀlɛ̃].

Rem. II. — Pour l'angl. *shampooing*, cf. p. 190.

Rem. III. — La terminaison *-ing* de l'all. *schilling* et du vieux germanique *thing* « assemblée du peuple » se prononce aussi [iŋ].

Dans les noms étrangers autres que ceux qui ont été cités plus haut, le groupe *in* se prononce [in] devant une consonne prononcée autre que *g*, *k*, et [iŋ] dans le cas contraire : Ex. de [in] : *Chinchas, (comtesse de) Chinchon, Finmark, Grindelwald, Grins, Indore, Interlaken, Jongkind, Lind, Lindberg, Mac-Kinley, Minden, Mindoro, Minsk, Neerwinden, Pinturicchio, Rawlinson, Rio Tinto, Rubinstein, Semipalatinsk, Sind(h), Sind(h)ia, Strindberg, Swinburne, Trins, Westminster, Windsor, Winterfeld, Winterthur*, etc. — ; de [iŋ] : *Berlichingen, Blessington, Bolingbroke, Bonington, Buckingham, Elchingen, Glinka, Helsingborg, Helsingfors, Helsinki, Ingolstadt, Lexington, Livingstone, Meiningen, Nottingham, Remington, Waddington, Washington, Wellington*, etc.

Rem. I. — La terminaison *-ing* se prononce [iŋ] : *Canning, Channing, Essling, Fielding, Kipling, Lessing, Memling*, etc. Mais la terminaison *-inck* se prononce [iŋk] : *Edelinck, Humperdinck, Wynand-Fockinck*, etc. D'autre part, on prononce [iŋ] dans *Vikings*, mais [iŋs] dans *Hastings*.

Rem. II. — Le groupe *in* se prononce [ɛ̃] dans les mots étrangers qui sont portés par des Français ou des Belges wallons ou qui désignent des localités françaises ou belges : *Binger, Clésinger, Damoreau-Cinti, Dollinger, Hellinger, Ingold, Minder, Robinson*, etc. — ; *Bœsinghe, Ingelmunster, Pépinster* (Belgique), *Hersingue, Ingenheim, Ingersheim, Ingwiller, Inswiller* (Alsace-Lorraine), *Inkermann* (Algérie), *Binderville* (A.O.F.). De même dans *Ingeburge* [ɛ̃ʒbyʀʒ], (fille du roi de Danemark Valdemar Ier, femme de Philippe-Auguste).

in
(final)

1º Le groupe final *in* se prononce [ɛ̃] dans les mots hébreux *chérubin, sanhédrin, séraphin* et dans le mot arabe *muezzin*.

De même la préposition latine *in* se prononce [ɛ̃] dans *in-folio, in-quarto, in-douze, in-seize, in-dix-huit, in-trente-deux*.

Rem. — Pour la prononciation [in] dans d'autres locutions, cf. p. 185.

On prononce enfin [ɛ̃] dans les noms bibliques *Benjamin* (et *benjamin*), *Eliacin* —, dans les noms étrangers suivants, francisés ou non : *Aladin, Bénin, Berlin, Chopin, Dublin, Kremlin, Mambrin, Nankin, Odin, Pékin, Pont-Euxin, Rhin, Saladin, Santorin, Tonkin, Zeppelin* —, et dans les correspondants français de noms italiens en *-ino* : *(St Thomas d') Aquin, Arétin, Aventin, Bellarmin, Bernin, Dominiquin, Esquilin, Ficin, Guerchin, Manin, Mazarin, Pérugin, Scapin, Tessin, Turin, Ugolin.*

REM. I. — Les prononciations [aʀɡɛ̃] pour *Arguin (banc d')* et [gwatimozɛ̃] pour *Guatimozin* sont en train de vieillir. On prononce plutôt [aʀgwin] et [gwatimozin].

De même on dit ordinairement aujourd'hui [wiskɔnsin] pour *Wisconsin*, et non [viskɔ̃sɛ̃] comme autrefois.

REM. II. — *Franklin* se prononce [fʀɑ̃klɛ̃] dans *Benjamin Franklin*. En dehors de ce cas, on dit [fʀɛŋklin].

2° La préposition latine *in* se prononce [in] dans les locutions : *in abstracto, in aeternum, in anima vili, in articulo mortis, in cauda venenum, in extenso, in extremis, in-octavo, in pace, in partibus, in vitro*, etc.

REM. — Pour d'autres locutions où le latin *in* se prononce [ɛ̃], cf. p. 184.

De même on prononce [in] dans les mots étrangers suivants : *gin, khamsin* (ou *chamsin*), *tchin* (ou *tchine*).

Dans les noms étrangers dont il n'a pas été question plus haut : *Czernin, Darwin, Elgin, Emin-Pacha, Erin, Erwin, In-Chan, In-Salah, Irwin, Joaquin, Kazbin, Lohengrin, Lublin, Robin Hood, Rostopchin* (ou *Rostopchine*), *Ruskin, Sakhalin* (ou *Sakhaline*), *Schwerin, Stettin, Szegedin, Tien-tsin, Widdin*, etc.

REM. — Les noms étrangers terminés par *-in* se prononcent avec [ɛ̃] quand ils sont portés par des Français : *Bœcklin, Kœcklin, Vielé-Griffin*, etc.

oa

1° Le groupe se prononce [o], long quand il est accentué, dans les mots et noms anglais : *boarding-house, board of trade, broad church, mail-coach, cover-coat, coaltar, coating, goal, load, oaks, oats, steamboat, toast* (et le dérivé fr. *toaster*), *Boag, Broadway, Cloak,*

Coatbridge, Hoare, Moase, Noakes, Oak Park, Oakland, Oates, Roan, Roanoke, Soames, Soane, etc.

> Rem. — L'angl. *roast-beef* est francisé en *rosbif.*

2º Mais on prononce [ɔa] dans tous les autres mots et tous les autres noms, anciens ou étrangers : *boa, chloasma, coati, hoazin, oaristys, oasis, poa, voandzeia, xoanon, Boabdil, Choa, Choaspès, Goa, Hoang-Ho, Joab, Joachaz, Joachim, Joad, Joas, Joathan, Loanda, Loango, Moab, Moallaka, Noak, Oannès, Oaxaca,* etc. — y compris les formes francisées : *Boabdicée, Croatie, Goajires, Moabites, Noachides, Troade,* etc.

oe

1º Le groupe se prononce [u] dans les noms flamands et néerlandais : *Bloemdael, Boekelo, Boesinghe, Coevorden, Doel, Doesburg, Doetinchem, Droeshout, Goederode, Goes, Groede, Groenendael, Groenlo, Groesbeek, Hoedekenskerke, Hoek, Hoenderberg, Hoensbroek, Hoesselt, Hoevelaken, Hoeylaert, Hollevoesthuis, Koevorder Meer, Koewacht, Loenhout, Moen, Moerbeke, Moerkerke, Moers, Ploegsteert, Poelaert, Poelcapelle, Ruysbroek, Woesten, Zuidbroek,* etc.

Il en est de même pour les noms hollandais de l'Afrique du Sud et pour les noms de l'Archipel asiatique transcrits à la néerlandaise : *Bloemfontein, Bloemhof, Groene Rivier, Hoetjes Bay, Koes, Loerisfontein,* etc. — ; *Boekit-Batoe, Boelangan,* île *Boengoeran, Boeroe, Doela,* île *Goearitji, Goenoeng-Sitoli, Goenoengtaboer, Goentoer, Kloeang, Koepang, Moeria, Moeroeng, Moewara..., Oembilien, Poelei..., Poerwakarta,* Mt *Roepit, Soekadana, Soela Besi, Soembawa, Soerabaya, Soerakarta, Toeban, Toekala,* etc.

> Rem. — *Boer* se prononce [buːʀ] ou [bɔɛːʀ]. Mais on dit [buʀ-aːv] pour *Boerhaave.*

2º Il se prononce [o] dans les mots et noms anglais : *floe, Coe, Doe, Daniel de Foe, Hoe, Joe, Loe, Monroe, Edgard Poe, Roe, Roebuck, Roedan, Roehampton,* etc.

> Rem. I. — Mais *Doeg* et *Joey* se prononcent [doəg] et [dʒoi]. De même *Ivanhoe* se prononce [ivanɔe] en français.

Rem. II. — L'anglais *Crusoe* *(Robinson)* s'écrit en français *Crusoé* et se prononce à plus forte raison lui aussi avec [ɔe].

Et dans les noms allemands : *Bad-Oldesloe, Hohenlohe, Itzehoe, Koesfeld, Roe, Soest, Soester Börde*. Dans son *Wallenstein*, Schiller a cependant donné la valeur de [ø] au groupe *oe* de *Itzehoe*.

3º Le groupe *oe* se prononce [u] dans le nom irlandais *O'Donohoe*.

4º [oə] dans les noms allemands *Boe-Spitze*, île *Poel*, riv. *Roer, Schloen*.

5º On prononce [ø] dans *goethe* (variété de cépage américain) et, sauf exceptions signalées aux nᵒˢ 2 et 4, dans les noms allemands *Boele, Boetz, Droemling, Goeben, Goethe, Goetze, Goeze, Groener, Hoerdt, Loeb, Loebell, Loebenstein, Loew, Oebisfelde, Oeblarn, Oechsen, Oed, Oels, Oelsa, Oels-Bach, Oelsnitz, Oelze, Oepferhausen, Oertze, Oetz Thal, Oer-Erkenschwick, Oerlikon, Oerlinghausen, Oeslau, Oestringen, Oettingen, Oeynhausen* [øjn-], *Roesler, Roeschwoog, Roetz, Woerden, Woermann, Woerth*, etc.

Rem. I. — Dans les anciennes graphies scandinaves *Groested, Oenund, Oerebro*, etc., le groupe œ a la valeur de [ø]. Dans *Roeskilde*, auj. *Roskilde*, il équivaut à [ɔ]. Mais on prononce [ɔe] dans *Zoëga*, nom d'un savant danois mort en 1809.

Rem. II. — De même, l'ancienne graphie scandinave œ s'est conservée dans le fr. *Groenland* (et *Groënland*), qui se prononce [grɔelã] ou plus souvent [grɔenlã:d].

6º *Oex* se prononce [ɛ] dans *Château d'Oex* (Suisse, canton de Vaud).

7º Partout ailleurs, on prononce [ɔe] ou [ɔɛ] suivant les cas : *Punta Boe, Boenda, Boenga*, cap *Boeo, Boereni, Coello, Foeni, Goes* (Portug.), *Hoeï-Tchéou-Fou, Koeï-Kiang, Koeï..., Loeches, Loenghé, Loengi, Moembaza, Moena, Oeiras, Ploeştii, Proensa a Nova, Voemitsa*, etc.

œ

Cette graphie a la valeur de [e] dans les mots et noms latins ou gréco-latins : *fœtus*, lac *Mœris, Œnotria*, Mont *Œta, Phœbidas, Phœnix*, etc.

Rem. — Il en est de même dans tous les mots et noms savants calqués sur le latin ou le gréco-latin : cœlentérés, cœliaque, cœlome, fœtal, œcanthe, œcidie, œconmène, œcuménique, œdème, œnologie, œsophage, œstre, periœciens, périœsophagien, Œdipe, Œnone, Œnotrie, etc.

A côté de la graphie œ, il peut en exister une autre avec é ; par exemple, dans le cas de cœnure et de Phœnix.

Noter la différence orthographique qu'il y a entre homœogénèse, homœomère (-ies), homœoptote, homœose, homœotélente, homœotère, homœotherme, homœozoïque, avec œ = [e] et homéographe, homéokinèse, homéopathe (-ie, -ique), homéostrophe, homéotrope (-ie).

Dans les graphies françaises, le ø du danois ou du norvégien et le ö de l'allemand, du suédois et du hongrois (ce dernier a aussi un ő) sont rendus par œ. Ce dernier se prononce [ø] dans les noms comme *Malmœ, Tromsœ, Gœthe, (Gyœn)gyœs, (Kœ)rœs*, etc. —, [œ] dans d'autres comme *Bjœrnstjerne, Bjœrnson, Bœck, Bœcklin, Bœhm, Gœbels, Gœppingen, Gœring, Gœrlitz, Gœrtz, Gœta-Älv* (ou *Elf*), *Gœteborg, Gœttingen, Gœtz von Berlichingen, Gyœn(gyœs), Gyœr, Gyœnk, Helsingœr, Jœngkœping, Kœnig, Kœnigsberg, Kœnigsmark, Kœ(rœs), Kœrner, Lœtschberg, Lœwenfeld, Mœrs, Œrsted* (d'où *œrstédite*), *Rœntgen, Schœnbrunn, Tœpffer, Wœrth*, etc.

Rem. I. — Certains mots ayant passé en français avec la graphie ö et le tréma ayant disparu, il se trouve qu'on a en français *Dago, Dollingen, Dollinger, Hango, Hofer, Maelstrom* (et *Malstrom*), *Nordlingen, Topfer*, avec [ɔ], à côté de *Dagœ, Dœllingen, Dœllinger, Hangœ, Hœfer, Maelstrœm, Nœrdlingen*, avec [œ].

Rem. II. — De plus, la graphie œ ayant pu être interprétée comme æ, on a en français comme nom de localité *Frœschwiller* (B.-Rhin) et *Kœchlin, Rœderer, Schœffer, Schœlcher* (patronymes) avec [ɛ] et non [œ].

oë

Cette graphie se rencontre en position finale dans le nom du directeur du théâtre français *Lugné-Poë* [lyɲe po] — ; devant consonne nasale dans *Groënland* (écrit aussi *Groenland*), pour lequel cf. p. 187, dans le nom du poète portugais *Camoëns* [kamɔɛ̃:s], et dans celui de l'industriel français *Citroën* [sitʀɔɛn], de provenance néerlandaise —, et devant consonne orale dans *Moësa* [mɔeza], nom d'un affluent suisse du Tessin.

OÏ

Cette graphie, exclusivement française, a la valeur de [ɔi] devant consonne orale : *oïdium, Moïse, Oïlée, Oïrotes, Zoïle*, etc. —, et celle de [ɔj] soit devant voyelle, soit en position finale : *boïard* (ou *boyard*), *Boïardo, Boïens, Joïada, Hanoï, Tolstoï*, etc.

D'autre part, *Coïmbatore* et *Coïmbre* se prononcent le premier [kɔimbatɔ:ʀ], le second [kɔɛ̃:bʀ̥].

OO

1º Les deux éléments du groupe se prononcent dans les mots et noms anciens : *épiploon* [-plɔɔ̃], *Bootès* [-ɔɔ-], *Booz* [bɔɔ:z], *Démophoon* [-ɔɔ̃], *Laocoon* [-ɔɔ̃], etc.

2º Le groupe a la valeur d'un simple *o* dans les noms étrangers *alcool, looch, loofa* ou *loofah* — ; dans les noms allemands, flamands ou néerlandais, baltiques : *Boos, Hoof(e), Hooge, Klooscher, Kloop-See, île Koos, Loos, île Lootsen, Moosch* (Hᵗ-Rhin), *Moosen, Moosham, Mooskirchen, Oos, Mᵗ Lutzel-Soon, Sooden-Allendorf, Mᵗ Soon-Wald, Soor, Troop*, etc. —, *Berg-op-Zoom, Doorn, Doove Balg, Eecloo, Goor,* fl. *Groote Beek, Loo, Looz, Loos, Oolen, Ootmarsum, Trooz, Vanloo, Van Oost, Waterloo*, etc. —, *Tootsikatsi, Voopsu*, etc.

Rem. — *Alcoolique* et *alcoolisme* se prononcent actuellement avec un seul *o* ou avec deux *o* ; cf. p. 36.

3º Dans les mots et noms anglais ou en transcription anglaise, le groupe *oo* se prononce [u] : *arrow-root, barwood, bloom, bookmaker, boom, brook, camwood, coolie, football, footing, grill-room, groom, herd-book, hook, look, looping the loop, new-look, scooter, shooner, sloop, snow-boot, spoom, stud-book, tea-room, waterproof, wooba*, etc., *Atwood, Bigwood, Booth, Brooke, Brooklyn, Colebrooke, Cook, Cooper, Foote, Goole, Goomsar* (Inde), *Hollywood, Hooker, Hoover, Liverpool, Longwood, Oodnadalha* (Austr.), *Ootacamund* (Inde), *Rangoon* (Birman.), *Robin Hood,* fl. *Soonath* (Inde), *Tooban Junction, Toole,*

Toome, Toowoomba (Austr.), *Troon, Wood, Woolwich*, etc., auxquels il faut ajouter *Moorea*, île française de l'Archipel de la Société.

Rem. I. — *Kanguroo* et *roof* ont été francisés en *kangourou* et *rouf*.

Rem. II. — *Moore, Moorgate, Moorish* peuvent se prononcer en anglais soit avec un [u], soit avec un [ɔ]. Il en est de même pour *Lammermoor*. Cependant en français l'usage est de prononcer plutôt [ɔ] dans *Lucie de Lammermoor*, opéra de Donizetti.

Rem. III. — *Roosevelt* se prononce soit avec [o] à l'américaine, soit le plus souvent avec [u] à l'anglaise.

-ooing

L'angl. *shampooing* se prononce [ʃãpwɛ̃] en français.

ou

A. — Mots et noms anglais.

En français, les mots anglais se prononcent certains avec [u] : *blount, humour, compound, croup, scout* —, d'autres avec [ɑw] : *black-out, clearing-house, knock-out, mound, outlaw* [awtlo], *outrigger, round, stout, workhouse* —; d'autres enfin avec [œ] : *cross-country, rough-rider*. Quant à *dreadnought*, il se prononce [dʀɛdnɔt].

Rem. I. — Pour *marlborough*, nom d'une étoffe, cf. pp. 192, 417.

Rem. II. — A côté de *rout* [ʀut], le français a aussi *raout* [ʀaut].

Rem. III. — Pour *outsider*, il existe une prononciation entièrement française : [utsidœ:ʀ] et deux autres imitées de l'anglais : [awtsajdœ:ʀ], avec l'accent sur la finale, [awtsajdər], avec l'accent sur [aj]. Les prononciations [utsajdœ:ʀ] et [awtsidœ:ʀ] ne correspondant ni à l'orthographe ni à la phonétique anglaise sont à éviter.

Rem. IV. — *Cross-country* se prononce avec [un], plutôt qu'avec [œn], dans les milieux sportifs.

Rem. V. — Pour *lock-out*, l'ancienne prononciation [lɔkut], à la française, a presque disparu. On dit [lɔkawt]. Cependant le français a créé un infinitif *lock-outer*, qui se prononce évidemment avec [u].

Rem. VI. — Dans *rouf* et *mildiou*, le groupe *ou* n'est qu'une graphie française et se prononce par conséquent [u] ; cf. en anglais *roof* et *mildew*.

Pour les noms anglais, la prononciation avec [u], autrefois la seule en usage en français, tend aujourd'hui à disparaître et à se conformer plus ou moins à celle de l'anglais. Voici quelques indications qui pourront être utiles :

a) En syllabe non finale : [u] dans *Louie, Fouberts, Froude, Dougal(l), Dougan, Couper, Ouse, Ouseley, Dalhousie, Bourne, Bournemouth, Bournville, Dousterswivel, Houston, Mc Outra, Outram, Coutts, Outhwaite, Bouveric*, etc.

[ɔ] dans *Gloucester, Dougherty, Poughill, Poughkeepsie, Youghal, Boughton, Loughrea, Oughtread, Poulett, Moultrie, Courthope, Courtney, Stroughton*, etc.

[œ] dans *Doubleday, Douglas(s), Lough(borough), Bloundelle, Younger, Youngman, Bourke, Stourton, Cousins, Routledge, Couzens*, etc.

[ə] dans *Donoughmore, Monmouthshire*.

[aw] dans *Doubting, Cloudesley, Loudon, Lou(doun), Loudwater, Doughty, Houghton, Loughton, Oughter, Oughtered, Foulis, Joule, Foulness, Bouncer, Pouncefoot, Foundling, Roundhead(s), Oundle, Fountain, Hounslow, Lounsbury, Mountain, Pounteney, House, Housel, Bousfield, Housman, Ousley, Outis, Trouton, Southampton, Southdown, Southend, Southport, Southwark, Southwell, Southwick, Southwold*, etc.

[ow] dans *Moules, Voules, Troubridge, Houghton, Boulby, Boulger, Boulton, Coulsdin, Coulson, Coulton, Doulton, Foulden, Foulkes, Houltby, Moulsford, Moulton, Poultney, Poulton*, etc.

[ju] dans *Doudney*.

b) En syllabe finale : [u] dans *Lou, Couch, Quiller-Couch, Aberdour, Vavasour, Selous*, etc.

[ɔ] dans *Dreadnought, Fancourt, Hampton-Court*.

[œ] dans *Fordoun, (Lou)doun, Overtoun, Young, Blount, Pearl Harbour, Labour Party, Saviour, Harcourt* —; dans *Barraclough, Birchenough, Brough, Hough, Lough*, terminés en [-œf] —; *Alnmouth, Falmouth, Lynmouth, Monmouth, Plymouth, Portsmouth, Sidmouth, Tynemouth, Tweedmouth, Yarmouth*, terminés en [-mœθ].

[ø] dans *Mc Donough, Victorious, Harborough, (Lough)borough* et autres noms en *-borough*.

[aw] dans *Crouch, Oudh, Slough* [slaw], *Tomintoul, Mound, Pound(s), Mount, Mickey-mouse, Doust, Prout, Louth, Routh,* et dans *Exmouth, Oystermouth,* terminés en [-mawθ].

[ow] dans *Ould,* et dans *Donough, Ough, Whatmough,* terminés en [-ow].

[ju] dans *Pou.*

Rem. I. — L'anglais hésite pour la prononciation de *Ayscough, Clough* et *Kough.* On prononcera donc [-œf], [-ø] ou [-ju] dans *Ayscough,* [-œf] ou [-u] dans *Clough,* [-ow] ou [-jow] dans *Kough.*

Rem. II. — *Joule,* [dʒawl] en anglais, est francisé et se prononce [ʒul] quand il s'agit du physicien.

Il en est de même pour *Douglas* (famille écossaise rivale des Stuarts), *Douglass* (abolitionniste américain) et *Douglas Fairbanks* (acteur de cinéma). En dehors de ces cas, le nom se prononce plus ou moins à l'anglaise : [dəglœs].

Pour *Gainsborough* (le peintre), l'ancienne prononciation [gɛ̃zbɔʀu] ou [gɛnz-] est encore vivante. Cependant elle est en train de céder la place à une nouvelle, plus conforme à l'anglais : [gɛnzbəʀø].

Tandis qu'on prononce plutôt [malbəʀø], à l'anglaise, pour *Marlborough,* quand ce nom désigne une localité, l'ancienne prononciation [malbʀu] se conserve lorsqu'il s'agit du célèbre patronyme anglais. De même, on prononce [malbʀu] ou [-uk] dans *Malbrough,* déformation du nom précédent, dans la chanson burlesque bien connue, et [malbʀu] dans le substantif *marlborough.*

Enfin, *Seymour* est francisé et se prononce [sɛmuːʀ] quand il s'agit de Jeanne et Edouard Seymour du xvie siècle. En dehors de ce cas, on prononce plutôt [simɔːʀ], à l'anglaise.

B. — Mots et noms appartenant a d'autres langues que l'anglais.

1º Le groupe *ou* se prononce [o] dans les noms portugais et brésiliens : *Rio Dourados, Rio de Foupana, Gouveia, Alto-Louga, Loule, Lourenço Marques, Louricel, Serra de Lousã, Mourão, Moura, Ourinhos, Ourique, Ouro Fino, Ouro Preto, Pouso Alegre, Soure, Souzel, Cabo Tourinão,* fl. *Vouga,* etc.

Rem. — On prononce cependant en français *Douro* (fl.) avec un [u]. Le nom portugais *Sousa* se retrouve comme patronyme français sous la forme *Souza,* qui se prononce avec [u].

2º [aw] dans les noms flamands et néerlandais : *Bourtanger-Moor, Brouwershaven, Couckelaere, Goudswaard, Grouw, Hougaerde, Koudum, Rousbrugge, Woudenberg, Woudrichem, Wouw, Wrouwenzand,*

Zoutelande, Zoutkamp, etc., et dans les noms hollandais de l'Afrique australe : *M^{ts} Koudevel, M^{ts} Zoutpans, Zout-Rivier*, etc.

Rem. — On prononce cependant [u] dans le holl. *stathouder* [statudɛːʀ] et dans le nom du peintre hollandais *Wouwerman* [vuvɛʀman].

3º [ɔw] dans les noms allemands : *Boult, Moulinen, Oude, Our, Ousheim, Pouch*, etc.

Dans les noms catalans : *Castellnou, El Masnou, La Nou (de Berguedà, de Segra), Tornabous,* etc.

Dans les noms finlandais : *Kouta-Järvi, Kouvola, Nousiainen, Oulainen, Oulanka-Joki, Ounas-Joki, Ounastunturi, Outakoski*, etc.

Et dans le nom danois *Outrup*.

Rem. I. — Les noms roumains *Noŭ-Stambul, Noul-Caragaci* se prononcent le premier avec [ɔw], le second avec [ɔu] en deux syllabes.

Rem. II. — Dans *vermouth* et dans les noms du type *Brandebourg, Hambourg*, etc., le groupe *ou* n'est qu'une graphie française et se prononce par conséquent [u].

4º Dans les mots et noms étrangers appartenant à d'autres langues que celles dont on a parlé plus haut, *ou* n'est qu'une graphie française et se prononce par conséquent [u] : *agouti, alouate, bachi-bouzouk, caoutchouc, chaouch, chibouque, chiourme, giaour, pantoum, sagou, sajou, sapajou, simoun, taïcoun, tarbouch, tatou, touc*, etc. — ; *Abéokouta, Abou Abdallah, Aboukir, Aboul Abbas, Aïn-Temouchent* (Algér.), *Al-Mansour, Axoum, Batoum, Bornou, Boufarik* (Algér.), *Chou-King, Djaïpour, Ferdousi, Fou-Kien, Fouta-Djalon, Frioul, Fou-Tchéou, Glazounov, Godounov, Gouriev, Guépéou, Hammourabi, Han-Kéou, Haroun Al-Rachid, Hindou-Kouch, Hou-Nan, Irkoutsk, Joukov, Kaboul, Kan-Sou, Karakoroum, Khatmandou, K(h)roumirs, Kiang-Sou, Kotonou, Koufra, Koulikoro, Kouro-Sivo, Koursk, Ksour, El Mansour, Mao Tsé-Toung, Mitchourine, Moulmein, Mourad Bey, Mouraviev, Moussorgsky, Nouméa, Oubanghi, Ouganda, Oural, Ousirtesen, Oust-Ourt, Papous, Pérou, Poulo-Condor, Saloum, Séfrou, Senoussi, Singapour, Sioux, Soudan, Souvarof, Tadjoura, Tamouls, Tchang-Tchoun, Thoutmès, Tolboukine, Tombouctou, Toucouleurs, Toungouska, Tourguéniev, Vichnou, Vizapour, Vogoules, Wou-Hou, Yakoutsk,* fl. *Yalou, Zeïtoun, Zoulous,* etc.

Rem. I. — Il en est de même pour les mots et noms étrangers présentant en français une forme différente de la forme originaire : *group* (de l'ital. *gruppo*), *Cavour, Frioul, Mantoue, Moscou, Padoue*, etc.

Rem. II. — A côté de *negous*, avec [u], le français a aussi *negus*, avec [y]. De même on a *mamelouk* et *mameluk* ; mais ici on prononce [u] dans les deux cas.

Rem. III. — Il va sans dire que lorsque le groupe *ou* est suivi d'une voyelle autre que *e* muet, il se prononce [w] dans le cas où il n'est précédé que d'une seule consonne appartenant à la même syllabe que lui. Ainsi dans *Amadoua, Agoué, Aïssaouas, Aktioubinsk, An-Houei, Assouan, Bangouélo, Bouaké, Chouïski, Douala*, etc.

OW

1° En français, le groupe *ow* des mots anglais se prononce : [o] dans *arrow-root, bow-window, bungalow, fellow, rowing, snow-boot*.

[u] dans *browning, clown* [klun] (et dérivés *clownerie, clownesque*).

[aw] dans *brownie, brown-rot, cowboy, cow-catcher, cowpox, crown, crown-glass, down, broken-down, tea-gown*.

Pour ce qui est des noms anglais, les terminaisons *-ow, -owe* se prononcent [o] : *All-Hallow, Anslow, Barlow, Barrow, Barrow-in-Furness, Benlow, Bigelow, Blow, Bristow, De Bow, Glasgow, Goodfellow, Harrow, Longfellow, Low Church, Lucknow, Snow, Stow*, etc — ; *Barlowe, Beecher-Stowe, Bristowe, Crowe, Clarisse Harlowe, Lowe, Hudson Lowe, Rowe, Stowe*, etc.

Rem. I. — Mais on prononcera [-aw] dans *Dow, Gow, How, Pow* et dans *Howe*.

Rem. II. — La terminaison *-owe* se prononçait autrefois [-ɔ:v]. On continue encore à l'entendre ; mais elle est en train de disparaître.

Rem. III. — L'angl. *bowling* se prononce avec [ɔ] ; mais *bowling-green* a été francisé en *boulingrin*.

D'autre part, le groupe *ow* se prononce [o:] devant une voyelle non finale dans : *Bowen, Bowyer, Fowey, Lowell, Lowestoffe* [lo:stɔf], *Lowestoft* [lo:stɔft], *Lowick, Lowes* [lo:s], *Lowood, Nowell, Owego, Owen(s), Owyhe, Powis, Powys, Rowan, Rowed*, etc. — et devant un *h* ou une consonne dans : *Arrowpoint, Arrowsmith, Bellows, Bowland, Bowler, Bowling, Bowlker, Bowan, Bowness, Burrows, Crowhurst, Crowland, Crowley, Harrowby, Howth, Lowlands, Lowrye,*

Mowbray, Owles, Rowlands, Rowley, Rowney, Snowdon, Towle, Trowbridge.

Mais le groupe *ow* se prononce [ow] dans *Alloway* et *Bowater*, composés de *way* et *water* ;

et [aw] devant une voyelle dans : *Bower, Coward, Gower, Cowes, Cowie, Dowell, Dowie, Glendower, Gowan, Howard, Howell, Howick, Howie, Howitt, Howorth, Jowett, Lowis, Ower(s), Power, Sowerby, Stowers, Towyn,* etc. — ; et devant une consonne dans : *Bowdler, Bowring, Brown(e), Browning, Browrigg, Brownsmith, Brouse, Cowler, Cowley, Crowndale, Crouther, Dowdan, Dowgate, Dowlas, Dowle, Down(e), Downey, Downham, Downing, Downpatrick, Downs, Downton, Dowse, Dowson, Dowton, Fowke, Fowler, Fowles, Fownes, Gowrie, Howley, Howse, Howson, Lowndes, Lowth, Lowther, Lowville, Mowgli, Owsley, Plowden, Plownan, Pownall, Pownceby, Prowse, Rowntree, Rowth, Towcester, Towler, Townley, Towns(h)end* [tɑwnzɛnd], *Townsville,* etc., et les composés en *-town* : *Capetown, Charlestown, Freetown,* etc.

Rem. I. — Conformément à l'anglais, on prononcera [o:] ou [aw] dans *Cowen, Mowatt, Powell, Rowell, Bowden* — ; [u] ou [aw] dans *Cowper, Frowde*. Il est à noter que le nom de l'écrivain *Cowper* et le dérivé français *cowpérite* ont un [u]. De plus, on prononce [aw] dans *Gower Street*, rue de Londres, et [ɔ] dans *Leveson Gower*, localité du Pays de Galles.

Rem. II. — On prononcera [u] dans *liqueur de Fowler* et dans *Brown-Sequard*, nom d'un physiologiste français. Quant aux dérivés *brownée, brownien, brownisme, brownistes, brownlite,* ils se prononcent soit avec [aw], soit plus souvent, à l'ancienne, avec [u].

2º Dans les mots et noms étrangers qui ne sont pas anglais ou transcrits à l'anglaise, l'*o* du groupe *ow* se prononce toujours [ɔ], que le *w* se prononce avec la valeur de [v] comme dans *redowa, Nowemiasto, Nowy Targ, Rowensko, Sadowa,* etc., *Bulow, Flotow, Gustrow,* etc., ou avec la valeur de [f] comme dans (mer d')*Azow, Kharkhow, Rimsky-Korsakow,* etc. (écrits plus souvent avec *-ov*) —, ou qu'il soit muet, comme dans les noms polonais *Dombrowski, Poniatowski, Strowski,* etc.

Rem. — Le nom du peintre hollandais *(Gérard) Dow* se prononce [du] ; d'où l'autre orthographe française *Dou*.

om
(suivi de consonne)

1º On prononce [ɔ̃] dans les mots ou noms latins et gréco-latins, avec *om* suivi de *b* ou de *p* : *bombyx, compluvium, gomphus, pomphos, thrombus, trombidion*, etc. —, *Complutum, Pompeia, Pomponius*, etc. Cf. les locutions latines : *compelle intrare, compos sui*, etc.

On prononce de même [ɔ̃] dans les mots et noms étrangers suivants : *compound, compost, dombéya, sombrero, tombola, tromba* — ; *Bombay, Colomba* (nouvelle de Mérimée], *Colombo, Mombouttous* (peuple du Soudan oriental), *Pombal, Tombouctou*.

A plus forte raison, dans les noms représentant des personnes, des localités ou des pays étrangers dont la forme est française : *Christophe Colomb, Colombie, Hombourg, Lombardie, Ombrie, Omphale, Pompée, Pompéi* (et *pompéien*), etc.

2º Au contraire, on prononce [ɔm] dans *romsteck* (de l'angl. *rump-steak*) et dans les noms étrangers autres que ceux dont il a été question plus haut : *Abercromby, Bomba, Bromley, Bromsgrove, Bromwich, Compton, Cromwell, Glommen, Homberg, Hompesch, Homs, Jommelli, Lombroso, Lomza, Mommsen, Omsk, (Sébastien del) Piombo, Romney, Schomberg, Sombor, Szombathcly, Thomsen, Thomson, Tommaseo, Tomsk, Tromp, Tromsœ*, etc.

Rem. — Les noms étrangers se prononcent avec [ɔ̃] lorsqu'ils sont portés par des Français : *Dombek, Dompietrini, Gombergh*, etc.

om
(final)

Le groupe final *-om* se prononce toujours [-ɔm] : *Brom* (Belgique), *Edom, Epsom, Esztergom, Mahom, Ma(e)lstrom, Norodom* (Cambodge), *Tom* (cf. aussi *Tom-Pouce*), *Usedom*, etc.

Rem. — Il n'y a d'exception que pour *dom*, titre donné à certains religieux, qui est une francisation de l'esp. *don*; cf. p. ex. *dom* [dɔ̃] *Besse*.

on

A. — Devant une consonne orale.

1º Le groupe *on* se prononce [ɔ̃] dans tous les mots latins ou gréco-latins : *confiteor, conjungo, consensus, consortium, (boa) constrictor, consul, fongus, rhonchus,* etc. Cf. les locutions latines : *fronti nulla fides, longo sed proximo intervallo, sponte sua,* etc.

Dans tous les mots étrangers : *concetti, condor, condottiere, condurango, confetti conquistador, constable, dondos, drongo, folk-song, fondouk, gong, moncayar, ondatra, ping-pong, pongo, ponticello, rondo, songar, souchong, tondo, tongo, tonguista,* etc.

Rem. — On prononce cependant [ɔn] dans *kronprinz*.

Dans les noms anciens : *Bontobriga, Consabura, Consentius, Fonteius, Londinium, Longus, Montanus, Pontius, Sontius,* etc., et dans le nom chinois latinisé *Confucius*.

Rem. I. — A plus forte raison en est-il de même lorsque ces noms sont sous une forme française : *Amalazonte, Amathonte, Constance, Constantin, Constantinople, Sagonte,* etc.

Rem. II. — On prononce cependant [ɔn] dans *Heautontimoroumenos*, comédie de Térence.

Et dans les noms de personnes, de peuples, de localités ou de pays étrangers suivants, que leur forme soit originaire, française ou francisée : *Concini, Congo, Conrad, Conradin, Egmont, Fontarabie, Gongora, Gonzague, Gonzalve, Honduras, Hongrie (et Hongrois), Klondyke, Londres, Moncade, Mongolie (et Mongols), Monserrat, Montebello, Monte-Carlo, Monte-Cristo, Montecucculi, Montenegro (et Monténégrins), Montezuma, Montgommery, Montrose, Ontario, Sismondi, Sonde, Spontini* —, auxquels il faut ajouter les noms géographiques des Territoires d'Outre-mer et des Etats associés ou autrefois associés : *(baie d')Along, Ansongo, Bondou, Dong-Trien, Haiphong, Hongay, Mékong, Moncay, Pondichéry, Songhaï, Song-Koï, Son-Tay, Tonkin, Vinh-Long,* etc., les noms géographiques de la

Belgique wallonne : *Contich, Tongres, Wonck,* etc., et les noms qui sont ou peuvent être précédés d'un article : *Algonquins, Gonds, Honveds, Hurons, Jagellons, Lettons, Mormons, Patagons, Tongouses,* etc.

Rem. I. — Cependant lorsque *Montgommery* et *Montrose* désignent des localités, ils se prononcent avec [ɔn].

Rem. II. — Pour *Honduras,* la prononciation [ɔndurɑːs] commence à s'introduire au lieu de [ɔ̃dyrɑːs] ; mais pour l'instant elle est assez rare. Il en est de même pour la prononciation [kɔntʃini], lorsqu'il s'agit du *Concini* historique. Cette prononciation n'est guère usitée pour le moment lorsqu'il s'agit d'autres personnes portant le même nom.

Rem. III. — Le pluriel anglais *Dominions* se prononce [dɔminjɔn], comme au singulier.

2º Dans les noms étrangers dont il n'a pas été question plus haut, le groupe *on* se prononce ordinairement [ɔŋ] ou [ɔn], suivant qu'il est suivi ou non de [k] et [g].

Ex. de [ɔn] : *Aspromonte, Bitonto, Brontë, Bronzino, Consalvi, Constantza, Contarini, Conti* (lorsque le mot est italien), *Fondi, Fonseca, Fontana, Gondar, Gondawa, Hondo, Jonson, Konstadt, Konstantinov, Kronstadt, London, Mondovi, Mongibello, Monjuich, Monroe, Monrovia, Montana, Monte..., Montecatini, Montecitorio, Monteleone, Montemayor, Montessori, Montevideo, Monteverde, Monti, Móntiel, Monza, Pontianak, Pontremoli, Pontresina, Raimondi, Ronda, Sondrio, Spontini, Toronto, Trondhjem, Vondel,* etc. — ; de [ɔŋ] : *Aconcagua, Boncompagni, Bonk, Bronx, Conco, Congreve, Czongrad, Doncaster, Donga, Dongola, Drong, Hong-Kong, Hongo, Jongkind, Kaï-Fong, Kongerslev, Kouang-Tong, Long, Long Beach, Longfellow, Longford, Long Island, Longwood, Longhi, Missolonghi, Moncorvo, Schongauer, Songka, Tonga, Yonkers,* etc.

Rem. I. — Cependant la prononciation avec [ɔ̃] reste encore plus ou moins en usage pour certains noms. Elle est de règle lorsque les noms étrangers sont portés par des Français : *Bonfanti, Bonck, Dondi, Drummond, Fontanarosa, Gondi, Gondolo, Moncrif, Monticelli,* etc.

Rem. II. — A côté de [ɔn], on prononce aussi [œn] dans *Commonwealth* et *Constable* [kɔnstəbœl] ou [kœnst-].

B. — Devant une consonne nasale.

1º On prononce d'ordinaire [mɔ̃mut] dans *duc de Monmouth* ; mais [mɔnmœs], ou mieux [mɔnmœθ] lorsqu'il s'agit des localités qui portent ce nom.

2º L'*o* se prononce [ɔ] dans *Clonmell*. Il en est de même dans le cas du groupe -*onn*-, que -*nn*- se prononce [n] comme dans *Connaught, Donnaz, Donners-Berg, Dronningland, Honnef, Lonnerstadt, Plonne, Ronneby, Zonnebeke*, etc., auxquels il faut naturellement ajouter *Bonn, Bronnzell, Glonn, Heilbronn*, etc. —, ou qu'il se prononce [nn], comme dans le finl. *Konne-Vesi*, l'ital. *Monna Lisa*, le cat. *Monnegre*, le mandchou *Nonni*, etc.

on
(final)

1º On prononce [ɔ̃] dans la plupart des mots en -*on*, empruntés directement ou non au grec : *argon, basilicon, bembidion, catholicon, chorion, côlon, crypton, diachylon, électron, enchiridion, épiploon, gnomon, iléon, ion* (et *cation*), *manichordion, micron, oxyton* (et *par*-, *propar*-), *psallion, psaltérion, rhododendron, rhyton, télamon, tympanon*, etc.

Rem. — Pour d'autres mots grecs qui se prononcent avec [-ɔn], cf. p. 200.

Dans la plupart des mots étrangers : *boston, gallon, gamon, gammon, gibbon, natron, nylon, singleton, vison*, etc.

Rem. I. — Il en est de même pour *accordéon* (de l'allem. *Akkordion*) et *baralipton*, mot forgé par les scolastiques.

Rem. II. — Pour les mots anglais *charleston, chatterton*, la préposition ital. *con* et la préposition allem. *von*, tous avec [-ɔn], cf. p. 200.

Dans la plupart des noms anciens, francisés ou non : *Aaron, Absalon, Achéron, Ammon, Assar-Haddon, Caton, Cicéron, Créon, Deucalion, Didon, Eétion, Hélicon, Ion, Ixion, Jason, Laocoon,*

Memnon, Néron, Odéon, Pandion, Panthéon, Pélion, Platon, Salomon, Samson, Varron, Zénon, etc.

Rem. — Pour d'autres noms anciens qui se terminent en [-ɔn], cf. ci-dessous.

Et dans un certain nombre de noms étrangers, francisés ou non : *Annobon, Apchéron, Aragon, lac Balaton, Bessarion, Boston, Canton, Décaméron, le Don, Fouta-Djalon, Gabon, Japon, Léon* (prov. et ville d'Espagne), *Mahon, Port-Mahon, Mélanchton, Orégon, Simplon*, auxquels il faut ajouter les noms indochinois *Don-Tien, Lang-Son, Muang-Son, Saïgon, Son-Tay, Song-Kon*.

Rem. I. — On prononce aussi [-ɔ̃] dans *Obéron* qui malgré le poème de Wieland et l'opéra de Weber est un vieux nom français.

Rem. II. — Pour *Bacon, Bagration, Eton, Newton, Robinson*, cf. p. 201.

2º On prononce au contraire [ɔn] dans les mots grecs *epsilon, mégaron, upsilon* et dans les locutions grecques *gnôthi seauton, Kyrie eleison*.

Rem. — Il en est de même pour la finale *-ôn* dans le mot grec *chitôn*.

Dans la négation latine *non* : *abusus non tollit usum, de minimis non curat praetor, non bis in idem, non possumus, (condition) sine qua non*, etc.

Dans les deux mots anglais *charleston, chatterton*; dans la préposition italienne *con* (cf. *con brio, con moto*, etc.) et dans la préposition allemande *von* (cf. *Von Ettmayer, Von Wartburg*, etc.).

Rem. — Les deux mots anglais *bacon* et *fashion* se prononcent [bekœn] et [faʃœn].

Dans les noms du grec ancien terminés en *-eion* : *Erechthéion, Gorgonéion, Sérapéion, Théséion*, et dans *Organon* (ouvrage d'Aristote), *Satyricon* (pamphlet de Pétrone).

Rem. — On prononce [ɔ̃] dans *Poséidon*, et [ɔn] dans *Poséidôn*, autre forme du même mot.

Et dans les noms étrangers autres que ceux qui ont été cités ci-dessus : *Addison, Anderson, Byron, Calderon de la Barca, Carnarvon, Chatterton, Clarendon, Codrington, Concepcion, Dayton, Dogson, Dominion, Edison, Edmonton, Emerson, Felton, Fulton, Gibbon* [gi-], *Gilson, Gigon, Gordon, Gythion, Hamilton, Harrison, Houston,*

*Hudson, Jakson, Jefferson, Ben Johnson, Jonson, Juxon, Kensington,
Kherson, Kwannon, Launceston, London, Lytton, Madison, Milton,
Nelson, Palmerston, Paterson, Mac Pherson, Preston, Richardson,
Robertson, Salmeron, Southampton, Stephenson, Stevenson, Tennyson,
Thomson, Torreon, Warburton, Warrington, Washington, Wellington,
Wilmington, Wollaston, Yukon*, etc.

Rem. I. — La prononciation [biʀɔ] pour *Byron*, est aujourd'hui désuète ; on dit [bajʀɔn].

Rem. II. — On prononce [ʃ] dans *Bacon*, lorsqu'il s'agit du moine ou du chancelier anglais. *Robinson Crusoé* se prononce aussi avec [ʃ]. On dit aussi avec [ʃ] : la coupe *Gordon Bennett*.

Rem. III. — *Eton* et *Newton* se prononcent [etɔ̃] ou [itɔn], [nœtɔ̃] ou [njutɔn]. *Bagration*, avec [tjɔ̃] est un peu vieilli ; on dit plutôt [bagʀatjɔn]. Il faut s'abstenir en tout cas de prononcer [bagʀasjɔ̃].

Rem. IV. — L'esp. *Don* se prononce [dɔ̃] devant un nom commerçant par une consonne (cf. *Don Carlos, Don Juan, Don Quichotte*, etc.) ; mais [dɔn] devant un nom commençant par une voyelle (cf. *Don Antonio, Don Anselmo*, etc.).

Rem. V. — On prononce [-ɔ̃] dans les noms étrangers quand ils sont portés par des Français : *Adanson, Lauriston, Mac-Mahon, Milton*, etc. Se prononcent cependant avec [-ɔn] les noms terminés en *-son*, comme *Bergson, Calberson*. Noter que *Gerson, Gilson, Pierson*, avec [ʃ], sont français.

ö - ő

Pour la valeur de *ö* (allemand, suédois, hongrois) et de *ő* (hongrois), cf. p. 188.

öe

Ce groupe se rencontre dans les noms danois *Möen* et *Möens Klint*, qui se prononcent en français [mø:n], [mø:ns].

ø

Pour la valeur de cette voyelle (danoise et norvégienne), cf. p. 188.

u

(Non suivi de voyelle, de *m*, *n* finals ou de *m*, *n* + consonne)

A. — Mots et noms anglais.

Le français prononce :

1º [i] dans *business* [biznɛs].

2º [y] dans *budget, cajeput, catgut, celluloïd, durham, gutta-percha, humour, jury, rugby, suspense, tilbury, truc* ou *truck* « wagon plate-forme », *turf* (et *turfiste*), *ulster, uppercut*.

Rem. — De l'angl. *puddle*, le français a tiré le verbe *puddler* et les substantifs *puddlage, puddleur*, avec [y]. De même, sur le modèle de l'angl. *gutta-percha*, le français a créé *gomme-gutte*, également avec [y].

3º [œ] dans *bluff* (et ses dérivés *bluffer, bluffeur*), *buggy, cutter, nurse, nursery, puzzle* fr. [pø:zl], *rush, struggle for life, stud* (et *stud-book, stud-groom*), *trust* (et ses dérivés *truster, trusteur*), *tub* et l'adverbe *up* dans *hold-up, pick-up, pin-up*, etc.

Rem. I. — Le mot anglais *club* se prononce [klœb] lorsqu'il signifie une crosse de golf, une sorte de fauteuil ou un cercle sportif ou mondain (*Jockey Club, Racing-Club, Touring-Club, Club alpin français, italien*, etc.). Il se prononce [klyb] dans les autres cas : *un club littéraire, Club des Cordeliers (des Feuillants, des Jacobins), Club de l'Entresol*, etc.

Rem. II. — L'angl. *puff* se prononce en français comme son synonyme *pouf*. Cependant les dérivés *puffisme, puffiste* ont un [y] et témoignent de l'ancienne prononciation de *puff*, pratiquement disparue aujourd'hui.

Et dans les noms suivants : *Churchill, Dulles, Gulf-Stream, Purcell, Ruskin, Russell, Swinburne*, pour lesquels la prononciation à l'anglaise est acquise.

Rem. I. — La tendance est de plus actuellement à prononcer, sauf exceptions, [œ] l'*u* anglais en syllabe orthographique finale : *Argus, Arthur* [aʀtœ:ʀ] ou [aʀθœ:ʀ], *Beowulf, (Bum)puz, (Bus)fuz, (Clatter)buck, Corpus Christi, Garbutt, Mac Manus, Vanbrugh*, etc. et les mots terminés en *-burg(h)* : *Dyersburg, Harrisburg, Musselburgh, Pittsburg*, etc. ou en *-hurst* : *Bathurst, Coowhurst, Dryhurst*, etc.

Mais on prononce [y] à la française dans *Connecticut, Farragut, Lilliput, Malthus, Thomas Morus*.

Columbus et *Fergus* se prononcent [kɔlɔ̃bys] et [fɛʀgys], à la française. Mais

Columbus Circus et *Fergus Falls* se prononcent à l'anglaise : [kəlœmbəs sœʀkəs], [fɛʀɡəs fɔls].
Enfin *Edinburgh* est francisé en *Edimbourg* [edɛ̃buːʀ].

Rem. II. — La tendance est la même, sauf exceptions, pour l'*u* anglais intérieur de mot.

[œ] dans *Asbuthnot, Ashburne, Ashburnam, Ashburton, Okmulgee, Punsutawney*, etc., et dans les noms en *-bury* : *Atterbury, Cornbury, Glastonbury, Millbury*, etc.

Cependant on prononce [y] à la française dans *Ferguson, Kentucky, Massachussetts, Nantucket, Salisbury*. De plus *Canterbury* est francisé en *Cantorbéry* [kɑ̃tɔʀbeʀi].

Quant à *Carruthers* il se prononce en français [kaʀøzəʀs], ou mieux [kaʀøðəʀs], avec un *th* anglais doux.

Rem. III. — Enfin il faut en dire autant, sauf exceptions, pour l'*u* anglais de syllabe initiale suivi de consonne redoublée, d'un groupe consonantique ou de consonne + *h. y. w* : *Buck(hurst), Buckland, Buckle, Bucks, Bulskton, Budge, Budleigh, Bu'strode, Bunyan, Burbage, Burchell, Burdett, Burford, Burgess, Burgoyne, Burlington, Burne, Burns, Burnside, Burrows, Burton, Bushell, Buss, Butler*, Mme *Butterfly, Buxton, Buz(fuz), Cudworth, Cullen, Culloden, Currer Bell, Cutch, Cuttle, Duddel, Dudley, Duff, Durbin, Durden, Durward, Duxbury, Furness, Gurley, Gurnard, Gus, Gushington, Hucknall, Huggin, Hull, Hulse, Hurd, Hurley, Hutcheson, Judge, Juggins, (Ku)-Klux-Klan, Lushington, Lutterworth, Muggleton, Mulready, Murchison, Murdoch, Murphy, Murray, Musgrave, Nuttall, Puck, Purley, Puttenham, Rudge, Rugby, Rugeley* (avec g = dʒ), *Rusk, Russell, Ruthwell, Rutland, Spurn, Strutt, Struthers, Stubbs, Sudbury, Susk, Thurston, Tullibardine, Tulloch, Turn(bull), Turnham, Tuttle, Ulverstone, Uppingham, Upton, Upwey, Uxbridge, Wuthering*, etc.

Cependant on prononce [y] à la française dans *Buffalo, Buffalo Bill, Dublin, Durban, Durham, Fulton, Gulliver, Hudson, Suffolk, Sullivan, Susquehannah, Sussex, Turner, Ulster, Jacques Usher*.

De plus, on hésite entre [y], prononciation à la française, et [œ], prononciation à l'anglaise, pour *Hutchinson, Huxley* et *Rudyard Kipling*. Mais en dehors de ce dernier groupe, *Rudyard* se prononce avec [œ].

Même hésitation entre [bykiŋɡam] et [bœkiŋɡam] (ce dernier meilleur et plus fréquent) pour *Buckingham*. L'ancienne prononciation [bykɛ̃ɡam], entièrement française, est en train de disparaître.

Sutherland maintient encore assez bien sa prononciation à la française : [sytɛʀlɑ̃:d]. Mais la prononciation à l'anglaise fait des progrès : [sœzœrland] ou mieux [sœdœnland], avec un *th* anglais doux.

4° [ju], sauf exceptions, lorsque l'*u* anglais est en syllabe initiale et suivi de consonne simple + voyelle : *Bude, Bute, Cufic, Cunard Line, Cuner, Duke, Du(luth), Durell, Fury, Hugesson, Hume, Mure, Nugent, Nuneham, Sudeley, Tuke, Udal, Union, United States, Upernavik, Ure, Murisom*, etc.

Rem. I. — Mais on prononce [y], à la française, dans *Muriel, Pusey* (d'où *puséisme*), *Tudor* et *Utah*. Quant à *(British) Museum*, il se prononce soit [myzeɔm] soit [muzeum].

Rem. II. — On prononce *Buchanan* avec [y], à la française, lorsque ce nom est celui de l'humaniste écossais du XVIe siècle. En dehors de ce cas, et en particulier lorsqu'il s'agit du 15e président des Etats-Unis, on prononce ce mot à l'anglaise : [bjukenœn].

Lorsque l'*u* anglais est en syllabe pénultième et suivi de consonne simple + e final : *Chanute, Dubuque*, etc.

Et dans les noms suivants : *Buchel, Buggs, Bushire* [bjuʃajʀ], *Hugh* [ju], *Hughenden, Hulme, Ku (-Klux-Klan), Pugh* [pju], *Uther, Uttoxeter*, etc.

5° [u] dans *bull-finch, bull-terrier, full, full-choke, pudding, puller, pullman, pull-over, pull (up)*.

Rem. I. — L'angl. *bull-dozer* se prononce [byldɔzɛ:ʀ] ou mieux [buldɔzœ:ʀ].
Rem. II. — L'angl. *bull-dog* a été francisé en *boule-dogue*.

Et dans les noms suivants : *Bruce, Bull, John Bull, Bulleid* [bulid], *Bullen, Buller, Bullit, Bullock, Bullough, Bulmer, Bulwer, Bush, Bush..., Butcher, Cutch, Fulcher, Fulford, Fulham, Fulke, Fuller, Fullerton, Fulwood, Huth, Huthwaite, Pullman, Ruth, Ruthven*, etc. — *Jukes, Junior, Home Rule, Studebaker*, etc. — *(Du)luth*.

Rem. — Mais on prononce [y], à la française, dans *Robinson Crusoé* et *Loïe Fuller*.

B. — Mots et noms appartenant a d'autres langues que l'anglais.

1° On prononce [y] dans les mots latins ou gréco-latins : *angélus, chorus, committimus, contumax, corpus, crocus, cubitus, deleatur, détritus, exequatur, fœtus, fongus, fucus, hiatus, lapsus, lotus, lupus, medius, mucus, nimbus, omnibus, oremus, papyrus, processus, prospectus, pubis, radius, rébus, sinus* (et *cosinus*), *stratus, terminus, typhus, ultra, urus*, etc. Cf. les locutions latines : *ab uno disce omnes, audaces fortuna juvat, gaudeamus igitur, nec pluribus impar, statu quo, terminus a quo, terminus ad quem, de visu, de auditu, proprio motu, fiat lux, vulgum pecus, profanum vulgus*, etc.

Rem. I. — Il en est de même pour les créations néo-latines *autobus, lapis lazuli, motus* (interj.), *rasibus*, etc.
Rem. II. — Pour le mot grec *basileus*, cf. p. 164.

Dans les mots étrangers suivants : *azimut, benturong, bismuth, bulbul, burnous, cayagu, copahu, curaçao, kummel, mustang, studio, sultan,* (sirop de) *tolu, turban, turbeh, uhlan, uskuf.*

Rem. — A côté de *ukase, uléma,* avec [y], on a aussi *oukase, ouléma,* avec [u]. *Ukase* et *ouléma* semblent plus employés. Quant à *karakoul,* il a fini par céder la place à *caracul,* avec [y].

Dans les noms de l'Antiquité, payenne ou biblique : *Anubis, Apollonius, Asdrubal, Assur, Assurbanipal, Bacchus, Baruch, Belzébuth, Burrhus, Busiris, Caligula, Cethegus, Cunaxa, Darius, Fortuna Redux, Hercula(num), Hortensius, Horus, Indus, Jéhu, Jérusalem, Jésus, Juba, Judas, Judith, Jupiter, Laïus, Lucas, Lusitania, Mathusalem, Momus, Nabuchodonosor, Olibrius, Paulus, Numa, Phébus, Pollux, Pulcher, Putiphar, Remus, Romulus, Ruben, Ruth, Sirius, Sperchius, Taurus, Thulé, Tibur, Tubalcaïn, Unigenitus, Uriel, Vénus,* etc. — ; dans les créations latines : *Ahasverus, Berzélius, Confucius,* M. *Diafoirus, Eviradnus, Fructidor, Gambrinus, Gervinus* [gɛʀ-], *Grotius, Heinsius, Helvétius, Jansénius, Mencius, Stradivarius, Uchatius,* etc. —, et à plus forte raison dans les noms anciens francisés : *Apulée, Béthulie, Bubaste, Bucéphale, Bucoliques, Catulle, Gétules, Idumée, Indutiomare, Janicule, Judée, Locuste, Mandubiens, Méduse, Minturnes, Numidie, Péluse, Rubicon, Rutules, Salluste, Suse, Syracuse, Tibulle, Ulysse, Urie,* etc.

Rem. I. — Mais on prononce plutôt [u] dans les patronymes latins ou latinisés de l'Allemagne et du Nord de l'Europe, lorsqu'il s'agit de personnes de l'époque contemporaine ; cf. *Curtius* [kuʀtsjus] (professeur et littérateur allemand), *Paulus* [pawlus] (général allemand de la dernière guerre), *Sibelius* (compositeur finlandais), etc. De même dans *Mannus,* nom d'une revue allemande. Mais *Taunus,* nom d'un massif montagneux d'Allemagne, se prononce plutôt [tonys], à la française, que [tawnus].

Rem. II. — On prononce [ʀybɛn] ou [ʀubɛn] dans *Ruben Dario,* écrivain hispano-américain.

Rem. III. — A côté de *Ur* [y:ʀ], on a aussi *Our* [u:ʀ], pour désigner l'ancienne ville de Chaldée, patrie d'Abraham.

Rem. IV. — L'*u* se prononce cependant [u] dans *Hammurabi* (ancien roi de Babylone), qui s'écrit aussi *Hammourabi.*

Rem. V. — Pour les noms grecs en *-eus,* cf. p. 164.

Dans les noms allemands, hongrois, turcs écrits à la française, avec un *u* correspondant à un *ü* de l'allemand, du hongrois et du turc, ou à un *ŭ* du hongrois. Pour les exemples, cf. p. 221 s.

Rem. I. — De plus, un certain nombre de noms allemands avec *u* = [u], se prononcent avec [y] en français : les *Fugger, Gutenberg, Hunerik, Irminsul, Luther, Rupert, Rurik, Sigurd, Ulfila, Ulm, Ulrich, Stuttgart, (le bienheureux) Suso, Walpurgis,* et avec une forme francisée : *Lucerne* (all. *Luzern*), *Luxembourg* (all. *Luxemburg*), *Thurgovie* (all. *Thurgau*), *Ulrique* (all. *Ulrike*).

Rem. II. — Pour d'autres noms allemands avec *u* = [u], on hésite en français entre [y] et [u] : *Adula, Kotzebue* [-by] et [-bu], *Uhland* [ylɑ:d] et [uland]. Pour *Taunus*, cf. pp. 146, 205.

Rem. III. — La question de savoir si *Suppé*, nom d'un compositeur allemand, doit se prononcer avec [u] ou avec [y] n'a pas lieu de se poser, la *Bühnenaussprache* ayant elle-même adopté [y] pour ce nom, d'ailleurs français d'origine.

Rem. IV. — *Nucingen*, type créé par H. de Balzac, se prononce soit [nysɛ̃ʒɛn], soit [nysiŋɛn].

Rem. V. — Bien qu'ayant un *u* = [u] en hongrois, *Budapest* se prononce avec un [y] en français. C'est encore un [y] qu'on prononce dans *(eau d') Hunyadi Janos* [ynjadi ʒano:s], et dans *Hunyadi* [ynjadi] ou *Huniade* (nom d'une famille hongroise).

Quant à *Kossuth*, on le prononce soit [kɔsyt] ou [kɔsut], soit [kɔʃut] à la hongroise.

Rem. VI. — Bien qu'ayant un *u* = [u] en turc, *Amurat* se prononce avec [y] en français, en face de *Mourad*. De même *Mustafa*, avec *u* = [u] en turc, se prononce soit avec [u], soit avec [y] dans le fr. *Mustapha*.

Dans les noms flamands et néerlandais : *Borculo, Burst, Bussum, Culenborg, Druten, Duffel, Elburg, Gentbrugge, Metsu* ou *Metzu, P. van Musschelbroek, Nuland, Nunen, Peruwelz, Purmerend, Putte, Rubens, Rubruquis, Ruddervoorde, Smuts, Turnhout, Utrecht, Voluwe* [-y:v], *Zeebrugge, Zwaluwe,* etc.

Rem. — Le nom de la reine *Juliana*, avec [jy] en hollandais, se prononce avec [ʒy] en français.

Dans les noms suédois *Rut, Sture, Ture,* qui en réalité contiennent une voyelle sans équivalent français, mais dont le correspondant le plus proche dans cette dernière langue semble être un [y].

Rem. — De plus le dan. *Upsala*, avec [u], est francisé en *Upsal*, avec [y].

Enfin, en plus des cas de *u* (= [u]) allemand ou hongrois = fr. [y] signalés ci-dessus, dans les noms étrangers suivants, que leur forme soit celle de la langue originelle ou qu'elle soit francisée : *Accurse, Albuquerque, Amurat, Bellune, Bucarest, Bug-Jargal* (roman de V. Hugo), *Calcutta, Calicut, Canut, Cantacuzène, Cuba, Curaçao, Duna* (fleuve de Russie), *Durazzo, Dussek, Huss* (et *Hussites*), *Kosciuszko, Lucques, lac Lucrin, Raymond Lulle, Lulli, Mercutio, Mon-*

tezuma, Murcie, Nelusco (personnage de l'*Africaine*), *Raguse, Sétubal, Sumatra, Tolu, Turbigo, Udine, Ugolin, Urgel, Améric Vespuce* et *Unesco*, nom formé des initiales de l'angl. *United Nations Educational, Scientific and Cultural Organisation* —, auxquels il faut ajouter les noms géographiques des Territoires d'Outre-mer et des Etats associés ou autrefois associés : *Djurjura, Rufisque, le Rummel, Tu-Duc, Tuléar, Tuyen-Quan(g)*, etc., et les noms qui sont ou peuvent être précédés d'un article : *Abruzzes, Asturies, Bermudes, Botocudos, Bukovine, Bulgarie, Capulets, Escurial, Grusie, Hurons, Insulinde, Kurdistan, Ligures, Ligurie, Lucayes, Lusace, Lusiades, Moluques, Pérugin, Portugal, Ukraine (-iens), Uruguay, Vésuve*, etc.

Rem. I. — On hésite entre [y] et [u] pour *Brunelleschi, Brunetto Latini, Burgos, Cherubini, Gluck* (et *gluckiste*), *Gubernatis, Guipuzcoa, Honolulu, Lugano, Masulipatam, Muratori, Murillo, Vera-Cruz*. De même, la forme francisée *Estrémadure* se prononce avec [y] ou avec [u].

Dans certains cas, l'hésitation entre [y] et [u] s'accompagne d'autres phénomènes : *Benvenuto Cellini* [bẽvenyto] et [bɛnvenuto], *Cernuschi* [sɛrnyski] et [tʃɛrnuski], *Durango* [dyʀɑ̃go] et [duʀango], *Honduras* [ɔ̃dyʀɑ:s] et [ɔndurɑ:s], *Yucatan* [jykatã] et [jukatan], *Zurbaran* [zyʀbaʀã] et [zyʀbaʀan] ou [suʀbaʀan] et mieux [θuʀbaʀan].

Rem. II. — On prononce [y] dans *Bruno* et lorsqu'il s'agit du saint qui porte ce nom ou de personnages du Moyen-Age ; mais [u] dans *Giordano Bruno, Bruno Walther* et d'une façon générale dans *Bruno*, prénom ou patronyme allemand ou italien.

Rem. III. — On prononce [y] dans *Guzman d'Alfarache*, roman de Lesage ; mais [u] dans *Guzman de Alfarache*, roman de Mateo Alemán.

Rem. IV. — A côté de *Kurdes, Négus*, avec [y], on a aussi *Kourdes, Négous*, avec [u]. Cependant ces dernières formes sont aujourd'hui vieillies.

Rem. V. — Le serbo-croate *uskok*, avec *u* = [u], est représenté en français par *Uscoques* ou *Uskoks*, avec [y], ou par *Ouskoks*. C'est ce dernier qui étymologiquement doit être préféré.

2º On prononce au contraire [u] dans les mots ou locutions de l'italien *a battuta, allegro furioso, bucchero, carcere duro, e pur si muove, furia francese, gruppetto, jettatura, risoluto, rubato, sostenuto, tenuto, tutti, tutti frutti, tutti quanti, un poco più, Cosi fan tutte* — ; dans les mots espagnols *azulejos, chulo, muleta* — ; dans les mots allemands *burg, krumper, landsturm, putsch* —, et dans d'autres comme *dumka* (polon.), *hulla, hullah* (arab.).

Rem. I. — Il en est de même dans *yucca*, mot des Arouaks d'Haïti, emprunté à l'esp. *yuca*.

CHAPITRE IV

Rem. II. — L'ital. *opera buffa* et l'ital. *gruppo* ont été francisés en *opéra bouffe* (cf. *Les Bouffes parisiens*) et en *group*.

Et dans les noms étrangers dont il n'a pas été question plus haut. En voici quelques exemples : *Aarhus, Abattucci, Acapulco, Agostino di Duccio, Albufera, Alexandrescu, Alpujarras, Ampurias, Aruba, Arucas, Avizzuna, Ayacucho, Azucena, Bratianu, Budeïovice, Bug, Burlamaqui, Campulung, Carducci, Caruso, Castruccio, Chiusi, Ciudad Real, Cluj, la Consulta, la Crusca, Cucuta, Cunha* [kuɲa], *Curitiba, Curtea d'Argeş, Cusa, Custozza, Cuyaba, Dubrovnik, Dunaïec* [-ɛtz], *Fiume, Fuji-Yama, Fukui, Fukuoka, Fusan* [fusɑn], *Giulio, Goluchowski, Grumio, Gubbio, Gubin, Guzman, Hamamatsu, Hokusaï, Iturbide, Ituzaingo, Jucar, Jutta, Kekule, Knut, Kortchula, Kumamoto, Kuré, Kuroki, Ljubljana, Lublin, Lubomirski, Luck* [lutsk], *Ludmilla, Lugo, Lule, Lulea, Luque* (Pérou), *Maramureş, Mugello, Mukatchevo, Multan, Muñoz, Murano, Mureş, Murviedro, Mussolini, Mutsu-Hito, Nubar Pacha, Oku, Oruro, Osuna, Pedruzzi, Pégu* (ou *Pégou*), *Pilsudzki, Pinturicchio, Pruth, Puccini, Pulci, Purus* (riv. de Bolivie), *Rubini, Rucellai, Rudé Právo, Rudini, Ruwenzori, Ryu-Kyu, Santa-Cruz, Satu-Mare, Shumava, Sibiu, Sucre* (Bolivie), *Surabaya* (ou *Soer-*), *Surakarta* (ou *Soer-*), *Surat, Surinam, Suwalki, Tanucci, Tokushima, Toluca, Trujillo, Tucuman, Tudela, Tulcea, Turda, Turku, Turnu-Severin, Tuscarora, Ubeda, Ucayali, Ucello, Uclès, Uleaborg, Ulloa, Umé, Unamuno, Urbino, Urfa, Urquijo, Urraca, Urundi, Uspienski, Usti, Utrera, Uxmal, Viipuri, Xingu, Yokosuka, Yukon, Zucchi, Zumalacarreguy*, etc.

Rem. I. — On prononce de même [u] dans les noms allemands qui s'écrivent avec *u*, sans tréma. Le français rendant l'*ü* et l'*u* allemands par l'unique signe *u*, il est utile de donner quelques exemples de noms allemands s'écrivant avec *u* et se prononçant par conséquent avec [u] : *Anzengruber, Blumenbach, Blumenthal, Brucker, Bruchsal, Bruckner, Brugmann, Brugsch, Buch, Burckhardt, Burgdorf, Burgenland, Burger, Burgkmair, Buttmann, Buxtehude, Buxtorf, Carlsruhe, Cuxhaven, Eistrup, Eydt-Kuhnen, Friedrichsruh, Frute, Fuchs, Fulda, Furka, Furtwangen, Furtwängler, Fust, Gudrun, Gutland, Gutzkow, Hartmut, Herrnhut, Hugbald, Hugdietrich, Hugli, Husum, Innsbruck, Krupp, Kufstein, Kugler, Kuh, Kuhnau, Kuhlmann, Kulm, Kulm(bach, -ser), Kunersdorf, Kuno, Kur(mark, -pfalz), Kurth, Kutschke, Land(e)shut, Luckenwalde, Ludendorf, Ludlow, Ludwig, Ludwigshafen, Lukmanier Pass, Lutterbach, Mur, Murg, Neckarsulm, Niebuhr, Ohrdruf, Pussten, Pustertal, Putbus, Putlitz, Rudreck, Rudolstat, Ruhl, Ruhmkorff, Ruhr, Ruhrort, Runeberg, Schubart, Schubert, Schulenburg, Schulhof, Schulze, Schumacher, Schumann, Spuzzheim, Sturm, Sudermann, Thugs, Thurn, Tugenbund, Tuttlingen, Ucker(mark, -münde), Ujest, Unstrut, Uri, Urner,*

Usedom, Wuppertal, Zug, Zurzach, etc., auxquels il faut joindre les noms terminés en *-burg (Aschaffenburg, Blankenburg, Homburg*, etc.) et en *-furt (Erfurt, Schweinfurt, Strassfurt*, etc.).

On trouvera cependant p. 206 un certain nombre d'exemples de *u* allemand prononcé [y] en français.

Rem. II. — Pour éviter la même erreur que pour les noms allemands, on donnera ici quelques exemples de noms hongrois qui s'écrivent dans leur langue avec *u* ou *ú* et qui par conséquent se prononcent avec [u] : *Bétyu, Beregújfalu, Brustury, Budafok, Buj, Chust, Cserépfalu, Duna-Bogdány, Duna-Csún, Furta, Gulyás, Gutorfölde, Gyula, Hajdú, Hajdunánás, Hajdurogog, Kisfaludy, Kiskúnhalas, Kossuth, Lukács, Mucsi, Murakeresztúr, Nádudvar, Puszta, Puszta Födémes, Pusztaföldvár, Pusztavám, Sumony, Surány, Tura, Udvard, Új-Bers, Újdombóvár, Ujfalu, Újlak, Ukk*, etc.

On trouvera cependant p. 206 quelques exemples de *u* hongrois prononcé [y] en français.

Rem. III. — A la différence de ce qui a lieu pour l'allemand et le hongrois, dont les *ü* ou *ű* et les *u* ou *ú* sont rendus ordinairement en français par l'unique signe *u*, dans la transcription de l'*ü* (= [y]) et de l'*u* (= [u] turcs, le français a l'habitude d'écrire *u* dans le premier cas et *ou* dans le second. Il peut arriver cependant que les noms turcs se présentent sous leur forme originelle, avec un *u* ayant la valeur de [u]. Pour éviter que cet *u* ne soit prononcé [y], comme dans les transcriptions françaises du turc, nous donnerons une liste de noms turcs écrits avec *u* dans leur langue et devant par conséquent se prononcer avec [u] :

Aksu Dağ, Anadolu, Arnavutköyü, Ayasuluk, Beyoğlu, Bozkuran, Buca, Mt *Bugurlu, Bulgar Dağ, Bulgurlu Köy, Burgaz, Burnabat*, (Boz-, Dil-, Kaba-, etc.) *burnu, Boz Burun, Çavuşciköy, Çubuklu, Çukur Hisar, Cumurhiet, Davut Paşa, Dumlu Pinar, Dunuk Taş, Durak, Eloğlu, Funduklu, Çiffe Furun Sokağí, Haliçogiu, Harput, Baş Havuz, Hurrem Ruşenek Sültan, Incesu, Inebolu, Istanbul, Izoğlu*, (*Azap-, Kum-, Silivri-*, etc.) *kapu, Kastamonu, Koru, Mermer Kule, Kulebahçe, Kiz Kulesi, Kunduz, Kurbağah Dere, Kurkunlu Cami, Kurtulus, Kuru Çeşme, Kuşada, Zincirli Kuyu, Kuzkuncuk, Mahmut, Mamullar, Mancusu, Meşrutiyet Caddesi, Mudanya, Sidi Muhettin, Muradiye, Murat Dağ, Mustafa Paşa, Cihan Numa, Nurosmaniye, Odun Kapu, Omur Yeri, Oturak, Pambukşak, Porsuk, Punar Başi, Rumeli Hisar, Sidrua, Soğuk Çeşme, Sokollu Mehmet Paşa*, (*Ali Bey, Bitlis, Menderez*, etc.) *Su, Kât Hane-Su, Suadiye, Sulusaray, Sulu Ova, Sürmene, Surp Takavor, Susuğurlu* (*Çirçir, Kestane*, etc.) *Suyu, Tuzgöi, Tuzla, Ulu Cami, Ulukişla, Uşak, Uzun Çarşi, Yahudiler, Yakub Çelebi, Yapud Dağ, Yavuz Sültan, Yedikule, Yenicuma, Zeyrek Yokusa, Divan Yolu, Yorgolu, Yuşa Dağ, Zonguldak*, etc.

On trouvera cependant p. 206 quelques exemples de *u* turc = [u] prononcé [y] en français.

ua [1]

1° Le groupe *ua* se prononce [ɥɑ] dans les mots latins ; cf. les citations ou locutions latines : *ad perpetuam rei memoriam, fiat voluntas tua, fluctuat nec mergitur, oderint dum metuant, pro domo sua, sponte sua, suave mari magno,* etc.

Dans les mots étrangers *ipécacuana, muirapuama, tamandua*.

Dans les noms latins : *Addua, Aduatuca, Genua, Mantua,* etc.

Et dans les noms géographiques de l'Extrême-Orient ou de l'Océanie, présentant le groupe *ua* dans les atlas ou dictionnaires français. Ainsi dans *Atuana, Cua-Lon, Cua-Rao, Huahibé, Huaniné Iti, Huaï-Panh-Ha-Tang-Hoe, Kuala Kangsa, Kuala Lampour, île Labuan, Muong-Sam-Nua, Sual, Yuan-Tcheng-Hien, Yuan-Tchéou-Fou,* etc.

2° Mais il se prononce [wa] dans tous les noms étrangers autres que ceux dont on vient de parler : *Ahuacatlan, Ahuachapam, Ahualulco, Azua, P. de Cuadramon, Cuanza, Cuaro, Cuatro Cienegas, Duaca, Gura Buazului, Huacho, Huaina Potosi, Huallaga, Huascaran, Huasco, Juan de Fuca, Juan Fernandez, Juan Godoi, Ciudad Juarez, Juruá, Kekertarsuak, Kuarvehods, Luanco, Luarca, Manikuagan, Nuam, Nuas-Järvi, Ozuluama, Pascual, Ruapehu, Sahuaripa, Suancas, Talcahuano, Tuapse, Uajärvi, Uataman, Yadua, Yuruari,* etc.

Rem. — On prononce cependant [ɥ] dans *Don Juan, Stuart, Stuart-Mill* et *Suarez, Diégo-Suarez*.

ue

1° Le groupe *ue* se prononce [y] dans les noms flamands et néerlandais : *Anderlues* [ɑ̃dɛʀly], *Buesrode, De Fluessen, Hoogstrueten, Ruephen, Schuelen, Stuerbout, Tervueren, Wuestwezel,* etc.

---

1. Pour les groupes *-gua-, -qua-,* cf. pp. 266-7.

Rем. — *Brueghel*, qui est une mauvaise graphie française de *Breughel*, se prononce, conformément à son orthographe véritable [bʀœgɛl], avec [œ].

Dans les noms allemands en *Ueber...* (*Ueberlingen, Uebersee*, etc.), et en outre *Uehlbach, Uehlfeld, Uelzen, Uerdingen, Uetze* en Allemagne, *Uechtland, Uelialp, Uerikon, Uetliberg, Tschuepis, Ueschinen, Uetendorf, Uetikon, Uetli, Uetliberg* en Suisse.

Rем. I. — Pour les noms suisses, il existe aussi une prononciation locale avec [ɥe] ou [ɥɛ], suivant les cas.

Rем. II. — On prononcera cependant [ɥɛ] dans *Luegg*, [wɛ] dans *Luen, Suen* et [uə] dans *Buer, Rue, Schuenhagen*.

2º On prononce [u] dans les noms danois *Juelsminde, Struer*.

3º Le groupe anglais *ue* se prononce [u] dans *blues, blue-book, bluelight, Bluefields, Blue Mountains, Blue Ridge, De la Rue* [deləʀu] —; [ju] dans *Fortescue* —; [ui] dans *Bluett* —; [uə] dans *Fluellen* [fluəlin], personnage de Shakespeare —; [y] dans *fuel-oil*.

4º Le groupe *ue* se prononce [ɥe] et [ɥɛ], selon les cas, dans les noms latins *Suessa, Suessiones, Suessula, Suevi, Tuerobis, Mopsuestia* (en fr. *Mopsueste*) ;

Et dans les noms géographiques de l'Extrême-Orient présentant ce groupe dans les atlas ou dictionnaires français : *Chueng Nghia, Chuen Lo, Yuen-Kiang, Yuen..., Ning-Yuen-Fou, Tchen-Yuen,* etc.

Rем. — Le possessif latin *suae* se prononce [sɥe] dans la locution *anno ætatis suæ*.

5º Le groupe *ue* se prononce [we] ou [wɛ], selon les cas, dans les noms étrangers autres que ceux dont on a parlé ci-dessus : *rio Atuel, Buenaventura, Buena Vista, Cuellar, Cuenca, Cuernavaca, Due Fratelli, Dueñas*, cap *Due Odde, Duero, Fuencaliente, Fuenteovejuna, Fuerte, Huebra, Huccas, Huelva, Huerta del Rey, Huesca, Huete, Muel, rio Nueces, Nueva.., Nuevo..., Puente..., Puerto..., Pueștii-Târg, Ruecas, Rueda, Sueca, Tuella, Tuen, Tuenno, las Vueltas,* etc.

Rем. I. — Cependant *Buenos-Aires* est complètement francisé et se prononce [byenozɛːʀ]. De même *Suez* [sɥɛːz].

Rем. II. — L'esp. *dueña* est francisé en *duègne* qui se prononce [dɥɛɲ].

ué

Ce groupe se prononce [ɥe] dans le nom biblique *Josué* et dans les noms géographiques de l'Extrême-Orient ou de l'Océanie, *Arué*, *Hué*.

> Rem. — A côté de l'orthographe italienne *Cimabue*, on a l'orthographe française *Cimabué*. D'où une double prononciation : [simabɥe] ou mieux [tʃimabwe].

ui

1º Le groupe *ui* se prononce [y] dans les noms allemands *Duisburg*, *Gruiten* et *Juist*.

2º Il se prononce [œj] dans les noms flamands ou néerlandais : *Buitenzorg, Duim, Duiveland, Duiven, Huizen, Huizum, Ijmuiden, Kuinder, Muiden, Ruinerwold, Uitgeest, Uithoorn, Uithuizen, Uithuizer Wad, Veenhuizen, Zuidbroek, Zuidland, Zuid-Vliet*, etc.

3º Le groupe *ui* se prononce [uj] dans les noms finlandais : *Kuitti-Järvi, Kuiva-Joki, Kuivaniemi, Kuivaste, Luiro-Joki, Puikule, Suistamo*, etc. —, dans les noms caréliens *Tuidivaara, Ust-Puiskoi* —, et dans les noms roumains *Bumbeștii-de-Jui, Pui*.

4º Dans les noms catalans, le groupe -ui- se prononce [uj] à la finale : *Arestui, Balestui, Beranui, Bernui, Bressui, Caldes de Montbui, Corruncui, Llessui, Mentui, Sensui, Tercui*, etc., et dans *Buira, Juiá, Sant Fruitós, Pruit*.

Mais les groupes -uig- et -uix- se prononcent le premier [utʃ] : *Bellpuig, Calabuig, El Puig, Puigbó, Puig-Cercós, Puigmal, Puigvert*, etc. —, le second [uʃ] : *Tuixent, Vuixafava*, etc.

Quant à *Monjuich*, il se prononce [mɔnʒwik].

> Rem. — Le nom de localité *Puigcerdá*, en catalan [putʃsəRda], est francisé en *Puycerda* [pɥiseRda].

5º Le groupe anglais *ui* se prononce [i] dans *building* —; [u] dans *grape-fruit, Cruikshank* [kRukʃɛŋk] —; [ju] dans *suit* [sjut], *Muirhead* [mjurɛd], *Luirbost, Suir* —; [wi] dans *Gruinard Bay, Uig, Uintah Mountains, Uist* —, et [aj] dans *Ruislip* [rajzlip].

6º Le groupe *ui* se prononce [ɥi] dans les mots latins ; cf. les citations ou locutions latines : *etiam periere ruinae, in tenui labor, is fecit cui prodest, ita diis placuit, sui compos, sui juris*, etc.

Dans le néo-latin *ruizia* et dans les mots étrangers *duim, huinhnuong, muirapuama*.

Dans le nom latin *Duilius*, le nom grec *Suidas*, les noms germaniques *Suintila* [sɥɛ̃-], *Tuisto* ou *Tuisko*.

Dans les noms géographiques de l'Extrême-Orient présentant le groupe *ui* dans les atlas et dictionnaires français : *Nui-Ba-Ben, Nui-Bason, Sui-Tchi-Hien, Tsien-Mui-Tao*, etc.

Et dans *Buick* (marque d'autos), *César Cui* (compositeur russe), *Guardafui*, ou *Gardafui*, *Huichols* (Indiens du Mexique], *Huitzilipochtli* (divinité aztèque).

7º On prononce [wi] dans les noms étrangers autres que ceux dont on a parlé ci-dessus : *Acuitzio, Cruillas, P. de Cuia, Cuitzeo, Duingen, Duino, Duitama, Escuintla, Fukui, Gruica, Huilla, Huimangrillo, Huincul Mapu, Kuibychev, Luigi, Luini, Luino, San Luis, Fray Luis de León, Luisenberg, Luitgar, Luitpold, São Luiz* [lwiʃ], *Minchimahuida, Muiños, Muira, Puira, Ruiz, Suir, Taui-Taui, Tuira, Uino*, etc.

Rem. — On prononce cependant [ɥi] dans *Luigini*, nom d'un compositeur français. D'autre part, le nom catalan *Puig* [putʃ] se prononce [pɥitʃ] dans les mêmes conditions.

uo

1º Le groupe *uo* se prononce [ɥo] ou [ɥɔ], suivant les cas, dans les mots latins *cruor, duodecimo* (et *duodécimal*), *duodénum* (et *duodénal, duodénite*,) *fluor* (et *fluorescence, fluorescent, fluorescéine*, etc.), *quatuor* (et d'après lui *septuor, sextuor*), *triduo* et dans *duodi* refait sur le latin.

Dans le mot *duo*, emprunté à l'italien.

Dans le latin *Duo Pontes* et les noms géographiques de l'Extrême-Orient *Huong Khanh, Muong Amnat, Muong..., Muong Long, Kham Muon, Pou-Den-Muong,* etc.

Rem. — On prononce [nɥɔ̃ːg] dans le mot étranger *huinh-nuong.*

2º On prononce [wɔ] ou [uɔ], suivant les cas, dans les noms étrangers : *Buochs, Buoli, San-Buono, Cuorgne, Fluorn, Fakuoka, Kruonis, Kuolajärvi, Kuopio, Luoba, Luosa, Muo-Järvi, Muolaa, Muonio Älv, Muotta, Nuora, Nuort Jaur, Nuornnen, Puolanka, Ruokolahti, Suola Selkä, Suolahti, Wuoxen, Zuoz,* etc.

Rem. — On prononce [uɔ] après un [j] : *Juo-Järvi, Juoda, Juopperi, Juosta,* etc.

uu

1º Le groupe *uu* du flamand-néerlandais se prononce [y] : *Buurse, Buurserbeek, Hoog Buurlo, Ruurlo, Wijk bij Duurstede,* etc.

2º Celui du finlandais et de l'esthonien se prononce [u] : *Juuka, Juulus, Kuusamo, Kuusankoski, Kuus-Vesi, Luumäki, Puumala, Suursaari, Tuuli-Järvi, Tuulivaara, Uuras,* etc. —, *Ruusa, Suur Kambja, Suuz Köpu, Uue Antsia, Uusna,* etc.

3º Dans les mots latins *lituus, perpetuus, suus, tuus* le groupe *-uu-* se prononce [yy]. Quant au groupe *-uum*, il se prononce [-yɔm] : *cuique suum, nunc dimittis servum tuum Domine, perpetuum mobile,* etc.

uy

1º Le goupe *uy* se prononce [œj] dans les noms flamands et néerlandais : *Backhuysen, Buys-Ballot, Buyck, Cruyshautem, Huysum, Kuyper, Muysen, Ruyen, Ruysselede, Ruysum,* etc.

Rem. I. — *Huyghens* et *Huysmans* se prononcent à la française [ɥiʒɛ̃ːs] ou [ɥigɛ̃ːs] et [ɥismɑ̃ːs]. *Zuider-Zee* a été francisé en *Zuyderzée* et se prononce [zɥidɛʀze].

Rem. II. — *Cùyp, Ruysbroek, Ruysdaël* et *Ruyter* se prononcent aussi à la française avec [ɥ]. Mais la prononciation avec [œj] tend actuellement à s'établir.

Rem. III. — *Wenduyne*, nom d'une localité belge, se prononce [vɛndyn].

2º On prononce [ɥi] dans *Ruy Blas* et dans les noms de ville belges *Feluy, Huy*.

Rem. — *Tuyen-Quan* se prononce [tɥijɛn kan] ou [tyjɛn kan].

3º Dans les autres noms étrangers, on prononce [uj] devant voyelle : *Cuyaba, Cuyo, Cuyuni*, etc. —, et [wi] à la finale : *Ibicuy, Jujuy, Tuy*, etc.

um

A. — Devant une consonne orale.

1º Le groupe *um* se prononce [ɔ̃] dans les mots latins où il est suivi de *b* : *columbarium* [kɔlɔ̃baʀjɔm], *umbellula* et *lumbago, plumbago* (écrits aussi, mais moins souvent, *lombago, plombago*).

Dans les mots anglais *lump, lumps, rhumb* ou *rumb* (d'où l'adjectif *rumbé*).

Et dans les noms étrangers *Columbia, Columbus, Cumberland* (kɔ̃bɛʀlɑ̃:d], *Northumberland* [nɔʀtɔ̃bɛʀlɑ̃:d].

Rem. — *Humboldt* se prononce ordinairement avec [œ̃]. La prononciation avec [ɔ̃] a vieilli.

2º [ɔm] dans les mots latins où il n'est pas suivi de *b* : *circumfusa, duumvir* (et dérivés), *triumvir* (et dérivés).

Dans le franco-anglais *rumsteck* (angl. *rump steak*), écrit aussi *romsteck*.

3º [œm] dans les mots et noms anglais *dumping, dumpling, humbug, humbugger, jumper, tumbler, Drumcliff, Drumclog, Drumlithie, Dumbarton, Dumbiedikes, Dumfries, Humber, Humphery, Humphrey, Humphry(s), Lumley, Plumner, Plumpton, Plumptree, Plumridge, Plumstead, Pumblechook, Rumbold, Rumford, Rump Parliament, Sumburgh Head, Sumner Maine, Sumter, Trumper, Umpqua River*, etc.

4º [ym] dans les noms flamands ou néerlandais : *Humbeek, Rumbeke*, etc.

5º [um] dans les mots étrangers *dumka, krumper, rumba.*

Et dans les noms étrangers autres que ceux dont il a été question ci-dessus : *Blumberg, Bumbeștii-de-Jui, Cumpas, Dumlu Dagh, Dumrôse, Flums, Grumbach, Gumbin, Gummfluh, Gumpersdorf, Humle, Humperdink, Humpoletz, Humptrup, Jumna, Krumbach, Kumberg, Plumlov, Plums-Sattel, Rumskulla, Stumsdorf, Sumskij, Thumby, Umbal-Törl, Piz Umbrail, Umfors, Umstadt, Yumbel, Zumberg, Zumpango,* etc.

Rem. I. — En particulier dans les noms turcs quand ils ne sont pas transcrits à la française avec *-oum-* : *Dumbrekçay, Çumra, Dumlu,* etc.

Rem. II. — Pour les noms allemands ou turcs en *-üm-*, écrits ordinairement avec *-um-* en français, cf. pp. 222, 223, 224.

B. — Devant une consonne nasale.

1º Le groupes *-umn-, umm-* se prononcent [ɔmn], [ɔmm] dans les noms latins : *Dumnacus, Dumnorix, Vertumnus, Volumnia, Volumnus,* etc., *nummus, summum, Mummius,* etc. ; cf. les citations latines *summum jus summa injuria, consummatum est.*

Rem. — Mais on prononce [ymn] dans les continuateurs français *Vertumne, Volumnie,* et [ymm] dans *nummulaire, nummulite (-itique), nummuline.*

2º Le groupe *-umm-* se prononce [œm] dans les mots et noms anglais : *dummy, hummock, Cumming, Drummond, Drummore, Summerfield(s), Summer Lake, Summerside, Summerville,* etc.

Rem. — Mais *Drummond* se prononce [dʀymɔ̃], quand il s'agit de Français.

3º Le groupe *-umm-* se prononce [ym] dans les noms flamands ou néerlandais : *Hummele, Lummen,* etc.

4º Enfin le groupe *-umm-* se prononce [um] dans les noms allemands et scandinaves : *Brummen, Gummersbach, Gummin, Hummelshain, Krumme Horn, Kummins, Lummelunda, Rummau, Summerau, Summin, Ummanz, Ummendorf,* etc. —, et [umm] dans le nom finlandais *Kummavopio.*

Rem. — Mais on prononce [umm] dans le nom allemand *Mummark.*

um
(final)

1° On prononce [ɔm] dans les mots latins ou gréco-latins, anciens ou modernes : *album, aluminium, compendium, critérium, décorum, épithélium, factum, factotum, fatum, maximum, mémorandum, minimum, oïdium, omnium, pensum, peplum, podium, post-scriptum, postulatum, potassium, radium, sanatorium, silicium, sodium, speculum, sternum, substratum, vade-mecum, velum,* etc.

Dans les mots étrangers *opossum, rhum* (et *rhumerie*), *targum.*

Rem. — L'angl. *chewing-gum* se prononce ordinairement avec [-ɔm]. La prononciation avec [-œm] est en train de disparaître.

Dans les noms propres anciens terminés en *-um* : *Actium, Herculanum, Latium, Laurium, Nahum, Pœstum, Tusculum,* etc.

Et dans le nom anglais *Barnum.*

2° On prononce [œm] dans le mot anglais *plum(-cake, pudding).*

Et dans les noms géographiques anglais ou néerlandais : *Dundrum, Rum River, Rum Key, Yum-Yum* —; *Bullum, Bierum, Bussum, Dokkum, Hallum, Hilversum, Hollum, Loppersum, Middelstum, Stedum, Ulrum, Winsum, Wirdum,* etc.

3° On prononce [um] dans *(balle) dum-dum, bégum,* mot pour lequel la prononciation avec [ɔm] a vieilli.

Et dans les noms étrangers autres que ceux dont il a été question ci-dessus : *Belum, Bochum, Büsum, Dorum, Humlum, Husum, Mellum, Midlum, Morsum, Nieblum, Ober-Trum, Oldersum, Risum, Thum, Tulum, Zum Steg,* etc.

Rem. — En particulier dans les noms turcs quand ils ne sont pas transcrits à la française avec *-oum* : *Altimkum, Kum Kale,* etc.

un

A. — Devant une consonne orale.

1º On prononce [ɔ̃] devant une consonne autre que *n* dans les mots latins *unda-maris, arundo, bungarus, conjungo, de profundis, fungus* (ou *fongus*), *infundibulum, juncus, oculus mundi, punctum, secundo, uncia, undecimo, unctor, unguis* —; dans les mots néo-latins *bungarus, mundium, opuntia, uncaria, uncinia,* etc. —; et dans les locutions ou citations latines *unde vi, ad unguem, unguibus et rostro, sunt lacrymæ rerum, sunt verba et voces,* etc.

Dans les mots étrangers *bécabunga, juncago, mundick, mungo, négundo* (ou *négondo*), *uncomocomo, pundos* et *punka* (ou *panca, panka*).

Rem. I. — *Punch* se prononce [pɔ̃:ʃ] quand il désigne une boisson, et [pœntʃ] quand il désigne un coup de poing.

Rem. II. — *Pundit,* autre forme de *pandit,* se prononce avec [ɔ̃]. Mais cette forme n'est plus guère employée.

Rem. III. — L'angl. *jungle* et le fr. *junte,* réfection de l'esp. *junta,* se prononcent régulièrement avec [ɔ̃]. Cependant la prononciation avec [œ̃] tend à se répandre, même chez les personnes cultivées. Aussi ne saurait-on la condamner.

Dans les noms anciens *Aruns* (que Voltaire écrit *Arons*), *Munda, Juno Unxia,* etc.

Et dans le nom anglais *Arundel,* ainsi que dans *la Dunciade,* poème satirique de Pope.

2º On prononce [œ̃] dans l'adverbe latin *nunc* [nœ̃:k] ; cf. *hic et nunc, nunc est bibendum, nunc dimittis servum tuum Domine,* etc.

Dans les mots étrangers *bungalow, munster, shunt* (et le verbe fr. *shunter*), et *tunker* (ou *dunker*).

Rem. — Le mot *lunch* se prononce [lœ̃:ʃ] ou [lœntʃ] à l'anglaise. Mais le verbe *luncher* se prononce toujours [lœ̃ʃe].

Dans le nom latin *Fabius Cunctator* (cf. aussi en fr. *F. Cunctateur*).
Dans *Majunga* (ville de Madagascar) et *Les Huns.*

Rem. — Pour d'autres noms étrangers pouvant se prononcer avec [œ̃], cf. ci-dessous et p. suivante.

3º On prononce [œn] dans les mots étrangers *dundee, funding, funny, hunter, munjeet* [mœnʒit], *punching* (*-bag, -ball*), *puncher* [pœntʃœ:ʀ], *sunlight*.

Rem. — On hésite pour *muntjak* entre les prononciations [mœ̃ʒak] et [mœntjak]. Cette dernière paraît préférable.

Dans les noms anglais : *Bunch, Cundall, Cundell, Cunliffe, Dunbar, Dumblane, Duncan, Duncannon, Duncansby, Duncombe, Dundalk, Dundas, Dundee, Dundonald, Dundreary, Dundrennan, Dundrum, Dungannon, Dungarvan, Dungeness, Dunglison, Dunholme, Dunkeld, Dunker(s), Dunkirk, Dunlap, Dunmail, Dunmore, Dunraven, Dunrobin, Dunsany, Dunse, Dunstable, Dunstaffnage, Dunstan, Dunster, Dunston, Dunton, Fundy, Funk, Grundy, Hunstanton, Hunsworth, Hunt, Hunter, Huntingdon, Huntingford, Huntington, Huntl(e)y, Luncarty, Lundy, Munro, Munsey, Plunkett, The Punch, Punshom, Runciman, Sunbury, Sunday, Sunderland, Tunbridge, Underhill, Under-world, Ungoed, Unley, Unwin.*

Rem. I. — Mais on prononce [œ̃] dans *Nouveau-Brunswick* (prov. du Canada), *Duns Scot, St-Dunstan*, baie de *Fundy, Isadora Duncan* et pneu *Dunlop*. La prononciation avec [ɔ] que l'on entend pour les quatre premiers noms est plus ou moins vieillie.

Rem. II. — On prononce cependant [œ̃] dans les dérivés fr. **huntérien** ou néo-latin **huntleya** des noms anglais *Hunter, Huntley*.

Et dans les noms suédois *Lund* [lœnd], *Lundqvist, Sund* [sœnd] auxquels il faut ajouter ceux qui sont terminés en *-sund* : *Bomarsund, Oresund*, etc.

Rem. — L'ancienne prononciation [lœ̃:d], [sœ̃:d], etc., persiste encore. Mais elle tend à disparaître. Il faut se garder en tout cas de prononcer [lund], [sund], etc.

4º On prononce [yŋ] dans les noms de l'Extrême-Orient et de l'Océanie, présentant les groupes *ung* dans les atlas ou dictionnaires français : *Chung-Te-Fou, Hung-Hoa, Hung-San, Hung-Yen, Stung-Chinit, Stung-Kompong-Prak, Stung..., Ungourras, Yung-Chan-Hien, Yung-Chan-Fou, Yunglong*, etc.

5º On prononce enfin [uŋ] dans les mots allemands *bunker, junker* [juŋkɛ:ʀ] et [un] dans le mot espagnol *puntillero*.

[un] ou [uŋ], suivant le cas, dans les noms étrangers autres que ceux dont on a parlé ci-dessus : *Amundsen, Amungen, Annunzio, Bluntschli, Brundorf, Brunstatt, Bundenbach, Bundesrath, Bundi, Bunji, Bunzlau, Cundinamarca, Cunduacan, Duncker, Dungapur, Frederikssund* (Dan.), *Fundacion, Fundão, Fundeni, Funken, Grund, Grundtvig, Grunzig, Gunderap, Gundslev, Guntur, Hundorf, Pueblo Hundido, Hunte, Kristiansund* (Norv.), *Juncal, Jungfrau, Monte Junto, Kundian, Kungnung, Kunstadt, Langesund* (Norv.), *Isola Lunga, Lunghi, Lungro, Mundo, Munkács, Gura-Munteni, Oddesund* (Dan.), *Puntagorda, Punta... Rundane, Runkel, Schunter, Sunchales, Sundern, Sundswall, Sunndals-Elv, Sunndalsöra, Truns, Tunga, Tungabhadra, Tunja, Tuntsa-Joki, Uncastillo, Ung, Ungvár, Unst, Unstrut, Unter der Linden, Unterwalden, Wundichow, Wundt, Wunstorf*, etc.

Rem. I. — En particulier dans les noms turcs quand ils ne sont pas transcrits à la française avec -*oun*- : *Alayunt, Funduklu, Kunduz, Kurkunlu Cami, Kuzkuncuk, Sabunci Punar*, etc.

Rem. II. — Pour les noms allemands ou turcs en -*ün*-, écrits ordinairement avec -*un*- en français, cf. pp. 222, 223, 224.

Rem. III. — On prononce cependant [ɜ] dans *Frunsberg*, nom d'un général allemand du xve-xvie siècle qui s'écrit aussi *Fronsberg* en français.

Rem. IV. — On prononce [œ̃] dans *(Pays, Maison de) Brunswick, (pile, bec) Bunsen;* la prononciation avec [ɜ] qui existe encore est en train de vieillir. De même *Munkacsy*, nom d'un peintre hongrois du xixe siècle, se prononce [muŋkatʃi] ; mais on dit aussi [munkatʃ] à la hongroise.

Rem. V. — On prononce [œ̃] dans les noms allemands portés par des **Français**. Ainsi dans *Brunck, Brunschwig, Funck-Brentano, Jung* ou *Iung, Jungfleisch, Munk, Nungesser*, etc. De même dans les dérivés français de noms allemands : *jungermanniacées* [ʒœ̃ʒ-], *jungermannie, munkforssite, munkrudite, stundiste*, etc.

B. — Devant une consonne nasale.

1° Le groupe -*unn*- se prononce [yn] dans *tunnel* [tynɛl], emprunté à l'anglais ; — [ynn] dans le mot arabe *sunna* [synna], d'où *sunnite* [synnit].

Rem. — A côté de *sunna*, on a aussi *sounna* [sunna] et *souna* [suna].

2° [œn] dans les noms anglais : *Bunnet, Cunningham, Dunn, Dunne, Dunning, Dunnotar, Runnymede*, etc.

3º [yn] dans le nom hollandais *Hunneshans*.

4º [un] dans les noms allemands et scandinaves : *Brunneck, Brunnersdorf, Cunnersdorf, Sunne, Unna*, etc., et *Sunndals-Elv, Sundalsöra*, etc. —, [unn] dans l'esthonien *Munna Mäggi*.

Rem. — Mais on prononce [unn] dans le nom allemand *Unnütz*, qui est un composé.

un
(final)

1º On prononce [yn] dans les noms de l'Extrême-Orient présentant le groupe *-un* dans les atlas et dictionnaires français. Ainsi dans *Chun-King-Fou, Chun.., Lun-Ngan-Fou, Sun-Koua-Ting, Sun-Tien-Tchéou, Sun..., Yun-Nan-Fou, Yun-Nan-Sen, Yun-Yen, Yun...,* etc.

Rem. — De même dans *Yunnan* qui est pour *Yun-Nan*.

2º [œn] dans l'angl. *run* et dans les noms anglais : *The Sun, Sun Flower*, etc.

3º [un] dans les autres noms étrangers : *Gudrun, Irun, Jötun* (géant nordique), *Bela Kun, Kun-Szent-Miklós, Ortrun, Rioyun, Sedrun, Sigrun, Thun* (ou *Thoune*), etc.

Rem. — En particulier dans les noms turcs quand ils ne sont pas transcrits à la française avec *-oun*: *Bozburun, Çiffe Furun Sokaği, Kara Mandəsun, Odun Kapu, Samsun, Un Kapan, Uzun Çarşi*, etc.

ü
(final ou suivi de consonne)

1º Cette lettre a la valeur de [y] dans les mots allemands. Cependant comme en français le tréma est ordinairement omis, il en résulte que la graphie française prête à confusion : il est impossible de savoir en s'en tenant à elle s'il faut prononcer [u], comme c'est le cas des noms allemands cités p. 208, ou [y]. Pour y remédier, on citera une liste de noms allemands avec *ü*, qui doivent se prononcer par conséquent avec [y], quelle que soit l'orthographe française.

Blücher, Blümlisalp, Brückel, Brücken, Brückel-Berg, Brückl, Brügge, Brühlsdorf, Brünig, Brünnen, Brünnl, Brünning, Brünnlitz, Brünnow, Brüskow, Brüssow, Brüster, Brüx, Büche, Büchler, Büchmann, Bücke (-berg, -burg), Bücken, Bühl, Bühler, Bükk, Bülderup, Bülkau, Bülow, Bülzig, Bünzow, Bürgel(n), Bürger, Bürgersdorf, Bürglen, Bürglitz, Bürstadt, Büsum, Bütow, Bütthart, Bützfleth, Bütz-See, Bützow, Dübsow, Düdelingen, Düll, Dülken, Dülmen, Dümme, Dümmer-See, Dümmershütte, Dümpelfeld, Dünaburg, Dünamünde, Dünen, Düngen, Dünnern, Dünnow, Düppel, Düppenweiler, Düren, Dürer, Dürkheim, Dürmenach, Dürmantingen, Dürwiss, Düsseldorf, Düsterförde, Düsternbrook, Düte, Finstermünz, Flügger, Flühen, Flühli, Frühwirt, Fügen, Fühnenschaff, Füllstein, Fümmelsee, Fünen, Fünne, Fürchtegott, Fürfeld, Fürnitz, Fürstenau, Fürstlich-Drehna, Füssen, Gemünde(n), Giessübel, Gorsütz, Graubünden, Grüber, Alp-Grüm, Grün, Grüna, Gründl-See, Grüningen, Grünow, Grünten, Grüssau, Grüssenheim, Grüssow, Grütli, Gschütt, Güdingen, Güglingen, Güllenstern, Güls, Gülzow, Günne, Güntergost, Sankt Günther-Berg, Günthersdorf, Günz, Günzburg, Gürsenich, Güssing, Güsten, Güstow, Güstrow, Gütenbach, Gütersloh, Güttingen, Güttland, Gützlaffshagen, Gützkow, Hankenüll, Herlasgrün, Hüner, Hübner, Hüchelhoven, Hückelhoven, Hückeswagen, Hüffenhardt, Hüfingen, Hügelwald, Hügum, Hühner-Kopf, Hühnerwasser, Hülben, Hüls, Hülscheid, Hümme, Hümmling, Hünen-Berg, Hünern-Bach, Hünfeld, Hünings-Berg, Hüpstedt, Hürbe(n), Hüthum, Hütschenhause, Hüttau, Hütte, Hüttlingen, Hüttschlag, Hützel, Jürgenfelde, Jülich, Jürgenfelde, Jürgens (-burg, -hagen), Jüterborgk, Kitzbühler-Alpen, Klüden, Klütz, Knüllgebirge, Krück-Au, Krüdener, Krüger, Küdde, Küddow, Kühkar-kopf, Küh-Kopf, Kühleborn, Kühlis, Kühlungsborn, Kühn, Kühn (-ham, -heide), Kühnsdorf, Küh-Riegl, Küllück, Küllstedt, Künkendorf, Küntzig, Künzelt, Künzelsau, Künzing, Küps, Kürn, Kürnach, Kürnberger, Kürten, Kürtow, Küsnach, Küsten-Gebirge, Küstenland, Küstrin, Küstrinchen, Kütz, Landwürden, Lübars, Lübbecke, Lübbenau, Lübbersdorf, Lübberstedt, Lübbe-See, Lübbichow, Lübbow, Lübchau, Lübchin, Lübeck, Lüben, Lübke, Lübtheen, Lübtow, Lüderitz, Lüdern, Lüderode, Lügum, Lügumkloster, Lüne, Lünen, Lünenburg, Lüps, Lütetsburg, Lütschine, Lützel, Lützen, Lützlow, Madü-See, Moleküll, Müden, Müdisdorf, Mügeln, Mügge,

Müggel, Müglitz, Mümling, Mümliswil, Münch, Münche, Münden, Münder, Müngsten, Münsing, Münsingen, Münzthal, Müritz, Mürlenbach, Mürren, Mürwick, Mürz, Mürzzuschlag, Mützelburg, Mützenich, Mützenow, Neukünkendorf, Nübbel, Nümbrecht, Nünschweiler, Nürnburg, Nürschan, Nürtingen, Olmütz, Osterlügum, Pfügl, Prüger, Prüm, Prüssau, Prützenwalde, Prützke, Pülz, Pürgg, Pürglitz, Pürschel, Pürschen, Pürstein, Püttelkow, Püttlingen, Pützerlin, Rhüden, Rübeland, Rübenau, Rübezahl, Rücken-Berg, Rückenwaldau, Rückers, Rückert, Rüdeger, Rüdesheim, Rüdiger, Rügen, Rügenwalde, Rügheim, Rühen, Rühn, Rümelin, Rüstringen, Rüti, Rütikabel, Rütli, Rüttgen, Rützen, Rützenhagen, Rützow, Schücking, Schüler, Schülp, Schüpf, Schüpfen, Schüpfheim, Schürff, Schüssnigg, Schütt, Schütten, Schüttenitz, Schützen, Schwülme, Siebenbürgen, Splügen, Stüdnitz, Stülpel, Stülpelnagel, Stürzel, Stürzelbronn, Stürzenhof, Süchteln, Sülze, Süntel, Süsel, Thüringer-Wald, Thürkow, Tübingen, Tüppelsgrünn, Türnitz, Tütz, Übelbach, Übelhör, Üchtland, Ückeley, Ücker, Ückeritz, Ückermünde, Ückingen, Üdem, Ülzen, Unnütz, Würben, Würbenthal, Würm, Würtingen, Würzau, Wüsten, Zühlen, Zühlsdorf, Züllichau, Zülpich, Zürich, Züricher Post, Züttlingen, Zützen, Zützer, etc.

Il faut ajouter à ces exemples les noms terminés en *-brücke, -brügge, -bühl, -büll, -büttel, -flüh, -glück, -hübel, -hütte, -küll, -mühl, -mühle(n), -münd(e), -mütz, -rück, -schütz, -thür*, et les noms commençant par *Brücken-, Bücke-, Düna-, Dürn-, Dürr-, Dürren-, Fürsten-, Glücks-, Gülden-, Günter-, Güter-, Jürgens-, Kühn-, Lüders-, Lüding-, Lüne-, Lützel-, Mücken-, Mühl-, Mühlen-, Müllen-, Münch-, Münche-, Münchs-, Münster-, Rückers-, Rüders-, Schlüssel-, Schütten-, Süssen-, Würz-, Wüste-, Wüsten-.*

REM. I. — Il convient de noter suivant les régions les oppositions : *Brüch* — *Bruch* (et *Bruchberg, -hausen, -sal*), *Brück* (et *Argenbrück, Hohenbrück, Königsbrück, Langenbrück*, etc.) — *Bruck* (et *Bruckberg, Bruckneudorf, Fürstenbruck, Langenbruck*, etc.), *Brünn* (et *Brünn-Hassowitz, -Königsfeld, -Schimitz*) — *Brunn* (et *Brunnhof*), *Büchen* (et *Büchenbach, -beuren, -bronn*) — *Buchen* (et *Buchenberg, -damm, -dorf, -hain, -land, -lust, -wald*), *Büren* — *Buren, -bürg* (dans *Ehrenbürg, Flossenbürg, Neuenbürg*, etc.) — *-burg* (dans *Bückeburg, Dünaburg, Glücksburg, Günzburg, Neuenburg*, etc.), *Fürth* — *Furth, Grüben* — *Grubenhagen, Grüber* — *Gruber, Grün* (et *Grün-Au, Grünau, Grünchotzen, Grünbach, -berg, -feld, -felde, -fliess, -hain, -haus, -hausen, -hayn, -heide, -hof, -stadt, -thal, -wald, -walde, -walder*) — *Grun* (et *Grunau, Grunheide*), *Grüne* (et *Grüneberg, -wald*) — *Grune* (*-berg, -wald*), *Güdenhagen* — *Guden Aa* et *Gudensberg, Günters*(*-berg,*

-berge, -dorf, -hagen, -leben, -mark, -tal) — Gunters-(-*blum, -dorf, -hausen*), Gusen — Gusen-Bach, Güten(-*bach*) — Guten(-*berg, -brunn, -feld, -fürst, -stein, -zell*), Hütten(-*bach, -berg, -gesäss, -heim, -rode*) — Hutten, Kühren — Kuhren, Lübben — Lubben, Mütters(*holz*) — Mutters(*dorf*), Rüden(-*hausen*) — Ruden, Rüders (-*dorf, -dorfer, -hausen*) Ruders(-*berg, -dorf, -stedt*), Schlücht riv. — Schlucht col., Schlüchtern — Schluchtern, Türnau — Turnau, etc.

Rem. II. — On prononce aussi [y] dans Brunehilde, Huningue, Nuremberg, Tubingue, Wurtemberg, formes françaises correspondant à l'all. Brünhilde, Hüningen, Nürnberg, Tübingen, Württemberg.

Rem. III. — Le nom allemand Münster se prononce [mœstɛ:ʀ] en français. Mais on prononce [mynstəʀ] dans les composés Münster a. Stein, Münster(-*berg, -bilsen, -dorf, -eifel*, etc.).

2º Ce qui vient d'être dit de l'allemand doit se répéter pour le hongrois qui présente d'un côté *u, ú* avec la valeur de [u] bref ou long et *ü, ű* avec la valeur de [y] bref ou long. On notera qu'on a *ü* ou *ű*, entre autres exemples, dans les noms hongrois suivants : M^{ts} Bükk, Bükkösd, Büssü, Fülek, Fülöpszállás, (Balaton-, Kapos-, Tisza-) Füred, Fürged, Füzesabony, Füzes-Gyarmat, Gönyű, Güns, Külsó-Vat, Küngös, Kürt, Tisza-Kürt, Őskü, Püspöki, Püspökladány, Püspöknádasd, Sümeg, Türje, Tüskevar, Üllő, Veszprém-Külsó, etc.

3º Comme l'allemand, le turc possède un *ü* (= [y]) et un *u* (= [u]). D'ordinaire, en français, l'*ü* et l'*u* turcs sont transcrits *u*, respect. *ou*. Mais il peut se faire que les noms turcs soient cités sous leur forme originaire ; dans ce cas, la graphie turque *u* risque d'être interprétée en français comme [u]. Aussi sera-t-il utile de citer une liste de noms turcs avec *ü* :

Abdülaziz, Abdülhamit, Atatürk, Balük Göl, Bülbül, Bünkar Iskelesi, Büyükdere, Büyükliman, Büyük..., Cekürler, Çermuk, Cörük Su, Cümdi-Kian, Cümhuriyet, Deliklü, Denizlü, Far Düs, Düsce, Eğridir Gölü, Eminönü Belek, Engürich, Engüri Su, Fakültesi, Fündük, Fündüklü, Gercüş, Gölcük, Göynük, Güdül, Gül Cami, Gülek Boğaz, Gülhane, Gümaşoğlu, Sirçali Gümbe, Gümbet Dağ, Güme Dağ, Gümüş Su, Gümüş Sugu, Gümüş..., Günay, Günayköy, Güne, Günük, Günüş Sültane, Gürlek, Gürün, Güzel Hisar, Hörmül, Babi Hümayun, Hünkâr Çayri, Hünkâr Sugu, Incirlü, Kandillü, Karevlü, Kargü, Kavaklü, Kömüsler, Beylik Köprü, Köprü Su, Küçik, Küçük, Küçükköy, Küçük..., Kükürtlü, Kulelü Burgas, Küllük, Küre, Küreleh,

Kürey Nahas, Küs Jurdi, Kütahye, Kütüpane, Lüle Burgas, Mecidosü, Mudurlü, Mühürdar, Mürsel, Narlü, Nilüfer, Öküz Liman, In Önü, Kösk Önü, Pütürke, Ründvan, Samanlü Dağ, Süleymaniye, Sültan Selim, Sültan Süleyman, Zeynep Sültan, Sültaniye, Sürgü, Sürüç, Süverek, Terzilü, Döner Türbe, Tütünciftlik, Seyh-ül-Islam, Ürgüdlü, Ürgüp, Üsküb, Üsküdar, Üyük, Yellü Dağ, Yellübel Dağ, Yüksek Kaldirim, Yüzgat, Kars Zülhadriş, etc.

Rem. I. — En dehors de la Turquie d'Europe et de la Turquie d'Asie, on trouve encore *Üsküb* (auj. *Skoplje*) et *Köprülu* dans l'ancienne Serbie et *Küstendil* en Bulgarie occidentale.

Rem. II. — C'est encore à cause de l'*ü* turc qu'on prononce [y] en français dans *Turcs, Turcomans, Turkestan, Turkménistan, Turquie, Uzbek* (personnage des *Lettres Persanes*), *Uzbeks, Uzbékistan*.

Rem. III. — Cependant *Eyüp* et *Süleyman* ont comme correspondants en français *Eyoub* et *Soliman*. On trouve aussi en français *Ouskup, Ouzbek(s)* pour *Uskub, Uzbek(s)*. Mais ces formes ne sont plus guère employées.

üe

Ce groupe se prononce [yə] dans les noms allemands : *Brüel, Flüela-Bach, Flüela-Pass, Flüelen, Rüegg, Rüegsau, Süesswinkel*, etc.

y

(non précédé de voyelle et non suivi de *m, n* finals
ou de *m, n* + consonne)

A. — Mots et noms anglais.

1º Dans les mots anglais, *y* se prononce [i] : *clergyman, copyright, pennyboy, rallye-paper* et *brandy, cherry, dandy* (et *dandysme*), *derby, garden-party, gipsy, jury, lady, lavatory, milady, penalty, rugby, tilbury, tory, whisky* —, [i] ou [e] : *cross-country, nursery, penny* — [e] : *ready* — [aj] : *dry, dry-farming, extra-dry, my lord, skyscraper, bye-bye, flyer, good-bye*.

Dans les noms anglais, on prononce [i] à la finale : *Abdy, Allenby,*

Astbury, Attenby, Beatty, Blighty, Calgary, Connally, Coventry, Digby, Doherty, Jenny, Loyalty, Peary, Salisbury, etc.

REM. — Mais on prononce [aj] dans *Bly, M*^me *Butterfly, Dalry* —, et [e] dans *Daily News* [dɛlenjus].

Et, en position non finale, dans *Abersychan, Aberystwyth, Aldwych, Alwynne, Barrymore, Byssche, Cheeryble, Conybeare, Donnybrook, Dylan, Dymock, Dynevor, Gwydyr, Holycross, Holyhead, Holyrood, Holywell, Hollywood, Honyman, Ivybridge, Jekyll, Jellyby, Knyvett, Kyd, Kyllachy, Kynaston, Ladyday, Ladysmith, Lutwyche, Lygon, Lyly, Lymington, Lytham, Lyttleton, Lytton, Lyveden, Maryborough, Maryland, Marylebone, Maryport, Marryweather, Pepys, Phyllis, Plymouth, Powys, Prettyman, Prynne, Rhyl, Rhys, Rosslyn, Sandys, Sydenham, Sydney, Tennyson, Thynne, Tyrone, Tyrrell, Tyrrwit, Wycherley, Wyclif, Wicliffe, Wycombe, Wykeham, Wymondham, Wynn(e)*, etc.

Mais [aj] dans *Argyle, Argyll, Ballantyne, Ben Wywis, Blantyre, Blyth(e), Bryce, Brydson, Bryson, Byfleet, Byles, Bynoe, Byron, Bythesea, Carlyle, Clyde, Chrysler, Dryburg, Dryden, Dryfesdale, Dryhurst, Drysdale, Dyke, Dymond, Dysart, Dyson, Fordyce, Forsyth, Fyf(f)e, Fyne, Fyson, Hyde, Hyde Park, Hythe, Kintyre, Kyle, Kynance, Kythe, Lycett, Lydon, Lyghe* [laj], *Lyme-Regis, Lyte, Lythe, Mynott, Pyke, Pytchley, Rosyth, Ryde, Shylock, Smythe, Sygrove, Syme, Symington, Symonds, Symons, Twyford, Tyburn, Tyne, Tynemouth, Tyre, Tytler, Whyte, Wych, Wygram, Wyld(e), Wyl(l)ie, Wyman, Wytham, Wyvern, Ythan*, etc.

Et dans : *Bryan, Bryers, Byends, Byers, Dryasdust, Dyer, Frye, Gye, Highflyer, Lyell, Lyons, Myers, Ryan, Rye, Skye, Tyacke, Wyat(t), Wyoming*, etc.

REM. I. — *Smyth* se prononce tantôt avec [aj], tantôt avec [i].

REM. II. — *Chrysler*, désignant une marque d'automobiles, se prononce [kʀislɛ:ʀ] en français.

Enfin on prononce [œ] dans *Byrne, Kyrle*, et le *y* est muet dans *Wemyss* [wims].

B. — Noms appartenant a d'autres langues que l'anglais.

1º En flamand et en néerlandais, *y* est une ancienne graphie pour *ij*, et se prononce par conséquent [aj]. Ainsi dans *Aertrycke, Caprycke, Deerlyck, Fyt, Kortryck, Nylen, Opwyck, Ryckaert, Ryckevorsel, Rysselberghe, Snyders, Veertryck, Wychmael, Wygmael, Wynants, Wyneghem, Wytschaete, Ymuiden*, etc.

Rem. — Mais le français prononce [i] dans *Hymans, Yser* et *Van Dyck*. De même dans *Ryswick*, francisation du néerl. *Ryswyck*.

2º Dans les noms scandinaves, islandais et finlandais, l'*y* a la valeur de [y] : *Bykle, Byglandsfjord, Byrum, Dyrö, Dyrfjäll, Dyrsland, Gamleby, Heby, Holdby, Holeby, Hörby, Jylland, Lycksele, Lydom, Lyse Fjord, Lysekil, Mjölby, Mörbylanga, Myvatu, Nyborg, Nybro, Nykjöbing, Nyköping, Nynäshamn, Nyrop, Nysted, Nysätra, Överbyga, Rejmyre, Riddarhytten, Ronneby, Ry Aa, Rytterknegten, Stykkilsholm, Styrnö, Sundby, Sylljällen, Syr Odde, Togeby, Torsby, Tyholm, Udbyhöj, Udhyneden, Uggerby, Ymis Fjeld, Ystad, Ytterhogdal*, etc. —, *Myrdals Jökull* — ; *Alakylä, Hyvinge, Hyrynsalmi, Jyväskylä, Mäntyluoto, Mäntyharju, Myllymäki, Nykarleby, Nykyrka, Nystad, Pöytyä, Pyhämaa, Pyttis, Säkylä, Sideby, Tusby, Tyrvää, Ylisimo*, etc.

Rem. — Mais *Tycho Brahe*, nom d'un astronome danois du xvie siècle, se prononce avec [i] en français.

3º Les groupes *gy, ly, ny* du hongrois se prononcent [dj], [j], [ŋ] : *Bükkhegység, Gyergó Alfalu, Gyoma, Gyöngyös, Györ, Gyula, Hegy, Hortobágy, Lengyel, Magyaróvár, Nagy, Nagykenizsa, Nagykőrös, Szentgyörgyi, Szibagy*, etc. —, *Gergely, Ipóly, Károlyi, Kodály, Székely, Szombathely*, etc. — *Apponyi, Baranya, Batthyany, Beszterczebánya, Bessenyey, Dohnányi, Felsö-Banya, Füzesabony, Harsányi, Kostolányi, Nyiregyháza, Nyitra, Püspökladány, Solchány, Zrinyi, Zsofinyec*, etc.

Rem. I. — On prononce [jj] dans *Illies*.

Rem. II. — Le mot *magyar* se prononce pourtant [maʒjaːʀ] en français.

4º Le groupe *ny* du catalan se prononce [ɲ] : *Albinyana, Arenys de Mar, Avinyonet, Balenyà, Canyameres, Canyelles, Companys, Gisclareny, Granyera, Madremanya, Organyà, Riudecanyes, Tivenys,* etc.

5º En dehors des cas précédents, l'*y* se prononce [i] lorsqu'il est final ou suivi d'une consonne.

Ainsi dans le lat. *lacryma-christi*, le gr.-lat. *hymen*, et le polon. *zloty*.

Dans les noms anciens : *Abydos, Byblos, Cycnos, Cydnus, Cypris, Cyrus, Gygès, Halys, Hylas, Mykérinos, Prytaneum, Pygmalion, Pyrrhus, Pytheas, Styx,* etc.

REM. — Il en est de même à plus forte raison quand ces noms sont francisés : *Byzance, St Jean-Chrysostome, Cyaxare, Cybèle, Cyclope, Cythère, Hypathie, Lydie, Mysie, Palmyre, Polycrate, Polyphème, Tyrtée,* etc.

Et dans les noms étrangers *Adlyswyl, Adyk, Adytcha, Alatyr, Ambiky, Amriswyl, Arghyropolis, Asyr-Kaleh, Bachly, Bakhty, Bakyr-Tchaï, Batyr, Berejnyk, Bokalyk, Busswyl, Mt Byrranga, Charypovskoïe, Cybistra, Czerny, Djabyk Karagaï, Dygh, Dystos, Dzialoszyce, Elyria, Giamych, Głos Prawdy, Grybów, Gydisdopf, Hygap, Hyvinka, Igdyr, Ilytch, Irtych, Issyk-Koul, Jassy, Kalmykov, Kamychin, Khandyk, Kobylin, Krylow, Krymno, Kyritz, Kyrtchin, Lyck, Lysa Góra, Lyss, Manytch, Myslenice, Mysore, Mytho, Nyda, Mt Olytsika, Pyha, Przemyśl, Pypin, Pyzdry, Rybinsk, Rybnik, Rykow, Rytas, Sary-Sou, Styr, Symi, Syr-Daria, Sytchovka, Tchebyr-Khan, Tchernobyl, Tsylma, Tybaki, Tyszowce, Utwyl, Volkovysk, Vyg, Vysotskoïe, Vytina, Wyszkow, Ybbs, Ypsilanti, Ystapa, Ysra, Ysrutis, Zydaczów, Zyrmi,* etc.

Mais il se prononce [j] devant une voyelle dans *Agya, Banalya, Banyaï, Belyi, Bogatyi, Doumyal, Foukounyama, Kalyan, Kamennyi, Kekournyi, Kotelnyi, Krasnyi Kholm, Kratyi, Staryi Krym, Manghyehlak, Manyanga, Manyéma, Myi Kyan, Nyiro, Otyitambi, Otyikango, Otyondyoupa,* etc.

REM. — On prononce cependant [i] lorsque *y* est précédé d'un groupe consonne + liquide. Ainsi dans *Kryoskopos*.

ym
(final ou suivi de consonne)

1º Le groupe *ym* se prononce [ɛ̃] dans les mots et noms anciens, où il est suivi de *p, ph* ou *b* : *cymbalum, nymphéa, tympanon, Agisymbria, Cymbalum Mundi* (de Bonaventure Despériers), *Nymphaeum Promuntorium, Olympia, Olympias, Olympus, Salymbria, Stymphalus, Thymbra, Thymphrestus*, etc.

REM. — Il en est de même à plus forte raison lorsque ces noms anciens sont francisés : *Olympe, Olympie, Stymphale, Thymphraste*, etc.

2º Mais on prononce [im] dans le mot hindou *gymkhana* — ; dans les mots anciens avec *ym* suivi de *n* : *Calymna, Larymna, Methymna, Œstrymnicus Sinus, Ordymnus, Prymnessus, Rhymnus*, etc. —, et dans tous les noms étrangers : *Dalrymple, Gympie, Kazym, Kazymskoïe, Krymno, Kymris* (et *kymrique* ou *cymrique*), *Lympne, Narym, Naryzym, Pym, Staryi Krym, Tsymlianskaïa, Tym, Vym*, etc.

REM. — Mais on prononce [ɛ̃] dans *Olympio*, emprunté à l'ital. *Olimpio*.

yn
(final ou suivi de consonne)

1º On prononce [ɛ̃] dans les mots grecs *larynx, lynx* —, dans les noms anciens où le groupe *yn* est suivi de *c, d, t* : *Amyntas, Aracynthus, Calynda, Cynthus, Lyncestis, Myndus, Olynthus, Oxyrynchus, Rhyndacus, Tyndaris, Tyndis*, etc.

REM. — Il en est de même à plus forte raison lorsque ces mots anciens sont francisés : *Aracynthe, Cynthie, Olynthe, Tirynthe, Tyndare*, etc.

2º [yn] dans les noms scandinaves et finlandais : *Abyn, Dyngju Fjeld, Dynnes, Hyrynsalmi, Lyngdal, cap Nordkyn, Peer Gynt, Tynset, Valsjöbyn*, etc.

3º Partout ailleurs, on prononce [in]. Ainsi dans les noms anciens avec *yn* suivi de *n* : *Synnada, Tynna*, etc. — ; et dans les noms étrangers qui ne sont ni scandinaves, ni finlandais : *Altsyn, Altyn Koul, Astyn-Dagh, Bartyn Tchaï, Brooklyn, lac Koulyndy, Krynki, Kyndona, Lynchburg, Lynn, Lynton, Lynwood, Naryn, Penrhyn, Syndyrghy, cap Synghyrli, Tchertyn Ton, Tyndale, Wyndham, Wynglene, Zlynka*, etc.

Rem. — Cependant on prononce [ɛ̃] dans *Lynch* (et son dérivé français *lyncher*) et *Tyndall* (d'où *tyndallisation*).

DEUXIÈME PARTIE

CONSONNES

CHAPITRE V

CONSONNES A L'INITIALE DU MOT

On étudiera successivement :

A. — Les consonnes simples.
B. — Les groupes *GU, QU* + voyelle.
C. — Les groupes consonne + *H*.
D. — Les groupes de deux consonnes.
E. — Le groupe *SQU* + voyelle.
F. — Les groupes consonne + *H* + consonne.
G. — Les groupes de deux consonnes + *H*.
H. — Les groupes de trois consonnes.
I. — Les groupes de deux consonnes + *H* + consonne.

A. — CONSONNES SIMPLES

Deux groupes sont à distinguer selon que la consonne initiale se prononce de la même façon dans tous les mots ou non.

Premier groupe.

Se prononcent toujours de la même façon les consonnes suivantes :

B = [b] : *bas, bêche, bidon, bol, bouder, bureau*, etc. ; *Beauce, Bizet, Buzançais*, etc.

D = [d] : *dague, dé, dent, dire, dormir, douleur, durée*, etc. ; *Damien, Debussy, Descartes, Dolet, Dumas*, etc.

F = [f] : *face, femme, fer, fils, force, furet*, etc. ; *Favart, Félix, Figeac, Fontenelle, Furetière*, etc.

K = [k] : *kaléidoscope, kermesse, kilo, kyrielle*, etc., *Kerbédic, Kerbors, Kiersy-sur-Oise*, etc.

L = [l] : *lacet, lever, léopard, lit, loterie, lumière*, etc. ; *Laval, Léon, Littré, Loire, Luxeuil*, etc.

M = [m] : *mal, mélanger, mener, miracle, mort, muraille*, etc. *Madeleine, Ménard, Mignard, Molé, Murat*, etc.

N = [n] : *nager, nettoyer, né, nid, noble, nue*, etc. ; *Narbonne, Nérondes, Nice, Normandie, Nuits*, etc.

P = [p] : *passage, père, peine, pitié, porte, public, python*, etc. ; *Pamiers, Péronne, Perche, Pigalle, Pompadour, Puget, Pyrénées*, etc.

R = [ʀ] : *race, région, renaître, rire, rosée, rouge, rusé*, etc. ; *Racine, Régnier, Rethel, Richet, Robespierre, Rude*, etc.

S = [s] : *sac, sécher, semeuse, silence, soldat, sou, sujet*, etc. ; *Salies, Seine, Sénac, Signoret, Sorel, Soubise, Suard, Sy*, etc.

T = [t] : *table, terre, ténèbres, tisser, tonnerre, tout, tulipe*, etc. ; *Tarn, Tende, Técou, la Têt, Tillay, Torcy, Toul, Tulle*, etc.

Rem. — La prononciation de ces consonnes est la même pour les mots ou noms étrangers.

Second groupe.

Les autres consonnes initiales appellent quelques remarques à cause de la prononciation différente qu'elles peuvent avoir suivant les mots.

C

1° *Mots et noms français*. — On prononce [k] devant *a, o, œ* et *u* : *cave, comte, courir, cœur, curé*, etc. ; *Calvados, Condé, Côte-d'Or, Cujas*, etc.

[s] devant *e, i* et *y* : *cela, ceux, céder, cèdre, ciel, cygne*, etc. ; *Cellerier, Cévennes, Cèze, Civray, Cîteaux, Saint-Cyr*, etc.

2° *Mots et noms anciens (latins, grecs, bibliques)*. — La prononciation est la même que pour les mots et noms français. On prononce donc [s] lorsque *c* initial est suivi de *e*, *i* ou *y* : *cémonus, cenchrus, centesimo, centrum, centumvir, cérastis, cérumen, ciborium, cimbex, circius, cymbalum, cynorhodon*, etc. ; *Cecropia, Cédar, Celsius, Censorinus, Cethegus, Cincinnatus, Circé, Cycnos, Cyrus*, etc. ; *cedant arma togae*. Il en est de même devant æ [e] : *caecum, caesium, caeteris paribus, caeterum censeo, et caetera, Caecilius, Caelius*, etc.

3º *Mots étrangers.* — On prononce en français [tʃ] dans les mots italiens *cello, cembalo, cinquecento, circolo-mezzo*.

[s] dans le mot italien *cembro* ; dans les mots espagnols *cerro, cigarillo* et dans le mot portugais *centavo*.

Le mot italien *cicerone* se prononce [tʃitʃerɔne] à l'italienne, ou [siserɔn] à la française.

4º *Noms étrangers.* — Le *c* initial se prononce [k] devant *a*, *o*, *u*. Cependant dans les noms tchèques, polonais et yougoslaves, le *c* devant *a* a la valeur de [ts] : *Cachrau, Cachtice, Carevo Selo, Carev Vrh, Caribrod, Cavtat, Cazin*, etc.

Devant *e*, *i*, le *c* initial peut toujours se prononcer [s] en français. Mais il est préférable aujourd'hui d'adopter les prononciations suivantes :

a. — [tʃ] dans les noms italiens : *Ceccana, Ceccherini, Cecchi, Cefalu, Benvenuto Cellini, Cento, Cimabue, Cimarosa, Città di..., Civita-Vecchia*, etc. — ; ou dans les noms roumains : *Cehul-Silvaniei, Celaru, Cerneți, Cibinul, Cilor, Cindrelul*, etc.

On prononce en tout cas [tʃ] dans les noms de théâtre : *Ceccho del Vecchio* (Rienzi, de Wagner), *La Cenerentola* (de Rossini), *Ceprano* (Rigoletto, de Verdi) et dans *Cino da Pistoia, Musée Cernuschi* — et [s] dans *Thomas de Celano, Cinzano* (apéritif).

Dans les noms italiens commençant par *Ci* + voyelle, le groupe *Ci-* se prononce [tʃj] en français : *Cialdi, Cialdini, Ciampi, Ciano*, etc.

b. — [ts] dans les noms slaves : *Cegłów, Celić, Horni-Cerekev, Gorni-Cibar, Cidlina, Cirkvena*, etc. —, et dans les noms hongrois : *Cegléd, Nagy-Cenk, Cibakháza*, etc.

L'ancienne capitale du Monténégro *Cetinje* s'écrit en français *Cettigné*; d'où une double prononciation : [ts] ou [s].

Dans les noms polonais commençant par *Ci* + voyelle, le groupe

Ci- se prononce [tʃj] : *Cieszanow, Cieszkowski, Cieszyn, Cieszkowice,* etc.

c. — [θ] dans les noms castillans : *Cea, Ceclavin, Cehegin, Ciego de Avila, Ciempozuelos, Cienfuegos, Ciudad-Real,* etc.

Mais la prononciation avec [s] est acquise pour *Cellamare, Cervantes, Ceuta* [sœta], *le Cid*.

Il faut noter de plus que le *c* initial suivi de *e, i* se prononce [s] dans les noms catalans (*Celma, Celrà, Cellers,* etc.) ou portugais (*Cintra, Cirta,* etc.). Il en est de même pour les noms hispano-américains.

Note I. — Lorsque les noms de famille étrangers commençant par *Ce-, Ci-* + consonne sont portés par des Français, le *c* se prononce toujours [s]. De même, dans les noms italiens ou polonais commençant par *Ci-* + voyelle, le groupe *Ci-* se prononce [sj].

Note II. — Certains noms étrangers peuvent commencer par un *ć-* (slovène, croate), par un *č* (tchèque, slovène, croate) ou par un *ç-* (turc). Dans la transcription française, ces noms sont écrits avec *Tch-*. On prononcera donc [tʃ] lorsqu'on aura l'occasion de trouver ces noms écrits dans leur orthographe nationale. Ainsi dans *Ćotina* ; *Čačah, Černahora, Čičevo, Čoka* ; *Çankiri, Çetinkaya, Çivril, Çorum, Çumra* ; etc.

G

1° *Mots et noms français.* — On prononce [g] devant *a, o* et *u* : *gangrène* [gɑ̃gʀɛn] et non [kɑ̃-], *gobelet, goinfre, gond, gouverner, guttural, guerre,* etc. ; *Garnier, Goncourt, Gustave,* etc.

[ʒ] devant *e, i* et *y* : *gel, geôle* [ʒoːl], *géant, gigot, gîte, gymnastique,* etc. ; *Georges* [ʒɔʀʒ], *Germain, Gide, Gyp,* etc.

2° *Mots et noms anciens.* — Il peut s'agir de mots et de noms latins, bibliques, grecs ou orientaux.

a) Dans les mots et noms latins, la prononciation est la même que pour les mots et noms français. On prononce donc [ʒ] devant *e, i* et *y* : *genera, gens, genu (-valgum, -varum), germanium, geum, githago, gymnocephalus, gynerium,* etc., les *Geiduni, Gellius, Geminus, Genita Mana, Gentius, Germanicus, Giscon, Gytheum,* etc. ; *genius loci, genus irritabile vatum, gesta Dei per Francos,* etc. Il en est à plus forte raison de même quand ces mots ou ces noms sont francisés dans l'orthographe : *géranium, Géla*.

Cependant on prononce [g] dans les noms latins adoptés à la Renaissance par des savants allemands : *Gelenius, Gervinus, Gesenius*, etc.

b) Dans les mots grecs, le *g* initial se prononce [ʒ] devant *e* : *geania, gehyra, genea, gennada* et *géaster, géodia, géomys, géorama, géranos, gérontoxon*, etc., avec *gé-*.

Dans les noms grecs on prononce ordinairement [g] : *Gelanos, Genesios, Gennadios, Genthios, Georgios, Gephyros, Geradas, Geraistos, Geraneia, Gerenos, Geudis*, etc. Mais on prononce [ʒ] dans *Gello, Gerros* et dans les noms où *G* est suivi de *é*, de *i* ou de *y* : *Gélas, Géléon, Gélon, Gélanor, Gérana, Gérion, Giton, Gygès, Gyndès, Gyptis, Gyrton*. Pourtant, malgré leur *é*, *Gé* et *Géa* ont un [g].

c) Dans les noms bibliques, on prononce [ʒ] dans *Gerasa, Gessur* et dans *Gédéon, Gelboé, Génésareth, Gethsémani*, dont l'orthographe est francisée.

d) On prononce [g] dans *Geus-Urvan* (taureau mythique du mazdéisme) et dans *Gilgamesh* (héros sumérien).

3° *Mots étrangers*. — Devant *e*, *i* ou *y*, le *g* initial se prononce [dʒ] dans *geloso, gentleman (-farmer, -rider), gentlemen, gentry, gin, ginger (-ale, -beer, -bread, -grass), gipsy*;

[ʒ] dans *gecko, geira, gendag, gendoweng, gennada, gerah, germania* (= argot espagnol), *germinamento, gerra, geyser (-érien), gingas, ginkgo, ginseng, gitano, gymkhana*;

[g] dans *geisenheimer, geisha, gekkine, gekoi, gemsbok, gès, get* (ou *ghet*), *geta-bako, gig, gilde, gilgul-hammetin* (ou *ghilgul-*), *gill, gill-box, girl*.

Rem. — Le groupe initial *gi* suivi de voyelle se prononce [ʒj] dans *giaour* —, [ʒj] ou [dʒj] et mieux [dʒ] dans l'ital. *giocoso, a giorno*.
Dans les mots italiens qui ne sont pas entrés dans le lexique on prononcera [dʒ]. Ainsi dans *gioia, giornale, gióvane*, etc.

4° *Noms étrangers*. — On distinguera entre noms appartenant à des langues utilisant l'alphabet latin, noms appartenant à des langues utilisant l'alphabet grec ou cyrillique et noms appartenant à des langues utilisant d'autres alphabets ou n'ayant pas d'écriture.

A. — *Langues utilisant l'alphabet latin.*

On prononce [ʒ] dans les noms catalans (*Gerri de la Sal, Ginestarre, Giralt,* etc.) ou portugais (*Serra do Gerez, Minas Gerais,* etc.).

[ʒ] ou mieux [dʒ] dans les noms italiens (*Geminiani, Gemona, Genazzaro, Genzano, Germignano, Gessi, le Gesù, Girgenti,* etc.) ou roumains (*Gemartului, Geru, Gilău, Ginta,* etc.).

Rem. I. — Les noms de famille italiens portés par des Français se prononcent avec [ʒ].

Rem. II. — Dans les noms italiens ou roumains commençant par *Gi* + voyelle, le groupe *Gi* se prononce [ʒj] ou [dʒj] et mieux [dʒ] ; cf. ital. *Giaccobi, Giacomelli, Giacomo, Gioberti, Giordano, Giorgione, Giovanni,* etc —, roum. *Giurgiu, Giurgevo.* Cependant *Giotto* se prononce à la française avec [ʒj] ou [dʒj].
Les noms de famille italiens portés par des Français se prononcent avec [ʒj].

[hg] ou mieux, [x] dans les noms castillans et les noms de l'Amérique espagnole : *Gea de Albarracin, General Acha, le Genil, Gergal, Gibara, Giguela, Gijón, rio Gila, Gil y Carrasco, Gil y Zarate, la Giralda,* etc.

Rem. I. — Mais on prononce [ʒ] dans *Gibraltar* et dans *Gil Blas,* roman de Lesage.

Rem. II. — Le nom de famille espagnol *Gil* se prononce [ʒil] lorsqu'il est porté par des Français ; cf. p. ex. l'acteur *Gil-Pérès.*

[g] d'une façon générale dans tous les autres noms étrangers :

allem. : *Gelensdorf, Geiler, Gelsenkirchen, la Gemmi, Gentz, Gering, Gerlach, Gessler, Gessner, Gestapo, Giswill,* etc.

ang. : *Ged, Geddes, Geelong, Geikie, Gerry, Gerty, Gettysburg, Gibb, Gidding, Gifford, Gilford, Gillow, Gillray, Gills, Gilpatrick, Gilroy,* etc.

flam. et néerl. : *Geefs, Geer, Geeraert, Geet-Betz, Gendringen, Genck, Gentebrugge, Geulinex, Gevaert, Gilkin, Gits,* etc.

scand. : *Gedser, Gerrild, Geijerstam, Gerd, Gillesunde, Gide Älv, Peer Gynt,* etc.

pol., tch., croat., balt., finl. : *Gerovit, Giecz, Gielczew, Gielniow, Gieranony, Giraltovce, Girdiške, Girsovo, Gisdavac, Gizyeko,* etc.

hongr. : *Gebe, Gergö, Gesztely, Geyza,* etc.

turcs : *Gebze, Gelibolu, Gemlik, Geyve, Gilindire, Giresun,* etc., et *Giaur-Dagh, Giaur-Göl,* etc.

Rem. I. — Cependant on prononce [dʒ], comme en anglais, dans *Gerald, Ger(r)ard, Gibbie, Giles, Gilkes, Jack and Gill, Gillet(e), Gillot, Gillson*, etc. et dans *Geordie* [dʒɔʀdi], *Geoffr(e)y* [dʒefʀi] —; [g] ou [dʒ], comme en anglais encore, dans *Gifford, Gillingham, Gilson*.

Rem. II. — On prononce [dʒɔʀdʒ-] dans les noms anglais *George(s), Georgetown*, et dans le nom yougoslave *Georgievo* —; mais [geɔʀg-] dans les noms allemands *Georgendorf, Georgenthal, Georgs-Berg, Georgswalde, Sankt-Georgen*, etc. et dans le nom hongrois *Georgey*.

Rem. III. — On prononce [ʒ] dans les anciens noms germaniques : *Gélimer* et *Genséric* (rois des Vandales), *Géro* (un des héros des Niebelungen), *Gisolf* (roi des Lombards) et dans *Gédimias* (prince lithuanien du xive s.) qui s'écrit aussi *Guédimine*, avec [g].
On prononce aussi [ʒ] dans *La Grande-Duchesse de Gérolstein*, opéra-comique d'Offenbach. De même dans *(savon) Gibbs*.

Rem. IV. — Les noms étrangers avec [g] gardent leur [g] quand ils sont portés par des Français ; cf. en particulier *Gebhart, Gevaert*, etc. De même on prononce [g] dans les noms géographiques alsaciens ; cf. *Geispolsheim, Geiswiller, Gingsheim*, etc.
Il faut pourtant remarquer qu'on prononce [ʒ] dans les mots français dérivés de noms allemands ou anglais avec [g] ; cf. *gesnériacées, geigérie, gedgravien*, etc., de *Gessner, Geiger, Gedgrave*, etc.

Rem. V. — Dans les noms suédois et norvégiens commençant par *Ge-* ou *Gi-*, on peut aussi prononcer le *g* comme un [j].
De même, dans les noms turcs commençant par *Ge-, Gi-, Gö-* ou *Gü-*, on peut prononcer le *g* comme [gj].

Rem. VI. — Dans les noms hongrois, le groupe initial *gy* suivi de voyelle se prononce [dj] ; cf. *Gyoma, Gyón, Györ, Gyórak, Gyórvár, Gyúgy, Gyula*, etc.

B. — *Langues utilisant l'alphabet grec ou cyrillique.*

Dans la transcription romane des noms appartenant à ces langues, *g* initial devant *e* ou *i* se prononce [g] ; cf. *Gephyra*, Mt *Gerana, Gerakovouni*, etc. (Grèce), *Geuktepé, Geusiken*, etc. (Bulgarie), *Gelendjig*, M[ts] *Gidan, Gijiga, Giliouï, Ginyr*, etc. (Russie et Asie russe). On trouve aussi, suivant les systèmes de transcription, les graphies *Ghe-, Ghi-* ou *Gue-, Gui-*.

C. — *Langues utilisant d'autres alphabets ou n'ayant pas d'écriture.*

Sauf exceptions, *g* devant *e, i* se prononce [g] dans les noms indigènes de l'Afrique et de l'Asie non-russe (pour l'Asie russe et la Turquie, on a vu ci-dessus qu'il en était de même) :

Afrique : *Gefara, Gerdobia, Gimenès* (Tripolitaine), *Gilf Kebir, Girgeh, El Gisr, El Giza* ou *Gizèh* (Egypte), *Gedaref, Um Gederri*,

Gedid, Djebel Gedir, Fort Gell, Dj. Gelli, Dj. Gemadliba, Dj. Gemi, El Geneïha, Abu Gerad, Geran, Mt Gere, Gesan, El Gesire, El Geteine, Dj. Geve, Giel, Dj. Gilif, Gime, Gimina, Giskele (Soudan anglo-égypt.), *Geladi, Gelissa,* fl. *Gelo, Gera, Gerlogubi,* fl. *Gibba, Gidami, Gilimis, Gimera, Gimma, Mt Gingi, Ginir, Gioudi, Gira,* etc. (Ethiopie, Erythrée et Somali ital.), *Gedi, Mt Gelei, Gety* (Afr. or. angl.), fl. *Anob-Geib, Geiab, Geluka, Gibeon* (Afr. austr. angl.), fl. *Gela,* fl. *Gini,* fl. *Giri* (Congo belge), *Gersif* (Maroc), *Geremba, Ain-Geres, Mt Gere, Abu-Gerra,* fl. *Giong* (Afr. équat. fr.), *Gidambado* (Afr. occid. fr.), *Ain-Gettera, Beni-Gil* (Terr. du Sud), *Gimbo* (Angola), *Gelahoun* (Libéria), fl. *Geba* (Guinée port.), *Geidan, Gerki, Giri, Girkou* (Nigeria), etc.

Rem. — Dans les transcriptions françaises on trouve aussi parfois *Gue-, Gui-,* ou *Ghe-, Ghi-,* au lieu de *Ge-, Gi-.*

Asie : *Gensan* (Corée), *Gifou* (Japon), *Mt Gendari, Giddalur, Gira, Gir Forest, Gyarishing,* etc. (Inde).

Rem. — Mais on prononce [dʒ] dans *Gingi* ou *Gingee* (Inde) et dans *Gilolo,* île et détroit des Moluques (Océanie).

J initial.

1° *Mots et noms propres français.* — J initial se prononce [ʒ] devant n'importe quelle voyelle ; cf. *jabot, jet, jeter, jeu, jésuite, joie, joindre, joli, jouer, jurer,* etc., *Jacques, Jaspar, Jenzat, Jérôme, Jodelet, Jonquières, Joubert, Julien, Jura,* etc.

Rem. — Le groupe initial *Je-* a la valeur de [ʒ] dans *Jean ; Jeanne, Jeanneton, Jeannette, Jeannin, Jenningros, Jeanniot, Jeannot, Jeanron, Jeanroy, Jeanselme, Jeaurat,* etc. Mais on prononce [ʒəã] dans *Jehan de Paris,* roman du Moyen âge.

2° *Mots et noms propres anciens* (latins, bibliques). — La prononciation est la même que pour les mots ou noms propres français.

a) *Latins.* — On a [ʒ] dans *janus, japyx, jejunum, jugum, juncus, junior, juniperus, juvenilia,* etc., et *joannès, jubilé* dont l'orthographe est francisée avec è et é —, *Janus, Juba, Jubilate, Judica, Jugurtha,* gens *Julia, Julius Cæsar,* gens *Junia, Juno, Jupiter, Juvencus,* etc. —, *jam fœtet, adhuc sub judice lis est, jurare in verba magistri, jus gentium, jus publicum, justum et tenacem propositi virum,* etc.

Rem. — Il en est de même pour les créations tardives : *jamesonia, johnius, jubea*, etc. —, *Jacobœus, Jansénius, Joscius, Jordanès, Jornandès, Judicis*, etc.

b) *Bibliques*. — On a [ʒ] dans *Jabesh, Jacob, Jahel, Japhet, Joab, Joachim, Joad, Joas, Joatham, Job, Jonas, Joram, Josabeth, Josaphat, Joseph, Josias, Juda, Judith*, etc. —, et à plus forte raison dans *Jaïr, Jébus, Jéchonias, Jéhoram, Jéhova, Jéhu, Jéricho, Jérusalem, Jezraël, Jésus, Jéthro, Jézabel, Job, Joël, Joïadah, Joppé, Josué*, etc., dont l'orthographe est francisée avec *é, ë*, ou *ĭ*.

Rem. I. — Mais on prononce [j] dans *Jahvé*, qui s'écrit aussi *Iahvé*.

Rem. II. — En face de *Jérusalem*, avec [ʒ], on a *Iérosolymitain* et *Hiérosolymite*, avec [j].

On prononce évidemment aussi [ʒ] dans les mots fabriqués sur des mots latins ou grecs et dans les noms propres anciens habillés à la française ; cf. *jatéorhize, jéjunostomie, jécoraire, jurisconsulte*, etc. —, *Jamblique, Jérémie, Jocaste, Jude, Judée, Jutes, Juturne*, etc. De même dans *Judicaël*, nom d'un roi breton du VIIe siècle.

3º *Mots étrangers*. — On prononce en français :

[dʒ] dans *jack, jacket, jack-knife, jazz, jettatore, jettatura, jigger, jingo, jumper*.

[ʒ] dans *jabari, jabiru, jaborandi, jacamar, jacana, jacapé, jacapucayo, jacaranda, jacaré, jacari, jacarini, jagir, jaguar, jak, jalap, jaman, jamavas, jamboree, jambul, jangada, japolura, japiranga, jardovan, jarilla, jarrah, jazz-band, jeep, jenny, jéquirity, jequitibia, jersey, jito, jiu-jitsu, jockey, jocko, johur, joker, joppa, juk, julep, jumala, jumaras, jungle, junte, jurubéba, jury, jute*.

[j] dans *junker*.

[hg] ou mieux [x] dans les mots espagnols *jota, jaléo*.

4º *Noms propres étrangers*. — On prononcera en français :

[j] dans les noms propres germaniques (sauf l'anglais), italiens, balto-slaves, hongrois et finlandais. Cf. pour l'allemand : *Jabach, Jacobs, Jæger, Jagstfeld, Jahn, Joachim, Jochmus, Jodl, Jœllenbeck, Johannisberg, Jokl, Juchen, Jud, Jung, Jungfrau*, etc. —, pour le néerlandais et le flamand : *Jabbeke, Jonckbloet, Jacobsdal, Jagers-*

fontein, etc. —, pour le scandinave : *Jacobsen, Janssen, Järna, Jelling, Jœrgensen, Jomsborg, Josephson*, etc. — ; pour l'italien : *Jacobini, Jacometti, Jacopone da Todi, Jamano, Jannacconi, Jomelli, Justi*, etc. — ; pour le balto-slave : *Jablonowski, Jachymów*, fl. *Jadar, Janków, Jaroslaw, Jelgava, Jellatchitch, Jellinek, Jemnice, Jezów, Joselowicz*, fl. *Jotija, Joupantchitch*, etc. — ; pour le hongrois : *Jánosháza, Jász-Berény, Jaszdósza, Jász-Kis-Er, Jokaï*, etc. — ; pour le finlandais : *Joensuu, Juuka, Juväskylä*, etc.

Rem. I. — Mais on prononce [ʒ] dans *Jordaens, Juliers* (v. de la Prusse-Rhénane), *Jutland*, ainsi que dans *Paul Jove* (ital. du xve-xvie s.), *Joris* (anabaptiste flamand), et dans *Jagellons* (ancienne famille lituanienne).

Rem. II. — Dans les noms slaves où il est suivi de *i*, le *J-* se prononce [ʒ] : *Jihlava, Jirasek, Jiretchek, Jitchin, Jitomir, Jivkovitch, Jizdra*, etc.

Rem. III. — L'ancienne orthographe *Jougoslavie* a été abandonnée. On écrit aujourd'hui *Yougoslavie*.

[ʒ] ou mieux [dʒ] dans les noms propres anglais : *Jack, Jackson, James, Jameson, Jamestown, Jefferies, Jefferson, Jeffreys, Jellicoe, Jenner, Jersey, John, John Bull, Johnson, Ben Johnson, Johnston, Jones, Joyce, Juxon*, etc. — De même dans les noms propres de la Turquie (*Jedi Burun, Jizri*, etc.), de l'Egypte (détroit de *Jibal*, etc.), de l'Arabie (*Al Jedi*, etc.), du Yémen (*Jauf*, etc.), du Kuwait (*Jehara*, etc.), de l'Iraq (*Jabal Hamrin, Jahama, Jal el Khehlyje, Al Jézireh*, etc.), de l'Iran (*Jandar, Jiga, Johun, Jol Gilagh, Julfa, Junian*, etc.), du Pakistan (*Jacobabad, Jalpaiguri*, etc.), du Népal (*Jumba*, etc.), de l'Inde (*Jagdalpur, Jaïn, Jaïpur, Jammu, Jamshedpur, Janjira, Jaunpur, Jeypore, Jodhpur, Jabbulpore*, etc.), du Tibet (*Jampa, Jam-Pchidbyangs*, fl. *Jiggitai Tso*, etc.), de l'Océanie (*Jakuns, Jambi, Japara, Jimamaylan, Jokjakarta*, etc.) et de l'Afrique noire (*Jagas, Jagga, Jebba, Jemaa, Jinja*, etc.), qui s'écrivent d'ailleurs aussi avec *Dj-*.

Rem. I. — L'anglais *Jenny* se prononce avec [ʒ] dans *Jenny l'Ouvrière*, mélodrame de Decourcelle, *Jessica* (héroïne de Shakespeare), *Joule* (physicien). De même on prononce [ʒ] dans le nom de l'île de *Jersey* et dans les locutions *Rhum Saint-James, Palais de Saint-James, la cour de Saint-James*.

Rem. II. — On prononce encore [ʒ] dans *Jacks-Jacks* (peuple de la Côte d'Ivoire), *Jaffa, Java, Joal* (Afrique occid. fr.), *Johore* (Malaisie).

Rem. III. — *Jezidis*, nom d'un peuple kurde, s'écrit plus ordinairement *Yezidis*, et se prononce en tout cas avec [j].

[ʒ] dans les noms propres du Portugal ou du Brésil (*Jacaré, Jacorepagua, rio Jaguaribe, rio Jamunda, Joaquim, João, José da Silva, rio Jurua, rio Juruena*, etc.), de Catalogne (*Jafra, Joan, Joanet, La Jonquera, Jorba, Joval, Juneda*, etc.), de Roumanie (*Jimbolia, munte Jiu, riu Jiul, Jurilofca*, etc.), du Mandchoukouo (Mt *Jachar, Jaóho*, Mt *Jara, Jehol, Jerkalo*, fl. *Ji Chu, Jongu, Junan, Jungar*, etc.), de Corée (*Jenchu, Jijo, Jinsen, Joshin, Joyo*, etc.), du Japon (*Jiggo, Jikko, Jochò*, etc.) ou de la Chine (*Jao-Ping, Jao-Yang, Jen-Houaï, Jen-Kiou, Jen-Tchéou, Jou-Ho, Jouï-King, Jouï-Tcheng, Jou-Yuan, Joung-King, Joung-Tcheng*, etc.).

Rem. I. — On prononce aussi [ʒ] dans les noms propres des colonies françaises (cf. p. ex. *Jacmel* (Haïti), *Joal* (Afrique occid. fr.), etc.) —, et dans le nom de la ville grecque *Janina*.

Rem. II. — Mais on prononce [j] dans les deux noms propres roumains *Jassy* et *Jorga*.

[hg], ou mieux encore [x], dans les noms propres castillans ou hispano-américains : *rio Jabalón, Jaca, Jaén, rio Jalón, Játiva, Jerez de los Caballeros, Jimena de la Frontera, Joaquin, Jorulla, Jovellanos, San Juan, rio Jucar, Juanita, Juarez*, etc.

Rem. I. — Mais on prononce [ʒ] dans *Don Jaime* [ʒɛm], *Don José* (Carmen), *Don Juan*.

Rem. II. — Pour la prononciation de *X-* dans *Xérès, Ximenès*, formes françaises correspondant à l'espagnol *Jerez, Jiménes*, cf. p. 249.

Note générale. — Il va sans dire que lorsque les noms de famille étrangers commençant par *J-* sont portés par des Français, ils se prononcent avec [ʒ].

V initial.

1º *Mots et noms propres français*. — Le *v-* se prononce toujours [v] :

Ex. : *vache, vaisseau, vedette, végétal, vivre, voler, vœu, vôtre, vulgaire*, etc. —, *Vaillant, Valois, Vendôme, Vienne, Voltaire, Vulcain*, etc.

2º *Mots et noms propres anciens* (latins, bibliques, etc.). — On prononce aussi toujours [v] : *vacuum, vade-in-pace, vade-mecum, valgus, vanadium, variorum, varus, velarium, verso, vertigo, veto, vigesimo, virus, visa*, etc. —, *Valens, Védas, Vénus, Vercingétorix*,

Verrès, Vesta, Vindex, Vitellius, Vulpius, etc. —, *vade retro, væ victis, verba volant,* etc.

3º *Mots étrangers.* — On prononce aussi toujours [v] : *vaquero, varech, vari, veldt, velvet, vendetta, véranda, verdict, vermout, verste, vindas, vizir, vocero, vodka, voïvode, volti subito, vomito negro, vonapa,* etc.

Rem. — On prononce cependant [f] dans l'allemand *vergiss mein nicht,* autre nom du myosotis.

4º *Noms propres étrangers.* — On prononce partout [v], sauf dans les noms propres allemands : *Varnhagen, Vernsdorf, Vierlande, Villingen, Virchow, Vogel, Vogt, Volkmar, Von..., Vondel, Vorarlberg, Vossler,* etc., qui débutent par un [f].

Rem. — Mais on prononce [v] dans la *Sainte-Vehme* (en face de l'allem. *die heilige Fehme*) et la *Gazette de Voss* —, dans les noms géographiques germaniques de France ou de Belgique, comme *Vallerysthal, Volmunster* (Moselle), *Vielsalm* (Luxembourg belge) —, ainsi que dans *La Valkyrie, le Valhalla,* écrits aussi *Walkyrie, Walhalla* comme en allemand.

W initial.

1º *Mots français.* — Le *w* initial ne se présente que dans des mots dialectaux ou dans des mots, la plupart scientifiques, refaits sur des noms propres étrangers :

Il se prononce ordinairement [v] : *wague* (ou *waque*), *warandeur, warnet, warnetteur, warrat, warretée, warrouiller, wassingue — wackenrodite, waldheimite, walmsteddite, wapplénite, wardite, wehrlite, weissigite, wendlandie, werfénien, willémite, winebergiste, wintéranacées, wisérine, wittsteinie, wœhlérite, wollastomite, wormien, wurtzite,* etc. —, *wagnérien, wagnérisme, wissembourgeois, wurtembergeois,* etc.

Rem. — Il en est de même dans *wisigothique,* refait sur *Wisigoths.*

Mais on prononce [w] dans *wagage, warée, warie* (ou *houari*), *waterie, wateringue, wédelin, wège, wich* (ou *wiche*), *willon* —, *warringtonite, warwickite, washingtonite, wéaldien, webstérite, welwitschie, whartonite, whitérite, whitnéyite, widdringtonie, williamsite, willyamite, wilsonite, wilsonie, windsorite*, etc —, *wafdiste, wasléyien, wiclé-fisme, wicléfiste.*

Rem. — Pour *wallon, wallonisme*, cf. ci-dessous.

Le *w-* initial ne se prononce pas dans *woodfordie, woodsie, woodwardie*, où *oo* a la valeur de [u].

2° *Noms propres français.* — Ils se prononcent toujours avec [v] : St-*Waast, Wafflard, Wagnière, Wailly, Waldor,* Mme de *Warens, Waroquier, Warot, Wassigny, Wassy, Watelet, Watripon, Watteau, Wattier, Wattignies, Wicart, Willaume, Willaumetz, Willette, Wilmotte*, etc.

Rem. — Il en est de même dans les noms anciens : *Wace, Waifre* (ou *Gaifre*), *Waldrade, Widric, Saint-Wulfran* et dans *Wisigoths*.

D'autre part, le *w* qui se trouve à l'initiale de nombreux noms de lieux des départements de l'Aisne, des Ardennes, du Bas-Rhin, de la H^{te}-Marne, de la Marne, de la Meurthe-et-Moselle, de la Moselle, du Nord, de l'Oise, du Pas-de-Calais et de la Somme, a localement la valeur de [w]. Mais la prononciation générale est avec [v] : *Waben, Wacquemoulin, Wacquinghan, Wadelincourt, Wadimont, Wadonville, Wagnon, Wahagnies, Wasquehal, Waziers*, etc.

Rem. I. — On prononce cependant [w] dans *Wasquehal* (Nord), *Wissant* (Pas-de-Calais) — ; [v] ou [w] dans *Wimille*, nom de personne et de localité (Pas-de-Calais).

Rem. II. — *Woëvre*, région naturelle de la Lorraine, se prononce [vwa:vr̥].

On peut aussi prononcer avec [v] les noms propres wallons commençant par *w-* : *Walcourt, Walhain, Wandre, Wanfercée, Waremme, Warsage, Wasme, Watrin, Weismes* [wɛms], *Wépion, Wéry, Wocquier*, etc. Mais on fera mieux de les prononcer à la belge, avec [w].

Rem. I. — On prononcera cependant [v] dans *Waulsort* et *Wiheries*, dans le cas où on adopterait la prononciation générale avec [w]. Dans le cas contraire, on prononcera [w] dans *la Warche* et dans *Wavre*.

Rem. II. — *Wallon* et *Wallonie* se prononcent soit avec [v], soit avec [w]. Il en est de même pour *wallonisme*. Mais *Wallon*, nom de famille français, se prononce toujours avec [v]. *Woluwe* se dit [vɔly:v] ou [wɔlywe].

3° *Mots et noms propres latins.* — Il s'agit de latinisations récentes, le latin ne connaissant pas de signe *w*.

On prononce en français :

[v] dans *walchia, walsura, walthéria, waptia, wasium, werneria, wikstrœmia, wistaria, witania, wohlfartia, wolffia, wyvillea*, etc. —, *Walsinghamus, S. Wandregesilus, Warnacharius, Wislicenus*, etc.

[w] dans *washingtonia, watsonia, wellingtonia, williamsonia, willoughbeia, woodia, woòdsia*, etc.

4° *Mots étrangers*. — On prononce en français :

[v] dans *wadjira, wag, wagon* (et dérivés), *waka-doshiori*, (fontaine) *wallace, waras, warka-movée, wergeld, werwolf, wildgrave, willkomm, wiloc, wispel, wojski, wolfram, wurst*.

[w] dans *wacapou, wad, wager-boat, waidi, wakouf, walk-over, wam pi, wampun, wapa, wapiti, waraji, warm-pan, wasm, waste, water (-ballast, -jacket, -polo), watergang, watergrave, wateringue, waterman, watt, wau, weck-end, welsh-rabbit, wesla, wey, wicket, wigtje, wigwam, willow, wintergreen, wiski* (cabriolet), *witagemot, witloof, womar, wombat, wooba, worsted, workhouse*.

Rem. — L'anglais *warrant* se prononce avec [w] ou [v] en français. Il en est de même de ses dérivés *warrantage, warranter*. De même encore pour *water-closet, waterproof* et *wattman*. Cependant la prononciation avec [v] pour ces trois mots est plutôt populaire.

5° *Noms propres étrangers*. — On prononce [v] dans les noms propres allemands : *Wagner, Wagram, Waldeck, Walhalla, Walkyrie, Wallenstadt, Wartburg, Weber, Weimar, Werther, Weser, Wiesbaden, Witikind, Wolf, Worms, Wotan, Wurtemberg, Wyss*, etc. —, polonais : *Wadowice, Walewski, Warta, Wegrów, Widawa, Wieliczka, Wołomin, Wolowski, Wyszków*, etc. —, scandinaves : *Wäddö, Wadstena, Wallbo, Walö, Wamdrup, Wanås, Waxholm*, etc. — ; finlandais : *Waajajoki, Waalajärvi, Waattojärvi, Wampula, Wanajavesi, Wirdois, Wirtsanoja*, etc. —, et baltes : *Wallhof, Weldegalen, Welawa, Wenden, Wessen, Wilkomir, Wilno, Wolmar, Wystrouc*, etc.

Rem. I. — Il en est de même pour les adaptations françaises *Welche, Westphalie, Wendes*, etc.

Rem. II. — *Wenceslas* s'écrit aussi *Venceslas*.

On prononce [w] dans les noms propres anglais et dans les noms géographiques indiens du Canada et des Etats-Unis : *Wabash,*

CONSONNES À L'INITIALE DU MOT

Wake, Walcott, Walker, Wallasey, Walles, Wall Street, Walston, Walton, Wepakoneta, Wappinger's Falls, Warrington, riv. *Washita, Washington, Watson, Waycross, Wellesley, Wells, Wessex, West-End, West-Point, Wiclef* (et *wicléfisme, -iste*), *Oscar Wilde, Wilkes, William, Wilson, Winnipeg, Wisconsin, Worcester,* etc.

Rem. I. — On prononce aussi [w] dans *îles Wallis,* bien que ce soit là une possession française.

Rem. II. — L'ancienne prononciation avec [v] subsiste encore dans *Waddington, Walker, Wakefield, Wallace, Walpole, Walter Scott, Warwick, Watt, Waverley, Wellington, Westhinghouse, Westminster, Wiseman, Wolsey, Worcester, Woolwich,* etc. Mais il est préférable de prononcer ces noms avec un [w].

Rem. III. — On prononcera [waj], le groupe initial *wy-* dans *Wyandots, Wyandotte, Wyoming, Wyld, Wyse,* etc.

Rem. IV. — Le *w-* initial ne se prononce pas en français dans les mots anglais où il est suivi de [u], écrit *oo : Wood, Woodbridge, Woodhouse, Woolley, Wootton,* etc.

Rem. V. — On prononce [v] dans les anciens noms de saints : *Saint-Wilfrid, Saint-Willehad, Saint-Willibrod, Sainte-Winefride.*

Dans les noms propres flamands ou hollandais : *Waal, Waalwyk, Waddenzee, Waelrant, Waereghen, Waerschoot, Waes, Westcapelle, Westende, Westerloo, Willaert, Willebroek, Wijnants, Windschoten, Winterswijk, Woorschoot, Wijneghem, Wijnunts,* etc.

Rem. I. — *Waterloo* se prononce à la française avec [v]. De même on prononce un [v] dans *Robert Van der Weyden, Corneille* ou *Jean de Witt, Wauters, Wenduyne* [vɛndyn], *Wouwerman,* et à plus forte raison dans *Wilhelmine* (nom de la reine mère de Hollande) qui est d'origine allemande et par surcroît francisé à la finale.

Rem. II. — On prononce [w] ou [v] dans *Woluwe.*

Dans les noms propres arabes ou berbères : *Waçîf, Wad el' Abib, Wadi, Wafd, El-Wafrâni, El-Wâhidi, Waqf, Warika, El-Wâthiq, Wélid ben Yézid, Wirezzan,* etc.

Rem. — On prononce de même [w] dans les noms francisés *Wafdiste, Wahabites* (ou *Ouahhabites*) et *Wakoufs.*

Dans les noms propres de l'Afrique noire : *Wadaï* (ou *Ouadaï*), *Wamba, Waraputa, Warri, Watsa, Weti, Witu, Wolo, Wolofs* (ou *Ouolofs*), etc.

Rem. — Lorsqu'il est suivi de *u,* prononcé [u], ou de *ou* (dans le cas d'une transcription française), le *W* initial ne se prononce pas : *Wukari, Wum, Wuri, Wute,* etc., en français *Woukari, Woum, Wouri, Wouté.*

Dans les noms propres de l'Asie musulmane ou indo-iranienne, du Tibet, de la Birmanie, de la Chine, du Japon, de la Corée et de la Mongolie : *Wad, Wadali, Wadgaon, Wadnagar, Wahab Jilga, Waïcha-pou, Wakamatsu, Wakasa Wan, Wakayama, Wang, Warahi, Wardha, Waziristian, Weï-che-wen, Weï-ho, Weïpeng, Wentchang, Wintho, Wompo, Wong, Wön San,* etc.

Rem. — Conformément à la remarque précédente, le *w-* initial ne se prononce pas dans *Wou-Tchang, Wou-Tchéou, Wular, Wun, Wundwin, Wuntho, Wuran, Wuteh,* etc.

Dans les noms propres de l'Océanie, de l'Australie ou de la Nouvelle-Zélande : *Waësama, Wahai, Waigoe, Waiwikoe, Wakan, Wakoholo, Wanoka, Waroe, Weda, Welirang, Wetan, Woelan, Wonogiri, Wonosobo, Wonthaggi, Wowoni,* etc.

Note. — Les noms de famille étrangers commençant par *W-* se prononcent avec [v] quand ils sont portés par des Français.

X initial.

1° *Mots français.* — Ces mots sont tous savants et refaits d'après le grec. On prononce :

[gz] dans *xanthe* et les dérivés en *xanth-* (*xanthaline, xanthène, xanthique, xanthome,* etc.), et dans *xantoline, xaraffe, xatardie, xemple* (ou *semple*).

[ks] dans tous les autres cas, c'est-à-dire dans les mots commençant par *xén-* (*xénélasie, xénodochie, xénogénèse, xénophobe,* etc.), *xér-* (*xéranthème, xérophage, xérophtalmie, xérophyte,* etc.), *xiph-* (*xiphocerque, xiphoïde, xiphophylle, xiphorrynque,* etc.), *xyl-* (*xylaire, xylographie, xylogravure, xylophone,* etc.), et dans *ximénésie, xoïte, xyèle, xyridacées, xyste, xystique, xystre, xystrocère.*

2° *Noms propres français.* — L'*x* initial se prononce :

[s] dans *Xaintois* (ou *Saintois*), *Anne de Xaintonge* (ou *Saintonge*), *Xaintrailles* (ou *Saintrailles*).

[ks] dans les noms de personnes *Xanrof, Xau, Berger de Xivrey,* et dans les noms de lieux des départements de la Meuse, de la Moselle, de la Meurthe-et-Moselle, des Vosges, de la Charente et des Deux-

Sèvres, quelle que puisse être la prononciation locale : *Xaffwillers, Xaintray, Xambes, Xamontarupt, Xanrey, Xertigny, Xocourt,* etc.

3º *Mots anciens* (grecs ou gréco-latins). — On prononce :

[gz] dans tous les mots commençant par *xanth-* (*xanthicos, xanthia, xanthium, xanthoma, xanthonyx, xanthostemon, xanthoura,* etc.).

[ks] dans les mots commençant par *xén-* (*xénodochus, xénomys, xénops, xénos,* etc.), *xér-* (*xéroderma, xérodermys, xérosis,* etc.), *xyl-* (*xylia, xylobium, xylon, xylorganon,* etc.), et dans *xiphidium, xisten, xixuthrus, xoanon, xyris, xystis,* etc.

4º *Noms propres anciens.* — On prononce :

[gz] dans *Xanthos, Xerxès,* et dans les adaptations françaises *Xanthe, Xanthippe, Xénocrate, Xénophane, Xénophon.*

[ks] dans *Xérarchos, Xénoclès, Xénocratès, Xisouthros, Xuthos* ou *Xouthos, Xiphias.*

5º *Mots étrangers.* — On prononce :

[gz] dans *xama.*

[ks] dans *xaco, xamabugi, xé* (ou *ché* = [ké]), *xieng* (ou *xiang*), *xir, xuong ca.*

6º *Noms propres étrangers.* — On prononce :

[gz] dans *Xavier,* d'origine basque.

[ks] dans *Xanten* (allem.), *Xantopoulos, Xénia* (russe), *Xieng-Khan, Xieng-Khong, Xieng-Khouan, Xien-Maï, Xikouani, Xuan-Dai, Xuan-Loc, Xylander.*

[z] dans *Xenia* (ville des Etats-Unis).

[ʃ] dans *Xarayes* (Bolivie-Chaco), *rio Xingu* (Brésil), *Xatard* (nom de pers. roussillonnais).

[hg] ou mieux [x] dans *Xalapa* (ou *Jalapa*), *Xaragua, Xénil* (ou *Jénil*), *Xicotlan* (ou *Jicotlan*), *Xochicalco, Xochimilco, Xucar* (ou *Jucar*).

[k] dans *(vin de) Xérès.*

[k] ou [gz] dans *(cardinal) Ximénès,* écrit aussi *Jiménès* avec [ʒ] ou [hg] et mieux [x].

Z INITIAL.

1º *Mots et noms propres français.* — Le z initial se prononce toujours [z] : *zachéen, zèle, zéphyr, zézayer, zigzag, zoologie, zouave,* etc. —; *Zadig, Zaïre, Zambèze, Zélande, Zénon, Zosime, Zyrianas,* etc.

REM. — Mais on prononce [s] dans *zagaie,* qui s'écrit aussi *sagaie.*

2º *Mots anciens* (grecs ou gréco-latins). — On prononce :

[dz] dans *zêta* et *zanès.*

[z] dans tous les autres mots : *zamenis, zanthoxylon, zaphrentis, zeugma, zirconium, zona, zygoon, zymoplasma,* etc.

REM. — On prononce aussi [z] dans les mots scientifiques latins de création moderne : *zapus, zébrina, zelkowa,* etc. et dans *zend.*

3º *Noms propres anciens.* — On prononce :

[dz] dans *Zeus.*

[z] dans tous les autres noms : *Zagros, Zakynthos, Zama, Zamolxıs, Zena-Avesta, Zephyrus, Zeuxis, Zimri, Zobéidah, Zonaras,* etc.

4º *Mots étrangers.* — On prononce :

[dz] dans *zan(n)i, zingaro, zucchetti.*

[ts] dans *zehnling, zent, zentner, zeugmeister, zither, zitherharfe, zollverein.*

[s] ou mieux [θ] dans *zambo, zambra, zapateado, zapatero, zarzuela, zorilla, zorongo.*

[z] dans tous les autres mots : *zacah, zacoba, zadrouga, zaï-gin, zakouski, zaouïa, zaptié, zarèh, zayn, zébboudj, zébu, zemzena, zemstvo, zenana, zendik, zennar, zerbia, zibeth, zikr, zingi, zurna,* etc.

5º *Noms propres étrangers.* — On prononce ordinairement [ts] **dans** les noms propres allemands : *Zabel, Zach, Zahn, Zauner, Zeiler, **Zeller**, Zenker, Ziegler, Zimmermann, Zingerle, Zittel, Zollikon, Zülpich, Zumsteeg,* etc.

REM. I. — Mais on prononce [z] dans *Zeppelin* (et *zeppelin*), *Zermatt,* **Zita**, *Zug* (ou *Zoug*) et *Zürich.*

REM. II. — On prononce aussi [z] dans **le dérivé français** *zauschnérie.*

[ts] ou [dz] dans les noms propres italiens : *Zaboglia, Zaberella, Zacconi, Zambelli, Zanotti, Zendrini, Zibello,* le *Zingaro, Zocca, Zucchi, Zumbini,* etc.

Rem. — On prononce [z] dans le dérivé français *zannichellie.*

[s] ou mieux [θ] (= *th* dur anglais) dans les noms propres castillans : *Zafra, Zalamea, Zamora, Zarate, Zorita, Zuloaga, Zurbaran,* etc.

Rem. — Mais on prononce [s] dans les noms propres hispano-américains : *Zacatoluca, Zacatalco, Zacatlan, Zea-Bermudez,* lac *Zumpango,* etc.

[s] dans les noms propres roumains : *Zastavna, Zetelaca, Zimnica,* etc.

Pour les noms propres slaves, on prononce :

[ʒ] dans *Zatec, Zenišek, Zeromski, Zilina, Zitek, Zizków,* qui s'écrivent dans leur langue avec *Ž-* et qu'on devrait plutôt transcrire en français avec un *J-*.

[s] dans *Zenta, Zombor,* écrits aussi *Senta, Sombor.*

[z] dans tous les autres cas : *Zagora, Zagorié, Zagorski, Zagreb, Zahorowitz, Zaïoutchek, Zakhartchenko, Zakopane, Zaleski, Zaluski,* etc.

Dans tous les autres noms propres étrangers on prononce [z].

H initial.

L'*h* initial peut être « muet » ou « aspiré ».

Dans les deux cas, il ne représente aucun son. Lorsqu'ils sont isolés ou qu'ils se trouvent au début d'un groupe, les mots commençant par *h* muet ou *h* aspiré se prononcent exactement comme s'ils commençaient par une voyelle.

Cependant la différence entre les deux *h* apparaît lorsque les mots sont à l'intérieur d'un groupe. Si l'*h* est muet, il y a élision ou liaison :

de l'huile
cet ͡homme

Au contraire, si l'*h* est aspiré, l'élision et la liaison sont interdites :

le héros
ce(s) harengs

Il importe donc à cause de cette différence de savoir dans quel cas l'*h* est muet et dans quel cas il est aspiré.

Rem. I. — Ce n'est que dans le français régional (en Gascogne, en Saintonge, en Bretagne et surtout en Lorraine et dans la Wallonie orientale) que l'*h* aspiré se prononce avec un souffle, comme l'*h* allemand ou anglais par exemple. Cette prononciation est à éviter.

Rem. II. — Exceptionnellement, même en français correct, l'*h* aspiré se prononce avec un souffle dans le cas d'exclamations poussées avec force (cf. *han!, hola!, hep!, hop!, hue!, halte!*, etc.), dans le cas de sentiments violents (cf. *je te hais!, c'est une honte!*, etc.), et, comme moyen expressif, lorsqu'on veut donner de l'accent à tel ou tel mot, par exemple dans le cas des verbes *haleter, se hisser, hurler*, etc.

1º L'*h* initial est aspiré dans un grand nombre de mots français ou francisés. En voici la liste :

ha!	*hagard*	*haïr*
hâbler	*hagardement*	*haire*
hâblerie	*haglure*	*hairement*
hâbleur	*hague*	*haireux*
hachage	*haha!*	*haïssable*
hachard	*hahé!* (cri de chasse)	*haïssant*
hache	*hahnie*	*halage*
haché	*hai!*	*halbi*
hache-paille	*haïe!* (cri de douleur)	*halbourg*
hacher	*haï!*	*halbran*
hachereau	*haie*	*halbrené*
hachette	*haïer*	*hale*
hachis	*haillon*	*hâle*
hachoir	*haillonneux*	*halecret*
hachotte	*haim* (vx)	*hâlement*
hachurateur	*haine*	*haler*
hachure	*haineusement*	*hâler*
hachurer	*haineux*	*haletant*
hadela!	*hainite*	*halètement*

haleter
haleur
halin
hallage
hallager
halle
hallebarde
hallebardier
hallebreda
hallefissier (vx)
hallérie
hallette
hallier
hallope
halo
halo- (composés en)
haloïde
hâloir
halot
halte
halter
halurgie (-ique)
hamac
hamaïde
hamaux
hambourgeois
hameau
hamée
hamélie
hamet
hampe
hampé
hampshirite
hamster
han !
han (caravansérail)
hanap

hanapier
hanche
hancher
hancornie
hane
hanebane
hanepier ou *hennepier*
hanet ou *hannai*
hang
hangar
hanneton
hannetonnage
hannetonner
hannuyer ou *hainuyer*
hanouard
hanovrien
hansart
hanscrit
hanse
hanséate
hansgrave
hansgraviat
hansière
hante (vx)
hanter
hantement
hanteur
hantise
hapalemur
hapalidés
hapalotidés
happant
happe
happeau
happechair
happelopin
happelourde

happement
happer
happeur
haque
haquebute
ou *hacquebute*
haquebutier
haquenée
haquet
haquetier
hara !
harame (**arbre**)
harangue
harangueur
haras
harassant
harasse
harassement
harasser
harcelage
harcelant
harcèlement
harceler
harcèlerie (**vx**)
harceleur
harde
hardeau
hardées
hardelée
hardelle
harder
harderie
hardes
hardi
hardier
hardiesse
hardillier

hardiment	*harpailler*	*hassard*
hardois	*harpailleur*	*hastaire*
hardouée	*harpaye*	*hastat*
harelle	*harpe*	*haste*
harem	*harpé*	*hasté*
hareng	*harpeau*	*hasteur*
harengade	*harper*	*hastier*
harangaison	*harpes*	*hastiforme*
harengère	*harpiau*	*hasture*
harengerie	*harpie*	*hatchettine*
harenguet	*harpigner*	*hâte*
harengueux	*harpin.*	*hâtée*
harenguier, -ière	*harpiocéphale*	*hâtelet*
harengule	*harpion*	*hâtelle*
haret	*harpiste*	*hâtelette*
hargne	*harpoire*	*hâter*
hargnerie (vx)	*harpoise*	*hâtereau*
hargneux	*harpon*	*hâteur*
hargouler	*harponnage*	*hâtier*
haricocèle	*harponnement*	*hâtif, -ive*
haricot	*harponner*	*hâtiveau*
haridelle	*harponneur*	*hâtivement*
harle	*harponnier*	*hâtiveté* (vx)
harlou! ou *harloup!*	*harpu*	*hâture*
harmand	*harpye*	*hau!*
harnachement	*harrote*	*hauban*
harnacher	*hart*	*haubanage*
harnacherie (vx)	*hary!*	*haubaner*
harnacheur	*hasard*	*haubergeon*
harnais	*hasardement* (vx)	*haubergier*
harnescar (vx)	*hasardément* (vx)	*hauberginier*
harnois	*hasarder*	*haubert*
haro!	*hasardeusement*	*haugianisme*
harouelle	*hasardeux*	*haugianiste*
harpage	*hasardise* (vx)	*hausse*
harpagophyte	*hasariés*	*haussé*
harpail ou *harpaille*	*hase*	*hausse-col*

haussement
hausser.
hausset
haussier, -ière
haussoir, -oire
haut
haut-à-bas,
haut-à-haut
hautain
hautainement
hautbois
hautboïste
haut-bord
haut-de-chausses
haute-contre
haute-futaie
haute-lutte
hautement
haute-taille
hautesse
hauteur
haut-fond
hautin
haut-le-corps
haut-mal
hauturier
havage
haver
haveur, -euse
havanais
havane
havau
hâve
haveau
havée
havelée
haveler

haveneau
havenet
haveron
havet
havir
havre
havrer (vx)
havresac
haworthie
haye
haye!
hayer
hayésine
hayette
hayeux
hayon
haytorite
hayve
hé!
heaume
heaumerie
heaumier, -ière
heim!
hein!?
héler
hem!
henné
hennin
hennir
hennissant
hennissement
hérauder (vx)
hérauderie
héraut
herchage
hercher
hercheur, -euse

hère
hérigoté
hérigoture
hérissé, -ée
hérissement
hérisser
hérisson
hérissonne
hérissonné
hérissonnement (xv)
hérissonner
hérissonnerie (vx)
hermannie
hermannite
hermannolite
herniaire
hernie
hernié
hernier
hernieux
herniotomie.
hérochies
héron
héronneau
héronner
héronnier
héronnière
héros
herpailler (vx)
herpe
herpé
herque
hersage
herse
hersé
hersement (vx)
herser

herseur	*hile*	*hon !*
hersillières	*hilon*	*honchets*
hersillon	*hilosperme*	*hongre*
hesse	*hillie*	*hongrer*
hessois	*hinguet*	*hongreur*
hêtraie	*hinse*	*hongroierie*
hêtre	*hisser*	*hongroyage*
heu !	*kit*	*hongroyer*
heu	*ho !*	*hongroyeur*
se heudrir	*hobereau*	*hongrois, -oise*
heulandite	*hoc* (jeu de cartes)	*honguette*
heurlin ou *hurlin*	*hoca* (jeu de hasard)	*honnir*
heurt	*hochage*	*honnissement* (vx)
heurtement (vx)	*hoche*	*honnisseur* (vx)
heurte-pot	*hochement*	*honte*
heurtequin	*hochepied*	*honteusement*
heurter	*hochepot*	*honteux, -euse*
heurtoir	*hochequeue*	*hop !*
heuse ou *heusse*	*hocher*	*hoquet*
hève	*hochet*	*hoqueter*
hévée	*hocheur*	*hoqueton*
hi !	*hogner*	*horde*
hibou	*hoguine*	*horion*
hic	*hohénackérie*	*hormis*
hideur	*holà !*	*hornbergite*
hideusement	*hôlement*	*hornblendite*
hideux	*hôler*	*hörnésite*
hie	*hollandais, -aise*	*hors*
hiement ou *hîment*	*hollande*	*hors-d'œuvre*
hier (verbe)	*hollander*	*hôtise* ou *hostise*
hiérarchie	*hollandille*	*hotte*
hiérarchique	*hollandiser*	*hottée*
hiérarchiquement	*hollans* ou *holan*	*hottelette*
hiérarchisation	*hom !*	*hotter*
hiérarchiser	*homard*	*hottereau*
hi-han !	*homarderie*	*hotteur*
hilaire	*homardier*	*hottier*

hou!	houppe	housserie
houache ou houaiche	houppée	housset
houage	houppelande	houssette(s)
houblon	houpper	houssière
houblonnage	houppette	houssibles
houblonner	houppier	houssine
houblonnier	houraillement	houssiner (vx)
houblonnière	hourailler	houssoir
houe	houraillis	housson
houement	hource	houssure
houer	hourd	houst!
houerie	hourdage	houste!
houette	hourde	hout (vx)
houeur	hourder	housure
hougnette	hourdir	houx
hougre	hourdis	houzé
houhou	houret	hovée
houichepot	hourettes	hovénie
houillage	houri (chasse-marée)	hoyau
houille	hourque	hoyé
houilleau	hourva!	huard
houiller	hourvari	huau (vx)
houillère	housard, -arde ou houzard	huaille
houilleur		hubain (vx)
houilleux	housche	huant (chat-)
houillification	houseaux	huau (vx)
houillite	houser (vx)	hublot
houillon	housette ou houssette	huche
houle	houspiller	huchée
houlette	houspilleur (vx)	huchement (vx)
houleux, -euse	houspillon	hucher
houleviche	houssage	hucherie
houlice	houssaie ou houssaye	huchet
houllétie	housse	huchier
houlque ou houque	housseau	hue!
houp!	houssée	huée
houper	housser	huer

huernie	hululer	hureaulite
huéron	hum !	hurlade
huette	humage	hurlant
hueur (vx)	humagne	hurlement
hugonie	humantin	hurler
huguenot	humer	hurlerie (vx)
huguenoterie (vx)	humeur (adjectif)	hurleur
huguenotisme (vx)	hunas ou hunasse	huron
huhau !	hune	huronite
huilliche	hunier	hurtage
huilure	hunnique	hurtebiller
huir	huntélite	hussard
huit	huntérien	hussite
huitain	huntérite	hussisme
huitaine	huot	hutin
huitelée	hupe	hutinet
huitième	huppe	hutte
huitièmement	huppé	hutteau
hullite	huque	se hutter
hulot	hurasse	hutteur
hulotte	hurcotte	huttier
hulse	hure	

Rem. I. — On prononcera *hallali, hameçon, hiatus, hiéroglyphe* avec *h* muet, et non avec *h* aspiré comme certains le font.

Rem. II. — Noter l'opposition entre *héraut, héros,* avec *h* aspiré, et *héraldique, héraldiste, héroïde, héroï-comique, héroïne, héroïque, héroïquement, héroïsme,* avec *h* muet.

D'autre part, en face de *hanse* et *hile,* avec *h* aspiré, les adjectifs *hanséatique* et *hilifère* se prononcent avec *h* aspiré ou muet.

Distinguer entre *anche* et *hanche,* avec *h* aspiré.

Rem. III. — Il y a flottement entre *h* muet et *h* aspiré dans *hyène.* On dit *l'hyène* comme il est noté dans le *Dictionnaire de l'Académie,* ou *la hyène.* Flaubert écrit indistinctement *des chasseurs en peau d'hyène* et *une chasse à la hyène.*

Rem. IV. — Le mot *huis* a un *h* muet, comme son dérivé *huissier.* Mais l'*h* est aspiré dans le composé *huis-clos.*

2° L'*h* est aspiré dans un certain nombre de noms propres français ou francisés désignant des personnes, des localités ou des provinces de France ou de la Belgique et de la Suisse romanes ; cf. *Habay, Hague-*

nau (B.-Rhin), *Haldat, Hallays, Halou, Ham, Hamel, Hamoir, Hamont, Hamp, Hamy, Han, Hangard, Hannut, Harang, Harbaville, Hardouin, Hardy, Harlay, Harlez, Harsault, Hâte, Haux, Havelange, Haversin, Haye, Hemptine, Hennebert, Hennin, Hérisson, His de la Salle, Hoche, Hoin, Hollogne, Homais, Hombourg* (B.-Rhin, Moselle), *Hotot, Houchard, Houdain, Houdan, Houdeng, Houdon, Houyet, Huard, Huc, Huon, Huit,* etc.

Noter la non élision dans *Duvergier de Hauranne, Jean de Haynin,* torrent de *Hayra* (B.-Pyr.), *Jacques de Heilly, Hommaire de Hell, Thierry de Héry,* forêt de *Hesse,* forêt de *Heu,* forêt de *Hez,* île de *Hœdic, Jean de Hoey,* sire de *Hornes,* île de *Houat,* forêt de *Hourcadie,* etc.

et dans *le Hable d'Ault, le Hacy, la Hague, le Haillan, le Hainaut, la Haisière, La Haize, Le Hallier, La Halline, la Hallise, le Hallot, la Hallotière, la Halouse, la Hallue, le Ham, la Hamardière, le Hamelet, le Hamet, le Hanouard, la Hantes, le Haou-de-Guillon, la Harazée, la Hardalle, la Hardouinaie, la Hardoye, la Harmande, la Harmoye, la Harpière, le Haubais, la Haubette, le Haucourt, le Havre, la Heaulme, le Hec, la Helle, le Hellert, la Helpe, le Hem, la Henriade, la Héourque, la Hérelle, la Hérie, la Herlière, la Herpinière, la Hervière, la Hesbaye, la Hestre, la Heule, la Heunière, la Heuré, la Hève, le Hézo, le Hinglé, la Hingrie, La Hire, La Hitraie, la Hize, le Hogneau, la Hogue, la Hoguette, la Holcrotte, le Home, le Honburens, la Horgne, le Horps, La Horre, la Hoube, la Houga, la Hougaise, la Hougue, le Hougneau, la Houlme, la Houn Blanque, la Hourcade, le Hourdel, la Houzée, la Hulpe, le Hurepoix, le Hurtaut,* etc.

Noter la non-liaison dans *les Halles, les Hameaux, les Haves, les Hogues, les Houillères,* etc.

Rem. I. — Il y a flottement entre *h* muet et *h* aspiré dans *Haüy, Honfleur, Houlgate, Houplines, Huelgoat, Hugo, Huguenin, Huguet, Hulin, Hulot, Huningue* (B.-Rhin), *Huy.*

Rem. II. — Noter les oppositions suivantes : *h* aspiré dans *hachette, hérisson, Hérisson, héron, le Héron,* et *h* muet dans *Jeanne Hachette, Hachette, comte d'Hérisson, Héron de Villefosse, l'Héronne.* On dit de même *la forêt d'Halatte* et *la Halatte,* baron *d'Haussez* et Mme *du Hausset,* ducs *d'Havré* et *Le Havre,* la commune (le vallon) *d'Héas* et *le gave de Héas,* commune *d'Henrichemont* et principauté de *Henrichemont* (Cher), commune *d'Héricourt* et *Louis de Héricourt.*

CHAPITRE V

Rem. III. — Les composés avec premier élément *Haut, Haute,* suivi d'un trait d'union ont un *h* aspiré ; cf. *le Haut-Banc, Haut-Brion, Haut-Clocher, le Haut-Corlay, le Haut-de-Bosdarros, Haut-de-Gan, Haut-du-Them, le Haut-Rhin, la Haute-Beaume, la Haute-Chevauchée, la Haute-Marne, les Hauts-de-Meuse, les Hautes-Pyrénées,* etc. On dit cependant *L'Haut-du-Seuil* (Isère).

Mais dans les composés où *Haut, Haute* ne sont pas suivis d'un trait d'union, l'*h* est ordinairement muet : cf. *Hautaget, Hautbos, Hautecour, Hautefort, Hautem-Saint-Liévin, Hauterive, l'Hautil, Hautrage, Hautvillers,* etc. Cependant l'*h* est aspiré dans *le Haucourt, les Hauterets, les Hautiers, la Hautoye.* De même dans *abbaye de Hautecombe* et dans *la Hauteperche* qui s'écrivaient naguère *Haute-Combe, Haute-Perche*.

Noter *h* aspiré dans *Haute-Avesne* (Pas-de-Calais) et *h* muet dans *Hautevesnes* (Aisne).

Dans les appellations nobiliaires, l'*h* a pu se maintenir aspiré. C'est ainsi qu'à côté d'*Ange d'Hautpoul,* on a *Jean de Hautefeuille, Marie de Hautefort, sieur de Hauteroche, Tancrède de Hauteville,* etc. On dit aussi *la famille de Hautecloque* (autrefois *Haute-Cloque*), *et la commune d'Hautecloque.* En face d'*Hauterive* (Drôme), on trouve *comte de* ou *d'Hauterive.*

Rem. IV. — *Henri,* prénom ou patronyme, a toujours un *h* muet.

Quand ce nom s'applique à un roi ou à un prince, il en est de même après un mot autre que *de* ; cf. *Vive Henri IV, c'est Henri IV,* etc. Mais après la préposition *de*, il convient de distinguer. Dans les locutions qui ne concernent pas l'histoire ou la politique, *Henri* a toujours un *h* muet ; cf. *le cheval d'Henri IV, les compagnons d'Henri II,* etc. Dans le cas contraire, l'*h* peut être muet ou aspiré : *le règne* (*la mort, les guerres, l'avènement,* etc.) *de* ou *d'Henri IV.* La tendance actuelle est cependant à *h* muet.

Noter *h* aspiré dans la locution *le bon Henri IV,* dans *un henri d'or* et dans *le Henri IV de Shakespeare.*

Quant à *Henriette,* il a toujours *h* muet.

Rem. V. — *Hugues,* prénom ou patronyme, a un *h* muet. L'*h* est aussi muet dans *Saint-Hugues, Guillaume d'Hugues, Hugues de...* Mais il est muet ou aspiré dans *Hugues Capet, Hugues le Grand.*

Rem. VI. — Parmi les anciens noms propres du Moyen-âge français, aujourd'hui disparus, la plupart se prononcent avec *h* muet : *Hadulf, Hamalafred, Héribert. Hermengarde* (ou *Erm-*), *Herménégilde, Hildebert, Hildegarde, Hildegonde, Hildéric, Hilduin, Hincmar, Hunéric, Hunoald,* etc. Mais l'*h* est aspiré dans *Humphroy* et *Huon* (sauf dans *Huon de Bordeaux*). Il est muet ou aspiré dans *Hunald.*

Rem. VII. — Précédés de *ces, des, les, chez,* les noms de personnes qui ont par ailleurs un *h* muet initial prennent ordinairement un *h* aspiré. On prononce ainsi sans liaison *les Hacard, les Henri, les Hérard, chez Haudricourt,* etc.

De même, l'*h* est aspiré dans un certain nombre de noms propres plus ou moins francisés désignant des personnes, des localités, des provinces ou des nations étrangères ; cf. *Hambourg, Harbourg* (Hanovre), *Hombourg* (Sarre), *les Habsbourg, le Hanovre, la Havane, la Hollande, la Hongrie, les Huns, les Hurons,* sans parler de *Halle* et de *la Hesse* dont l'orthographe allemande a déjà la physionomie française, et de plus les noms de tribus africaines : *les Haïdahs, les Haïdamaks, les Hachiya, les Habès, les Habous, les Hahendous, les Haouds, les Haouidjas, les Haoussas*, etc.

Ont aussi un *h* aspiré les dérivés de noms arabes *les Hachémites, les Hafsides, les Hanéfites* ou *Honifites*.

Rem. I. — On dit *la paix de* ou *d'Hubertsbourg*.

Rem. II. — En face de l'arabe *Hassidim*, avec *h* aspiré, on a les dérivés français *Hassidéens*, avec *h* muet, ou *Assidiens*.

3° L'*h* est aspiré dans un certain nombre de mots latins ou grecs (anciens ou modernes) : *hallus flexus, hallus vagus, halma, halobenthos, halobia, halobios, hamelia, harmandia, hevea, hic, hoc, holaster, hotinus ;*

et dans quelques noms propres de l'antiquité païenne ou biblique ; *Hashhamer, Hatti, Hazad, Heth, Hor, Hus.*

Rem. I. — Il y a cependant flottement entre *h* muet et *h* aspiré dans *Hammourabi*. On dit par exemple *le code de* ou *d'Hammourabi*.

Rem. II. — Dans tous les autres mots latins ou grecs (anciens ou modernes), l'*h* est muet ; cf. *habitus, hamamélis, hapax, hardwickia, harmonica, harmonium, hecto, hélium, hendiadys, hymen*, etc. —, et dans le mot biblique *hosannah*.

Il en est de même dans tous les autres noms propres de l'antiquité païenne ou biblique ; cf. *Harmodius, Heraclius, Herennius, Hiempsal, Hieronymus, Honorius*, etc. —, *Hadès, l'Heautontimoroumenos, Hébé, Hector, Hermès, l'Hermos*, etc. —, *Habacuc, Haceldama, Hazael, Héli, Hénoch, Hillel, Horeb*, etc. —, *Hâpi* (ou *Apis), Hathor* (ou *Athor), Hattousa, Hetepheres, Hiram, Hirom*, etc.

De même encore dans tous les noms propres latins ou grecs modernes ; cf. *Heinsius, Helvetius, Hevelius*, etc., à l'exception de *Hermannus Contractus* —, *Hagia-Triada, Hatzidakis, l'Hebdomon, Hégéso, l'Heptaméron, Hormisdas*, etc.

Noter cependant que le nom de l'auteur allemand *Hermès* se prononce avec un *h* aspiré.

Rem. III. — A plus forte raison l'*h* est-il muet dans les adaptations françaises de noms de l'antiquité ; cf. *Halicarnasse, Harpocrate, Hécate, Hécube, Héliogabale, l'Hellade, Hercule, les Herniques, les Hérules, Hérodote, Homère, l'Hyrcadie*, etc., sauf *les Harpyes* où l'*h* est aspiré.

Noter l'opposition entre *harpage*, avec *h* aspiré, et *Harpage*, avec *h* muet.

Cependant *Hittites* se prononce avec un *h* aspiré, en face d'*Héthéens*, son ancien synonyme, qui a un *h* muet.

4° L'*h* initial est ordinairement aspiré dans les mots étrangers ; cf. *habanera, hachisch, hackney, haddock, hadji, hair-dress, hall, harmam, hammerless, hamoun, hamster, hamza, hand-ball, handicap, hara-kiri, hard labour, harem, harfang, harmattan, hatti-chérif, heimweh, heller, herd-book, hernute* ou *herrnhute, high-life, hoca, hocco, hockey, holding, hole, holibut, home, homefleet, home-rule, homespun, homestead, hornpipe, horse-guard, horst, hot-jazz, hotchkiss, houari, houri, ho..dsmand, humbug, hunter, hunting, hurdle-race, hurrah* (ou *hourra*), *hustings*, etc.

REM. — Ont cependant un *h* muet : *hacienda, hetman, hidalgo, hindi, hindou, hindouï, hindoustani, hinterland, honveds, hospodar,* avec les dérivés français *hetmanat, hospodarat.*

5° L'*h* est ordinairement aspiré dans les noms propres étrangers, qu'ils appartiennent :

a) au groupe germanique (allemand, anglais, flamand, néerlandais, scandinave) : *Haacht, Hahn, Haig, Hals, Hamm, Hans, le Harz, Hay, Haydn, Hearst, Heiss, Herck, Hochst, Hoeck, le Hog, Hood, Horg,* (île de) *Höy,* etc. —, *Haase, Hackett, Hadsun, Haeckel, Haelen, Haendel, Hailey, Hallstadt, Hamann, Hampden, le Hasli, Hatway, Hayhurst, Heine, le Helder, Herder, Hetzel, les Highlands, Hilden, Hinwil, Hitra, Hobbes, Hobro, Hochfeld, Högsby, le Holstein, Hompesch, Hoover, Hörnum, Hübner, Hume, le Hunsrück, Husum, Huxley,* etc. —, *Haarbölle, Habington, Haderup, Hagenbach, Halsbury, le Hampshire, Hampton-Court, Harberton, Hastenbeck, Heckelberg, Hettingen, Hilleröd, Hohenlinden, Hohenstaufen, Hohenzollern, Höpfingen, Huttegen, Hyde-Park, Hyllestadt,* etc.

b) ou à un autre groupe linguistique : *le Han* (Corée), *le Hask* (Turkestan), *Het* (Vietnam), *Hit* (Irak), *Homs* (Libye, Syrie), *le Hondt* (Hongrie), *Hort* (Hongrie, Syrie), *Hou* (Laos), *Hué* (Vietnam), *Huss,* etc. —, *Hadim* (Turquie), *Hafun* (Somalie), *le Halfay* (Nubie), *Hama* (Syrie), *Hangö* (Suomi), *Harrar* (Ethiopie), *Hatvan* (Hongr.), *le Hedjaz* (Arabie), *Hellin* (Esp.), *Hendek* (Turq.), *le Hernád* (Hongr.), *Hijar* (Esp.), *Hilla* (Irak), *Hilo* (Hawaï), *Hino* (Japon), *Hoan* ~ *le Hoeï* ~ *Hochih* (Chine), *Hodu* (Japon), *Holguin* (Cuba), *Honda* (Colombie), *Hopa* (Turq.), *Horna* (Esp.), *Hornád* (Tchécoslov.), *Hosur* ~ *Howrah* ~ *Hubli* (Inde), *Hunan* (Chine), *Huncha* (Mongolie), *Hupeh* (Chine), *Huşi* (Roumanie), *le Huzi* (Jap.), etc. —, **Hadama** (Ethiop.), **Hadejia** (Nigeria), **Hakone** ~ **Hanaori** ~ **Hanase** ~ **Hanihu** ~ le **Harimonada** (Jap.), **Hawizeh** (**Iran**), **Hedajam**

(Arab.), *Henarès* (Esp.), *Henzada* (Birmanie), *Higashi* ~ *Higasiyama* (Jap.), *Hingoli* (Inde), *Hirone* (Jap.), *Hodeida* (Yemen), le *Honduras*, *Horqueta* (Paraguay), *Hukui* ~ *Hukutiyama* (Jap.), *Hurabad* (Iran), *Hutami* (Jap.), etc.

Rem. I. — Cependant l'*h* est muet dans *Habdallah* (ou *Abdallah*), *Haïder*, *Haïfa*, *Haïti* (et *haïtien*), *Halley*, *Halifax*, *Hamilton*, *Harmosan*, l'*Haroudj*, *Harrand-Daïel*, *Hawaï* (et *hawaïen*), l'*Hécla*, *Hédal*, l'*Héliand*, *Héligoland*, l'*Helmend*, *Helmond*, *Helsingborg*, *Helsingfors*, *Helsinki*, l'*Henno* (de Reuchlin), *Hérat*, *Héristal* ou *Herstal*, l'*Hermandad*, *Hermosillo*, *Hermosilla*, *Hernani*, *Hernæ* (île d'), *Herschell*. *Herzeloyde*, *Hévès*, *Hialli*, *Hidalgo*, *Hilversum*. l'*Himalaya*, *Himedi*, *Himyar* (et *Himyarites*), *Hindenburg*, l'*Hindou-Kousch*, l'*Hindoustan*, *Hira*, *Hissar*, *Hissarlik*, *Hoblema*, *Hogarth*, *Högni*, *Hokodaté*, *Hokusaï*, *Holbein*, *Holkar*, *Holyrood*, *Honolulu*, *Horace Walpole*, *Horovitz*, *Hostalnou*, *Hostalrich*, *Hougaerde*, *Hoveda*, l'*Hudibras* (de Butler), l'*Hudson*, *Hulst*, l'*Humber*, *Humperdinck*, *Hunyadi*, *Husum*, *Huyghens*, *Hymans*, etc.

Rem. II. — Il y a flottement entre *h* muet et *h* aspiré dans *Hagano*, *Haïnan*, *Haïphong*, *Hamadan*, *Haroun al Raschid*, *Hartmann*, *Havelberg*, *Hegel*, *Heidelberg*, *Helgoland*, *Hermannstadt*, *Hertha*, *Herwegh*, *Hicham*, *Hiroshima*, *Hitler* (mais *h* muet dans *hitlérisme*), *Hochstedt* (bataille de ou d'), *Hogland* (île de ou d'), *Hogstraten*, *Hollywood*, *Hong-Kong*, *Housthulst*, *Houwald*, *Hussein*, *Huy*, *Huysmans*, etc.

Rem. III. — Il y a aussi flottement entre *h* muet et *h* aspiré dans les noms propres étrangers commençant par *Hua-* ou *Hue-* ; cf. *Huachi* (Bolivie), *Huacho* ~ *Huailas* ~ *Huanzo* (Pérou), *Huaro* ~ *Huasco* (Chili), *Huécar* ~ *Huelma* ~ *Huelva* ~ *Huercal Overa* ~ *Huesca* ~ *Huescar* (Espagne), *Huedin* (Roumanie), etc. On dit par exemple la route de ou d'*Huelva*, la ville de ou d'*Huesca*, le ou l'*Huécar*, etc. Cependant l'*h* est toujours aspiré dans *La Huerta* et dans les groupes du type *Sa Maria de Huerta*, *La Hoya de Huesca*, etc.

Rem. IV. — D'autres fois l'*h* est muet ou aspiré suivant l'emploi qui est fait des noms propres.

On dit l'*Haller*, l'*Havel*, l'*Hull*, l'*Hunt* quand il s'agit de cours d'eau ; mais *Haller*, *Havel*, *Hull*, *Hunt* ont un *h* aspiré quand ils désignent des personnes ou des localités. Inversement, on dit le *Hastings* pour le fleuve, et *Hastings* avec *h* muet pour le nom de personne ou de ville.

Haïderabad, ville, a un *h* muet ; mais on dit le *Haïderabad*, pour la province.

On prononce avec *h* muet *Béatrice Harraden*, *Clarisse Harlowe*, *Catherine Howard*, *Beuve d'Hanstone*, dentelle d'*Honiton*, *Chronique d'Hirsaug* (de Trithemius), *Porte d'Harlem* (à Amsterdam), huile d'*Harlem ;* mais en dehors de ces groupes l'*h* de ces noms propres est aspiré.

Au contraire, on dit *Guillaume*, *Alexandre de Humboldt;* mais *Humboldt*, avec *h* muet, autre part.

Quant à *Harold*, il se prononce avec *h* muet dans *Childe-Harold*, et avec *h* muet ou aspiré en dehors de cette expression.

Hamlet a un *h* muet ; on dit cependant le *Hamlet de Shakespeare*, d'*Ambroise Thomas*, etc.

L'*h* est muet dans la *Bataille d'Hermann* (de Klopstock), dans le *Poème d'Her-*

mann et Dorothée (de Gœthe) ; mais *Hermann* tout seul se prononce avec *h* muet ou aspiré.

L'*h* est muet dans S*t*-*Hildebrand*, mais autrement *Hildebrand* se prononce avec *h* muet ou aspiré. On dit en particulier *le Chant de Hildebrand* ou *d'Hildebrand*. L'*h* est pourtant aspiré dans *le Hildebrandslied*.

On dit *les Contes d'Hoffmann ;* mais en dehors de ce groupe, *Hoffman* a un *h* muet ou aspiré.

Rem. VI. — Dans les groupes du type *Hadamar de Laber, Heinrich de Mügeln, Heinzelin de Constance, Herbert de Fritzlar, Hersant de Wildonie, Hoffmann de Fallsleben, Hugo de Hoffmannsthal, Hurtado de Mendoza*, etc., l'*h* initial est muet après la préposition *de*. On dit *d'Hadamar de Laber, d'Herbert de Fritzlar, d'Hugo de Hoffmannsthal*, etc., en face de *que Hadamar de L., que Herbert de F., que Hugo de H.*, etc. et *que* ou *qu'Hoffmann de F.*

6° Dans les noms de famille étrangers portés par des Français, l'*h* est aspiré lorsqu'ils sont monosyllabiques ; cf. *Hahn, Hans, Hatt, Haugh, Hepp, Hild, Hirsch, Horn*, etc. et *Han d'Islande*, roman de Victor Hugo.

Mais l'*h* est muet quand ils sont plurisyllabiques ; cf. *Habeneck, Hadamard, Haller, Hanau, Hatzfeld, Hauser, Haussmann, Haxo, Hecher, Hérold, Herzog, Hetzel, Hillemacher, Himly, Hittorf, Hœpffner, Hofer, Hoffmann, Hottinger, Humann*, etc.

Rem. I. — Il en est à plus forte raison de même pour les plurisyllabes lorsque, désignant des étrangers, ils se prononcent déjà avec un *h* muet. Si dans ce cas il y a flottement entre *h* muet et *h* aspiré, le flottement cesse en faveur du premier. *Huysmans* fait cependant exception : l'*h* est ici muet ou aspiré, lorsque le mot sert à désigner un Français.

Rem. II. — Cependant l'*h* continue à être aspiré dans les deux plurisyllabes *Hansi* et *Henner*. Il l'est toujours dans le premier nom, sans doute sous l'action analogique de *Hans ;* uniquement après la préposition *de* dans le second, pour éviter une homonymie choquante avec *des nerfs*.

Rem. III. — Enfin *Hugo* se prononce avec un *h* muet ou aspiré. On dit de même *un sonnet de* ou *d'Heredia*.

7° L'*h* initial des noms géographiques allemands portés par des localités, des montagnes ou des cours d'eau français est ordinairement aspiré dans les monosyllabes et muet dans les plurisyllabes. Ainsi l'*h* est aspiré dans *Ham, Han, Hœrdt, Hoff*, etc., et muet dans *l'Hartmanwillerskopf, l'Hansauerbach, Hambach, Harprich, Hartzviller, Heiligenberg, Helstroff, Henning, Hilsenheim, Hochfelden, Hüttendorf*, etc.

Rem. — On dit cependant *le Hohneck, le Hohwald* et *le Haslach*.

Dans tous les noms de localité flamands du Nord et du Pas-de-Calais, l'*h* est muet ; cf. *Hem, Hem-Hardinwal* et *Hardinghen, Herbirtghem, Hondeghem*, etc.

Il en est ordinairement de même dans les noms indigènes de l'Union française ou des pays de protectorat français ; cf. en Algérie : *L'Habra, Hamaden, Hamala, l'Hillil, Hussein-Dey*, etc. —, en Tunisie : *Haddada, Haïdra, Hammamet, Henchir-Lebna*, etc. —, au Maroc : *Had-Kourt, Hariri, Hénima*, etc. —, en Afrique : *Henhimé, Hindouli, Hinvi, Hombori, Honeyogbé, Houndé*, etc. —, en Océanie : *Hikuera, Houaïlou, Huahine* —, en Indo-Chine : *Ha-Coi, Ha-Giang, Haï-Duong, Hai-Ninh, Ha-Lang, Hatan, Ha-Tinh, Hat-Kam, Heip-Hoa, Hoa-Binh, Hoangmai, Hac-Mon, Hone-Cohé, Hong-Chong, Honquan, Hung-Hoa, Hung-Yen*, etc.

Rem. I. — Cependant l'*h* est aspiré dans les monosyllabes *Hann* (Sénégal), *Hou* (Laos), dans *Le Hamma* (Algérie), *province de Ha-Nam* (Tonkin), *Le Hencha* (Tunisie), *le Hoggar* (Sahara), *les Hovas* (Madagascar) et *Hué* (Indochine).

Rem. II. — De plus, l'*h* est muet ou aspiré dans *Haïphong* et *Hanoï* (Indochine).

B. — MOTS COMMENÇANT PAR LES GROUPES *GU, QU* + VOYELLE

I. — Groupe GU.

Le groupe initial *gu* + voyelle se prononce [g], [gw] ou [gɥ] suivant les mots.

1º [g] devant *é, è, ê, e* dans tous les mots français ou étrangers : *gué, guépard, guéret, guérir, guérite*, etc., — *guérilla, guérillero* —, *Guébriant, Guéméné, Guénégaud*, etc. —, *Guéchov, Guépéou, Guévara*, etc.

guède, guère —, *Guèbres, Guègues*.

guêpe, guêpier, guêtre, etc. —, *les Guêpes*.

guelte, guerre, guet, etc. —, *guelza, guevei* —, *Guemps, Guengat, Guerche, Guern, du Guesclin, Gueydon*, etc. —, *Guebwiller, Guelf, Guernica, Guevara*, etc.

guenille, guenon, guenuche —, *Gueneau, Guenée.*
gueuche, gueule, gueuse, gueux, etc. —, *Gueugnon, Guellette.*

Rem. — *Guelma*, ville d'Algérie, se prononce avec [g] ou [gɥ]. *Guembé*, nom de fruit exotique, se prononce [gɥābe].

devant *i* dans tous les mots français ou étrangers :

gui, guichet, guide, guigne, guillemet, guilleret, guillotine, guimpe, guindé, guinguette, guipure, guise, etc. —, *guib, guiderope* —, *Gui, Guibal, Guichard, Guichen, Guiers, Guieysse, Guillot, Guinée, Guingamp, Guiraud, Guiseniers,* etc. —, *Guicciardini, Guildhall, Guido Reni, le Guildo,* etc.

Rem. I. — On prononce cependant [gɥ] dans *guisard, guisarme* et *guit-guit*.
Rem. II. — On prononce [gɥ] dans *Guise*, localité de l'Aisne. Mais le nom de famille se prononce avec [gɥ], ou plus ordinairement avec [g].
M. Fr. *Guizot* prononçait son nom avec [gɥ]. Aujourd'hui cette prononciation est abandonnée, sauf dans le cas de *Witt Guizot*.
De même, on ne dit plus *Guipuzcoa* avec [gɥ].

devant *a* uniquement dans les exemples suivants :

guais —, *Le Gua, Gua de Malves, Guadet, Gaifer, Guaimar, Stanislas de Guaita, Saint-Jean-Gualbert, Le Guaspre, Guay* —, angl. *horse-guard, Manchester Guardian*.

devant *y*, lorsque *y* est final ou suivi d'une consonne :

Guy, Guy de Maupassant, Guy Manacring (roman de W. Scott), *Guy Patin* —, *Guynemer, Guyton, Guyton de Morveau, Guys.*

2° [gw] dans les mots français autre que *guais* (cf. ci-dessus) ; cf. *guacine, guanamides, guanoxalate, guaranine, guastalline, guattérie, guayule*, etc.

dans les noms propres français *La Guadeloupe, les Guanches.*

dans les mots espagnols ; cf. *guacharo, guaco, guanaco, guano, guaracha, guarana, guazuma* (ou, francisé, *guazume*), etc.

dans les noms propres espagnols ; cf. *le Guadalajara, le Guadalete, le Guadalquivir, Sierra de Guadalupe, le Guadiana, le Guatemala, Golfe de Guayaquil, La Guayra,* etc.

dans les noms propres italiens ; cf. *Guadagnoli, Guagnini, Gualdo, Gualtieri, Guardi, Guarini, Guastalla,* etc.

dans *île de Guam, cap Guardafui* et dans le latin moderne *Guarnerius*.

Rem. — Même lorsqu'il est porté par des Français, le nom italien *Guastalla* conserve son [gw].

3º [gɥ] devant *y*, lorsque *y* est suivi d'une voyelle :
La Guyane, Guyard, Guyau, Guyenne, Guyon (et *guyonnisme*), *Guyot, Guyou*.

II. — Groupe QU.

Le groupe initial *qu* devant voyelle se prononce [kw], [kɥ] ou [k] suivant les mots.

1º [kw] devant *a* dans les mots français suivants : *quakeresse, quakerisme, quapalier, quartidi, quartodéciman, quassier, quassine, quaternion, quaterné, (-nifolié, -nité, -nobisunitaire), quatrin, quatrinôme, quatrirème, quattrocentiste*.

dans tous les mots latins (anciens ou modernes) : *quadrivium, quadruplex, qualéa, quandros, quanquam, quantum, quarto, quassia, quater, quatuor, quatuorvir (-al, -at)*, etc. —, et dans les locutions latines *sine qua non, quandoque bonus dormitat Homerus, quantum mutatus ab illo, quasi castrense*, etc.

dans tous les mots étrangers : *quaker, quarter, quartetto, quartinho*, esp. *quarto, quartera, quarta* (et dérivés ou composés), *quatas, quatef, quattrocento*, etc. et la locution italienne *tutti quanti*.

dans les noms propres latins : *Quadrifrons, Quadrigarius,* (encyclique) *Quanta Cura*, etc. —, ou étrangers : *Qua* (ou *Koua*), *Quadrado, Quadrone, Quaglio, Quaile, Quain, Quang Binh, Quaqua, Quarenghi, Quarles, Quarto dei Mille, Quarterly Review, Quatro-Castella*, etc. —, et dans le nom ancien francisé *Quades*.

Rem. I. — Dans la plupart des mots français commençant par *quadr-* on prononce [kw] ou, moins bien, [k]. Ainsi dans *quadragénaire, quadragésime (-ésimal), quadrangulaire, quadrant, quadrat, quadricolore, quadricycle, quadriennal, quadrifide, quadrige, quadrijumeaux, quadrilatère, quadrilobé, quadripétale, quadrirème, quadrisyllabe (-ique), quadrumane, quadrupède, **quadruple** (-er)*. Il en est de même dans *quaternaire, quaterne, quatrillion*.

Quadrat s'écrit aussi *cadrat*.

Rem. II. — On prononce [kw] dans *quasi*, adverbe latin, mais [k] dans *quasi*, adverbe français. On a de même [k] dans *quasiment*.

Quanta, terme scientifique, se prononce avec [kw] ou avec [k].

Dans *dimanche de Quasimodo*, il n'y a que chez les gens d'église qu'on peut entendre encore [kw]. La prononciation générale est avec [k]. Dans *Quasimodo*, héros de *Notre-Dame de Paris*, on prononce toujours [k].

Rem. III. — Le mot anglais *quaigh* fait exception et se prononce [kɛg].

devant *e* dans le mot français *quetsche* —, dans tous les noms propres italiens : *della Quercia, Quero,* etc. —, et dans *Quetta* (Baloutchistan).

devant *ee* [i] dans les noms propres anglais *Queen* (et composés : *Queensbury, Queensland,* etc.) et *Queenie.*

devant *i* dans les noms propres anglais : *Quicke, Quickly, Quiggin,* etc.

2º [kɥ] devant *e* dans les mots français *questabilité, questable, questal, questorien;*

dans les mots et noms propres latins : *quem, querimonia, Quercetanus,* etc.

Rem. — Il y a flottement entre [kɥ] et [k] dans le vieux mot *quérimonie* et dans *questeur, questure.*

devant *ae* [e] dans la prononciation du latin ; p. ex. dans *quærere, quaestor,* etc. et dans la locution latine *quærens quem devoret.*

devant *i* dans les mots et noms propres français suivants : *quiddité, quiescence, quiescent, quindécagone* et composés en *quindé-, quindigitaire, quiniflore, quinquagénaire, quinquaïeul, quinquangulaire, quinquangulé, quinquannion, quinquécentiste* et composés de *quinqué-, quinquenalle, quinquennal (-ité), quinquerce, quinquille, quintère, quintidi* et composés de *quinti-, quintil, quintillion, quintomonarchiste, quirime, quiscale* —, *Quinquagésime, le Quintil Horatian, Quirite.*

dans tous les mots latins ou grecs (anciens ou modernes) : *(à)quia, quibus, quietorium, quincunx, quindécemvir (-al, -at), quingentesimo, quinquarboreus, quinquennium, quinquévir, quinquies, quintilis, quinto, quisqualis, quitus, quivisia,* etc. —, et dans les locutions latines : *qui bene amat bene castigat, quia nominor leo, quid novi ?, quieta non movere, quis ut Deus ?,* etc.

dans les noms propres latins : *Quietus, Quinctius Capitolinus, Quintillus, Quintus, Quirinus,* etc.

et dans le nom propre italien *le Quirinal.*

Rem. I. — Dans un certain nombre de mots français, il y a flottement entre [kɥ] et [k]. Ainsi dans *quiétisme, quiétiste, quiétude, quinquenove, quintette, quintuple (-er)*.
Il en est de même dans les noms propres *Quinte-Curce* et *Quintilien*.
Rem. II. — *Quidam*, latin, se prononce avec [kɥ]. Il en est de même dans le français *un quidam*; la prononciation avec [k] est en train de vieillir.
Quintus, nom de famille français, se prononce avec [k].
Rem. III. — On prononce [k] dans le latin *quiproquo*, devenu substantif français.

3º [k] devant *a* dans tous les mots ou noms propres français autres que ceux de la p. 267 ; cf. *quadrillage, quadrille, quadrillé, quadriller, quai, quaiche* (ou *caiche*), *qualifiable, qualificatif, qualifié, qualitatif, quand, quant, quantité, quarante, quart, quartier, quatorze, quatre, quayage, quaylenie*, etc. —, *Quaregnon, Quatrefages, Quatremère de Quincy*, etc.

et dans le mot anglais *quaigh* (cf. p. 268).

devant *e* dans les mots français autres que ceux de la p. 268 ; cf. *que, quel, quémander, quenelle, quenouille, querelle, question, queue*, etc. —, et dans tous les noms propres français : *Quélen, Quélus, Quend* (Somme), *Quercy, Quesnay, Questembert, Queyras*, etc.

dans tous les mots étrangers : *quebracho, quemkas, quetzal* —, et dans les noms propres étrangers autres que ceux de la p. 268 ; cf. *Québec, Queiros, Queliin, de Quental, Quetzalcoatl, Quelzaltenango, Quevedo*, etc.

devant *i* dans les mots et noms propres français autres que ceux de la p. 268 ; cf. *qui, quiconque, quille, quintal, quintessence, quinze, quitter*, etc. —, *Quiberon, Quierzy, Quiévrain, Quillan, Quimper, Quinet*, etc.

dans tous les mots étrangers : *quiça, quindenio, quinola, quinquina, quipo* ou *quipu* —, et dans les noms propres étrangers autres que les noms anglais (p. 268) ou que l'italien *Quirinal* (p. 268); cf. *les Quichés, les Quichuas* ou *Quéchuas, Quilimané, Qui-Nhon, Quintana, Quiroga, Quito*, etc.

et dans le latin *quiproquo* (cf. ci-dessus).

devant *o* dans tous les mots français ; cf. *quoaille* (ou *coaille*), *quoailler, quodlibétaire, quolibet, quotidien, quotient, quotité*, etc. —, et dans le nom propre français *Quost*, le seul de son espèce ;

dans le latin *quorum* et dans les locutions latines : *Quo vadis ?*

(titre du roman de Sienkiewicz), *quod erat demonstrandum, quos ego..., quot capita tot sensus, quousque tandem,* etc.

et dans les mots étrangers *quoc-ngu* (annam.), *quolem* (hébr.).

Rem. — Dans *quoi, quoique* et dans le latin scientifique *quoyia* [kwaja], refait sur le fr. *Quoy,* le [w] appartient au groupe *oi* ou *oy*.

C. — MOTS COMMENÇANT PAR CONSONNE + *H*.

Il faut distinguer deux groupes :

1º PH, TH, KH, GH, SH, LH, RH, MH et WH se prononcent toujours de la même façon, c'est-à-dire [f], [t], [k], [g], [ʃ], [l], [ʀ], [m] et [w] dans tous les mots et noms propres français : *phare, phoque, physionomie, thalle, théâtre, thym, khédive (-al, -at), shakespearien, shintoïsme, rhabiller, rhétorique, rhume, whiggisme, whister, whisteur,* etc. —, *Pharsale, Phèdre, Philippe,* étang de *Thau,* le *Theil, Thiers,* de *Thou,* les *Ghâtes, Ghéon, Ghissignies, Rhétie, Rhin, Rhône, Rhuis, Mhère* (Nièvre), etc.

Il en est de même dans tous les mots gréco-latins, anciens ou modernes : *pharynx, phylloxera, thêta, thymus,* lettre *Khi, rhamnus, rhonchus,* etc. — et dans tous les noms propres de l'antiquité : *Pharos, Phidias, Thaïs, Thot, Khosroès, Rhéa Sylvia, Rhetorius,* etc.

dans tous les mots étrangers : *thaler, thalweg, themagg, khamsin, khan, khedma, ghâzi, ghetto, shah, shake-hand, shoot, rhum, wharf, whig, whisky, whist,* etc.

et dans tous les noms propres étrangers : *Phan-Tiet, Philippopoli, Phong-Tho,* la *Theiss, Thielt, Thorwaldsen, Thua-Thien, Khanh-Hoa, Khemisset, Khorsabad, Ghadamès, Gheel, Ghirlandajo, Shakespeare, Sheffield, Shylock, Rhallis, Rhinau, Rhode-Island, Wharton, Wheatstone, Whitechapel,* etc.

Rem. — Le *th-* anglais se prononce [t] dans *Thames, Thomas, Thomson* ou *Thompson,* comme en anglais lui-même.

On prononce aussi [t] dans *Thackeray,* nom connu depuis longtemps. Mais dans les autres noms anglais, l'usage s'introduit peu à peu de prononcer [θ]. Ainsi dans *Thackley, Thinn, Thornaby, Thornhill, Thurston, Thynne,* etc.

2° Le groupe CH se prononce tantôt [k], tantôt [ʃ].

a) [k] dans la plupart des mots savants provenant du grec : *chalasie, chalastique, chalaze, chalcidique, chalcocite* et composés de *chalco-, chanécisse, chamédorée, chasmantère, chasme, chasmarhynque, cheiloplastie, cheiloraphie, cheimatélie, cheirogale* et composés de *cheiro-, chélate, chélicère, chélidoine, chélidonine, chélodine, chéloïde, chélonée, chéloniens, chéloniidés, chélonite, chélonographie, chénisque, chénopode, chersée, chersydre, chétopodes, chiasme, chiliade* et composés de *chili-, chilognathes, chilopodes, chimaphile (-ine). chinone* (ou *quinone), chioccine, chiocoque, chionanthe, chiragre, chirognomonie* et composés de *chiro-, chirochitine (-eux), choane, chœur, cholagogue, cholécyste* et composés de *cholé-, choléine, cholémie, choleriforme, cholérigène, cholérine, cholestérine, cholestérique, choliambe (-ique), cholihémie, cholorrhée, cholurie, chondrille, chondrite* et composés de *chondr-, choral, chorée, chorège (-ique), chorégraphe (-ie, -ique), choréiforme, choréique, choreute, choriambe* et composés de *chor-, choroïde* et composés de *choro-,* etc.

dans la plupart des noms propres français provenant du grec ou du latin : *Chalcédoine, Chalcondyle, Chaldée* (et *chaldaïque, chaldéen), Chaonie, Charites, Charybde, Chersonèse, Chérusques,* les *Choéphores,* etc. et dans *Chames* ancien nom des Khmers.

Il en est de même dans les mots ou les noms propres latins ou grecs : *chalazion, chalcis, chalybé, chamérops, chamédrys, chaos* (et *chaotique), charax, cheiranthus, cheiromys, chélidon, chemosis, chermès, chétodon,* (lettre) *chi, chiasma, chionis, chiton, choléra, chorus,* etc —, *Chabrias, Chalcis, Chaon, Charès, Charon, Charondas, Chéréas, Cherson, Chilon, Chio,* etc.

dans les autres noms propres de l'antiquité biblique ou païenne : *Cham* (et *chamite, -itique), Chamos* (ou *Kêmosh), Chanaan* (et *chananéen), Chéops, Chéphren* (ou *Khéphren), Choaspès, Chodorlahomor, Chonson,* (ou *Khonson), Chosroès* (ou *Khosroès),* etc.

dans l'italien *chianti, chi lo sa ?* et l'arabe *chamsin* (ou *khamsin*).

dans les noms propres allemands, ou italiens, roumains et slaves : *Cham* (Suisse), *Chemnitz, Chur,* etc. —, *Cherasco, Chiabrera, Chiasso, Chigi, Chioggia,* etc. —, *Chishinau, Chocim,* etc. —, *Cheb, Chodowiecki, Chodzko, Choumen, Chaumla,* etc.

Rem. I. — On prononce cependant [ʃ] dans un certain nombre de mots savants provenant du grec : *chimère (-ique)*, *chimie (-ique, -iste)*, *chimiatrie (-ique)*, *chimico-légal*, *chimico-physique*, *chimiotaxie* et composés de *chimio-*, *chimitypie*, *chimoine*, *chimonanthe*, *chirurgical*, *chirurgie (-ique)*, *chirurgien*, *chyle* (et dérivés ou composés), *chyme* (et composés). De même dans *Chimère* et *Chypre*.

Les habitants de Chypre s'appellent *Chypriotes*, avec [ʃ], ou *Cypriotes*, avec [s].

Rem. II. — On prononce aussi [ʃ] dans les noms propres slaves *Chelmonski*, *Chipka*, *Chostakovitch*, *Chouvalow*, dont le *ch-* est l'adaptation française d'un [ʃ] originaire. Il en est de même pour *Chopin*, dont le nom est d'ailleurs d'origine française, et pour le nom de l'écrivain allemand *Chamisso* qui est dans le même cas.

Rem. III. — Il y a flottement entre [ʃ] et [k] dans les noms grecs *Chilon*, *Chiron*. Mais [k] est plus général.

b) [ʃ] dans tous les mots français autres que ceux de la p. 271 : *chacun*, *chair*, *char*, *chercher*, *cheval*, *chiche*, *chien*, *chômer*, *chou*, *chute*, etc. —, et dans tous les noms propres français : *Chablis*, *Châlons*, *Champagne*, *Charles*, *Chénier*, *Cher*, *Chinon*, *Choiseul*, *Cholet*, *Chuquet*, etc. Y compris les adaptations françaises de mots ou noms propres étrangers comme *chacone*, *chiourme*, *Chiite* (ou *Schiite*), *Chichimèques*, *Chine*, etc.

Il en est de même dans les mots étrangers autres que ceux de la p. 271 : *chachka*, *chacma*, *chadouf*, *chahi*, *challenge*, *chaouch*, *chapska*, *chatterton*, *chebec*, *chéchia*, *cheik*, *cheng*, *chester*, *chicha*, *chimpanzé*, *chinchilla*, *chiou*, *chipolata*, *chott*, etc.

et d'une façon générale dans les noms propres étrangers autres que ceux qui ont été signalés p. 271 : *Chactas*, *Chagas*, *Châh-Nâmeh*, *Cha-Ho*, *désert de Chamo*, *Chamyl Effendi*, *Chandernagor*, *Changhaï*, *Chan-Si*, *Chan-Toung*, *Chaouïa*, *le Chari*, *Chatt-el-Arab*, *Chaves*, *Chibchas*, *Chiffa*, *Chi-ga-tsé*, *Chiloé*, *Chiraz*, *le Chiré*, *Cholon* (Indochine). *Chou-King*, etc.

Rem. I. — Il y a flottement entre [ʃ] et [tʃ] dans les mots anglais *charcoal*, *charleston*, *chartered*, *chesterfield*, *chewing-gum*, dans les mots espagnols *chaparico*, *chapar(r)al*, *chulo* et dans le basco-espagnol, *chistera*.

Rem. II. — Dans les noms propres anglais *Chesapeake*, *Cheselden*, on prononce [tʃ]. Dans les autres, à l'exception de *Chandos*, *Chaucer*, *Chicago*, *Monts Cheviots* où l'on prononce [ʃ], il y a flottement entre [ʃ] et [tʃ]. Ainsi dans *Chadderton*, *Chapman*, *Charleston*, *Chatham*, *Chatterton*, *Chelsea*, *Chester*, *Chesterfield*, *Chichester*, *Chippeways*, *Chiswick*, *Churchill*, etc.

De même, à l'exception de *Chili*, *Chimborazo* qui se prononcent avec [ʃ], il y a flottement entre [ʃ] et [tʃ] dans les noms propres espagnols. Ainsi dans

Chaco, Checa, Chiclana, Chiclayo, îles *Chinchas, Mar Chiquita, Chiquitos, Chuquisaca,* etc.

Rem. III. — On prononce aussi [ʃ] ou [tʃ] dans *Chemoulpo*, port de la Corée, dont le nom s'écrit encore *Tchemoulpo*.

Note sur quelques groupes étrangers. — Le groupe jh se prononce [ʒ] dans *jharal* et [j] dans *Jhering*.

Le groupe nh se prononce [n] dans les noms indochinois *Nha-Nam, Nha-Trang*, etc.

Le groupe xh qui se rencontre à l'initiale de beaucoup de noms propres du pays de Liège ne se prononce pas ; cf. *(Xh)endremael, (Xh)enseval, (Xh)ignesse, (Xh)oris, (Xh)ovémont, (Xh)urdebise,* etc.

D. — MOTS COMMENÇANT PAR DEUX CONSONNES

Les deux consonnes peuvent représenter un seul son, deux sons, et parfois un ou deux suivant les mots.

I. — Un seul son.

ll = [l] dans *llandilien, lloydie* ou *lloïdie*.

Rem. — Le groupe initial ll se prononce [j], ou mieux [λ], dans les mots ou noms propres espagnols et catalans : *llaneros, llano, Llamas, Llanera, Llerena, Llobregat, Llorens, Llorente, Lloret*, etc., ainsi que dans l'hispano-américain *llautu* (inca), *Llanquihue* (Chili), etc. —, [l] dans les mots ou noms gallois : *lloyd, Llandaf, Llandilo-Fawr, Llandudno, Llanelly, Lloyd George, Llywarch-Hen,* etc. —, [j] ~ [λ] ou [l] dans le catalan *Llivia*.

wr = [ʀ] dans *wrightie*.

Rem. — Il en est de même dans le mot anglais *writ* et dans les noms propres anglais *Wren, Wrexham, Whright, Wrottesly, Wroxham,* etc.
Mais on prononce [vʀ] dans le mot hongrois *wrum* et dans les noms propres non anglais : *Wrangel, de Wrède, Wrisberg,* etc.

Note sur les groupes étrangers ou français. — Le groupe rz se prononce [ʒ] dans les noms polonais ; cf. *Rzeszow, Rzewuski*, etc.

Les groupes sz, zs se prononcent le premier [s], le second [ʒ] dans les noms hongrois. Cf. [s] dans *Szarvas, Szeged, Szechenyi,*

Szentes, Szolnok, etc. —, [3] dans *Zseliz, Zsigard, Zsombolye* (ancienne ville de Hongrie, aujourd'hui en Yougoslavie), etc.

II. — Deux sons.

On peut établir trois catégories de groupes dans cette section.

a) Groupes à second élément *liquide* (*l* ou *r*) :

BL = [bl] : *blanc, blesser, blouse,* etc.
BR = [bʀ] : *bras, briser, brosse,* etc.
CL = [kl] : *classe, clé, cloche,* etc.
CR = [kʀ] : *crâne, crier, cruche,* etc.
DR = [dʀ] : *drap, dresser, droit,* etc.
FL = [fl] : *flamme, fleur, flou,* etc.
FR = [fʀ] : *franc, frein, frire,* etc.
GL = [gl] : *glace, glisser, globe,* etc.
GR = [gʀ] : *grès, grève, gros,* etc.
KL = [kl] : *Klephte, kleptomane, -ie,* etc.
KR = [kʀ] : *kramérie, kremersite.*
PL = [pl] : *plat, plein, plus,* etc.
PR = [pʀ] : *pratique, pré, procès,* etc.
TR = [tʀ] : *trace, très, trône,* etc.
VL = [vl] : *vlan!*
VR = [vʀ] : *vrai, vrille, vrombir,* etc.

b) Groupes à premier élément *s* :

SB = [sb] : *sbire.*
SG = [sg] : *Sgnanarelle.*
SK = [sk] : *skatinage, skiagramme,* etc.
SL = [sl] : *slave, slaviser,* etc.
SM = [sm] : *smaragdin, smille,* etc.
SN = [sn] : *snobisme.*
SP = [sp] : *spasme, spécial, spore,* etc.
ST = [st] : *stade, stèle, stopper,* etc.
SV = [sv] : *svabite, svadécisme, svelte,* etc.

REM. I. — Le groupe sw- se prononce [sv] dans *swedenborgien, -isme, -iste, swertie, swieténie,* mais [sw] dans *swadeshisme, -iste, swarajisme, Swane, Swanétie* (ou *Souanétie*).

REM. II. — L's est toujours sourd lorsque la consonne suivante est sonore.

c) Autres groupes :

BD = [bd] : *bdelle.*
CN = [kn] : *cnémide.*
CT = [kt] : *cténaires, cténophore,* etc.
CZ = [ks] dans *czarien, czarine, czakie.*
DJ = [dʒ] : *djaïnisme.*
DZ = [dz] : *Dzoungarie.*
GM = [gm] : *gmélin, gmélinite.*
GS = [ks] : *gsellien.*
KN = [kn] : *knauffite, Knutange.*
MN = [mn] : *mnémonique, mnémotechnie,* etc.
PN = [pn] : *pneumatique, pneumonie,* etc.
PS = [ps] : *psaume, pseudonyme,* etc.
PT = [pt] : *ptéride, Ptolémée.*
TM = [tm] : *tmèse.*
TS = [ts] : *tsarien, tsigane,* etc.
TZ = [ts] : *tzaconien, tzarien, tzigane,* etc.
ZW = [zv] : *zwinglien, Zwingle,* etc. ;
  [zw] : *zwanze.*

Rem. I. — Pour tous les groupes mentionnés ci-dessus, la prononciation est la même dans les mots ou noms propres anciens et étrangers.
   Il faut faire exception tout d'abord pour le groupe cz qui se prononce [tʃ] en slave et [ts] en hongrois. C'est ainsi qu'on a [tʃ] dans *czamara* (ou *czamarka*), *Czapski, Czarniecki, Czartoryski, Czaslau, Czech, Czenstochowa, Czermak, Czernowitz,* etc. [ts] dans *Czegled, Czetz, Czibakhaza,* etc. Sans doute, la règle s'est établie de prononcer en français [gz] ou [ks]. Mais il est préférable d'adopter les prononciations nationales. C'est ce qu'a déjà fait le français en écrivant *Tchaïkovsky* (pol. *Czajkowski*), *Tcherny* à côté de la forme polonaise avec *Cz-*. D'autres fois, l'adaptation a été moins fidèle, d'où la graphie *ch-* [ʃ] pour *cz-* dans *chapska* (polon. *czapska*), *Chostakowitz* (polon. *Czostakowitz*).
   De même l'ancienne prononciation française [ksaʀdɑːs] du hongrois *czardas* cède peu à peu la place à la prononciation nationale [tsaʀdaʃ].
   Un cas curieux est celui du mot *czar*, mauvaise francisation du polonais *car* (avec *c* = [ts]), sous l'influence de *César.* Ici le groupe *cz-* se prononce [ks], comme dans *czarien, czarine,* cf. ci-dessus. Mais à côté de *czar,* etc., on écrit plus souvent *tsar,* etc., dont la prononciation avec [ts] est plus conforme à la langue d'origine.
   Quant au groupe KN, il se prononce [kn] dans tous les mots ou noms étrangers non anglais. Pour l'anglais, il faut distinguer. On prononce [kn] dans *Knox,*

mais [n] autre part, par exemple dans *knickerbocker, knock-out, know-nothing, Knaresborough, Knighton, Knolles, Knowles,* etc.

Rem. II. — La même dualité de prononciation que l'on constate pour le groupe sw- dans les mots ou noms propres français, existe aussi pour les mots et noms propres étrangers. On a [sw] dans *swamps, sweater, sweating-system, sweepstake, swing, Swadlincote, Swan, Swansea, Swatow, Swift, Swinburne, Swindon, Swithin,* est., c'est-à-dire dans les mots et noms anglais —, mais [sv] autre part ; cf. *swastika, Swammerdam, Swedenborg, Swetchine, Sweveghem, Swevezeele, Van Swieten, Swinemünde, Switzerland,* etc. On écrit *Swahili* ou *Souahili, Swaziland* ou *Souaziland,* les uns et les autres avec [sw].

Rem. III. — Dans les noms propres étrangers, le groupe zw- se prononce toujours [tsv] ; cf. *zwieback, Zweibrucken* et composés de *Zwei-, Zwickau, Zwindrecht, Zwingli, Zwolle, Zwynaerde, Zwyndrecht,* etc.

Note sur les groupes étrangers au français. — La grande majorité d'entre eux ne présente pas de difficulté, l'accord existant en français entre la graphie et la prononciation. On ne signale que quelques cas particuliers.

Certains groupes n'ont qu'une prononciation :

gw = [gw] ; cf. *Gwalior, Gwatkin. Gwendoline, Gwinnet,* etc.

kj = [kj] ; cf. *kjelke, kjœke, kjœkkenmœdding, Kjernef,* M[ts] *Kjœlen,* etc.

wl = [vl] ; cf. *Wladimir* (ou *Vla-*), *Wloclawek, Wlodawa,* etc.

D'autres en ont deux suivant les langues :

dw = [dw] dans *Dwarka, Dwelshauver, Dwight, Dwingelo,* etc. —, [dv] dans *Dwernicki, Dwina* (ou *Dvina*), etc.

kw = [kw] dans *Kwannon,* divinité japonaise —, [kv] dans le mot russe *kwas* (ou *kvas*), *Kwicala* (ou *Kvicala*), ville de Tchécoslovaquie, etc.

Enfin le groupe tw peut se prononcer de trois façons : [tw] dans les mots ou noms propres anglais *tweed, twill, twine, Twain, Twickenham, Twigg,* etc. , — [tv] dans le russe *Twer* (ou *Tver*) —, [t] dans l'anglais *two-step* [tustɛp].

III. — **Un ou deux sons.**

gn = [ɲ] dans les mots familiers *gnaf, gnaffer, gnafle, gnan-gnan* (ou *gran-gnan*), *gnognote, gnole, gnôle* (ou *gniôle, gniaule, niôle*), *gnon, gnouf* —, et dans le nom propre *Gnafron.*

[gn] dans tous les autres mots, d'ailleurs de caractère savant : *gnaphale, gnaphose, gnathocère* et composés de *gnatho-, gnétacées, gnète, gnome (-ide), gnomique, gnomon (-ique, -iste), gnose, gnosticisme, gnostique,* etc. —, et dans les noms propres *Gnaton, Gnide* (ou *Cnide*).

Rem. I. — On prononce aussi [ɲ] dans le mot italien *gnocchi* et dans les noms propres italiens *Gnecco, Gnoli*, etc.

Rem. II. — On prononce aussi [gn] dans les mots grecs *gnofos, gnôthi (seauton)* —, dans les mots étrangers *gneiss (-eux, -ique), gnou* —, et dans les noms propres étrangers non anglais : *Gnari Khorsum, Gneisenau, Gneist, Gnieditch, Gniewkovo*, etc.

Rem. III. — Le groupe *Gn-* se prononce [n] dans le nom propre anglais *Gnosall*.

sc = [s] devant *e, i, y* ; cf. *sceau, scélérat, scène, sceller, sceptique, sciatique, scie, science, scinder, scission,* etc. —, *Scythe, Scythie.*

[sk] devant *a, o, u* ; cf. *scabreux, scabieuse, scandale, scarabée, scolaire, scorbut, scorpion, sculpter, scutiforme,* etc. —, *Scamandre, Scandinavie, Scapin, Scarron, Scudéry,* etc.

Rem. — Les règles de prononciation sont les mêmes pour les mots et noms propres anciens ou étrangers.

Il faut cependant noter que dans les noms italiens, le groupe sc suivi de *i* + voyelle se prononce [ʃ]. D'où en français [ʃj] dans *Sciacca, Scialoja, Sciarra,* etc.

E. — MOTS COMMENÇANT PAR *SQU* + VOYELLE

Le groupe squ se prononce de deux façons d'après la nature de la voyelle qui suit :

[sk] devant *e, i* ; cf. *squelette (-ique), squille (-oïde), squinancie, squine, squirre (-eux, -osité).*

[skw] devant *a* ; cf. *squale (-ide), squame (-aire, -elle, -eux, -osité, -ule), squamiflore* et composés de *squami-, squarreux, squatine,* etc.

Rem. — Dans tous les mots ou noms propres anciens et étrangers on prononce [skw] ; cf. lat. *squamata,* angl. *squatter, square, squeezer, squire,* indo-amér. *squaw,* angl. *Squeers, Squier, Squire,* ital. *Squarcione, Squillace, Squinzano,* etc.

F. — MOTS COMMENÇANT PAR CONSONNE + *H* + CONSONNE

Dans les mots et noms propres français ou les noms propres de l'Union française on constate à l'initiale les groupes suivants :

CHL = [kl] ; cf. *chlamyde, chloroforme, chlorure*, etc., *Constance Chlore* —, mais [ʃl] dans *Chleuh*.
CHM = [ʃm] dans *lac Chma* (Cambodge).
CHR = [kʀ] ; cf. *chrême, chrétien, chrisme, chronique, chrysalide*, etc. —, *Chramne, Christ, Christophe, Saint-Chrodegang*, etc.
CHT = [kt] ; *chtonien, -ienne.*
GHR = [gʀ] dans *Ghrib* (Algérie).
KHM = [km] dans *Khmer, Khmère.*
PHL = [fl] ; cf. *phlébite, phlegmatie, phloxine, phlyctène*, etc. — *champs Phlégréens.*
PHR = [fʀ] ; cf. *phrase, phratrie, phrénologie, phrygane*, etc. —, *Phrygie.*
PHT = [ft] ; cf. *phtaléine, phtisie (-ique)*, etc. —, *Phtie, Phtiotide.*
THL = [tl] dans *thlipsencéphale (-ie, -ique).*
THR = [tʀ] ; cf. *thrène, thridace, thrombose*, etc. —, *Thrace, Thrasybule, Thrasymaque*, etc.

REM. I. — DHR = [dʀ] dans *Dhron* (riv. d'Allemagne), *Dhruma* (v. d'Arabie).

REM. II. — CH suivi de consonne se prononce [k] dans les noms propres anciens *Chnoubis* (ville d'Egypte), *Chnouphis* (divinité égyptienne) —, dans les noms propres étrangers commençant par *Christ-* (cf. *Christburg, Christchurch, Christiania, Christmas*, etc.), dans les noms propres allemands, polonais ou tchèques (cf. *Chladni, Chlebowo, Chludowo, Chlum, Chmielnik, Chmielno, Chrapin, Chrast, Chrostkowo, Chrudim, Chtelnica, Chtumetz, Chvojnica, Chwalin, Chwalkowo, Chwalynsk*, etc.), à l'exception des noms propres tchèques transcrits à la française : *Chkampa, Chlejhar, Chmilovski* qui se prononcent avec [ʃ].
On prononce [ʃ] dans les transcriptions françaises des noms propres albanais (*Chkoumbi, Chkumimi*, etc.), serbes (*Chtiplé*) ou russes (*Chlov, Chpola, Chtounda,* secte russe, et *chtoundiste, Chvernik*, etc.).

REM. III. — PH suivi de consonne se prononce [f] dans les mots et noms propres anciens ; cf. *phlaeomys, phlegmatia, phleum, phlox, Phlégéton, Phlégyas* —, *phroxus, phrynium, Phrá, Phraatès, Phraortès, Phrixos, Phryné, Phrynichos,* etc. —, *île Phtène* (Grèce).

Mais on prononce [p] dans *Phnom-Penh* (Cambodge), écrit aussi *Pnom-Penh*.

Rem. IV. — sh suivi de consonne se prononce [ʃ] dans les mots et noms propres anglais ; cf. *shrapnel, shrimper, Shreveport, Shrewsbury, Shrive, Shrop,* etc. De même dans toutes les transcriptions à l'anglaise de noms propres étrangers ; cf. *Shkodra, Shkumini, Shqipria* (Albanie), *Shwebo, Shwe-Gyin, Shwe-Daung, Shwele* (Birmanie), *Shtip* (Yougosl.), *Shleijhar, Shmilovski, Shtitni, Shtolba, Shtoults* (noms de personnes tchèques) ; etc.

Rem. V. — th suivi de consonne se prononce [t] dans les mots anciens *thlaspi, thrips, thrombus, throscus* —, dans les noms géographiques allemands *Thräna, Thron* — et dans *thsao*, nom de l'écriture cursive chinoise.

Les substantifs anglais *threepence* et *thrill* sont francisés et se prononcent avec [t]. Quant aux noms propres anglais commençant par TH + *l* ou *r*, on peut continuer à les prononcer à la française avec [t]. Mais on tend de plus en plus à les prononcer à l'anglaise avec [θ]. Ainsi-*Threadneedle, Thring, Throgmorton,* etc.

G. — MOTS COMMENÇANT PAR DEUX CONSONNES + H

Parmi ces groupes, deux sph, tch n'ont qu'une seule prononciation ; sch en a deux.

sph = [sf] ; cf. *sphacèle, sphénoïde, sphère, sphymographe,* etc. — *Sphactérie*.

tch = [tʃ] ; cf. *tchèque* —, *Tchécoslovaquie, Tchérémisses, Tcherkesses, Tchoudes,* etc.

sch = [ʃ] dans *schabraque* (ou *cha-*), *schafférite, schappe* (ou *chape*), *schappage, schède, schédule, scheelate, scheelin, scheelisation, scheelite (-ine), scheerite, schefférite, scheidage, schelme* (vx.), *schème* (et dérivés), *schiisme* (ou *chi-*), *schiite, schimmelmannie, schirmérite, schisme* (et dérivés), *schiste, schisteux, schistidie, schistification, schistocarpe, schistoïde, schistosité, schistosome, schistosomiase, schizure, schoharite, schorlacée, schorlifère, schorliforme, schorlomite, schorre, schotie, schuèle* (et dérivés), *schulzenite, schungite, schutzenite, schutzite* —, *Schalopoutes* (ou *Cha-*), *Schéhérazade, Jean de Schelandre, Schuré*.

[sk] dans *schédiasme, schédophile, schénanthe, schène* (ou *schœne*), *schénobie, schilbé, schistocerque, schistopoïède, schizandre, schizanthe, schizacées, schizée, schizocèle* (et composés ou dérivés de *schizo-*), *schizonte, scholasque, scholes, scholie, scholtérien*.

Rem. I. — On prononce aussi [ʃ] dans les mots latins modernes et les mots grecs *schefflera*, *schéma* (et .dérivés), *scheuchzéria*, *schiédéa*, *schima*, *schismatoglottis*, *schistidion*, *schœpfia* —, dans les mots étrangers *schaff*, *schah* (ou *chah*), *schahi*, *schako* (ou plutôt *shako*), *schal*, *schalmey*, *schamès*, *schammatha*, *schampooing* (ou *sham-*), *schapska* (ou *chapska*), *schapziger*, *scharafi* (ou *char-*) ou *schérafi*, *scharigi*, *schatir*, *schebat*, *scheffel*, *scheik* (ou *cheik*), *schelem* (ou *chelem*), *schelling*, *schenk-mass*, *schéol*, *schérif* (ou *chérif*), *schérifi*, *schermaus*, *schetsi*, *scheva* (ou *schwa*), *schibboleth*, *schiffpfund* (ou *schiffspfund*), *schiguene*, *schillerspath*, *schilling*, *schin*, *schiradzouli*, *schiras* (ou *sirah*), *schohet*, *schopp* (ou *schoppen*), *schorl*, *schounga*, *schoureq*, *schupo* —, et dans les noms propres autres que flamands, néerlandais ou italiens : *Schamil-efendi*, *Schammaï*, *Schangallas* (ou *Chan-*), *Schao-Hing*, *Schanz*, *Scharnhorst*, *Scheibert*, *Scheidemann*, *Schenchine*, *Schiller*, *Schinassi-efendi*, *Schomberg*, *Schopenhauer*, *Schubert*, *Schumann*, etc.

Rem. II. — On prononce aussi [sk] dans les mots gréco-latins *schinus*, *schisma*, *schizaster*, *schizodium*, *schizodus*, *skœnus* —, dans les mots étrangers *scherlievo*, *scherzando*, *scherzo*, *schiavone*, *schiedam*, *schifazzo*, *scholar*, *high-school*, *schooner*, *schottisch* (ou *sco-*) —, et dans les noms propres italiens, flamands ou néerlandais : *Schaerbeek*, *Schedone*, *Scheveningen*, *Schiaparelli*, *Schiedam*, *Schoonaerde*, *Schuylferscapelle*, etc.

Rem. III. — Le nom italien *Schiaparelli*, porté par une célèbre maison de couture parisienne, se prononce aussi [skjapaʀɛlli].

H. — MOTS COMMENÇANT PAR TROIS CONSONNES

scl = [skl] : *scléranthe*, *sclérose*, *sclérotique*, etc.

scr = [skʀ] : *scribe*, *scrofule*, *scrupule*, *Scrigniac*, etc.

sgr = [sgʀ] : *sgraffite*.

spl = [spl] : *splendeur*, *splendide*, *splénite*, etc.

spr = [spʀ] : *sprue*.

str = [stʀ] : *strabisme*, *strate*, *strict*, *strophe*, *Strophades*, etc.

Rem. I. — Dans le groupe sgr, l's est sourd.

Rem. II. — La prononciation est la même dans tous les mots ou noms propres anciens et étrangers.

Rem. III. — Comme groupe de trois consonnes étranger au français, il faut signaler celui du polonais *Przemysl*, qui se prononce [pʃemiʃl].

I. — MOTS COMMENÇANT PAR DEUX CONSONNES + *H* + CONSONNE

SCHL = [ʃl] : *schlier, schlittage, schlitteur, schlotage*, etc.
SCHM = [ʃm] : *schmidélie.*
SCHN = [ʃn] : *schneebergite, schneidérite.*
SCHR = [ʃʀ] : *schranfite, Schrémange.*
SCHW = [ʃv] : *schwarzenbergite, Schweighausen* (B.-Rhin).
SPHR = [sfʀ] : *sphragistique.*

Rem. I. — La prononciation est la même pour les mots et noms propres étrangers.

Rem. II. — Noter les prononciations [ʃkl] dans le nom russe *Chklof*, [psk] dans l'ancien mot égyptien *pschent.*

CHAPITRE VI

CONSONNES A L'INTÉRIEUR DU MOT

On étudiera successivement :
A. — Les consonnes simples.
B. — Les consonnes doubles.
C. — Les groupes de consonnes.

A. — LES CONSONNES SIMPLES INTÉRIEURES

Un certain nombre de consonnes simples ne présente qu'une seule prononciation en français et dans les langues étrangères. Ce sont B, D, F, K, L, M, N, P, R. Il est inutile de donner des exemples.

REM. — Il faut noter que dans le groupe LI + voyelle, *l* garde sa prononciation normale. Ainsi *fusilier, pilier, roulier, soulier*, etc., avec [lje], se distinguent de *fusiller, piller, rouiller, souiller*, etc., avec [je]. De même, *milieu, Richelieu*, etc. se prononcent avec [ljø].

Une remarque analogue s'impose pour le groupe NI + voyelle. Dans les mots du type *cuisinier, douanier, panier*, etc., il faut se garder de prononcer *ni* comme [ɲ].

* * *

Un autre groupe de consonnes simples, parmi lesquelles on rangera *h* pour simplifier, ont toujours la même prononciation en français, mais peuvent avoir une valeur différente dans d'autres langues.

CONSONNES À L'INTÉRIEUR DU MOT

Ce sont, outre H qui n'est qu'un pur signe orthographique dans *ahuri* [ayʀi], *cahot* [kao], *dehors* [dəɔ:ʀ], *géhenne* [zeɛn], etc. —, *Bohas* [bɔɑ], *Cahors* [kaɔ:ʀ], *Rouher* [ʀuɛ:ʀ], etc.

Ç = [s] : *façade* [fasad], *façon* [fasɔ̃], *reçu* [ʀəsy], etc.

J = [ʒ] : *ajonc* [aʒɔ̃], *ajuster* [aʒyste], *bajoue* [baʒu], etc., *Béjart* [beʒa:ʀ], *Dejean* [dəʒɑ̃], *Najac* [naʒak], etc.

V = [v] : *avant* [avɑ̃], *bavard* [bava:ʀ], *couvert* [kuvɛ:ʀ], etc., *Aveyron* [avɛʀɔ̃], *Beauvais* [bovɛ], *David* [david], etc.

Z = [z] : *azur* [azy:ʀ], *bazar* [baza:ʀ], *douzaine* [duzɛ:n], etc., *Bizet* [bizɛ], *Bouzonville* [buzɔ̃vil], etc.

Rem. I. — L'*h* intervocalique se prononce [k], ou mieux [x], dans les noms yougoslaves : *Gluhović, Grahovo, Mihajlović, Orahovac, Suha Gora,* etc. Mais dans tous les autres noms, anciens ou étrangers, on ne le prononce pas plus que dans les noms français : *Abraham, Béhémoth, Jahel, Jéhovah, Jéhu,* etc., *Ahaggar, Allahabad, Dahomey, Graham, Kalahari, Méhémet-Ali, Mohilev,* etc.

Rem. II. — Le *ç* se prononce [s] dans *Açoka* (ou *Asoka*), nom d'un souverain de l'Inde — ; [s], ou mieux [θ], dans l'espagnol *Alcaçar-Quivir* — ; [tʃ] dans les noms turcs : *Foça, Siçer,* etc.

Rem. III. — On prononce en français [ʒ] dans les mots étrangers *cajeput, lampujang* ; dans tous les mots ou noms latins ou gréco-latins : *de cujus, ejusdem farinae, cujus regio ejus religio, paulo majora canamus,* etc., *Ajax, Dejotarus, Troja,* etc. ; dans les noms basques, catalans, portugais ou brésiliens, roumains et dans les transcriptions romanes des noms bulgares, russes, mandchous, océaniens ou africains : *Araja Mendi* ; *riera de Bajadells* ; *Beja, Ajoupa* ; *Bojan* ; *Biéjanovo* ; *Bejetsk* ; *Ajé-Ho* ; *Bajolali* ; *Majunga,* etc.

[dʒ] dans les mots ou noms hindous : *gujarati* —, *Ajaigarh, Ajanur, Bijarah, Bijawar, Gujerat* (ou *Goudjerat*), etc.

[j] dans les noms italiens, scandinaves, tchèques, polonais, yougoslaves, lithuaniens ou lettons, hongrois, finlandais : *Bojardo, Ghirlandajo* ; *Blejen,* lac *Eijen, Situojaure* ; *Kyjou, Myjava* ; *Pajeczno, Uniejów* ; *Bojanowo,* riv. *Krivaja* ; *Bajorai, Rujene* ; *Baja, Nagy Bajom* ; *Ajossaari, Arajoki* ; etc.

Le nom de la ville corse *Ajaccio* se prononce à la française avec [ʒ]. Noter la différence entre la forme italienne *Cajetano,* avec un [j], et la forme française *Cajetan,* avec un [ʒ].

Sarajevo, capitale de la Bosnie, se prononce soit avec [j], comme les autres noms yougoslaves, soit avec [ʒ]. On dit aussi en français *Sérajévo.*

[ʒ], ou mieux [x], dans les mots et noms castillans : *navaja*—, *Ajo, Badajoz, Bejar, Cabo Rojo, Carvajal, Ecija, Ramon y Cajal,* etc.

Villajoyosa, localité d'Espagne, peut se prononcer à la française [vilaʒɔjoza], ou à l'espagnole [viʎaxɔjosa].

Rem. IV. — Dans les noms allemands, *v* se prononce [f] : *Havel, Bremerhaven, Wilhelmshaven* (et les autres mots terminés en -*haven*) — ; [v] dans *Dove, Evers, Hannover, Trave* — ; [f] ou [v] dans *Sievers. Beethoven* qui se prononce avec [f] en allemand, se prononce avec [v] en français.

Rem. V. — Le z se prononce [z] dans le mot arabe *azimut* et les mots espagnols *alcazar, alcarazas, alguazil* — ; [z] ou [dz] dans l'ital. *lazarone* — ; [ts] dans l'ital. *grazioso* — ; [s] ou mieux [θ] dans l'esp. *plaza (de toros)*.

On prononce [z] dans tous les noms étrangers, à l'exception de ceux qui sont allemands (*Creuzer, Treuenbriezen*, etc.) ou italiens (*Graziani, Muziano*, etc.), où le z a la valeur de [ts]. Cependant on prononce [z] dans *Mozart, Donizetti* et *Graziella*.

Dans les noms castillans on peut prononcer [z] à la française, ou mieux [θ]. Ainsi dans *Hurtado de Mendoza, Orizaba, Tarazona*, etc.

Ibiza est le nom castillan de l'une des îles Baléares ; *Iviça*, le nom catalan. Ce dernier se prononce avec [s]. Il n'y a donc aucune raison pour prononcer en français *Ibiza* avec un [z]. Il faut dire [ibisa] à la catalane ou [ibiθa] à la castillane, mais non [ibiza].

Dans les noms propres hispano-américains, on prononce [z] à la française ou mieux [s]. Cependant la prononciation avec [z] est fixée dans *Chimborazo* et *Vénézuéla*.

* * *

Les autres consonnes, c'est-à-dire C, G, Q, S, T, X, et W sont susceptibles de plusieurs prononciations en français.

C

Dans les mots et noms propres français, on prononce [s] devant *e, i, y* : *décent, panacée, acide, nocif*, etc., *Macé, Racine, Toucy*, etc.

[k] devant *a, o, u* : *bocal, macabre, école, roucouler, faculté, recul* etc., *Decazes, Ducos, Lacurne*, etc.

[g] dans *second* (et tous ses dérivés), *secondines, Secondat, Secondigny*, etc.

Rem. I. — Le *c* latin se prononce [s] devant *e, i, æ, œ, y* et [k] devant *a, o, u*. Il n'y a de remarque à faire que pour *secundo* : dans un contexte latin, on prononce [sekɔ̃do] ; mais dans un contexte français, on dit [sekɔ̃do] ou [səgɔ̃do]. Le *kappa* grec (κ) a toujours la valeur de [k], quelle que soit la voyelle suivante. Mais dans la transcription latine des noms grecs, le *c* qui remplace le *kappa* se prononce [s] devant *e, i, y*. D'où l'alternance *Glaucides* [glosidɛs] ∼ Γλαυκίδης [glokidɛs], suivant qu'on lit un texte latin ou un texte grec. Les mots grecs passés dans le lexique français sont toujours sous la forme latine et se prononcent par conséquent avec [s] : *acéras, bucéros, rhinocéros*, etc. Il en est de même pour les noms propres. Ce n'est que dans le langage de l'érudition qu'ils peuvent être prononcés à la grecque, avec [k]. Chez Leconte de Lisle on trouve même la graphie *k*. Mais cet usage n'a pas prévalu.

Rem. II. — Le mot italien *cicerone* se prononce à la française [siserɔne], [siseʀɔn] ou à l'italienne [tʃitʃerɔne].

CONSONNES À L'INTÉRIEUR DU MOT 285

Dans les noms italiens, l'usage s'établit de plus en plus de prononcer [tʃ], au lieu de [s], le *c* suivi de *e, i* : *Acireale, Botticelli, De Amicis, Pallavicini*, etc.
Il n'y a aucune raison pour que cet usage ne s'étende pas aussi aux noms roumains : *Ciucea, Falticenii, Horecea, Tulcea, Valcea*, etc.
Le *c* se prononce [ts] devant n'importe quelle voyelle dans les noms polonais, tchèques ou yougoslaves : *Blovice, Jesenice, Katovice, Kosice, Nasice, Jaracin, Izbica, Pilica, Subotica*, etc. Dans la transcription romane des noms bulgares, on emploie la graphie *tz* devant *a* : *Berkovitza, Borouchtitza*, etc. De même en hongrois on prononce [ts] dans *Debrecen, Levice*, etc., qu'on trouve encore écrits avec l'ancienne graphie *cz*.
En turc, le *c* se prononce toujours [dʒ] : *Acemles, Balacik, Çekmece*, etc.
Enfin, l'usage commence à s'introduire de prononcer [θ], au lieu de [s], dans les noms espagnols avec *c* suivi de *e, i* : *Albacete, Cacerès, Medinaceli, Ecija, Gracioso*, etc.
Le nom italien *Médicis*, complètement francisé, se prononce avec *c* = [s].
Noter [tʃ] dans l'italien *Ficino* et [s] dans l'adaptation française *Ficin*.

G

1° Devant *e, i* et *y, g* se prononce [ʒ] dans les mots et noms français : *âgé, loger, sagesse, agir, rougir, égyptien*, etc —, *Fougères, Vigier, Egypte*, etc.

Rem. I. — On prononce aussi [ʒ] dans les mots et noms latins : *agenda, lagidium, magister, pigidius, Ægidius, Bigerri, Digentia*, etc., et dans les locutions latines *age quod agis, et nunc reges intelligite, intelligenti pauca, regis ad exemplar*, etc. Il en est de même devant *ae* qui se prononce [e] : *cedant arma togae*.
Le *gamma* grec (γ) a toujours la valeur de [g], quelle que soit la voyelle suivante. Mais dans la transcription latine du grec, le *g* qui remplace le *gamma* se prononce [ʒ] devant les voyelles palatales. D'où l'alternance *Agénor* [aʒenɔ:ʀ] ~ Ἀγήνωρ [agenɔ:ʀ] suivant qu'on lit un texte latin ou grec. On prononce donc avec [ʒ] *aegipan, aegilops, Agéladas, Agésilas, Agis, Gygès*, etc. *Trisagion* qui a conservé sa physionomie grecque fait exception avec [g].
Quant aux noms géographiques du grec moderne, ils se prononcent avec [g] : *Aegion, Hagia Anna, Hagion Oros, Hagios Elias*, etc.
A noter le nom biblique *Mageddo*, avec [ʒ].

Rem. II. — On prononce [ʒ] dans le mot japonais *yamagiri* —, [dʒ] dans l'angl. *digest* (dajdʒest), *manager* [manedʒœ:ʀ] — ; [g] dans le mot hindou *yogi*.
L'italien *agio* se prononce [aʒjo] en français. La prononciation est la même dans les dérivés *agioter, agioteur. Adagio* se prononce [adaʒjo] lorsque ce mot est précédé d'un article ou suivi de la préposition *de* [də] : *un adagio, Adagio de César Franck*, etc. Mais employé tout seul comme terme de mouvement musical, il se prononce aussi [adadʒo], à l'italienne. Dans les mêmes conditions, l'italien *agitato* se prononce avec [ʒ] ou avec [dʒ].
Le hongrois *magyar* se prononce en français [maʒja:ʀ].

Rem. III. — Dans les noms italiens, l'usage s'établit peu à peu de prononcer [dʒ], au lieu de [ʒ], le *g* suivi de *e, i* : *Vigevano*, M^te *Vigese, Agira, Caltagirone, Egidio*, etc. On peut en faire autant dans les noms roumains : *Agigea, Bucegi, Cogealac, Drăgești, Găgești*, etc.

Dans les noms castillans ou de l'Amérique espagnole, le g suivi de e, i peut se prononcer [ʒ] à la française ou [x] à l'espagnole : *Almogia, Cogeces del Monte, Egea de los Caballeros, Igea, Pico de Yage*, etc.

Dans les noms allemands (*Bregenz, Brigels, Hagen, Hegel, Klagenfurt, Mageren, Rigi* ou *Righi, Vogel*, etc.), flamands ou néerlandais (*Gysegem, Sottegem, Tegelen*, etc.), scandinaves (*Hagi, Hegebostad, Kragerö, Selma Lagerlöf, Magerö, Skager Rack*, etc.), polonais, tchèques ou yougoslaves (*Magierów, Mogielnica, Mogilno, Uger*, etc.), finlandais (*Degerby, Degerö, Fagervik*, etc.), le g suivi de e, i se prononce [g].

De même dans les noms bulgares ou russes et dans les noms indigènes de l'Asie ou de l'Archipel asiatique transcrits à la romane : *Aginskoïé, Kaginskii, Kigili, Kniaginin, Loginovskaïa, Machtagi, Tigilsk*, etc. —, *Bagepalli, Bhagirati, Gogi, Gugera, Nagina* (Inde), *Hagi, Mogi, Nogi* (Japon), *Kagi* (Formose), *Kyebogyi* (Birmanie), *Fogi, Gagi, Segeri, Soegi, Sogeri, Togean* (Océanie), etc.

Mais le g devant e, i se prononce [ʒ] dans les noms catalans (*Agell, Ager, Albagès, Palafrugell*, etc.) ou portugais (*Muge, Mugem*, etc.), dans les noms de l'Afrique et des Pays Musulmans (*Ageroua, Dhayet el Hegerah, Moginquale, Ogessès*, riv. *Tugela*, etc.).

Pour ce qui est de l'anglais, il est difficile de déterminer la prononciation pour chaque nom. On prononce cependant [dʒ] dans *Bagehot, Drage, Egerton, Gage, Gagetown, Hugesson, Magee, Paget, Regent-Street*, etc. — ; [g] dans *Bigelow, Carnegie, Ogemaw, Ogilby*, etc.

Enfin, dans les noms hongrois, g suivi de e se prononce [g] : *Szegedin* ou *Szeged, Szigetvar, Zala-Egerszeg*, etc. Mais le groupe *gy* se prononce [dj] devant voyelle : *Hegyeshalom, Hogyész*, etc., sauf dans *Magyar* qui est francisé en [maʒjaːʀ]. Devant consonne ou en fin de mot, *gy* se prononce en français [dʒ] : *Nagy, Nagy-Körös, Nagy Kanizsa*, etc.

REM. IV. — On prononce cependant [ʒ] dans l'ital. *Magenta*.

De même dans *Magellan* et *Scaliger*, francisations du portug. *Magalhaes* et de l'ital. *Scaligeri*.

Noter de plus, dans les noms allemands portés par des Français, l'opposition *Krüger, Naegelen*, avec [ʒ], et *G(o)ugenheim*, avec [g].

2º Devant *a, o* et *u* final ou suivi de consonne, on prononce [g] : *bagage, vulgaire, dragon, fagot, ragoût, aigu, figure*, etc. —, *Degas, Fragonard, Eguzon*, etc.

REM. — La prononciation est la même dans les mots ou noms anciens et étrangers, pour lesquels il est inutile de donner des exemples.

3º Le groupe *gu* suivi de voyelle se prononce en français de diverses façons. Il faut distinguer cinq cas.

a) [gw] devant *a* dans les mots étrangers : *agua, couguar* (ou *cougouar*), *iguane* (et *iguanidés, ignanodon*), *jaguar, jaguarondi* (ou -*undi*), *nigua, paraguatan* et *paraguante* — ; et dans les noms étrangers : *Aconcagua, Aguacato, Aguado*, riv. *Aguapehy, Aguas*

Calientes, Caguancito, Chaguaramal, Igualada, Iguape, lac *Liguasan, Menagua, Nicaragua, Paragua,* etc.

Rem. — On prononce cependant [g], dans *Paraguay, Uruguay* et les adjectifs correspondants.

b) [gɥ] devant *i* et *y* dans *aiguille, aiguillon* (et leurs dérivés), *aiguïté, ambiguïté, contiguïté, exiguïté, Aiguillon, Vauguyon* — et devant *o* dans la locution latine *in ambiguo.*

Rem. — Le groupe *gü* suivi de *é* se prononce aussi [gɥ] dans *Vogüé.*

c) [gy] devant *ë* (qui est muet) : *ambiguë, béguë, besaiguë, ciguë, contiguë, exiguë.*

d) [gɥ] ou plus souvent [g] dans *aiguiser* et les mots de la même famille.

e) Mais on prononce [g] dans les mots et noms français autres que ceux dont il a été question ci-dessus, quelle que soit la voyelle suivante : *aiguade, aiguage, aiguail* (ou *aigail*), *aiguayer, languard, raguage* (ou *ragage*), *vaguage, Baraguay d'Hilliers, Duguay-Trouin, Lauraguais,* etc. — ; *aguerrir, aguets, baguette, bégueule, braguet, déguerpir, divaguer, droguer, muguet, rigueur, rugueux, d'Aguesseau, Baguer-Morvan, Baguer-Picau, Bréguet, Brigueil, Cléguérec, Cuguen, Daguerre, Faguet, Figueur, Roguet, Trégueux, Vaguet,* etc. — ; *aguicher, aiguière, béguin, déguiser, droguiste, figuier, Eguisier, Gaguin, Laguiole, Laromiguière, Lesdiguières, Loguivy-Plougras, Mauguio, Pléguien, Séguier, Seguin,* etc.

Rem. I. — Noter l'opposition entre *aiguiser* et *éguisier* ou *réguisier* qui se prononcent uniquement avec [g].

Rem. II. — *Eguisheim* (H.-Rhin), transcription française de l'allemand *Egisheim,* se prononce naturellement avec [g].

Rem. III. — On prononce aussi [g] devant *e* ou *i* dans les mots étrangers *maguey, zaguero, rogui* (ou *roghi*), *seguidilla* — ; dans les noms espagnols, catalans ou portugais : *Agueda, Báguena, Berruguete, Figueira, Figueras, de Figueroa, Figuerola, Higuera, Miguel, Moguer, Aguiar, Aguilar, Aguilón, Aguirre, Maguia, Maguillo,* etc. — ; dans les noms indigènes de l'Afrique : *Aguellah, Agueni, Aguerguer, Bir Daguess, Diguéré, Eguëï, Oasis Haguel, Kaguera, Kiguéda, Aguibba, Baguirmi, Hassi el Bagui,* lac *Faguibine, Djebel Feguiguira, Oasis Iguiden, Kogui Ouono,* etc.

Cependant *Figuig,* oasis du Sahara marocain, se prononce avec [g] ou avec [gɥ].

Rem. IV. — On prononce [gw] dans les noms espagnols *Agüero, La Agüera, cabo de Jagüel*, etc., dont l'*u* est surmonté d'un tréma. Cela bien qu'on les trouve écrits en français *Aguero, Aguera, Jaguel*, etc.

Rem. V. — On prononce [g] et non [gw] dans le nom italien *St Liguori*, ainsi que dans les adjectifs français *liguorien, liguoriste*.

Q

A l'intérieur d'un mot, *q* est toujours suivi d'un *u* + voyelle autre que *u*. Il peut être d'ailleurs précédé d'une consonne ou d'une voyelle. Dans ce dernier cas, le groupe *qu* peut se prononcer de différentes façons.

1º [kw], devant *a*, dans *adéquat, aqua-* (*aquafortiste, aquamanile, aquapuncture, aquarelle*, etc.), *colliquatif, colliquation, équant, équa-* (*équateur, équation*, etc.), *liquation, séquanais, séquanien, séquanique, Séquanes*.

Rem. I. — *Loquace* et *loquacité* se prononcent soit avec [kw], soit avec [k].

Rem. II. — On prononce aussi [kw], devant *a*, dans les mots latins *aquarium, exequatur* — ; dans l'ital. *aqua tinta* (et *aqua tintiste*) — ; et dans les noms étrangers : *Aquafort, Aquarium Mounts, Aquarius Plateau, Aquarossa, Griqualand, Griquas* (peuple de l'Afrique), *Griquatown, cap Iquapé, Jaquaripe, Piqua, Saquarema, Taquary*, etc.

Cependant *Brown Sequard*, nom d'un physiologiste français, se prononce [brʊnsekwaːʀ] ou [-sekaːʀ].

Rem. III. — On prononce aussi [kw] devant *i*, dans le mot anglais *esquire* [ɛskwajʀ] — ; dans les noms italiens : *Aquila, Aquileja, Aquino*, etc. — ; et dans les noms indiens du Canada ou des Etats-Unis : *Baquiatchic, Coquitlam River, Hoquium, Moqui, Oquirrah Mountains, Toquima Range, Yaquima Range, Yaquina River*, etc., tous avec [kwi].

Rem. IV. — Le groupe *-quo-* se prononce [kwɔ] dans *Moquoketa*, nom indien des Etats-Unis.

2º [kɥ], devant *e* [e, ɛ] ou *i*, dans les composés de *aqui-* (*aquifère, aquifoliacées*, etc), *aquilinées, déliquescence, déliquescent, équidés, loquèle, obliquité, ubiquitaire, ubiquité, ubiquiste* — ; dans les mots latins *equisetum, requiem* et les locutions latines *aquæ* [akɥe] *potoribus, non liquet*, etc. (cf. aussi la particule *-que* dans les les locutions *cuique suum, tu quoque*) — ; dans les mots latins *Aquila, Aquilius, Tanaquil*.

Rem. I. — Quant aux composés de *équi-*, les uns se prononcent avec [kɥ] : *équiangle, équiaxe, équidifférence, équidifférent, équidistance, équidistant, équilarge, équilatéral, équilatère, équilune, équimultiple, équipartition, équipétalé, équipondérance, équipondérant, équipotentiel, équisétacées, équisétique* — ; les autres avec

[k] : *équinoxe, équipollé* (ou *équipolé*), *équipollence, équipollent, équipoller, équivalemment, équivalence, équivalent, équivaleur, équivaloir, équivalve, équivoque (-er)*.

3º [kɥ] ou [k] dans *obséquieux* et *obséquiosité*.

Rem. — La prononciation avec [kɥ], au lieu de [k], a plus ou moins vieilli dans *équestre, équitation* et *liquéfaction*.

4º Mais on prononce [k] dans les mots français autres que ceux dont il a été question ci-dessus, quelle que soit la voyelle suivante : *(partie) aliquante, chéquard, équarrir, reliquat*, etc. ; *baquet, bloquer, bouquet, croquer, fréquence, liquéfier*, etc. ; *coquille, équin, équinette, équinisme, équiper, équité, faquin*, etc. ; *cliquotter, liquoreux*, etc.

De même dans tous les noms propres français ou francisés : *Chouquet, Equeurdreville, Floquet, Fouquet*, etc. ; St *Thomas d'Aquin, Aquitaine, La Broquière, Créqui, le Dominiquin*, etc. ; *Cliquot, Jaquotot*, etc., auxquels il faut ajouter le nom belge *Loquard*.

Rem. — On prononce aussi [k] devant *e* ou *i*, dans l'espagnol *liquidambar* — ; dans les noms de la Péninsule ibérique ou de l'Amérique latine (indiens ou non) : *arroyo de Bequelo, Boquerón, Caqueta, rio Cuquenam, Duque de Bragança, rio Jaquetahy, Jequetepeque, Lequeitio, Luque, Moquega, rio Pequeño*, etc., *rio Aquia, Aquidaban, Aquiraz, Arequipa, Boquillas, Chiquitos, Coquimbo, rio Dique, Essequibo, Guayaquil, Iquique, Mequinenza, rio Piquiry, Taquinca*, etc. — ; et dans *Coquilhatville, Piquetberg* (Afrique), *île Siquijor* (Archipel asiat.), *Plaquemine* (USA.) et *Laquinhorn* (Suisse).

S

1º On prononce [s] dans les mots composés dont le second élément commence par *s* :

a- : *asepsie, aseptique, aseptol, asexué, asialie, asitie, asoter* (ou *assoter*), *asyllabique, asyllalie, asymétrie, asymptote, asynartète, asynchrone, asyndète, asystolie*, etc.

aéro- : *aérosol*.

anti- : *antisalle, antisatire, antisémite, antiseptique, antisocial, antisyphilitique*, etc.

auto- : *autosérothérapie, autosuggestion*.

bi- : *bisegmenter, bisegmentation, bisérié, bisétacé, bisexué, bisilicate, bisoc* (ou *bissoc*), *bisulce* (ou *bisulque*), *bisulfate*, etc.

carbo- : *carbosulfure (-eux)*.

chloro- : *chlorosulfate, chlorosulfure.*
co- : *cosécante, coseigneur, cosignataire, cosinus, cosujet,* etc.
contre- : *contreseing, contresens, contresigner, contresignataire,* etc.
dé- : *désoufrer, désudation, désuinter, désulfiter, désulfurer,* etc.
déca- : *décasyllabe (-ique).*
déipno- : *déipnosophiste.*
di- : *disépale.*
dia- : *diasenné, diasostique, diasyrme.*
dino- : *dinosaure, dinosaurien.*
électro- : *électrosémaphore (-ique), électrosidérurgie, électrosoudure.*
éléo- : *éléosaccharum.*
ennéa- : *ennéasépale, ennéasyllabe.*
entéro- : *entérosarcocèle.*
entre- : *entresol, entresoler.*
équi- : *équisétacé, équisétate, équisétique, équisonance.*
gamo- : *gamosépale.*
géo- : *géosaure, géosauriens, géosynclinal.*
gymno- : *gymnosophie (-iste).*
halo- : *halosachne, halosanthos.*
hendéca- : *hendécasyllabe (-ique).*
hepta- : *heptasépale, heptasyllabe (-ique).*
hérédo- : *hérédosyphilis, hérédosyphilitique.*
hexa- : *hexasépale, hexasyllabe (-ique).*
homo- : *homosexualité, homosexuel.*
hydro- : *hydrosalpingite, hydrosauriens, hydrosidérite, hydrosilicate, hydrosol, hydrosulfate, hydrosulfite,* etc.
ichtyo- : *ichtyosarcolithe, ichtyosaure.*
idio- : *idiosyncrasie (-ique).*
inféro- : *inférosupère.*
iodo- : *iodosel.*
iséthéro- : *iséthérosulfate, iséthérosulfurique.*
iso- : *isosyllabique.*
lacto- : *lactosérum.*
lépido- : *lépidosirène.*
lepto- : *leptosépale.*
lingui- : *linguisuge.*
lympho- : *lymphosarcome.*

macro- : *macroséisme.*
méta- : *métaséricite, métasynérise, métasynéritique.*
mégalo- : *mégalosaure.*
mélano- : *mélanosarcome.*
métro- : *métrosalpingite.*
micro- : *microséisme, micros(é)ismographe, microsillon.*
mono- : *monosépale, monosite (-ie), monosoc, monosyllabe (-ique, -isme).*
multi- : *multiséqué, multisérié, multisiliqué, multisiliqueux, multisillonné.*
murio- : *muriosulfate, muriosulfurique.*
myxo- : *myxosarcome.*
naso- : *nasosourcilier.*
nitro- : *nitrosaccharate, nitrosaccharique, nitrosulfate, nitrosulfurique.*
octo- : *octosyllabe (-ique).*
oléo- : *oléosaccharum.*
oligo- : *oligosidérémie.*
ostéo- : *ostéosarcome, ostéosarcose.*
oxy- : *oxysaccharum.*
para- : *parasélène, parasymbiose, parasynthétique, parasyphilitique,* etc.
pari- : *parisyllabe (-ique)* ; cf. aussi *imparisyllabe (-ique).*
pédati- : *pédatiséqué.*
penta- : *pentasépale, pentasyllabe (-ique).*
péri- : *périsystole.*
pétro- : *pétrosilex, pétrosiliceux.*
pharmaco- : *pharmacosidérite.*
phospho- : *phosphosidérite.*
photo- : *photosynthèse.*
plésio- : *plésiosaure.*
poly- — *polysépale, polysialie, polysoc, polysulfure, polysyllabe (-ique), polysynodie, polysynthétique,* etc.
pré- : *présanctifié, préséance, présignifier, présuccession, présupposer, présystole,* etc.
pro- : *prosecteur, prosection, prosélène, prosimien, prosiphon, prosyllogisme,* etc.

proto- : *protosébaste, protosel, protosiphon, protosulfure, protosyncelle.*
pyo- : *pyosalpinx.*
pyro- : *pyrosébacique, pyrosébate, pyrosidérite.*
pyrrho- : *pyrrhosidérite.*
quadri- : *quadrisyllabe (-ique)* ; cf. *hydroquadrisulfate.*
quinqué- : *quinquésérié.*
re- : *resacquer, resaler, resalir, resarcelé, resaluer, resarcir, resarcler, resaucer, resonger, resucer,* etc.
ré- : *résection, réséquer.*
sangui- : *sanguisorbe (-é), sanguisuge.*
scléro- : *sclérosarceux, sclérosarcome.*
séléni- : *sélénisel.*
sesqui- : *sesquisel, sesquisodique, sesquisulfure.*
sphéro- : *sphérosidérite.*
telluri- : *tellurisel.*
tétra- : *tétrasépale, tétrasyllabe (-ique).*
tri- : *trisecteur, trisection, triséquer, trisépale, triséteux, trisoc, trisulce* (ou *trisulque*), *trisulfure, trisyllabe (-ique),* etc.
uni- : *uniséminé, unisérié, unisexué, unisiliqué, unisillonné.*
vivi- : *vivisection.*

L'*s* entre voyelles se prononce encore [s] dans les mots composés *havresac* (de l'allem. *Hafersack*), *girasol, parasol, tournesol* (d'origine italienne), *présalé* (ou *pré-salé*), *soubresaut, vraisemblance, vraisemblant.*

De même dans les noms composés *Beauséant, Beauséjour, Beausemblant, Beausoleil, Lieusaint, Puységur,* particulièrement dans ceux qui commencent par la préposition *de* ou par les articles *du-, la-, le-* : *Desains, Desaix, Desault, Deseine, Desenne, Desèze* (ou *De Sèze*), *Desor, Dusart, Dusaulx, Duseigneur, Lasalle, Lasègue, Lesage, Lesaint, Lesieur, Lesire, Lesueur, Lesuire, Lesurques.*

Rem. I. — On prononce cependant [z] dans les mots composés suivants, dont le second élément commence par *s* : *centrosome, chromosome, hydrosome, mégalosome, neurosome, phyllosome* (du grec *soma*), *amphisarque, anasarque, polysarque* (du grec *sarks*), *parasite* (du grec *sitos*), *antésite* (du latin *sitis*).
Noter aussi l'opposition entre *dinosaure, géosaure, ichtyosaure, mégalosaure, plésiosaure,* avec [s], et *anchisaure, archégosaure,* avec [z].

2° On prononce [z], sauf exceptions, dans tous les mots et noms simples français : *asaret, asile, basalte, basane, basilic, besace, besogne, besoin, biseau, bison, busard, caséine, casier, causer, césure, ciseau, cousin, cousu, croiser, cuisine, désolé,* etc. —, *Basin, Besançon, Besenval, Boisard, Brésil, Busigny, Casaubon, Casenave, Isère,* etc.

De même dans les mots composés dont le premier élément se termine par *s* et le second commence par une voyelle : *ambesas* et de plus :

dés- : *désabonner, désabusé, désaccord, désaccoutumer, désaffecté, désagréable, désourdir* (de *ourdir*), etc.

més- : *mésallié, mésaventure, mésestimer, mésintelligence,* etc.

bis- : *bisaïeul, bisannuel, bisaiguë* (ou *besaiguë*).

dys- : *dysécie, dysesthésie, dysodie, dysosmie, dysurie (-ique),* etc.

De même encore dans les noms composés dont le premier élément est l'article *des (Desessarts, Desormeaux, Desormes),* écrit aussi *dés (Désaugiers, Désargues* ou *Desargues).* Pour le cas où le second élément commence par un *h,* cf. p. 365.

Rem. I. — On prononce aussi régulièrement [z] dans *hydrosadénite, icosaèdre, icosagone, icosandre, icosigone, osazone,* dont l's appartient au premier élément. De même dans *parasange,* où il n'est pas question du préfixe *para-,* et dans *Hiérosolymitain,* qui continue un composé déjà latin *Hierosolymitanus.*

Rem. II. — Étymologiquement, il faudrait prononcer un [z] dans *résipiscence, susurrer* (et dérivés), ainsi que dans le composé *dysenterie* dont l's appartient au premier élément. Mais l'usage est de prononcer [s] dans tous ces mots.
De même, *abasourdir* (composé de *basourdir*) a un [z] étymologique. Certains, croyant que ce verbe est en relation avec l'adjectif *sourd,* prononcent un [s] au lieu de [z]. Mais [z] est seul correct.

3° La prononciation française du latin obéit aux mêmes principes que celle des mots et noms français : [s] dans les composés à second élément commençant par consonne et [z] dans les autres cas.

On prononce donc [z] dans *abomasum, asemum, artemisia, caséum, centesimo, césium* ou *caesium, magnésium, millesimo, vasa-vasorum, vigesimo, visa, Miserere,* etc., ainsi que dans le latin macaronique *rasibus* et dans *quasi, Quasimodo* complètement francisés. De même dans les locutions usuelles : *ad usum Delphini, caetera desiderantur, casus belli,* etc. —; dans les noms anciens : *Asinius Pollio, Casilinum, Clusium, Scipio Nasica, Pisaurum, Sisenna,* etc. —, et dans les noms latinisés à date récente : *Fresenius, Ravisius Textor,* etc.

Mais on prononce [s] dans les composés *desuetus (suetus), bi- ~ trisulcus (sulcus), malesuada fames (suadēre)*, etc., d'où le [s] du franç. *désuet, désuétude, bi- ~ trisulce* (ou *-sulque*). Cependant *parasitus* se prononce avec un [z] que l'on retrouve dans le franç. *parasite*.

Pour ce qui est du grec, il convient de distinguer. Le *sigma* (σ) de l'écriture grecque se prononce toujours [s]. Mais quand les mots ou noms grecs sont transcrits en latin, le *s* qui remplace le *sigma* se prononce ordinairement [z]. Ainsi dans *anthracosis, éléphantiasis, isatis, mycosis, trichosis, trisagion*, etc., auxquels il faut ajouter *myosotis* —; dans les noms anciens *Chryséis, Erésichton, Lachésis, Némésis, Thasos, Thraséas*, etc. —; et dans les noms plus récents : *Genesios, Tarasios*, etc.

Mais on prononce [s] dans *basileus* (en face de *Basilicon Dôron* qui a un [z]), *Kyrie eleison, Onosandeos*.

Il y a flottement entre [z] et [s] dans *thesis* et *Poséidon*. Ce dernier nom se prononce avec [z] quand sa terminaison est [ɔ̃], avec [s] quand sa terminaison est [ɔn].

On prononce aussi [z] dans tous les autres noms de l'antiquité païenne : *Busiris, Isis, Nabuchodonosor, Osiris, Salmanasar, Sysigambis, Sésostris*, etc. —; et dans les noms bibliques : *Abisag, Asa, Aser, Baasa* (ou *Baaza*), *Esaü, Génésareth, Isaac, Jérusalem, Jésus, Josué, Mathusalem*, etc., ainsi que dans *hosannah*. *Melchisédech* fait exception avec [s].

4º On prononce [z] dans *aviso, base-ball, brasero, casas grandes, casoar, (steeple-)chase, (water-)closet, cosy, hasi, (clearing-)house, huso, kaiser, kairserlick, kieselguhr, masulipatam* (ou *mazulipatam*), *peso, sisal, vasistas*, et d'une façon générale dans les mots italiens : *affettuoso, amoroso, arioso, brindisi, brioso, casino, fantasia, furioso, maestoso, risoluto, risotto*, etc.

[s] dans *asiento* (ou *assiento*), *caramousab* (ou *caramoussab*), *minnesinger, paso, paso-doble, risorgimento*.

Il y a flottement entre [z] et [s] dans *impresario, peseta* et *posada*.

Rem. — Il n'y a pas en français d'*s* intervocalique dans le mot *business*, emprunté à l'anglais. Le mot se prononce à l'anglaise [biznɛs].

5° Lorsqu'il s'agit de noms étrangers, il faut distinguer entre langues se servant de caractères latins, langues se servant de caractères grecs ou cyrilliques et langues se servant d'autres caractères ou n'ayant pas d'écriture propre.

I. — Langues se servant de caractères latins. — On prononce [z] dans les noms catalans, italiens, portugais, allemands, flamands ou néerlandais et scandinaves : *Pablo Casals, Roses, Tarrasa, Tortosa* (ou *Tortose*), etc. — ; *Casanova, Eleonora Duse, Fantasio, Ghisoni* (Corse), *Isonzo, Monna Lisa, Masaccio, Nisida, Paesiello, Rosalba, le Spasimo, Tommaseo, Vasari*, etc. — ; *Casa Branca, Ervedosa, Lousada, Tolosa, Trancoso*, etc. — ; *Basedow, Brisach, Diesel, Droysen, Eisenach, Haase, Husum, Iserlohn, Kaiserslautern, Meisenthal* (Moselle), *Neuhausen, Rosenthal, Susemihl, (Henri) Suso, Usedom, Weser*, etc. — ; *Boesinghe, Gysegem, Maseyck, Roosebeke, Rosendael, Van Huysum, Vlesenbeke, Wesemael. Yser*, etc. — ; *Aasen, Baggesen, Osen, Trosa, (Gustave) Vasa*, etc.

Rem. — Mais on prononce [s] dans quelques cas. Ainsi pour l'italien dans *Desenzano, Elisir d'Amore, Morosaglia* (Corse), etc. —, pour l'allemand dans *Blümlisalp, Disentis, Willisau*, etc. —, pour le scandinave dans les composés en -sand et -sund : *Aalesund, Arkösund, Haugesund, Langesund, Hernösand, Lillesand*, etc.

On prononce [s] dans les noms roumains, polonais, tchèques, yougoslaves, finlandais, baltes et turcs : *Băneasa, Basarab, Mt Gesera, Păsărea, Sirineasa, Vlădeasa*, etc. —, *Jasienica, Losice, Nasielsk, Piaseczno*, etc. —, *Joselov, Kasa, Kasejovice, Lysá, Tisovec, Usov*, etc. —, *Bosanska, Nasice, Osijek, Rusanova, Sisak*, etc. —, *Elisenvaara, Isojok, Kiuruvesi, Orivesi, Wesi*, etc. —, *Kaisedoriai, Kasaris, Pasoalys, Raseiniai*, etc. —, *Afion-Kara-Hisar, Balikesir, Bünkar Iskelesi, Gireson, Karataylar Medrese*, etc.

Rem. I. — Dans l'orthographe française on peut trouver *ss* au lieu de *s* ; cf. p. ex. *Hissar* pour *Hisar, Kassa* pour *Kasa, Sissak* pour *Sisak*, etc.

Rem. II. — La graphie étrangère avec *s* a pu être mal interprétée en français. D'où [z], à côté de [s], dans les noms polonais *Krasicki, Krasinski* et [z] dans le nom tchèque *Masaryk*.

Pour l'espagnol, on prononce [z] dans *Casablanca, Donoso Cortès, Elisa, Sans-Luis Potosi, Sarasate* (complètement francisé), *El Toboso, Thérésa, Villaviciosa, Villajoyosa* —, [s] dans *Misiones, Fuentesauce,*

Paso-del-Norte, Osuna (ou *Ossuna*) — [s] ou [z] dans *Algésiras*, qu'on écrit aussi *Algéciras*. Dans les autres noms qu'on prononce ordinairement avec [z], on fera mieux de faire entendre un [s]. Ainsi dans *Antisana* (Equateur). *Arauso, Chuquisaca* (Bolivie), *Garcilaso de la Vega, Gracioso,* île *Graciosa* (Açores), *Iglesias, Masaya* (Nicaragua), *Plasencia, Rosas* (Argentine), *Tordesillas,* etc.

Pour l'anglais, on prononce ou on doit prononcer [z] dans *Anglesey, Besingstoke, British Museum, Browse, Casement, Casey, Cawse, Chiselhurst, Crysell, Gaselee, Gravesend, Guernesey, Moase, Muse, Naseby, Ouseley, Pusey* (et *puseyisme*), *Rosebery, Rosehaugh, Wiseman,* etc., qui ont un [z] en anglais —, et [s] dans *Besant, Dease, Desent, Masefield, Mason City, Massachusets, Middlesex, Minnesota, Osage, Reese, Rosyth, Yosemite Valley,* etc., et en particulier les noms terminés en *-son* : *Addison, Edison, Ferguson, Gillison, Jefferson, Harrison, Madison, Tennyson,* etc., qui ont un [s] en anglais. Mais le français *Crusoé* se prononce avec un [z], alors que l'anglais *Crusoe* a un [s]. De plus, *Roosevelt* prend en français un [z] comme dans la prononciation américaine, au contraire de l'anglais qui prononce [s].

Il faut noter enfin que le *s* intervocalique se prononce [ʃ] en hongrois. Ainsi dans *Majsa, Mason, Usoc, Vasarhely,* etc.

II. Langues se servant de caractères grecs ou cyrilliques. — Dans la transcription en caractères latins, le *s* des noms grecs modernes se prononce [z] : *Anklisidès, Kyperisia, Marathousi, Stazousa,* etc.

Pour le bulgare et le russe, c'est au contraire [s] qu'on prononce : *Asarlek, Klisoura, Novoselo, Osenovlak, Osikovitsa, Riloselo, Rositsa,* etc. —, *Anisovka, Borisov, Borisogliebsk, Esentouki, Gaïsin, Iéniséisk, Kasimov, Kolesovo, Lasevo, Lisitchansk, Mysovgil Tchelny, Naselskaïa, Osinovskoïe, Posolskiï, Sasovo, Sosyka, Taseïeva, Voskresenka,* etc.

Rem. — Dans le système de transcription où *s* a la valeur de [s], on emploie pour [z] le signe *z*. Il y a cependant un autre système, surtout employé dans la littérature, avec *ss* = [s] et *z* = [z]. C'est ainsi que suivant les ouvrages on trouve des graphies comme *Borisograd, Klisoura, Mesemvria, Osogovo, Staraïa-Rousa, Tergoukasof,* etc. ou comme *Borissograd, Klissoura, Messemvria, Ossogovo, Staraïa-Roussa, Tergoukassof,* etc. Certaines graphies avec *ss* sont même devenues usuelles : *Iénisséi, Moussorgsky, La Roussalka,* etc.

CONSONNES À L'INTÉRIEUR DU MOT   297

Que l'on emploie l'un ou l'autres système de transcription, la distinction entre [s] et [z] est toujours sauvegardée et la prononciation n'en souffre pas.
A condition cependant qu'on donne à *s* simple la valeur de [s]. Ce qui n'a pas toujours lieu, la tendance du Français étant d'interpréter *s* comme [z] et de prononcer par exemple [vazili] le mot *Vasili* que d'autres écrivent *Vassili* ou *Wassili*.
Cette tendance peut entraîner d'autre part des erreurs de graphie, susceptibles d'une répercussion phonétique fâcheuse. A cause de l'équivalence en français de *s* et *z*, qui ont tous les deux la valeur de [z], un nom russe comme *Lozovaïa* peut être écrit par certains *Losovaïa*, dont le *s* peut être faussement interprété comme [s] par le lecteur au courant des règles de prononciation données plus haut. Il ne faut pas se dissimuler que les erreurs graphiques de ce genre, du reste assez fréquentes, compliquent singulièrement le problème et que seul un lecteur averti des questions de prononciation bulgare ou russe sait à quoi s'en tenir sur la véritable valeur de *s* dans les transcriptions françaises des noms propres appartenant à ces langues.

III. — AUTRES LANGUES. — Dans la transcription en caractères latins des noms indigènes de l'Afrique, de l'Asie et de l'Archipel asiatique, *s* a la valeur de [s].

Afrique : *Taïserbo* (Tripol.), *Aseksem* (Sud algér.), *Basankoussou*, *Basoko*, *Basongo*, *Kasongo*, *Kisengoua*, *Ousamboura* (Congo belge), *Kasasa*, F^t *Kasinga* (Angola), fl. *Kouiseb* (S.-O. afr.), *Kasama*, *Kasempa*, Mt *Kisanga*, *Tchasousa* (Afr. austr. angl.), *Guaso Niyro*, lac *Nyarasa* (Tangan.), *Mombasa* (Kénya), *Kisimaio* (Somal. ital.), *Abousir*, *Djebel Adousa*, (Egypte), *Ambositra*, *Ampasindava*, *Besolampy*, *Inlerimandriso*, *Manankasina* (Madagascar), etc.

Asie : *Beïsan*, *Fasaïl*, *Nahr-el-Asy*, *Nasib*, *En Nasirah*, *Nasiriyé*, Mt *Talaat Mousa* (Proche-Orient), *Asad-Abad*, *Basiran*, *Bisoutoun* (= *Béhistoun*), lac *Haousi-Sultan*, *Kasimabad*, *Kolisjan*, *Mousafir-Abad*, *Nasiri Koulas*, *Pasangan* (Iran), *Bagisara*, *Kala-i-Asad*, *Mousa Kala*, *Nasirabad* (Pakistan), *Abdasa*, *Bagesar*, *Balasor*, *Chaibasa*, *Chorasar*, *Dasuya*, *Doisa*, *Hasanpur*, *Hasua*, *Jaisalmer*, *Isa Khel*, *Katosan*, *Kosigi*, *Lughasi*, *Marasa*, *Mesana*, *Namasa*, *Raisen*, *Risod*, *Samusata*, *Sivalkasi*, *Tapasi*, *Tenkasi*, *Wasirabad* (Indes), *Kalamasaï*, *Ketarovisaï*, *Plasoï*, *Sisaket*, *Sisalataï* (Siam), *Kasam*, *Sisophon* (Indochine), *Abusin*, *Asama*, *Esasi*, *Hirosaki*, *Itoyasi*, *Kagosima*, *Kounasiri*, *Miyasaki*, *Myosi*, *Nosiro*, *Okousiri*, *Osaka*, *Risiri*, *Sasébo*, *Sousaki*, *Takousima*, *Tésiro*, *Vakasa*, *Yokosuka*, *Yonésava* (Japon), *Asan*, *Masampo*, *Mousan*, *Tchosan* ou *Chou-san* ∽ *Chusan* (Corée), etc.

Archipel asiatique : îles *Asawa, Besoeki, Bulusan*, île *Busuanga*, Mt *Calasi*, Mt *Isarog*, îles *Kabaloesoe*, baie *Kalisoesoe*, île *Kusaï*, *Loesela, Masara, Misamis, Nangamesi*, îles *Nanoesa*, baie *Pasangan, Pasir*, îles *Sasi, Sesajap, Saoesoe, Waësama, Wonesobo*, etc.

La règle est la même quand il s'agit de noms de personne, de divinités, de populations ou d'œuvres littéraires : *Asoka* ou *Açoka, Kalidasa, Vyâsa* (littér. hindoue), *Sisovath* (Siam), *Bisayas* ou *Visayas* (Philippines), *Hokusaï* (Japon), *Antaifasy, Betsimisaraka* (Madagascar), etc., sans oublier les noms de personnes arabes : *Aboul-Casim, Aboul-Hasan, Albucasis, Asadi-Thoudi, Macrisi, El Maꜱoudi*, etc.

Rem. I. — On prononce cependant [z] dans *Gisèh* ou *Gizeh* (Egypte), *El Djiseh, Kaisarié* (Palestine), *Kasarkand* ou *Kazarkand* (Iran), *Gaurisankar, Masulipatam* (Inde), *Nagasaki, Yéso* (Japon), ainsi que dans *Mallasore*, (île) *Mysole* de l'Archipel asiatique, dont les terminaisons rappellent celles du français.

Rem. II. — Il y a flottement entre [s] et [z] dans *Fousan* ou *Fusan* (Corée) et dans *Fousi-Yama* (Japon), qui s'écrivent aussi *Fou-Zan* et *Fouzi-Yama*.

À côté de *Jusuf* on trouve plus souvent *Yousouf* qu'on prononce avec un [z] ou, comme en témoigne l'autre orthographe *Yussuf* (chez de Vogüé p. ex.), avec [s]. Quant à *Yusef* (ou *Youssef*), il a toujours un [s].

T

Cette lettre se prononce toujours [t] devant *a, e, é, ê, o, u, y* et devant *i* final ou suivi de consonne : *état, natal, étai, pataud, bateau, radoter, été, cité, protêt, étoffe, paletot, sautoir, retouche, vêtu, étymologie, Titye, loti, rôti, coutil, futile*, etc.

Mais devant un *i* suivi de voyelle, elle peut avoir la valeur de [t] ou de [s]. Il convient d'ailleurs de distinguer trois groupes d'exemples.

A. — Premier groupe : *t* = [s].

T entre voyelles se prononce [s] dans les **terminaisons** :

-**tia** : latin *gratia, Laetitia*.
-**tiaire** : *rétiaire*.
-**tiable** : *insatiable (-ment)*.
-**tiade** : *Alétiade*.
-**tial(e)** : *abbatial, initial, pancratial, primatial —, initialement*.
-**tiane** : *nicotiane (-ané, -anine)*.
-**tiaste** : *pancratiaste*.

-tience : *patience, impatience.*

-tient(e) : *patient, impatient, quotient* —, *(im)patienter, (im)patiemment.*

-tieux, -tieuse : *facétieux, ambitieux, séditieux, superstitieux, dévotieux, minutieux,* avec leur féminin et les adverbes correspondants : *facétieusement, ambitieusement,* etc.

-tium : latin *Brutium* (ou *Bruttium*), *Latium.*

-tius : latin *Aétius, Grotius, Helvétius, Horatius Coclès, Mutius, Tatius,* etc.

Rem. — Mais *Uchatius,* nom d'un général autrichien, se prononce avec [t].

On prononce encore [s] dans les mots suivants : *insatiabilité, propiti(ation), propitiatoire, ratiocin(ation), ratiociner, rational (-alisme, -aliste, -alité), rationnel(-ellement), satiété, insatiété, tatianien, tatiani(s)te, térétiuscule, initiateur, initiatif, initi(ation), initiative, balbutiement* —, dans toutes les formes des verbes *initier, argutier, balbutier* —, et dans les noms propres *Bratiano, Domitianus, Indutiomare, Tatianus, Gratiolet.*

B. — Deuxième groupe : *t* = [t].

T entre voyelles se prononce [t] dans les groupes :

-tiage : *étiage.*
-tias : *galimatias* —, *Critias.*
-tième : *huitième (-ement).*
-tière : *matière, tabatière, cafetière, cimetière, jarretière, sorbetière, laitière, faîtière, héritière, litière, turbotière, côtière,* etc. —, *Brunetière, Furetière, La Guillotière,* etc.
-tiers (sing.) : *Noirmoutiers, Retiers, Poitiers.*

On prononce encore [t] dans les mots *étiologie, scotiaplex* —, et dans le nom propre *Ignatiev.*

C. — Troisième groupe : *t* = [t] ou [s].

T entre voyelles se prononce [t] ou [s] suivant les mots dans les terminaisons :

-tie : [s] dans *acrobatie, aristocratie* (et autres mots en *-cratie*), *aschématie, diplomatie, primatie, suprématie, facétie, goétie, péripétie,* *prophétie, calvitie, impéritie, lithotritie, onirocritie, idiotie, scotie, argutie, canitie, minutie, presbytie* —, *Croatie, Dalmatie, Galatie, La Boétie, Helvétie, Rhétie, Vénétie, Béotie.*

[t] dans *(il) châtie, sotie, tutie* (ou *tuthie*) ; dans tous les participes passés en *-tie* : *aplatie, engloutie, lotie, rôtie*, etc. ; et dans *Claretie, Clytie, Côte-Rôtie, Hypatie, Sarmatie, Yakoutie*.

Rem. — Dans *épizootie*, on prononce [s] ou plus souvent [t] ; cf. l'adjectif *épizootique*. On prononce de même [s] ou [t] dans *Scotie*.

-tié : [s] dans les participes passés *initié, argutié, balbutié*.

[t] dans *amitié, inimitié, pitié, moitié*.

-tien, -tienne : [s] dans *horatien, capétien, helvétien, rhétien, vénitien, béotien, laotien, lilliputien, tribunitien* avec leur féminin —; *Gratien, Tatien, Dioclétien, Domitien, Titien, îles Aléoutiennes.*

[t] dans *chrétien, entretien, sarmatien, soutien* —, *chrétienne, sarmatienne* —, *(qu'il) entretienne, retienne, soutienne* —, *Etienne.*

Rem. — On prononce [t] ou plus souvent [s] dans *haïtien, haïtienne, tahitien, tahitienne.*

-tier : [s] dans le substantif *pancratier* et les infinitifs *initier, argutier, balbutier*.

[t] dans *avocatier, puisatier, châtier, boîtier, droitier, cabaretier, coquetier, layetier, setier, étier, métier, arêtier, émeutier, bénitier, héritier, abricotier, compotier, maltôtier, primesautier, psautier, bijoutier, routier, charcutier*, etc., avec les féminins correspondants — *Théophile Gautier.*

-tiez : [s] dans *(vous) initiez, argutiez, balbutiez*.

[t] dans les 2es pers. plur. imparf. indic. ou subj. prés. de tous les verbes autres que *initier, argutier, balbutier* : *(vous) éclatiez, gâtiez, convoitiez, achetiez, étiez, inquiétiez, traitiez, fêtiez, habitiez, sanglotiez, ôtiez, écoutiez, discutiez*, etc.

-tio : [s] dans *Morel-Fatio, Horatio, Dame Ratio* et dans la locution latine *ultima ratio*.

[t] dans le mot espagnol *patio*.

-tiole : [s] dans *cératiole, gratiole* (et *gratioline*), *pétiole* (*-olé, -olaire*).

[t] dans *(il) s'étiole* (et *s'étioler, étiolement*) —, *Chevalier d'Etioles.*

-tion : [t] dans le mot grec *himation* [imatjɔn) et dans les noms de personne *Bagration* [bagʀatjɑ̃] et *Pétion* [petjɔ̃].

[s] dans tous les autres mots : *adulation, aspiration, création, ration, (in)discrétion, sécrétion, sujétion, addition, condition, sédition, dévotion, lotion, potion, caution, ablution, évolution*, etc., avec leurs composés et dérivés —, et dans *Eétion* [eesjɔ̃].

-tions : [s] dans *(nous) initions, argutions, balbutions* — et dans le pluriel des mots en *-tion* qui se prononcent avec [s] ; cf. plus haut.

[t] dans les 2es pers. plur. imparf. indic. ou subj. prés. de tous les verbes autres que *initier, argutier, balbutier* : *(nous) éclations, gâtions, convoitions, achetions, étions, inquiétions, traitions, fêtions, habitions, sanglotions, ôtions, écoutions, discutions*, etc.

W

On prononce [v] dans les mots français ou latins refaits sur des noms étrangers : *bowénite, howardia*, etc. ; et dans les noms français ou portés par des Français : *Awoingt, Dawant, Iwuy, Mowat*, etc. De même dans les noms allemands ou polonais.

[w] dans les mots orientaux (*cawadji, ghawâzî, Kawi*, etc.) —, dans les noms wall., flam. ou néerl. (*Les Awirs, Aywailles, Awans, Brauwers, Leeuwarden*, etc.) —, et dans les noms d'autre part que l'Europe (*Awa, Hawaï, Kawarda, Ruwenzori*, etc.).

Rem. — On prononce [v] dans le holl. *Wouwerman*. Pour *Woluwe*, cf. p. 245.

Les mots anglais *bowie-knife, drawing-room, rowing, steward* se prononcent en français : [bowinajf], [dʀɔiŋʀum], [ʀɔiŋ], [stjuaʀt].

Quant aux noms propres anglais, on peut y distinguer quatre groupes.

1º W *non suivi de -e, -es finals et précédé de o*. — Le *w* se prononce [w] : *Bowater, Bowen, Bower, Bowering, Bowyer, Coward, Cowen, Dowell, Dowie, Flower, Fowey, Gowan, Gower, Hayworth, Howell, Howie, Howorth, Jowett, Lowell, Lowick, Lowis, Mowatt, Owen, Powell, Power, Powis, Powys, Sowerby, Rowed, Rowell, Stowers, Towyn, Trowell*, etc.

2º W *suivi ou non de -e, -es finals et précédé de e, i*. — Le groupe

-*ew-* se prononce [u] dans *Blewet, Brewer, Crewe, Jewel, Jewes, Jewin, Lewis,* etc. —, [ju] dans *Bewick(e), Dewar, Dewey, Ewart, Ewell, Ewen, Ewing, Heward, Newark, Newington, Seward, Sewell, Steward.* De même *Siward* se prononce avec [ju].

3º W *suivi ou non de* -e, -es *finals et précédé de* a. — Le groupe -*aw-* se prononce [ɔː]. Ainsi dans *Awe* [ɔː], *Haweis, Hawes, Hawick, Lawes, Mawer, Sawyer,* etc. Mais *Blawith* et *Haward* se prononcent le premier [blawiθ], le second [hɛwœrd].

4º W *suivi de* -e, -es *finals et précédé de* o. — Le groupe -*ow-* se prononce [owː] : *Crowe, Lowe, Marlowe, Stowe* —, [aw] dans *Howe* —, [uː] dans *Clowes.* Mais on prononce [oː] ou [ɔːv] à la française dans *Clarisse Harlowe, Hudson Lowe* et *Beecher Stowe.*

X

On prononce :

1º [gz] dans les mots ou noms propres français, latins ou étrangers, commençant par :

ex- : *exact, exaction, ex-æquo, exagérer, exalbumé, exalter, examen, examiner, exanthème, exarchat, exarque, exaspérer, exaucer, exeat, exécrer, exécuter, exèdre, exégèse, exemple, exempt, exequatur, exercer, exérèse, exergue, exiger, exigu, exil, exister, exocet, exode, exonérer, exophtalmie, exorable, exorbitant, exorciser, exorde, exosmose, exostose, exotérique, exotique, exotisme, exubérant, exulcérer, exulter, exutoire,* etc., avec leurs composés ou dérivés —, *Exilles, Exupère, Exaerde, Exel, Exelmans, Exeter, Exili,* etc.

hexa- : *hexacorde, hexaèdre, hexagone, hexagyne, hexamètre, hexandre, hexapétale, hexapode,* etc.

De même le premier *x* de *Artaxerxès* se prononce [gz].

REM. I. — Dans les cas d'emphase, *exécrer, exécrable* et *exécration* peuvent se prononcer avec [ks].

REM. II. — Parmi les composés de *sexa-, sexagésime (-al), sexagesimo, sexangulaire, sexangulé* se prononcent avec [gz] ; *sexagénaire* avec [gz] ou [ks].

2º [ks] dans *abraxas, auxiliaire, axer, axial, axile, axillaire, axiome (-atique), axiomètre, axis, axolotl, axonge, axonométrique, azuel* —, *bauxite, boxer, boxeur, buxacées* —, *cachexie, complexion, complexité* —, *élixir, épistaxis* —, *fixer* (et dérivés) — *laxatif, luxer (-ation), luxueux, luxueusement, luxure (-ieux), luxuriant* —, *maxillaire, maxima, maxime, maximum* —, *oxyton (-ique)* —, *paradoxal, paroxysme, paroxyton (-ique), proparoxyton (-ique)* —, *relaxer (-ation)* —, *saxatile, saxifrage, saxon, saxophone, sexennal, sexennalité, sexies, sexifère, sexualisme, sexualité, sexué, sexuel, sexupare, suffixal, suffixation,* — *taxer* (et dérivés), *taxiargue, taxi, taxinées, taxis, taxonomie* —, *vexer* (et dérivés), *vexillaire* —, dans les composés de *lexico-, taxi-* et dans les mots commençant par *ox-* (*oxalate, oxygène,* etc.).

dans les noms propres : *Alexandre, Alexis, Anaxagore, Anaximandre, Anaximène, Auxits* (Aveyr.), *Auxi-le-Château, Bixio, Boxers, Contrexéville, Coxide, Haxo, Ixelles, Ixion, Luxembourg, Luxeuil,* St-*Maixent, Maxence, Maxime, Maximilien, Maximin, Mexico, Mexique, Pont-Euxin, Praxitèle, Roxane, Roxelane, Roxolans, Saxo Grammaticus, Texas, Texel, Texier, Tixier, Uxellodunum, Villersexel.*

REM. — Dans les noms de lieux de la région lorraine, *x* intervocalique peut se prononcer [ʃ] chez les gens du pays. Ainsi dans *Laxou, Maxéville, Pouxeux,* etc. Cependant cette prononciation locale n'a pas réussi à se généraliser. On prononce ordinairement [ks] dans ces noms.

3° [s] dans *soixante, soixantaine, Auxerre (-ois), Auxois, Auxon, Auxonne, La Bouëxière, Bouxières, Bruxelles (-ois), Bruxières-les-Mines, Buxy, Uxelles.*

REM. — On dit pourtant St-*Germain l'Auxerrois* avec [ks].
La prononciation de *Bruxelles* et *Auxerre* avec [ks] est à rejeter.

4° [z] dans *deuxième (-ment), dixième (-ment), sixain* (ou *sizain), sixaine, sixième (-ment).*

NOTE SUR LES NOMS PROPRES ÉTRANGERS. — On signalera que le nom brésilien *Peixoto* se prononce [pɛjʃoto].

De même, dans les noms catalans, [ʃ] est représenté orthographiquement soit par *x* : *Brixat, Marquixanes* (Pyr.-Or.), St-*Feliu de Guixols, Taxent,* etc. (Espagne) —, soit par *ix* : *Baixas, Caixas* (Pyr.-Or.), *Monteixo, Moixons,* etc. (Espagne). Cependant St *Michel de Cuxa* (Pyr.-Or.) se prononce à la française avec [ks].

B. — LES CONSONNES DOUBLES INTÉRIEURES

Il n'y a aucune difficulté pour KK, RR et SS qui se prononcent toujours [k], [r·] et [s].

Mais il n'en est pas de même pour les groupes BB, CC, DD, FF, GG, LL, MM, NN, PP et TT qui suivant les cas se prononcent de façon différente.

B B

On prononce [bb] dans *gibbeux, gibbie, gibbon, gibbosité, Abba Pater, Abbon, Ebbon, Koubba* et dans les noms italiens : *Abbate, Abbatis*, etc.

[b] ou [bb] dans *Abbas, Abbassides*.

[b] dans *abbatial, abbaye, abbé, abbesse, rabbaniste* (ou *rabbiniste*), *rabbin* (et dérivés), *sabbat* (et dér.), *schibboleth* —, *Abbadie* (ou *Abadie*), *Abbans* (Doubs), *Abbéokouta* (ou *Abéo-*), *Abbot, Abbotsford, Barabbas* (ou *Barrabas*), *Drebbel, Gibbon*.

Rem. I. — Par suite de la chute de l'*e* muet intérieur, *Abbeville* se prononce [abvil].

Rem. II. — Les noms italiens, portés par des Français, se prononcent avec [b]. C'est en particulier le cas pour *Abbatucci* et *Abbiategrosso*.

C C

1º Devant *a, o, u*, on prononce [k] dans presque tous les mots français : *accabler, accaparer, baccalauréat, occasion, impeccable, peccadille, accord, accoster, accoucher, accoupler, succomber, accueillir, occulte, occuper*, etc. — ; dans tous les noms français : *Accarias, Baccarat, Baccarets, Boccace, Coccaïe, Accous*, etc. — ; dans *baccara* et *piccolo* — ; dans *Dekkan*.

[kk] dans le franç. *succussion, (humeurs) peccantes* —, dans les mots latins *peccata, peccavi* et *coccus* dont le [kk] s'oppose au [k] de *cocculus, coccobacille, coccolobe* — ; dans les noms latins *Acca Larentia, Succases*, etc., sauf *Flaccus* qui se prononce avec [k] ou [kk] — ; dans les noms italiens : *Beccaria, Boccalini, Boccador, Boccanera, Piccolomini*, etc.

[k] ou [kk] dans les mots français *peccable* et *succube*.

Rem. — Les noms italiens, portés par des Français, se prononcent avec [k].

2º Devant *e, i, y*, on prononce [ks] dans tous les mots français : *accéder, accélérer, accent, accepter, accès, succéder, succès, accident, baccifère, buccin, occident, succin, succinct, succion*, etc. — ; dans le lat. *accessit* et la locution latine *Ecce homo* — ; dans le grec *coccyx*.

[tʃ] dans les noms italiens : *Carducci, Lecce, Matteucci, Ricci*, etc.— ; et *Acciajuoli, Bacciochi, Caluccia* (Corse), *Caraccioli, Carpaccio, Masaccio*, etc., dans lesquels le goupe *-cci-* devant voyelle se prononce [tʃj] à la différence de l'italien où l'on a simplement [tʃ].

Rem. I. — L'ital. *accelerando* se prononce [akseleʀãdo] lorsqu'il est précédé de *un*. Mais lorsqu'il est employé tout seul comme terme de mouvement musical, il se prononce aussi [atʃeleʀando] à l'italienne.

Rem. II. — *Piccini* et *Puccini* se prononcent [piksini], [pyksini] à la française ou [pitʃini], [putʃini] à l'italienne. Cependant on prononce [ks] dans *picciniste* et *puccinie*, terme de botanique. De même *Picciola*, roman de Saintine, se prononce avec [ks].

Rem. III. — Les noms italiens portés par des Français se prononcent avec [ks]. C'est le cas en particulier de *Abbatucci* et de *Caraccioli*. Il en est de même pour *Ajaccio* [aʒaksjo].

D D

On prononce [d] dans *addition, additionnel, additionner* — ; dans les mots ou noms anglais : *haddock, paddock, Addison. Eddy, Eddystone, Haddington, Haddon*, etc. — ; dans *Bouddha* (et *bouddhique, bouddhisme*), *Addis-Abéba*.

[dd] dans *adduction, adductif, adduction, quiddité, reddition* — ; dans le lat. *addenda* et les noms bibliques *Jaddus* (ou *Jeddoa*), *Mageddo* — ; dans les noms italiens *Adda, Deledda, Gaddi*, etc. — ; dans le scandin. *Edda*, dans l'arabe *Djeddah*, et dans *Le Sadder* (livre contenant les dogmes des Parsis et des Guèbres).

F F

Ce groupe se prononce [ff] dans l'ital. *pifferaro*.

[f] dans tous les mots et noms français ou étrangers : *affaire, affiche, affixe, affûter, différer, diffusion, effacer, effet, effort, griffer,*

office, puffiste, raffiner, ruffian (ou *rufian*), *suffire*, etc. *Coëffeteau, Greffulhe, Laffemas, Laffitte, Neffiach, Raffet, Rouffignac, Ruffec, Tiffauges*, etc. — ; lat. *affidavit, effendi, toffee* — ; *Jaffa, Jaffery, Jefferson, Kaffa, Offenbach, Pfeiffer, Saffi, Scheffer, Sheffield, Stafford, Strafford*, etc.

G G

On prononce [gʒ] dans les mots français *suggérer, suggestif, suggestion* et dans le nom du prophète *Aggée* —, [dʒ] dans l'ital. *arpeggio* et dans les noms italiens *Chioggia, Foggia, Poggio Bracciolini, Reggio, Ruggiero*, etc., où le groupe -*ggi*- devant voyelle se prononce [dʒj] à la différence de l'italien qui prononce simplement [dʒ].

[g] dans *leggings, toboggan* et dans les noms allemands, anglais, flamands ou néerlandais, scandinaves : *Aggen, Agger, Aggesund, Aggo, Baggy-Point, Beggendorf, Biggekerke, Buggenhout, Deggendorf, Eggelsen, Eggersriet, Eggesford, Döggingen, Egginton, Fugger, Poggendorf*, etc.

[gg] dans *couagga* —, dans les noms de l'Afrique : *Ahaggar, Egga, Hoggar*, etc. — et dans les noms de l'Asie : *Bigga, Djaggernat*, etc.

Rem. — On prononce [ʒ] dans *(produits) Maggi* —, [gʒ] dans *Egger*, lorsque ce nom est porté par des Français —, [g] dans *Maggy Rouff*.

K K

Ce groupe se prononce toujours [k] : *Fokkena, Fokker*, etc.

L L

A. — Après une voyelle autre que I.

On prononce :

1º [ll] dans les mots français suivants : *allécher, allège, alléger, allégir, allégorie, allègre, alléguer, allitération, allocation, allocution, allodial, allopathe* (et autres composés de *allo*-), *allotir, allotissement, alluchon, allusif, allusion, alluvial, alluvien, alluvion, anthyllide, appellatif, appellation, atellanes, belladone, bellicisme, belliciste, bellie,* belligérance, belligérant, belliqueux, bellissime, belluaire, caballin, calligraphe, callosité, canceller, caryophyllacées, caryophyllaire, caryophyllé, chambellan, chelléen, circonvallation, collaborer, collataire, collatéral, collateur, collatif, collationner, collecte, collectif, collectivisme (-iste), collectivité, collègue, collibert, collicatif, collicies, collidine, colliger, collimateur, collimation, collision, collocation, collodion, colloïde, colloque, colloquer, collotypie, colluder, collusion, collusoire, collutoire, collyre, compellatif, compeller, consteller, contrevallation, corollaire, cultellation, dénivellation, diallage, diallèle, ellagique, ellébore, énallage, épellation, fallacieux, flabellaire, flabellation, flabellé, flabelliforme, flageller, follicule, gallate, galléine, gallérie, gallican, gallicisme, gallicole, gallifère, gallinacé, gallinsecte, gallique, gallo-belge, gallomanie, gallophobe, gallo-romain, gallo-roman, glumellule, halluciner, hellanodice, hellène, hellénisme (-iste), hypallage, impollu, impollué, intellect, intelligibilité, intelligible, lamellaire, lamellé, lamelleux, lamelli-, libeller, libellule, malléabilité, malléable, malléer, malléole, mamellaire, mamelliforme, médullaire, médulleux, mellifère (-ification, -ifique), melliflu, mellite, métalléité, métallifère, métallin, métalliser, métallo, métallo-chromie (et autres composés de métallo-), métalloïde, métallurgie, nullification, nullifier, ocellation, ocellé, ollaire, ollure, ombellé, ombelli-, ombellule, palliatif, pallier, parallactique, parallaxe, parallèle, parallélipipède, parallélogramme, parcellaire, pellagre, pellicule, pellucide, phallique, phyllade, phyllanthe, phyllie, phyllithe, phyllomorphe (et autres composés de phyllo-, sauf phylloxera et ses dérivés), pollicitation, pollineux, pollinide, pollinique, pollinisation, polluer, pollution, se rebeller, sabellianisme, sabellien, satellite, scabellon, scutellaire, scyllare, scyllise, sibyllin (et sibyll-), solliciter, stellaire, stellion, stellionat, syllabe, syllepse, slleptique, syllexie, syllogiser, syllogisme, syllogistique, tabellaire, tellinidés, tellure, thallite, thallophytes, turbellariés, ulluque, vallaire, vallécule, velléien, velléité, vitellin, avec leurs composés et dérivés; sauf rébellion qui a un [1].

Dans les noms propres français ou francisés suivants : Allobroges, Apollinaire, Apolline, Apollodore, Apollon, Bellérophon, Bellone, Bellovaques, Bellovèse, Bellune, Callicrate, Callimaque, Calliope, (Vénus) Callipyge, Callisthène, Collatin, Hellade, Pallantides, Pollion, Sully, Mounet-Sully, Sully Prudhomme.

dans les mots grecs ou latins : alligator, amaryllis, (et amarylli-

dacées), *anagallis*, *collapsus*, *flagellum*, *gallium*, *palladium*, *pallium*, *phallus*, *pollen*, *pollux*, *tellis*, *thallium*, *thallus*, *vitellus*, auxquels il faut ajouter *mallus*, latinisation du germanique.

dans les mots étrangers *allegro*, *allegretto*, *fellah*, *mollah*, *sulla*, *tollé*; cf. aussi l'italien *alla* (*militare*, *ottava*, *turca*, etc.).

dans les noms propres grecs ou latins : *Allia*, *Amaryllis*, *Apollonia*, *Apollonius*, *Bercyllidas*, *Callias*, *Calliclès*, *Callirhoé*, *Callisto*, *Caracalla*, *Colluthus*, *Dolabella*, *Dullius*, *Gallus*, *Hellanicos*, *Hellas*, *Hellé*, *Hellen*, *Lucullus*, *Marcellus*, *Pallas*, *Pella*, *Pollux*, *Psellos*, *Psyllas*, *Sabellicus*, *Sabellius*, *Scylla*, *Sylla*, *Syllabus*, *Tellus*, *Thrasyllus*, *Tullius*, *Tullus*, *Uxellodunum*, *Velleda*, *Velleius*, *Vitellius*, etc.

dans les noms italiens : *Allegri*, *Allori*, *Antonelli*, *Bellini*, *Bellinzona*, *Campanella*, *Cavalleria rusticana*, *Cellini*, *Corelli*, *Donatello*, *Leoncavallo*, *Masaniello*, *Silvio Pellico*, *Rapallo*, *Torricelli*, *Ucello*, *Velletri*, *Zingarelli*, etc. —, estoniens et finlandais : *Fellin*, *Tallin*, *Pallasjärvi*, etc.

dans les noms indigènes de l'Afrique, de l'Asie et de l'Archipel asiatique : *Abdallah*, *Aguellal*, *Allada*, *Allah*, *Allahabad*, *Allakh-Iouna*, *Oasis Allaki*, *Alloe*, *Balabgarh*, *Oasis Bellah*, *Bellamkonda*, *Fellatas*, *Gallas*, *Kalla Koul*, *Kalla-Kurchi*, *Kallasti*, *Kalliko*, *Kallim*, *Khor Abdoullah*, *Lalla-Marnia* (et *Lalla-Roukh*, poème de Th. Moore et opéra de F. David), *Sellasié*, *Tello*, etc. ; cf. aussi *Gallipoli*, dans la Turquie d'Europe.

Rem. — Les noms italiens portés par des Français ou des institutions françaises se prononcent avec [l] : maréchal *Gallieni*, Musée *Galliera*, etc. Cependant on prononce [ll] dans ceux qui sont terminés en -*elli* : *Barelli*, *Martinelli*, etc., et dans les noms francisés *Bellune*, *Fallope*.

2° [l] dans les mots français : *allaise*, *allaiter*, *allée*, *aller*, *alleu*, *alleutier*, *alliacé*, *alliaire*, *allier*, *allonger*, *allouer*, *allumer*, *allure*, *allyle*, *ballade*, *baller*, *ballet*, *ballon*, *ballonner*, *ballot*, *ballotte*, *ballotter*, *bellachon*, *bellacquais*, *bellâtre*, *bellot*, *bollandiste*, *bulleux*, *calleux*, *cellérier*, *cellier*, *cellule*, *cellulose*, *collargol*, *collège*, *coller*, *collet*, *collier*, *colline*, *daller*, *duelliste*, *ébullition*, *ellipse*, *elliptique*, *emballer*, *embellir*, *exceller*, *falloir*, *fielleux*, *follet*, *gallois*, *grisoller*, *hallage*, *hallali*, *hallier*, *idyllique*, *installer*, *interpeller*, *mallard*, *mallier*, *mielleux*, *miscellanées*, *moelleux*, *moellon*, *mollasse*, *mollesse*, *mollet*, *mollette*, *mollifier*, *mollir*, *mollusque*, *mutullisme*, *mutuelliste*, *parceller*, *pastellage, pastelliste, pellée,␣pelloir, prunellier, pulluler, rallidés, rallier, rallonge, rébellion, récollection, récollet, sceller, seller, synallagmatique, tabellion, taller, tellette, tellière, troller, trullisation, tullier, vallée, valleuse, vallisnère* ou *vallisnérie, vallon, violoncelliste, wallon*, avec leurs composés et dérivés.

dans le mot latin *molluscum* et le mot grec *phylloxéra* (et dérivés).

dans les mots étrangers : *allo, ballast, dollar, fellagha, gallon, heller, rallie-paper, schelling, shilling, tallipot* (ou *talipot*), *téocalli, trolley, (fontaine) wallace* et *foot-balleur,* francisation de l'anglais.-

dans les trois noms anciens francisés *Hellespont, Salluste, Tertullien.*

dans tous les noms français autres que ceux dont on a parlé plus haut : *Allainval, Allaire, Allan Kardec, Allard, Allassac, Allier, Allix, Bally, Bellac, Bellachon, Bellaigue, Bellangé, Bellanger, Bellarmin, Ballart, Du Bellay, Belleau, Bellême, Belley, Belleysans, Belliard, Bellièvre, Belloc, Bellonte, de Belloy, Berthollet, Bullier, Callot, Collot d'Herbois, Dellys, Gallet, Gallifet, Galli-Marié, Galloche, Gallois, Gellée, Hollande, Lally-Tollendal, Mallarmé, Mallet, Marcellin, Miollis, Montpellier, Pellisson, Rigollot, Rollin, Solliès, Tallien, Le Tellier, Vallage, Vallauris, Vallès, Vallier, Vallin, Vallode, Valloire, Vallombreuse, Vallon, Vellexon, Velly, Wallon.*

dans les noms allemands, anglais, flamands ou néerlandais, scandinaves : *Alleghanys, Allenstein, Gellert, Haller, Hohenzollern, Keller, Kellermann, Muller, Ollendorf, Schiller, Wallenstein*, etc. —, *Allenby, Allentown, Ballarat, Cullen, Culloden, Dallas, Delly, Elliot, Galloway, Halley, Hollywood, Kellog, Nellie, Wallace,* îles *Wallis, Wellington, Wollaston, Yellowstone*, etc. —, *Brielle, Calloo, Hallum,* île *Terschelling, Tjalleberg,* etc. —, *Ballum,* lac *Sollern, Sylling*, etc.

et dans *Jellachich*, adaptation française du croate *Jelačić*.

Rem. I. — On prononce cependant [ll] dans le nom allemand *Walhalla*.

Rem. II. — Par suite de la chute de *e* muet intérieur, les noms du type *Allemagne, Allevard, Bellefonds, Lallemand*, etc. se prononcent naturellement avec un seul *l* : [almaɲ], [alva:ʀ], [belfɔ̃], [lalmɑ̃], etc.

3º [l] ou [ll] dans *collection, collectionner, intelligence, intelligent, intelligemment.*

D'autre part, *collation* se prononce avec [l] lorsqu'il signifie **un léger repas pris dans l'après-midi ou la soirée** ; avec [ll] lorsqu'il a **un de ces deux sens : « action de conférer un bénéfice ecclésiastique, un titre universitaire »** ou **« confrontation d'une copie avec l'original »**.

4° [j] dans les noms français *Bernoulli, Callies, Creully, Jully, Pully, Rully.*

dans les noms espagnols *caballero* et *olla (podrida).*

dans les mots de langue castillane ou catalane : *Abanilla, Allariz, Avellaneda, Bolullos, Ballesteros, Manuel de Falla, Valladolid*, etc. —, *Agullent, Serra Caballera, Castellar, Narcis Oller, Pollensa*, etc. etc.

Rem. I. — *Talleyrand* se prononce [talʀɑ̃] ou [talɛʀɑ̃].

Rem. II. — Le nom espagnol *Cellamare* se prononce à la française avec [ll]. Le nom catalan *Colliure*, écrit en français *Collioure* (Pyr.-Or.), se prononce [kɔlju:ʀ].

Rem. III. — *Ulloa*, nom espagnol, peut se prononcer [yllɔa] à la française. Mais il est préférable de prononcer [ujɔa].
De même, *Callao*, port du Pérou, peut se prononcer à la française avec [l] ou [ll]. Mais il vaut mieux prononcer [kajaw].

Rem. IV. — Il faut se garder de prononcer [j] ou [ll] le *ll* que l'on peut rencontrer dans la graphie de noms portugais ou brésiliens : *Castello-de-Penalva, Bello-Horizonte, Bello Monte*, etc. Le double *l* correspond ici à [l].

B. — Après I initial ou une consonne suivie de I.

On prononce :

1° [ll] dans *bacillariées, bacilliforme, bacillose, capillarité, capilliforme, cavillation, cyrillien, cyrillique, fibrilleux, millénaire, millénarisme (-iste), millépore, millésime (-imé), millimètre* et composés en *milli-, papillaire, papillifère, papilliforme, papillome (-omateux), pénicillé, pénicilliforme, pupillarité, pusillanime (-ement), pusillanimité, scilline, scillite (-itique), scillitoxine, scillotte, sigillariées, sigillateur, sigillation, sigillé, sigilliste, sigillographie (-ique), stillation, stillatoire, stilligoutte, sugiller (-ation), verticillé, villégiature (-urer), villeux, villifère, villiforme, villosité* — et dans les mots français commençant par *ill-* (cf. *illégitime, illettré, illimité, illogique, illuminer, illusion, illustre, illyrien*, etc.) ou terminés en *-illaire* (cf. *ancillaire,* *armillaire, axillaire, bacillaire, mamillaire,* etc.) — et dans les noms propres *Achilléide, Cyrillien, Illyrie, Priscillien, Régillien.*

De même dans les mots et noms latins ou gréco-latins : *illico, penicillum, regilla, Achillas* —, dans les mots et noms italiens : *millesimo, villa, Villafranca, Villari,* etc. —, dans les noms indigènes de l'Afrique, de l'Asie ou de l'Archipel asiatique : *Dilli, Illig, Filli, Fillik, Hilli, Siller, Sillod, Oasis Tillah, Tilli,* etc.

2º [l] dans *achillée, billion, gillotage, imbécillité, lilliputien, mancenillier, millerand (-andage), milliaire, milliard (-ardaire), milliasse, millième, millier, million (-ionnaire, -ionnième), pénicilline, pennillon, stillingie, tranquillement, tranquilliser, tranquillité, trillion, village, villageois, villanelle, villarsie, villenage* — et dans les noms propres français, *Aubervilliers, Beauvilliers, Brinvilliers, Cuvillier, Dillon, Fillastre* ou *Filastre* (cf. *Malfilâtre), Gillet, Gillot, Hilliers (Baraguay d'), Illiers, Largillière, Lillers, Millerand, Millery, Millevoye, Millais, Millin, Pillau, Pillon, Pillat, Villain, Villaines, Villamblard, Villandraut, Villard-de-Lans, Villaret de Joyeuse, Villars, Villarsavary, Villé, Villebois, Villebrumier, Villedieu, Villefagnan, Villefort, Villefranche, Villehardouin, Villejuif, Villèle, Villemain, Villemessant, Villemot, Villemur, Villenauxe, Villenave, Villeneuve, Villequier, Villeréal, Villeroi, Villers, Villersexel, Villerupt, Villerville,* la *Villette, Villiers, Villoisin.*

De même dans les noms allemands, anglais, flamands ou néerlandais, scandinaves, etc. : *Dilligen, Hillersheim, Iller, Illertissen, Illingen, Ludmilla, Willisau* (cf. en particulier les noms alsaciens en *-willer* : *Bischwiller, Bouxwiller, Frœschwiller, Guebwiller,* etc.) —, *Billington, Billy, Gillespie, Gillingham, Illingworth, Lilliput, Willis, Willy,* etc. —, *Hillesberg, Hillegom, Millen, Willige, Langerak,* etc. —, *Hillegtind, Hillesö, Illoki, Lillehammer, Millesvik, Tillinge,* etc.

Rem. — Le mot *chinchilla* se prononce actuellement plutôt avec [l] qu'avec [ll]. De même *Illinois*, nom d'un des Etats unis d'Amérique.

3º [j] dans les verbes en *-iller* (cf. cependant les rem. I, II, III) : *apostiller, babiller, cheviller, écarquiller, gaspiller, habiller, mordiller, outiller, pétiller,* etc. et dérivés —, dans les mots en *-illard* : *billard, corbillard, égrillard, vétillard,* etc. —, dans les mots en *-illon* : *ardillon, bouvillon, carillon, échantillon, écouvillon, sillon,* etc. et dérivés —, dans *artillerie, artilleur, billebandé (-er), billet (-eté), billot, cabillaud, cabillot, castillan, castillanisme, chenillée, corbillat, enfantillage, épillet, esquilleux, fillasse, fillette, filleul, gentillesse, grillot, marguillier, millas, millot, papillotte* (et dér.), *périlleux (-eusement), rillette, sémillant, serpillière, sévillan, sillet, sillomètre, tillac, tilleul* —, et dans les noms propres français *Aymerillot, Ancillon (Aix d'), Angillon, Aurevilly (Barbey d'), Aurillac, Billaud (-ault, -aut), Billecocq, Billod, Billom, Billon, Billy, Bobillot, Brillat-Savarin, Castillon, Cendrillon, Chantilly, Châtillon, Chillon, Condillac, la Cordillère des Andes, Crébillon, Crillon, Debilly, Gentilly, Mabilleau, Mabillon, Marillac, Marsillargues, Marsilly, Massillon, Millac, Millardet, Millas, Millau (-aud), Millère, Millot, Milly, Montmorillon, Nivillac, Pillet, Pouvillon, Quillan, Quillet, Ramillies, Roussillon, Sébillot, Sédillot, Sillé, Silly, Tilly, Varillas, La Vrillière, Villeurbanne* [vijœrban], *Willaume, Willaumez.*

De même dans les mots espagnols : *banderilla, banderillero, camarilla, cigarillo, cuadrilla, guérilla, manzanilla, pantillero* —, et dans les noms propres castillans ou catalans : *Ercilla, Illescas, Manzanillo, Melilla, Millares, Murillo, Utrillo, Zorilla,* etc. —, *Fillols, Pobla de Lillet, San Pere de Riudevilles, Villalba,* etc.

Rem. I. — *Distiller* et *instiller* se prononcent avec [l]. De même leurs dérivés : *distillable, distillateur, distillation, distillatoire* —, *instillateur, instillatoire.* Mais on prononce [ll] dans *stillant, stillation, stillatoire, stillicide, stilligoutte.*

Rem. II. — *Osciller* se prononce avec [l] De même *oscillant.* Dans *oscillation, oscillatoire, oscillateur, oscillographe (-ique)* on prononce [l] plutôt que [ll]. Mais on a [ll] dans *oscillarié, oscillomètre (-ie), oscillaire, oscillatorié.*

Rem. III. — *Titiller* se prononce avec [ll], plutôt qu'avec [l]. De même *titillant, titillation, titillomanie.*

Rem. IV. — *Scintiller* et *vaciller* se prononcent avec [j]. La prononciation avec [l] et surtout celle avec [ll] indiquée par l'Académie sont en train de vieillir. Il en est de même pour *scintillant, scintillation* —, *vacillant, vacillation.* Mais c'est le contraire qui a lieu pour *scintillomètre, vacillatoire, vacillité* où la prononciation avec [ll] est la plus fréquente. *Scintillement* se prononce [sẽtijmã], et *vacillement,* [vasijmã] ou [vasilmã].

Rem. V. — *Billevesée* se prononce suivant les uns avec [j], suivant les autres avec [l]. La première prononciation, plus conforme à ce qu'on peut savoir de l'étymologie du mot, doit être préférée. Rabelais écrit d'ailleurs au pluriel *billes vezées,* en deux mots, ce qui indique bien qu'il faut prononcer un [j].

La prononciation de *Villon* avec [j] est préférable à celle avec [l].

Santillane (Marquis de), francisation de l'espagnol *Santillana,* se prononce avec [j], et non avec [l]. Les noms espagnols commençant par *Villa* se prononcent ordinairement en français avec [ll]. Il est mieux cependant de prononcer un [j] dans *Villa Cisneros, Villajoyosa, Villalobos, Villareal, Villaviciosa*, etc.

Rem. VI. — *Papilleux* se prononce plutôt avec [ll] qu'avec [j]. Il en est de même de *papillé*.

Rem. VII. — *Millet*, nom d'un peintre français, se prononce soit avec [l], soit avec [j].

C. — Après les groupes vocaliques AI, EI, UEI, EUI, ŒUI, AUI, OUI

L'*i* est muet et *ll* se prononce toujours [j].

-aill- = [ɑj] dans *batailler, criailler, piailler, railler*, etc. — [aj] dans *bailli, détailler, émailler, Baillet, Bailly, Chaillot, Mailly, Wailly*, etc.

Rem. I. — Le [j] de la terminaison -*ier* se fond avec celui du groupe précédent ; cf. [aj] dans *joaillier* [ʒɔaje] et *quincaillier* (kɛ̃kaje].

Rem. II. — *Joaillerie* et *quincaillerie* se prononcent [ʒɔajʀi], [kɛ̃kajʀi].

-eill- = [ɛj] : *oreiller, sommeiller, vieillard, Maillet, Teillé*, etc.

Rem. — Le [j] de la terminaison -*ier* se fond dans celui du groupe précédent ; cf. [ɛj] dans *groseillier* [gʀozeje], *oseillier* [ozeje].

-ueill- = [œj] : *cueillir* (et composés).

-euill- = [œj] : *effeuiller, endeuillé, feuillage, Neuilly*, etc.

-œuill- = [œj] : *Annœuillin*,

-auill- = [oj] : *Pauillac*.

-ouill- = [uj] : *fouiller, mouiller, rouillé, souiller, verrouiller*, etc.

Rem. — Dans le groupe -*oill*-, *oi* se prononce [wa]. Quant à *ll*, il se prononce [j] dans *Boilly*, mais [l] dans *Boillot*.

D. — Après le groupe UI

Le groupe *ll* se prononce toujours [j]. Quant à -*ui*-, il a deux prononciations :

1º [ɥi] dans *aiguillée* [egɥije], *aiguillette, aiguillier, aiguillon, cuiller* [kɥijɛ:ʀ], *cuillerée* [kɥijʀe], *juillet*.

2º [i] dans *guilledou, guillemet* [gijmɛ], *guillemite, guillemot, guilleret, guillotine* —, *Guillaume, Guillemain, Guillemin(s), Guillet, Guillot, Guillotin*.

Rem. — Il y a hésitation pour *Juillac* et *Juilly* qui se prononcent soit [ʒɥijak], [ʒɥiji], soit [ʒyjak], [ʒyji].

M M

On prononce :

1º [mm] sans voyelle précédente nasalisée dans *ammite, ammocète, ammodyte, ammonéen, ammoniate, ammonite, ammoniure, ammophile, commélynacées, emménagogue, emménalogie, emmésostome, gammare, gemmage, gemmation, gemmer, gemmifère, gemmipare, gemmule, mammaire, mammalogie, mammifère, mammite, nummulaire (-ite, -ine), sommité*, avec leurs dérivés —, et dans les mots commençant par *-imm* : *immaculé, immanent, immarcessible, immatériel, immatriculer, immédiat, immense, immerger, imminent, s'immiscer, immixtion, immobile*, etc.

dans les mots latins ou grecs : *ammonium, comma, committimus, digamma, gamma, summum;*

dans les mots étrangers : *ammi, commedia (del arte), commediante, hammam, pemmican;*

dans le prénom *Emma;*

dans les noms anciens (francisés ou non) : *Ammon* (fils de Loth), *Ammonites, Ammonius, Commius, Commodius, Hammourabi, Mammon, Mummelus, Mummius, Psammétique, Symmaque;*

dans les noms italiens : *Ammanati, Ammirato, Cammarata, Grammichele, Jommelli, Tommaseo*, etc. —, et finlandais : *Kummene, Tammerfors*, etc.

et dans les noms indigènes de l'Afrique ou de l'Asie : *Amman, Ammapet, Djebel Ammar, Ammi Moussa, Cammon, Chimmedrou, Djemma, le Hamma, Hamma, le Rummel*, etc.

Rem. — **Antommarchi**, nom du médecin de Napoléon à Sainte-Hélène, est complètement francisé et se prononce [ãtɔmaʀki].

2º [m] sans voyelle précédente nasalisée dans les terminaisons adverbiales *-amment, -emment* (*étonnamment, plaisamment, ardemment, récemment*, etc.) et dans *assommer, command, commande, commandite, commencer, commende, comment, commerce, commère, commettage, commettre, commis, commissaire, commissariat, commission, commissoire, commode, commun, commune, communauté, communier, communiquer, consommer, dommage, enflammer, gommer, gommeux,* *gommifère, hommage, hommasse, inflammable, inflammation, nommer, nommément, pommade, pommeau, pommelle, pommer, pommette, pommier, sommeil, sommellerie, sommet, sommier*, avec leurs composés et dérivés.

dans l'expression latine *de commodo et incommodo ;*

dans les mots étrangers *amman, commodore, kummel, laemmergeier, lemming, mammouth ;*

dans les noms anciens (francisés ou non) : *Ammon* ou *Amoun* (divin. égypt.), *Commagène* ou *Comagène, Commode, Commodien ;*

dans les noms français : *Commentry, Commercy, Commines, Comminges, Dammarie, Dammartin, Flammarion, Grammont, Hammon, Hommaire de Hell, Sommerville, Sommières ;*

De même dans les noms allemands, anglais, flamands ou néerlandais, scandinaves : *Cammarch, Commondate, Commonwealth, Cumming, Drummond, Emmet. Flemming,* etc. —, *Demmin, Emmenthal, Gemmi, Grimmelhausen, Hummel, Immensee, Kammin,* etc. —, *Drimmelen, Emmen, Lommel,* etc. —, *Bramminge, Drammen, Emmeboda, Gammelstilla, Hammerdal, Himmelsbjerg,* etc.

3° [m] avec voyelle précédente nasalisée dans les mots qui commencent par *emm-* (*emmagasiner, emmailloter, emmener, emmétrope*, etc.) ou *remm-* (*remmailler, remmailloter, remmancher, remmener*) avec leurs composés et dérivés —, et dans *Dommartin* [dɔ̃maʀtɛ̃].

4° [m] ou [mm] sans voyelle précédente nasalisée dans *ammoniac,* ou *ammoniaque, commémorer, commensal, commensurable, commenter, comminatoire, commisération, commissure, commixtion, commodant, commodat, commotion, commuer, commuter, épigrammatique, grammaire, grammatical, kilogrammètre, sommaire, sommer,* avec leurs composés et dérivés ;

dans les noms anciens (francisés ou non) : *Ammien, Cimmériens, Emmaüs ;*

dans *Jemmapes,* bien que ce nom s'écrive *Jemappes* en belge, et dans le nom arabe *Mohammed.*

Rem. — Employé comme prénom ou patronymique, *Emmanuel* se prononce avec [m]. Mais dans le sens biblique, il se prononce soit avec [m], soit avec [mm].

5° [m] avec voyelle précédente nasale ou orale, ou [mm] avec voyelle précédente orale dans *immangeable* et *immanquable*.

N N

On prononce :

1° [nn] sans voyelle précédente nasalisée dans les mots commençant par -*inn*- (à l'exception de *innocent, innocence, innocemment*, p. 317) *innavigable, inné, innommable, innover*, etc. —, et dans *annal, annate, annélides, annone, antennule, biennal, cannabène, cannabin, cannacées, décennaire, décennal, ennéa-, pannicule, pennage, pennati-, pennatule, penné, penniforme, pennillion, pennine, pennisète, pinnal, pinnée, pinni-, pinnoïte, pinnothère, pinnule, quadriennal, quinquennal, septennal, stannate, stanneux, stannide, stannifère, stannine, stannique, stannoïde, stannolite, sunnite, triennal, vicennal*, avec leurs composés et dérivés —, et dans les noms français *Apennins, (Alpes) Pennines;*

De même dans les mots latins : *canna, pannus, quinquennium, triennium;* dans le mot hébraïque *hosanna* et dans les mots étrangers *(prima) donna, sunna;*

dans les noms anciens (francisés ou non) : *Brennus, Cincinnatus, Cinna, Crannon, Ennius, Ennodius, Hannon, Menno Simonis* ou *Mennon* (et *mennonisme, -iste*), *Oannès, Perpenna, Perpennius, Porsenna, Sennaar, Sennachérib*, etc. —, dans les noms italiens *Alemanni, Benna, Cannobino, Colonna, Enna, Giovanni, Lenno, Penni, Sannazar*, etc. — **dans les noms** estoniens ou finlandais : *Munna Mäggi, Hinnarjoki*, etc. ; et dans les noms indigènes de l'Afrique ou de l'Asie : riv. *Binna, Djebel Djennaba, Djenné, Hannek, Innaouen, Kannabah, Kerkenna, Djebel Kannoufa, Mennouna*, etc. —, *Banni, Bannu*, île *Djanna*, île *Djinna, Gunnaur, Junnar, Yunnan*, etc.

Rem. — Cependant le nom italien *d'Annunzio* se prononce en français avec [n].

2° [n] sans voyelle précédente nasalisée dans les terminaisons -ONNAIRE (*dictionnaire, factionnaire, légionnaire,* etc.), - ONNAIS (*avignonnais, bourbonnais, dijonnais,* etc.), -ONNÉ (*fleuronné, vallonné,* etc.), -ONNÉE (*charbonnée, maisonnée, randonnée,* etc.), -ONNER (*bourdonner, façonner, soupçonner,* etc.), -ONNET (*bonnet, cordonnet, wagonnet,* etc.), -ONNETTE (*baïonnette, marionnette, son-*

nette, etc.), -ONNEUR (*carillonneur, étalonneur, sermonneur*, etc.), -ONNEUX (*crayonneux, floconneux, sablonneux*, etc.), -ONNIER (*braconnier, chiffonnier, pigeonnier*, etc.), -ONNIÈRE (*bonbonnière, canonnière, prisonnière*, etc.), et dans *abonnir, abonnissement, anneau, année, anniversaire, annonce, bannière, bannir, bannissement, cannée, cannelle, canner, connaissable, connaissance, connaisseur, connaître, conné, connétable, connu, finnois, hennin, hennir, hennissement, honneur, honnir, innocemment, innocence, innocent, larronnesse, mannette, mannite, monnaie, monnayer, nenni, panné, panneau, panneauter, panner, patronnesse, pinnace, stannage, tanner, tannin, tannique, tonner, tonnerre, vanner*, avec leurs composés et dérivés.

dans tous les noms français à l'exception de ceux qui ont été signalés sous le n° 1 : *Annet, Anneyron, Anniviers, Annœuillin, Annoire, Annonay, Annonciade, Annonciation, Annot, Bannalec, Barcelonnette, Bardonnèche, Bonnard, Bonnassieux, Bonnat, Bonnet, Bonnétable, Bonnier, Bonnières, Bonnieux, Bonniret, Connerré, Donnay, Gannat, Hennuyer, Innocent, Jeannette, Jeannin, Laënnec, Lanneau, Lannilis, Lannion, Lannoy, Monnier, Monnoyer, Onnaing, Sannois, Tannay, Tonnay, Tonneins, Tonnerre*, etc.

De même dans les mots étrangers : *minnesinger, penny, penny-boy, tennis, zonnas* et dans les noms allemands, anglais, flamands ou néerlandais, scandinaves et slaves : *Bennigsen, Dannecker, Tannenberg*, etc. —, *Bennington, Canning, Channing, Cunningham, Enniskillen, Fanny, Kenneth, Manning, Tennyson*, etc. —, *Gennep, Ginneken*, etc. —, *Dannemora, Grenna, Henningvœr, Innervik, Kinnared, Lenna*, etc. — *Anna-Kourban, Bannyï, Brunnow, Innokentievska, Jennikov*, etc.

Il en est de même des noms anglo-indiens de l'Amérique du Nord : *Connecticut, Minnesota, Tennessee, Winnipeg*, etc. —, du nom grec *Delyannis* et du nom portugais *Annobom*, francisé aussi en *Annobon*.

3° [n] avec voyelle précédente nasalisée dans *ennoblir, ennui, ennuyer* et leurs composés ou dérivés.

4° [n] ou [nn] sans voyelle précédente nasalisée dans *annales, annamite, annexe, annihiler, annoter, annualité, annuaire, annuel, annuler, annulaire, blennie, blennophtalmie, blennorr(h)agie, britannique, cinname, cinnamone, connectif, connexe, connivence, cannibale, fescennin, innombrable, pennon, pennonceau, septennat, tyranneau, tyrannicide, tyrannie, tyrannique, tyranniser*, avec leurs composés et dérivés ;

dans le mot étranger *henné* ;

dans les noms anciens, francisés ou non : *Britannicus, Erynnies, Hannibal, Pannonie* ;

et dans les noms étrangers *Annam, Henner, Jenner* (et *jennérien*) *Jenny* (et *jenny*), *Linné* (et *linnéen, linnéiste*), en particulier dans les noms géographiques des U. S. A. : *Annapolis, Cincinnati, Minneapolis*.

Rem. — *Anna*, prénom français, se prononce avec [nn]. Mais dans *Anna Karénine*, roman de Tolstoï, *Anna* peut se prononcer à la russe avec [n].

P P

Sans doute le groupe *pp* peut-il se prononcer [p] dans les mots et noms français. Cependant on entend aussi, mais moins souvent, [pp] dans les mots commençant par *hipp-* (*hipparchie, hippiâtrie, hippodrome, hippopotame, hippurique*, etc.) et dans *appendice, appendicite, appétence, appétition, appogiature, lippitude, philippique*.

Il en est de même pour les noms anciens francisés : *Appien, Cappadoce* (et *cappadocien*), *Hipparche, Hippocrate, Hippocrène, Hippodamie, Hippomène, Hippone, Oppien, Philippiques, Poppée* et *Hippolyte*, dans lequel le groupe *pp* ne se prononce [pp], à côté de [p], que lorsqu'il désigne des personnages de l'antiquité.

Mots et noms latins, grecs ou bibliques. — On prononce [pp] dans le latin *oppidum* et le grec *kappa*.

dans *Appius, Hippias, Hippodamos, Hipponax, Oppius, Pappus* ; et dans le nom biblique *Joppé*.

Mais on prononce [p] dans les créations latines récentes : *Docteur Coppelius, Coppelia*, personnages d'Hoffmann.

Mots et noms étrangers. — On prononce [p] dans l'anglais *clipper*, le scand. *schipperke* et l'italien *gruppetto*.

De même dans les noms allemands, anglais, flamands ou néerlandais, scandinaves : *Appenzel, Dippel, Eppingen, Heppen-*

heim, *Keppel, Meppen, Oppeln, Suppé, Wuppertal*, etc. —, *Cappamore, Chippendale, Clapperton, Copperfield, Gipping, Tipperary*, etc. —, *Cappellen, Hippolitushoef, Loppersum*, etc. —, *Kappasaive, Klippan, Oppensten, Toppeladagård*, etc. Dans les noms indiens de l'Amérique du Nord : *Appomotox River, Chippawa R., Chippeways*, etc. Dans *Appolonia* (Grèce), *Philippopoli* (Bulgarie) et dans le hongrois *Apponyi*.

Mais on prononce [pp] dans *Mazeppa* —, dans les noms italiens : *Appiano, Capponi, Coppolani, Foppolo, Fra Filippo Lippi*, etc. — dans les noms finlandais : *Lappo Elf, Leppa, Loppis*, etc. —, et dans les noms indigènes de l'Asie, comme *Beppou, Hoppa, Nippour, Tippoo-Sahib*, etc., à l'exception de *Nippon*, complètement francisé.

R R

Ce groupe se prononce toujours [ʀ·] (= [ʀ] légèrement plus long et plus fort). Ex. : *arracher, arriver, corroborer, horrible, larron, pourriture, torréfier*, etc. —, *Arras, Barrès, Corrèze, Herriot, Lorraine, Perrault, Thierry*, etc.

De même dans les mots et noms latins : *cirrus, curriculum vitæ, errata, terrarium*, etc., *Arria, Arrius, Verrès*, etc. —, et dans les mots ou noms étrangers : *arrow-root, arroyo, carrick, corregidor, corrida, terrazzo, warrant*, etc. —, *Arrighi, Berruguete, Oasis Cherrat, Ferragut, Guerrazzi, Harrar, Harrisson, Morris, Serrano, Torreón, Urreca, Warrington*, etc.

S S

Ce groupe se prononce toujours [s]. Ex. : *assassin, assembler, bassesse, bisser, bissextile, lasser, dessous, dissous, dossier*, etc. —, *d'Assoucy, Bessèges, Bissagos, Bussang, Cassis, Lesseps, Soissons*, etc.

De même dans les mots ou noms latins : *assa fœtida, Cassius, Crassus, Nessus*, etc. —, et dans les noms étrangers : *Grand-Bassam, Blessington, Dusseldorf, Giessen, Massachusetts, Missolonghi*, etc.

T T

On prononce :

1º [tt] dans *atticisme, atticiste, atticurge, attique* — ; dans les mots latins : *attacus, committimus, committitur, guttus*, etc. — ; dans les mots italiens : *affettuoso, concetti, frutti di mare, gruppetto, jettatore, jettatura* (et le fr. *jettature*), *in-petto, larghetto, libretto* (et fr. *librettiste*), *sotto-voce, tutti, tutti quanti, vendetta*, etc. —, dans les noms grecs ou latins : *Atticus, Attilius, Battos, Cotta, Hatti, Pittaeus*, etc., auxquels il faut ajouter *Attique* — ; dans les noms italiens : *Algarotti, Battisti, Benedetti, Cattaro, Donizetti, Giotto, Littoria, Pitti, Rigoletto, Vittorio-Veneto*, etc. — ; dans les noms finlandais : *Hattula, Kittilä*, etc. — ; dans les noms indigènes de l'Afrique, de l'Asie et de l'Archipel asiatique : *Aït Atta, Attakrou, Dhayet Atti, Bettié, Bittou, Djebel Chettâba, Bir el Kattab, Kotto*, etc. —, *Attari, Attock, Batticaloa, Battora, Bettia, Chittati, Chittur, Hatta, Ouadi Hitta, Kattak, Kittur, Kottur, Kottaru*, etc. —, cap *Datto*, etc.

2º [tt] ou [t] dans *battologie, Attale, Hittites, Attila* et dans les mots ou noms italiens *allegretto, condottiere, confetti, dilettante* (et *dilettantisme*), *ghetto, tutti (frutti), La Patti, Botticelli, Matteucci*.

Rem. — Il est préférable de ne pas prononcer [tt] dans les mots français *attitude, guttifère, guttural, intermittence, intermittent, littéraire, littéral, littoral* et surtout *littérature*.

Noter cependant [tt] dans *gutturo-maxillaire, gutturo-palatin*.

3º [t] dans tous les mots et noms français autres que ceux dont il a été question ci-dessus : *attacher, attentif, battage, battoir, se blottir, crotté, dattier, flotter, glottique*, etc. —, *Attigny, Batteux, Bottin, Cottin, Dottignies, Guettard, Hettange, Nattier, Ottange, Vitteaux, Vittel, Watteau, Wattignies*, etc., et *Hottentots, Lettonie, Ottomans*, etc. — ; dans les mots étrangers non italiens : *attorney, betting, bitter, cottage, cutter, gutta-percha, hatti-chérif, pytto, setter, tattersall, trotting*, etc. —, et dans les noms étrangers autres que ceux dont on a parlé au nº 1 : allem. : *Gœttinge, Hoiting, Hutten, Matterhorn, Metternich, Ritter, Wattenscheid, Wetterhorn, Zittau*, etc. ; angl. : *Chatterton, Hatton, Lytton, Nottingham, Pattinson, Tottenham*, etc. ; flam. ou néerl. : *Etten, Etterbeek, Rotterdam, Wetteren*, etc. ; scand. : ***Atter**bom, Attarp, Dettifors, Kattegat*, lac *Wetter*, etc. ; hongr. : ***Batthyany**, Battaszek*, etc. ; noms indiens du Canada et des USA : *lac Attikonak, Chattahoochee Range*, etc. Cependant *Ottawa* se prononce avec [t] ou [tt].

Rem. — On prononce aussi [t] dans le latin moderne *ytterbium* (refait **sur** *Ytterby*, local. suédoise), dans les noms asiatiques *Lattaquié* (ancien gouvernement de Syrie sous mandat français) ou *Latakieh, Battambang* (ville de Cochinchine) et dans *Bettina d'Arnim*.

Z Z

On prononce :

1º [z] dans *pouzzolane* et *Pouzzoles* — ; dans les mots arabes : *muezzin* (ou *muézin*), *razzia* (d'où *razzier*) ou dans le mot anglais *blizzard* — ; et dans les noms américains *Buzzard Bay, Buzzard Park*.

2º [dz] dans les mots et noms italiens : *mezza (voce), mezzanine, mezzo, mezzo (-forte, -soprano, -termine, -tinto), piazza, piazzetta, pizzicato, pizzicati, Arezzo, Bertinazzi, Bezzuoli, Custozza* (ou *Custoza*), *la Gazza ladra, Gozzi, Gozzoli, Guerrazzi, Mazzini, Mezzofanti, Pestalozzi, Pozzi, Pozzo di Borgo, Ratazzi, Rizzio, Spezzia* (ou *Spezia*), *Strozzi*, etc. ; — et dans les noms indigènes de l'Afrique : *Oasis Bezzous, Djezzin, Ezziban, Ghazzeh, O. Ghazzouan, Hassi Izzi, **Aïn** Mezzer, Ouezzan, Tazzougouert*, etc.

Rem. — Mais *Fezzan*, nom d'une contrée du Sahara, se prononce avec [z].

3º [dz] ou [z] dans *Savorgnan de Brazza* (dont le nom est d'origine italienne), dans *Brazzaville* et dans le mot italien *lazzi*.

C. — GROUPES DE CONSONNES A L'INTÉRIEUR DU MOT

On étudiera les diverses consonnes dans l'ordre alphabétique et on indiquera leur prononciation :
devant une autre consonne,
après une autre consonne,
entre deux autres consonnes,
devant **h**.

B

I. — **Devant consonne.**

1º. — Le *b* est muet dans *Fabvier*, *Febvre* et *Lefebvre*.

2º. — Dans tous les autres cas, il se prononce. Mais il peut avoir la valeur de [b] ou de [p].

a) On prononce [b] devant une consonne sonore non liquide, appartenant toujours à la syllabe suivante : *abdication, abdomen, hebdomadaire, subdivision* —, *abject, objet, subjectif* —, *submerger, submersion* —, *abnégation* —, *obvier, subvenir, subversif*, etc. —. *Abdérame, Abdère, Charybde*, etc.

Rem. — Il en est de même dans les noms anciens ou étrangers : *Abdallah, Abdias, Boabdil, Abgar, Abgoldoni, Abner, Leibnitz, Guebwiller*, etc.

et devant une liquide *(l, r)* pouvant appartenir à la même syllabe *(accabler, cribler, doublure, oblong, sublimation, sublimatoire, sublime,* — *se cabrer, célébrer, subrécargue, subrécot, vibration*, etc.) ou à la syllabe suivante *(subliminal, sublinéaire, sublingual, sublunaire* —, *obreptice, obreption, subreptice, subreption, subroger* et dérivés, *subrostré).*

b) On prononce [p] devant une consonne sourde, appartenant toujours à la syllabe suivante : *abcès, absolu, absorber. observer* —, *obtenir, obtus, subtil* —, *abscisse, obscène, abscons, abstème, abstention, obstiné, substance, abstraire*, etc., *L'Absie, Absyrte, Absalon.*

Rem. I. — Le second *s* de *subside* (et dérivés) pouvant être sourd ou sonore (p. 362), le *b* de ces mots se prononce [p] dans le premier cas et [b] dans le second. On dit [sypsid] ou [sybzid].

Rem. II. — On prononce de même un [p] dans les noms anciens ou étrangers : *Djebel Absa, Absaroka Range, Absberg, Absdorf, Liebknecht, Abstall, Abstemius, Abstwoude, Abthenna, Abtsgmünd*, etc.

II. — **Après consonne.**

Le *b* se prononce toujours [b] : *bulbeux, galbé* —, *absorber, barbu, bourbeux, proverbial* —, *asbeste*, etc. —. *Albalat, Albanie, Albert, Albi, Arbecey, Arbéost, Bourbon, Marbeuf*, etc. — ; noms anciens et étrangers : *Ecbatane, Agbandi, Agboville, Akbarpur, Akbou, Adelboden, Holbein, Bourbaki, Asbach, Brisbane, Thisbé, Iggsbach, Atbasa, Azbin, Azboa*, etc.

Rem. — Le groupe -*mb*- se prononce [b] ou [mb] suivant que la voyelle précédente est nasalisée ou non ; cf. pp. 149, 169, 181, 196, 215.

III. — Entre consonnes.

Le *b* se prononce toujours [b] : *assembler, combler, humblement, trembler* —, *arbrisseau, marbrure, Albret, l'Arbresle, Bourbriac*, etc. —; noms étrangers : *Albrechts, Albristholm, Arbrà, Arbroath, Axbridge*, etc.

Rem. — Les groupes -*mbl*- -*mbr*- se prononcent [bl], [bʀ] ou [mbl], [mbʀ] suivant que la voyelle précédente est nasalisée ou non ; cf. rem. ci-dessus.

IV. — Devant H.

Le groupe *bh* se prononce [b] dans *abhorrable* et *abhorrer*.

C

I. — Devant consonne.

1º. — Le *c* est muet dans le groupe *cqu* qui se prononce [k] · *acquérir, acquêt, acquiescer, acquitter, becquée* (ou *béquée*), *il becquette* (ou *béquette*), *Jacquet, Lucquois, Mocquard*, etc.

Rem. I. — Le groupe *cqu* se prononce [k] dans *Becquer*, nom d'un poète espagnol. Il se prononce [kw] dans l'italien *acqua-toffana* qui s'écrivait anciennement *aquatophana ;* mais [kkw] dans les noms italiens : *Acquasanta, Acquaviva, Acqui*.

Rem. II. — De même, le groupe *ck* (et aussi *ckh*) se prononce [k] dans les mots étrangers *blockhaus, gecko, hockey, jockey, jocko* et dans les noms allemands, anglais ou scandinaves : *Ackermann, Becket, Bockett, Kentucky, Necker, Buckhingham, Stockholm*, etc. Le groupe *ck* peut d'ailleurs être précédé ou suivi d'une autre consonne : *Panckouke* [pãkuk] —, *jacknaper* « sorte de singe », *Blackburn, Blackpool, Brecknochshire, Buckland, Bruckner, Eckmühl, Kœcklin, Mecklembourg*, etc.

Rem. III. — Dans les noms hongrois, polonais ou tchèques. le *c* du groupe *ck* se prononce [ts] : *Cepicka, Chmielnicki, Chodowiecki, Czarniecki, Mickiewicz, Rackeve, Rudnicki*, etc.

2º. — Dans tous les autres cas, le *c* se prononce. Mais il peut avoir la valeur de [k] sourd ou de [k] sonore.

a) On prononce un [k] sourd devant une consonne sourde, appartenant toujours à la syllabe suivante : *macferlane; tocsin; acteur, adjectif, respecter, spectral; action, correction, direction, factieux, infectieux,* etc., *Saint-Nectaire.*

et devant une liquide, qui après *c* appartient toujours à la même syllabe que lui : *déclasser, éclat, iconoclaste, réclamer —, décrasser, démocrate, écran, écrire, sucrer,* etc.

b) On prononce un [k] sonore devant une consonne sonore autre qu'une liquide *(l, r),* appartenant toujours à la syllabe suivante : *anecdote (-ique), Ecbatane, Ecnome.*

Rem. — La prononciation de [k] est la même dans les mots ou noms anciens et étrangers : [k] sourd dans *Connecticut, Macpherson, Nectanébo,* etc., [k] sonore dans *ecballium, eczéma* (et *eczémateux*), *Macbeth,* etc.

II. — **Après consonne.**

1º Dans les groupes *bc, lc* et *rc,* les deux consonnes se prononcent. Mais *c* a la valeur de [k] s'il est suivi de *a, o, u,* celle de [s] s'il est suivi de *e, i, y.*

c = [k] dans *alcade, alcali, alcool, alcôve, balcon, calcaire, calcul,* etc. ; *arcade, barcarolle, bercail, carcan, cercueil, circonscrit,* etc — ; *Alcan, Falcon, Arcueil,* etc.

c = [s] dans *abcéder, abcès, abscisse* ; *alcée, alcyon, calcédoine, calciner, dulcifier,* etc. ; *arceau, bercer, cerceau, farcir, gercer, merci, sarcelle,* etc. — ; *Alcibiade, Chalcidique, Arcins, Arcizans,* etc.

Rem. I. — Devant *e, i,* le *c* latin se prononce [s] : *panem et circenses. calcium, Cadurci,* etc.

Rem. II. — Devant *e, i,* le *c* se prononce [tʃ] dans les mots italiens *dolce, dolcissimo* et dans l'expression italienne *carcere duro.* De même dans les noms italiens cf. *Dolci, Pulci, Pulcinella, Jacopo della Quercia,* etc. Mais quand ils sont portés par des Français, ces noms se prononcent avec [s]. On prononce aussi avec [tʃ] ou avec [s], à la française, *le Dictionnaire de Forcellini, le Forcellini.*

Rem. III. — Dans les noms espagnols comme *Ercilla, Garcilaso de la Vega,* etc., on peut prononcer [s] à la française, ou mieux [θ] à l'espagnole.

2º Dans le groupe *nc,* l'*n* est muet et nasalise la voyelle précédente. Quant à *c,* il suit les mêmes lois que dans le 1º :

c = [k] dans *ancolie, bancal, brancard, cancan, concave, concours, vaincu, Cancale, Franconville, Dancourt*, etc.

c = [s] dans *ancien, bancelle, concert, encens, enfance, enfoncer, rancir, Ancel, Ancy, Foncin*, etc.

Rem. I. — Devant *e, i*, on prononce aussi une voyelle nasale et un [s] dans les mots et noms latins : *cancer, (labor omnia) vincit, Cincinnatus*.
Il en est de même pour l'anglais *dancing* et *Cincinnati*.

Rem. II. — On prononce aussi une voyelle nasale et un [s] dans les mots ou noms italiens *concerto, concertino, Concini, Mancini, Léonard de Vinci*. Cependant la prononciation n'est pas fixée pour *concetti* : on peut prononcer [ʃ] et [s], [ʃ], [tʃ], ou [ɔn] et [tʃ]. De plus, *Cenci* et *Mincio* se prononcent soit (sẽsi), [mẽsjo], soit (tʃɛnʃi], [mintʃjo]. On prononce aussi [frãseska] dans *Francesca de Rimini*, mais [frantʃeska] dans *Francesca da Rimini*. La même différence existe pour *Lancia*, suivant qu'il s'agit d'une marque d'automobiles [lãsja] ou de la localité italienne [lantʃja]. Dans tous les autres noms italiens, on prononce une voyelle orale et [ntʃ] : *Ancinale, Cancellara, Incisa, Lanciano, Manciano, Panconcelli, Pincio, Rancio, Soncino*, etc.

Rem. III. — Le mot espagnol *rancio* se prononce [rãsjo]. A part *Espronceda* qui est francisé en [ɛspRõseda], les autres noms espagnols se prononcent avec une voyelle orale et [ns] ou mieux [nθ] : *Puntas de Cancias, Concepción, Encinas, Francisco, Lanciego, Sincelejo*, etc.
Mais dans les noms catalans ou portugais, c'est [ns] qu'il faut prononcer après la voyelle orale : *Cancell, Francès, Sancelles*, etc., *Ancião, Conceição*, etc.

Rem. IV. — Il va sans dire que lorsque les noms étrangers dont il a été question ci-dessus sont portés par des Français, ils se prononcent avec une voyelle nasale et un [s].

3º Dans le groupe *sc*, le *c* se prononce [k] s'il est suivi de *a, o, u* et dans ce cas l'*s* se prononce lui-même. Au contraire, lorsqu'il est suivi de *e, i, y*, le *c* a la valeur de [s] et alors l'*s* est muet. On a ainsi [sk] ou simplement [s].

sc [a, o, u] = [sk] dans *ascaride, bascule, biscaïen, biscotte, biscuit, bousculer, discoïde, discontinu, discorde*, etc., *Ascagne, Ascalon, Ascaniens, Ascoli*, etc.

sc [e, i, y] = [s] dans *adolescent* [adɔlɛsɑ̃], *ascendance, ascète, ascyre, conscience, descendre, discerner, disciple, (à bon) escient, fascine, fascisme, fasciste, s'immiscer, plébiscite, susceptible, Ascension, Roscelin*, etc.

Rem. I. — Devant *e* ou *i*, le groupe *sc* se prononce aussi [s] dans les noms latins : *Crescentius, Pescennius, Roscius*, etc.

Rem. II. — Le mot italien *crescendo* (cf. aussi *decrescendo*) se prononce [krɛ-sẽdo], (krɛʃẽdo] ou [krɛʃɛndo]. *Brescia* peut se prononcer (brɛsja] à la française ou [brɛʃja], plus ou moins à l'italienne. Dans les autres noms italiens, on prononce [ʃ] : *Crescentino, Crescimbeni*, etc., sauf évidemment lorsqu'ils sont portés par des Français, dans lequel cas on prononce [s].

Rem. III. — Le groupe polonais *ść*, écrit *sc* dans l'orthographe française, se prononce [tʃ] ou [ʃtʃ], plus ou moins à la polonaise, dans *Koscian, Koscierzyna, Kroscienko, Uscie ruskie*, etc. Mais le nom polonais *Kosciuszko* est complètement francisé et se prononce [kɔsjysko].

III. — Entre consonnes.

Le français présente les groupes *lcm, lcr, rcl, rcr, rct, scl* et *ncl, ncr, nct*. Dans tous, le *c* se prononce [k]. Quant à la première consonne, elle se prononce dans le cas de *l, r, s* ; elle est muette dans le cas de *n*, et alors la voyelle précédente est nasalisée. Ex. : *sépulcral ; cercler, sarcler ; mercredi ; asclépiade, esclandre, musclé ; arctique ; enclin, enclume, incliner ; ancrer, échancrer, encrier ; distinctif, distinction, extincteur, instinctif, onction, onctueux, ponction, ponctuel, sanctifier, sanction, sanctissime, sanctuaire, succinctement, tinctorial*, etc. — ; *Alcmène, Alcméonides, Fourcroy, Asclépiade*, etc.

Rem. I. — La prononciation est la même pour les mots latins ou gréco-latins : *arcturus, asclépias, sanctus, sphincter* ; pour les noms anciens *Alcman, Asclepios, Cunctator* ; et pour l'anglais *Barclay*.

Rem. II. — Dans les groupes étrangers *lckr, rckm* et *nck, ck* a la valeur d'un simple [k]. Ce dernier est final de syllabe dans *Kalckreuth, Erckmann-Chatrian* ; initial de syllabe dans *Anckarstrœm*, qui se prononce avec [an].

IV. — Devant H.

Le groupe intérieur *ch* peut se trouver dans différentes positions :

A. — Voyelle + CH + Voyelle.

On prononce :

1º [k] dans les mots français savants ou les mots grecs et latins *achaine* (ou *akène*), *achéirie* (ou *achirie*), *achéen, achérontia, achillée, achimène, achirite, acholie, achondroplaste, achores, achorion, achoriste, achyranthe, anachorète, brachial, brachiopodes, brachy-, brachyures, catéchumène (-at), diachaine* (ou *diakène*), *dichorée, dichotome (-ie, -ique), dolichocéphale (-ie), échidn-, échimys, échinaire, échino-, échion, échis, échitamine, échitès, échiure, échiurus, écho, écho-, épichérème, eucharistie (-ique), euchètes, euchites, eutychéen (ou eutyckien), gléchome (ou glécome), hydrocharidées, ichor, ichoreux, isochimène, lichen, lichen-, lichia, lichéno-, lysimachie (cf. p. 329), machaon, malachite, manichordion, michaélite, ochine, pachire, pachirier, pachomètre, pachy- (pour pachyderme et Pachymère, cf. p. 328), pachype, pachyte, polychètes, prochile (-ie), psychanalyse, psychanalytique, psychasténie, psychiatre (-ie), psycho-, psychose, stichomythie, tachéo-, tachinaires, tachine (-idés), tachy-, tichodrome, trachéal, trachéates, trachéen, trachéite, trachélie, trachélien, trachélisme, trachélo-, trachéo-, trachome, trichauxis, trichiasis, trichidion, trichie, trichilie, trichite, trichiure (-idés), tricho-, trichome, trichosis, trochaïque, trochanter, trochantérien, trochéter, trochiforme, trochile (-idés), trochilus, trochiter, trochoïde, trochus, tycho-;

dans les noms français *La Périchole, Picrochole* et *Munichois, Zurichois;*

dans les noms anciens (francisés ou non) *Achab, Achœus, Achaïe, Acharnes, Acharniens, Achate, Achaz, Achéens, Achéloïdes, Achéloüs, Achéménès, Achéménides, Achillas, Achillée, Anacharsis, Antiochus, Barcochébas, Batracho(myomachie), Dyrrachium, Echidna, Echo, Epicharis, Epicharme, Eucharis, Eutychès, Ezéchias, Ezéchiel, Hésychius, Issachar, Jéchonias, Jéricho, Lachésis, Léotychidas, Lichas, Machabées* (ou *Macchabées*), *Machaon, Michael, Michol, Nabuchodonosor, Néchao, Ochosias, Œchalie, Phrynichos, Réchab* (ou *Récab,* et *réchabites* ou *récabites*), *Sennachérib, Stésichore, Terpsichore, Trachonitide, Zacharias, Zacharie.*

Rem. I. — Le groupe *ch* se prononce aussi [k] dans les noms italiens : *San Michele, Michelozzi, Michetti, Ochino, Pachino,* etc. —, ou roumains : *Atachi, Ciachina, Pechea, Puchenii, Techir-Ghiol,* etc.

On prononce aussi [k] dans *Michel-Ange* (et *michelangelesque*), *Machiavel* (pour *machiavélique, machiavélisme,* cf. ci-dessous), francisations de l'ital. *Michelangelo, Machiavelli.* Mais *Ochin,* francisation de l'ital. *Ochino,* se prononce [ɔʃɛ̃].

Rem. II. — On prononce [k], ou mieux [x], dans les noms polonais : *Ciechanow, Czenstochowa, Goluchowski, Swiecichowa, Zelechow,* etc. —, tchèques : *Bochov, Leluchov, Vychodna,* etc. —, flamands ou néerlandais : *Broechem, Etichove, Mechelen, Wichelen, Zuilichem,* etc.

Mais *Echinghen,* nom flamand d'une localité du Pas-de-Calais, se prononce avec [ʃ].

Rem. III. — On prononce [k], ou mieux [x], dans les noms allemands où *ch* est précédé de *a, o, u, au : Achen See, Achenwal, Bacharach, Bochum, Drachenfels,*

Hochenegg, Ochel, Rochau, Buchen, Huchenfeld, Hauchen-Berg, Lauchert, Sacher-Masoch, Uchatius, etc.

Cependant, tandis que *Buchenwald* se prononce avec [k] ou [x], les prisonniers de guerre internés à *Dachau* ont vulgarisé la prononciation [daʃo], à côté de [dakaw] ou [daxaw].

Quant à *Suchier*, d'origine française, il se prononce avec [ʃ]. On prononce aussi [ʃ] dans l'adaptation française *wachendorfie*.

Rem. IV. — Dans les noms celtiques de la Grande-Bretagne le groupe *ch* se prononce [k] ou [x], comme d'ailleurs en anglais : *Fochabers, Lochaber, Lochinvar, Lochiel, Ochill, Ochilltree*, etc. Cependant *Buchanan*, nom d'un humaniste écossais du xvie siècle, est francisé en [bykanã] ; s'il s'agit d'autres personnes on prononce [bukanan] ou, à l'anglaise, [bjukɛnœn].

Rem. V. — Le nom du célèbre astronome danois *Tycho-Brahé* se prononce [tiko-brae].

2° [k] ou [ʃ] dans *machiavélique, machiavélisme, manichéen, manichéisme, monachisme* et *pachyderme*. Cependant on prononce plus souvent [k] dans les quatre premiers mots et [ʃ] dans les deux derniers. Mais *Pachymère*, écrivain byzantin du moyen âge, se prononce avec [ʃ].

Rem. I. — On prononce ordinairement [ʃ] dans *trichine* et [k] dans *trichinal, trichinose*. Mais les deux séries peuvent réagir l'une sur l'autre, d'où parfois [k] dans *trichine* et [ʃ] dans *trichinal, trichinose*.

Rem. II. — La prononciation de *Achéron* a été très discutée. Au xviie siècle, Lulli et l'Opéra prononçaient [k], Racine et la Comédie-Française [ʃ]. Les deux traditions rivales se sont maintenues longtemps au théâtre. Mais, déjà en 1769, Demandre constate que [ʃ] a prévalu dans la société : cette prononciation persiste encore. Cependant, sous l'influence des études grecques et latines, [k] prédomine aujourd'hui parmi les gens cultivés. En tout cas, c'est [k] qu'on prononce dans le dérivé *achérontique*.

Rem. III. — On hésite entre [k] et [ʃ] pour le nom *Malachie*. Mais le mot *malachie* « genre d'insectes » se prononce avec [ʃ].

Rem. IV. — L'hésitation entre [k] et [ʃ] signalée parfois pour *Achilléide* et *Trachiniennes* n'existe pas. On prononce [k] dans ces deux noms.

Rem. V. — *Joachim*, nom du prophète, prénom ou patronyme français, se prononce [ʒɔaʃɛ̃]. C'est ainsi, en particulier, qu'il faut prononcer le nom du poète *Joachim du Bellay*. Mais lorsqu'il est porté par des Allemands, *Joachim* se prononce [jɔakim], ou mieux [jɔaxim]. On dira cependant [jɔakim] si le nom est suivi de la préposition française *de* ; [jɔakim] ou mieux [jɔaxim] s'il est suivi de la préposition allemande *von* ou s'il est le premier élément d'un composé, comme dans *Joachimsdorf, Joachimsthal*.

3° [tʃ] dans les mots espagnols *cachetera, cachucha, cucaracha, guacharo, puchero* — ; dans les noms basques *Echague, Echarri, Echagaray*, etc. — ; dans les noms espagnols et les noms de l'Amérique espagnole : *Achacacha, Achaguas, Paso de Acho, Ayacucho, Cachicamo, Cochabamba, Chachapoyas, Hecho, Icharate, Michoacan, Pacheco, Quechuas* (ou *Quichuas*), *Tachira*, etc. —, et d'une façon générale dans les noms anglais : *Acheson, Bache, Beachy, Beccher-Stowe, Pechey, Richey, Richie, Rochester, Sacheverell*, etc.

Rem. I. — On prononce cependant [ʃ] dans les noms espagnols habillés à la française : *Chichimèques* (peuplades du Mexique), *Don Quichotte* (en esp., *Don Quijote*, avec *j* = [x]).
De même dans *Michigan* [miʃigã] et dans l'hispano-américain *Gauchos* [goʃo].

Rem. II. — On prononce [k] dans les noms anglais *Nichol, Nicholson*.

4° [ʃ] dans les mots ou noms français autres que ceux dont il a été question ci-dessus, c'est-à-dire la grande majorité : *achalander, s'acharner, achée, achopper, bâcher, boucher, cacher, cliché, clocher, cochon, doucher, échec, échine, se fâcher, gâcher, hochet, jachère, loucher, mâchoire*, etc. —, *Achard, Achères, Acheux, Bachivilliers, Blachère, Bochart, Bouchardon, Clichy, Cochin, Duchesne, Echillais, Feuchère, Fouché, Grouchy, Hachette, Lachaud, Michaud, Michel*, etc.

De même dans les noms français de peuples ou de pays étrangers : *Kachoubes, Tchouvachie, Valachie*, etc.

De même encore dans les mots ou noms savants terminés en *-machie* : *gigantomachie, logomachie, naumachie, tauromachie, Batrachomyomachie* (à l'exception de *lysimachie*, qui prend un [k]) — ; dans les autres mots savants *bachique* (en face de *Bacchus*), *entéléchie, psyché, psychique, psychisme* (en face de *psychanalyse*, etc., de la p. 327), *rachidien, rachitique, rachitisme, rachi-, trachée* (en face de *trachéal*, etc., de la p. 327), *trochée* —, et dans les noms anciens francisés *Achille, Mardochée, Michée, Psyché, Sichée, Zachée*.

Rem. I. — On prononce aussi [ʃ] dans le grec *diachylon* ou le gréco-latin *diachylum* et dans les noms anciens *Rachel, Sichem*.

Rem. II. — On prononce aussi [ʃ] dans les mots étrangers *bacha, bachi-bouzouk, cachiri, chéchia, chicha, hachisch, hachischin, hucho, kamichi, mamamouchi, méchoaran, méchoui, moucharaby* (ou *moucharabieh*), *nichan, pacha* (et *pachalesque*), *pachalik, poucho, pouchong, richi, sachem, souchong, uchimono, uchiwa*.

Rem. III. — On prononce aussi [ʃ] dans les noms portugais ou brésiliens : *Cachoeira, Cachopo, Facho, Murracha, Riachão, Tocha*, etc.

Rem. IV. — On prononce aussi [ʃ] dans les noms bulgares, russes ou serbes transcrits en roman : *Bachenkovitchi, Ichimskoïe, Kachim, Kachira, Kichinev, Michitch, La Pacha, Pachitch*, etc.

Rem. V. — On prononce aussi [ʃ] dans les noms allemands où *ch* est précédé de *ä, e, i, ö, ü, ai, äu, eu* : *Bäche, Fächer, Becher, Hechingen, Berlichingen, Wichert, Höchenschwand, Blücher, Hüchelhoven, Aichach, Eichel, Reicha, Deuchendorf, Heuchelheim*, etc.
A plus forte raison prononce-t-on [ʃ] dans les noms alsaciens *Eichell* et *Pechelbronn*.

Rem. VI. — On prononce enfin [ʃ] dans les noms indigènes de l'Afrique : *Aïn-Temouchent, Anécho, Bachi Bouchonga, Béchar, Djebel Chechar, Dechek Onama, El Echia, Fachoda, Gachaka, Hacha, Ichangui, Kachachi*, etc. —, et de l'Asie : *Achigan Koul, Achit Dagh, Aïcha, Bachakird, Bicholim, Bouchir, île Chichiyo, Dachak, Eskichérir, Fichark Kouh, Gachoun, Haroun Al-Rachid, Hochino, Ichikari, Ichinomaki, Kachar, Kachivazaki, Karachi, Nichapour, Rechid pacha, Trichinopoly*, etc. De même dans le nom hongrois *Zichy de Vesonykeœ*.
Cependant *Méchitar*, qui s'écrit aussi *Mekhitar*, se prononce avec [k], ainsi que *méchitariste* (ou *mékhitariste*).

B. — Voyelle + CH + Consonne.

On prononce :

1° [k] sourd devant une liquide *(i, r)* appartenant à la même syllabe : *achlamyde, cochlée, dichloride, ochlocratie, antichrèse, dichroïque, isochrone, Antéchrist*, etc.

ou devant une consonne sourde appartenant à la syllabe suivante : *achtéomètre, fuchsine, ichthisandre, ichtyite, ichtyo-, ichtyose, Erechtée, Ichtyophages*, etc.

[k] sonore devant une liquide ou une consonne sonore appartenant l'une et l'autre à la syllabe suivante : *mochlique* —, *arachnéen, arachnoïdes, ichnographie, polytechnique, strychnine, technologie*, etc.

Rem. I. — La règle est la même pour les mots ou noms grecs et latins : *achlys, fuchsia* (d'après l'all. *Fuchs*), *ichtys* ou *ichthys, Erechtéion, Erésichton*, avec [k] sourd —, *hypomochlion, ichneumon, lychnis, strychnos, Arachné*, avec [k] sonore.
De même on prononce un [k] sourd, *respect*. [k] sonore dans les mots ou noms britanniques *yachting, Ochterlony, Achray, Cochrane* —, *Lachlan, Lochleven, Lochnagar, Lochness*, etc.
On prononce enfin un [k] sonore dans les mots ou noms turcs *yachmak, Achmet*.

Rem. II. — A côté de [jaktiŋ] = *yachting* et de [jaktman] avec [k] sourd ou [jakman] avec [k] sonore = *yachtman* (pour l'angl. *yachtsman*), on prononce aussi, mais moins souvent, à l'anglaise, [jɔtiŋ], [jɔtman].

Rem. III. — Dans les noms flamands ou néerlandais (*Echten, Echtfeld, Ichteghem, Lichtaert, Wachtebeke*, etc.), polonais (*Bochnia, Juchnowicze, Lachwa, Mechlin, Orechwicze*, etc.), tchèques (*Buchlovice, Cachrau, Tachlowitz*, etc.) ou finlandais (fl. *Ochta*), le groupe *ch* se prononce [k], sourd ou sonore selon les cas, ou, si l'on peut, [x].

De même dans les noms allemands, mais seulement lorsque *ch* est précédé d'un *a* ou d'une voyelle vélaire : *Bauchwitz, Bruchberg, Bochtitz, Buchtel, Hochfelden, Hochstedt, Lachmann, Nachtigal, Ochtrup,* etc.

Rem. IV. — Le nom yougoslave *Ochride*, qui s'écrit aussi *Okhrida*, se prononce avec [k].

2º [ʃ] dans les interjections familières *fichtre, fouchtra !* et dans les adaptations françaises de noms russes comme *Bachkirie, Narichkine, Pouchkine,* etc.

Rem. I. — Il en est de même dans les mots étrangers *bachlyck* (ou *bachelick*), *pechblende* —, dans les noms bulgares, russes ou yougoslaves transcrits à la romane : *Gradichka, Ichtip, Kinechma,* riv. *Mychkova, Ostachkov,* riv. *Ouchtoma, Rachmaninov, Panégouritché, Prichtina, Svichtov,* etc. —, et dans les noms asiatiques : *Kachgar, Krichna, Tachkent, Vichnou,* etc.

Rem. II. — Dans les noms allemands où le groupe *ch* est précédé d'une voyelle palatale, on prononce [ʃ]. Ainsi dans *Bechstein, Büchner, Echtemach, Fechner, Fechter, Fichte, Fichtelgebirge, Lichtenstein, Pichter, Reichstadt, Reichstag, Reichstum, Richter, Richtofen, Reuchlin,* etc. Cependant on prononce [k] dans *Dechsel, Höchster, Hœchstedt, Weichsel,* etc.

Reichshoffen, localité du Bas-Rhin, est francisé en [ʀɛʃɔfɛn]. Les noms allemands *Eichthal, Reuchlin*, portés par des Français, se prononcent l'un [ɛʃtal], l'autre [ʀœklɛ̃].

Echternach, localité du Luxembourg, se prononce avec [ʃ] ou avec [k].

Le groupe *CHH* des noms allemands *Eichhaff, Eichhorn,* etc., se prononce [ʃ].

3º [tʃ] dans les noms anglais *Lechmere, Lichfield, Richmond, Rochdale, Tichborne.*

C. — Consonne + CH + Voyelle.

cch = : 1º [k] dans les mots français : *bacchanale, bacchante, bacchiaque, bacchionites, bacchique* « sorte de vers », *ecchymose (-ce), ecchymotique, saccharine* et autres mots en *sacchar-, saccholacte (-ique), zucchette* (ou *zuchette*) —, dans les noms anciens francisés : *Bacchanales, Bacchiades, Bacchylide, Macchabées* (ou *Machabées*).

Rem. I. — Il en est de même dans le mot italien *zucchetti*, dans le nom latin *Bacchus* et dans le nom italien *Sacchetti*.

Rem. II. — L'adjectif correspondant à *Bacchus* est *bachique*, qui se prononce avec [ʃ] et se distingue ainsi de *bacchique* (bakik].

2º [k] ou [kk] dans les mots et noms latins *bacchius, saccharum, Bacchis* (Plaute), *Bocchoris, Bocchorum, Bocchus, Gracchus* (mais non *Bacchus,* cf. plus haut).

3º [kk], mieux que [k], dans les noms italiens (à l'exception de *Sacchetti*, p. 331) : *Boccherini, Cecchini, Civita-Vecchia, Comacchio, Lucchesi, Magliabecchi, Porto-Vecchio, Sacchi, Sacchini, Secchi, Verrocchio, Zucchi*, etc.

Rem. I. — On prononce cependant plutôt [k] dans le *Menuet de Boccherini*.
Rem. II. — Les noms italiens portés par des Français se prononcent avec [k].

dch = [dʃ], avec *d* sourd, dans *Godchaux, Goudchaux*.

kch = [kʃ] dans le mot turc *bakchich*.

lch = 1º [lʃ] dans les mots et noms français *colchicacées, colchicine, colchide, colchique, Colchide*.

Rem. I. — Il en est de même dans les mots ou noms grecs *colchicon, diachilon, Colchis*; dans l'angl. *pilchard ;* dans les noms bulgares ou russes transcrits à la romane : *Bolchaïa, Bolcheretsk*, fl. *Bolcheï-Iougan*, île *Bolchoï-Chantar, Elchowo, Olchana*, etc. ; dans les noms indigènes de l'Asie : *Abu-Chalchalen, Chalcha, Ilchuri-Alin, El Mechat, Silchar, Talchir*, fl. *Ulchin*, etc.

Rem. II. — Le groupe *lch* se prononce [lʃ] dans les noms allemands où il est suivi d'une voyelle palatale : *Bilchengrund, Gilching, Golchen, Kalchendorf, Kalcher, Malchin, Olching, Walchen*, etc. A plus forte raison dans les noms allemands portés par des Français, dans *Belchen* (localité de la Moselle) et dans *Ney, duc d'Elchingen*.

2º [lk] dans *Pulchérie* —, dans les noms anciens *Calchas, Colchos, Malchus, Melchior, Melchisedech, Claudius Pulcher*, etc. —, dans le nom australien *Elcho*, le nom grec *Calchi* (île), le nom hollandais *Walcheren*, les noms italiens *Monte Pulchiana, Punta Solchiaro*, etc. et les noms polonais *Belchatów, Wolchów*, etc.

Rem. — Mais les noms polonais de l'Allemagne orientale, qui ont été germanisés, se prononcent avec [lʃ] ; cf. *Malchow, Pilchowitz, Polchow, Selchow* (et *selchowhemmer*), etc.

3º [ltʃ], plutôt que [lʃ] dans les noms espagnols ou de l'Amérique espagnole : *Balchaco, Balcheta, Belchite*, arroyo de *Calchaqui, Chalchihuites, Colcha, Colchagua, Elche, Mulchén, Telchac, Vilches*, lago *Yelcho*, etc. —, et dans les noms anglais : *Balchin, Colchester, Elchaig, Ilchester, Silchester*, etc.

nch = 1º [k] avec voyelle précédente nasalisée dans les mots français *anchylose, bronchial, broncho-, conchiforme, conchite, conchoïde (-al), conchylien, conchyliologie (-iste), conchyte, conchy-, enchélyde, enchondrome, enchymose, inchoatif, lonchite, orobranchoïde, synchondrose, synchondrotomie, synchyse* — ; et dans les noms français ou francisés *Franchomme, Panchaïe*.

> Rem. — Il en est de même dans les mots gréco-latins *anchilops, conchylion, lonchitis*, et dans le nom ancien *Sanchoniathon*.

2º [ʃ] avec voyelle précédente nasalisée dans tous les mots français autres que ceux dont il a été question dans le 1º, et en particulier dans *bronches, bronchiole, bronchique, bronchite, bronchitique* dont le [ʃ] s'oppose au [k] de *bronchial, broncho-*. De même dans tous les noms français à l'exception de *Franchomme* et *Panchaïe* : *Bonchamp, Branchon, Canchy, La Conchée, Conchez, Enchastraye, Franchimont, Inchy, La Jonchère, Monchaux, Monchy, Planchez, Ranchat, Ronchamp, Vinchon*, etc.

> Rem. I. — *Anchise* (père d'Enée) se prononce généralement avec [ʃ]. La prononciation avec [k] est plutôt désuète.
>
> Rem. II. — On prononce aussi [ʃ] avec voyelle précédente nasale dans les mots étrangers *chinchilla, rancho* ; dans le verbe *luncher*, dérivé de l'angl. *lunch;* dans le nom espagnol *Sancho Pança* et dans le nom anglais *Manchester*.

3º [nk] avec voyelle précédente orale dans les noms britanniques *Ancholme, Banchory*, et dans les noms italiens : *Monchio, Ronchi, Vinchiaturo*, etc.

4º [nʃ] avec voyelle précédente orale dans le nom russe *Menchikoff*, dans le nom portug. *Funchal*, dans le nom brésilien *(Isla das) Enchadas*, et dans les noms indigènes de l'Asie (*Inchalkaranji, Kanchiang, Kermanchah, Minchinabad, Panchannagar, Panchun, Ranchi, Vinchur*, etc.) ou de l'Afrique (*Inchédi, M^{ts} Kanchamba, Khenchela, Khenchouch, Kinchassa, Menchiyeh, Ziguinchor*, etc.).

> Rem. — Il en est de même pour le nom scand. *Lönchörjen* et pour les noms allem. *Inchenhofen, Münchehagen, München, Sunching*, etc.

5º [ntʃ], plutôt que [nʃ], avec voyelle précédente orale, dans les noms anglais (à l'exception de *Ancholme, Banchory*, cf. plus haut) : *Fenchurch, Hinchinbrook, Lanchester, Loch Inchard, Minchin-Hampton, Winchelsea, Winchester*, etc. — ; dans les noms espagnols ou de l'Amérique espagnole : *Rambla Ancha, Banchaseta, Canchahuaya, Chincharos, îles Chinchas, Conchita, Hincha, Mancha-Real, Monchique, Pinchas, Rancherias, Sanchales, Vinchina*, etc. —, et dans les noms anglo-espagnols de l'Arizona ou du Texas : *Ancha Mounts*, *Concho River*.

Rem. — Les noms espagnols *Conchita*, *Sanchez*, *Sancho* se prononcent avec [ʃ] et voyelle précédente nasale lorsqu'ils sont portés par des Français.

Il en est de même pour *(comtesse de) Cinchon* = [sɛ̃ʃɔ̃], francisation de l'esp. *Chinchon* [tʃintʃon].

PCH = [pʃ] dans *Apchéron* (cap de la mer Caspienne) et le nom russe *Rostopchine*.

RCH = 1º [ʀk] dans *archaïque, archaïsant, archaïser, archaïsme, archaïste, archange (-élique), archéen, archégone, archéo-, archétype, archonte (-at), exarchat, orchésographe (-ie), orchestique, orchestre (-al, -er, -ation), orchidacées, orchidée, orchite, tétrarchat* —, dans le nom ancien francisé *Orchomène*, et dans *Erchinoald* (ou *Erkinoald*), nom d'un ancien maire du palais de Neustrie.

Rem. I. — Il en est de même dans les mots ou noms anciens : *archéion, orchis, orchestrion, Archélaüs, Archias, Archidamos, Archinos, Archytas, Carchémis, Sperchius*, etc. — ; dans les mots étrangers *archenda, gutta-percha* — ; dans les noms italiens : *Cerchiara, Circhina, Erchie, Marchesi, Serchio, Torchiara*, etc. — ; dans le nom angl. *Archyll* et le nom roumain *Turcheş* ou *Turchesh*.

Rem. II. — On prononce aussi [ʀk] ou, si l'on peut, [ʀx] dans le flamand *Berchem* et le tchèque *Terchova*.

2º [ʀʃ] dans les mots français autres que ceux qui ont été mentionnés dans le nº 1 : *archal, archard, archée, archevêque, chercher, écorchure, fourchette, marcher, perchoir*, etc. — ; dans tous les noms français : *Archiac, Archiageay, Berchères, Charchigné, Ercheu, Garchy, Larchamp, Orchamps*, etc. — ; dans les noms anciens francisés *Archémore, Archiloque, Archimède* —, et dans *Guerchin*, francisation de l'ital. *Guercino*.

Rem. I. — Les noms communs et les adjectifs commençant par *archi-* se prononcent tous avec [ʀʃ] : *archiduc, archifaux, archipel, architecte*, etc. —, à l'exception de *archiépiscopal, archiépiscopat* qui se prononcent avec [ʀk].

Rem. II. — On prononce aussi [ʀʃ] dans les noms russes ou bulgares transcrits à la romane : *Karchinskaïa, Morchansk, Orcha*, etc. — et dans les noms indigènes de l'Asie (*Archanti, Archavi, Charchaouz, Erché-Mouren, Karchoud-Tchaï, Sarchu, Serchik*, etc.) ou de l'Afrique (*Archéï, Brarcha, Cherchel, Farchout, Karchi, Kercha*, etc.).

Rem. III. — On prononce aussi [ʀʃ] dans les noms allemands : *Berching, Kirchen, Merchegg, Merchingen, Nerchau, Parchen, Varchentin*, etc., y compris *Virchow*.

3º [rtʃ], plutôt que [rʃ], dans les noms espagnols ou de l'Amérique espagnole (*Archena, Archidona, Carchelejo, Horche, Lorcha, Marchamalo, Marchena, Murchante, île Orchilla, Purchena*, etc.) et dans les noms anglais (*Birchenough, Burchell, Churchill, Dorchester, Merchiston, Murchison, Orchard, Porchester*, etc.).

SCH = 1º [sk] dans les mots français *aschariens, ascharisme, aschématie, dyschirie, dyscholie, dyschondroplasie, entéroschéocèle, épiploschéocèle, eschare* (ou *escarre*), *escharification, escharifier* (ou *escarif-*), *escharotique, eschatologie* (*-ique*), *ischémie, ischémier, ischénies, ischiadelphe, ischiagre, ischial, ischialgie, ischiatique, ischidrose, ischio-, ischoblennie, ischurétique, ischurie, moschifère, oschéo-, oschophories* —, dans le nom français *Escholier* —, et dans les noms anciens francisés *Aschémie, Moschopule* (ou *Moschup-*), *Paschase*.

Rem. — Il en est de même dans les mots gréco-latins *dyschirius, ischémon, ischion, ischyodus, lesché, mischocarpus, moschéléon* —, dans les noms anciens *Ischenos, Ischys, Leschès* (ou *Lescheos*), *Moschion, Moschos* (ou *Moschus*), auxquels il faut ajouter *Aschanaeus*, nom d'un savant suédois — ; dans l'ital. *mischio* et les noms italiens : *Brunelleschi, Cernuschi, Fieschi, Ischia, Ischitella, Maschito, Monaldeschi, Oschiri, Peschiera, Poschiavo, Tiraboschi*, etc. — ; dans les noms flamands ou hollandais en *-schoot(e)* ou *-schot* : *Aerschot, Moleschot, Noordschoote, Waerschott, Zuydschoote*, etc., y compris *Hondschoote* dans le départ. du Nord — ; dans l'angl. *Ascham*, l'arabe *Aschari* (docteur musulman du IX-Xe s.), et le grec *Moscho*.

2º [ʃ] dans les mots français *aschée* (ou *achée*), *bischofite, escharbot, escher* (ou *aicher*), *eschérite, eschillon, ischélite* — ; dans tous les noms français autres que *Escholier* (cf. nº 1) : *Aschères, Baschet, Boschot, Deschamps, Deschanel, Deschaumes, Eschassériaux, Escherny, Leschelles, Leschot, Meschers, Peschadoires*, etc. — ; dans les noms anciens francisés *Eschine, Eschyle* et les créations françaises, à partir de noms étrangers, *Boschimans, Coraïschites* (ou *Koraïschites* et *Coreischites*), *Couschites* (ou *Kouschites*).

Rem. — Il en est de même dans les mots étrangers *bischof* (ou *bichofʃ*), *haschisch, haschischin* (ou *hach-*), *muschelkalk, muschelsandstein* — ; dans les noms allemands : *Aschach, Aschaffenburg, Bischitz, Eschenbach, Fischer, Freischütz, Gaschurn, Meschede, Mischabel, Oschatz, Raschau, Teschen*, etc. et les adaptations allemandes *Leschetizky, Moscheles, Moscheroseh*, etc. — dans les noms indigènes de l'Asie (*Baschicho, Mesched*, etc.) ou de l'Amérique (*Ischilin, Meschacebé, Puschakan*, etc.) —, et dans les noms étrangers suivants : *Ardaschès, Ardaschir, Aschod* (armén.), *Meschia, Meschiane* (parsi), *Kascher* ou *Kasher* (hébr.), *Haroun Al-Raschid* ou *Rachid, Aschéra, Muschi* (arab.).

TCH. — A part *Betchat*, nom d'une localité de l'Ariège, le groupe *tch* ne se rencontre que dans des mots et noms étrangers ou des créations françaises à partir de mots et noms étrangers. Comme il se prononce toujours [tʃ], on se dispensera de donner des exemples.

D. — Consonne + CH + Consonne.

1º Groupes LCH + *consonne*.

LCHR = [lkʀ] dans *Neuvy-Saint-Sépulchre*.

Rem. I. — Il en est de même dans l'allem. *Kalchreuth* (ou mieux *Kalkreuth*) et dans l'angl. *Gilchrist*.

Rem. II. — On prononce [lʃn], [lʃz], [lʃv] dans les noms allemands *Filchner*, *Walchsee*, *Elchwerder*, *Elchwinkel*, *Walchwill*, etc.

Rem. III. — On prononce [lkl] dans le polon. *Cholchlo* et [lkt] dans le holl. *Helchteren*.

2º Groupes NCH + *consonne*.

NCHN = [kn] avec voyelle précédente nasalisée dans *splanchnique*, *splanchnologie*.

NCHR = [kʀ] avec voyelle précédente nasalisée dans *synchrone* (*-ique*, *-iser*, *-isation*, *-isme*).

Rem. I. — On prononce [kt] avec voyelle précédente nasalisée dans *Mélanchthon*.

Rem. II. — On prononce [nʃk], [nʃf], [nʃk], [nʃl], [nʃm], [nʃv], avec une voyelle précédente orale, dans les noms anglais *Frenchcape*, *Frenchcolm*, *Wichcomb* —, *Winchfield* —, *Frenchkeith*, *Inchkeith* —, *Brenchley*, *Finchley* —, *Frenchman*, *Winchmore* —, *Branchville*. Au lieu de [ʃ], on peut aussi prononcer [tʃ].

Rem. III. — On prononce [nʃb], [nʃg], avec voyelle précédente orale, dans les noms allemands *Finchbeek*, *Münchberg* —, *Mönchguth*.

3º Groupes RCH + *consonne*.

On prononce [ʀʃb], [ʀʃd], [ʀʃf], [ʀʃm], [ʀʃt], [ʀʃv] dans les noms allemands *Kirchbach*, *Kirchberg* —, *Kirchdorf*, *Vorchdorf* —, *Barchfeld*, *Marchfeld* —, *Herchmer Pass* —, *Berchtold*, *Perchtoldsdorf*, *Werckter* —, *Darchwitz*, *Kirchweyhe*, *Parchwitz*.

On prononce [ʀʃb] ou [ʀtʃb] dans les noms anglais *Marchbank(s)*, *Marchmont*.

On prononce [ʀkt] dans le nom holl. *Merchtem*.

4° Groupes SCH + consonne.

SCHK = [ʃk] dans le franc. *puschkinie*.
SCHN = [ʃn] dans le franç. *mischnique*.
SCHR = [skʀ] dans le franç. *eschrologie*.

Rem. I. — On prononce [ʃb], [ʃd], [ʃk], [ʃl], [ʃn], [ʃv] dans les noms allem. : *Aschbach, Eschbak, Fischbad, Fischbeek* —, *Eschdorf* —, *Deschkov, Tuschkau* —, *Ruschli, Ruschlikon* —, *Leschnitz, Weschnitz* —, *Beschwald, Eschwege, Eschweiler, Koschwitz, Kuschwarda, Puschwitz*, etc., et dans *Bischwiller, Froeschwiller*, localités du Bas-Rhin.

On prononce aussi [ʃl] dans le turc *beschlik* (ou *bechelik*) et [ʃn] dans l'arabe *Mischna*.

Rem. II. — On prononce [sk], [sv] dans les noms hollandais *Boschkapelle, Boschveld*.

5° Groupes TCH + voyelle ou consonne.

On prononce [tʃ] dans le mot et le nom anglais *watchman, Hotchkiss*, et dans le nom russe *Metchnikof*.

6° Groupes Consonne + CH + 2 consonnes.

On prononce [lʃt], [ʀʃt], [ʀʃtʀ] dans les noms allem. : *Melchthal* —, *Marchthal* —, *Murchtrenk*.
On prononce [ʃgʀ], [ʃlk] dans les noms allem. : *Windischgraetz* —, *Eschlkam*.
On prononce [spl] dans le holl. *Booschplaat*.

7° 2 Consonnes + CH + Voyelle.

NDCH = [tʃ] et plus souvent [ʃ], avec voyelle précédente nasalisée, dans *mandchou, Mandchourie*.

Rem. — Mais on prononce [ntʃ], avec voyelle précédente orale, dans *Mandchoukouo*.

NSCH = [sk], avec voyelle précédente nasalisée, dans *Saint-Anschaire*.

NTCH = [ʃ], avec voyelle précédente nasalisée, dans *Montchaboud, Montchal, Montchalons, Montchamp, Montchanin, Montcharvot, Montchaton, Montchaude, Montchauvet, Montchenot, Montchenu, Montcheutin, Montchevrel, Montchevrier, Pontcharra, Pontcharraud, Pontchartrain, Pontchâteau, Pontchy*, etc.

Rem. I. — On prononce [mʃ], [ntʃ], avec voyelle précédente orale, dans parsi *Amschaspands*, allem. *Remscheid* —, russe *Gontcharov*.

Rem. II. — On prononce [sʃ] dans allem. *Esscher*, [lʃ] dans allem. *Gelschheim*, [pʃ] dans russe *Skouptchine*, [rʃ] dans le nom de l'astronome *Herschel*, [rtʃ] dans yougosl. *Kortchula*.

Rem. III. — On prononce [sk] dans le holl. *Musschenbrock*.

8º 3 Consonnes + CH + Voyelle.

MTSCH = [mtʃ], avec voyelle précédente orale, dans *Kamtschadales* (ou *Kamtch-*), ainsi que dans *Kamtschatka* (ou *Kamtch-*).

Rem. — On prononce [tʃ] dans les noms allem. *Rothschild*, *Gottschalk*, *Gottsched*.

9º 3 Consonnes + CH + Consonne.

On prononce [lʃv] et [ntʃl], avec voyelle précédente orale, dans les noms suisses *Allschwill* —, *Bluntschli*.

Rem. — On prononce [tʃ] ou [ʃtʃ] (comme en slave) dans bulg. *Rouchtchouk*, russe *Blagovechtchensk*, *Khrouchtchev* [-ɔf].

10º Groupes avec double SCH.

SCHSCH = [ʃ] dans le franç. *eschscholzie*.

Rem. — On prononce [rʃl] dans allem. *Kirschschlag*.

D

I. — Devant consonne.

1º. — Le *d* est muet dans *Ladmirault* et *Ladvocat*.

2º. — Dans tous les autres cas, il se prononce. Mais il peut avoir la valeur de [d] ou de [t].

a) On prononce [d] devant une consonne sonore non liquide, appartenant toujours à la syllabe suivante : *bridger*, *cambodgien* —, *adjectif*, *adjoindre*, *adjuger*, *coadjuteur* —, *admettre*, *admirer*, *admissible* —, *adné*, *échidné* —, *advenir*, *adventif*, *adverbe*, *adverse*, etc., *Admète*, *Cadmée*, *Edmée*, etc.

Rem. — Il en est de même dans les noms anciens ou étrangers : *Gladbach*, *Adgar*, *Bydgoszsz*, *Bhagavadgîtâ*, *Edgeworth*, *Djidjilli*, *Dobroudja*, *Hedjaz*, *Cadmus*, *Edmonton*, *Cydnus*, *Echidna*, *Grudziandz*, *Radziwill*, etc.

et devant une liquide *(l, r)* pouvant appartenir à la même syllabe *(adresse, adroit, cadrer, édredon, il faudra, Adraste, Adrets, Adriatique, Adrien*, etc.*)* ou à la syllabe suivante *(badléienne, adrogation)*.

Rem. — Il en est de même pour les noms étrangers *Adler, Bodley, Budley, Friedland, Quedlimbourg, Sedlitz*, etc., dans lesquels *d* et *l* sont séparés par la coupe syllabique.

b) On prononce [t] devant une consonne sourde : *adscrit, adsorption*.

Rem. — Il en est de même pour les noms étrangers : *Bedford, Bradford, Hudson, Kadsand*, etc.

II. — **Après consonne.**

Le *d* se prononce toujours : *soldat, garder, andain, Aldudes, Capdenac, Ardèche*, etc.

Rem. — Il en est de même pour les noms anciens ou étrangers : *Adjdar, Agda, Akdermuch, Aldenueva, Amdem, Asdod, Avdin, Azdeg*, etc.

III. — **Entre consonnes.**

1º. — Le *d* ne se prononce pas dans les noms composés dont le premier terme est l'adjectif *grand* : *Grandgousier, Grandmesnil, Grandpré, Grandrieu, Grandson* (ou *Granson*), *Grandville* (n. de pers. : le nom de localité s'écrit *Granville*), *Grandvilliers*, etc. —, et dans *Gérardmer, Bernardsvillers* (B.-Rhin).

Rem. I. — Le *d* est aussi muet dans les composés de *grand* + trait d'union : types *grand-mère, Grand-Combe*.

Rem. II. — Le *d* se prononce ou non dans le mot allem. *feldspath* et son dérivé français *feldspathique*.

2º. — Dans tous les autres cas, le *d* se prononce. Mais il peut avoir la valeur de [d] ou de [t].

a) On prononce [d] devant une consonne sonore qui peut appartenir à la même syllabe *(cendré, engendrer, mordra, perdra, André, Landrecies*, etc.*)* ou à la syllabe suivante *(landgrave, landgraviat)*.

Rem. I. — Il en est de même pour les mots et noms étrangers : *sandwich* [sădwitʃ], *Amdrup, Amdjerès, Gandja* (tous les trois avec voyelle orale et *m, n*, prononcés), *Wildbach, Azdjer, Dordrecht, Aldrovandi, Ardwell, Hardway*, etc. —, *landwehr* [landvɛ:ʀ], *Ardleigh, Ardmore, Ardnave, Ardnamuchan*, etc.

Rem. II. — *Feld-maréchal* se prononce [fɛldmaʀeʃal].

b) On prononce [t] devant consonne sourde dans *mandchou, Mandchourie,* dont l'*n* est muet et l'*a* nasalisé. On a vu cependant p. 337 que le *d* ne se prononce pas le plus souvent dans ces deux exemples.

Rem. — On prononce [t] dans les mots et noms étrangers : *landsturm, landtag, Mandchoukouo, Amundsen, Landsberg, Landser, Landshut, Landskrona, Lindsay* (tous avec voyelle orale et *n* prononcé), *Feldkirch, Goldsmith, Goldschmitt, Thorwaldsen,* etc.

IV. — Devant H.

Le groupe intérieur *dh* se prononce toujours [d] : *adhérence, adhérer, adhésif, adhésion, rédhibition, rédhibitoire, Faidherbe.*

Rem. — Il en est de même pour les noms anciens ou étrangers : *Adherbal, Edhem Pacha, Monts Vindhyas,* etc.

F

1º. — Le *f* est muet dans les noms composés français avec, comme premier élément, l'adjectif *neuf* : *Neufbourg, Neufchâteau, Neufvi, Neufvy,* etc. —, et dans *Clefmont.*

Rem. — Pour *cerf-volant, chef-d'œuvre, bœuf gras, Neuf-Brisach,* etc., cf. pp. 478-9.

2º Partout ailleurs en français le *f* se prononce. Dans les groupes dont il fait partie, il ne s'y trouve que suivi d'une liquide appartenant à la même syllabe ou d'une voyelle. Il est par conséquent sourd. Ex. : *gifler, rafler, bâfrer, défroncement, Afrique, Dufresne; enflammer, inflexion, Amfreville, Alfred, Barfleur; Alfort, Arfeuilles, Arfons,* etc.

Rem. — Il en est de même, dans des conditions identiques, pour les mots ou noms anciens et étrangers : *Afranius, Africander; Alfaro, Asfeld, Atfih, Djebel Azfoul,* etc. Il faut y ajouter le cas où *f* est suivi d'une consonne sourde appartenant à la syllabe suivante : *bifteck, Afsia, Gafsa, Afton, Klefter, Alfta,* etc.
Mais lorsque *f* est suivi d'une consonne appartenant à la syllabe suivante, il est sonore. Ainsi dans *Afghanistan, Tafna, Afzalgarh, Alfvestad, Bir el Arfdj, Arfvan,* etc.

G

I. — **Devant consonne.**

1º. — Le *g* est muet dans *doigté, doigter, doigtier*.

2º. — Dans les groupes gd, gm, gv et gz, où les deux consonnes sont séparées par la coupe syllabique, et dans les groupes gl, gr, où les deux consonnes appartiennent à la même syllabe, *g* a la valeur de [g] : *amygdale, magdalénien ; augmenter, dogmatique, énigmatique, flegmatique, pigment, pygmée, stalagmite, stigmate ; zigzag, zigzaguer,* etc. —, *aveugler, beugler, église, négliger, agrandir, agréable, agression, aigreur, chagrin*, etc.

Il est à noter que le *g* se prononce dans les noms français *Magdelain(e), Magdelenat, Magdelon, Magdinier*.

Rem. I. — Il en est de même dans les mots et noms anciens ou étrangers : *drogman, flegmon, Bagdad, Magdala, Magdalena, Magdebourg, Pygmalion, Trygve Lie*, etc.
Mais *Magdalen* et *Magdalene* désignant l'un un collège d'Oxford, l'autre un collège de Cambridge, se prononcent [mɔːdlin].

Rem. II. — Le groupe *gli* (+ voyelle) des mots ou noms italiens se prononce [lj] en français : *imbroglio* [ɛ̃bRɔljo], *tagliatelle, tagliati, veglione, Bentivoglio, Cagliari, Cagliostro, Castiglione, Voglie*, etc.
Cependant le nom de *Broglie*, d'origine piémontaise, se prononce [bRɔj], quand il s'agit de la famille célèbre, et [bRɔgli], quand il désigne une localité de l'Eure.

3º. — Le groupe gn se prononce :

1º [gn] dans *agnante* « arbrisseau », *agnat, agnation, agnatique, agnosticisme, agnostique, anagnoste, cognat, cognatif, cognation, cognitif, cognition, diagnose, diagnostic, diagnostique (-er), géognosie, géognostique, igné, ignéologie, ignéologue, ignescence, ignescent, igni-, ignition, incognoscible, inexpugnable, magnat, orthognathe (-isme), pathognomonique, physiognomonie (-ique), pignoratif, pignoration, prognathe (-isme), prognose, pugnacité, récognitif, récognition, régnicole, stagnant, stagnation, stegnotique* —, *Boduognat, Magnence, Polygnote*.

Rem. — Il en est de même dans les mots latins *agnus-castus, magnum* et dans les noms anciens ou étrangers *Agneessens, Agni* (nom védique), *Agnus Dei, Magnificat, Magnitnaïa Gore, Magnitogorsk, Magnus, Progné* (ou *Procné*).

2° [ɲ], plutôt que [gn], dans le franç. *lignite*.

Rem. I. — Il en est de même pour *igname* (transcription française de l'esp. *iñame*), *magnolia* (création latine d'après Magnol [maɲɔl], célèbre botaniste de Montpellier) et ital. *incognito*.

Rem. II. — Par contre, c'est [gn] qui doit être préféré à [ɲ] dans le nom russe *Ignatiev*.

3° [n], ou plus couramment aujourd'hui [ɲ], dans *signet* « petit ruban attaché au haut d'un livre et servant à marquer l'endroit où on s'est arrêté ».

Regnard, Regnaud, Regnauld, Regnaudin, Regnauldin, Régnier (-Desmarais), Reignard, qui pouvaient se prononcer naguère encore avec un [n] prennent uniquement aujourd'hui un [ɲ].

4° [ɲ] dans tous les mots français autres que ceux qui ont été mentionnés ci-dessus, et en particulier dans *imprégnation, magnésie, magnétique, magnétiser, magnétisme, magnéto, magnétophone, magnifier, magnificence, magnifique, magnitude, prégnant, prégnation* —, et dans tous les noms français : *Agnès, Batignolles, Clignancourt, Ignace, Isigny, Joigny, Magnan, Régny, Saint-Aignan*, etc., y compris les noms d'origine étrangère *Lugné-Poë, R. Pugno*.

Rem. — Il en est de même pour le lat. *magnesium* et pour les noms italiens : *Agnano, Agnello, Anagni, Bocognano, Foligno*, etc.

II. — **Après consonne.**

On prononce :

1° [g] quand la voyelle suivante est *a, o* ou un *u* suivi de consonne : *algarade, angarie, angoisse, angulaire, argot, argousin, argument, argutie*, etc. — *Angoulême, Bourganeuf, Guingamp, Ingouville, Langogne, Morgat, Orgon, Urgande*, etc.

Rem. — Il en est de même, sans exception, pour les mots et noms anciens ou étrangers, pour lesquels il est par conséquent inutile de donner des exemples.

2° [ʒ] quand la voyelle suivante est *e, i, y* : *argent, argile, argyrol, charger, chirurgie, divergence, orgie, urgent, verger*, etc. —, *Algérie, Angers, Argelès, Bergerac, Dangeau, Largillière, Vergennes, Yssingeaux*, etc.

Rem. I. — Il en est de même pour les mots et noms anciens ou étrangers, à l'exception des cas signalés dans les remarques suivantes.

Rem. II. — On prononce [dʒ] dans l'ital. *risorgimento* et dans les noms italiens : *Angelico, Argegno,* M*te Argentario, Bargello, Birgi, Borgetto,* etc. Dans les noms du type *Belgiojoso, Dongio, Giorgione,* etc. l'*i* qui suit le *g* se prononce [j] en français, à la différence de ce qui a lieu en italien où il est muet. Il est cependant préférable de prononcer [dʒ] comme en italien, excepté dans *Borgia* qui est complètement francisé et se prononce [bɔʀʒja].

On prononce aussi [dʒ] dans les noms roumains (*Argeş, Argetoia,* etc.) et dans les noms anglais (*Algernon, Burgess, Folger, Gargery, Margery, Margetts,* etc.), à l'exception de *Argyle, Argyll, Argyllshire, Cargill, Dolgelly, Elgin, Gergesene, Gorgie,* qui prennent un [g]. Il est d'autre part évident que l'on prononce [dʒ] dans les noms anglais du type *Badger, Bridgenorth, Bridget, Edgehill, Edgeworth, Hedges, Ridgeway, Rodgers,* etc.

Rem. III. — On prononce [g] dans l'allem. *vergiss mein nicht* et dans les noms allemands, danois, finlandais, flamands ou néerlandais, lettons, lituaniens et polonais : *Algermissen, Algersdorf, Argen, Belgen, Bergedorf, Bergeijk, Bergen op Zoom, Birgelen, Bolgen Ach, Borgerhout, Dingelsdorf, Dongen, Dungen, Engelman, Engels, Hengelo, Hengist, Klinger, Langenthal, Langiewicz, Röntgen Solingen, Wohlgemuth,* etc. Notez que les noms allemands se prononcent avec [ʒ] quand ils sont portés par des Français ; cf. *Bamberger, Berger, Burger, Clésinger, Dollinger, Homburger, Lange, Lichtenberger, Schlumberger,* etc. Quant au nom de l'écrivain français *Murger,* il n'est pas d'origine allemande : il se prononce à plus forte raison avec [ʒ]. Enfin *Wrangel* se prononce soit avec [g], soit avec [ʒ].

Rem. IV. — Dans les noms suédois, le *g* se prononce [g] en français. Mais il est préférable de prononcer [j] comme dans la langue d'origine. Ainsi dans *Ange, Angermanland, Änges-Älv, Engelholm, Kongelf, Norrtelge,* etc.

Rem. V. — Dans les noms hongrois, le *g* se prononce [g]. Ainsi dans *Dunasgerdahely, Töröksgentmiklós,* etc. Mais le groupe *gy* suivi de voyelle se prononce [dj] : *Lengyel, Medgyesy, Szentgyörgyi,* etc.

Rem. VI. — Dans les noms castillans ou de l'Amérique espagnole, le *g* se prononce ordinairement [ʒ] en français. On fera mieux de prononcer à la place un [g], ou mieux encore, si on peut, un [x] comme en espagnol. Ainsi dans *Algibe, Algibillo, Angeja, Anjelina, Puerto de Argel, Belgida,* etc. Cependant la prononciation avec [ʒ] est consacrée pour *Algesiras* et *Los Angeles.*

Par contre, les noms portugais, brésiliens ou catalans se prononcent régulièrement avec [ʒ] : *Alge, Algemesi, Algerri, Sergipe, Urgell,* etc.

3º Le groupe *gu* suivi de voyelle se prononce [gw], devant *a*, dans *lingual* —, [gɥ] devant *e, i,* dans *arguer*, « accuser, conclure », *argueux, inguinal, linguiste, linguistique, onguicule (-é), onguiforme, sanguification, sanguisorbe, unguéal, unguifère, unguineux* —, [g] dans *arguer* « passer, par les trous de l'argue, l'or et l'argent », et dans les infinitifs en *consonne* + *guer* autres que *arguer* « accuser, conclure » : *distinguer, haranguer, narguer, promulguer,* etc. —, [gɥ] ou [g] dans *consanguinité* (mais uniquement [g] dans *consanguin*), *inextinguible.*

Rem. — On prononce aussi [gw] dans l'esp. *alguazil* —, [gɥ] dans le lat. *unguis* [ʒgɥis]. Quant à *Banc d'Arguin* (Mauritanie), il se prononce soit (aʀgwin), soit à la française [aʀgɛ̃], moins bien [aʀgɥɛ̃].

III. — Entre consonnes.

1º. — Le *g* est muet dans *longtemps* [lɔ̃tɑ̃], *sangsue*, *vingtain(e)*, *vingtième (-ement)*, *vingtuple (-er)*.

De même dans les noms français composés dont le premier terme est le substantif *bourg* ou l'adjectif *long* et dont le second commence par une consonne : *Bourgbarré*, *Bourgneuf*, *Bourgthéroulde*, etc. —, *Longchamp*, *Longjumeau* (ou *Lonjumeau*), *Longlaville*, *Longperrier*, etc. Il faut ajouter encore *Longwy* (lɔ̃wi).

Rem. I. — Le *g* est aussi muet dans *Bourg-des-Comptes*, *Bourg-de-Péage*, *Bourg-la-Reine*, *Bourg-Saint-Maurice*, etc.

Rem. II. — Le *g* est aussi muet dans les noms étrangers *Burgkmair*, *Moussorgsky*.

2º. — Dans les groupes LG et RG suivis de liquide *(l, r)*, le *g* se prononce [g] et appartient à la même syllabe que *l* ou *r* : *Algrange*, *Belgrade*, *Chalgrin*, *Burgraves*, etc.

Rem. — Il en est de même pour les noms étrangers : *Kellgren*, *Mulgrave*, *Palgrave*, *Terglou*, etc. Le groupe *lgr* peut d'ailleurs être précédé d'une autre consonne, comme dans *Karlgren*. D'autre part, *gr* peut être précédé d'une consonne autre que *l* ou *r* : *Gradgrin*, *Marggraf*.

3º. — Dans les noms français présentant les groupes LGN, RGN, la liquide se prononce et *gn* a la valeur de [ɲ] : *Bulgnéville*, *Bourgnac*, *Borgnis-Desbordes*, etc.

4º. — Dans les mots ou noms français présentant les groupes LG, RG suivis d'une consonne (toujours sonore) autre qu'une liquide ou *n*, *g* a la valeur de [g] : *bourgmestre*, *Melgven* (Finistère).

Rem. — Dans les noms étrangers, le *g* peut se prononcer [g] ou (k) selon que la consonne suivante est sonore ou sourde : *Bergmann*, *Burgdorf*, etc. —, *Bergson*, *Hammer Purgstall*, etc. Cf. aussi avec [g] : *Bergbieten* (B.-Rhin), avec [k] : *Bourgfelden* (H.-Rhin).

5º. — Dans les mots ou noms français présentant le groupe NG suivi de liquide, *n* est muet et la voyelle précédente nasale. Quant à *g* il se prononce [g] et appartient à la même syllabe que *l* ou *r* : *anglais*, *cingler*, *étrangler*, *jongleur*, *angrois*, *congrès*, *gangrène*, *hongrois, Anglès, Langlois, Hongrie, Langrune, Pingré*, etc., auxquels il faut ajouter *Pangloss*, nom créé par Voltaire dans *Candide*.

Rem. — Dans les noms étrangers, les groupes ngl et ngr se prononcent généralement [ngl], [ngʀ] avec la voyelle précédente orale : *Dangli, Zwingli, Angra Pequeña, Changri, Congreve, Dingri*, etc. Cependant l'*n* est muet et la voyelle précédente nasale dans *Anglesey*. D'autre part, *Sangrado*, personnage de *Gil Blas*, se prononce avec [sã-] ou avec [san-]. Enfin dans les noms anglais *Dunglow, Longland, Longridge, Longroad*, le groupe *-ong-* se prononce [ɔŋ], tandis que dans *Dunglison* le *g* se fait entendre.

6°. — Dans les mots et noms français présentant le groupe ngn non suivi de *e* final, on note trois prononciations différentes. Le premier *n* est toujours muet et la voyelle précédente peut être nasale ou orale. Quant à *gn*, il se prononce [gn] ou [ɲ] : *syngnathe* [sɛ̃gnat] —, *Longnon* [lɔ̃ɲɔ̃], *Longny* [lɔ̃ɲi], *Brongniart* [bʀɔ̃ɲaːʀ] ou [bʀɔɲaːʀ].

7°. — Dans les noms étrangers présentant le groupe ng suivi d'une consonne non liquide, *ng* a la valeur de [ɲ] et la voyelle précédente est orale : *Abington, Angden La, Angduphorang, Angstrœm, Bangka, Changpur, Harrington, Jongkind, Jungfrau, Kensington, Kingsley, Kingston, Klingsor, Livingstone, Longfellow, Longman, Longsdon, Longstaft, Longton, Longwood, Washington, Wellington, Youngstown, Zangwill*, etc. Cependant *Angkor* et *Bangkok* se prononcent soit [aɲkɔːʀ], [baɲkɔk], soit à la française [ãkɔːʀ], [bãkɔk[.

8°. — Dans les noms anglais, le groupe dg suivi de consonne se prononce [dʒ] : *Bridgnorth, Edgcumbe, Hedgcock, Ridgway, Sidgwich, Wedgwood*, etc.

IV. — **Devant H.**

Le groupe intérieur *gh* peut être précédé ou suivi d'une voyelle ou d'une ou plusieurs consonnes.

A. — Voyelle + GH + Voyelle.

Le groupe *gh* se prononce [g] dans le nom français *Dughet* — ; mais [ʒ] dans *Mareugheol* et *Verneugheol*, localités du Puy-de-Dôme.

Rem. — On prononce [g] d'une façon générale dans les mots et noms étrangers : *boghei* (ou *boguet*), *sloughi, yoghi* —, *Agadir-Ighir, Aghadès* (ou *Agadès*),

Alighieri, Alleghanys, Arrighi, Brueghel (ou *Breughel*), *Daghestan, Davalaghiri, Eerneghem, Ichteghem, Iseghem, Malpighi, Righi* (ou *Rigi*), *Schiltigheim, Sighet, Schweighœuser, Tighina*, etc.

Cependant le nom hollandais *Huyghens* (ou *Huygens*) se prononce en français [ɥiʒɛ̃:s].

D'autre part, le groupe *gh* est muet dans le nom irlandais *Drogheda*. Pour les noms anglais *Brougham, Maugham, Vaughan*, cf. p. 151.

B. — Voyelle + GH + Consonne.

Dans *Aghlabites*, le groupe *ghl* se prononce [gl], avec les deux consonnes dans la même syllabe.

Rem. — Dans le mot arabe *maghzem* et le nom arabe *Maghreb*, on prononce [gz] et [gʀ], avec la coupe syllabique passant entre les deux consonnes.

Le groupe *gh* est muet dans les noms anglais *Denbighshire* et *Willoughby*. Il en est de même dans *highlander, Brighton, Highgate, Highlands, Highton*, où le groupe *-igh-* se prononce [aj], et dans *Leighton*, où le groupe *-eigh-* se prononce [ɛj].

C. — Consonne + GH + Voyelle.

Le groupe *-ngh-* se prononce [g], avec la voyelle précédente nasalisée, dans *Enghien* [ãgɛ̃] et les noms de localité du Nord ou du Pas-de-Calais terminés en *-nghem* ou *-nghen* : *Balinghem, Bayenghem, Bazinghen, Boisdinghem, Tardinghen*, etc.

Le groupe *-rgh-* se prononce [ʀg] dans *Bergholtz* (B.-Rhin).

Rem. — Le groupe *gh* se prononce [g] dans tous les noms étrangers : *Afghanistan, Berghaus, Berghem, Borghèse, Ferghana, Grimberghen, Kirghiz*, etc.

Il est à noter que, dans les noms étrangers, le groupe *-ngh-* se prononce [ŋg], avec la voyelle précédente orale : *Anghiera, Birmingham, Buckingham, Gillingham, Minghetti, Nottingham, Quarenghi, Recklinghausen*, etc. Cependant *Missolonghi, Oubanghi, Shanghaï* se prononcent soit avec [g] et voyelle précédente nasale, soit avec [ŋg] et voyelle précédente orale.

H

Il ne sera question ici que des groupes *h* + *consonne*, les groupes *consonne* + *h* ou *consonne* + *h* + *consonne* étant examinés au cours de l'étude de chaque consonne.

L'*h* est muet dans les mots et noms français : *brahmane* (*-ique, -isme*)*, Brahmapoutre, Mahrattes, Ohnet*.

Rem. — Il en est de même dans les mots latins ou étrangers : *dahlia* (d'après l'allem. *Dahl*), *rohlender* « sorte de raisin » [ʀolādɛːʀ], *uhlan* —, et d'une façon générale dans les noms étrangers : *Abd Ur-Rahman*, fl. *Ahja, Ahmedabad, Ahmet, Ahriman, Ahvenanmaa, Bahreïn, Behring, Brahma, Dahlmann, Dahra, Ehrlich, Fahrenheit, Frohsdorf, Hohneck, Jahvé, Lehmann, Mahmoud, Rohrbach, Rohtack, Ruhmkorff*, etc.

Cependant l'*h* se prononce [k] dans les noms roumains : riv. *Bahluiŭ*, riv. *Blahniţa, Ceahlau*, riv. *Sihna*, etc. —, et dans les noms slaves : *Ahtopol, Cehnitz, Ihlawa*, Mᵗ *Mahnača, Ohridsko jezero*, etc.

J

I. — Devant consonne.

On prononce .

1° [j] dans les noms allemands, scandinaves, baltes, finlandais, hongrois, polonais, tchèques, yougoslaves : *Ajka, Bajmok, Bajna, Bejni, Bojgden, Bojkovice, Bojnice, Čajnice, Cejkovice, Chojne, Chojnik, Dejwitz, Dojčic, Ejby, Ejdsvaag, Ejstrup, Fojnica, Gajdobra, Hajda, Hajdú, Hejlsminde, Hejnsvig, Höjby, Höjdalsmo, Höjland, Höjrup, Hojsova, Höjtinden, Hojvaag, Jajce, Lajkovac, Majbölle, Majdan, Majdevo, Mojstrovka, Nujno, Ojców*, Mᵗ *Ojstrica, Öjvan, Ojvin, Rajka, Rajna, Rajsko, Sajtos-Kál, Söjtor, Vajska, Vajszió, Vajta, Vejle, Vejlö, Vejsnäs Nakke, Vejstrup, Vojnica, Wojkow, Wojnuta*, etc.

Rem. I. — Dans les noms flamands ou hollandais du type *Dijkhuizen, Hijkersmilde, Ijmuiden, Ijssel, Ijzendoorn, Mijdrecht*, etc., le groupe *ij* se prononce [ɛj].

Rem. II. — Les noms hollandais *Nijmegen* et *Rijswijk* sont francisés en *Nimègue* et *Ryswick* [ʀizvik].

2° [ʒ] dans tous les autres noms étrangers :

Ajdir, Ajkeï, Ajgain, Ajmer Merwara, Ajmou, Ajnala, Bijbani, Bijna, Bijnaur, Bujnaksk, Cap Dejneff, Djebel Ijberten, Ijma, Majgawan, île *Mejdoucharskii, Mojga, Mojgarh, Mujpur, Nijni-Novgorod, Prejmar, Vijniţa*, etc.

II. — Après consonne.

On prononce :

1º [ʒ] dans tous les mots et noms français : *abjection, abjurer, adjacent, bonjour, conjurer, marjolaine, objection, objet, Abjat, Anjou, Barjac, Barjols, Desjardins, Injalbert, Injoux, Lanjuinais, Marjolin,* etc.

Rem. — Il en est de même dans les mots étrangers comme *banjo, bostandji* —, dans les noms bulgares et russes transcrits à la romane et dans les noms indigènes de l'Asie ou de l'Afrique : *Abd Ul-Medjid, Adjaguin, Adjak Tchora, Adjib, Akjoucht, Amjhera, Anjobony, Atjeh, Badjibo, Banjoemas, Batjan, Bidjar, Birji, Bodjonegoro, Bunjii, Dendjok, Dhedjen-Dzong, Didjilé, Edjong,* etc.

2º [j] dans les noms allemands, scandinaves, baltes, finlandais, hongrois, polonais, tchèques et yougoslaves : *Mt Agjek,* fl. *Ahja, Anjala, Anjanfors, Anjesladan, Anjum, Arjeplog, Banjaard, Benjordstina, Borja Planina, Čadjavica, Färjestaden, Gerjen, Mt Gorjanci, Gudbjerg, Harjel, Horjul, Mali-Idjoš,* lac *Irja-Järvi, Janja,* etc.

Il faut noter que les groupes *lj, nj,* des noms slaves se prononcent comme *l* et *n* mouillés : *Bilje, Boljanić, Boljarka, Boljetin, Boljevac, Celje, Dalja, Doljani, Giljawa, Velika Golja,* etc. —, *Banjaluka, Banjica, Donja Badanja, Donji Kraljevec,* etc. Pour plus de facilité, on peut prononcer en français [j] à la place de *l* mouillé.

D'autre part, en norvégien et en suédois, on prononce [j] pour *dj, gj, lj,* [ʃ] pour *sj, skj, stj,*]tʃ] pour *tj, kj* : *Smedjebacken, Ständjan, Mt Agjek, Eklingji, Norrtälje, Svenljunge* —, *Gålsjö, Malmsjö, Täsjö, Knivkjörodden, Nordenskjöld* —, *Haptjärnliden, Sarektjakko, Kvikkjokk, Stenkjör,* etc. Le groupe *sj* a cependant la valeur de [sj] dans les noms composés dont le premier élément se termine par *s,* comme p. ex. *Vattasjärvi.*

3º On prononce ordinairement [ʒ] dans les noms castillans ou de l'Amérique espagnole. Mais il vaut mieux prononcer [g] ou mieux [hg], et mieux encore, si l'on peut, [x] : *Aljaraque, Aljezur, Algibe, Aljubarrota,* rio *Aljucén, Aranjuez, Arjona, Arjonilla, Berja, Borja Canjáyar, Eljas, La Granja,* etc.

III. — **Entre consonnes.**

Le *j* forme l'affriquée [dʒ] avec le *d* précédent dans les noms étrangers du type *Adjdar, Adjdir, Adjloun, Adjman, Badjgarh*, etc.
Il se combine avec l'*n* précédent pour former un [ɲ] dans le yougoslave *Banjska*.

K

Le *k* qui ne se présente que dans les noms étrangers ou dans des créations françaises à partir de noms étrangers (*Abkhases, Abkhasie, Beskides, Pouchkine*, etc.) n'offre aucune difficulté : suivi ou non de *h*, il se prononce toujours, quelle que soit sa place à l'intérieur du nom.

Il a la valeur de [k] sourd devant une liquide appartenant à la même syllabe (types *Akra, Biskra*, etc.), devant une consonne sourde appartenant à la syllabe suivante (types *Aksakov, Clarkson*, etc.) ou devant une voyelle (types *Beskides, Abkhasie*, etc.).

Il a la valeur de [k] sonore devant une consonne sonore, liquide ou non, appartenant à la syllabe suivante (types *Dakland, Akbar, Kalksinger*, avec *s* = [z], etc.).

L

Il faut distinguer entre *l* précédé, suivi ou entouré de consonnes et le groupe *lh*.

1º. — L'*l* est muet dans *aulnée* (ou *aunée*) et dans les noms français *Aulnaye, Aulnay-sous-Bois, Aulnoy, Aulnoye, Daulnoy, Faulquemont, Gaultier, Paulmier, Paulmy, Saulcis-aux-Bois, Saulcy, Saulnier, Saulteux, Saulxures-sur-Moselotte, Saulzais-le-Potier.*

Rem. — Pour *Belfort*, il existe deux prononciations, l'une (régionale) sans *l*, l'autre avec *l*. Cette dernière semble être aujourd'hui la plus fréquente. Pour *Ménilmontant*, l'ancienne prononciation [menimɔ̃tɑ̃] a cédé pour ainsi dire la place à la nouvelle avec [l].

Dans tous les autres cas, et quelle que soit sa position à l'intérieur du mot, *l* se prononce, qu'il s'agisse de mots et noms français ou de mots et noms étrangers.

2º. — Le groupe *lh* se prononce [j] après un *i* dans les mots et noms français : gentilhomme (et dérivés), *Ailhaud, Ameilhon, Bailhache, Bilhaud* (ou *-t*), *Bouilhet, Cailhau, Cailhava, Cailhol, Castilhon, Coquilhatville, Cruveilhan, Cruveilhier, Dazilha, Filhat, Filhol, Gailhard, Genouilhac, Il(l)hé, Ilhèreborde, Jumilhac, Lemeilhet, Lintilhac, Marilhac* (ou *-at*), *Meilhac, Meilhan-sur-Garonne, Meilhar, Mérilhou, Milhan, Milhas, Milhaud(d), Milhavès, Milhavet, Milhet, Milheuroux, Milhiet, Milhoud, Pauilhac* (ou *Paulhac*), *Périlhou, Rilhac-Xaintrie, Rimailho,* St *Guilhem-le-Désert, Silhol,* Laurent *Tailhade, Tilhard, Treilhan, Treilhard,* etc.

Cependant, par suite de l'incompréhension de la graphie (*lh* sert à transcrire *l* mouillé dans les parlers du Midi de la France), quelques-uns des noms ci-dessus sont parfois prononcés (à tort) avec [l] par certaines personnes.

En tout cas, c'est [l] que l'on prononce régulièrement dans *philharmonie (-ique), philhellène (-isme), silhouette (-er)* et *Silhouette*.

Rem. — A défaut de *l* mouillé, on prononcera aussi [j] dans les noms portugais ou brésiliens en *-ilh-* : *Covilha, Covillam, Ilha Baixo, Quintanilha,* etc.

Mais on prononce [l] après une voyelle autre que *i* ou après une consonne : *malheur (-eureux), Aulhat, Balham, Génolhac, Groulhet, Nolhac, Paulhaguet, Paulhan* —, *Carlhat, Cunlhat*.

On prononce cependant [j] dans *Manlhot*.

Rem. I. — On prononcera *l* mouillé, ou à défaut, [j] dans les noms portugais ou brésiliens : *Escalhão, Malhão da Estrelha, Olhão, Sortelha,* etc.

Rem. II. — Le groupe *lh* se prononcera [lk], en français, dans les noms yougoslaves ; ainsi dans *Polhov Gradec*.

Rem. III. — On prononce [l] dans les autres noms étrangers — *Szilas-Balhás, Bolhás, Malhomhegy* (Hongr.), *Dolhinów, Polhora, Polhoranka* (Pologne), *Dalheim, Kelheim, Talheim* (Allem.), *Bulhar, Elhur, Agelt El-Malha* (Afr.), *Delhi, Nalhati* (Asie), etc.

M

1º **m** se prononce toujours après ou entre consonnes, dans les mots ou noms français et étrangers : *admettre, admirer, atmosphère, Admète,*

Monmerqué, Haussmann, Monmouth, etc. —, *Armstrong, Chelmsford, Darmstadt, Wurmser,* etc.

2° Le groupe *mh* se prononce [m] dans le nom égyptien *Amenemhât* et le nom allemand *Helmholtz.*

3° Le groupe *-mn-* se prononce [n], avec voyelle précédente orale, dans *automne, damner, condamner* et leurs dérivés —, mais [mn], avec voyelle précédente orale, dans tous les autres mots français : *amnésie, automnal, calomnie, gymnase, indemniser, indemnité, insomnie, omnipotent, somnifère, somnoler, somnambule,* etc. ; dans le mot grec *amnios* et le mot latin *omnibus* ; dans les noms anciens *Agamemnon, Clytemnestre, Lemnos, Memnon, Samnites,* etc. ; et dans l'allem. *Chemnitz.*

4° Devant une consonne autre que *n*, le *m* est muet et la voyelle précédente nasale dans les mots ou noms français : *combat, comté, embarras, impossible, lambris, regimber,* etc., *Cambrai, Chamlay, Comtat-Venaissin, Domfront, Dompierre, Imphy, Quimper, Rimbaud,* etc.

Pour les mots et noms anciens ou étrangers, où il en est de même et pour ceux où il en est autrement, c'est-à-dire où l'on prononce [m] avec voyelle précédente orale, cf. pp. 149, 169, 181, 196, 215.

N

1° **n** se prononce toujours après une consonne autre que *g* ou entre consonnes, dans les mots et noms français ou étrangers (pour le groupe *gn*, cf. pp. 341-2) : *acné, adné, Barnave, Procné, Dubrovnik,* etc. —, *self government, Barnsley, Bernstein, Burnley,* etc.

2° Le groupe *nh* est muet (et dans ce cas la voyelle précédente est nasale) dans *enhaché* [ãʃe], *enhachèment, enhardir (ren-), enhardissement, enharnacher, enharnachement, enhayer, enhayeur, enhucher, Panhaleux, Panhard.*

Il se prononce [ɲ], avec voyelle précédente orale, dans *de Saunhac, Solinhac* et dans les noms portugais : *Don Juan de Maranha, Martinho, le Minho,* etc.

Il se prononce [n], avec voyelle précédente nasale, dans *enharmonie (-ique), enhydre, enherber.*

Il se prononce [n], avec voyelle précédente orale, dans tous les autres mots ou noms français : *anharmonique, anhélation, anhéler, anhéleux, anhidrose, anhydre, anhydride, anhydrite, anhydrobiose, inhabile (-eté), inhabitable, inhabité, inhérence, inhérent, inhiber, inhibition, inhospitalier, inhospitalité, inhumain, inhumer, inhumation, Jean Brunhes.* De même, dans les mots étrangers : *anhinga, ipécacuanha, menhir, sanhédrin,* etc. et dans les noms étrangers non portugais : *Anhalt, Benheim, Blenheim, Bornholm, Copenhague, Fahrenheit, Nirrnheim, Oppenheim, Schopenhauer,* etc.

3º Devant une consonne, le *n* est muet et la voyelle précédente nasale dans les mots ou noms français : *balancer, canton, enluminer, songer, teinture, tonsure,* etc. —, *Angoulême, Antilles, Cancale, Danton, Fanjeaux, Longueville,* etc.

Pour les mots et noms anciens ou étrangers où il en est de même et pour ceux où il en est autrement, c'est-à-dire où l'on prononce [n] avec voyelle précédente orale, cf. pp. 151, 170, 182, 197, 218.

P

Précédé de consonne et suivi d'une voyelle, le **p** ne présente aucune difficulté : il se prononce toujours.

I. — **Devant consonne.**

1º **p** est muet dans *anabaptisme, anabaptiste, baptême, baptiser* (et *re-*), *baptismal, (fonts) baptismaux, baptistaire, baptistère, baptistin (-ine), rebaptisants, septain, septième (-ement), Baptiste (-in, -ine), Chapdes-Beaufort, Couptrain, Leneupveu, Saint-Epvre, Septfonds, Troplong.*

Il en est de même pour les anciens mots *septaine, septan, septier* (auj. *setier*).

Rem. I. — La prononciation régulière de *cheptel* est [ʃətɛl]. Cependant, sous l'influence de l'orthographe, on prononce ordinairement [ʃɛptɛl]. Quant à *cheptelier,* il se dit [ʃɛtlje].

Rem. II. — Dans *Septmoncel*, c'est non seulement *p* mais encore *t* qui est muet. Il en est de même dans *duc de Septmonts*.

2º Partout ailleurs *p* se prononce : *aplatir, apoplexie, diplôme, caprice, épreuve, lépreux, apnée, capnofuge, apsychie, capsule, épilepsie, adopter, aptitude, conception, excepter, Chaplain, Dupleix, Houplin, Saint-Cyprien, Deprez, Capbreton, Capcir, Capdenac, Capvern, Chaptal, Heptaméron*, etc.

Noter spécialement [pt] dans *septangulé, septante* (vx), *septantième* (vx), *septembre* (et dérivés), *septennaire, septennal (-alisme, -aliste), septennat, septentrion (-onal), septicémie (-ique), septicide, septicité, septi-, septile, septillion, septidi, septime, septique, septon* (vx), *septonème, septoria, septuagénaire, septule, septulifère, septuple (-er), Septèmes, Septeuil, Septimanie, Septime-Sévère, Septuagésime*, etc.

Rem. — Il en est de même pour les mots latins *septemvir* (et dérivés français), *septimo, septingentesimo, septuagesimo, septum ;* les composés français du lat. *septem (septemdigité, -foliolé,* etc.) ; le mot latin récent *septuor ;* les noms anciens *Capsa, Cypselos, Gyptis, Hypnos, Ipsus, Septimus, Septimuleius*, etc. ; et les noms étrangers : *Apsaras, Chapman, Chipka, Dapsang, Epsom, Gripsholm, Ipswich, Klaproth* (avec *p* et *r* séparés par la coupe syllabique), etc.

II. — **Entre consonnes.**

1º Le *p* est muet dans *comptabilité, comptable, comptant, compter* (et composés), *compteur, comptoir, comptonie, domptable (in-), domptage, dompté (in-), dompter, dompteur, escompter, escomptable, exempter, incompté, se mécompter, promptement, promptitude, sculptable, sculpter, sculpteur, sculpture, sculptural* — ; et dans les noms commençant par *Champ-, Damp-* ou *Domp-* : *Champcenetz, Champdeniers, Champdivers, Champfleuri, Champfort, Champlin, Champlitte, Champmeslé, Champmilon, Champnier, Champrenault, Champrond, Champrosay, Champsaur, Champseix, Champtoceaux, Dampléger, Dampleux, Damprichard, Dampmart, Dompremy* ou *Domremy*, etc. —, et dans *Lempty*.

Rem. — Le *p* se prononce cependant dans *Champlain* et *Champlatreux*.

2º Le **p** se prononce au contraire dans *consomptif, contempteur, contemptible, métempsychose, éclampsie, péremptoire, présomptif,* *présomptueux (-ueusement), rédempteur, résumpté, résumptif, somptuaire, somptueux (-eusement), somptuosité, symptôme, symptomatique, symptomatologie*, Lampsaque, Rédemptoriste — ; et dans les mots terminés en -*mption : ademption, exemption, péremption, rédemption, consomption, présomption, résumption,* Assomption (et *Assomptionniste*)

Rem. — Il en est de même pour le mot latin *impromptu* et les noms étrangers *Lampsaki, Southampton, Wimpffen*, etc.

III. — Devant H.

Quelle que soit sa position à l'intérieur du mot (entre voyelles, avant ou après consonne), le groupe PH se prononce [f] : *aphasie, aphorisme, méphitique, périphérie, philosophie, prophète, apophtegme, diaphragme, diphtongue, naphtaline, néphrite, ophtalmie, amphibologie, asphalte, asphyxie, phosphore*, etc. —, *Dauphiné, Duphot, Ophain, Théophile, Alphonse, Westphalie*, etc.

Rem. I. — Il en est de même pour les mots gréco-latins : *ophys, pemphigus, tophus, typhus*, etc. et l'hébraïque *tophatch* — ; pour les noms anciens : *Cléophas, Hephaistos, Iphiclès, Iphitus, Japhet, Néphéritès, Ophir, Ophiussa, Paphos, Raphaël, Chéphren, Daphné, Daphnis, Ephraïm, S*t*-Ephrem, Euphronius, Jephté, Ménephtah, Nephtali, Amphiaraüs, Amphipolis, Arphaxad, Belphégor, Memphis, Téglathphalasar*, etc., à plus forte raison quand ils sont francisés : *Aristophane, Bucéphale, Céphise, Ephèse, Eriphyle, Iphigénie, Polyphème, Sophocle, Aphrodite, Clephte, Euphrosyne, Paphlagonie, Théophraste, Amphictyonies, Amphitrite, Omphale, Orphée*, etc. ; dans les noms littéraires *Cophetua, Méphisto, Méphistophélès, Ophalmilla, Ophelia*.

Rem. II. — Il en est de même encore dans les noms étrangers à condition que, lorsque ce sont des composés, leur second élément ne commence pas par *h* : *Daphabum, Daphagong, cap Daphaoudi, M*t *Ephas, Graphic, Humphery, Humphr(e)y, Macpherson, Mustapha, Raphia, Raphoe, Raphti, rio de Saphira, Siphnos, Sisophon, Sophadès, Sophadikos, Tophet, Upharsin, Zutphen*, etc.
Mais on prononce [p] dans les noms étrangers composés avec second élément commençant par *h* : all. *Diepholz, Iphofen*, etc. ; angl. *Clapham, Popham, Shepherd, Topham, Upham, Uphill*, etc. ; holl. *Ophcusden, Ophemer, Ophoven, Staphorst, Stiphout*, etc. ; scand. *Ophejm*, etc.

Rem. III. — Le nom anglais *Stephen* se prononce [stivən]. On prononce de même [iv] dans *Stephens, Stephenson, Stephenville*.

Q

Le groupe **qu** précédé de consonne et suivi de voyelle se prononce :

[kw], devant *a*, dans *conquassant, desquamer (-amation), quinquagésime, quinquagénaire,*
[kɥ], devant *e, i,* dans *quinquagénaire, quinquagésime, quinquennal, quinquerce, quinquérème, sesquialtère, sesqui-.*
[k] dans les autres mots et dans tous les noms français : *Asquins, Créqui, Esquilin, Esquimaux, Esquirol, Esquiros, Tarquinies.*

Rem. — On prononce [kw] dans le nom latin *Torquatus* et le nom italien *Don Pasquale;*
[kɥ] dans le lat. *quinquennium* et le nom indien *Susquehannah;*
[k] dans le nom espagnol *Torquemada.*

R

Le **r** ne présente aucune difficulté : il se prononce toujours devant ou après consonne, dans les mots et noms français ou étrangers. Il est par conséquent inutile de donner des exemples.

Rem. I. — Le groupe intérieur *rh* se prononce [ʀ] dans l'anglais *durham* [dyʀam], *Durham.*
Rem. II. — Le nom anglais *Marlborough* a été dénaturé en *Malbrough* [malbʀuk] dans la chanson burlesque *Malbrough s'en va-t-en guerre.* Hors de ce cas, il se prononce [malbʀu] ou, à l'anglaise et avec l'accent sur *a*, [malbəʀo].

S

I. — **Devant consonne** [1].

1º. — Le **s** se prononce d'une façon générale dans les mots français : *asphalte, astérisque, ausculter, costal, escalier, espace, estampe, forestier, hospitalier, jasmin, mistral, osmose, presbyte, respect, talisman, vestiaire,* etc.

Outre les cas de *-sc-* suivi de *e, i, y* (p. 325) et de *-sch-* (p. 335), il n'y a d'exceptions que pour *groslot, meslie, meslier* et les composés *mesdames, mesdemoiselles, desdits, desdites, lesdits, lesdites, desquels, desquelles, lesquels, lesquelles.*

[1]. Chaque fois que l'*s* se prononce devant consonne, qu'il s'agisse de mots et noms français ou de mots et noms anciens ou étrangers, il a la valeur de [s]. La prononciation [z] devant une consonne sonore est légèrement relâchée.

Noter l'opposition entre *vosgien* [vɔʒjɛ̃] et *cisjuran, disjoindre, disjonctif, disjonction, pélasgien, pélasgique* dans lesquels le *s* se prononce devant [ʒ].

Rem. I. — Parmi les composés de *sus* sans trait d'union, les uns se prononcent sans *s* : *susbande* (ou *sus-bande*), *suspied*, *Susville* — ; les autres avec *s* : *susbec, susdit(e), susmentionné(e), susnommé(e), suspente*. Parmi les composés de *sus* + trait d'union, *sus-glottique, sus-maxillaire* se prononcent avec *s* ; *sus-dénommé, sus-dominante, sus-tonique* avec ou sans *s* ; les autres sans *s*.

Rem. II. — *Registre, enregistrer, enregistrement* se prononcent avec [s]. La prononciation sans [s] est aujourd'hui périmée.

Rem. III. — A côté de *hôtellerie*, noter l'ancienne forme *hostellerie*, remise en honneur aujourd'hui, dans laquelle l'*s* se prononce.

2º. — Pour les noms de localités françaises, la question est moins simple.

En dehors du cas de *sc* ⁽ᵉ, ⁱ, ʸ⁾ *sch* et *sg*ᵉ où il est muet [1], l'*s* devant consonne se prononce dans les noms germaniques du Nord-Est —, dans les noms de la Gironde, de la Dordogne, du Cantal, du Puy-de-Dôme, de la Haute-Loire, de l'Ardèche, de la Drôme, des Basses-Alpes, des Hautes-Alpes et des départements situés au-dessous (y compris la Corse).

Rem. — Parmi les exceptions à signaler dans le Midi de la France, on citera *Cosnac* (Corrèze), *L'Isle-Arné*, *L'Isle-Bouzon*, *L'Isle-de-Noé*, *L'Isle-Jourdain* (Gers), *L'Isle-en-Dodon* (Hᵗᵉ-Garonne), *Paslières* (Puy-de-Dôme).

Dans les départements situés au-dessus, l'*s* devant consonne est ordinairement muet. Cependant il se prononce dans les noms suivants :

Ain : *Hostias*.

Aisne : *Chastres, Contescourt, Escaufourt, Foreste, Laniscourt, Muscourt, Ostel, Variscourt*.

Allier : *Monestier*. (Il y a hésitation pour *Escurolles* et *Estivareilles*).

Ardennes : *Estrebay, Gespunsart, Justine*.

Aube : *Estissac*.

Territoire de Belfort : *Vellescot*.

---

1. La même remarque vaut pour les noms français de cours d'eau, de montagnes, de personnes et pour les noms étrangers.

Calvados : *Cristot, Goustranville, Osmanville.*
Charente-Maritime : *Saint-Julien-de-l'Escap.*
Côtes-du-Nord : *Brusvilly, Hémonstoir, Laniscat, Plestin, Plougrescant, Plusquellec, Rospez, Rostrenen, Trégastel, Trestignel, Trestraou.* (De plus, l's se prononce dans *Lescouët-Gouarec*, mais non dans *Lescouet-Jugon*).
Eure : *Ménesqueville.*
Eure-et-Loir : *Escorpain, Osmeaux.*
Finistère : *Brasparts, Esquibien, Lesconil, Mespaul, Plougastel, Roscanvel, Roscoff, Rosnoen, Rosporden.*
Indre : *Juscop.*
Indre-et-Loire : *Restigné.*
Isère : *Estrablin, Estressin, Monsteroux, Saint-Victor-de-Morestel.*
Loir-et-Cher : *Lestiou* (prononciation de Blois ; la prononciation locale est sans *s*).
Loire-Inférieure : *Escoublac, Mesquer.*
Loiret : *Escrignelles, Estouy.*
Maine-et-Loire : *Distré.*
Manche : *Cosqueville, Lastelle, Lestre, Vasteville.*
Marne : *Esternay, Istres.*
Meurthe-et-Moselle : *Custines, Fresnois.*
Morbihan : *Le Croisty, Diston-Arzal, Gestel, Guiscriff, Lanester, Lesvellec, Moustoir, Moustoirac, Nostang, Plescop, Questembert, Quistinic.*
Moselle : *Hoste-Haut*, et les noms germaniques : *Bisten, Vasperviller, Wieswiller*, etc., y compris *Destry* (francisation tardive).
Nièvre : *Chasnay, Menestreau.*
Nord : *Bousbecque, Caestre* [kastʀ]*, Escarmain, Esquelbecq, Haspres, Hestrud, Mastaing, Ostricourt, Renescure, Wasquehal.* (Il y a hésitation dans *Escaudœuvres, Escautpont* et *Escobecques*).
Oise : *Guiscard, Estrées-Saint-Denis.*
Pas-de-Calais : *Escalles, Escœuilles, Esquerdes, Isbergues, Isques, Lespesses, Lestrem, Lostebarne, Maresquel, Maresville, Nordausques, Ostrel, Ostreville, Quesques, Questrecques, Quiestède, Sailly-en-Ostrevent, Westbécourt, Westrehem, Zudausques.*
Seine-et-Oise : *Piscop.*

Deux-Sèvres : *Juscorps.*

Somme : *Bosquel, Davenescourt, Escarbotin, Esclainvillers, Esmery-Hallon, Estourmel, Estrebœuf, Fresneville, Ligescourt; Méneslies, Rubescourt* (Il y a hésitation pour *Taisnil*).

Vienne : *Asnois.*

Haute-Vienne : *Bosmie.*

Yonne : *La Postolle.*

3º. Les conditions sont les mêmes pour les noms de cours d'eau et de montagnes français. L'*s* devant consonne se prononce dans les noms germaniques du Nord-Est et dans les noms de la Gironde, de la Dordogne, du Cantal, du Puy-de-Dôme, de la Haute-Loire, de l'Ardèche, de la Drôme, des Basses-Alpes, des Hautes-Alpes et des départements situés plus au sud.

Rem. — Il faut faire cependant une exception pour l'*Isle* [il] qui, bien qu'elle parcoure le département de la Dordogne, prend naissance dans la Haute-Vienne.

Dans les départements situés au-dessus, l'*s* est ordinairement muet. Ainsi dans les hydronymes suivants : l'*Aisne*, la *Besbre*, la *Biesme*, la *Bresche*, la *Bresle*, le *Bras de Brosne* (P. de-Cal.), le *Chesnay* (C.-du-N.), le *Coeslon*, le *Cosne-de-Pénossan* (S.-et-Loire), la *Croisne*, le *Couesnon*, l'*Escotais*, l'*Esvé*, l'*Esvre*, la *Grosne*, la *Guesne*, l'*Huisne*, l'*Huistrelle*, la *Leschère*, la *Mesvrin*, le *Mosnac*, le *Ruisseau de Rosnes* (Marne), la *Sousfroide*, la *Troësne* ou *Troëne* (Oise), la *Vesgre*, la *Vesle*, le *Viosne*, la *Vresme* —, et dans les oronymes suivants : *Signal de Groscher* (Creuse), *Vosges.*

Cependant l'*s* se prononce dans l'*Esque* (riv. du Calvados), *Rochers du Grand Ismin* (C.-du-N.), *Signal de Lascourt-Faucher* (Creuse), le *Cosquer* (riv. du Finistère), le *Kérustan* (riv. du Morbihan), l'*Escaut*, l'*Escauette* (riv. du Nord).

4º. L'*s* devant consonne est muet dans le nom de région *Saosnois* [sonwa].

5º. — La question se complique lorsqu'il s'agit de noms de famille. Pour plus de simplicité on n'indiquera que les cas où l'*s* devant consonne ne se fait pas entendre.

L's est donc muet d'une façon générale :

a) Dans les noms commençant par *Des-* : *Desbains, Desbancs, Desbarbieux, Desbarreaux, Desbats, Desbazeilles, Desbeaux, Desbenoit, Desbisson(s), Desblaches, Desbœufs, Desbois, Desbonnet(s), Desbordes, Desbouis, Descamps, Descartes, Descazeaux, Deschamps, Desclais, Desclosages, Desclosures, Descombes, Descostes, Descourailles, Descoutures, Descroizilles, Descuves, Desfassieux, Desflaches, Desfossé(s), Desgenettes, Desgoutte(s), Desgrieux, Desjobert, Deslandes, Deslauriers, Desloges, Desmahis, Desmarais, Desmarest, Desmoulin(s), Desnouveaux, Despautère, Desplanques, Desportes, Despréaux, Després, Desrieux, Desrousseaux, Desruelles, Destouche(s), Desvachez, Desvignes, Desvoivres*, etc.

Rem. I. — Mais l's se prononce dans *Desbœuf, Descolle, Descamps, Descos, Descossy, Descot, Descout, Desmé, Desmergée, Desmond, Desmont, Desnos, Desparain, Desparmet, Despaux, Despert, Despot, Despous, Despuch, Desquibes, Desta, Destal, Destand, Destaville, Destel, Destip, Destrac, Destrebecq, Destrées, Destremeau, Destret, Destribatz, Destrot.*

Rem. II. — L's est muet ou se prononce, suivant les personnes qui portent ces noms, dans *Desbans, Desbaux, Desbons, Descalles, Descaulx, Desclaux, Desclée, Descottes, Descourt, Desdouets, Desdouits, Deslaire, Deslis, Desmettre, Desmeure, Desmier, Desmons, Desmonts, Desnault, Desnier, Desnoës, Desnot, Desnou, Desny, Despains, Despalles, Despas, Despecher, Desperbasque, Despis, Desponds, Despouy, Desprat(s), Despret(s), Desprey, Desprin, Desriac, Destas, Destors, Destrels, Destresse, Destrez, Destruel, Desvouas, Deswars, Deswarte.*

Rem. III. — Il n'en est pas de même pour les noms commençant par *Les-*, dont la minorité seulement se prononce sans *s* : *Lesbazeilles, Lesbre, Lesbro(u)ssart, Lescastreyes, Lesfauries, Lesfilles, Lesgouarres, Lesgourgues, Lesmarie, Lesmaris, Lesmayoux, Lesne, Lesné, Lesnier, Lesrel, Lesvignes.*
Se prononcent d'autre part avec ou sans *s* suivant les personnes qui portent ces noms : *Lesbaudy, Lescaze(s), Lescossois, Lesdain, Lesdiguières, Lesdouits, Lesgards, Lesguillier, Lesguillon, Lesluin.*
Quant aux autres noms, ils se prononcent avec *s*.

b) Dans les noms commençant par *Bois-* ou *Bos-* : *Boisgaillard, Boisgelin, Boisgobey, Boisgontier, Boisguilbert, Boislevin, Boislisle, Boismenu, Boismont, Boismorand, Boisnard, Boisramé, Boisrobert, Boisrond, Boisrouvray, Boisvieil, Boisvieux, Boisvin*, etc. —, *Bosdecher, Bosdedore, Bosdeveix, Bosfrand, Bosguérard, Bosredon, Bosvieil*, etc.

Rem. — On prononce *s* ou non dans *Boistard, Boisteau, Boistel*. On prononce *s* dans *Boscain, Bosquet, Bosquier*.

c) Dans les noms commençant par *Chesn-* : *Chesnais, Chesnard, Chesnay, Chesné, Chesneau, Chesnel, Chesnelong, Chesnet, Chesnois, Chesnot, Chesnoy.* cf. encore *Beauchesne, Duchesne (-ois), Lechesne.*

d) Dans *Fresne(s)* et les noms commençant par *Fresn-* : *Fresnay(e), Fresnel, Fresnoy, Fresny,* etc. Cf. encore *Dufresne (-oy, -y).*

e) Dans les noms commençant par *Gros-* : *Grosbois, Grosborne, Grosbost, Grosclaude, Grosclet, Groscœur, Groscol, Groscolas, Grosdaillon, Grosdemanche (-ange, -onge), Grosdenis, Grosdidier, Grosfillet (-ex, -ey), Grosfils, Grosgogeat, Groslambert, Groslaud, Grosley, Grosléziat, Groslier, Grosmaire, Grosmaître, Grosmangin, Grosmèche, Grosmollard, Grosnier, Grosperrin, Grospierre, Grospiron, Grosprêtre, Grosrichard, Grosriez, Grosroyat, Grosval, Grosvallet, Grosville, Grosvin,* etc.

Rem. — Mais l'*s* se prononce dans les noms d'origine germanique : *Grosfeld* (ou *Grossfeld*), *Grosland, Grosman* (ou *Grossman, Grossmann*).

f) Dans *Mesnil* et les composés *Daumesnil, Declomesnil, Derénémesnil, Dumesnil, Dumesnildalée, Eprémesnil, Grandmesnil, Mesnildrey, Miromesnil,* etc.

g) Dans les noms composés de *Pas-* : *Pasdeloup, Pasdevant, Pasgrimaud.*

Rem. — Mais l'*s* se prononce dans *Pasdoc.*

h) Dans *Quesne* et les noms commençant par *Quesn-* : *Quesnault, Quesnay, Quesnel, Quesneville, Quesney, Quesnoit, Quesnot.* Cf. aussi *Dequesne, Duquesne (-ay, -oy), Lequesne.*

Rem. — Cependant le premier *s* se prononce ou non dans les dérivés *quesnellisme, quesnelliste.*

i) Dans les noms commençant par *Trois-* : *Troisgros, Troismonts, Troispoux, Troisrieux, Troisvaux.*

j) Dans les noms suivants : *Aoustin* [utɛ̃], *Aubespine, Basnage de Beauval, Bastard de Bouillon, Bellesme, Besme* (ou *Bême*), *Besnoit, Biesme, Blesle, (Bois)lisle, Boylesves, Bruslé, Bruslon, Caresmier, Cesne, La Champmeslé, Philarète Chasles, Chrestien de Troyes, Coislin, Saint-Cosme* (ou *Saint-Côme*), *Cosne, Cosnefroy, Crosnier, Crouslé, Dalesme, Davesne, Decaisne, Delavesne, Delescluze, Delesvaux, Delisle, Devismes, Dhuesme, Dombasle, Dosdane, Dubeslay, Ducasble, Dures-*

nel, duc d'*Escars* (ou *Des Cars*), *Franchet d'Esperey* [depeʀɛ], *Espréménil*, *Estienne*, *L'Estoile*, famille *d'Estrées*, *Jordan Fantosme*, *Fenestre*, *Fill(i)astre*, *Fismes*, *Gastebois*, *Gesves*, *Gresle*, *Gresly*, *Du Guesclin*, *Guesde*, *Guesdon*, *L'Hospital*, *Belle-Isle*, *Rouget de l'Isle*, *Jouslin de la Salle*, *Lafenestre*, *Laisné*, *Laisnez*, *Lapresle*, *Laubespine*, *Lecesne*, *Lecoispellier*, *Leconte de Lisle*, *Lemaistre*, *Lemesle*, *Le Nostre*, *Leprestre*, *Lévesque*, *Loisne*, *Marchoisne*, *Mesnage*, *Mesnager*, *Mousnereau*, *Nesle*, *Osnes*, *Poisvert*, *Praslin*, *Praslon*, *Presle*, *Presme*, *Prestre*, *Raisme*, *Restif de la Bretonne*, *Rosny*, *Sausverd*, *Sesmaisons*, *Tesnier*, *Tesnière*, *Trasrieux*, *Tulasne*, *Vatisménil*, *Vismes*.

Rem. I. — L's se prononce ou non, suivant les personnes, dans *Aubespin*, *Aubrespin*, *Baslez*, *Bastard*, *Besdel*, *Besland*, *Beslard*, *Beslay*, *Beslé*, *Beslier*, *Beslière*, *Beslin*, *Besnard*, *Besnier*, *Boistard*, *Boisteau*, *Boistel*, *Bresnier*, *Cesbron*, *Chaslon*, *Chaslot*, *Chasteau*, *Chastel*, *Chastelain*, *Chastelard*, *Chastillon*, *Cosnard*, *Cosnay*, *Cosnier*, *Crespet*, *Crespin*, *Crespon*, *Dehesdin*, *Delastre*, *Delaistre*, *Demoustier*, *Deresme*, *Dislaire*, *Dislay*, *Dislé*, *Disleau*, *Dosne*, *Esmonin*, *Esnaut*, *Festy*, *Gasne*, *Gasnard*, *Gasnier*, *Gastellier*, *Greslon*, *Greslé*, *Guesnet*, *Guesnier*, *Guesnon*, *Guesnu*, *Hesbert*, *Hesdin*, *Heslot*, *Heslouin*, *Husnot*, *Maisme*, *Maismin*, *Maismon*, *Maslard*, *Masnier*, *Menestrier*, *Mesdon*, *Meslant*, *Meslé*, *Meslier*, *Meslin*, *Mesly*, *Mesmay*, *Mesme*, *Mesmin*, *Mesnard*, *Mesnier*, *Mesny*, *Meusnier*, *Mosnier*, *Mousnier*, *Moustardier*, *Moustier*, *Musnier*, *Naslin*, *Nesme*, *Nesmond*, *Nesmy*, *Pesle*, *Peslherbe*, *Preslier*, *Reslut*, *Resve*.

Rem. II. — Noter les oppositions : *S*ᵗ *Cosme*, famille *d'Estrées*, *Lemaistre*, *Bastard de Bouillon*, *Jouslin de la Salle*, *S*ᵗ *Mesmin*, sans [s] et *Cosme de Médicis*, *Destrée*, *Joseph et Xavier de Maistre*, avec [s], ou *Bastard*, *Jouslin*, *Mesmin*, avec ou sans [s].

De même, à côté des noms de localité *Crespy* (Aube), *Hesdin* (Pas-de-Calais), sans [s], on a comme noms de personnes *Crespy* et *Hesdin*, avec ou sans [s].

Rem. III. — Dans les noms consignés dans les remarques précédentes, l'hésitation entre zéro et [s] est de date relativement récente. Devant l'incertitude où l'on peut être si tel ou tel individu prononce ou non l's de son propre nom, il vaut mieux ne pas le prononcer soi-même. On ne le prononcera pas en tout cas lorsqu'il s'agit de personnes nées avant le xxᵉ siècle ; par exemple dans *Besnard* (peintre, 1849-1934), *Besnier* (médecin, 1831-1909), *Demoustier* (écrivain, 1760-1801), *Menestrier* (jésuite, 1631-1705), *Meusnier* (général, 1754-1793), etc.

6º. — Sauf les cas signalés dans les remarques ci-dessous, l's devant consonne se prononce dans tous les mots ou noms anciens et étrangers : *askari*, *asti*, *basket-ball*, *bismuth*, *boston*, *bostandji*, *costus*, *destour*, *suspense*, etc. —, *Asben*, *Ascanio*, *Asclépios*, *Asfeld*, *Aspromonte*, *Astorga*, *Astyanax*, *Boscan*, *Boscawen*, *Caspari*, *Castiglione*, *Cestius*, *Chosroès*, *Custozza*, *Esdras*, *Hasdrubal*, *Islam*, *Israël*, la *Kasbah d'Alger*, *Küstrin*, *Lesbos*, *Osmond*, *Schleswig*, etc.

Il en est de même lorsque les noms étrangers sont francisés : *Aristote, Desdémone, Lisbonne, Presbourg*, etc.

Rom. I. — Pour le groupe *-sc-* suivi de *e, i* dans les noms latins et dans les mots ou noms italiens, cf. pp. 325-6.

Rem. II. — Pour le groupe *-sch-* dans les noms allemands ou italiens, cf. p. 335.

II. — **Après consonne.**

1º **bs** : On prononce [ps] dans les mots commençant par ABS- ou -OBS : *absent, abside, absinthe, absolu, absorber, absolution, absoudre*, etc., *obséder, obsèques, obséquieux, observer*, etc. De même dans *subséquemment, subséquent, subsimilaire, subsinueux, subsultant, subsumer, subsumption, subsurdité*, et dans *L'Absie* (Deux-Sèvres).

[bz] dans *subsistance, subsistant, subsister*.

[ps] ou [bz] dans *subside, subsidence, subsidiaire (-ement), subsidier*.

Rem. — On prononce [ps] dans les noms anciens ou étrangers, qu'ils soient francisés ou non : *Absalon, Absyrte, Dobson, Gibson, Gobseck, Hobson, Ibsamboul, Ibsen* (et *ibsénien, ibsénisme*), *Obsequens*, etc.

2º **cs** : Ce groupe qui appartient au hongrois se prononce [tʃ] : *Bocsa, Csubacsüd, Demécser, Fricsay, Kalocsa, Kecskemét, Kemecse, Kocsoba, Kopocsapati, Mecsek, Munkácsy, Ny-Lucska, Ocsa, Ocsöd, Porcsalma, Saztmárecska, Szécsény, Varacsand*, etc. Le groupe *scs* se prononce [tʃ] (ou mieux [ʃtʃ]) comme en hongr.) dans *Békéscsaba*.

3º **ls** : On prononce [lz] dans *alsacien, balsamine* (et autres mots en *balsam-*), *Alsace, Belsunce*.

[ls] dans tous les autres cas : *compulser, convulsion, expulser, gelsémine, révulsif, salsepareille, salsifis, salsolacées, valser*, etc., *La Valserine, Valsonne*.

Rem. — On prononce ordinairement [ls] dans les mots et noms anciens ou étrangers, qu'ils soient francisés ou non : *salsola, telson,* île *Alsen, Alserio,* rio *Balsas, Bolsena, Celsius, Celsus, Colson, Elseghem, Elseneur,* île *Filsand, Gloria in excelsis Deo, Helsingborg, Helsingfors, Helsinki, Melsele, Melsens, Nelson, Nilson, Olsene, Pilsudski, Salsomaggiore, Tilsit, Valsalva, Velsique-Ruddershove, Völsunga Saga, Walsingham, Welsum, Wilsele, Wilson,* etc.

Cependant on prononce [lz] dans *Joseph Balsamo* (roman d'Alexandre Dumas père) et dans *Balsamo*, quand ce nom italien est porté par des Français. De même dans les noms anglais *Wolseley* et *Wolsey*.

De plus, on prononce [lz] dans les noms allemands : *Alsenz, Elsa, Else, Elsenfeld, Gelsenkirchen, Gölsen, Helsen-Horn, Hilsenheim, Ilse, Kalser Tal*, etc., ainsi que dans les noms de lieu belges *Bilsen, Dilsen* et le germano-tchèque *Pilsen*.

Enfin dans les noms hongrois -*ls*- a la valeur de [lʃ] : *Alsódabas, Alsó-Józsa, Alsó-Nána, Alsó-Szeli*, etc.

4º **ms** : Ce groupe se prononce [s], avec voyelle précédente nasale, dans le nom biblique *Samson*, qui est aussi un patronyme français.

Rem. — On prononce [ms], avec voyelle précédente orale, dans l'arabe *imsak*, dans *Ramsès* et les noms anglais *Samson, Simson* — ; [mz], avec voyelle précédente orale, dans les noms allemands : *Imsen, Immensee*, etc., auxquels il faut joindre *Kulmsee, Mommsen*.

5º **ns** : Dans ce groupe l'*n* est muet et nasalise la voyelle précédente. Quant à *s*, il se prononce :

[z] dans la plupart des mots commençant par TRANS- : *transaction, transalpin, transat(lantique), transiger, transit, transitaire, transiter, transitif, transition, transitoire;* dans *intransigeance, intransigeant* et dans *Nansouty*.

Rem. I. — On prononce cependant [s] dans *transept* et *Transylvanie*. A plus forte raison dans *transsaharien, transsibérien, transsubstantiation, transsudation, transsuder*, qui ont deux *s*.

Rem. II. — On prononce [z] ou mieux [s] dans *transi, transir*.

Rem. III. — On prononce aussi [z], avec voyelle précédente nasale, dans le mot étranger *nansouk*, qui s'écrit aussi *nanzouk*, et dans *Transalaï*, chaîne de l'Asie Centrale.

[s] dans tous les autres cas : *ainsi, bonsoir, censé, censeur, chanson, consacrer, conseil, consentir, conséquence, conserver, considérer, consigne, consoler, inconsistant, insigne, insister, insulter, penser*, etc. *Anselme, Benserade, Canson, Considérant, Cransac, Ensival, Ensor, Fronsac, Gensonné, Lanson, Mansard, Monsigny, Ronsard, Vaucanson*, etc.

Rem. — Le *s* se prononce ordinairement [s] dans les mots et noms anciens ou étrangers, qu'ils soient francisés ou non ; cf. avec *n* muet et voyelle précédente nasale : *pensum, (lato, stricto) sensu, Anségise, Arkansas, Heinsius, Jansénius*, bataille de *Mansourah, Pansa* (consul rom.), *Pensylvanie*, etc. —, avec *n* prononcé et voyelle précédente orale : *Ansongo, Finsen, Jensen, Ben Jonson, Kensington, Lansing, Sansovino*, etc. —, et avec les deux prononciations *Al-Mansour, da Fonseca* [fɔns-] et *Fonseca* (fɔ̃s-) lorsque ce mot est porté par des Français, le *Kansas* [kɑ̃s-] et *Kansas-City* [kans-], *Nansen*, etc. Pour plus de détails, cf. pp. 151, 170, 182, 197, 218.

Mais on prononce [nz], avec voyelle précédente orale, dans l'angl. *Munsey* et dans les noms allemands : *Bunsen, Vansen, Wunsiedel*, etc. Cependant *Hansi*, nom d'un célèbre caricaturiste alsacien, se prononce [ɑ̃si].

A côté de *Pensylvanie* [pɛ̃s-], on a aussi *Pennsylvanie* [pɛns-].

6º **rs** : On prononce [rz] dans *Kiersy* ou *Quierzy* (Aisne) —, et [rs] dans tous les autres mots ou noms français : *arsenal, arsenic, persécuter, persister, sursis, traverser, universel,* etc., *Arsans, Arsène, Arsonval, Marseille, Orsay, Versailles,* etc.

Rem. — On prononce ordinairement [rs] dans les mots et noms anciens ou étrangers, francisés ou non : *bersagliere, corso,* etc., *Arsiero, Arsinoé, Dorset, Farsistan, Khorsabad, Larsen, Loppersum, Marsala, Marsyas, Orsini, Persée, Perséphone, Persépolis, Somerset, Witmarsum,* etc.

Cependant on prononce [rz] dans *jersey, Arsace, Arsacides, Jersey, Mersey* et dans les noms allemands : *Barsinghausen, Ersingen, Gersau, Hörselberg, Marsen* (dans le *Faust* de Gœthe), *Merseburg, Parsau,* etc. à l'exception de *Parsifal*, avec [rs].

7º Enfin le **s** se prononce [s] dans *Bethsabée, Klincksieck* [kliŋsik], *Klingsor* [kliŋsɔ:r], *Lindsay* [linsɛ], *Louksor* ou *Louqsor, Wurmser,* etc. Le nom anglais *Windsor* se prononce [windzɔ:r] ou [winzɔ:r].

III. — Entre consonnes.

Qu'il soit précédé de consonne orale ou de consonne nasale (muette, avec voyelle précédente nasale), le *s* devant consonne se prononce en français, avec la valeur de [s], même si la consonne suivante est sonore : *s'abstenir, obscur, obstacle, obstruer, substance,* etc. —, *conspirer, constance, démonstration, instrument, transpercer, transporter,* etc., *transborder, transgresser, translation, translucide, transmigration, transmettre,* etc.

Le **s** se prononce même devant *j* : *transjuran, Transjordanie*.

Il est cependant muet dans le groupe -*nsc*- suivi de *e* : *transcendant* [trɑ̃sɑ̃dɑ̃], *transcendance, transcendantal*.

Rem. I. — On prononce de même [s] dans les mots et noms étrangers, francisés ou non : *chapska, Anslow, Anspach, Carlsbad, Carlsruhe, Christiansfeld, Cronstadt, Darmstadt, Dunstan, Ebersbach, Gerstenberg, Habsbourg, Helmstadt, Hermannstadt, Hochstedt, Holstein, Innsbruk, Kœnigsberg, Kœnigsmark, St-Pétersbourg, Potsdam, Reichstadt, Wallenstein, Weinsberg,* etc.

Mais le groupe -*sch*- se prononce [ʃ] dans les mots ou noms étrangers : *hornschiefer, Goldschmidt, Gortschakoff* ou *Gortchakof, le Hradschin* —, excepté dans les noms flamands *Bixschoote, Hondschoote* (Nord), avec [sk].

Rem. II. — Les mots anglais *beefsteak* et *yachtsman* se sont réduits en français à *bifteck* et *yachtman*. De même, à côté de *sportsman* [spɔʀtsman], le français a *sportman* [spɔʀtman].

IV. — Devant H.

Le groupe *sh* est muet dans *Boishardy* [bwaaʀdi], *Deshaies* ou *Deshay(e)s* [dɛɛ], *Deshogues* [deɔg], *Groshenny* [grɔɛni].

Il se prononce [z] dans *transhumance*, *transhumant*, *transhumer*, *Deshoulières*, *Deshorts*, *Lashermes* —, et [ʃ] dans *Hashémite* ou *Achémite*.

Rem. — Le groupe *sh* se prononce [ʃ] dans l'anglais *fashion* (et *fashionable*), dans les noms anglais et les noms roumains, slaves, asiatiques transcrits à l'anglaise : *Aldershot*, *Ashton*, *Berkshire* et tous les noms en *-shire*, *Bradshaw*, *Bushy*, *Fisher*, *Gresham*, *Marshall*, *Nashville*, *Tishburn*, *Usher*, *Washington*, etc. — ; *Brashov*, *Crishana*, *Focshani*, *Iashi*, *Marasheshti*, *Orshova*, *Piteshti*, *Ploeshti*, *Sighishoara*, *Timishoara* (Roumanie), *Prishtina* (Yougosl.), *Krushné-Hory* (Tchécoslov.), *Peshawar* (Pakistan), *Hiroshima*, *Kagoshima*, *Tsushima* (Japon), etc.
Mais dans les noms allemands, flamands ou néerlandais et scandinaves, le groupe *sh* n'a jamais la valeur de [ʃ]. Il se prononce ordinairement [s] en français : *Cruyshautem*, *Ensheim*, *Ensisheim*, *Fresderikshald*, *Frederiksham*, *Germersheim*, *Hildesheim*, *Kœnigshütte*, *Mosheim*, *Romanshorn*, *Wilhelmshafen*, etc. Mais on peut faire suivre l's sinon d'une aspiration, comme en allemand, du moins d'un silence imperceptible. Dans les noms alsaciens en *-heim*, où d'ailleurs *-heim* se prononce [ɛm], le groupe *-sh-* a la valeur de [s] et la voyelle suivante se lie à [s] sans silence : *Geispolsheim*, *Habsheim*, *Kingersheim*, *Marckolsheim*, *Molsheim*, *Rosheim*, *Wittelsheim*, etc.

T

I. — Devant consonne.

Le *t* est muet dans les composés formés avec *haut-* : *hautbois*, *hauboïste*, *Hautbos*, *Hautmont*, *Hautmougey*, *Hautpoul*, *Hautvillers* —, *haut-de-chausses*, *haut-pendu*, *Haut-Rhin*, etc.

Ailleurs, le *t* se prononce soit devant un *r*, qui fait partie de la même syllabe que lui : *atroce*, *batracien*, *citron*, *détremper*, *fatras*, etc., *Boutroux*, *Catroux*, *Erkmann-Chatrian*, etc. —, soit devant une consonne autre que *r*, laquelle appartient dans ce cas à la syllabe suivante : *atlante (-ique)*, *transatlantique*, *atmosphère (-ique)*, *Batsère* (H.-Pyr.), *Betbezer* (Landes), *Betpouey-Barèges* (H.-Pyr.), *Betplan*

(Gers), *Botmeur* (Finist.), *Boutmy, Coëtlogon, Coëtquidam, Taitbout,* etc. Dans le premier cas, *t* a la valeur de [t] sourd ; dans le second, celle de [t] sourd ou de [t] sonore, selon que la consonne suivante est elle-même sourde ou sonore.

Rem. I. — On prononce aussi [t], sourd ou sonore suivant les cas, dans les mots et noms étrangers : *Ratcliff, Stratford, Zutphen,* etc. —, *atlas, fatma, hetman, Batna, Butler, Detmer, Detmold, Jutland, Patna, Putlitz, Ratbold, Rütli, Shetland,* etc.

II. — Après consonne.

1° Lorsque *t* est suivi d'une voyelle autre que *i*, il se prononce toujours [t] : *infecté, insecte, intellectuel, lecture* —, *exalté, haltère, sveltesse, entendre, hanter, peinture, conjoncture, succincte, vingtaine, vingtuple, adapté, excepté, rupture, écarté, ouverture, porteur, sortant, assistant, dévaster, ébénisterie, mixture,* etc. —, *Artassens* (Landes), *Artemps* (Landes), *Artaud, Bertaud, Cartaud, Castex,* etc.

2° Lorsque *t* est suivi de *i*, il faut distinguer entre les cas où *i* est final ou suivi de *e* muet ou de consonne, et ceux où il est suivi d'une voyelle autre que *e* muet.

a) Dans le premier cas, *t* se prononce [t] : *actif, insecticide, baltique, anéantir, apprenti(e), garantie, instinctif, optique, parti, ortie, repartie, sortir, dynastie, galvanoplastie, modestie, investi, travestir, amnistie, eucharistie, hostie, mystique,* etc. —, *Orestie, Ostie.*

Rem. — On prononce cependant [s] dans *ineptie, rhinoptie, gilbertie, inertie.*

b) Dans le second cas, *t* se prononce [t] ou [s] suivant les mots.

[t] dans les terminaisons nominales **-tième, -tier, -tière** : *centième, quantième, (anté)pénultième, septième, vingtième, altier, chantier, quartier, forestier, entière, frontière, portière,* etc., avec leurs dérivés, *Jacques Cartier, Alain Chartier, Demoustier, Parmentier,* etc.

dans l'adverbe *volontiers;*

dans les terminaisons **-tions, -tiez** de l'imparf. indic. ou subj. prés. : *contractions, consultions, chantions, exceptions, sortions,* etc. —, *contractiez, consultiez, chantiez, exceptiez, sortiez,* etc.

dans les composés du verbe *tenir* : *contiens, maintient, contiendra, maintiendrait*, etc.

dans les mots et les noms où *t* est précédé de *s* ou de *x* : *bastion, bestiaire, bestial, bestiole; christianisme, combustion, congestion, digestion, question, suggestion, vestiaire, (im)mixtion, Bastia, Bastiat, Bastien, Christian, Héphestion, Sébastien, Estienne* [et jɛn].

dans les composés de *anti* : *antialcoolique, antiapoplectique, antiaristocratique*, etc.

dans les mots isolés : *antiar, antienne, centiare, éléphantiasis, maintien*.

[s] dans les terminaisons : **-tiaire** (exception faite de *bestiaire, vestiaire*, cf. plus haut) : *pénitentiaire, plénipotentiaire, silentiaire, partiaire, tertiaire*, etc., avec les dérivés.

-tial, -tiale, -tiaux : *nuptial(e), nuptiaux, martial(e), martiaux, (im)partial(e), (im)partiaux, bantiale,* (psaumes) *pénitentiaux,* (livres) *sapientiaux,* et les dérivés — ; *Martial*.

-tiane : *gentiane, strontiane*.

-tiel, -tielle : *confidentiel(le), essentiel(le), pestilentiel(le), présidentiel(le), providentiel(le)*, etc., et les dérivés.

-tien, -tienne : *exoucontien, égyptien(ne), martien(ne),* (Vénus) *Epipontienne*.

-tient, -tiente : *superpatient, surbipartiente, surpartient, susquadripartiente*.

-tier (dans les verbes) : *différentier, transsubstantier*.

-tieux, -tieuse : *factieux, infectieux, contentieux, prétentieux, captieux*, avec leur féminin et leurs dérivés.

-tion (sauf le cas où la consonne qui précède est un *s* ou un *x*) : *action, affection, affliction, correction, direction, faction, instruction, restriction, séduction, distinction, fonction, jonction, onction, sanction, convention, invention, mention, prévention, corruption, déception, description; rédemption, désertion, portion, proportion*, etc., avec leurs dérivés.

lat. **-tium, -tius** : *arctium, consortium, strontium* —, *Actium, Antium, Pontius*, etc.

De plus dans les mots et noms isolés *arctione*, **consubstantialité**

(-teur, -tion), *égyptiac* (ou *-aque*), *infortiat, spartiate, tertianaire, tortionnaire, transsubstantia(tion)* —, lat. *a fortiori, tertio* —, *Abantiade*, dom *Martianay, Miltiade, Portioncule.*

Rem. I. — Le groupe *-tyon* précédé de consonne se prononce avec [t] dans *Montyon*, avec [s] et mieux avec [t] dans *Amphictyon, amphictyonide, amphyctionie, amphictyonique.*

Rem. II. — Ainsi *acceptions, adoptions, affections, attentions, contentions, contractions, désinfections, désertions, dictions, exemptions, exceptions, inspections, intentions, interceptions, inventions, mentions, objections, options, portions, rétractions* ont une prononciation différente suivant que ce sont des substantifs pluriels ou des premières pers. plur. : dans le premier cas, *t* se prononce [s] ; dans le second, [t].

III. — **Entre consonnes.**

1º Dans les noms commençant par *Font-, Mont-, Pont-*, l'*n* est muet et l'*o* nasal. Quant au *t*, il ne se prononce pas en règle ordinaire : *Fontbedeau, Fontclaireau, Fontcouverte, Fontfrède, Fontgombault, Fontpédrouse, Fontvieille*, etc., —, *Montbard, Montbazin, Montbéliard, Montblazon, Montcalm, Montdidier, Montfort, Montgolfier, Montlhéry, Montlieu, Montlosier, Montluc, Montluçon, Montmartre, Montparnasse, Montpellier, Montpensier, Montrachet, Montréal, Montredon, Montréjeau, Montrevel, Montricher, Montriond, Montrond, Montrouge, Montsoreau, Montsûrs*, etc., —, *Pontcarré, Pontcey, Pontchardon, Pontcharra, Pontchy, Pontcirq, Pontgibaud, Pontleroy, Pontmain, Pontvallain*, etc. De même dans les noms composés avec *Font, Mont, Pont*, suivis de trait d'union.

Il en est de même pour *Alfortville, Intville* (Loiret) et *Portbail.*

D'autre part, le *p* et le *t* sont muets dans *Septmoncel.*

Rem. I. — Cependant le *t* se prononce dans *Fontrailles, Montrésor, Montret, Montreuil, Montreux, Montrevault, Montrevaux, Montretout, Montrichard, Montrouveau, Pontrieux, Pontru.*

De même dans *Portrieux*, en face de *port* [pɔːr].

Rem. II. — Le *t* est muet dans les noms anglais *Montgomery, Montrose* et dans les noms catalans *Montjuich* [mɔnʒwik], *Montserrat, Montsiá.*

2º Le *t* se prononce, sauf les exceptions ci-dessus, dans tous les mots ou noms où il est suivi de *r* : *central, entrer, spectral, filtrer, portrait, magistral*, etc., *Astruc, Castries, Destrée*, etc.

et dans les composés avec *post-* : *postcommunion, postdater, post-*

face, postposer, postscolaire, etc. Ce n'est que dans le parler populaire que le *t* est muet dans ces mots.

> Rem. — En dehors des cas signalés plus haut, le *t* se prononce toujours dans les mots ou noms anciens et étrangers, francisés ou non, non seulement devant *r*, mais encore devant une consonne quelconque : *gentleman, gentlemen, partner, portland, Altkirch, Bactriane, Castro, Istrie, Kamtchatka, Kamtchadales, Lestrygons, Moltke, Montwitz, Montzen, Ostrovsky, Pontremoli, Pontresina, Pontwitz, Portsmouth, Sestri Levante,* etc.

IV. — Devant H.

Le groupe *th* est muet dans *asthmatique, isthmique.*

Il se prononce partout ailleurs, avec la valeur de [t] sourd devant voyelle ou devant *r*, de [t] sonore devant une consonne sonore (autre que *r*) appartenant à la syllabe suivante : *apathie, athée, gothique, mythologie, pythie, sympathie,* etc., *Athesans, Athis, Béthune, Bouthillier, Mat(t)hieu,* etc. ; *anthologie, arthrite (-ique, -isme), corinthien, Arthur, Bourgthéroulde, Monthermé, Parthenay, Penthièvre, athlète (-ique, -isme), arithmétique, logarithmique, rythmer, rythmique.*

> Rem. I. — Le mot *chrestomathie* se prononce avec [t], ou, moins souvent, avec [s].
>
> Rem. II. — On prononce aussi [t], sourd ou sonore suivant les cas, dans les mots et noms anciens ou étrangers, francisés ou non (pour les noms anglais, cf. rem. III) : *cathéter, ithos, pathos, stathouder, canthus, pentathlon,* etc. ; *Agathias, Aréthuse, Athéna, Mt Athos, Beethoven, Bithynie, Cythère, Golgotha, Léviathan, Mathusalem, Othello, Pirithoüs, Téthys,* etc. ; *Althen, Anthemios, Balthasar, Cantho, Drontheim, Esther, Jugurtha, Melchthal, Parthénon, Saventhem, Vasthi, Winterthur, Xanthus,* etc. ; *Ethra, Jéthro, Mithra, Mithridate,* etc. ; *Bethlen, Bethléem, Bethsabée, Gethsémani, Gothland, Othman, Pathmos, Rothschild, Téglathphalasar,* etc.
>
> Rem. III. — Autrefois le *th* anglais se prononçait [t] en français. Mais aujourd'hui [t] tend à céder la place à [θ]. C'est ainsi qu'on fera bien de prononcer [θ] dans *Athenry, Atherley, Atherston, Atherton, Athole, Atholl, Athy, Bathurst, Bithell, Blythe, Botham, Brothers, Carruthers, Cathay, Cleather, Cleethorpe, Clitheroe, Dotheboys Hall, Duthie, Ethel, Etherington, Featherston(e), Frothingham, Gathorne, Hathaway, Hatherfell, Hathorne, Hetherington, Hotham, Hythe, Kythe, Latham, Lathom, Leatham, Leatherhead, Leathes, Letheby, Litheby, Lytham, Matheson, Mathew, Methuen, Northanger, Northants, Pathfinder, Pither, Rotherham, Rotherhite, Rothesay, Ruthersford, Ruthersglen, Sotheby, Sothern, Statham, Sutherland, Swithin, Tatham, Trethewy, Trethowan, Weatherhead, Wetherby, Ythan,* etc ; *Athlone, Bothwell, Cathcart, Cuthbert, Guthrie, Hathway, Heathcoat, Heathcote, Heathfield, Huthwaite, Kathleen, Lathrop, Lithgow, Lothbury, Northbrook, Northeliffe, Northcote, Northwich, Northwood, Rathbone, Ruthven, Ruthwell, Strathcona, Strathmore, Strathpeffer,* etc.

Les prononciations [nɔʀtɑ̆ptɔn], [sutɑ̆ptɔn], et surtout [nɔʀtɑ̆ptɔ̃], [sutɑ̆ptɔ̃], pour *Northampton* et *Southampton*, sont aujourd'hui plus ou moins périmées. On dit (nɔʀθamptɔn] et [sawθamptɔn]. Mais *Northumberland* continue à se prononcer [nɔʀtœ̆bɛʀlɑ̃] ou [-ɑ̃:d].

Il faut prononcer un [t], comme en anglais, dans *Chatham, Chetham, Gotham, Greatheart, Spithead, Streatham, Wythom,* etc.

Enfin, les noms anglais portés par des Français se prononcent avec [t] : *Latham* (aviateur), *Mac Carthy* (géographe et écrivain), etc. = [latam], [mak kaʀti].

X

I. — Devant consonne.

L'*x* se prononce [s] dans *Rinxent* (P.-de-C.), *Sanxoy* (Vienne), *Saulxures* (Vosges), *Vanxains* (Nord).

2° Il se prononce [ks] dans tous les autres cas : *expectation, expectorer, expérience, expliquer, exploit, exposer, exprès,* etc. ; *bissextile, dextérité, juxtaposer, immixtion, sextuple, textuel,* etc. ; *excavation, exclure, excrément, excuser,* etc. ; *exceller* [ɛksele], *excentrique* [ɛksɑ̃tʀik], *exciter* [ɛksite], etc. ; *sexquadridécimal ; exsangue* [ɛksɑ̃:g] —, *Expilly*.

Rem. — Il en est de même dans les mots et noms anciens ou étrangers : *express, extra, extra-muros, in extremis* —, *Axminster, Bexley, Bixschoote* [bikskɔt], *Brixley, Dixmude, Expeditus, Huxley, Oxford, Roxburgh, Sextus,* etc.

II. — Après consonne.

1° L'*x* se prononce [s] dans *Rinxent* (P.-de-C.), *Sanxoy* (Vienne), *Saulxures* (Vosges), *Vanxains* (Nord).

Rem. — Il en est de même pour le second *x* des noms anciens, *Artaxerxès, Xerxès*. Mais on prononce [ks] dans *Eumolxis, Zamolxis*.

III. — Entre consonnes.

L'*x* se prononce [ks] dans *Dinxperlo* (Pays-Bas).

IV. — Devant H.

Le groupe *xh* se prononce [gz] dans *exhaler, exhausser, exhaustif, exhéréder, exhiber, exhilarant, exhorter, exhumer,* etc.

mais [ks] dans *Paixhans*, nom d'un général français.

Rem. — On prononce [ks] dans les mots et noms étrangers : *vauxhall*, *Bexhill*, *Bloxham*, *Cuxhaven*, *Vauxhall*, etc. On fera bien, dans tous les noms propres, de séparer par un léger silence le groupe [ks] de la voyelle suivante.

V

Dans la transcription romane des noms russes, *v* a la valeur de [v] devant consonne sonore : *Anna Ivanovna*, *Nijni-Novgorod*, etc. ; de [f] devant consonne sourde : *Aivazovsky*.

W

I. — Devant consonne.

1° Le *w* se prononce [v] sourd dans le franç. *Fawtier*.

Rem. — Il est ordinairement muet en français dans les noms polonais en -*awski*, -*ewski*, -*owski* : *Wienawski*, *Paderewski*, *Walewski*, *Dombrowski*, *Poniatowski*, *Witkowski*, etc.
Mais on prononce [v] sonore dans *Kolowrat* et *Anna Polowna* ou *Paulowna*.

2° Le *w* est muet dans *paulownia* [pɔlɔnja].

Le groupe *ew* se prononce [œ] dans *Rewbell*, nom d'un conventionnel français qui s'écrit aussi *Reubell*.

Pour *aw*, *ew*, *ow*, dans les mots et noms anglais, cf. pp. 147, 165, 194.

II. — Après consonne.

1° On prononce [w] dans *Longwy* [lɔ̃wi] et dans *Renwez* [ʀɑ̃we] (Ardennes).

Rem. — Il en est de même dans les mots et noms anglais : *railway*, *sandwich*, *tramway*, *wigwam*, etc., *Atwood*, *Berwick*, *Bothwell*, *Cromwell*, *Darwin*, *Edwards*, *Galway*, *Greenwich*, *Longwood*, *Norwich*, *Woolwich*, *Wordsworth*, etc.

2° On prononce [v] dans l'all. *landwehr* et dans les noms alsaciens, allemands, ou scandinaves : *Bennwihr*, *Brunswick*, *Guebwiller*, *Schleswig*, *Thornwaldsen*, *Unterwald*, etc.

III. — Entre consonnes.

Le *w* est muet dans l'angl. *Arkwright*, en français [aʀkʀajt], avec coupe syllabique entre [ʀk] et [ʀ].

Z

I. — **Devant consonne.**

1º On prononce [z] dans *mazdéisme (-iste)* et les noms français *Gozlan, Gozlin, Ploubazlanec, Seznec.*

Rem. I. — Il en est de même dans *guzla* (du serbo-croate *gusla*) et dans les noms étrangers, francisés ou non, qui ne sont ni allemands ni espagnols, quand z est suivi d'une consonne sonore : : *G(h)aznévides, Kozlow, Kozlowski, Kozmian, Uzbec, Uzbékistan*, etc. On prononce de même [z] dans l'américain *grizzli* [gʀizli].

Rem. II. — *Gozlin*, nom d'un ancien évêque de Paris, s'écrit aussi *Goslin* ; d'où la double prononciation [gɔzlɛ̄] et [gɔslɛ̄].

2º Le z se prononce [s] dans les noms étrangers, non allemands ou espagnols, dans lesquels il est suivi d'une consonne sourde : *Dizfoul, Firozpour*, etc.

3º Dans les noms allemands, le z devant consonne se prononce [ts] : *Kreuzberg, Kreuzburg, Kreuzlingen, Kreuznach, Kreuzwald*, etc.

4º *Guzman* se prononce en français [guzman] ou mieux, à l'espagnole, [guθman]. Mais lorsqu'il est porté par un Français, on dit [gyzmɑ̄]. *Guzman d'Alfarache*, écrit à la française, se prononce [gyzmɑ̄ dalfaʀaʃ] ; mais *Guzman de Alfarache* se prononce [gusman] ou mieux [guθman de alfaʀatʃe].

Quant à *Guipuzcoa*, il se prononce toujours à la française : [gipyskɔa].

5º Comme à l'initiale de mot (p. 273), le groupe intérieur *zs* a la valeur de [ʒ] dans les noms hongrois : *Börzsöny, Erzsébet, József, Nagykanizsa, Zsuzsanna*, etc.

II. — **Après consonne.**

1º **gz** = [gz] dans *zigzag, zigzaguer.*

2º **lz** = [lz] : *balzan, colza, falzar* (argot), *Alzon, Balzac, Delzons, Malzéville, Le Malzieu-Ville*, etc.

Rem. I. — Il en est de même dans *Belzébuth* et dans les noms étrangers qui ne sont ni allemands ni italiens : *Elzévir, Selzaete*, etc.

CONSONNES À L'INTÉRIEUR DU MOT

Rem. II. — On prononce [lts] dans les noms italiens ou allemands : *Belzoni* —, *Selzach, Walzenhausen, von Wolzogen*, etc. Mais lorsqu'il est porté par des Français, le nom italien *Belzoni* se prononce [bɛlzɔni].

3° **nz** = [z] avec voyelle précédente nasale : *bronzé, donzelle, onzième, quinzaine*, etc., *Anzat, Chanzy, Donzère, Jonzac, Sonzay*, etc.

Rem. I. — Il en est de même dans les mots étrangers : *banzaï, chimpanzé, tanzimat*, etc. ; dans *Lonzec* (Belgique) ; et dans les noms étrangers francisés *Gonzague, Gonzalve*.

Rem. II. — On prononce [nz], avec voyelle précédente orale, dans les noms étrangers qui ne sont ni allemands, ni espagnols, ni italiens : angl. *Penzance*, russ. *Penza, Romanzov*, afric. *Menzalèh, Nyanza, Rououenzori*, pers. *Enzeli*, etc. Cependant *Menzalèh, Nyanza* et *Romanzov* se prononcent aussi à la française avec [z] précédé de voyelle nasale.

Rem. III. — Dans les noms allemands, on prononce une voyelle orale et [ndz], ou mieux [nts] : *Enzersdorf, Enzig, Menzel, Menziken, Munzer*, etc.
Cependant on prononce [z], avec voyelle précédente nasale, dans *Appenzell* et dans le mot français dérivé de l'allemand *menziérie*.
Danzig, écrit aussi *Dantzig*, se prononce [dãtsik] ou [dãsig].

Rem. IV. — Les noms espagnols comme *Anzánigo, Chanza, Lanzarote, Manzanillo, Manzano, Manzón, Pinzón, Rianzarès*, etc., peuvent se prononcer à la française avec voyelle nasale et [ʒ]. Mais peu à peu la mode s'introduit de les prononcer à l'espagnole, avec voyelle orale et [ns] ou mieux [nθ]. Il en est de même pour le mot *manzanilla*.
Manzanarès, qui peut s'écrire aussi *Mançanarès*, a une double prononciation en français, avec voyelle nasale et [z] ou [s]. A l'espagnole, on prononcera [manθanarès].
Il va sans dire que *Gonzalès, Gonzalo*, lorsqu'ils sont portés par des Français, se prononcent avec voyelle nasale et [z].
En hispano-américain, le z se prononce [s] et non [θ].

Rem. V. — Les noms italiens comme *Anzasca, Enzio, Faënza, Lanzi, Manzoni, Menzini, Monza, Panzini, Sanzio*, etc., peuvent se prononcer à la française avec voyelle nasale et [z]. Mais l'usage s'établit peu à peu de les prononcer à l'italienne avec voyelle orale et [nts].
D'Annunzio se prononce [danunzjo] ou [danuntsjo].
Lorenzaccio, drame d'A. de Musset, se prononce [lɔʀɛ̃zaksjo] à la française, ou mieux [lɔʀɛntsjo] à l'italienne.
On prononce [sãzjo] dans *Raphaël Sanzio*.
Les noms corses *Nonza, Venzolasca* se prononcent avec [z] précédé de voyelle nasale, ou plutôt avec [nz] précédé de voyelle orale.
Pour ce qui est des mots italiens, *gorgonzola* est francisé en [gɔʀgɔ̃zɔla], et *canzone*, se prononce [kãdzɔn] à la française ou mieux [kantsɔne] à l'italienne. Quant à *canzonetta* il se prononce [kantsɔnetta].

4° **rz** = [ʀz] : *garzette, garzotte* ou *garsotte, jerzeau, porzane* (ou *porzana*), etc., *Arzacq, Arzano* (Finistère), *Burzat, Corzé, Gerzat, Larzac, Morzine, Sarzeau, Urzy, Verzy*, etc.

REM. I. — On prononce aussi [rz] dans les mots étrangers *arzel*, *korzec*, *mirza*, et dans les noms étrangers qui ne sont ni allemands, ni espagnols, ni italiens, ni polonais : flam. *Herzeele* (Nord), *Herzele*, *Landerzeel* (Belg.), holl. *Zuyderzée*, suéd. *Berzélius*, russ. *Arzamas*, turc *Erzeroum*, *Erzindjan*, liban. *Mourzouk*, hind. *Mirzapour*, etc. Noter *Herzégovine*, avec [rz], en face du serbo-croate *Hercegovina*, avec [rts].

REM. II. — On prononce [rdz] ou mieux, à l'allemande ou à l'italienne, [rts] dans les noms allemands : *Kerzers*, *Grillparzer*, *Herzog*, *Wurzen*, etc. et dans les mots ou noms italiens : *rinforzando*, *scherzando*, *scherzoso*, *sforzando*, *smorzando*, *terza rima*, *terzetto*, *terzina*, *Arsignano*, *Barzano*, *Carza*, *Curzola*, *Darzo*, *Sarzana*, *Val Verzasca*, etc. Cependant *scherzo* et *Sforza* ont une prononciation consacrée avec [rdz].

REM. III. — Les noms espagnols comme *Arzua*, *Barzana*, *Berzocana*, *Portal del Corzo*, *Corzuela Blanca*, Mte *Marzo*, *La Zarza*, etc. se prononcent avec [rs] ou mieux, à l'espagnole, avec [rθ]. Il en est de même pour le mot espagnol *zarzuela* : [sərswela] ou [θarθwela]. En hispano-américain, les noms de ce type se prononcent avec [rs].

REM. IV. — Le groupe *rz* se prononce [ʒ] dans les noms polonais. Ainsi dans *Badarzewska*, *Korzeniowski*, *Orzeszko*, etc.

5º **tz** = [ts] ou [dz] dans *hertzien*, *quartzeux*, *quartzifère* et tous les dérivés de *quartz*, de *Bentzon*.

REM. I. — Entre voyelles, le groupe *tz* se prononce [dz] dans les mots allemands *bretzel*, *kreutzer* ; dans *Botzaris*, *La Sonate à Kreutzer* (Tolstoï), *Les Rantzau* (comédie d'Erkmann-Chatrian) ; dans les noms allemands de localités ou de personnes françaises : *Metzervisse* (Moselle), *Mutzenhausen*, *Mutzig*, *Wantzenau* [vɑ̃dzəno] (B.-Rhin], *M. Kreutzer*, *docteur Schweitzer*, etc.

Dans les autres noms étrangers, on prononce [ts] : *Bautzen*, *Botzen*, *Etzel*, *Itzig*, *Kotzebue*, *Lutzen*, *Lützow*, *Metzys*, *Schwetzingen*, *Tetzel*, *Tzetzès*, *Wetzikon*, etc.

Metzu ou *Metsu*, nom d'un peintre hollandais du xviie siècle, se prononce avec [ts] ou mieux [dz].

REM. II. — Entre consonne et voyelle, le groupe *tz* se prononce [dz] dans les noms allemands de localités françaises : *Soultzeren* (H.-Rhin), *Wintzenbach*, *Wintzenheim* (B.-Rhin), etc. Mais dans les noms allemands, il se prononce [ts] : *Goltzius*, *Kintzheim*, *Muntzer*, *Nefftzer*, *Wintzingerode*, etc.

REM. III. — Devant consonne, le groupe *tz* se prononce [ts] dans tous les noms étrangers : *Gutzkow*, *Hatzfeld*, *Matzger*, *Ötztal*, *Radetzky*, *Spitzberg*, *Wetzlar*, etc., y compris *Saltzbronn* (Moselle), *Soultzbach*, *Soultzmatt* (H.-Rhin).

6º Il faut signaler les groupes étrangers *cz* et *sz*. Le premier se prononce [tʃ] dans les noms polonais (*Byczyna*, *Kawczyński*, *Kulczycka*, *Mieczyslaw*, *Nowaczyński*, *Wydawniczy*, etc.) et [ts] dans les noms hongrois (*Ghiczy*, *Herczeg*, *Kaginczy*, *Rákóczi*, *Wesböczy*, *Wiczay*, etc.). Le second se prononce [ʃ] dans les noms polonais (*Borejsza*, *Kraszewski*, *Matuszewicz*, *Naruszewicz*, *Przybyszowski*, etc.) et [s] dans le hongr. *puszta* et les noms hongrois (*Esztergom, Koloszvar, Kosztolányi, Mátészalka, Mikszáth, Tisza, Törökszentmiklós*, etc.).

Il est à noter que pour des raisons historiques les groupes *cz* et *sz* ont pu être adoptés dans des noms qui ne sont ni polonais ni hongrois. Ainsi dans *Oczakof* (russe), *Kupeczki* (tchèque), *Stroszmayer* (allem.), etc., qui se prononcent le premier avec [tʃ], le second avec [ts], et le troisième avec [s].

Enfin on prononce [lts] dans l'all. *feldzeugmeister*, et [kz] dans le franç. *scheuchzérie* [ʃøkzeri], dérivé d'un nom propre allemand.

III. — Entre consonnes.

1° Après *l, n* ou *r*, le *z* se prononce [ts] dans les noms allemands : *Salzbach, Salzbrunn, Salzkotten, Salzmann, Salzwedel, Denzlingen, Erzgebirge, Schwarzwald*, etc. Cependant on prononce [z] dans *Salzbronn* (Moselle), dans *Salzbourg* qui est francisé, et dans les noms allemands portés par des Français, comme *Erzberger*.

Rem. — Pour le groupe *tz*, cf. p. 374.

2° Devant consonne, les groupes polonais *cz* et *sz* se prononcent l'un [tʃ], l'autre [ʃ], comme devant voyelle (cf. ci-dessus) : *Klaczko, Moroczkowski, Wieliczka*, etc. —, *Orzeszkowa, Reszke*, etc.

Le groupe polonais *szcz* se prononce [ʃtʃ], ou à défaut [tʃ] : *Goszczyński, Leszczyński*, etc. Il faut cependant noter que l'orthographe de ce dernier nom a été déformée en français : on écrit ordinairement *Leczinski, Leczinska* en parlant du roi de Pologne Stanislas et de la reine Marie, femme de Louis XV, et on prononce [lɛkzɛ̃ski], [lɛkzɛ̃ska].

IV. — Devant H.

Le *z* se prononce [ts] dans l'allem. *Pforzheim*.

CHAPITRE VII

CONSONNES FINALES

On étudiera successivement :
A les consonnes simples,
B les consonnes redoublées,
C les groupes de consonnes.

A. — LES CONSONNES SIMPLES FINALES

On parcourra ces consonnes dans l'ordre alphabétique, en y joignant h.

B

Le *b* final est muet dans *radoub* et se prononce [b] dans tous les autres cas : *baobab, cab, nabab, guib, naïb, rob, snob, club, tub,* etc. —, *Achab, Assab, Joab, Mab, Moab, Pendjab, Raab, Bab-el-Mandeb, Caleb, Horeb, Maghreb, Sennachérib, Tippo-Saïb, Jacob, Job, Ben-Ktoub, Bou-Arkoub,* etc.

C

Le *c* final est muet dans *estomac, tabac, accroc, croc, escroc, raccroc, caoutchouc* —, *Aucaleuc, Saint-Brieuc,* tous les deux dans les Côtes-du-Nord.

Partout ailleurs il se prononce [k] : *bac, bric-à-brac, bivouac, tillac, vrac, arec, avec, échec, salamalec, alambic, basilic, lombric, porc-épic, syndic, trafic, estoc, roc, bouc, aqueduc, viaduc*, etc. —, *Balzac, Isaac, Jarnac, Caudebec, Québec, Copernic, Frédéric, Chamaloc, Montfroc, Pernambouc, Montastruc, Montluc*, etc.

Rem. I. — La prononciation [aʀsəni] pour *arsenic* commence à vieillir.
Rem. III. — Le mot *cotignac* se prononce avec ou sans [k] final. Mais le nom de localité *Cotignac* (Var) se prononce [kɔtiɲak].
Rem. II. — Le *c* final est muet dans *un broc, un cric* (machine). Mais on prononce un [k] final dans *de bric et de broc*, dans l'interjection *cric* (cf. *cric-crac*) et dans les noms de lieux *Broc* (Maine-et-L.), *Le Broc*, (Alpes-Mar., Puy-de-D.).
Rem. IV. — *Croc-en-jambe* se prononce [kʀɔkɑ̃ʒɑ̃:b].

D

Le *d* final est muet dans les mots ou noms français : *(il s')assied, pied, (il) sied, laid, nid, froid, muid, nœud, Vred* (Nord), *Pareid* (Meuse), *Baugé-Chambalud* —, et en particulier dans ceux qui sont terminés en **-od** : *palinod, Brenod, Briod, Cornod, Genod, Gounod, Larnod, Marcenod, Manigod, Marthod, Pernod, Seynod, Sirod*, etc. ; en **-aud** : *badaud, chaud, crapaud, nigaud*, etc., *Bertaud, Braud, Bugeaud, Gouraud, Milhaud, Quinaud, Reynaud, Thibaud*, etc. ; on en **-oud** : *(il) coud, (il) moud, Brignoud, Saint-Cloud*.

Rem. — Cependant le *d* se prononce dans *sud, Alfred*.

Dans les mots et les noms bibliques ou étrangers, le *d* final se prononce : *djehad, farad, lad, oued, ouled, taled, caïd, celluloïd, barmaid, raid, lied* [li:d], *éphod, yod, lloyd* [lɔjd] —, *Bonjad, Carlsbad, Galaad, Joad, Tchad, Timgad, Béni-Khalted, Béni-Méred, Manfred, Sened, Sidi-Mohamed, Bourscheid*, [buʀʃɛd] (Mos.) *Mayne-Reid, Abd-ul-Hamid, le Cid, David, Haroun-al-Rachid, Maadid, Valladolid, Port-Saïd, Sidi-Saïd, Siegfried, Nemrod, Nijni-Novgorod, Hood, Hollywood, Longwood, Robin-Hood, Laud, Maud, Mahmoud, Talmud*, etc.

Rem. — La prononciation de *Madrid* sans [d] final est vieillie.

F

Le *f* final est muet dans *clef*, qui s'écrit aussi *clé*.
Il se prononce [f] partout ailleurs : *paf, bat d'Af, aéronef, chef, fief,*

nef, relief, abusif, actif, canif, fautif, suif, bichof, lof, ouf!, pouf, rouf, tuf, éteuf, neuf, veuf, bœuf, œuf, soif, sauf, etc. —, Brief, Ignatief, Le Kef, Rix-Trébief, Gif, Grandrif, Vif, Romanof, Stamboulof, Chadeleuf, Elbeuf, Vibeuf, Paimbœuf, Chambœuf, Yousouf, etc.

REM. I. — Pour le bœuf gras et les composés du type Neuf-Brisach, cf. pp. 478-9.

REM. II. — Pour le numéral neuf devant mot commençant par voyelle ou par consonne, cf. pp. 478-9.

G

Dans le mot *joug*, pris au sens matériel, le g final est muet : *mettre les bœufs au joug, leur ôter le joug*, etc. Mais lorsque ce mot est employé au sens métaphorique on peut prononcer [ʒug] : *faire passer sous le joug, le joug romain, le joug de la loi*, etc.

Partout ailleurs, le g final se prononce [g] : *drag, zigzag, thalweg, whig, bog, grog, toug, humbug, thug* [tyg] —, *Agag, Landtag, Reichstag* —, *Bethmann-Hollweg, Ben-Zireg, Touareg, Dantzig, Figuig, Leipzig, Zadig, Gog, Herzog, Magog, Taganrog, Rosteig* [ʀɔstɛg] (B.-Rhin), *Solveig* [sɔlvɛg], *Grieg, Rœschwoog* [ʀɛʃvoːg] (B.-Rhin), etc.

REM. I. — Pour *joug*, au sens métaphorique, suivi d'un adjectif commençant par voyelle, cf. pp. 436, 440.

REM. II. — Le nom catalan *Puig* se prononce [putʃ] ; cf. *Puig i Cadafalch* [putʃ i kadafalk]. Mais quand il est porté par des Français, il se prononce [pɥitʃ].

H

L'*h* final est toujours muet : *ah!, bah!, pouah!, assorah, fellah, smalah, schah, sakyeh, leuh* —, *Allah, Coyah, In-Salah, Jéhovah, Mansourah, Savannah, Gizeh, Mendaleh*, etc.

K

Le *k* final se prononce toujours : *kodak, sandjak, yak, pachalik, break, cheik, herdbook, studbook, chibouk, nansouk, mameluck* (ou *mamelouk*), etc. —, *Scager-Rak, Bou-Malek, Prek-Tasek, Sidi-Embarek, Boufarik, Scheerbeek, Tuk-Méas*, etc.

L

La prononciation de *l* final varie suivant les terminaisons.

-AL = [al] : *amical, bocal, cheval, idéal, légal,* etc. — *Annibal, Durandal, Montréal, Pascal, Stendhal,* etc.

Rem. — Le groupe final -AAL se prononce [aal] dans *Baal* — ; [al] dans *Saint-Graal, de Staal, Transvaal.*

-EL. — L'*l* se prononce toujours : *annuel, ciel, pluriel, rappel,* etc. — *Haeckel, Haendel, Jézabel, Philippe le Bel, Ariel, Daniel, Ezéchiel, Kiel* [kil], *Manuel,* etc.

-ËL. — On prononce [aɛl] dans *taël, Azraël, Ismaël, Israël, Raphaël,* etc. —, [ɔɛl] dans *Joël, Noël,* etc. —, [al] dans *Ruysdaël* [ʀɥizdal], Mme *de Staël* [stal].

-IL (après consonne). — L'*l* final est muet dans *chartil, chenil, courtil, coutil, douzil, fournil, fraisil, fusil, gentil, nombril, outil, persil, sourcil.*

Il se prononce dans *alguazil, anil, avril, (an) bissextil, brésil, cil, civil (in-), conil, courbaril, exil, faufil, fil, grémil, mil, morfil, myrtil, (ex nihilo) nihil, octil, pénil, pistil, pontil, profil, puéril, quintil, sextil, sil, subtil, toril, tortil, trifil, tril, vil, volatil* —, *Anquetil, Boabdil, Brésil, Daumesnil, Duméril, Gil, Ménil, Le Mesnil, Myrtil, le Nil, Paulmier de Grentemesnil,* etc.

Rem. I. — Pour *babil, baril, fenil, goupil, grésil, gril,* il y a flottement entre [i] et [il]. Mais c'est [il] qui est le plus fréquent.

Au contraire pour *chenil,* c'est [i] qui est plus fréquent que [il].

Rem. II. — Le mot *péril* se prononce soit avec [ij], soit plus fréquemment avec [il].

-IL (après voyelle). — La voyelle qui précède -*il* peut être de différente nature ; d'où les terminaisons suivantes :

-ail. — Cette terminaison se prononce [ɛl] dans *cocktail* et *mail-coach.*

Elle se prononce [aj] partout ailleurs : *ail, bail, bercail, bétail, corail, détail, émail, foirail, gouvernail, poitrail, rail,* etc. —, *Noël du Fail, Ponson du Terrail, Pré-en-Pail, Raspail, Sail-sous-Couzan, Villepail,* etc.

Rem. — La prononciation locale de *Montmirail* (Marne) est [mɔ̃miʀɛl], et celle de *Montmirail* (Sarthe) [mɔ̃miʀal]. Cependant la prononciation générale est [mɔ̃miʀaj].

-eil (précédé de consonne). — On prononce toujours [ɛj] : *appareil, conseil, éveil, orteil, pareil, soleil, sommeil, vermeil,* etc. —, *Bonneil, Corbeil, Creil, Créteil, Limeil, Mareil, Saint-Barthélemy-le-Meil, Verceil,* etc.

-eil (précédé de voyelle). — La voyelle qui précède -eil peut être de différente nature ; d'où les terminaisons suivantes :

-ieil = [jɛj] dans *vieil*.

-oueil = [wɛj] dans *Bourg-d'Oueil*.

-ueil = [yɛj] dans *Bueil, Nueil, Rueil*. — [œj] partout ailleurs : *accueil, cercueil, écueil, orgueil, recueil* —, *Arcueil, Bourgueil,* etc.

-oil = [wal] dans les mots et noms français : *poil, Louvroil, Saint-Boil*. — [ɔjl] dans les mots anglais *fuel-oil, gazoil, mobiloil*.

-uil = [ɥil] dans *cuil, Tanaquil* —, [il] dans *Guayaquil*.

-euil = [œj] : *bouvreuil, deuil, fauteuil, seuil,* etc. —, *Argenteuil, Auteuil, Montreuil, Luxeuil, Verneuil,* etc.

-œil = [œj] : *œil* (et composés).

-œuil = [œj] : *Vœuil-et-Giget* (Char.).

-ouil = [uj] : *fenouil,* (*épée en*) *verrouil*.

-ÏL = [il] dans (*langue d'*)*oïl* [ɔil], *Abigaïl* [abigail], *Ouled-Naïl,* etc.

-OL = [ɔl] : *espagnol, menthol, rossignol, vitriol,* etc. — *Dona Sol, Le Grand Mogol, Paimpol, Rivarol,* etc.

Rem. — Le groupe final -OOL se prononce [ɔl] dans *alcool* — ; [ul] dans les mots et noms anglais : *pool* [pul], *Liverpool* (livɛʀpul), etc.

-UL (après consonne ou *h*). — L'*l* est muet dans *cul, cul-de-sac, tape-cul*. Il se prononce partout ailleurs : *accul, bulbul, calcul, cumul, consul, nul, recul, Clara Gazul, Irminsul, Méhul, le Tacul,* etc.

UL- (après voyelle). — La voyelle qui précède -ul peut être de différente nature ; d'où les terminaisons suivantes :

-aul = [ɔl] : *Paul, Népaul, Saul, Saint-Vincent-de-Paul*.

-eul = [œl] dans *épagneul, filleul, tilleul, linceul, aïeul, glaïeul,* etc. —, *Chevreul, Choiseul, Paliseul, Saint-Acheul*, etc. — [œj] dans *Jean de Santeul*, qui s'écrit aussi *J. de Santeuil*.

-**oul**. — Le mot *saoul*, qui s'écrit aussi *soûl*, se prononce [su] Mais on prononce [ul] partout ailleurs : *capitoul, maboul, redoul — Arnoul, Béroul, Fortoul, Frioul, Hautpoul, Istanboul, Lovenjoul, Mossoul, Raoul*, etc.

Rem. — Le nom de ville *Vesoul* se prononce [vəzul] et moins souvent [vəzu].

-**ÜL**. — On prononce [yl] dans *Saül*, et [ul] dans le nom catalan *Paül*.

-**YL** = [il] : *béryl, chrysobéryl*.

M

La prononciation de *m* final varie suivant les terminaisons.

-**AM** = [ã] dans *dam, Adam, Abram, L'Isle-Adam* —; [am] partout ailleurs : *baïram, durham, hammam, macadam, madapolam, tram*, etc. ; *Abraham, Amsterdam, Birmingham, Cham* [kam], *Islam, Jéroboam, Priam, Siam, Wagram*, etc.

Rem. I. — *Quidam* se prononce [kqidam] ou [kidam]. La prononciation [kidã] est vieillie.

Rem. II. — *Balaam* se prononce [balaam].

Rem. III. — Le groupe anglais *-eam* se prononce [im] : *cold-cream, steamboat, Gulf-Stream*, etc. Pour les noms anglais *Brougham, Maugham, Vaugham*, cf. p. 161.

-**EM** = [ã] dans les noms de lieux du Nord et du Pas-de-Calais : *Audinghem, Balighem, Bouvelinghem, Dohem, Houdeghem, Inghem, Killem, Ledinghem, Ledinghem, Lottinghem, Maninghem, Matringhem, Nabringhem, Oblinghem, Redinghem, Tatinghem, Verlinghem*, etc., sauf *Lestrem* [lɛtʀɛm].

[ɛm] partout ailleurs : *chalem, harem, idem, requiem, sachem, tandem, totem, ad valorem*, etc. —, *Bethléem, Château-Yquem* [ikɛm], *Jérusalem, Mathusalem, Mostaganem, Phat-Diem, Saint-Martin-de-Brem, Vung-Liem*, etc.

-**IM** (après consonne ou *h*) = [ɛ̃] dans le patronyme et prénom français *Joachim*, dans *Joachim du Bellay* et *Saint-Joachim* —; [im]

partout ailleurs : *intérim, olim, passim* — *Antrim, Bieloscurim, Elohim, Ibrahim, Kim-Long, Prim*, etc.

Rem. — Le portugais *Joaquim* et l'allemand *Joachim* se prononcent avec [im].

-IM (après voyelle). — La voyelle qui précède -*im* peut être de différente nature ; d'où les terminaisons suivantes :

-**aim** = [ɛ̃] *daim, essaim, étaim, faim, Le Daim* — ; [ajm] dans *Znaim*, nom allemand de *Znojmo*, ville de Moravie.

-**eim** = [ajm] dans les noms allemands : *Arnheim, Mennheim*, etc. — ; [ɛm] dans les noms de lieux alsaciens : *Kintzheim, Molsheim, Olwisheim, Plobsheim, Rixheim*, etc.

-**oim** = [ɔim] dans *Porto-Amboim.*

-**ÏM** = [im] dans *Ephraïm* [efʀaim], *Séboïm* [seboim].

-**OM** = [ɔ̃] dans *dom, nom, prénom, pronom, renom, surnom, Billom, Condom, Drom* (Ain), *le Nom, Riom* — ; [ɔm] dans *Bouxom ;* dans les noms de lieux de la Moselle : *Cattenom, Domnom, Manom ;* dans le nom biblique *Edom ;* et dans les noms étrangers : *Epsom, Mahom, Maelstrom* (ou *Malstrom*), etc.

Rem. — Le groupe final -OOM se prononce [ɔm] dans les noms flamands ou néerlandais : *Berg-op-Zoom, Boom*, etc. —, [um] dans les mots anglais : *grill-room, groom, spoom, tea-room*, etc.

-**ŒM** = [œm] dans les noms suédois *Anckarstrœm, Angstrœm.* A côté de *Maelstrom* ou *Malstrom* (cf. p. 196), il existe aussi la forme *Maelstrœm*, avec [œm].

UM (après consonne ou *h*) = [œ̃] dans *parfum*. — [ɔm] dans les mots latins : *album, arum, cœcum, décorum, erratum, factum, factotum, fatum, forum, jejunum, labarum, laudanum, (ad) libitum, vademecum*, etc. ; dans *abomasum, chewing-gum* (cf. p. 217), *opossum, rhum, targum ;* dans les noms bibliques ou latins : *Arpinum, Herculanum, Lugdunum, Nahum, Pœstum, Tusculum*, etc. ; et dans l'anglais *Barnum* —, [œm] dans *plum-cake, plum-pudding* et les noms anglais ou néerlandais (cf. p. 217) —, [um] dans *dum-dum*, et dans tous les autres noms étrangers : *la Begum, Bochum, Bussum. Gorkum, Kondum, Kon-Tum, M.t Kum, fl. Kum-Darya, Kum Hamad, Husum, Linum, Lum, Marum, Mesum, Orum, Pelkum, Plum*, etc.

UM- (après voyelle). — La voyelle qui précède -*um* peut être de différente nature, d'où les terminaisons suivantes :

-**aum** = [awm] dans les noms allemands : *Gross-Baum, Gross-Raum, Tannenbaum*, etc. —, [aum] dans *Sveti-Naum* (Yougosl.).

Rem. — Mais lorsqu'ils sont portés par des Français, *Baum, Grunbaum*, etc. se prononcent avec [ɔm].

-**eum** = [eɔm] dans *Te Deum*.

-**éum** = [eɔm] : *calcanéum, caséum, castoréum, iléum*, etc.

-**ium** = [iɔm] dans *atrium* —, [jɔm] dans *aquarium, géranium, harmonium, minium, opium, palladium, pallium, radium, Actium* [aksjɔm], *Latium* [lasjɔm], *Laurium, Sunium*, etc., tous mots ou noms latins.

-**oum** = [ɔwm] dans *Altoum* (dans Schiller) —, [um] partout ailleurs : *boum!, goum, pantoum, poum!, Batoum, Bozoum, Erzeroum, Fayoum, Khartoum, Soum*, etc.

-**uum** = [ɥɔm] dans les mots latins *mutuum, triduum, vacuum*.

-**ÜM** = [ɔm] dans *Capharnaüm*.

-**YM** = [ɛ̃] dans *thym* —, [im] partout ailleurs : *Pym, Rym*, etc.

N

La prononciation de *n* final varie selon les terminaisons.

-**AN** = [ɑ̃] dans tous les mots et noms français : *artisan, cadran, océan, ruban, volcan*, etc., *Allan Kardec, d'Artagnan, Baour-Lormian, Bohan, Evian, Florian, Han-sur-Meuse, Iseran Jean* [ʒɑ̃], *Langoëlan, Maine de Biran, Morbihan, Pralognan, Rohan, Royan* [ʀwajɑ̃], *Sigean* [siʒɑ̃], *Saint-Wulfran*, etc. —, dans les mots étrangers non anglais : *amman, chaman, dolman, drogman, firman, hermattan, iman, khan, landamman, ottoman, ramadan, sultan, yatagan*, etc. —, dans les noms anciens ou bibliques : *Alcman, Aman, Chanaan, Joathan, Jonathan, Laban, Nathan, Onan, Satan* —, dans les adaptations françaises de noms latins ou étrangers : *Bassan, Coriolan, Eridan, Florestan, Hadrian, Latran, Liban, Marignan, Tamerlan, Vatican*, etc. —, et dans les noms étrangers suivants : *Afghanistan, Aga Khan, Aldébaran, Ali Khan, Andaman, (Val d') Aran, Athelstan,*

Azerbaïdjan, (val de) Baztan, (âne de) Buridan, Ceylan, le Coran, le Dekkan, Duncan, Dunstan, Fezzan, Gengis Khan, Hamadan, Hindoustan, Iran, Ispahan, Ivan, Jordan, Kafiristan, Kairouan, Kazakistan, Kazan, Khorassan, Khouzistan, Kirghistan, Korrigan, Kouban, Kurdistan, Locman, Magellan, Mazagran, Mazandéran, Michigan, Mohican, (mer d') Oman, Osman, Ossian, Othman, Ouezzan, Pakistan, Raban Maur, Riazan, Sheridan, Soliman, Soudan, Tadjikistan Téhéran, Tétouan, Touran, Turkestan, Uzbékistan, Yucatan, auxquels il faut ajouter les noms arméniens : *Ardahan, Avan, Erivan, Méroujan, Van, Vartan, Aharonian, Chahinian, Kherumian, Sarkissian*, etc.

[an] dans les mots anglais : *gentleman, policeman, sportsman, wattman, yachtsman, yeoman*, etc. —, et dans les autres noms étrangers : *Abadan, Abd-er-Rahman, (Mouley-) Abderrahman, Acayucan, Achigan Koul, Rio Aguan, Ahriman, Ahuachapan, Aïvan-i-Kaïf, Akkerman, Aleman, An-Houei, An-King, Boutan, Chan-Si, Chan-Toung, Colman, Djan Boulak, Flaxman, Glamorgan, Gracian, Haï-Nan* ou *Haïnan, Han-Kéou, (Beni-, Moulaï-) Hassan, Ho-Nan, Iman-Kala, In-Chan, Kan-Chor, Kerman, Kouang-Tchéou-Wan, Ku-Klux-Klan, Lan-Tchéou, Nan-Ning, Newman, Runciman, Se-Tchouan, Tasman, Tran-Ninh, Truman, Tsi-Nan, Tucuman, Tuyen-Quan, Whitman, Wiseman, Wouwerman, Yunnan*, etc.

Rem. I. — On prononce [sã] dans *pou de San-José, san-benito ;* mais dans les noms géographiques commençant par *San*, on prononce [sã] ou [san] devant consonne, [sãn] ou [san] devant voyelle : *San Bernardino, San-Diego, San-Fernando, San-Francisco, San-José, San-Lorenzo, San-Martino-di-Lotta, San-Stefano*, etc., *San-Andrès, San-Antonio, San-Esteban, San-Eugenio, San-Ignacio, San-Ubaldo*, etc.

Rem. II. — La particule flamande ou néerlandaise se prononce soit [vã] devant consonne et [vãn] devant voyelle, soit [van] dans les deux cas.

Rem. III. — On prononce [zɥã] dans *Don Juan, Juan-les-Pins, golfe Juan ;* mais à côté de *golfe Juan* il existe aussi *golfe Jouan* [ʒwã], Quant à *San-Juan*, cap de l'île de Porto-Rico, il se prononce soit [sã ʒɥã], [san ʒɥã] ou [san ʒwan] et mieux, à l'espagnole, [san xuan].

Rem. IV. — On prononce [bazã] dans *Don César de Bazan*, personnage de Ruy Blas, mais [basan] ou mieux [baθan] dans *Pardo-Bazan*, nom d'une romancière espagnole.

Rem. V. — Le nom *Tristan* se prononce avec [ã]. Mais pour *Tristan-da-Cunha*, groupe d'îles anglaises au S.-O. du cap de Bonne-Espérance, on dit [tʀistan da kuɲa].

Rem. VI. — Le nom *Guzman* se prononce [guzman] (et mieux [guθman]) ou [gyzmɑ̃], selon qu'il est porté par un Espagnol ou un Français. L'adaptation française *Gusman* se prononce toujours [gyzmɑ̃]. Quant à *Guzman d'Alfarache*, nom d'un roman picaresque espagnol, il se prononce soit [gyzmɑ̃ dalfaʀaʃ], à la française, soit [guzman]'(et mieux [guθman]) [de alfaʀatʃe], selon l'espagnol qui écrit *Guzman de Alfarache*.

Rem. VII. — Le nom espagnol *Zurbaran* se prononce [zyʀbaʀɑ̃] à la française, ou [surbaʀan] et mieux [θuʀbaʀan] à l'espagnole.

Rem. VIII. — Le nom catalan *Duran* se prononce [dyʀɑ̃] à la française, ou mieux [duʀan].

Rem. IX. — Le nom *Morgan* se prononce [mɔʀgan] ou [mɔʀgɑ̃] selon qu'il est porté par un Anglais ou un Français. On prononce toujours cependant [mɔʀgɑ̃] dans *la Banque Morgan*.

Rem. X. — L'allemand *Wotan* se prononce [vɔtɑ̃], excepté lorsqu'il s'agit d'un personnage de Wagner.

Rem. XI. — Comme nom et prénom français, *Christian* se prononce [kʀistjɑ̃]. Il en est de même quand ce nom s'applique à un étranger, sauf lorsqu'il est prénom et suivi d'un autre nom : *Christian* [kʀistjan] *Möller*, etc.

Rem. XII. — *Stan Golestan* se prononce [stan gɔlɛstɑ̃].

Rem. XIII. — Le nom anglais *Kean* se prononce [ki:n].

-EN (après consonne) = [ɛ̃] dans *examen* —, dans *Agen, Bégouen, Dupuytren, Giren, de Quélen, Sirven* —, dans les noms géographiques bretons : *Berven, Bonen, Châtelaudren, Coatreven, Cléden-Cap-Sizun, Crehen, Elven, Guichen, Larmor-Baden, Lesneven, Pleuven, Pleyben, Ploeven, Quemperven, Saint-Gelven, Saint-Hélen, Saint-Solen* —, dans les noms de lieux de la Moselle : *Beyren-les-Sierck, Cocheren, Colmen* —, et dans *Blehen* [blǝɛ̃] en Belgique.

[ɑ̃] dans les noms de lieux des départements du Nord et du Pas-de-Calais : *Beuvrequen, Echinghen, Méteren, Sanghen, Tardinghen, Waben.*

[ɛ̃] ou [ɛn] dans *Cahen, Naegelen, Rosporden, Ruben*. Cependant quand il désigne des personnes non françaises, *Ruben* se prononce avec [ɛn]. Ainsi dans le nom du poète nicaraguais *Ruben Dario*.

[ɛn] dans *aven, dolmen* —, dans les mots grecs ou latins autres que *examen* : *abdomen, cérumen, cyclamen, dictamen, gluten, gramen, hymen, lichen, pollen, semen-contra, solen, spécimen, tegmen*, etc. —, dans les mots étrangers : allem. *groschen*, angl. *clubmen, policemen* (et autres pluriels en *-men*), *english spoken*, allem. et néerl. *den* (article), arab. *maghzen* —, dans les noms français *Kerguélen, Kerguélen-Trémarec, îles Kerguélen, Pléven, Pont-Aven, Suffren, Teitgen* —, dans les noms de lieux du Midi de la France : *Aren, Barbachen, Baren, Bertren, Bren, Carcen-Ponson, Cossen, Hasparren, Saint-Pé-de-Léren, Saint-Yaguen, Varen*, etc. —, dans les noms de lieux du Bas- et du Haut-Rhin : *Bergbieten, Bourgfelden, Durningen, Leymen, Mertzen, Oderen, Rangen, Reichshoffen* [ʀɛʃɔfɛn], *Rexingen, Sewen, Siégen*, etc —, dans les noms anciens : *Chephren, Hellen, Ousirtesen, Philopœmen*, etc —, et dans la grande majorité des noms étrangers : *Aben* (*-Esdras, -Hamet*, etc.), *Aden, Amundsen, Andersen, Backhuyzen, Baelen, Bailen, Bautzen, Baylen, Ben* (*-Abbou, -Ahdin*, etc.), *Beneden, Beni-Isguen, Bergen, Bilsen, Bir-Drassen, Biren, Bonstetten, Bunsen, Carmen, Cobden, Cohen, Culloden, Daüren, Droysen, Eden, Eindhoven, Emden, Emmen, Enniskillen, Enkhuysen, Eupen, Fersen, Gessen, Gœben, Gretchen, Haelen, Halphen, Heyden, Hoboken, Hung-Yen, Ibsen, Iimen, Janssen, Kampen, Kampelen, Laeken, Leeuwarden, Lofoden, Lutzen, Mackensen, Meiningen, Mommsen, Moukden, Nansen, Neerwinden, Niémen, Nucingen, Nysten, Pahlen, Posen, Prizren, Raeren, Röntgen, Sliven, Tan-Uyen, Tervueren, Thorwaldsen, Tien-Kien, Tlemcen, Van Diémen, Van Swieten, Welcheren, Wieringen, Wimpffen, Yémen*, etc.

[ən] dans l'anglais *garden-party* —, dans les noms étrangers suivants : *Baden, Baden-Baden, Beethoven, (Gœtz de) Berlichingen, Berchtesgader, Covent-Garden, Eisleben, Erlangen, Giessen, Gœttingen, Hagen, Hohenstaufen, Interlaken, Niebelungen, Pilsen, Unterwalden, Van der Heyden, Van der Meulen, Van der Weyden, Velhagen, Verhaeren, Wiesbaden* —, dans les noms étrangers terminés en *-haven* ou *-hafen* (*Bremerhaven, Cuxhaven, Newhaven, Ludwigshafen*, etc.) ou en *-hausen* (*Münchhausen, Sondershausen*, etc.).

Rem. I. — On peut aussi prononcer [ɛn] dans les noms précédents. Mais cette prononciation est un peu vieillie.

Rem. II. — Les noms anglais *Austen, Owen* se prononcent [ɔstɛn], [ɔɛn], ou mieux [ɔstin], [ɔin], avec l'accent sur [ɔ].

-EN (après voyelle). — La voyelle qui précède *-en* peut être de différente nature ; d'où les terminaisons suivantes :

-aen = [ã] dans *Caen, Decaen, Olivier Messiaen.*

-éen = [eɛ̃] : *chaldéen, européen, lycéen*, etc. —, *Achéen, Chananéen, Phocéen*, etc.

-ien = [jɛ̃] : *aérien, comédien, gardien*, etc., *Aurélien, Gien, Hérodien, Tellien,* etc. — ; [ɛ̃] dans *Enghien* [ãgɛ̃], mais non dans *Ghislenghien* [gizlãgjɛ̃] en Belgique — ; [jɛn] dans les noms étrangers : *Chodien, Yenvien,* etc., sauf *O'Brien* [ɔbʀajən].

-ïen = [jɛ̃] : *biscaïen, païen* [pajɛ̃].

-uen = [ɥɛ̃] dans *Eduen* — [ɥɛn] dans *Bauduen* (Var).

-ouen = [wã] dans *Saint-Ouen, Rouen, Ecouen,* — ; [wɛ̃] dans *Poullaouen* (Finist.), — ; [uɛn] dans *Youen.*

Rem. — On prononce [wɛ̃] dans *St-Ouen* (Seine) ; [wã] dans les autres cas.

-yen = [jɛ̃] dans *citoyen, doyen, mitoyen, moyen,* tous avec [wajɛ̃] et dans *Payen* [pajɛ̃] — ; [jɛn[dans *Irigoyen, Van Goyen, Yen-Bay, Yen-Minh.*

Rem. I. — Pour *en* (adverbe pronominal et préposition) et *ancien, bien, rien* dans les cas de liaison, cf. p. 437.

Rem. II. — Le goupe *-een* se prononce [in] dans les mots et noms anglais : *spleen, Green, Gretna-Green, Queen-Elisabeth*, etc.

-ËN = [ɛ̃] : *Boën, Boën-sur-Lignon, Saint-Boën,* tous avec [wɛ̃].

-IN (après consonne ou *h*) —. On prononce [ɛ̃] dans les mots et noms français : *badin, câlin, gradin, hennin, pèlerin,* etc., *Bauhin, Cotentin, Firmin, Janin,* etc. —, et dans le nom biblique *Benjamin.*

Quant aux mots et noms étrangers, on prononce [ɛ̃] dans *muezzin, pitchpin, Erin, Kremlin, Vielé-Griffin, Zeppelin,* ainsi que dans les adaptations françaises : *Guerchin, Guichardin, Mazarin, Nankin, Pékin, Tonkin* —, mais [in] dans *amin, gin, khamsin, tchin* et dans les autres noms : *Czernin, Darwin, Elgin, Erwin, Karamzin, Lohengrin, Muong-Phin, Nourredin, Ruskin, Schwerin, Stettin, Szegedin,* etc.

Rem. I. — *Ysengrin,* quoique venant du germanique, est un vieux mot français et se prononce [izãgʀɛ̃].

Rem. II. — La prononciation de *Guatimozin* et *Wisconsin* avec [ɛ̃] a vieilli. On prononce aujourd'hui [in].

-IN (après voyelle). — La voyelle qui précède *-in* peut être de différente nature ; d'où les terminaisons suivantes :

-ain = [ɛ̃] dans tous les mots ou noms français : *airain, bain, humain, parrain,* etc., *Alain, Chapelain, Lucain, Saint-Gobain, Urbain,* etc. et dans *Cain* [kɛ̃] — ; [ajn] dans l'allem. *Hain-Berg.*

-ein = [ɛ̃] dans les mots et les noms français : *hein!, plein, sein, serein, Irazein, (île de) Sein, Sentein, Uchentein*, et dans les noms belges *Ehein* [eɛ̃[, *Elvein* —; [ɛn] dans l'angl. *Sinn-Fein* —; [ajn] dans les noms allemands : *Holbein, Holstein, Rubinstein, Rhein, Wallenstein, Zollverein*, etc. —; [ɛjn] dans les noms arabes : *Bahrein* (ou *Bahreïn), Hussein-ben-Hussein*, etc.

Rem. I. — Pour la prononciation de l'adjectif *plein* dans le cas de liaison, cf. pp. 435, 450.

Rem. II. — L'ancienne prononciation des noms allemands avec [ɛn] tend de plus en plus à disparaître. Elle se conserve pourtant dans *La Duchesse de Gérolstein*, d'Offenbach, et dans *Einstein*, qui se prononcent soit [ʒeʀɔlstɛn], [ɛnstɛn], ou mieux [ʒeʀɔlstajn], [ɛnʃtajn], et mieux encore, dans le dernier nom, [ajnʃtajn].

Quant aux noms allemands portés par des Français ou des localités françaises, ils se prononcent avec [ɛn] ; cf. *Bernstein*, auteur dramatique, *Lupstein* (B.-Rhin).

Rem. III. — *Mein* (ou mieux *Main*), affluent du Rhin, continue à se prononcer [mɛ̃]. Mais on dit aussi [majn].

-oin = [wɛ̃] : *benjoin, besoin, coin, loin, soin*, etc.

-uin = [ɛ̃] dans *sequin* —, [ɥɛ̃] dans *Alcuin, Thuin*.

-ouin = [wɛ̃] : *babouin, chafouin, marsouin, pingouin*, etc., *Baudouin, Gouin*, etc. —, [uɛ̃] dans *Duguay-Trouin, Drouin*.

-ÏN = [ɛ̃] : *Caïn, Ebroïn, Tubalcaïn*.

-ON (après consonne) = [ɔn] dans les mots grecs : *epsilon, mégaron, omicron* —, dans le latin *non possumus, sine qua non* —, dans le grec *gnôthi seauton* —, dans l'angl. *chatterton* —, dans la préposition italienne *con (con amore, con brio, con moto)* —, dans *Kyrie eleison, Organon, Satiricon* (ou *Satirycon*) —, dans les noms étrangers, *Addison, Ben Jonson, Bergson, Bim-Som, Byron* [bajʀɔn], *Calberson, Chatterton, Do-Son, Edison, Emerson, Fulton, Grandison, Hudson, Jefferson, Kon-Tum, Lang-Son Mac-Pherson, Madison, Michaëlson, Moundon, Nelson, Richardson, Robertson, Stephenson, Son-La, Son-Toy, Tennyson, Thomson, Palmerston, Preston, Remington, Southampton, Waddington, Washington Wellington*, etc. Cf. p. 200.

[3] dans tous les mots ou noms français : *abandon, charbon, frelon, pinson, tesson*, etc., *Avignon, Buffon, Dijon, Houdon, Tarascon*, etc. —, dans *baralipton* et les mots grecs *ichneumon, iguanodon, micron, oxyton, paroxyton, proparoxyton, rhododendron* —, dans l'angl. *boston* —;

dans les noms anciens *Aaron, Absalon, Achéron, Apollon, Cupidon, Didon, Glycon, Hélicon, Kherson, Phlégéton, Platon, Rubicon, Sidon, Solon, Typhon, Xénophon*, etc. —, dans les noms étrangers suivants : *Annobon, Balaton, Boston, Calderon, Canton, Colon, Don Carlos, Don Juan, Fouta-Djallon, Gabon, Japon, Mahon, Mélanchton, Saïgon, Simplon*. Cf. pp. 199-200

Rem. I. — Pour *on, bon, mon, son, ton* dans les cas de liaison, cf. p. 436.

Rem. II. — Le mot anglais *singleton* se prononce avec [ŋ] ; le nom propre *Singleton*, avec [ɔn].

Rem. III. — *Hamilton*, nom du gentilhomme irlandais qui vient en France au xviie et xviiie siècle, se prononce avec [ŋ]. Dans les autres cas, on prononce [ɔn].

Rem. IV. — *Milton*, nom du poète anglais, se prononce avec [ŋ] ou [ɔn]. Quand il est porté par un Français, ce nom se prononce avec [ŋ] ; s'il est porté par un Anglais, on prononce [ɔn].

Rem. V. — *Newton* se prononce [nœtɔ̃] ou mieux [njutɔn].

Rem. VI. — On prononce [ŋ] dans *Collège d'Eton*. Sinon, on dit [etɔn] ou [itɔn], avec [i] accentué, à l'anglaise.

Rem. VII. — Lorsqu'il est porté par un Anglais, le nom de *Robinson* se prononce [ʀɔbinsɔn]. Mais on prononce [ʀɔbɛ̃sɔ̃] quand ce nom désigne un Français ou une localité française. De même dans *Robinson Crusoé*.

Rem. VIII. — Le mot *fashion* se prononce [faʃœn] dans *la fashion parisienne* ; mais [fɛʃɔn], avec l'accent sur [ɛ], dans *english fashion*.

-ON (après voyelle). — La voyelle qui précède -*on* peut être de différente nature ; d'où les terminaisons suivantes :

-**aon** = [ɑ̃] dans *faon, paon, taon, Craon, Laon, Thaon* —, [aɔ̃] dans *machaon;* dans les noms français : *Le Claon, Montpaon, Raon-l'Etape, Saint-Haon, Saint-Haon-le-Châtel, Saint-Haon-le-Vieux, Saint-Julien-d'Arpaon;* et dans les noms anciens : *Lycaon, Machaon, Phaon, Pharaon* —, [ɔ̃] dans *Saint-Laon*.

-**éon** = [eɔ̃] : *accordéon, odéon, orphéon*, etc., *Actéon, Anacréon, Cléon, (Chevalier d')Eon, Gédéon, Napoléon, Siméon*, etc.

-**ion** = [iɔ̃] dans *ganglion* — ; [jɔ̃] dans tous les autres mots français : *adoration, contagion, talion, opinion, champion, centurion, occasion, alluvion*, etc. ; dans *Girion;* dans *Scipion* et *Bagration* — ; [jɔn] dans *Dominion;* dans le mot grec *himation;* et dans les noms grecs en -*éion : Erechthéion, Gorgonéion, Ramesséion, Sérapéion, Théséion*.

-**oon** = [ɔ͂] dans *Laocoon* — ; [un] dans *Rangoon*.
-**uon** = [ɥɔ͂] dans *Huon*.
-**yon** = [iɔ͂] dans *amphitryon, embryon, Amphitryon* —, [jɔ͂] dans *clayon* [klɛjɔ͂], *crayon, sayon, trayon; pleyon* [plɛjɔ͂] ; *Goyon* [gɔjɔ͂], *Troyon* [tʀwajɔ͂], *Noyon* [nwajɔ͂] ; *Guyon* [gɥijɔ͂], *Longuyon, Amphictyon*.

-**ÔN** = [ɔn] dans le mot grec *chitôn* et dans *Poséidôn*, qui s'écrivent aussi *chiton, Poséidon* et se prononcent avec [ɔ͂].

-**ŒN** se prononce [œn] dans *de Schœn*.

-**UN** (après consonne ou *h*) = [œ͂] : *aucun, chacun, importun, pétun, tribun*, etc., *Ahun, Autun, Châteaudun, Jegun, Irun, Lebrun, Melun, Mun, Ossun, Verdun*, etc.

REM. — Pour *aucun* et *un* dans les cas de liaison, cf. p. 436.

-**UN** (après voyelle). — La voyelle qui précède -*un* peut être de différente nature ; d'où les terminaisons suivantes :

-**aun** = [awn] dans les noms allem. *Graun, Jaun, Traun*, etc.
-**eun** = [œ͂] dans *à jeun*.
-**oun** = [un] : *simoun, taïcoun, Béni-Khaltoun, Cameroun, Haroun, Magroun, Ras-el-Aloun, Skoun*, etc.

-**YN** (après consonne). = [ɛ͂] dans *Jamyn, Jocelyn* — ; [in] dans *Brooklyn*.

-**YN** (après voyelle). — La voyelle qui précède -*yn* peut être de différente nature ; d'où les terminaisons suivantes :

-**eyn** = [ɛn] dans *Anne de Boleyn*.
-**oyn** = [wɛ͂] dans *Gédoyn*.
-**ouyn** = [wɛ͂] dans *Drouyn*.

P

Le *p* final est muet dans *drap, sparadrap, galop, sirop, trop, beaucoup, cantaloup, contrecoup, coup, loup, tout à coup* —, et dans les noms français *Busloup, Dupanloup, Grandlup, Saint-Loup*.

REM. — Pour *beaucoup, trop* dans les cas de liaison, cf. pp. 475-6.

Il se prononce dans *cap, hanap, jalap, cep, julep, salep, sep, bichop, group* — ; dans les interjections *hip!, hop!, stop!, top!, houp!* —, dans les mots anglais *handicap, midship, sloop* [slup], *croup*, etc. —, dans les noms français *Drap* (Alp. Mar.), *Gap* (H.-Alpes), *Moncaup* (H.-Gar.), *Plescop* (Morb.), *Réaup* (Lot-et-G.), *Saint-Julien-de-l'Escap* (Char.-Mar.) et *Gyp* — ; dans tous les noms de lieux étrangers : *Alep, Budop, Phung-Hiep, Siem-Réap, Tamlap*, etc., y compris naturellement *Le Cap* qui est français.

Rem. — Pour *cep de vigne*, cf. p. 479.

Q

Le *q* final se prononce [k] : *coq, Chantecoq, Cuq, Montcuq*.

R

La prononciation de *r* final varie suivant les terminaisons.

-AR = [aːʀ] : *alcazar, bar, dollar, jaguar, nectar, samovar*, etc. —, *Amilcar, César, Escobar, Maktar, Weimar, Zanzibar*, etc.

Rem. — L'angl. *Lear* se prononce [liːʀ].

-ER (dans les infinitifs) = [e], que cette terminaison soit précédée de voyelle (*agréer, répudier, copier, secouer, saluer*, etc.) ou de consonne (*aimer, dérober, chercher, griffer, tolérer*, etc.).

-ER (après voyelle, autre part que dans un infinitif). — La voyelle qui précède -*er* peut être de différente nature ; d'où les terminaisons suivantes :

-ier. — L'*r* final se prononce dans *avant-hier, fier, hier, le Gier*. Il est muet partout ailleurs : *atelier, denier, écolier, premier*, etc., *Ocquier, Pasquier, Paulmier, Pommier, Poirier, Rive-de-Gier*, etc.

Rem. — Pour *dernier, premier* dans le cas de liaison, cf. pp. 435, 471.

-oer : [ɔɛːʀ] dans *Boer* (à côté de [buːʀ] ; cf. p. 186).

-uer = [ɥe] dans *Béduer* (Lot) — ; [ɛːʀ] dans *Baguer-Morvan, Baguer-Picau* (tous les deux dans l'Ille-et-V.), *Plouguer* et *Ploumoguer* (tous les deux dans le Finistère), et dans *Moguer, Palos de Moguer* en Andalousie.

-auer = [ɔɛ:ʀ] dans *(bec) Auer* — ; [awœʀ] dans *Adenauer, Jauer,* [awəʀ] dans *Schopenhauer.*

-ouer = [uɛ:ʀ] dans *Plouer* (C.-du-N.) — ; [we] dans *Louer* (Landes), *Louzoner* (Loiret), *Ouzouer* (Loiret, Loir-et-Ch.).

-yer — L'*r* final se prononce dans *myer, Mayer, Meyer, Niedermeyer, Reyer*. Il est muet partout ailleurs : *métayer* [metɛje] ; *papayer* [papaje] ; *foyer* [fwaje], *loyer, noyer, plaidoyer, agent-voyer ; cacaoyer* [kakaɔje] ; *écuyer* [ekɥije] ; etc. —, *Le Vayer* [vaje] ; *Boyer* [bwaje], *Giboyer, Royer, Vaudoyer ; Hannuyer* [anɥije] ; etc.

-ER (après consonne, autre part que dans un infinitif). — On prononce [e] dans les mots et noms français terminés en -CHER : *archer, clocher, pêcher, rocher*, etc., *Boucher, Foucher, Roucher, Saint-Eucher*, etc. ; en -GER : *berger, danger, léger, verger*, etc., *Béranger, Boulanger, Roger, Suger*, etc. ; en -AILLER, -EILLER, -OUILLER : *poulailler, conseiller, oreiller, andouiller, houiller*, etc. *Arveiller* —, dans *Gérardmer* et dans les noms de lieux du Midi de la France : *Betbezer, Bougarber, Cassaber, Le Soler, Montner, Visker.*

On prononce [ɛ:ʀ] dans tous les autres mots ou noms français : *amer, cuiller* [kɥijɛ:ʀ], *enfer, fer, hiver, mer, ver* —, *Bessemer* (Nord), *Courtomer, Lanester, Marnefer, Plesder, Plouer, Plouider, Plouneventer, Plouvigner, Prosper, Quimper, Saint-Hymer, Saint-Omer, Saint-Sever* (Landes), *Ver, Viller* (et composés : *Angeviller, Arviller*, etc.).

Rem. I. — Dans *Gérardmer*, la dernière syllabe représente le v. fr. *mes* « habitation » (du lat. *mansum*), dans lequel l'*s* final tombé dans la prononciation a été remplacé par un *r*, purement orthographique. Le cas n'est pas le même pour *Longemer, Retournemer* (Vosges), dont le second élément n'a rien à voir avec un ancien *mes* et dont la prononciation générale, aussi bien que la prononciation locale, est en [-mɛ:ʀ].

Rem. II. — On prononce [ɛ:ʀ] dans *Murger*, qui est un nom véritablement français ; mais [e] dans le substantif *murger* qui lui correspond.

Rem. III. — On prononce [ɛ:ʀ] dans les noms wallons en *-ster* ; cf. *Jehanster, Pépinster*, etc.

Rem. IV. — Pour *léger* dans le cas de liaison, cf. p. 435.

On prononce de plus [ɛ:ʀ] dans les mots latins ou gréco-latins : *aster, auster, cancer, éther, frater, gaster, magister, trochanter, vomer,* etc. — ; dans les mots allemands (sauf *kirsch-wasser*, cf. plus bas) : *bitter, hamster, kaiser, Kreutzer, meistersinger, minnesinger, spalter, statthalter, thaler.* etc. — ; dans les mots anglais suivants : *chester, cocker, hunter* [œntɛ:ʀ], *palmer, partner, poker, reporter, revolver* [ʀevɔlvɛ:ʀ], *setter, spencer, spider* [spidɛ:ʀ], *starter, tender, tumbler* [tœmblɛ:ʀ], *ulster* — ; dans le dan. *geyser* — ; dans l'esp. *placer* — ; dans les mots hollandais *polder, stathouder* — ; et dans le suédois *eider* [ɛjdɛ:ʀ].

De même, sauf exceptions, dans les noms anciens ou étrangers : *Abd El-Kader, Abner, Aser, Becquer, Bender-Abbas, Brenner, Deventer, Enver Pacha, Gessler, Herder, Kerker, Luther, Manchester, Raquel Meller, Santander, Schiller, Turner, Westminster, Winchester, Worcester,* etc.

Mais on prononce [œ:ʀ] dans les mots anglais *bookmaker* [bukmɛkœ:ʀ], *bootlegger* [butlɛgœ:ʀ], *broker, clipper, coroner, cutter* [kœtœ:ʀ], *destroyer* [dɛstʀɔjœ:ʀ], *driver* [dʀivœ:ʀ], *gentleman-farmer, globe-trotter, highlander* [ajlɛndœ:ʀ], *leader* [lidœ:ʀ], *outrigger* [awtʀigœ:ʀ], *puncher* [pœntʃœ:ʀ], *quaker* [kwɛkœ:ʀ], *rallye-paper* [ʀalipɛpœ:ʀ], *gentleman-rider* [ʀajdœ:ʀ], *sinn-feiner* [fɛnœ:ʀ], *shokker, speaker* [spikœ:ʀ], *squatter* [skwɔtœ:ʀ], *squeezer* [skizœ:ʀ], *stepper* [stɛpœ:ʀ], *stayer* [stɛjœ:ʀ], *steamer* [stimœ:ʀ], *supporter* [sypɔʀtœ:ʀ], *sweater* [switœ:ʀ].

[əʀ] inaccentué dans l'allem. *kirsch-wasser, lieder* (plur. de *lied*), *Schumacher* — ; dans l'angl. *for ever, remember, East-River, Fall-River, Snake-River* et autres composés en *River*.

Rem. I. — Pour *manager, pull-over,* cf. p. 161 ; pour *outsider,* p. 190 ; pour *bull-dozer,* p. 204.

Rem. II. — Les anciennes prononciations [kwakʀ̥] pour *quaker,* [bedɛkʀ̥] pour *Baedeker,* [nɛkʀ̥] pour *Necker* ont disparu. On prononce pour ces deux derniers noms [bedekɛ:ʀ], [nekɛ:ʀ].

Rem. III. — Quand ils sont portés par des Français, les noms étrangers continuent à se prononcer avec [ɛ:ʀ] ; cf. *Baumgartner, Darmesteter, Kléber, Muller,* etc. Mais les noms en *-ger* se prononcent avec [ʒe] ; cf. *Berger, Burger, Clésinger, Dollinger,* etc. ; cf. cependant *Singer* (compagnie, machine) [sɛ̃ʒɛ:ʀ] et *Egger* [ɛgʒɛ:ʀ].

-ËR. — *Saint-Paër* se prononce [sɛ̃paɛ:ʀ].

-IR (après consonne ou *h*) = [i:ʀ] : infin. *dormir, partir, venir,* etc. —, *désir, élixir, fakir, loisir, menhir, saphir, triumvir,* etc. —; *Aboukir, Elzévir, Pamir,* etc.

-IR (après voyelle). — La voyelle qui précède -*ir* peut être de différente nature ; d'où les terminaisons suivantes :

-**air** = [ɛːʀ] *air, chair, éclair, flair, pair,* etc. — ; angl. *fair-play, mohair, rocking-chair, Blair,* etc.

-**éir** = [eiːʀ] dans *désobéir, obéir.*

-**eir** = [ɛːʀ] dans *Sfeir.*

-**oir** = [waːʀ] : infin. *avoir, falloir, vouloir,* etc. — ; *boudoir, couloir, fumoir, trottoir,* etc. — ; *Beaumanoir, Loir, Ozoir, Saulzoir,* etc.

-**uir** = [ɥiːʀ] : *cuir, fuir* (et composés) —, *Thuir.*

-**euir** = [øiːʀ] dans *bleuir.*

-**ouir** = [uiːʀ] dans *brouir, éblouir, écrouir* — ; [wiːʀ] dans *épanouir, fouir (en-), jouir (ré-), rouir, serfouir.*

-ÏR = [iːʀ] dans *ouïr* [wiːʀ], *Altaïr* [altaiːʀ].

-OR = [ɔːʀ] : *butor, castor, décor, major, picador, quatuor, señor, ténor,* etc. — ; *Angkor, Bouchor, Chandernagor, Stentor, Taylor, Windsor,* etc.

Rem. — On prononce [ɔːʀ] dans *Lucie de Lammermoor,* opéra de Donizetti. La prononciation avec [uːʀ] a vieilli.

-UR (après consonne ou *h*) = [yːʀ] : *azur, dur, fémur, pur, sur,* etc. —, *Arthur, Namur, Puységur, Réaumur, Saumur,* etc.

-UR (après voyelle). — La voyelle qui précède -*ur* peut être de différente nature ; d'où les terminaisons suivantes :

-**aur** = [ɔːʀ] : *saur, hareng-saur* —, *Saint-Maur.*

-**eur** = [ø] dans *monsieur* [məsjø] — ; [œːʀ] partout ailleurs : *ardeur, douleur, malheur, sauveur, sieur* [sjœːʀ], etc., *Barfleur, Honfleur, Lesueur* [ləsɥœːʀ], etc.

-**our** = [uːʀ] : *amour, giaour* [ʒjauːʀ], *humour, vautour,* etc. —, *Adour, Pompadour, Saint-Flour, Seymour,* etc.

-ÛR = [yːʀ] : *mûr, sûr.*

-YR = [iːʀ] : *martyr, zéphyr* —, *Saint-Cyr, Tyr.*

Rem. — *Leyr* (M.-et-Mos.) se prononce [lɛːʀ].

S

I. — *L's* final est muet dans les cas suivants :

a) Au pluriel des mots dont le singulier est terminé par une voyelle : *un ami* [ami] — *des amis* [ami], *un dahlia* [dalja] — *des dahlias* [dalja], *un numéro* [nymeʀo] — *des numéros* [nymeʀo], etc.

> Rem. — Si le singulier se termine par un *s* muet, ce dernier se ne prononce pas davantage au pluriel : *un cas* [kɑ] — *des cas* [kɑ], *une fois* [fwa] — *des fois* [fwa], etc.
> Si au contraire le singulier se termine par un *s* prononcé, ce dernier se prononce aussi au pluriel : *un atlas* [atlɑ:s] — *des atlas* [atlɑ:s], *un albatros* [albatʀo:s] — *des albatros* [albatʀo:s], etc.
> Il n'y a qu'une exception à cette dernière règle. C'est celle de *os*, qui se prononce [ɔs] au singulier, et [o] au pluriel, sauf dans l'expression *un paquet d'os* [ɔs].

b) dans les formes verbales à un mode personnel :

Indic. prés. : *(je) suis, finis, fais, crois*, etc. —, *(tu) es, as, chantes, finis, fais, crois*, etc.

Subj. prés. : *(que tu) sois, aies, chantes, finisses, fasses, croies*, etc.

Imparf. de l'indic. : *(je, tu), étais, avais, chantais, finissais, faisais, croyais*, etc.

Imparf. du subj. : *(que tu) fusses, eusses, chantasses, finisses, fisses, crusses*, etc.

Futur : *(tu) seras, auras, chanteras, finiras, feras, croiras*, etc.

Condit. prés. : *(je, tu) serais, aurais, chanterais, finirais, ferais, croirais*, etc.

Passé simple : *(tu) chantas*, etc. —, *(je, tu) fus, eus, finis, fis, crus (croire), crûs (croître)*, etc.

> Rem. — Pour le cas où ces formes verbales sont suivies d'un mot commençant par voyelle, cf. pp. 457 s., 474-5.

II. — En dehors des pluriels et des formes verbales, l'*s* final se prononce ou non suivant les terminaisons et les mots.

-AS. — L's est muet dans : *abas, amas, ananas, appas, balandras, bas* (et composés), *bras* (et composés), *cabas, cadenas, canevas, cas* (et composés), *cervelas, chas, chasselas, choucas, compas, coutelas, damas, débarras, échalas, embarras, faguenas, fatras, fracas, frimas, galetas, galimatias, gingas, glas, gras, guindas, haras, jaconas, jas, judas, las, las !, lilas, matelas, matras, ninas, pas* (et composés), *pas* (négation), *patatras, platras, ras, repas, sas, sassafras, soulas, taffetas, tas, tétras, tracas, trépas, verglas* —, *Aubenas, Binas, Bohas, Buellas, (marquis de) Carabas, Carpentras, Colas, Courmas, Coutras, Dombas, Dumas, Gras, Jas, Judas, Le Bas, Larnas, Le Faugas, Lembras, Lompnas, Maupas, Maurepas, Miramas, Monbas, Montapas, Nicolas, Pays-Bas, Plougras, Poliénas, Ponsas, Poupas, Privas, Restolas, Rognonas, Rombas, Saint-Gildas, Saint-Martin-de-Valamas, Saint-Paul-de-Tartas, Thaas, Thomas, Vaugelas.*

Il se prononce partout ailleurs : *abraxas, alcarazas, ambesas, as, asclépias, atlas, bacasas, christmas, colcas, curcas, (per) fas et nefas, habeas corpus, hamadryas, hélas !, hypocras, lépas, lias, (aurea) mediocritas, madras, mas, nostras, pancréas, papas, (vade retro) satanas, stras* (ou *strass*), *trias, upas, vasistas, (in vino) veritas, (fiat) voluntas, xiphias, zonnas* —, *Abdias, Adonias, Agésilas, Alcidamas, Alcofribas, Amasias, Arcas, Arcésilas, Archias, Archytas, Arkansas, Arras, Assas, Atlas, Augias, Baixas, Baradas, Barrabas* (ou *Barabbas*), *Barras, Bayas, Bazas, Bessas, Bias, Biras, Blacas, Blandas, Boissy d'Anglas, Boleslas, Bompas, Bonas, Brancas, Brenas, Brocas, Caixas* [kaʃaːs], *Calas, Calchas, Caracas, Carlencas, Cassagnas, Cascas* (Sénégal), *Cendras, Ceyras, Cézas, Chabrias, Chactas, Chafarinas, Charlas, Charondas, Chong-Phlas, Cinéas, Cléophas, Combas, Critias, Ctésias, Cujas, Damaras, Damas, Daoulas* (Finist.), *Diagoras, Dondas, Du Bartas, Duras, Epaminondas, Escarbagnas, Esdras, Esplas, Eurotas, Ezéchias, Fabas, Faublas, Faudras, Faujas de Saint-Fond, Foudras, Gil Blas, Gorgias, Havas, Honduras, Hylas, Iolas, Joas, Jonas, Jonathas, Ladislas, Las Casas, Las Vergnas, Léonidas, Lysias, Madras, Marsyas, Mas, Mathias, Mazas, Mélas, Ménélas, Micromégas, Midas, Mimas, Nicétas, Ninias, Olympias, Osymandias, Palamas, Palavas, Pallas, Patras, Pausanias, Pélopidas, Pézenas, Phidias, Phocas, Phorbas, Protagoras, Prusias, Rabagas, Rasselas, Ruy Blas, Saint-Andréas, Saint-Babylas, Scopas, Stanislas, Stras, Suidas, Tartas, Texas, Tirésias, Valréas, Varillas, Wenceslas.*

Rem. I. — Il y a hésitation pour *lampas* et *vindas*.

Rem. II. — Noter la différence entre fr. *ras* [ʀɑ] et l'arabe *ras* [ʀɑːs].

Rem. III. — *(Paul) Dukas*, musicien français, se prononce [dykɑ:s]. Prononciation de l'auteur.

-ES. — Deux cas sont à distinguer selon que l'*e* de cette terminaison est muet ou non.

a) Lorsque l'*e* est muet, l'*s* ne se prononce pas dans les mots ou noms français : *onques* (vx.), *Charles, Gesvres, Ghistelles, Gilles, Guines, Hyères, Francis Jammes, Lesurques, Leygues, Limoges, Luynes, Malesherbes, Mœuvres, Port-Vendres, Pouzzoles, Presles, Rhisnes, Soignies, Solesmes, Suresnes, Thisnes, Thuillies, Trazegnies, Troyes, Veĭes* [vei], *Vosges, Weismes, Wihéries*, etc. —, et dans les mots ou noms anglais *King-charles, Hobbes, Lobbes, Cécil Rhodes*.

L'*s* se prononce dans les autres noms anglais : *Jones, Sherlock Holmes, Times*, etc.

Il est muet ou se prononce dans la locution française *d'ores et déjà* : [dɔʀedeʒa] ou [dɔʀzedeʒa].

b) Dans le cas où l'*e* n'est pas muet, l'*s* final ne se prononce pas dans les mots français *ces, des, les, mes, ses, tes* et dans la particule *les* (ou *lez*) : *Plessis-les-Tours*, etc.

Il se prononce dans *facies* —, dans les locutions latines : *ab uno disce omnes, ad patres, auri sacra fames, castigat ridendo mores, caveant consules, divide ut imperes, do ut des, in media res, memento quia pulvis es, ô tempora ô mores, panem et circences, plaudite cives, primus inter pares*, etc. —, et dans les noms de langue espagnole ou portugaise : *Los Angeles, Torres-Vedras, Tras-os-Montes*, etc.

Rem. — Le nom anglais *James* se prononce [dʒɛms]. Mais *Saint-James* se prononce [sɛ̃ ʒam].

-ÈS. — L'*s* est muet dans *abcès, accès, agrès, congrès, cyprès, dès, décès, excès, exprès, grès, insuccès, près, procès, profès, succès, très* —, *Decrès*.

Il se prononce partout ailleurs : *agnès, alkermès, aloès, aspergès, cacatoès, cortès, florès, hermès, herpès, hippophaès, kermès, londrès, népenthès, palmarès, pataquès, xérès* —, *Agnès, Alès, Alvarès, Androclès, Anglès, Antarès, Arès, Argelès, Arlès-Dufour, Artaxercès, Averrhoès, Barbès, Barcarès, Baumès, Bédouès, Bénarès, Boussès, Bouziès, Broquiès, Cabanès, Calès, Camarès, Cambacérès, Cambounès, Cazalès, Cérès, Cervantès, Charès, Chosroès, Cirès, Corlès, Congeniès, Le Crès,*

Damoclès, Eétès, Ensuès, Eutychès, Florès, Fontanès, Fualdès, Gabès, Ghadamès, Granès, Gygès, Hadès, Héraclès, Hermès, Iñès, Jaurès, Langlès, Lompnès, Malviès, Mambrès, Manès, Manzanarès, Meknès, Ménès, Méphistophélès, Mercédès, Moralès, de Morès, Narsès, Oannès, Ogygès, Olivarès, Pagès, Pailharès, Pailhès, Palès, Périclès, Pharès, Ramsès, Razès, Rosalès, Saint-Aunès, Saint-Brès, Saint-Etienne-du-Grès, Sainte-Foy-de-Belvès, Saint-Geniès, Saint-Loubès, Sieyès [sjeɛs], *Solliès, Soubès, Souès, Tamniès, Teutatès, Thalès, Thoutmès, Torrès, Uzès, Vailhauquès, Verrès, Violès, Xérès, Xerxès, Ximénès,* etc.

Rem. — L'ancienne préposition *ès* (= dans les) s'est conservée dans les locutions *ès-lettres, ès-sciences.* Son *s* est muet dans *ès-sciences,* mais se prononce dans *ès-lettres.* Noter aussi la non-prononciation de *s* dans *St-Pierre-ès-Liens.*

-ËS. — Ce groupe se rencontre dans le nom flamand *Maës* qui se prononce [mɑ:s].

-IS (après consonne ou *h*). — L's est muet dans : *abattis, appentis, appris, avis, brebis, bris, cadis, cailloutis, chablis, châssis, chènevis, chervis, circoncis, clapotis, cliquetis, colis, coloris, commis, compromis, concis, coulis, courlis, criquetis, croquis, débris, dervis, devis, éboulis, exquis, fouillis, friselis, gâchis, gargouillis, gazouillis, glacis, gribouillis, gris, hachis, hormis, incompris, indécis, indivis, lambris, lattis, lavis, logis, loris, mâchicoulis, macis, malappris, maquis, maravédis, marquis, mépris, mis, nolis, palis, panaris, pâquis, paradis, (sou) parisis, parvis, pâtis, permis, pilotis, pis, plumetis, pont-levis, précis, pris, radis, ramassis, rassis, ris, roulis, rubis, salmigondis, salmis, salsifis, semis, sis, soumis, souris, surplis, sursis, tabis, taillis, tamis, tapis, torchis, torticolis, treillis, vernis, vis-à-vis* [vizavi] —, dans les noms français suivants : *Alexis, Arcis-sur-Aube, Barisis, Beauvaisis, Beutis, Cambrésis, (Mont-)Cenis, Chablis, Connigis, Denis, Desmahis, Duplessis, Empis, Levis, (duc de) Lévis, Levis-Mirepoix, Montargis, Nangis, Néris-les-Bains, Parisis, Pis* (Gers), *Plessis-les-Tours, Ris, Ris-Châtillon, Ris-Orangis, Saint-Denis, Soulangis* —, et dans *Engis* (Belgique).

Il se prononce partout ailleurs : *amaryllis, anagallis, anagyris, arsis, berbéris, brisis, cadédis!, chironis, cidaris, clitoris, cochylis, coréopsis, corylopsis, éléphantiasis, épistaxis, galéopsis, gratis, hamamélis, hespéris, hippuris, hydatis, hydromis, hydrophis, ibis, ictis, iris, isatis, jadis, koumis, kurtchis, lapis-lazzuli, lis* (et *fleur de lis*), *lonchitis, lychnis, métis, mitis, myosotis, myrrhis, oasis, oarystis, orchis, oxalis, paréatis, pénis, phtiasis, phymosis, pityasis, propolis, psoriasis, pubis, rachis, rachitis, sandis!, satyriasis, syphilis, tamaris, tennis, thésis, trichiasis, vis* (et *tourne-vis*), *volubilis* —, *Adonis, Agis, Amadis, Anacharsis, Anubis,* (*bœuf*) *Apis, Aramis, Aulis, Aunis, Baucis, Bernis, Bétis, Briséis, Busiris, Cabanis, Cassis, Chloris, Clovis, Colchis, Cornélis, Cornwallis, Coronis, Crétéis, Cypris, Damis, Daphnis, Davis, Doris, Eleusis, Epicharis, Eucharis, Fétis, Francis, Galanthis, Gengis-Khan, Genlis, Glaris, Grisélidis, Héliopolis, His, Iris, Isis,* (*Thomas à*) *Kempis, Lachésis, Lascaris, Lauris, Léris, Loris-Mélikoff, Lorris, Lycoris, Memphis, Miéris, Mœris* [meʀis], *Némésis, Néris, Nitocris, Osiris, Panis, Parentis-en-Born, Parentis-Uchacq, Parysatis, Persépolis, Phalaris, Philis, Piis, Pointis-de-Rivière, Pointis-Inard, Poudis, Phrynis, Raminagrobis, Saint-André-de-Sangonis, Sassis, Sémiramis, Senlis, Sérapis, Sisygambis, Smerdis, Sourdis, Tamaris, Tanis, Taulis, Tauris, Thalestris, Thémis, Théogonis, Thespis, Thétis, This, Thomyris, Tiflis, Tircis, Tour-et-Taxis, Tunis, Vallauris, Vaychis, Vestris, Vivegnis, Walpurgis, Willis, Zamolxis, Zarsis, Zeuxis,* etc.

Il en est de même dans les locutions latines : *de Viris, favete linguis, hoc erat in votis, in extremis, ne quid nimis, nunc dimittis, ora pro nobis, pro aris et focis, rara avis, risum teneatis, sui generis, vae victis,* etc., et dans le latin macaronique *pedibus cum jambis.*

Rem. I. — Le mot *bis* se prononce avec [s] lorsqu'il est adverbe —, sans [s] dans *pain bis.*

Rem. II. — Le mot *cassis* se prononce avec [s] final lorsqu'il désigne une liqueur ; sans [s] final lorsqu'il désigne une rigole traversant une route.

Rem. III. — L's final se prononce dans *Pâris, Paulin Paris, Gaston Paris,* mais non dans *Paris,* capitale, ni dans *Paris-Duverney. Paris-Plage.*

Rem. IV. — *Tandis (que)* se prononce correctement sans [s]. La prononciation avec [s] a quelque chose de « scolaire ».

Rem. V. — *Ducis, Kymris* et *Médicis* se prononcent plus souvent avec [is] qu'avec [i]. C'est le contraire qui a lieu pour *Puvis de Chavannes.*

Rem. VI. — Pour l'adverbe *pis* dans le cas de liaison, cf. p. 475.

-IS (après voyelle). — La voyelle qui précède *-is* peut être de différente nature ; d'où les terminaisons suivantes :

-ais = [ɛ] : *anglais, désormais, épais, jamais, palais,* etc. —, *Beauharnais, Dumarsais, Lamennais,* etc.
-eis = [ɛjs] dans *reis, milreis.*
-ois = [wa] : *anchois, danois, gaulois, sournois,* etc. —, *Arbois, Dubois, Louvois, Valois,* etc.
-uis = [ɥi] : *buis, depuis, huis-clos, puis, pertuis,* etc. —, *Dupuis, Lhuis, Maupertuis,* etc.
-ouis = [wi] : *bouibouis* (popul.), *cambouis, louis* —, *Louis.*

RƐM. — Pour *mais, depuis, puis* dans les cas de liaison, cf. pp. 475, 477.

-ÏS = [is] : *maïs* —, *Anaïs, Azaïs, Laïs, le Tanaïs, Thaïs, Zamacoïs.*

-OS. — L's est muet dans *campos, chaos, clos, dispos, dos, éclos, enclos, forclos, gros, héros, huis-clos, los, propos, repos* —, *Choderlos de Laclos, Cros, Dubos, Duclos, Ducos, Ninon de Lenclos, Port-Cros, Rieucros.*

Il se prononce partout ailleurs : *albatros, albinos, amnios, cosmos, crapulos, fueros, halosanthos, ithos, logos, lotos, mérinos, monocéros, naos, paros, pathos, péplos, quandros, rhinocéros, salvanos, tétanos, (plaza de) toros, trabucos* —, *Abydos, Aegos-Potamos, Amos, Andros, Arbos, Argos, Asclépios, Athos, Atropos, Bégalos, Bernos, Bidos, Bonafos, Bos, Bournos, Budos, Buenos-Ayres, Burgos, Calvados, Carlos, Cathos, Céos, Chandos, Claros, Cornélius Népos, Cos, Delcos, Délos, Dionysos, Ecos, Eos, Eros, Escos, Esquiros, Estos, Garros, Gélos, Gémenos, Giscos, Goos* [gɔo:s] (Landes), *Harpalos, Hélios, Héphaistos, Hycsos, Imbros, Iolcos, Lagos, Laos, Lemnos, Lémos, Lesbos, Loos* [lo:s] (Nord), *Mélos, Miglos, Minos, Molinos, Naxos, Palacios, Palos de Moguer, Paphos, Paros, Pathmos, Périllos, Porthos, Pylos, Samos Séthos, Sinzos, Siros, Sos, Ténédos, Ténos, Téos, Tros, Urdos, Vénizélos, Viscos, Ygos,* etc.

Il en est de même dans les expressions latines : *audi nos, exaudi nos, (extra-, intra) muros, ô fortunatos !, timeo Danaos,* etc.

RƐM. — Pour *gros* dans les cas de liaison, cf. pp. 448, 470.

-US (après consonne ou *h*). — L's est muet dans *abstrus, abus, cabus, camus, conclus, confus, contus, dessus, diffus, exclus, inclus, infus, intrus, jus, obtus, obus, pardessus, perclus, pus, reclus, refus, talus* —, *Bajus, Bus-la-Mézière, Bus-lez-Artois, Cabarrus, Châlus, Camus,*

Alfred Capus, Châtelus, Farbus, Hurlus, Jésus, Montclus, Orgerus, Reclus, Saint-Germain-de-Tournebus, Tournus, Vertus.

Il se prononce partout ailleurs : *acarus, agnus, agnus-castus, angélus, anus, autobus, blocus, byssus, cactus, calus, carolus, choléra-morbus, chorus, cirrus, collapsus, committimus, consensus, convolvulus, corpus, cosinus, crocus, cubitus, cumulus, décubitus, détritus, émérus, eucalyptus, eurus, excursus, fœtus, fongus, fucus, garus, gibus, hiatus, hipparus, humérus, humus, jacobus, lapsus, lotus, lupus, mallus, mordicus, motus, mucus, négus, nimbus, nodus, nystagmus, omnibus, opus, orémus, palus, papyrus, pemphigus, phallus, phébus, plexus, processus, prospectus, quibus, quitus, rasibus, rébus, rhus, rictus, sanctus, sénatus-consulte, sinus, stimulus, stratus, terminus, thrombus, thymus, tumulus, typhus, urus, utérus, vidimus, virus* —, *Ahasvérus, Antiochus, Arcturus, Argus, Artus, Assuérus, Atticus, Bacchus, Bazus, Bélus, Bourguébus, Brennus, Brutus, Burrhus, Cacus, Cadmus, Catus, Caylus, Cheylus, Clitus, Comus, Cornus, Crésus, Cyrus, Dardanus, Diafoirus, Dolfus, Dolus, Duranus, Eviradnus, Fergus, Feragus, Fleurus, Fréjus, Gallus, Germanicus, Gracchus, Ibicus, Indus, Iphitus, Janus, Lassus, Longus, Lucullus, Magnus, Malchus, Métallus, Momus, Thomas Morus, Moschus, Nessus, Ninus, Nostradamus, Eugène Nus, Orcus, Palus Méotide, Phébus, Picpus, Plutus, Porus, Pyrrhus, Ramillies-Offus, Ramus, Rémus, Romulus, Séleucus, Spartacus, Tardets-Sorholus, Terrus, Titus, Torgnatus, Uranus, Varus, Vénus, Vopiscus, Xanthus, Zaleucus,* etc.

Il en est de même dans les expressions latines : *finis coronat opus, gaudeamus igitur, habeas corpus, hic jacet lepus, in medio stat virtus, in naturalibus, in partibus, non erat hic locus, Te Deum laudamus,* etc. Cf. aussi : *un savant en us* [ys].

REM. I. — Suivi d'un silence, *plus* se prononce [plys] en arithmétique : *le signe plus, plus par plus donne plus* —, et dans les locutions du type : *disons plus..., il y a plus..., il en sait plus..., il m'en a donné trois en plus.*

Il se prononce [ply] dans les locutions ou constructions suivantes : *au plus..., tout au plus..., bien plus..., de plus..., en plus..., (de plus en) plus..., rien de plus..., sans plus..., tant et plus..., il ne sait plus..., moi non plus..., trois jours en plus..., trois jours de plus..., après mille ans et plus...*

Pour les cas où *plus* forme groupe avec un mot suivant commençant par une voyelle, cf. p. 475.

REM. II. — La prononciation de *Jésus* avec [s] final appartient au culte protestant.

Rem. III. — Dans *sus !*, l'*s* final se prononce ou non ; de même dans la locution *en sus*. Pour le cas de liaison, cf. p. 478.

Rem. IV. — Le monosyllabe *us* ne s'emploie que dans la locution *us et coutumes* [yzekutym].

-US (après voyelle). — La voyelle qui précède -*us* peut être de différente nature ; d'où les terminaisons suivantes :

-aus = [o:s] dans *blockhaus* — ; [o] dans *Sainte-Eulalie-d'Aus, Salomon de Caus*.

-éus = [eys] dans *iléus*.

-eus = [ø:s] dans *basileus, Orpheus, Prometheus, Zeus*.

-ius = [iys] dans *olibrius, Démétrius, Héraclius* — ; [jys] dans les autres mots et noms latins ou latinisés : *médius, nonius, radius, Apicus, Arius, Berzélius, Cassius, Confucius, Gordius, Grotius* [grɔsjys], *Guarnerius, Heinsius* [ɛ̃sjys], *Helvétius* [ɛlvesjys], etc.

-ïus = [jys] : *laïus, Laïus* [lajys].

-ous = [u] dans *dessous, entrevous, nous, remous, rendez-vous, sous, vous* — ; [us] partout ailleurs : *burnous, couscous, Bascous, Bedous, Bonafous, Campistrous, Caubous, Freyssinous, Payssous, lac Peïpous*, etc.

-uus = [yys] dans le lat. *lituus*.

Rem. I. — *Tous*, pronom, se prononce toujours [tus], qu'il soit suivi d'une pause, ou d'un mot commençant par une voyelle ou une consonne : *ils viendront tous..., un pour tous..., ils sont tous à l'aise, tous pour un, tous debout!, ils sont tous contents, ils ont tous dit cela, ils savent tous ce que vous dites*, etc.
Mais *tous*, adjectif, se prononce toujours [tu], même lorsqu'il est séparé du mot suivant par suite d'une hésitation : *tous les enfants, tous ceux qui*, etc., *tous... les hommes*.

Rem. II. — Pour *nous, vous, sous* dans le cas de liaison, cf. pp. 472-3.

-ÜS. — Le *s* se prononce : *Amphiaraüs, Archélaüs, Danaüs, Emmaüs, Imaüs*, tous avec [ays] ; *Achéloüs, Alcinoüs*, tous les deux avec [ɔys] ; *Geüs* [ʒeys] (B.-Pyr.).

-YS (après consonne ou *h*) = [i] dans *Bardys-Saint-Priest* (H.-Vienne), *Denys, Pys* (Somme) — ; [is] partout ailleurs : *ophrys, ophys, Atys, Dellys, Deslys, la Lys, Lys, Lys-les-Lannoy, Clément de Rys, Thys*, etc.

-YS (après voyelle). — La voyelle qui précède -*ys* peut être de différente nature ; d'où les terminaisons suivantes :

-ays = [ei] ou [eji] dans *pays*, — [ɛ] dans *Belfays* (Doubs).
-eys = [ɛ] dans *Herbeys* (Isère), *Les Veys* (Manche), *Theys* (Isère) —; [ɛs] dans *Brueys, Sérieys*.
-ÿs = [i] dans *Pierre Louÿs* [lwi].

T

I. — Le *t* final est muet dans les formes verbales de la 3ᵉ personne du singulier.

Indic. prés. : *(il) finit, fait, se taît, croit, croît*, etc.
Subj. prés. : *(qu'il) soit, ait*.
Imparf. de l'indic. : *(il) chantait, finissait, faisait, croyait*, etc.
Imparf. du subj. : *(qu'il) fût, eût, chantât, finît, fît, crût*, etc.
Condit. prés. : *(il) serait, aurait, chanterait, finirait, ferait, croirait*, etc.
Passé simple : *(il) fut, eut, finit, fit, crut*, etc.

Rem. I. — Pour ces formes suivies de voyelle, cf. pp. 457 s., 474-5.
Rem. II. — Le subjonctif *soit* employé comme interjection se prononce avec [t].

II. — En dehors des formes verbales, le *t* final se prononce ou non suivant les terminaisons ou les mots.

-AT. — Le *t* final se prononce dans *exéat, fat, fiat, magnificat, (échec et) mat, mat* (couleur), *pat, privat-docent, stabat, transéat, véniat* —, dans l'expression *à Dieu vat* —, dans le nom biblique *Josaphat* —, et, sauf exceptions, dans tous les noms étrangers : *Ba-Xat, Cattégat, Chabaat-er-Rebia, Djaggernat, Joat, Laghouat, Midhat-Pacha, Sobat, That-Binh, Zarat*, etc.

Il en est de même dans les expressions latines : *abyssus abyssum invocat, asinus asinum fricat, audaces fortuna juvat, mens agitat molem*, etc.

Le *t* est muet dans les autres mots : *achat, béat, combat, grabat, immédiat, magnat, muscat, opiat, péculat, postulat, reliquat, sabbat, syndicat, vivat*, etc. — dans tous les noms français : *Barbechat, Bereziat, Le Bessat, Betchat, Blanzat, Bonnat, Catinat, La Ciotat, Donat, Fortunat, Garat, Josat, Loyat, Marat, Morgat, Objat, Plouagat,*

Plouescat, Quicherat, Royat, Terjat, etc. —, et dans les noms étrangers *Hérat, Rabat.*

Rem. — Le groupe *-oat* se prononce [o:t] dans les mots anglais, *over-coat, steam-boat.*

-ÂT = [ɑ:t] dans *Ghât, Touât* — ; [ɑ] dans *bât, mât.*

-ET. — Le *t* se prononce dans *anet* (ou *aneth*), *net* —, dans les mots latins *licet, tacet* —, dans les locutions latines *non liquet, quærens quem devoret, et cætera* —, dans les noms anglais *pickpocket, sparklet, water-closet* —, dans le nom biblique *Japhet* —, et dans tous les noms étrangers : *Aben-Hamet, Achmet, Médinet-el-Fayoum, Méhémet-Ali, Mokrisset, Newmarket, Savannakhet, Temlet, Tiaret,* etc.

Rem. — L'angl. *street* se prononce [strit].

Il est muet dans les mots français autres que *anet* et *net* : *alphabet, billet, crochet, duvet, fret, guichet, poignet,* etc. — ; dans les mots latins *débet, placet, quolibet* — ; dans les mots anglais *cricket, croquet* (de l'angl. *crocket*), *pamphlet, ticket* —, dans tous les noms français : *Alet, Anet, Bayet, Bourget, Céret, Châtelet, Cruet, Danet, Eymet, Faguet, Grandet, Huet, Malouet, Plouaret, Roybet, Vouet, Yvoz-Ramet,* etc. —, et dans les noms anciens ou étrangers *Hamlet, Japet, Mahomet.*

-ÊT = [ɛt] dans *la Têt* (riv. des Pyr.-Or.), *la fête du Têt* — ; [ɛ] dans *acquêt, apprêt, conquêt, benêt, genêt, prêt, protêt.*

-ËT = [ɛt] dans *Carnoët-Locarn, Moët, Plancoët.*

-IT (après consonne). — Le *t* final se prononce dans *aconit, prurit, rit, susdit* —, dans les mots latins *accessit, affidavit, déficit, exit, explicit, incipit, obit, prétérit, satisfecit, sufficit, transit, magister dixit* —, dans les noms anciens *Nitocrit, Tanit,* — et dans les noms étrangers : *Boutilimit, Tilsit, Tiznit,* etc.

Il est muet dans tous les autres mots ou noms français : *acabit, bardit, crédit, écrit, gabarit, inédit, lendit, maudit, profit, rescrit, sanscrit, subit,* etc. —, *Berbezit, Camboulit, Combrit, Donzit, Garabit, Labrit, Lavit, Saint-Abit,* etc.

Rem. — Le *t* se prononce dans le nom français *Abauzit.* Il se prononce ou non dans *granit.*

-IT (après voyelle). — La voyelle qui précède -*it* peut être de différente nature ; d'où les terminaisons suivantes :

-ait = [ε] : *abstrait, bienfait, distrait, lait, parfait, souhait,* etc.
-eit = [ε] dans *Soheit* (Belgique) — ; [ajt] dans *Fahrenheit.*
-oit = [wa] : *adroit, détroit, endroit, étroit,* etc., *Malestroit, Plancenoit,* etc.
-uit = [ɥit] dans *huit* — ; [ɥi] dans les autres mots français : *bruit, conduit, détruit, fruit, nuit, réduit,* etc. —, [œjt] dans le flamand *Voorhuit.*
-ouit = [wi] dans *Louit* (H.-Pyr.).

Rem. I. — Suivi d'un silence, *fait* se prononce [fɛ] dans *un fait, c'est un fait, voie de fait, voici le fait, prendre sur le fait, tout à fait,* etc. Mais il se prononce [fɛt] dans *au fait!, en fait, de fait.*

Rem. II. — Pour *huit* devant un mot commençant par une consonne, cf. p. 479.

-ÏT = [it] dans *coït, introït.*

-ÎT. — En dehors des formes verbales, le groupe final -*ît* ne se rencontre en français que précédé de voyelle et dans la seule terminaison -oît. Le *t* y est muet : *benoît, noroît, suroît* —, *Benoît.*

-OT. — Le *t* se prononce dans *dot, Lot* —, dans l'anglais *black-rot* —, et dans les noms étrangers *Duns Scot, George Eliot, Thot, Tot,* etc.

Il est muet dans tous les autres mots ou noms français : *argot, caillot, gigot, pot, sabot,* etc. —, *Amyot, Biot, Drouot, Guizot, Marbot, Nicot, Renaudot, Stavelot,* etc.

Rem. I. — Le *t* est cependant muet dans le nom anglais *Talbot.*

Rem. II. — Le *t* se prononce dans les mots anglais *arrow-root* [aroˈrut], *snow-boot* [snobut].

-ÔT = [o] : *aussitôt, bientôt, dépôt, entrepôt, impôt, plutôt, prévôt, rôt, sitôt, tantôt, tôt.*

Rem. — Pour *aussitôt, bientôt, plutôt, sitôt* dans les cas de liaison, cf. pp. 463-4.

-UT (après consonne). — Le *t* se prononce dans *azimut, brut, cajeput, chut!, comput, lut, occiput, rut, scorbut, sinciput, ut, zut!* —, *Calicut, Connecticut, Farragut, Lilliput.*

Il est muet dans les autres mots : *attribut, bahut, but, chalut, début, canut, institut, préciput, rebut, salut, tribut*, etc. —, et dans les noms français ou wallons : *Hannut, Labatut, Montégut, Ploerdut*, etc.

Rem. I. — On prononce aussi [byt] dans le langage sportif.

Rem. — Le *t* se prononce ou non dans *Canut*, [kany] ou [kanyt], mais se prononce dans la forme scandinave correspondante *Knut* [knut].

-UT (après voyelle). — La voyelle qui précède -*ut* peut être de différente nature ; d'où les terminaisons suivantes :

-**aut** = [o] : *artichaut, défaut, saut*, etc. —, *Brifaut, Brunehaut, Escaut, Fomalhaut, Hainaut, Manon Lescaut*, etc.

-**out** = [u] : *atout, bagout, bout, debout, égout, marabout, partout, racahout, surtout, tout* —, *Taitbout*. Le *t* se prononce dans *knout* [knut], *vermout* [vɛʀmut], *lock-out* [lɔkawt], *raout* [ʀ·awt] *stout* [stawt], *Assiout* [asjut].

Rem. — Pour *haut* et *tout* dans le cas de liaison, cf. pp. 450, 473-4.

-ÛT (après consonne). — En dehors des formes verbales, ce groupe ne se rencontre que dans *affût, fût*. Le *t* est muet.

-ÛT (après voyelle). — En dehors de *qu'il eût* [y], ce groupe ne se rencontre que précédé de *o* dans la terminaison -oûr. Le *t* y est muet : *août* [u], *coût, dégoût, goût, moût, ragoût*.

-YT. — Ce groupe ne se rencontre que précédé de *a* dans la terminaison -AYT = [ɛ]. Le *t* est muet dans *Fayt-lez-Manage* (Belgique), *Grand-Fayt* (Nord).

V

Cette consonne qui ne se rencontre qu'à la fin de noms slaves se prononce [f] : *Iaroslav, Dhiaghilev, Kiev, Skobelev, Tourguéniev, Kharkov, Rimsky-Korsakov, Souvarov, Stamboulov*, etc.

D'ailleurs tous ces noms ont aussi en français une orthographe avec *f* final.

W

Le *w* final se prononce [f] dans *Kharkow* et *Rimski-Korsakow*, écrits aussi avec -*of* ou -*ov*.

Les noms allemands terminés en -*ow*, comme *Bulow*, *Flotow*, *Virchow* se prononcent avec [ɔf] en français. Mais on fera mieux de les prononcer avec [o] comme en allemand.

Rem. — Le *w* est muet dans les finales anglaises -*aw*, -*ew*, -*ow*, pour la prononciation desquelles cf. pp. 147, 165, 194. Il n'y a d'exception que pour le nom du financier *Law*, qui se prononce en français [lɑ:s], d'après *Law's Bank*.

X

La prononciation de *x* final varie suivant les terminaisons.

-AX. — L'*x* est muet dans *Oyonnax* et *Saint-Paul-de-Varax*, tous les deux dans l'Ain. Il se prononce [ks] partout ailleurs : *anthrax, borax. contumax, income-tax, opopanax, smilax, thorax,* etc. —, lat. *omnis homo mendax, tempus edax* —, *Ajax, Astyanax, Brax, Caychax, Dax, Ganderax, Halifax, Jax, Moirax, Sfax, Syphax, Vinax,* etc.

-EX. — L'*x* est muet dans *Bernex, Copponex, Excenevex, Mont-Saxonnex, Oex* [ɔɛ] (tous dans la Haute-Savoie), *Le Reculex* (Calv.), *Saint-Georges-de-Rex* (Deux-Sèvres), *Bex-les-Bains, Château-d'Oex* [ɛ] (tous les deux en Suisse). Il se prononce [ks] partout ailleurs : *apex, carex, codex, index, narthex, silex,* etc. —, lat. *aes triplex* —, *Castex, Essex, Etex, Gervex, Gex* (Ain), *Sussex,* etc.

Rem. — La prononciation [ʒɛ] pour *Gex* est vieillie.

-IX (après consonne ou *h*) = [i] dans *crucifix, perdrix, prix, Brix, Calix, Carsix, Chamonix, Charix, Gouvix, Rix-Trébref, Saint-Genix* —; [is] dans *six, dix* —; [iks] dans *hélix, larix, phénix, préfix, tamarix, Alix, Béatrix, Cadix, Corfelix* (Marne), *Félix, Jusix* (Lot-et-G.), *Perdix, Vercingétorix,* etc. —; [iʃ] dans les noms catalans : *Flix, Ganix, Hix* (Pyr.-Or.), *Xix* [ʃiʃ], etc.

Rem. — Pour *six, dix* devant un autre mot, cf. pp. 478-9.

-IX (après voyelle). — La voyelle qui précède -*ix* peut être de différente nature ; d'où les terminaisons suivantes :

-aix = [ɛ] dans *faix, paix, Carhaix, Chaix-d'Estange, Desaix, Morhaix, Quaix, Roubaix* —; [ɛks] dans *Aix, Caix d'Hervelois* (pron. de l'auteur), *Chaix, Taix* (Tarn) —; [aʃ] dans les noms catalans : *Agell de Baix, Arrès de Baix*.

-eix = [ɛ] dans *Blaudeix, Champeix, Chaumeix, Chastreix, Cherrueix, Le Compeix, Cherveix, Coulounieix, Couzeix, Fouleix, Le Meix, Le Meix-Saint-Epoing, Le Meix-Tiercelin, Mongreleix, Saint-Georges-Blascaneix, Saint-Yrieix, Verneix, Videix* — ; [ɛks] dans *Dupleix, Eix* (Meuse), *Feix, Fleix* (Vienne), — ; [ɛʃ] dans les noms catalans : *Aubeix, Vilablareix,* etc.

-oix = [wa] : *choix, croix, noix, poix, voix, Doix, Foix, Hurepoix, Loix, Mirepoix, Poix,* etc. — ; [ɔʃ] dans les noms catalans : *Boix, Oix, Riu de Foix,* etc.

Rem. — Mais le nom catalan *Boix,* lorsqu'il est porté par des Français, se prononce [bwa].

-uix. — Le mot français *Bruix* se prononce [bʀɥix], et le nom catalan *El Guix* [ɛlgiʃ].

-OX = [ɔks] : *box, cowpox, fox, phlox, Coysevox, Fox, Lafox, Palafox, Tox*.

-UX (après consonne) = [y] dans *flux, influx, reflux, Chastellux, Conjux, Parux, Verjux* — ; [yks] dans les mots et noms latins *lux, (Fortuna) redux, Lux, Pollux,* et dans *Carlux* (Dordogne).

-UX (après voyelle). — La voyelle qui précède -*ux* peut être de différente nature ; d'où les terminaisons suivantes :

-aux = [o] : plur. *amicaux, bestiaux, égaux, vitraux,* etc. ; sing. et plur. *(une, des) faux, (un, des) taux ; (je, tu) vaux* —, *Carmaux, Caux, Leyvaux, Roncevaux,* etc.

Rem. — La terminaison -eaux se prononce elle-même [o] : plur. *agneaux, beaux, Bordeaux, Desbarreaux, Meaux, Sceaux* [so], etc.

-eux = [ø] : plur. *aïeux, cieux, épieux, feux, neveux,* etc. ; sing. et plur. *affectueux, boueux, épineux,* etc. ; *(je, tu) peux, veux ; deux, mieux ; Andrieux, Batteux, Brizeux, Dreux, Evreux, Des Grieux, Nonceveux, Trasrieux,* etc.

-œux = [ø] dans *Quœux, Rœux*.

-oux = [u] : plur. *bijoux, cailloux, genoux,* etc. ; sing. et plur. *courroux, doux, jaloux, toux,* etc. ; *Barbaroux, Boutroux, Châteauroux, Fallour, Moux, Saint-Paul-Cap-de-Joux,* Mt *Ventoux,* etc.

-YX = [is] dans *coccyx* —; [ĭks] dans *bombyx, onyx, pnyx, sardonyx, Eryx, Iapyx, Styx.*

Rem. — *Cayx* se prononce [kɛ].

Z

La prononciation de *z* final varie suivant les terminaisons.

-AZ. — Le *z* est muet dans *raz-de-marée*, et dans les noms franco-provençaux en *-az* : *La Clusaz, La Forclaz, La Praz, La Vernaz, Saint-André-le-Gaz*, etc.

Il se prononce [z] dans *gaz, Achaz, Chiraz, Hedjaz, Joachaz, la Pointe-du-Raz* —; [s] dans les noms espagnols *Diaz, La Paz*.

-EZ. — Le *z* est muet dans la terminaison des 2es pers. plur. : *chantez, chantiez, chanterez, chanteriez*, etc.; dans *assez, chez, nez, rez-de-chaussée;* dans la particule *lez* : *Plessis-lez-Tours, Saint-Pierre-lez-Calais*, etc.; dans *Blanc-Nez, Canchonprez, Cherbuliez, Déprez, Desprez, Douarnenez, Dumouriez, Duprez, Forez, Gérusez, Grez-sur-Loing, Grez-Gaudechart, Gris-Nez, Guez de Balzac, Lainez, Renwez, Saint-Geniez, Séez* [se] (écrit aujourd'hui *Sées*), *Saint-Tropez.*

Il se prononce [z] dans *fez, l'Alpe d'Huez, Natchez, Suez* —; [s] dans les noms du Midi de la France (exception faite de *Saint-Tropez*) : *Ambez, Barthez, Campouriez, Lombez, Orthez, Rodez, Saint-Julien-en-Jarez* (ou *Jarès*), *Senez*, etc.; dans *Vez* (Oise), *Wez* (Marne); dans *Cérez* (Algérie), *Fez* (Maroc) et dans les noms de langue espagnole : *Alvarez, Aranjuez, Cortez, Fernandez, Jerez, Juarez, Lopez, Perez, Rodriguez, Sanchez, Suarez* (et *Diego-Suarez*), etc. —; [ts] dans le nom allemand *Diez* [dits]. Il est muet ou se prononce [z], suivant les personnes, dans *Buchez, Duez, Mouchez*.

-IZ. — Le *z* est muet dans *riz, Agassiz*. Il se prononce [z] dans *rémiz, Abd Ul-Aziz, Hafiz, Kirghiz, Kriz* —; [z] ou [s] dans le nom espagnol *Albeniz* —; [ts] dans les noms allemands *Leibniz, Seidliz.*

-OZ. — Le *z* est muet dans *Charnoz* (Ain), *Chavanoz* (Isère), *Chevroz* (Doubs), *Contrevoz, Cormoz* (Ain), *Echenoz* (Hte-Saône), *Marboz* (Ain), *Marloz* (Hte-Saône), *Vernioz* (Isère); dans les noms de personnes *Buloz, Droz* ; dans les noms belges *Fooz* [fo], *Longdoz, Trooz* [tʀo], *Yvoz-Ramet*. Il se prononce [z] dans *Berlioz, Booz* [bɔo:z], *Boz* (Ain), *Culoz* (id.), *Dalloz, Gaidoz, Geindroz, Persoz, Petroz, Rioz, Semnoz, Vittoz*, etc. — ; [z] ou [s] dans les noms espagnols *Albornoz, Badajoz, Muñoz*, etc.

-UZ. — Le *z* se prononce [z] dans *Luz, Saint-Jean-de-Luz, Ormuz* — ; [z] ou [s], dans les noms espagnols : *Cruz, Santa-Cruz, Vera-Cruz*, etc.

Rem. — Le groupe *-ouz* se prononce [uz] dans *Elbrouz*.

B. — LES CONSONNES DOUBLES FINALES

Les consonnes doubles finales ne sont jamais muettes et se prononcent comme des consonnes simples :

-FF = [f] : *sous-off* (famil.), *bluff* [blœf] —, *Falstaff, Raff, Lanleff, Cardiff, Malakoff, Dourduff*, etc.

-LL = [l] : *base-ball* [bɔl], *foot-ball, music-hall, croskill, mandrill, bull-terrier, bull-trap* —, *Marshall. Tyndall, Cromwell, Guillaume Tell, Churchill, Stuart Mill, Boll, John Bull, Argyll* [aʀgajl], etc.

-MM = [m] : *Mumm* [mum].

-NN = [n], avec voyelle précédente orale : *brenn* —, *Haussmann, Schumann, Inn, Bonn, Péchelbronn, Brünn*, etc.

-PP = [p] : *Knapp, Hepp, Krupp*, etc.

-RR = [ʀ] : *Barr, Alphonse Karr*.

-SS = [s] : *ray-grass, business* [biznɛs], *express, edelweiss, gneiss, cross-country, lœss*, etc. —, *Barrow-in-Furness, Hess, Weiss, Zeiss Ikon, Neuss, Reuss, Strauss, Anschluss, Dollfuss, Wyss*, etc.

-TT = [t] : *chott,* — *Magstatt, Berstett, Irmstett, Moleschott, Walter-Scott*, etc.

-LFF = [lf] : *Valff, Litolff*.

-NFF = [nf] : *Banff* [banf].

-RFF = [ʀf] : *Pénerff, Ruhmkorff*.

C. — LES GROUPES DE CONSONNES FINALS

Ces groupes seront organisés d'après la dernière consonne.

B

-MB. — Ce groupe est muet, avec voyelle précédente nasale, dans *aplomb, coulomb, plomb, surplomb,* — *Christophe Colomb, Coulomb, Plomb.*

Il se prononce [b], avec voyelle précédente nasale, dans *rhumb* ou *rumb* [ʀɔ̃:b].

C

-LC. — Les deux consonnes se prononcent dans *talc* —, *Saint-Malc.*

-NC. — Dans tous les cas l'*n* est muet et la voyelle précédente nasale. Quant à *c*, il ne se prononce pas dans *banc, blanc, flanc, franc, (il) convainc, (il) vainc, ajonc, jonc, tronc,* — *Blanc, Tronc, Hodenc* [-ã] (Oise), *Thorenc* [-ã] (Alp.-M.).

Il se prononce [k] dans *Aranc, Nanc, Ranc*; *Déhodenc, Doumenc, Hodenc-en-Bray, Mézenc, Paulhenc, Poulenc, Teisserenc, Thorenc* (Ardèche), tous avec [ɛ̃:k] ; dans le latin *hic et nunc* [nœ̃:k] —, [g] dans *zinc* [zɛ̃:g].

Rem. — *Donc* se prononce [dɔ̃:k] en tête d'une phrase ou d'un membre de phrase : *je pense, donc je suis ; donc vous ne voulez pas,* etc. —, [dɔ̃k] à l'intérieur d'une phrase devant un mot commençant par voyelle : *il est donc entendu que..., il était donc à Paris,* etc. En dehors de ces cas, on prononce toujours [dɔ̃] : *il est donc venu, venez donc me voir, allons donc !, dites donc !,* etc.

-RC — Le groupe se prononce [ʀk] dans *arc, parc, turc.*

[ʀ] dans *marc (eau-de-vie de marc, marc de café, au marc le franc), clerc, porc* —, *Clerc, Leclerc, Mauclerc.*

Rem. — On prononce [ʀk] dans *Marc* (prénom ou patronyme), *saint Marc* (évangéliste), *Évangile de Marc, Marc-Antoine, Marc-Aurèle.* Mais on prononce [ʀ] dans *Place Saint-Marc, le lion de Saint-Marc* (à Venise).

-SC. = [sk] : *fisc, tamarisc, busc, musc* —, *Gasc, Salasc, Saint-Gély-du-Fesc, Lambesc, Arlebosc, Bosc, Dubosc, Flayosc, Venosc,* etc.

D

-LD. — Le groupe est muet dans *Arnauld, Berthauld, Reynauld, La Rochefoucauld, Arnould, Le Crould, Sainte-Menehould* [mənu].
Il se prononce [l] dans *Léopold*.
[l] ou [ld] dans *Betting-les-Arold, Saint-Arold*.

[ld] dans les mots étrangers : *chesterfield, kobold, trinkgeld, wergeld* —, et dans tous les autres noms français ou étrangers : *Bonald, Clodoald, Gérald, Grimoald, Macdonald, Romuald, Théobald, Bielefeld, Christianfeld, Crefeld, Forstfeld, Beaconsfield, Sheffield, Wakefield, Brunehild, Rothschild, Arnold, Berthold, Detmold, Hérold, Vitold, Nordenskjöld, Fould, Le Puld*, etc.

-ND. — La prononciation de ce groupe final dépend des terminaisons.

a) Terminaisons -AND, -END, -OND. — Dans les mots ou noms français, le groupe *-nd* est muet et la voyelle précédente se prononce nasale. On a ainsi [ã] pour les deux premières terminaisons et [ɔ̃] pour la troisième : *allemand, chaland, gland, goéland, marchand, quand, (il) attend, (il) défend, (un) différend, (il) vend, (il) fond, gond, rond*, etc. —, *Armand, Bertrand, Chateaubriand, Rostand, Quend* (Somme), *Edmond, Lhomond, Saint-Evremond, Saint-Trond*, etc.

Rem. I. — Il en est de même pour les anciens noms germaniques francisés *Childebrand, Hildebrand, Osmond, Pharamond, Sigismond*, etc.

Rem. II. — Le *d* final se prononce ou non dans *George Sand* : [sã:d] ou [sã].

Rem. III. — Pour les formes verbales terminées en *-end* devant voyelle, cf. pp. 457 s., 475.

Dans les mots étrangers terminés en *-and*, on prononce :

[ã] dans *maryland, portland*.
[ã:d] dans *jazz-band, rand, stand*.
[ɛnd] dans *shake-hand*.
[ã:d] ou [and] dans *hinterland, vaterland*.

Dans les noms étrangers qui ont la même terminaison, on prononce :

[ɑ̃] dans *(avenue de) Friedland, Jutland, Maryland, Oberland, Portland* et dans *Gand*, forme francisée du flamand *Gent*.

[ɑ:d] dans *Samarkand, Yarkand*.

[ɑ̃] ou [ɑ̃:d] dans *Cumberland, Groenland, Northumberland*.

[ɑ̃:d] ou [and] dans *Christiansand, Kadsand, Kokand* et dans les noms en *-land* autres que ceux qui ont été cités ci-dessus : *Aaland, Cleveland, Deutschland, Falkland, Laaland, Oeland, Queensland, Shetland, Uhland, Wieland*, etc.

Rem. — Dans *Long-Island, Rhode-Island*, etc., *Island* se prononce [izlɑ̃:d] ou [izland], et mieux à l'anglaise [ajlənd].

Dans les mots ou noms étrangers terminés en *-end*, on prononce :

[ɛ̃:d] dans *zend* —, *Zend-Avesta*.

[ɛnd] dans *week-end* —, *Elvend, Gravesend, Helmend, Néhavend*, etc.

b) Terminaison -IND. — *Sind* se prononce [sind] et *Witikind* [vitikɛ̃] ou [vitikind].

c) Terminaison -UND. — Le *-d* se prononce dans *lispund, schippund, Aalesund, Bomersund, Lund, Sigmund, Stralsund, Sund*.

d) Terminaison -OUND. — Les mots anglais *round, pound* se prononcent [ʀawnd], [pawnd]. Mais on prononce [und] dans *compound*.

-RD. — Ce groupe se prononce toujours [ʀ] en français : *bavard, tard, vieillard, abord, (il) mord, nord, (il) tord, balourd, lourd, sourd* —, *Bayard, Bernard, Edouard, Gard, Chambord, Périgord*, etc.

blizzard, reward, standard, laird, cordon bikford, fjord, milord, lord, etc. —, *Layard, Bradford, Oxford, Sigurd, Strafford*, etc.

Rem. I. — L'anglais *steward* se prononce cependant [stjuaʀt] en français.

Rem. II. — Pour *nord* et les formes verbales en *-rd* devant voyelle, cf. pp. 443, 457 sq., 475.

ZD. — *Ormuzd* se prononce [ɔʀmyzd].

F

-LF = [lf] : *golf* —, *Saint-Molf, Wolf, Agilulf, Beowulf*.

MPF. — On prononce [ɑ̃pf] dans *(rue) Oberkampf*, et [ampf] dans *Kulturkampf*.

-RF. — Ce groupe se prononce [ʀ] dans *cerf, nerf*.

[ʀf] dans *serf, Cerf* — et dans les mots ou noms étrangers : *turf, wharf, Tarf, Altdorf, Baerendorf, Dusseldorf, Rimsdorf*, etc.

Rem. — Le mot *nerf* peut se prononcer avec [ʀf] lorsqu'il est employé au figuré et qu'il est suivi d'un silence : *ce style a du nerf, cet homme manque de nerf*, etc. Cependant cette prononciation tend à disparaître.

G

-NG. — Dans les terminaisons françaises *-ang, -eng, -aing, -eing, -ing, -oing, -ong, -ung*, et *-eung*, le groupe *ng* est muet et la voyelle précédente nasale ; *-ang* et *-eng* se prononcent [ã], *-aing, eing* et *-ing* [ɛ̃], *-oing* [wɛ̃], *-ong* [ɔ̃] et *-ung, -eung* [œ̃] : *étang, rang, sang, hareng, parpaing, blanc-seing, basting, coing, oing, poing, long, oblong*, etc. —, *Bussang, Capestang, Hodeng-au-Bosc, Houdeng-Aimeries, Castaing, Domfaing, Rostaing, Monlong, Troplong, Antoing, Bourgoing, Loing, Le Mung, Meung, Neung-sur-Beuvron*, etc.

Rem. — Mais *Loubieng* (B.-Pyr.] se prononce avec [jɛ̃:k].

Pour ce qui est des mots étrangers, on prononce :

[ã] dans *ilang-ilang* [ilãilã], *lampujang, mustang, orang-outang* [ɔʀãutã].

[ã:g] dans *bang* (ou *bangh, bangue*), *boomerang* (ou *boumerang*), *copang, gang, harfang, linsang, rotang, slang*,

[wɛ̃] dans *shampooing* (ou *shampoing*).

[ɔ̃] dans *pacfung* (ou *packfond*), *souchong* (ou *sou-chong*).

[ɔ̃:g] dans *benturong, dugong, gong, ping-pong*.

[ɛŋ] dans *ginseng*.

[iŋ] dans les mots anglais en *-ing* : *bowling, building, camping, meeting, racing, schelling* (ou *schilling*), *shilling, shirting, shocking, smoking, sterling, yachting*, etc.

Dans les noms étrangers, on prononce une voyelle orale suivie de [ŋ] ; cf. *Alang Gol, Arang, Gang, Klang, Flameng, Canning, Fielding, Lessing, Memling, Armstrong, Young, Yung*, etc. — et en particulier les noms de l'Océanie ou de l'Extrême-Orient : *Kiang-Sou, Kouang-Si, Louang-Prabang, Samarang, Teng-Chéou, Fou-*

Tcheng, Pao-Ting, San-Sing, Muong-Kong, Tcha-Mon-Tong, Liao-Toung, Hung-Tchang, Muong-Tung, etc.

Rem. I. — Dans la Moselle, la terminaison allemande *-ing* des noms de lieux se prononce localement [ɛ̃] : *Bebing, Dolving, Lelling, Nebing, Richeling, Virming,* etc.

Rem. II. — L'ancienne prononciation avec voyelle nasale s'est conservée dans un certain nombre de noms de l'Extrême-Orient ; cf. [ɔ̃] dans *(baie d') Along, Son-Chong* —, [ɔ̃] ou [ɔ̃:g] dans *Haïphong* et *Mékong*. Quant à *Hong-Kong* il peut se prononcer à l'ancienne : [ɔ̃kɔ̃], [ɔ̃kɔ̃:g], ou à la moderne [ɔŋkɔŋ].

Rem. III. — Les noms chinois du type *Hoang-Ho, Hung-Ho, Hung-Hoa,* etc. se prononcent [ɔaŋ o], [uŋ o], [uŋ ɔa], etc. Cependant l'ancienne prononciation [ɔão] s'est aussi conservée pour *Hoang-Ho*.

Rem. IV. — Les noms mongols *Aureng-Zeyb* et *Timour-Leng* se prononcent avec [ɛŋ]. Cependant les anciennes prononciations subsistent encore : [oʀãzɛb] (cf. l'orthographe *Aurangzeb*), [oʀɛ̃gzɛb] —, [timuʀlã] (cf. *Tamerlan*), [timuʀlã:g], [timuʀlɛ̃:g].

Rem. V. — Dans *(détroit de) Behring,* on prononce [iŋ] ou [ɛ̃] à l'ancienne.

Rem. VI. — *Long-Island* se prononce [lɔŋgizland], ou mieux [lɔŋgajlənd].

-RG. — On prononce [ʀ] dans *bourg, brandebourg, faubourg, rachimbourg* —, *Le Cotterg, Cherbourg, Combourg, La Tour-Maubourg*. De même dans les noms allemands ou anglais francisés en *-bourg* : *Duisbourg, Edimbourg, Hambourg, Limbourg, Luxembourg, Magdebourg, Mecklembourg, Saint-Pétersbourg, Strasbourg,* etc., —, et dans les noms allemands en *-berg* qui suivent : *Arenberg, Furstenberg, Gutenberg, Nuremberg, Wurtemberg*.

Mais on prononce [ʀk] dans *Bourg* (Ain).

Rem. I. — *Bourg,* localité de la Gironde, se prononce [bu:ʀ].

Rem. II. — Les composés de *Bourg* se prononcent tantôt avec [ʀk] : *Bourg-Argental, Bourg-en-Bresse* —, tantôt avec [ʀ] : *Bourg-des-Comptes, Bourg-la-Reine,* etc.

Enfin on prononce [ʀg] dans les mots étrangers *burg, erg, iceberg* —, dans les noms de localités françaises *Valberg, Villeneuve de Berg* —, dans les noms allemands en *-berg* autres que ceux qui ont été cités plus haut : *Bamberg, Heidelberg, Johannisberg, Muhlberg, Spitzberg,* etc., auxquels il faut ajouter *Berg* (H^t-Rhin, Moselle), *Lemberg* (Mos.), et *Oberlarg* ((H^t-Rhin) —, et dans les noms étrangers en *-org* : *Aalborg, Buitenzorg, Swedenborg, Uleaborg, Viborg,* etc., ou en *-urg* : *Flensburg, Kyburg,* etc.

H

a) Un certain nombre de groupes finaux à dernier élément *h* n'ont qu'une seule prononciation :

-LH = [j] : *Cazarilh, Ganilh, Tilh, Anouilh, Bouilh-Devant.*

-NH = [n] : *Cam-Ranh, Kim-Thanh, Phnom-Penh, Ninh-Binh, Vietminh,* etc.

-PH = [f] : *aleph — Cnepn, Joseph, Saint-Eliph.*

-SH = [ʃ] : angl. *lemon-squash, stockfish, yiddish, bush, rush,* etc. —, *British Museum, Cavendish,* etc.

-LCH = [lk] : catal. *Puig i Cadafalch.*

-LPH = [lf] : *Saint-Jean-d'Aulph, Saint-Gingolf, Saint-Oulf.*

-RGH = [ʀg] : angl. *Burgh, Roxburgh,* etc.

-TCH = [tʃ] : *caratch, dispatch, match, scratch, tsarevitch —, Karageorgevitch, Pachitch, (lac) Narotch* etc.

-GSCH = [kʃ] : *Brugsch* [bʀukʃ].

-RSCH = []ʀʃ] : *kirsch —, Hirsch.*

-TSCH = [tʃ] : *Etsch, Tavetsch.*

-TZSCH = [tʃ] : *Voretzsch, Kautzsch.*

Rem. — Cf. ᴋʜ = [k] dans *Lalla-Roukh* ; -ᴄᴋʜ = [k] dans *Böckh ;* -ʀʜ = [ʀ] dans *Bonaigarh* (Inde).

b) Les autres groupes ont une prononciation différente suivant les mots :

-CH. — Ce groupe est muet dans *almanach* et *Allauch* (B.-du-Rh.).

Il se prononce [ʃ] dans les mots turcs ou arabes *bakhchich, chaouch, farouch, tarbouch —,* dans les noms français *Amrouch, Auch, Bourech, Brach, Teste de Buch, Aspres-sur-Buëch, Delpech, Fauch, Foch, Hulluch, Luzech, Martinpuich, Montrabech, Pech, Pech-Luna, Pioch, le Puch, Puech, Le Puech, Ruch* (Gir.), *Le Teich, Touch,* etc. —, dans les noms étrangers non allemands ou non anglais : *Balkach, Choeu-Kach, El-Harrich, Jellachich, Nich, Babouch, Balfrouch, Rhennouch, Sidi-Ferruch,* etc.

[tʃ] dans les mots et noms anglais : *mail-coach, sandwich, speech —, Bromwich, Greenwich, Nordwich, Palmbeach, (îles) Sandwich,* etc.

[k] dans *cromlech* et les mots étrangers *azéradach, krach, varech, auroch, azoch, loch* —, dans *Saint-Roch*, les noms bretons *Aber-vrach, Crach, Ploumanach, Plourach, Ploulech*, etc. et les noms roussillonnais *Néfiach, Tech, Joch* —, dans les noms bibliques *Abimélech, Lamech, Enoch, Moloch, Baruch* —, dans le tchèque *Cech* ou *Czech* —, dans le catalan *Monjuich* [mɔnʒuik] —, et dans les noms allemands ou d'origine allemande : *Bach, Forbach, d'Holbach, Offenbach, Rohrbach, Alberich, Chilperich, Metternich, Munich, Zülpich, Zurich, Bloch, Hoch, Lampertsloch, Moch, Buch, Much*, etc.

Rem. — Cependant on prononce [ʃ] dans *Reich* [ʀajʃ], *Friedrich, Mᵍʳ Ruch* et dans les noms de lieux de la Moselle : *Rech, Hilsprich, Kerprich-aux-Bois, Marspich.*

-GH. — Ce groupe est muet dans les mots et noms anglais *bobsleigh, high (-life, church)* [haj] —, *Raleigh* [ʀɛlɛ], *Castlereagh* [kaslǝʀɛ], *Gainsborough* [gɛ̃zbɔʀu], *Scarborough* [skaʀbɔʀu].

Il se prononce [g] dans l'angl. *Ranelagh*, ainsi que dans *Bos-Dagh, Le Telagh, Gregh, Herwegh, Van Gogh, Edough.*

Rem. I. — La prononciation sans [g] dans *Ranelagh* est vieillie.

Rem. II. — On prononce [malbʀu] dans **marlborough, duc de Marlborough**. Mais le *Malbrough* de la chanson populaire se prononce [malbʀuk].

-TH. — Ce groupe est muet dans *bizuth* —, *Trith-Saint-Léger, Avioth, Croth, Goth, Ostrogoth, Wisigoth.*

Il se prononce [t] dans *feldspath, spath, aneth* (ou *anet*), *crouth, mammouth, bismuth, luth* —, dans *Ath* (Belg.), *Elisabeth* —, dans les noms bibliques *Goliath, Astaroth, Béhémoth, Loth, Naboth, Sabaoth, Belzébuth* —, et dans les noms étrangers ou d'origine étrangère non anglais : *Brumath, Freiligrath, Odenath, Lisbeth, Kliefoth, Beyrouth, Bayreuth, Kalkreuth, Lowenguth, Struth*, etc.

[t] ou mieux [θ] dans les noms anglais : *Bath, Meath* [miθ], *Macbeth, Booth* [buθ], *Exmouth, Monmouth, Plymouth* avec *-mouth* [mœθ], *Louth* [lawθ], etc.

-NCH. — Le groupe se prononce [ʃ] avec voyelle précédente nasale dans *Yvrench* (Somme) et dans les mots ou noms anglais *ranch, lunch* [lœ̃ːʃ], *punch* [pɔ̃ːʃ], *Lynch* [lɛ̃ːʃ].

Mais l'angl. *launch* (cf. aussi *steamlaunch*) se prononce [lantʃ].

-RCH. — On prononce [ʀ] dans le breton *Penmarch* —, [ʀʃ] dans les noms allemands ou d'origine allemande *Altkirch, Diekirch, Mollkirch,* etc. —, [ʀtʃ] dans l'angl. *high-* (ou *low-*) *church.*

-SCH. — On prononce [ʃ] dans *haschisch, scottisch, (cardinal) Fesch* et les noms allemands en *-sch* : *Dagleisch, Fleisch,* etc. —, [sk] dans le catalan *Bosch* —, [s] dans le nom du peintre hollandais *Jeronimus Bosch.*

-RTH. — On prononce [ʀ] dans *Bourth* (Eure), — [ʀt] dans les noms allemands *Barth, Illfurth, Schweinfurth, Wœrth,* etc. —, [ʀt] ou mieux [ʀθ] dans les noms anglais : *Hogarth, Perth, Ainsworth, Hayworth, Kenilworth, Wordsworth,* etc.

Rem. — On prononce [pɛʀt] dans *La jolie fille de Perth,* opéra de G. Bizet.

J

-DJ = [dʒ] : *Senanedj, Bordj-Bou-Arréridj, El-Bridj, El-Boroudj,* etc.

-RDJ = [ʀdʒ] : *Bordj-el-Hamman, El Bordj.*

K

-CK = [k] : *drawback, track, bifteck, kopeck, romsteck, brick, mundick, paddock, bachi-bouzouck,* etc. —, *Kaolack, Balbeck, Gobseck, Waldeck, Craywick, Salperwick, Shylock, Hazebrouck, Gluck, Osnabruck, Van Dyck,* etc.

-LK = [lk] dans *Suffolk* —, [k] dans l'angl. *cake-walk* [kɛkwɔk].

-NK = [k] avec voyelle précédente nasale dans *tank* —, [nk] avec voyelle précédente orale dans *Chieng-Pink.*

-SK = [sk] : *Mojaïsk.*

-NCK = [k] avec voyelle précédente nasale dans *César Franck, (pilules) Pink, Maeterlinck* (prononciation de la veuve de l'auteur), *Vlaminck* —, [nk] avec voyelle précédente orale dans les autres noms : *Ederlinck, Humperdinck, Wynand-Fockinck,* etc.

-RCK = [ʀk] : *Berck-sur-Mer, Sierck.*

-BSK = [psk] : *Borisogliebsk.*
-LSK = [lsk] : *Tobolsk.*
-MSK = [msk] avec voyelle précédente orale : *Omsk, Tomsk.*
-NSK = [sk] avec voyelle précédente nasale ou orale : *Sayansk, Smolensk, Pinsk, Semipalatinsk, Kaïnsk.*
-RSK = [ʀsk] : *Simbirsk.*
-TSK = [tsk] : *Irkutsk.*
-WSK = [fsk] : *Brest-Litowsk.*

L

-HL = [l] : *Vahl-les-Rénestroff, Kehl, Schlemihl, Diehl, Bühl, Eckmühl,* etc.
-RL = [ʀl] : *Karl.*
-SL = [ʃl] : *Przemysl* [pʃsemiʃl].
-TL = [tl] : *axolotl —, Popocatepetl.*

M

-HM = [m] dans *Bœhm* [bø:m].
-LM = [lm] : *Montcalm, Salm, Wilhelm, Bornholm, Stockholm,* etc.
-RM = [ʀm[: *landsturm —, Herm, Lherm, Hurm.*

N

-DN = [dn] : *Haydn* [ajdn].
-HN = [n] avec voyelle précédente orale : *Jahn, Behn, Cohn, Mendelssohn.*
-LN = [ln] : *Lincoln.*
-RN = [ʀn] : *cairn* [kɛʀn], *modern-style, saxhorn —, Béarn, Tarn, Hohenzollern, La Severn, Trédern, Bertrand de Born, cap Horn, Le Dourn,* etc.

P

-LP = [lp] : *Caralp, Herrenalp.*

-MP. — Ce groupe est muet et la voyelle précédente nasale dans *camp, champ, clamp* —, *Fécamp, Guingamp, Longchamp.*
Il se prononce [p] avec voyelle précédente nasale dans *lump* [lɔ̃:p] —, [mp] avec voyelle précédente orale dans *Robert Kemp* [kɛmp].

-RP = [ʀp] : *Le Barp, Narp, Ordiarp, Cierp, Lesterp.*

-SP = [sp] : *Bourisp.*

Q

-CQ = [k] : *Arzacq, Lacq, Montmacq, Bourecq, Mobecq, Siecq, Saint-Cricq, Vicq-d'Azyr, Dubocq, Lestocq, Cucq,* etc.

-NQ = [k] avec voyelle précédente nasale dans *cinq* —, *Beuzer-Conq* (Finistère).

-RQ = [ʀk] : *Saint-Cirq-Lapopie, Aïdin-Turq.*

-SQ = [sk] : *Vic-le-Fesq, Peyresq.*

-NCQ = [k] avec voyelle précédente nasale : *Roncq, Voncq, Yoncq, Nuncq.*

-RCQ = [ʀk] dans *Marcq, Warcq, Bercq-sur-Airvault, Sercq, Bourcq, Ourcq* —, [ʀ] dans *Clercq, Leclercq.*

-SCQ = [sk] : *Bernescq, Boussinescq, Magescq, Bonneboscq, Boscq,* etc.

Rem. — Pour *cinq* devant mot commençant par consonne, cf. p. 479.

R

-BR = [bʀ̥] : *Bobr* (riv. de Pologne].

-HR = [ʀ] : *landwehr, kieselguhr* —, *Bennwihr, Riquewihr, Lohr, Rohr, Spohr, Ruhr,* etc.

-KR = [kɣ] : *Abou-Bekr*.
-SR = [sʀ] dans *Nasr Ed-Din*.

Rem. — Les anciennes formes *Dnjepr* [dniɛpʀ], *Dniestr* [dniɛstʀ̣] ont cédé la place à *Dnieper* [dniepɛ:ʀ], *Dniester* [dniɛstɛ:ʀ].

S

I. — Il faut mettre à part les pluriels terminés en *-cs*, *-ds*, *-fs*, *-gs*, *-ks*, *-ls*, *-ms*, *-ns*, *-ps*, *-qs*, *-rs*, *-ts* —, *-cks*, *-cts*, *-gts*, *-lls*, *-lts*, *-mbs*, *-mps*, *-ncs*, *-nds*, *-ngs*, *-nns*, *-nts*, *-pts*, *-rcs*, *-rds*, *-rfs*, *-rgs*, *-rks*, *-rns*, *-rts*, *-ths*, *-tts* —, *-mpts*, *-ncts*, *-ngts*.

La prononciation est la même qu'au singulier et l'on n'a pour cela qu'à se reporter à l'étude des consonnes finales autres que *s* ou à l'étude des groupes finaux à dernier élément autre que *s*.

Il y a cependant quelques exceptions à cette règle : celles de *bœufs* [bø], *œufs* [ø] qui s'opposent à *bœuf* [bœf], *œuf* [œf] —, et celle de *fats* [fa] qui s'oppose à *fat* [fat].

Rem. — La prononciation [œf] dans *quatre œufs, huit œufs, combien d'œufs, un cent d'œufs*, etc., c'est-à-dire dans les cas où *œufs* n'est pas précédé d'un [z] comme dans *deux œufs, trois œufs*, etc. est populaire.

II. — En dehors des pluriels ayant comme correspondant un singulier sans *s*, il faut distinguer trois séries de groupes finaux avec dernier élément *s*.

a) Dans une première série, le groupe final est muet :

-BS : *Doubs* [du].

-CS : sing. plur. *lacs* [la], *entrelacs* [ɑ̃tʀəla].

-GS : sing. plur. *legs* [lɛ], mieux que [lɛg].

-NCS (avec voyelle précédente nasale) : *(je, tu) convaincs, vaincs* [vɛ̃].

-NGS (avec voyelle précédente nasale) : *Feings* [fɛ̃], *Fontaine-Soings* [swɛ̃], *Soings-en-Sologne*.

Rem. I. — Noter la différence de prononciation entre le sing. plur. *lacs* [la] « sorte de nœud » et *lacs* [lak], pluriel de *lac*.

Rem. II. — Dans *jeu d'échecs, jouer aux échecs*, l'ancienne prononciation [eʃɛ] a pour ainsi dire disparu. On dit ordinairement [eʃɛk].

b) Dans une seconde série, les groupes finaux se prononcent, mais toujours de la même façon :

-KS = [ks] : *Géraldine Brooks* [bʀuks].

-PS = [ps] : *laps, relaps, schnaps, biceps, creps, princeps, reps, triceps, anchilops, bothrops, éthiops* —, *Marpaps, Lesseps, Cécrops, Chéops, Ops, Pélops, Aups*, etc.

-LLS = [ls] : *Wells*.

-MBS : [mbs] avec voyelle précédente orale : *Kembs, Imbs*. Mais on prononce [kɔ̃b] dans *Combs-la-Ville* (Seine-et-Marne).

-RBS = [ʀps] : *Sorbs* (Hérault).

-RGS = [ʀ] : *Les Fourgs*.

-CHS = [ks] : *aurochs*.

-NKS = [nks] avec voyelle précédente orale : *Banks*.

-HMS = [ms] avec voyelle précédente orale : *Brahms*.

-RMS = [ʀms] : *Germs, Worms*.

-NNS = [ns] avec voyelle précédente orale : *Enns*.

-RNS = [ʀns] : *Burns* [bœʀns].

-RPS = [ʀ] : sing. plur. *corps* —, *Lesterps, Corps, Le Horps, Nicorps, Clitourps*, etc.

-GTS = [tʃ] : *Baigts* [batʃ] (Landes).

-NTS = [nts] avec voyelle précédente orale : *Wynants*.

-PTS = [ts] : *Issepts* (Lot).

-TTS = [ts] : *Massachusetts*.

c) Dans une troisième série, les groupes finaux se prononcent d'une façon différente suivant les mots :

-DS. — Ce groupe est muet dans le sing. plur. *poids* et dans *lods, Epieds, Hyds, Ids-Saint-Roch, Les Chabauds, Les Mauds, Corps-Nuds*.

Il se prononce [dz] dans l'angl. *bogheads*.

-FS = [f] dans *Fiefs, Les Ifs* —, [fs] dans *Neefs*, nom d'un peintre flamand.

-LS. — Ce groupe est muet dans le sing. *pouls* [pu] —, *Barils* (Eure), *Courtils* (Manche), *Les Mantils* (L.-et-Cher).

Il se prononce [s] dans le sing. plur. *fils* —, [ls] dans les noms français ou étrangers en -*als* : *Pablo Casals, Canals, Cazals, Franz Hals, Kranhals, Vals*, et dans *Pils, Douls, Banyuls* [baɲuls] —, [l] dans les autres noms : *Les Cabrils* (Hérault), *Mesnils, Bagnols, Barjols, Déols, Marvejols, Pomayrols, Bassuéjouls, Cazouls, Lanuéjouls*, etc.

Rem. I. — Noter la différence de prononciation entre le sing. plur. *fils* [fis] et *fils* [fil], pluriel de *fil*.

Rem. II. — La prononciation [fi] dans l'expression biblique *le fils de l'homme* est actuellement archaïque. On dit [fis də lɔm].

-MS. — Ce groupe est muet, avec voyelle précédente nasale, dans *Thaims* (Char.-Marit.), *Bontemps*.

On prononce [s], avec voyelle précédente nasale, dans *Reims* [ʀɛ̃:s] —, [ms], avec voyelle précédente orale, dans *rams* ou *rems*, *Adams, Ems, Willems*.

-NS. — Ce groupe est muet, avec voyelle précédente nasale, dans *céans, dans, sans, encens, (les) gens*, tous avec [ɑ̃], *moins* [mwɛ̃] —, dans les 1ʳᵉˢ et 2ᵉˢ pers. sing. indic. prés. : *(je, tu) sens, consens*, avec [ɑ̃] ; *contrains, plains, éteins, feins*, etc., avec [ɛ̃] ; *tiens, viens*, avec [jɛ̃] —, dans les terminaisons verbales -*ons* [ɔ̃], -*ions* [jɔ̃] : *(nous) chantons, chantions, chanterons, chanterions*, etc. —, et, sauf les exceptions indiquées ci-dessous, dans les noms français en -*ans* [ɑ̃] : *Albans, Autrans, Belleysans, Bessans, Conflans, Constans, Glainans, Louhans, Le Mans, Moirans, Orléans, Ornans, Romans*, etc. ; en -*ains* [ɛ̃] : *Compains, Courgains, Douains, Entrains, Moislains, Sains-Richaumont*, etc. ; en -*eins* [ɛ̃] : *Baneins, Chaleins, Chaneins*, etc. ; en -*iens* [jɛ̃] : *Amiens, Damiens* —, en -*ins* [ɛ̃] : *Arcins, Brezins, Morvins, Provins, Salins, Vervins*, etc. ; en -*ons* [ɔ̃] ou -*ions* [jɔ̃] : *Amontons, Aurons, Bezons, Dions, Retjons, Saint-Girons, Vions*, etc. ; en -*uns* [œ̃] : *Ehuns, Les Huns*.

Rem. — Noter aussi *Boschyons* [bɔʃjɔ̃], *Nyons* [njɔ̃], *Broons* [bʀɔ̃] en France —, *Bierset-Awans* [awɑ̃] en Belgique.

Le groupe -*ns* se prononce au contraire [s], avec voyelle précédente nasale, dans *cens, sens* (et *bon sens, contresens*), tous les deux avec [ɑ̃:s] ; *abscons*, avec [ɔ̃:s] —, dans les mots latins *delirium tremens, gens, labadens* (mot fabriqué par Labiche), *sempervirens*, tous avec [ɛ̃:s] —, et dans les noms suivants : *Ans* (Dord.), *Saint-Pantaly-*

d'Ans, Ans-les-Liège (Belg.), *Exelmans, Hans, Huysmans, Hymans, Lans, Villard-de-Lans,* tous avec [ɑ̃:s] ; *Jordaens* [ʒɔʀdɑ̃:s], *Saint-Saëns* [sɑ̃:s] ; *Tonneins, Lérins,* tous avec [ɛ̃:s] ; *Camoëns* [kamɔɛ̃:s], *Samoëns* [samɔɛ̃:s] ; *Mons* [mɔ̃:s], *Aruns, Feilluns* [fɛjœ̃:s], *Laruns,* tous avec [œ̃:s].

Rem. I. — Dans *Saint-Pierre-ès-Liens, Liens* étant le pluriel de *lien* se prononce aussi avec [jɛ̃].

Rem. II. — Il y a hésitation entre [ɑ̃] et [ɑ̃:s] dans *Paixhans*.

On prononce [ɑ̃] dans *Abbans-Dessus* et *Abbans-Dessous,* localités du Doubs ; mais [ɑ̃] ou [ɑ̃:s] dans *Joffroy d'Abbans*.

On prononce [ɑ̃] dans *Nans* (Doubs), *Les Nans* (Jura) ; mais [ɑ̃:s] dans *Nans-les-Pins* et *Le Logis de Nans* (Var).

Le nom anglais *Evans* se prononce avec [ɑ̃:s] ou avec [ans]. Mais *Evans,* localité du Jura, se prononce avec [ɑ̃].

Rem. III. — On prononce [ɔ̃:s] dans *Fons* (Ardèche, Lot), *Lons* (B.-Pyr.) ; mais [ɔ̃] dans S*t-Fons, Lons-le-Saunier.*

Rem. IV. — Il n'y a aucune distinction à faire entre *Pons, Le Cousin Pons* (roman de Balzac) et *Saint-Pons* (nom de plusieurs localités du Midi). On prononce [pɔ̃:s] dans un cas comme dans l'autre.

Quant aux noms de lieux français en *-ens* (non précédé de *i*), leur prononciation dépend de la région à laquelle ils appartiennent.

Dans ceux du domaine d'oc, on prononce [ɛ̃:s] : *Arrens, Artassens, Ayrens, Bassens, Bostens, Boussens, Canens, Cézens, Charens, Correns, Couffoulens, Coutens, Douzens, Ens, Escalquens, Escatalens, Escoussens, Flassens, Giroussens, Goulens, Gouzens, Lévens, Loubens, Marzens, Mauvens, Mauzens, Moussoulens, Peyrens, Puymorens, Rabastens, Ramouzens, Roullens, Roumens, Saint-Gaudens, Saubens, Saussens, Seignalens, Sénarens, Sigalens, Toutens, Urdens.*

Au contraire, dans les noms en *-ens* du domaine d'oïl ou du domaine franco-provençal (Suisse comprise), on prononce :

[ɑ̃] : *Clarens, Confolens, Doullens, Feillens, Forens, Furens, Rotherens, Saint-Romain-Bapens, Thorens* —, *Coppens, Sottens* en Suisse.

ou [ɑ̃:s] : *Lens, Mens, Sens,*

Rem. I. — Cependant *Albens* (Savoie) ou *Eybens* (Isère) se prononcent avec [ɛ̃] sans [s].

Rem. II. — On prononce [ɛ̃:s] dans *Argens* (Aude, B.-Alpes, Var), *Puylaurens* (Tarn) —, mais [ɑ̃:s] dans *Marquis d'Argens, Guillaume de Puylaurens.*

Rem. III. — Noter la différence de prononciation entre *Bassens*, *Brens*, localités de la Gironde et du Tarn, avec [ɛ̃:s], et *Bassens*, *Brens*, localités de la Savoie, de la H^te-Savoie ou de l'Ain, avec [ɑ̃].

Pour ce qui est des noms de personnes français en *-ens*, on prononce :

[ɑ̃:s] dans *Dulaurens, Laurens, Jean-Paul Laurens.*

[ɛ̃:s] dans *Flourens.*

[ɑ̃] et moins bien [ɛ̃:s] dans *Mme de Warens.*

Rem. — Noter la différence de prononciation entre *Laurens*, nom de personne, avec [ɑ̃:s], et *Laurens*, localité de l'Hérault, avec [ɛ̃:s].

Enfin, dans les noms de personnes anciens ou étrangers en *-ens*, on prononce [ɛ̃:s] : *Agneessens, Clemens, Cluytens, Dickens, Eykens, Huyghens, Martens, Melsens, Pirmasens, Rubens, Siemens, Valens*, etc.

Quant aux noms étrangers en *-ins*, ils se prononcent avec [ins] : *Collins, Perkins*, etc.

-RS. — Ce groupe est muet dans *gars, volontiers, messieurs* —, dans les noms en *-iers* : *Béziers, Bouviers, Coulommiers, Louviers, Pithiviers, Poitiers, Téniers*, etc. et *Villiers* (avec ses composés : *Auv-, Auber-, Beauv-, V.-de l'Isle-Adam, V.-le-Bel, La Brinvilliers*, etc.) —, et dans *Angers, Argers.*

Rem. I. — Cependant on prononce [R] dans (*je, tu*) *acquiers, conquiers, requiers,* dans *tiers*, et dans *Chiers, Guiers, Quiers, Thiers.*

Rem. II. — Pour la prononciation de *messieurs* devant voyelle, cf. p. 442.

Il se prononce [Rs] dans *mars, cers, ours* —, dans les noms français *Ars, Champ-de-Mars, Melle Mars, Mars-la-Tour, Font-Mars* (Hérault) —, et dans les mots ou noms étrangers : *mist-puffers, Kars, Chambers, Chalmers, Flatters, Mers-el-Kébir, Snyders, Somers, Wauters, Helsingfors*, etc.

Rem. — Mais on prononce [R] dans *St-Julien-L'Ars, Mars-sous-Bource, Mars-sur-Allier, St-Mars-la-Jaille, Cinq-Mars.*

[R] dans *convers, divers, envers, pervers, revers, (à) travers, univers, vers, ailleurs, plusieurs, alors, cors* (de cerf), *dehors, fors, hors, mors* (de cheval), *recors* (d'huissier), *débours, concours, cours, discours, parcours, à rebours, recours, secours, toujours, velours* —, dans (*je, tu*) *sers, meurs, sors, accours, cours, concours, discours, encours, parcours, recours, secours* —, et, sauf les exceptions déjà signalées, dans tous les noms français en *-ars, -ers* (sans *i* précédent), *-ors, -urs, -oirs, -aurs, -eurs, -œurs* ou *-ours* : *Bongars, Saint-Ybars, Thouars, Arvers, Boufflers, Gers, Nevers, Villers, Cahors, Vercors, Montsûrs, Saint-Jurs, Boirs, Saint-Geoirs, Maurs, Pleurs, Vaucouleurs, Bœurs-en-Othe, Mœurs, Limours, Nemours*, etc.

REM. I. — Il en est de même pour *Anvers* et *Les Awirs* [awiːʀ]. (Belg.). La prononciation [ɑ̃vɛʀs] est spécifiquement belge.

REM. II. — Le mot *mœurs* se prononce [mœːʀ], ou [mœʀs]. Cependant c'est cette dernière prononciation qui est usitée dans *certificat de bonne vie et mœurs*.

REM. III. — On prononce [flɛːʀ] dans *Flers, Flers-de-l'Orne, Flers-en-Escrebieux, Flers-sur-Noye*, noms de localités, et dans le nom de l'écrivain *Robert de Flers*. Mais l's se prononce dans la combinaison *Flers et Caillavet*.

REM. IV. — Pour la prononciation de *plusieurs* devant voyelle, cf. pp. 457, 472.

-TS. — Ce groupe est muet dans les sing. plur. *entremets, mets, rets, puits* —, dans *(je, tu) mets, commets, permets, remets, (je me, tu te) démets* —, et, sauf exceptions signalées ci-dessous, dans les noms français : *Barlats, Domats, Louchats, Baccarets, Cauterets, Bernadets, Castets, Créchets, Les Echets, Les Gets, Rebets, Tardets-Sorholus, Trets, Auxits, Grandpuits, Nuits, Sompuits, Escots, Gerrots, Rots, Les Eduts*, etc.

Il se prononce [ts] dans les noms français *Bats* (Landes), *Bats-Urgons, Aramits, Thierry Bouts* —, et dans les noms étrangers *Prats* (Catalogne), *Cloots* [klots], *Smuts*, etc.

REM. — Mais le groupe est muet dans (*Monts*) *Cheviots* (Anglet.), complètement francisé.

-NDS. — Ce groupe est muet, avec voyelle précédente nasale, dans tous les mots ou noms français : sing. plur. *fonds* ; *(je, tu) défends, entends, fends, prends, tends, vends, fonds, ponds, réponds, tonds* —, *Belfonds, Ceffonds, Laffonds, Pierrefonds*, etc.

Il se prononce [ds] avec voyelle précédente nasale ou [nds] avec voyelle précédente orale dans l'angl. *Highlands, Lowlands*.

-RDS. — Ce groupe se prononce [ʀ] dans le sing. plur. *remords* —, dans les formes verbales *(je, tu), mords, tords* —, et dans *Les Blards, Linards, Noards*.

[ʀs] dans les noms anglais *Edwards, Milne-Edwards*.

-LPS. — Ce groupe se prononce [p] dans *Blacas d'Aulps* [o:p] —, et [l] dans *Saint-Germain-Lavolps* (Corrèze).

-MPS. — Ce groupe se prononce [ps], avec voyelle précédente nasale, dans l'ang. *lumps* [lɔ̃:ps] et dans les noms de lieux français *Cremps* (Lot), *Olemps* (Aveyr.) tous les deux avec [ɛ̃:ps], *Pomps* (Var), *Homps* (Aude, Gers), *Pomps* (B.-Pyr.), tous les trois avec [ɔ̃:ps].

Il est muet, avec voyelle précédente nasale, dans tous les mots français : sing. plur. *temps* [tɑ̃] ; *(je, tu) corromps, interromps, romps* —, et dans les autres noms français : *Allamps, Beaucamps, Decamps, Deschamps, Mouchamps, Artamps* (Aisne) [aʀtɑ̃], *Guimps* (Char.), etc.

-RTS. — Ce groupe se prononce [ʀ] dans *Brasparts* (Finistère) —, et [ʀts] dans le nom anglais *Roberts*.

T

I. — Un certain nombre de groupes finals se terminant par *t* sont muets :

-GT : *doigt* [dwa].

-MPT, avec voyelle précédente nasale : *exempt, prompt; (il) corrompt, interrompt, rompt* —, *Marchampt*.

-NGT, avec voyelle précédente nasale : *vingt* —, *Cahingt* [kaɛ̃], *Etrœungt* [etʀœ̃], *Averdoingt* [avɛʀdwɛ̃], *Awoingt, Saint-Boingt, Duingt*.

II. — D'autres groupes se prononcent toujours de la même façon :

-DT = [t] : *Cronstadt, Maxstadt, Darmstadt, De Pradt, Auerstœdt, Hochstedt*, etc.

-FT = [ft] : *Swift, Kleingœft, Bancroft, Landroft*, etc.

-KT = [kt] : *Benedikt*.

-XT = [kst] : *Sixt, Saint-Julien-de-Sixt*.

-LDT = [lt] : *Barneveldt, Humboldt*.

-RGT = [ʀ] : *Vergt*.

-RPT = [ʀpt] : *Saint-Genest-Lerpt*.

-BST = [pst] : *Jobst.*
-LST = [lst] : *Aelst, Hulst.*
-RST = [ʀst] : *Bathurst.*
-SZT = [st] : *Liszt.*
-RNDT = [ʀnt] : *Arndt.*
-RNST = [ʀnst] : *Ernst.*

III. — Mais d'autres groupes présentent des prononciations différentes suivant les mots :

-CT. — Ce groupe est muet dans *aspect, respect, amict* —, *Parfaict.*

Il se prononce [kt] dans *compact, contact, impact, intact, tact, tract, abject, correct (in-), direct (in-), infect, intellect, select, convict, strict.*

Rem. I. — Le groupe *-ct* peut être muet dans *exact, suspect* et dans *circonspect.* Mais il peut aussi se prononcer [kt] dans les deux premiers mots, [k] ou [kt] dans le troisième.

Rem. II. — Il y a hésitation entre [ik] et [ikt] dans *district* et *verdict.*

-LT. — Ce groupe est muet dans tous les noms en *-ault* : *Arnault, Boursault, Châtellerault, Dussault, Foucault, Géricault, Hérault, Lavault, Meursault, Perrault, Quinault, Renault, Sault, Thibault,* etc. — et, sauf exceptions signalées ci-dessous, dans les noms français en *-oult* : *Avroult, Cornoult, Courtesoult, Ghéroult, Goult, Le Ménil-Ciboult, Montgeroult, Montsoult, Saint-Evroult, Saint-Froult, Saint-Germain-du-Crioult, Saint-Pardoult, Le Thoult-Trosnay,* etc.

Rem. — *Ault* (Somme) se prononce [o:lt] ; mais on prononce [o] dans *Bourg-d'Ault.*

Mais il se prononce [lt] dans *cobalt, malt, smalt, spalt, volt, coult, indult* —, dans les mots français *Saint-Laurent d'Olt, Soult, Saint-Amans-Soult, Cult* —, et dans les noms étrangers : *Anhalt, Seingalt, Tazmalt, Arcadelt, Belt, Neerpelt, Roosevelt, Tafilelt, Thielt* [tilt], *Vanderbilt, Reinbolt, Bult, Pult,* etc.

Rem. — *Yseult* se prononce [izø] et non [izœlt].

[l] dans *Garéoult* (Var).

-NT. — Ce groupe est muet, avec voyelle précédente nasale, dans les mots ou noms français en *-ant, -ent* = [ã] ; *-aint, -eint, -int* = [ɛ̃] ;

-*ient* = [jɑ̃] ; -*oint* = [wɛ̃] ; -*uint* = [ɥɛ̃] ; -*ont* = [ɔ̃] ; -*unt* = [œ̃] : *gant, insolent, saint, peint, (il) vint, conscient, point, suint, pont, défunt,* etc. —, *Maupassant, Ouessant, Lorient, Vincent, Toussaint, Charles-Quint, Clermont, Richemont,* etc. De même dans l'angl. *covenant* [kɔvnɑ̃].

Il se prononce [t], avec voyelle précédente nasale, dans les mots anglais *cant* [kɑ̃:t], *shunt* [ʃœ̃:t] —, dans les noms étrangers *Grant, Kant* —, et dans les locutions latines : *grammatici certant* [sɛʀtɑ̃:t], *verba volant, bis repetita placent* [plasɛ̃:t], *aures habent et non audient* [odjɛ̃:t], etc.

Enfin il se prononce [nt], avec voyelle précédente orale, dans les mots ou noms étrangers : *event* [evɛnt], *flint-glass* [flint], *sprint, blount* [blunt] —, *Kent, Taschkent, Blount* [blœnt], *Hunt* [hœnt], *Peer-Gynt* [pɛʀgynt], etc.

-PT. — Ce groupe est muet dans *prescript* —, *Ban-de-Sapt, Duchapt, Luchapt, Marclopt, Droupt, Burnhaupt-le-Haut, (-le-Bas), Trept-d'Isère*. Il se prononce [t] dans *sept* —, [pt] dans *rapt, concept, transept, abrupt, Apt, Saint-Saturnin-les-Apt, Corsept*.

Rem. — *Rupt* n'est qu'une cacographie de *Ru*. C'est donc [ʀy], plutôt que [ʀypt], qu'il faut prononcer dans ce nom et dans les composés *Belrupt, Blancherupt, Chatonrupt, Grandrupt, Maurupt, Villerupt*, etc.

-RT. — Le groupe se prononce [ʀ] dans tous les mots ou noms français : *art, quart, concert, vert, heurt, fort, sort, court, Béjart, Froissart, Albert, Robert, Alfort, Rochefort, Belcourt, Vexaincourt,* etc. —, dans les mots étrangers : *dog-cart, smart* (argot), *sport*, — et dans les noms étrangers en -*art,* -*aert,* -*ert* : *Gebhart, Mozart, Marie-Stuart, Stuttgart, Bierwaert, Blomaert, Gevaert, Tassaert, Kiepert, Oppert, Ruckert, Schubert,* etc.

[ʀt] dans *flirt* [flœʀt] — et dans les noms étrangers non terminés en -*art,* -*aert,* -*ert* : *Taourirt, Tigzirt-sur-Mer, Touggourt, Erfurt,* etc.

-ST. — Ce groupe est muet dans *(il) est* — et dans les noms français *Gast, Le Gast, Saint-Loup-du-Gast, Maast-et-Vilaine* (Aisne), *Martinvast, Saint-Vaast, Sottevast, Bonghest, Crémarest, Forest, Genest, Le Genest, Saint-Genest, Grimarest, Laforest, Marest, Beynost, Bibost, Saint-Julien-sur-Bibost, Borost, Bourg-du-Bost, Chambost, Champlost,*

Charost, Cormost, Prévost, Provost, Pruvost, Saint-Clost, Saint-Jean-de-Niost, Behoust, Davoust.

Il se prononce [st] dans *ballast, (armes d')hast, last, at least* [atlist], *est, lest, digest, ouest, zest, whist* [wist], *zist, compost, ost, toast* [to:st], *trust* [tʀœst] —, dans les noms français : *Le Lagast, Marrast, Plouguenast, Barlest, Brest, Ernest, Esboz-Brest, Revest, Saint-Igest, Siest, Orist, Pleyber-Christ, Alost, Béost, Cost-Monbrun, Argelès-Gazost, Oost-Cappel, Aoust-en-Diois* [aust], *Chiboust, Comte Beust* [bœst], *Cheust* — et dans tous les noms étrangers : *Arbogast, Ast, Belfast, Nast, Bucarest, Budapest, Faust, Almquist, Biberist, Sigrist, Singrist, Diest* [dist], *Troost, Van Oost,* etc.

REM. I. — *Crest* (Drôme) et *Le Crest* (Puy-de-D.) se prononcent sans [st] et aussi, mais moins bien, avec [st]. Il en est de même pour *Sᵗ-Priest* [pʀi], nom de plusieurs localités de France.

Les noms de personnes *Dubost* et *Thiboust* se prononcent suivant les individus qui les portent avec ou sans [st].

Il faut en dire autant de *Charost*, nom de personne ; mais *Charost*, nom d'une localité du Cher, se prononce [ʃaʀo].

REM. II. — On prononce [st] dans *le Christ, Antéchrist* — ; mais *Jésus-Christ* se prononce [ʒezykʀi], sauf dans le culte protestant où on dit [ʒezykʀist].

REM. III. — *Oust*, nom d'une rivière des Côtes-du-Nord, se prononce [u] ; mais on prononce [ust] dans *Oust, Oust-Marais*, localités de l'Ariège et de la Somme.

REM. IV. — *Saint-Just* se prononce ordinairement avec [st]. Mais le groupe -*st* est muet dans *Sᵗ-Just-en-Chaussée, Sᵗ-Just-en-Chevalet*, et les autres composés, sauf dans ceux du Midi : *Sᵗ-Just-de-Belengard, Sᵗ-Just-et-le-Bezu* (Aude), *Sᵗ-Just-et-Vacquières* (Gard), *Sᵗ-Just-Ibarre* (B.-Pyr.).

-CHT. — Ce groupe se prononce [k] ou [kt] dans *yacht* [jak] ou [jakt] et dans les noms flamands ou néerlandais *Auderlecht, Dordrecht, Utrecht, Maëstricht,* etc.

Mais *Inghelbrecht*, nom d'un musicien français, se prononce [ɛ̃ʒɛlbʀɛʃt].

REM. — Le mot *yacht* peut aussi se prononcer [jɔt], à l'anglaise.

-GHT. — Ce groupe est muet dans *Connaught* [kɔno].

Il se prononce [t] dans *all right* [ɔlʀajt], *copyright* [kɔpiʀajt̪], *Arkwright* [aʀk'ʀajt], *Bright, Wright* [ʀajt], etc.

-NCT. — Ce groupe est muet, avec voyelle précédente nasale, dans *instinct, distinct* et *succinct*. Cependant les deux derniers mots se prononcent aussi avec [kt].

-NDT. — Ce groupe est muet, avec voyelle précédente nasalisée, dans *Rembrandt* [ʀɑ̃bʀɑ̃]. Il se prononce [nt], avec voyelle précédente orale, dans *Wundt* [vunt].

-RDT. — On prononce [ʀt] dans l'allemand *Hardt* —, et [ʀ] dans *Sarah-Bernhardt, Burckhardt, Marquardt*.

X

-CX = [ks] dans *Socx* (Nord).

-LX. — Ce groupe est toujours muet : *Aulx-les-Cromery, Clarette de Baulx, Faulx, Paulx, Vaulx, Bouffioulx* (Belg.) et *Grioulx* (B.-Alp.) qui s'écrit aussi *Gréoux*. De même dans *aulx*, pluriel de *ail*.

-NX. — L'*n* de ce groupe est toujours muet, et la voyelle précédente nasale. Quant à *x*, il se prononce [ks] dans *phorminx, sphinx, syrinx, larynx, lynx, pharynx* —, [s] dans les noms de lieux gascons en -*enx* : *Canenx, Morenx, Navarrenx, Poudenx, Sarpourenx*, etc.

Rem. I. — *Arjusanx* (Rhône) se prononce avec [ɑ̃] ou [ɑ̃:ks].
Rem. II. — *Poudenx*, nom de personne, se prononce [pudɛ̃:ks].

-PX = [ps] dans *Sepx* (H^{te}-Gar.).

-RX = [ʀks] : *Dierx, Orx* (Landes).

-TX = [ts] : *Bretx, Boutx*, tous les deux dans la Haute-Garonne.

-NCX = [ks], avec voyelle précédente orale, dans *Guelincx* [gœlɛ̃:ks] ou [ʒœ-].

Z

I. — Certains groupes avec dernier élément z n'ont qu'une seule prononciation :

-CZ = [tʃ] dans les noms polonais : *Mickiewicz, Niemcewicz, Sienkiewicz*, etc.

-SZ = [s] dans les noms hongrois : *Kalisz, Szász* [sas], etc.

-RTZ = [ʀts] : *quartz* —, *Hartz, Schwartz, Wartz, Hertz, Wurtz*, etc.

II. — Les autres groupes ont une prononciation différente suivant les mots.

-LZ = [ls] : *ruolz* —, *Valz-sous-Châteauneuf* (Puy-de-D.), *Belz* (Morb.) —, [lts] dans *Kurpfalz*.

-NZ. — Ce groupe est muet, avec voyelle précédente nasale, dans *ranz* (des vaches) qui se prononce [rã] plutôt que [rã:z].

On prononce [nts] ou [ns], avec voyelle précédente orale, dans les mots et noms allemands *Kronprinz, Franz, Kranz, Bregenz, Brienz, Gablenz, Kamenz,* etc.

Rem. I. — Mais, porté par des Français, le nom de *Franz* se prononce [frã:s].

Rem. II. — Au lieu de *Koblenz*, les Français disent ordinairement *Coblence* [kɔblã:s].

-TZ. — Ce groupe est muet dans *Catz* (Manche), *Paul de Baatz*, *Ressons-sur-Matz* (Oise), *Beaumetz* (Pas-de-C., Somme), *Betz* (Oise), *Betz-le-Château* (Indr.-et-L.), *Champcenetz* (Seine-et-M.), *Gometz* (Seine-et-O.), *Lametz* (Ardennes), *Varetz* (Corr.), *Fitz-James* (Oise) *Litz* (id.), (Oise), *Ruitz* (Pas-de-C.), *Vritz* (Loire-Inf.), *Goutz* (Corr.).

Il se prononce [s] dans *Dujardin-Beaumetz, Féletz, Metz, Saint-Witz* (Seine-et-O.).

[ts] dans *batz* —, dans les deux noms de localité français *Biarritz, Leyritz* (Lot-et-G.) —, et dans les noms étrangers : *Galatz, Gratz, Abetz, Detz, Oletz, Austerlitz, Fitz-James, Fritz, Leibnitz, Götz, Freischütz, Olmutz,* etc.

Rem. I. — *Batz*, localité de la Loire-Inférieure, se prononce [bats]. Mais dans *Bourg-de-Batz*, nom de la même localité, et dans *baron de Batz, île de Batz*, on dit [bɑ].

Rem. II. — On prononce [rɛ] ou [rɛs] dans *le cardinal de Retz, Bourgneuf-en-Retz* et *St-Père-en-Retz* (Loire-Inf.) —, [rɛ] dans *Gilles de Retz* (ou *de Rais*).

-LTZ. — On prononce [ls] dans *eau de Seltz* —, [lts] dans *Soultz* (H. et B.-Rhin) et dans les noms allemands *Iltz, Bergholtz, Rickenholtz, Helmholtz,* etc.

NOTES SUR LES CONSONNES OU LES GROUPES DE CONSONNES SUIVIS DE *e* MUET FINAL

1º Après la chute de *e* muet final, les terminaisons *-be, -de, -gue, -ve, -se (-ze), -ge* se prononcent [*-b*], [*-d*], [*-g*], [*-v*], [*-z*], [*-ʒ*]. Il n'y a pas d'assourdissement. La prononciation [*-p*], [*-t*], [*-k*], [*-f*], [*-s*], [*-ʃ*] est exclue :

Ex. : *arabe* [aʀab], *aubade* [obad], *bague* [bag], *il lave* [la:v], *base* [bɑ:z], *topaze* [tɔpɑ:z], *âge* [ɑ:ʒ], etc.

2º Le groupe final *-ille* se prononce toujours [j] lorsqu'il est précédé d'une voyelle : *paille* [pɑ:j], *abeille* [abɛj], *feuille* [fœj], *il cueille* [kœj], *rouille* [ʀuj], etc.

Mais lorsqu'il est précédé d'une consonne, le groupe final *-ille* peut se prononcer [il] ou [ij]. On prononce [il] dans *bacille, papille, pupille, vaudeville, verticille, ville, (il) distille, (il) instille, (il) oscille, (il) titille, Achille, Delille, S*ᵗ*-Wandrille* et les noms propres terminés en *-ville* : *Abbeville, Chaville, Dumont-d'Urville, Joinville, Fouquier-Tinville, Tourville*, etc. En dehors de ces cas, on prononce [ij] : *aiguille, anguille, béquille, bille, chenille, fille, gorille, lentille, mantille, pastille*, etc., et *(il) scintille, (il) vacille*.

Quant au groupe final *-ylle*, il n'a qu'une prononciation : [-il] ; cf. *chlorophylle, idylle, psylle, sibylle, Bathylle, Thrasylle*.

3º Les groupes finals *-ple, -pre, -tre, -cle, -cre, -ble, -bre, -dre, -gle, -gre* se prononcent avec un *l* ou un *r* « chuchoté », noté [l̥], [ʀ̥]. On a donc *Etaples* [etapl̥], *âpre* [ɑ:pʀ̥], *battre* [batʀ̥], *débâcle* [debɑ:kl̥], *diacre* [djakʀ̥], *table* [tabl̥], *macabre* [makɑ:bʀ̥], *cadre* [kɑ:dʀ̥], *aigle* [ɛgl̥], *aigre* [ɛgʀ̥], etc.

CHAPITRE VIII

LIAISONS

A. — Qu'est-ce qu'une liaison ?

Soit le mot *petit*. S'il est isolé, le *t* final est muet ; s'il est au contraire suivi du mot *enfant*, le *t* final se prononce. On a ainsi *petit* [pəti], mais *petit enfant* [pətitɑ̃fɑ̃]. Dans ce dernier cas, on dit qu'il y a *liaison*.

La liaison consiste par conséquent à prononcer devant un mot commençant par voyelle une consonne finale, muette en dehors de cette condition.

Rem. — On ne peut donc parler de liaison dans le cas de groupes comme *il avait, pour aller*, etc., attendu que *il, pour*, etc., lorsqu'ils sont isolés, font entendre leur consonne finale.

Il faut cependant noter que dans ces cas, comme dans les cas de liaison proprement dite, la consonne finale du premier mot se soude à la voyelle initiale du second pour former syllabe avec elle. On ne saurait trop recommander aux étrangers et en particulier aux Anglo-Américains de prononcer [ilavɛ] = *il avait*, [puralɛ] = *pour aller*, [pətitɑ̃fɑ̃] = *petit enfant* et de ne faire aucune pause entre *il* et *avait*, entre *pour* et *aller*, entre *petit* (avec *t* final prononcé) et *enfant*, etc.

B. — Phénomènes phonétiques entraînés par la liaison.

Dans le cas de liaison, certains phénomènes phonétiques peuvent avoir lieu.

Les uns concernent la voyelle ou la dernière voyelle du premier mot, suivant que ce dernier est un monosyllabe ou un plurisyllabe. Les autres, la consonne qui le termine orthographiquement.

1º La voyelle (monosyllabes) ou la dernière voyelle (plurisyllabes) du premier mot.

Cette voyelle peut être *orale* ou *nasale*.

a) Lorsqu'elle est *orale*, il n'y a de remarque à faire que pour les masculins singuliers terminés en *-er* ou *-ier*.

Tandis que *léger, premier*, etc., pris isolément, se prononcent [leʒe], [pRəmje], etc., avec un [e] final, on a un [ɛ] dans *un léger ennui* [œleʒɛRɑ̃nɥi], *le premier homme* [ləpRəmjɛRɔm], etc.

Rem. — Mais au masculin pluriel on continue à prononcer un [e] dans *de légers ennuis* [dəleʒezɑ̃nɥi], *les premiers hommes* (le pRəmjezɔm], etc.

b) Lorsque la voyelle est *nasale*, elle conserve ou non sa nasalité suivant les cas.

Voyelle [ɛ̃]. — Dans les mots terminés en -AIN ou -EIN, la voyelle devient orale : *certain auteur* [sɛRtɛnotœ:R], *un vain espoir* [vɛnɛspwa:R], *un vilain enfant* [vilɛnɑ̃fɑ̃], *le plein air* [plɛnɛ:R], *en plein hiver* [plɛnivɛ:R], etc. Il en est de même pour les terminaisons -IEN, -YEN dans *ancien, moyen* et *mien, tien, sien* : *un ancien état* [ɑ̃sjɛnetɑ], *le moyen âge* [mwajɛnɑ:ʒ], *un sien ami* [sjɛnami], etc.

Mais dans *bien* et *rien*, en liaison, la voyelle conserve sa nasalité : *bien aimable* [bjɛ̃nemabl̩], *bien aise* [bjɛ̃nɛ:z], *bien être* [bjɛ̃nɛtʀ̥], *bien à plaindre* [bjɛ̃naplɛ̃:dʀ̥], *rien autre* [Rjɛ̃no:tʀ̥], *rien à faire* [Rjɛ̃naf:ɛR], etc. Cf. aussi *Bienaimé* [bjɛ̃neme], *bienheureux* [bjɛ̃nœRø].

Parmi les adjectifs en -IN, il faut distinguer le cas de *malin* et celui de *divin*. *Malin* conserve sa voyelle nasale dans l'expression ecclésiastique *le malin esprit* [malɛ̃nɛspri]. On prononce au contraire [divin] non seulement dans *le divin Enfant*, mais encore dans *le divin Achille, le divin Homère, le divin Ulysse, le divin amour*.

Rem. — La conservation de la voyelle nasale dans les quatre derniers exemples est surannée.

Voyelle [ɑ̃]. — Le mot *en*, en liaison, conserve sa voyelle nasale : *en avant* [ɑ̃navɑ̃], *en effet* [ɑ̃nefɛ], *en outre* [ɑ̃nutʀ̥], *s'en aller* [sɑ̃nale], *en écoutant* [ɑ̃nekutɑ̃], *j'en ai* [ʒɑ̃ne], etc.

Voyelle [ɔ̃]. — Dans le pronom *on*, la voyelle reste nasale : *on aime* [ɔ̃nɛm], *on entend* [ɔ̃nɑ̃tɑ̃], *on a dit* [ɔ̃nadi], etc.

Dans l'adjectif *bon*, elle devient orale : *un bon élève* [bɔnelɛːv], *un bon ami* [bɔnami], etc. Cf. le composé *bonhomme* [bɔnɔm] et son dérivé *bonhomie* [bɔnɔmi].

Dans les adjectifs possessifs *mon, ton, son*, elle conserve sa nasalité ou devient orale : *mon ami* [mɔ̃n-] ou [mɔnami], *ton épaule* [tɔ̃n-] ou [tɔnepoːl], etc.

Rem. I. — La prononciation avec voyelle nasale est considérée pour le moment comme la meilleure.

Rem. II. — Pour le cas de *non* en liaison, cf. p. 465.

Voyelle [œ̃]. — Dans *aucun, commun, un* en liaison, la voyelle reste nasale : *aucun homme* [okœ̃nɔm], *d'un commun accord* [dœkɔmœ̃nakɔːʀ], *un enfant* [œ̃nɑ̃fɑ̃], *un ami* [œ̃nami], etc.

2º **La consonne finale du premier mot.**

Quand la liaison a lieu, certaines consonnes finales se prononcent conformément à l'orthographe. Ce sont *-p, -t, -c, -q, -r* et *-n*.

Ex. : *trop aimable* [tʀɔpɛmabl], *à tout instant* [atutɛ̃stɑ̃], *ils ont entendu* [ilzɔ̃tɑ̃tɑ̃dy], *à franc étrier* [afʀɑ̃ketʀie], *cinq enfants* [sɛ̃kɑ̃fɑ̃], *premier acte* [pʀəmjɛʀakt], *en avant* [ɑ̃navɑ̃], *en plein air* [ɑ̃plɛnɛːʀ], etc.

Mais d'autres consonnes prennent une prononciation différente de celle qu'indique l'orthographe.

Deux groupes sont à distinguer :

a) *La sonore orthographique se prononce sourde.*

Il s'agit avant tout de *d* final, qui se prononce toujours [t] en liaison : *un grand homme* [œ̃gʀɑ̃tɔm], *de fond en comble* [dəfɔ̃tɑ̃kɔ̃ːbl̩], *de pied en cap* [dəpjetɑ̃kap], *que perd-on ?* [kəpɛʀtɔ̃ ?], etc.

De même, dans les rares cas où un mot terminé par *g* se trouve en liaison, le *g* se prononce [k] : *joug odieux* [ʒukɔdjø], *sang impur (Marseillaise)* [sɑ̃kɛ̃pyːʀ], *un long hiver* [œ̃lɔ̃kivɛːʀ], etc.

b) *La sourde orthographique se prononce sonore.*

En liaison, *s* final devient toujours [z] : *les enfants* [lezɑ̃fɑ̃], *des amis* [dezami], *ces arbres* [sezaʀbʀ̥], *nous écoutons* [nuzekutɔ̃], *ils entendent* [ilzɑ̃tɑ̃:d], *leurs amis* [lœʀzami], *en différents endroits* [ɑ̃difeʀɑ̃zɑ̃drwa], *quatre-vingts ans* [katʀəvɛ̃zɑ̃], etc.

Il en est de même pour *x* final : *aux enfants* [ozɑ̃fɑ̃], *deux amis* [døzami], *de nombreux écrivains* [dənɔ̃bʀøzekʀivɛ̃], etc.

C. — Quand fait-on la liaison ?

La question n'est pas simple, car dans le français dit « correct » il y a plusieurs variétés à distinguer, et dans chacune d'elles l'usage n'est pas nécessairement le même.

Pour mettre de l'ordre dans une matière aussi compliquée, nous choisirons comme base le français tel qu'il se prononce dans la lecture à voix basse d'un texte ordinaire, sans prétention à la littérature, ou, si l'on veut, dans une conversation sérieuse et soignée.

Les divergences qui caractérisent d'une part la lecture à voix haute, la diction ou la déclamation, ou simplement la lecture à voix basse d'un texte dont le style est plus ou moins littéraire, et de l'autre la langue de la conversation familière (nous ne disons pas « populaire ») seront signalées, autant que possible, à la suite de chaque cas. On se servira à cet effet des rubriques : style soutenu, conversation courante. L'absence de notes signifiera que l'usage de la lecture à voix haute, de la diction, de la déclamation, etc., d'une part et celui de la langue familière de l'autre sont les mêmes que celui du français qui servira de base.

Nous distinguerons deux parties dans notre exposé : les cas où on ne fait pas de liaison, et les cas où on la fait.

CHAPITRE VIII

I

Cas où on ne fait pas de liaison [1].

On ne lie pas, naturellement, lorsqu'un mot est suivi d'un signe de ponctuation :

Vieillards, | *hommes,* | *femmes,* | *enfants, tous voulaient me voir* (Montesquieu).
Médecins tous les deux, | *ils avaient étudié ensemble...* (P. Bourget).
Des femmes, | *en sabots et le nez rouge, criaient leur étalage* (P. Bourget).

On ne lie pas non plus, lorsqu'une pause, si légère qu'elle soit, est possible après un mot, sans qu'elle soit marquée par un signe de ponctuation.

Toutes ces choses du vieux temps | *étaient un cadre fait à souhait pour la figure de Mlle Sophie* (A. Theuriet).
L'enfant, tout occupée d'une petite croix en grenat | *attachée à son cou pour la première fois, laisse les bonnes choses que Chérie lui fait mettre sur son assiette* (Ed. de Goncourt).
Elle a au cou un collier de perles roses | *où les grosses perles* | *alternent avec de petites perles fines* (id.).
La rue de la Bourse n'était qu'un passage assez étroit | *allant des Marchés couverts* | *à une caserne de chasseurs à pied ; elle formait un boyau sombre et tortueux* | *entre de très hauts murs de jardins* | *ou de pauvres logements* (R. Boylesve).

***

Dans le cas de deux mots non séparés par un silence, il n'y a pas de liaison lorsque le second

---

[1]. Dans la suite, la liaison sera indiquée par le signe ⌒, la non-liaison par le signe | . Le signe ⌢ indiquera qu'on peut faire ou non la liaison.

1) commence par *h* aspiré :

Un | héros. Des | héros. Des | haches. Des | hallebardes. etc.

REM. — Pour la liste des mots commençant par *h* aspiré, cf. p. 252 s.
On évitera la faute assez courante qui consiste à ne pas faire la liaison avec les mots *hameçon, hiatus, hiéroglyphe*. On dira donc *un⌢hameçon, un⌢hiatus, un⌢hiéroglyphe, des⌢hameçons, des⌢hiatus, des⌢hiéroglyphes*.

2) est un des numéraux : *un, une, huit, huitième, onze, onzième*.

Ex. : *Les numéros | un. Quatre-vingt- | un. Cent | un. Deux cent | un. Vers les | une heure.*

Tous les | huit jours. Louis | VIII. Quatre-vingt- | huit. Cent | huit. Deux cent | huit. Un | huitième. Les | huitièmes.

Les | onze furent exilés. Ses | onze enfants. Louis | XI. Après | onze heures. Ils sont | onze. Quatre-vingt- | onze. Cent | onze. Deux cent | onze. Un | onzième. Les | onzièmes, etc.

REM. — On fait cependant la liaison dans *un⌢1* [œ̃nœ̃], *deux⌢1, trois⌢1*, alors qu'on ne le fait pas dans *un | 8, deux | 8, trois | 8, un | 11, deux | 11, trois | 11*.
On fait la distinction entre *les 1* [leœ̃] et *les uns* [lezœ̃], pronom indéfini.
On lie dans *il est⌢onze heures, il était⌢onze heures*. Mais dans le langage familier, la liaison peut être absente.

3) est un des mots suivants commençant par [w] : *oui!, ouistiti*.

Pour un | oui ou pour un non. Je dis | oui. Mais | oui! Un | ouistiti. Des | ouistitis.

REM. I. — Il en est de même pour l'interjection populaire *ouiche !*

REM. II. — On fait cependant la liaison avec *ouï-dire, ouïe, ouailles* : *Ce sont des⌢ouï-dire. Les⌢ouïes d'un poisson. Le curé et ses⌢ouailles*.
De même avec l'ancien verbe *ouïr* : *Seigneur, daignez⌢ouïr nos vœux. Souvenez-vous, Très Sainte Vierge Marie, qu'on n'a jamais⌢ouï dire...*

4) est un nom commun étranger commençant par [j] + voyelle : *yachmak, yacht, yachtman* (pl. *yachtmen*), plur. *yachtwomen, yacola, yamagiri, yama-maï, yaourt* (ou *yahourt, yogourt, yoghourt*), *yapox, yard, yatagan, yearling, yélek, yen, yeoman* [jɔman], plur. *yeomen, yiddish* (ou *yddisch*), *yod, yogi, yole (-eur, -ier), youga, youyou, yu, yucca,* etc.

Pour ce qui est des noms communs français, on lie dans le cas des pluriels *yeux* et *yeuses*; mais non dans celui de *youpin, youtre*.

Les noms propres, français ou étrangers, ne se lient pas avec *les, des, ces, un, mes, tes, ses, nos, vos, leurs, en, dans, chez,* etc., qui

CHAPITRE VIII

peuvent les précéder : *Yenne, Yerres, Yersin, Yerville* — *Yakoub, Yakousk, Yanaon, Yang-tchéou, Yankee, Yarmouth, Yawata, Yokohama, Yougoslavie, Young*, etc.

Rem. I. — On ne lie pas non plus dans *Montereau-faut- | Yonne*.

Rem. II. — Mais on fait la liaison dans *Saint⌢Yaguen, Saint⌢Yan, Saint⌢Yon, Saint⌢Yorre*.

5) est le substantif *uhlan* ou une des interjections : *ah !, aïe !* (ou *ahi !*), *eh !, oh !, ouais !, ouf !*

Un | uhlan. Des | uhlans. Pousser des | ah ! d'admiration. Un | oh ! de surprise. Un | ouf ! de soulagement. Etc.

Rem. — Il en est de même pour l'interjection populaire *oust !* (ou *ouste !*)

6) est un nom de voyelle :

Je dis | a. Il écrivait | i et prononçait | e. Après | i. Devant | o. N'écrivez pas | u. Etc.

Rem. — On fait cependant la liaison lorsque le mot qui précède est un article : *Un⌢a, Un⌢é. Les⌢i. Des⌢u.* Etc.

**

Lorsque deux mots ne sont pas séparés par un silence, on ne fait pas non plus la liaison dans les cas suivants. :

1) Entre un <u>substantif singulier</u>

a) et un *adjectif* :

Un enfant | intelligent. Un teint | olivâtre. Un vent | impétueux. Un bruit | affreux. Un goût | exécrable. Un coup | imprévu. Un nez | aquilin. Un rang | excellent. L'univers | entier. Un remords | accablant. Un mets | agréable. Etc.

Rem. — On fait cependant la liaison dans les locutions toutes faires : *accent⌢aigu, droit⌢acquis, un temps⌢affreux*. Même si on prononce *fait, joug* sans faire sentir la consonne finale, on lie dans *fait⌢accompli, fait⌢acquis, fait⌢authentique, fait⌢indiscutable, un fait⌢exprès, joug⌢insupportable, joug⌢odieux, le cas⌢échéant*.

En face de *respect* [rɛspɛ] et *aspect* [aspɛ], on dit *respect humain* [rɛspɛkymɛ̃], *aspect étonnant* [aspɛketɔnɑ̃], *aspect odieux* [aspɛkɔdjø], *aspect inattendu* [aspɛkinatɑ̃dy], *aspect admirable* [aspɛkadmirabl].

En dehors du *qu'un sang⌢impur* de la *Marseillaise*, on ne fait plus guère la

liaison dans le cas de *sang* suivi d'un adjectif : *le sang | artériel, le sang | humain.*
On ne fait plus la liaison dans *Le Dépit | Amoureux*, comédie de Molière.

Style soutenu. — On peut entendre la liaison dans un certain nombre de locutions : *un esprit‿universel, un instinct* [ɛ̃stɛ̃k]*‿admirable, Jésus‿immortel, la paix‿antique, un rang‿élevé, un rang‿honorable, un salut‿amical, le salut‿éternel, le sang‿humain, un trépas‿affreux,* etc.

b) et les conjonctions *et, ou* suivies immédiatement d'un substantif :

Adam | et Ève. François | et René. Olivier | et Émile.
Esprit | et matière. Un chaud | et froid. Avoir faim | et soif. Souffrir mort | et passion. Être comme chien | et chat. Corps | et âme.
François | ou René. Olivier | ou Émile.
Paix | ou guerre. Champ | ou vigne, peu importe. Il veut être avocat | ou médecin. Etc.

Rem. — On fait cependant la liaison dans les expressions : *Doit‿et avoir. Nuit‿et jour. Fait‿et cause. En temps‿et lieu.* (Suer) *sang‿et eau* [sɑ̃k] —, ainsi que dans *Lot‿-et-Garonne, les Sang‿et Or* (rugby), *Paix‿et Guerre* (Tolstoï).

Style soutenu. — On lie ordinairement dans *corps et âme*. De plus on peut faire la liaison dans les expressions : *Salut‿et fraternité. Salut‿et paix.*

2) Entre un substantif pluriel.

a) et d'une façon générale un *adjectif :*
Des amis | intimes. Des outils | excellents. Des sourcils | épais. Des bruits | étourdissants. Des chevaux | arabes. Des cas | intéressants. Des forêts | immenses. Des saluts | amicaux. Des camps | ennemis. Des enfants | aimables. Des champs | immenses. Des marchands | italiens. Des citoyens | actifs. Des plafonds | humides. Des hommes | énergiques. Des femmes | élégantes. Des offres | avantageuses. Des choses | importantes. Des corps | étrangers. Des sacs | énormes. Des chefs | intrépides. Etc.

Rem. — Par contre, on fait la liaison dans un certain nombre d'expressions consacrées : *Les bras‿étendus. A bras‿ouverts. Des délais‿imprévus. Des faits‿historiques. Les lois‿anciennes. Des prix‿élevés* [priz]. *Des produits‿alimentaires. Des travaux‿utiles. Les Etats‿-Unis. Les Jeux‿Olympiques —, Les auteurs‿anciens.*

Les jours‿ouvrables. Les ports‿européens. Des rapports‿intimes. Les mœurs‿antiques. Les corps‿humains.

De même dans les titres ou enseignes, dans lesquels le substantif n'est pas précédé de l'article : *Aciers‿anglais. Cahiers‿intimes. Vers‿oubliés. Jours‿heureux.* Etc.

Noter la distinction qui est faite entre *Un marchand de draps‿anglais* (de draps qui sont d'origine anglaise) et *Un marchand de draps | anglais* (un marchand de drap qui est Anglais).

STYLE SOUTENU. — On pratique ordinairement la liaison.

b) et les conjonctions *et, ou* suivies immédiatement d'un autre substantif pluriel, lorsque le premier substantif est précédé d'un déterminant :

Il invita les avocats | et médecins de la ville. Il convoqua les ouvriers | et paysans de l'endroit. Ses collègues | et amis. Etc.

Ou lorsque, le premier substantif n'étant pas précédé d'un déterminant, les deux substantifs sont en fonction d'attribut :

Ils étaient collègues | et amis [kɔlleg]. *Ils sont tous avocats | ou médecins. Sont-ils ouvriers | ou paysans ? Je ne sais s'ils sont négociants | ou propriétaires.* Etc.

REM. — On fait cependant la liaison dans les expressions : *Les faits‿et gestes. Les frais‿et dépens. Les profits‿et pertes. Les us‿et coutumes. Les voies‿et moyens. Les Arts‿et Métiers. Les Poids‿et Mesures. Les Ponts‿et Chaussées. Les Postes‿et Télégraphes. Les dommages‿et intérêts. Les Odes‿et Ballades.*

On dit : *Il invita les parents‿et alliés*, mais : *Ils étaient parents | et alliés* (dans ce dernier cas, *parents et alliés* sont attributs).

3) Entre un SUBSTANTIF SINGULIER OU PLURIEL

a) et un *substantif* :

Georges | Ohnet. Charles- | Albert. Jacques | Aymard ; etc.

Monsieur | Émile. Messieurs | André et Paul. Mesdames | Ehrard et Gautier. Etc.

Le bâtonnier | Henri. Mon cousin | Arnaud. Mes cousins | Henri et Émile. Mes tantes | Henriette et Françoise. Etc.

Entrepôts | Henri. Magasins | André. Établissements | Olivier. Etc.

Port- | Arthur et Port- | Elizabeth [pɔʀ]. *Ris- | Orangis* [ʀi].

Un train | express (| omnibus). Le franc | or [fʀɑ̃]. *Orang- | outan(g)* [ɔʀɑ̃]. *Ylang- | ylang* [ilɑ̃]. *Orangs-outan(g)s* [ɔʀɑ̃]. *Ylangs-ylangs* [ilɑ̃].

Des cartes | index [kaʀt]. *Des nombres | indices* [nɔ̃bʀ].

Rem. I. — *Nord-est* et *Nord-ouest* se prononcent [nɔʀɛst] et [nɔʀwɛst]. On dit aussi, mais moins bien, [nɔʀdɛst] et [nɔʀdwɛst]. Pas de liaison en tout cas dans *Nord-africain, Nord-américains, Nord-asiatiques*, etc.

Rem. II. — On fait cependant la liaison dans *guet‿apens* et *porc‿épic*, dont les pluriels *guets-apens* et *porcs-épics* ont la même prononciation qu'au singulier —, et dans *Pont‿Audemer, Pont‿Aven, Pont‿Euxin, Pont‿Evêque*, etc., *Mont‿Afrique, Mont‿Aigoual, Mont‿Athos, Mont‿Etna, Mont‿Hécla, Mont‿Oeta*, etc. *Bourg‿Achard* [buʀk], *Bourg‿Archambault, Bourg‿Argental*.

Rem. III. — On fait aussi la liaison dans les composés qui n'ont pas de singulier : *dommages‿intérêts, Champs‿Elysées*.

b) et l'article indéfini *un, une* :

Ex. : *Monsieur | un tel. Messieurs | un tel et un tel. Témoin | une lettre de vous.*

Minuit | un quart. Sept heures | un quart.

Mener à bonne fin | une affaire.

Un toit | un peu trop en pente. Des enfants | un peu étourdis. Des personnes | un peu âgées. Etc.

c) et les pronoms personnels *il, ils, elle, elles* ou le pronom indéfini *on*.

Autant de batailles | il a livrées, autant de victoires | il a remportées. Que de déboires | ils ont éprouvés ! Quel succès | on a eu ! Etc.

d) et les pronoms adverbiaux *en, y.*

Ex. : *Le tabac | y est meilleur. Les gens | y sont allés. Cet enfant | en a besoin. Les journaux | en parlent. Les choses | en sont là.* Etc.

e) et un *verbe* :

François | aime s'amuser. Cet enfant | est aimable. La nuit | était magnifique. Le Doubs | a débordé. Etc.

Les animaux | accouraient. Ses parents | ont été admirables. Les hommes | étaient fatigués. Les années | ont passé. Etc.

Rem. — On fait cependant la liaison après *fait* : *Le fait‿est certain (évident). Le fait‿est que...*

Style soutenu. — On peut faire la liaison après un substantif pluriel : *Les enfants‿étaient sages. Les soldats‿exécutèrent l'ordre. Les années‿ont passé. Les gens‿obéirent.* Etc.

f) et un *adverbe* :

Un coup | extrêmement dur. Un enfant | aussi sage. Un complot | assez bien tramé. Un instant | auparavant. Il est resté un moment | ici. Au moment | où... Dès l'instant | où... Du temps | où... Il n'a pas un lit | où se coucher. Une perdrix | encore jeune. Vent | arrière. Etc.

Des gens | absolument inutiles. Des enfants | assez sages. Quelques années | auparavant. Des femmes | encore jeunes. Nous avons des secrets | ensemble. Etc.

Rem. — On fait cependant la liaison dans : *il est temps⌢encore ; quelque temps⌢après (⌢auparavant) ; quelques instants (moments)⌢après (⌢auparavant) ; deux (trois, quelques,* etc.*) ans (mois)⌢après (⌢auparavant) ; un instant (moment) ⌢après,* mais *un instant (moment) | auparavant.*

Conversation courante. — L'usage est le même. Mais les liaisons indiquées dans la remarque précédente sont facultatives.

g) et une *préposition* ou un *article contracté* (*au* = à + la, *aux* = a + les, *ès* = en + les) :

Avoir un accroc | à sa réputation [akʀo]. Avoir le pied | à l'étrier [pje]. Il a mis un mois | à le faire [mwa]. La route de Paris | à Orléans [paʀi]. Il a appris l'anglais | à Londres [ɑ̃glɛ]. C'est un bandit | à redouter [bɑ̃di]. Aller d'un endroit | à un autre [ɑ̃dʀwa]. Avoir maison | à soi [mɛzɔ̃]. Il revint le lendemain | à midi [lɑ̃dmɛ̃]. Etc. Du tabac | à priser [taba]. Un banc | à dos [bɑ̃]. Un pied | à boule [pje]. Un différend | à vider [difeʀɑ̃]. Un fusil | à deux coups [fyzi]. Un coup | à la tête [ku]. Un champ | à labourer [ʃɑ̃]. Un grenier | à foin [gʀənje]. Un panier | à anse [panje]. Un abus | à réprimer [aby]. Du bois | à brûler [bwa]. Un billet | à cent francs [bijɛ]. Un portrait | à l'huile [pɔʀtʀɛ]. Intérêt | à 5 pour cent [ɛ̃teʀɛ]. Un habit | à la française [abi]. Poulet | à la financière [pulɛ]. Du chocolat | à l'orange [ʃɔkɔla]. Un combat | à outrance [kɔ̃ba]. Un taux | à 3 pour cent [to]. Un moulin | à vent [mulɛ̃]. Un crayon | à bille [kʀɛjɔ̃]. Etc. — Des clous | à crochet [klu]. Des ciseaux | à froid [sizo]. Des travaux | à l'aiguille [tʀavo]. Des bateaux | à voile [bato]. Des os | à ronger [o]. Des gens | à la page [ʒɑ̃]. Des cuillers | à potage [kyijɛʀ]. Des chars- | à-bancs [ʃaʀ]. Des vers | à soie [vɛʀ]. Des fers | à repasser [fɛʀ]. Des œufs | à la coque [ø]. Mettre les bœufs | à la charrue [bø]. Etc. — Porter des lettres | à la poste [lɛtʀ]. Des bêtes | à

bon Dieu [bɛt], | *à laine*, | *à plumes. Des hommes* | *à prétentions* [ɔm]. *Des femmes* | *à craindre* [fam]. *Des voitures* | *à deux chevaux* [vwaty·ʀ]. *Des robes* | *à raccommoder* [ʀɔb]. *Des boîtes* | *à conserves* [bwat]. *Des salles* | *à manger* [sal]. *Des armes* | *à feu* [aʀm]. *Des filles* | *à marier* [fij.*] Des contes* | *à dormir debout* [kɔ̃·t]. Etc.
 Du tabac | *en poudre* [taba]. *Un parpaing* | *en saillie* [paʀpɛ̃]. *Un cerisier* | *en fleurs* [sʀizje]. *Un écolier* | *en vacances* [ekɔlje]. *Un contrat* | *en forme* [kɔ̃tʀa]. *Acheter chat* | *en poche* [ʃa]. *Un saut* | *en hauteur* [so]. *Un toit* | *en pointe* [twa]. *Un portrait* | *en pied* [pɔʀtʀɛ]. *Un tribut* | *en nature* [tʀiby]. *Un étudiant* | *en droit* [etydjɑ̃]. *Un présent* | *en argent* [pʀezɑ̃]. *Un vêtement* | *en lambeaux* [vɛtmɑ̃]. *De main* | *en main* [mɛ̃]. *Un chemin* | *en pente* [ʃmɛ̃]. *Du vin* | *en bouteille* [vɛ̃]. *Une maison* | *en flammes* [mɛzɔ̃]. Etc. — *Des docteurs* | *en médecine* [dɔktœʀ]. *Boulets* | *en pyramide* [bulɛ]. *Des arcs* | *-en-ciel* [aʀk]. *Des œufs* | *en neige* [ø]. *Des oiseaux* | *en cage* [wazo]. *Les yeux* | *en terre* [jø]. Etc. — *Voir les choses* | *en mal* [ʃo·z]. *J'ai laissé mes lunettes* | *en haut* [lynɛt]. *Des hommes* | *en habit* [ɔm]. *Des robes* | *en dentelle* [ʀɔb]. *Des bagues* | *en or* [bag]. *Des arbres* | *en fleurs* [aʀbʀ]. *Des personnes* | *en deuil* [pɛʀsɔn]. *Des ouvrages* | *en prose* [uvʀa·ʒ]. *Des meubles* | *en acajou* [mœbl]. *Des tables* | *en marbre* [tabl]. *Des chambres* | *en désordre* [ʃɑ̃·bʀ]. Etc.
 Un chat | *avec des yeux verts* [ʃa]. *Un coffret* | *avec accessoires* [kɔfʀɛ]. *Il passera deux mois* | *avec nous* [mwa]. *Il arriva un moment* | *après lui* [mɔmɑ̃]. *Quelques heures* | *avant lui* [œ·ʀ]. *Un sentier* | *entre deux ruisseaux* [sɑ̃tje]. *Des arbres* | *entre des rochers* [aʀbʀ]. Etc.
 Un coup | *au genou* [ku]. *Un enfant* | *au maillot* [ɑ̃fɑ̃]. *Du chocolat* | *aux noisettes* [ʃɔkɔla]. *Du riz* | *au lait* [ʀi]. *Le nez* | *au vent* [ne]. *Du nord au* | *midi* [nɔ·ʀ]. *Du blanc* | *au noir* [blɑ̃]. *Une perdrix* | *aux choux* [pɛʀdʀi]. *Du matin* | *au soir* [matɛ̃]. *Un canard* | *aux oranges* [kanaʀ]. *Prendre le mors* | *aux dents* [mɔʀ]. *Des pommes* | *au four* [pɔm]. *Les larmes* | *aux yeux* [laʀm]. Etc.
 Bachelier (bacheliers) | *ès-lettres (* | *ès-sciences). Doctorat* | *ès-lettres (* | *ès-sciences). Licenciés* | *ès-lettres (* | *ès-sciences). Docteurs* | *ès-lettres (* | *ès-sciences). Maîtres* | *ès-arts.*
 On ne fait pas non plus la liaison, d'une façon générale, dans les

noms de lieux du type : *Belrupt | -en-Verdunois* [bɛlʀy]. *Beaumont | -en-Argonne* [bomɔ̃], *| -en-Auge | -en Diois*, *Sᵗ-Bonnet | -en-Bresse* [bɔnɛ]. *Sᵗ-Clément | -à-Arnes* [klemã]. *Sᵗ-Crépin | -aux-Bois* [kʀepɛ̃]. *Sᵗᵉ-Croix | -aux-Mines* [kʀwa]. *Sᵗ-Denis | -en-Val* [dni]. *Sᵗ-Germain | -en-Laye* [ʒɛʀmɛ̃]. *Sᵗ-Laurent | -en-Caux* [loʀã]. *Sᵗ-Léger | -en-Yvelines* [leʒe]. *Rupt | -aux-Nonains* [ʀy], *| -en-Woëvre*. *Begrolles | -en-Mauges* [begʀɔl]. *Berles | -au-Bois* [bɛʀl]. *Sᵗ-Georges | -en-Auge* [ʒɔʀʒ]. Etc.

Noter enfin les locutions adverbiales : *bord | à bord, brin | à brin, corps | à corps, nez | à nez, de loin | en loin, de long | en large, de part | en part, pied | à pied, de flanc | en flanc* — ; les locutions prépositionnelles : *eu égard | à, par rapport | à*.

Il est entendu que là où la liaison ne se fait pas au singulier, elle ne se fait pas non plus au pluriel : *un banc | à dos* [bã] —*des bancs | à dos* [bã], *un fusil | à deux coups* [fyzi] — *des fusils | à deux coups* [fyzi], *un coup | à la tête* [ku] — *des coups | à la tête* [ku], *un champ | à labourer* [ʃã] — *des champs | à labourer* [ʃã], etc.

Rᴇᴍ. I. — On fait cependant la liaison dans les termes de marine *bout‿à terre, bout‿au corps, bout‿au courant, bout‿au vent, de bout‿en plein* et dans *un acquit‿à caution, un croc‿en jambe, un pont‿aux ânes, un pet‿en-l'air, mot‿à mot, vis-à-vis, de fond‿en comble, de pied‿en cap, de temps‿à autre, de temps‿en temps*.

D'autre part, *but* et *fait* qui, devant une pause, se prononcent avec ou sans *-t* (cf. pp. 405-6) se lient dans les locutions *être but‿à but, de but‿en blanc, joindre le fait‿à la menace*.

Rᴇᴍ. II. — On fait aussi la liaison dans *bout‿à bout, dos‿à dos, pas‿à pas, d'un bout‿à l'autre, de bout‿en bout, d'un instant‿(moment‿) à l'autre, de point‿en point, de rang‿en rang, des pieds‿à la tête, les bras‿(mots‿) en croix*.

Rᴇᴍ. III. — On fait la liaison dans *Bourg-en-Bresse* [buʀkãbʀɛs] et dans les noms de lieux commençant par *Pont* : *Pont-à-Celles, Pont-à-Marcq, Pont-à-Mousson, Pont-aux-Dames, Pont-aux-Moines, Pont-en-Royan*, etc.

Port-au-Prince, capitale de la république d'Haïti, se prononce soit [pɔʀtopʀɛ̃ːs] (prononciation locale), soit [pɔʀopʀɛ̃ːs]. Mais on ne lie pas dans les autres composés de *Port* : *Port-à-Binson, Port-à-l'Anglais*, (les crocheteurs de) *Port-au-foin, Port-aux-Perches, Port-en-Bessin*.

Rᴇᴍ. IV. — Noter l'opposition qui existe entre *bâtir des châteaux‿en Espagne* [ɑtoːz] et *posséder des châteaux | en Espagne* [ʃɑto] — ; entre *avoir un pied‿à-terre* (petit logement), avec [pjet], et *mettre pied | à terre* [pje] —, entre *un pot‿au-feu* (préparation culinaire), avec [pɔt], et *mettre un pot | au feu* (au feu = sur le feu), avec [po] —, entre *pot‿à eau, pot‿au-lait, pot‿aux roses, pot‿au noir*, avec [pɔt], et *pot | à beurre, | à bière, | à confiture, | à fleurs, | à tabac*, avec [po]. Dans les composés avec *pot*, la prononciation est la même au pluriel qu'au singulier : *des pots ͡ au-feu* [pɔt], *des pots ͡ à eau* [pɔt], *des pots | à beurre* [po], **des pots | à fleurs** [po], etc.

Rem. V. — Enfin *mort aux rats* se prononce [mɔʀtoʀa] ou [mɔʀoʀa]. La première prononciation, qui est la plus ancienne, tend à disparaître.

Conversation courante. — L'usage est le même que ci-dessus. Cependant la liaison est simplement facultative dans les exemples de la rem. II.

Style soutenu. — On peut entendre la liaison dans : *Avoir froid aux mains, aux pieds, aux yeux* [fʀwat]. *Du couchant à l'aurore* [kuʃɑ·t]. *Des gens à craindre* [ʒɑ·z]. *Des bateaux à vapeur, à voile* [batoz]. *Des enfants en bas âge* [ɑ̃fɑ̃·z]. *Des bêtes à cornes, à laine*, etc. [bɛtz]. *Voir les choses en mal* [ʃo·zz] —, et d'une façon générale dans les exemples du type : *Des hommes en habit* [ɔmz]. *Des robes en dentelle* [ʀɔbz]. *Des bagues en or* [bagz]. *Des personnes en deuil* [pɛʀsonz]. Etc.

h) et les conjonctions *et, ou* suivies du substantif *quart*, de l'adjectif *demi(e)*, d'un article, d'un numéral, d'un pronom personnel, d'un possessif, d'un démonstratif, d'un indéfini ou d'une préposition :

Minuit | et quart. Deux kilos | et quart. Trois livres | et quart. Etc.

Minuit | et demi. Deux mois | et demi. Trois heures | et demie. Etc.

Le Consulat | et l'Empire. La paix | ou la guerre. Les cahiers | et les livres. Des garçons | et des filles. Un chat | ou un chien. Aux voisins | et aux amis. Etc.

Quatre hommes | et un caporal.

Un pas | ou deux. Un doigt | ou deux. Cent candidats | et trente reçus. Etc.

Mes frères | et moi. Ses amis | et lui. Vos parents | ou nous. Etc.

L'enfant | et sa mère. Leurs cousins | et leurs amis. Vos frères | et les miens. Etc.

Ces pieds | et ces mains. Leurs enfants | et ceux d'André. Etc.

En tout bien | et tout honneur. Tigres, lions | et autres animaux. Etc.

A pied | et à cheval. A tort | et à travers. Au doigt | et à l'œil. A Paris | et à Londres. A tort | ou à raison. Parler en bien | ou en mal. Faute d'hommes | et de chevaux. De part | et d'autre. Etc.

Rem. — On fait cependant la liaison dans quelques expressions consacrées : *Choses⁀et autres. Le temps⁀et l'espace. Par monts⁀et par vaux* ; de même dans les expressions littéraires : *Les vents⁀et les flots. Les Rayons⁀et les Ombres.*

Conversation courante. — Liaison facultative dans *par monts⁀et par vaux.*

Style soutenu. — Liaison possible dans les locutions : *Les pieds⁀et les mains* (*liés*, etc.). *Les bras⁀et les jambes* (*écartés*, etc.).

4) Entre un adjectif qualificatif singulier et les conjonctions *et, ou* suivies d'un autre adjectif singulier se rapportant à la même personne ou au même objet que le premier :

Un homme grand | et fort [gʀɑ̃]. *Un garçon sérieux | et intelligent* [seʀjø]. Etc.

Il était méchant | et cruel [meʃɑ̃]. *Est-il long | ou court ?* [lɔ̃]. *Qu'on l'amène mort | ou vif* [mɔ·ʀ]. Etc.

Cet homme, faux | et arrogant, était détesté de tous [fo]. *Grand | et fort, il était capable de résister* [gʀɑ̃]. *Laid | ou joli, peu importe* [lɛ]. Etc.

Rem. — On dit cependant : *Gros⁀et gras. Franc⁀et net. Franc⁀et quitte.*

Style soutenu. — Liaison possible dans *contraint et forcé.*

5) Entre un adjectif qualificatif pluriel et les conjonctions *et, ou* suivies immédiatement d'un autre adjectif qualificatif pluriel se rapportant à la même personne ou au même objet que le premier :

Des hommes méchants | et cruels [meʃɑ̃]. *Des dames bonnes | et charitables* [bɔn]. *Des jeunes gens sérieux | et appliqués. Des terrains secs | et arides* [sɛk]. *Des hommes sûrs | et consciencieux* [sy·ʀ]. Etc.

Ils sont grands | et forts. Sont-elles bonnes | ou mauvaises ? [bɔn]. *Sont-ils riches | ou pauvres ?* [ʀiʃ]. *Ces enfants sont oisifs | et paresseux* [wazif]. Etc.

Bons | ou mauvais, on les prend tous. Grandes | ou petites, elles sont toutes bonnes à cueillir. Etc.

Rem. — On dit cependant *gros⁀et gras*, comme au singulier.

Style soutenu. — Dans le cas des adjectifs dont le singulier se termine par une consonne non prononcée ou un *e* muet, on peut entendre la liaison si les deux adjectifs pluriels sont en fonction d'épithète ou d'attribut. Ainsi dans les exemples suivants : *Des hommes méchants͡ et cruels. Ils sont grands͡ et forts.* Etc. Mais la liaison se fait ordinairement si les deux adjectifs sont « détachés » ou en opposition, comme dans : *Méchants et cruels, ils se faisaient détester. Les prairies, vertes et blondes, étaient belles à regarder.* Etc.

6) Entre un ADJECTIF QUALIFICATIF au SINGULIER OU au PLURIEL et

a) un *adjectif* ou un *participe passé :*

L'événement merveilleux | attendu. Un palais princier | accueillant. De grands bœufs blancs | accouplés. Des dépenses immenses | engagées. Ces propos honnêtes | entendus, ils... Des cordons verts | entrelacés. Les mots aimables | habituels. Les sommes importantes | accumulées. Des roses rouges | amoncelées. Ils sont arrivés bons | avant-derniers. Etc.

REM. I. — Il en est de même pour les substantifs pluriels *douces- | amères* [dusɑmɛːʀ], *clairs- | obscurs* [klɛʀɔpskyːʀ], formés de la réunion de deux adjectifs, et dont la prononciation est par conséquent la même qu'au singulier.

REM. II. — On fait cependant la liaison dans les groupes adjectivaux commençant par *grand : Un portail grand ouvert* [gʀɑ̃t]. Mais lorsque le premier élément du groupe est *grands, grandes, fraîches, larges*, on prononce [gʀɑ̃t], [fʀɛʃ], [laʀʒ] : *Des yeux grands ouverts. Les deux pages grandes ouvertes. Des roses fraîches écloses. Des fenêtres larges ouvertes.* Etc. Certains auteurs laissent d'ailleurs dans ces derniers cas *grand* et *large* invariables.

REM. III. — On fait aussi la liaison dans : *Un parfait͡ honnête homme —, De parfaits͡ honnêtes hommes. De vrais͡ honnêtes gens.* La liaison s'explique par le fait que *honnête(s) homme(s), honnêtes gens* sont en réalité des **substantifs** et ne forment qu'un seul et même mot.

b) un *adverbe :*

Il était patient | autrefois. Ils sont heureux | aujourd'hui. Elles étaient jeunes | alors. Généreux | autant que brave. Plus malheureuses | encore que lui. Etc.

c) une *préposition* ou un *article contracté* (*au* = à + *le, aux* = à + *les*) :

Mauvais | à manger. Malheureux | à | dire. Long | à comprendre. Peint | à merveille. Bon | à rien. Agréables | à entendre. Fidèles | à leur promesse. Enclins | à la maladie. Jolies | à voir. Patients | à l'égard de tout le monde. Sujets | à la maladie. Prompt | à se mettre en colère. Etc.

Bon | en mathématiques. Teint | en mauve. Adroit |͡ en toutes choses. Commun | en France. Être haut | en parole. Terrains pauvres | en blé. Elles sont riches | en vertus. Etc.

Froid | avec ses amis. Vieux | avant l'âge. Empressés | auprès de lui. Généreux | envers tous. Ingrats | envers leurs bienfaiteurs. Braves | entre tous. Etc.

Doux | au toucher. Acharnés | au travail. Utiles | à la société. Contraires | aux habitudes. Etc.

Rem. — On fait cependant la liaison dans les locutions suivantes : Haut͡ à-haut (cri de chasse), Petit͡ à petit. Attenant͡ à... De bas͡ en haut. De haut͡ en bas. Fort͡ en gueule. Aller droit͡ en besogne. Aller droit͡ au but. Aller droit͡ au cœur. Aller du blanc͡ au noir. Un procès pendant͡ au tribunal.

On lie de même les adjectifs *prêt*, *sujet* avec la préposition *à*, lorsqu'ils sont au singulier : *Le dîner est prêt͡ à servir. Sujet͡ à erreur*. Mais on dit : *Ils sont prêts | à partir. Elles sont prêtes | à le faire* [prɛt]. *Sujets | à la maladie*. Etc.

Conversation courante. — Liaison facultative dans : *Aller droit | en... Aller droit | au... Prêt | à...*

Style soutenu. — On peut entendre la liaison dans *Prompt à..., Prompts à..., Promptes à..., Prêts à..., Prêtes à..., Sujets à..., Sujettes à...*

d) ou les conjonctions *et, ou* suivies

α. — D'un adjectif ne se rapportant pas à la même personne ou au même objet que le premier :

Écrivain maladroit | et méchant poète. Homme des plus distingués | et savant géographe. Etc.

β. — D'un mot autre qu'un adjectif :

Le plus grand | et le plus fort. Les régions les plus sèches | et les plus chaudes du monde. Ils étaient moins disciplinés | et moins courageux. Laid | ou non, il me plaît. Petits | ou non, ils me conviennent. Est-il intelligent | ou non ? Sont-elles agréables | ou non ? Etc.

7) Entre l'adjectif adverbial plein et l'article indéfini :

Il en avait plein | un sac. Elle a des cerises plein | un panier. Etc.

8) Entre les numéraux UN, DEUX, TROIS, VINGT, CENT ou leurs composés

   a) et un *adjectif* ou un *participe passé* en fonction d'attribut :
   Il y en a un | entier. Un 1 | illisible. Il y en a deux | aveugles. Il y en a trois | énormes. Il y en a vingt et un | annoncés. Donnez-en deux | à Paul. Etc.

   b) et les pronoms adverbiaux *en, y* :
   Tous les deux | en ont parlé. Quatre-vingts | en sont revenus. Trois | y sont allés. Etc.

   c) et un *verbe* :
   Le 1 | est sorti. Trente-deux | étaient arrivés. Cent | ont été mis en vente. Les vingt | ont coûté mille francs. Trois | est le quart de douze. Etc.

   d) et un *adverbe* :
   C'est le un (deux, trois, vingt, etc.*) | aujourd'hui. Ils étaient vingt (quatre-vingts) | environ. Il y en avait cent (deux cents) | autrefois.* Etc.

   e) et une *préposition* ou un *article contracté* (*au* = à + le, *aux* = à + les) :
   Il en a donné un | à son ami. Ils sont sortis un | à un. Ils sont deux | à y être allés. Il y en a cent | à Paris. De un | à trois. De vingt | à trente. Etc.
   Ils sont partis tous les trois | en voiture. Il en a pris deux | avec lui. Il y en avait vingt | après nous. Etc.
   Il en a perdu deux cents | au jeu. Il y en a trois | au plus. Tu en trouveras cent | au moins. Il y en avait deux | aux aguets. Etc.

   REM. — On fait cependant la liaison dans les cas suivants : *Deux‿à deux, Trois‿à trois. De deux‿à trois* (quatre, etc.)*. De trois‿à quatre* (cinq, etc.)*. De deux‿en deux. De trois‿en trois.*

   CONVERSATION COURANTE. — Même usage que ci-dessus. Mais la liaison est facultative dans *deux⁀à deux, de deux⁀à trois* (quatre, etc.)*.*

   f) et les conjonctions *et, ou* :
   Un | et un font deux. Vingt-deux | et trois font vingt-cinq. Vingt-

trois | ou vingt-quatre. Vous passerez un | ou deux mois avec nous. Deux | ou trois semaines. Vingt | et davantage. Cent | ou davantage. Cent | ou même plus. En voulez-vous un (deux, trois, vingt, cent) | ou non ? Etc.

Rem. — On fait cependant la liaison dans les cas suivants : *Vingt‿et‑un. Deux‿et un (deux,* etc.*) font trois (quatre,* etc.*). Trois‿et un (deux,* etc.*) font quatre (cinq,* etc.*). Deux‿ou trois. Trois‿ou quatre.*

Conversation courante. — Excepté dans le cas de *vingt-et-un*, les liaisons indiquées dans la remarque précédente sont simplement facultatives.

9) Entre un adjectif ordinal et un substantif ou un adjectif en fonction d'attribut —, l'article indéfini *un, une* —, un verbe —, un adverbe —, une préposition (et l'article contracté *au, aux*) —, une conjonction :

Le premier | est médecin, le second | avocat. Les premiers sont passables, les seconds | excellents. Il apporta le premier | une bonne nouvelle. C'est le second | aujourd'hui. Il est le premier | à l'avoir fait. Ce sont les troisièmes | en France. Le premier | ou le second. Etc.

Rem. — Pas de liaison non plus dans : *Le tiers | et le quart. Se moquer du tiers | et du quart. Il est aux trois-quarts | ivre, Quint | et requint —,* ni après *Charles-Quint, Sixte-Quint.*

10) Entre le pronom personnel eux et un mot suivant : soit.

Les autres parlent, eux | écoutent. Eux | en ont trouvé. Eux | y ont compris quelque chose. Une lettre à eux | adressée. Eux | et elles. Eux | à Paris! Eux | aussi. Etc.

Rem. — Pas de liaison non plus après *eux-mêmes, eux seuls* : *Eux-mêmes | étaient venus* [mɛm]. *Eux seuls | ont pu le faire* [sœl]. Etc.

11) Entre les pronoms personnels nous, vous, elles non précédés d'un verbe et le mot suivant :

a) quel qu'il soit, lorsque *nous, vous, elles* sont le dernier élément d'un groupe relié par *et, ou* :

André ou vous | avez fait cela. Lui et vous | accusés! Eux et nous | avons été bien étonnés de cela. Eux et elles | ici! Eux et elles | aussi! Elle et vous | à Paris! Elles | à Lyon! Etc.

b) si c'est un adjectif, un adverbe, une préposition ou une conjonction, lorsque *nous, vous, elles* ne constituent pas le dernier élément d'un groupe relié par *et, ou* :

Une lettre à nous | adressée. Vous | ici ? Nous | aussi. Elles | à Paris ? Il n'y a plus que nous | en ville. Vous | et nous. Elles | ou vous. Nous | aussi. Vous | aussi. Etc.

12) Entre les pronoms personnels ou indéfini nous, vous, ils, elles, on précédés d'un verbe et les pronoms adverbiaux *en, y* suivis d'un infinitif :

Pouvons-nous | en avoir ? Voulez-vous | y aller ? Doivent-ils | en parler ? Peut-on | y répondre ? Etc.

Rem. — Mais lorsque nous, vous sont suivis de *en, y* non accompagnés d'infinitif, on fait la liaison : *Prenons-nous⌢y comme il faut. Défendez-vous⌢en. Servez-vous⌢en. Adressez-vous⌢y.* Etc.

Style soutenu. — On peut entendre la liaison dans tous les cas.

13) Entre les pronoms personnels ou indéfini nous, vous, ils, elles, on, les précédés d'un verbe et l'article contracté, le numéral *un*, un nom, un adjectif, un infinitif, un participe passé, un adverbe, une préposition ou une conjonction :

Prenez-vous | une tasse de thé ? Ont-elles | un parapluie ? Fait-on | une promenade ? Comptez-les | une bonne fois. Etc.
Prenez-les | un à un. En voulez-vous | un ou deux ? Etc.
Demandez-vous | Henri ? Quand verra-t-on | André ? Qu'appelez-vous | ouvrage d'art ? Etc.
Estimons-nous | heureux ! Sont-ils | intelligents ? Choisissez-les | égales. Sera-t-on | exact ? Etc.
Pouvons-nous | écrire ? Peuvent-elles | entendre ? Doivent-ils | aller en classe ? Peut-on | être aussi maladroit ? Faites-les | entrer. Etc.
Sommes-nous | arrivés ? Avez-vous | entendu ? Ont-elles | écrit ? Avez-vous | eu peur ? A-t-on | envoyé la lettre ? Combien en a-t-on | eu ? A-t-on | été faire des excuses ? Etc.
Les verrons-nous | aujourd'hui ? Sont-ils | ici ? Mettez-les | ensemble. En avez-vous | assez ? Viendront-ils | aussi ? Mettez-vous | ici. Est-on | ici pour longtemps ? Ajoute-t-on | encore foi à ses paroles ? Etc.

Fions-nous | à lui. Allez-vous | à la campagne ? Forcez-les | à agir. Partez-vous | en auto ? Passons-nous | avant lui ? Prenez-les | avec soin. Irons-nous | aux courses ? Donnez-les | aux pauvres. Etc.

Venez-vous | ou non ? Y allez-vous | ou non ? Etc.

Style soutenu. — On peut entendre la liaison après les pronoms *nous*, *vous*, et un adjectif, un infinitif, un participe passé ou une préposition : *Estimez-vous heureux. Pouvons-nous écrire ? Sommes-nous arrivés ?* Etc. et dans : *Qu'appelez-vous ainsi ? Pourquoi criez-vous ainsi ? Pourquoi en avez-vous autant ?* Etc.

14) Entre le pronom en précédé d'un impératif et le mot suivant, autre qu'un infinitif :

Donne-m'en | un. Donnez-lui en | une ou deux. Prenez-en | un peu. Prenez-en | encore. Dites-en | autant. Parlez-en | ensemble. Donnez-m'en | aussi. Parles-en | avec lui. Parlons-lui-en | au plus tôt. Parlez-en | aux amis. Etc.

15) Entre les pronoms interrogatifs lesquels, lesquelles, quels, quelles et le mot suivant :

Lesquels | André préfère-t-il ? Lesquelles | avez-vous choisies ? Par lesquels | a-t-il commencé ? Quels | ont-ils suivi ? Etc.

16) Entre les pronoms possessifs le mien, le tien, le sien, les miens, les tiens, les siens, les miennes, les tiennes, les siennes, les nôtres, les vôtres, les leurs et un mot suivant :

Le mien vaut trois francs, le tien | un. Les nôtres veulent un livre et les vôtres | un jouet. Nos enfants sont sages et les leurs | un peu espiègles.

Vos filles sont charmantes et les siennes | adorables. Les miens sont neufs et les tiens | usés.

Le mien (le tien, le sien) | est meilleur. Les miens (les tiens, etc.) | étaient meilleurs. Les miens | aiment lire. Les leurs | arriveront demain.

Mets les tiens | ici. Ce sont les nôtres | enfin, vous dis-je. Les leurs | aujourd'hui, les vôtres demain.

Les miens sont en Espagne, et les siens | à Paris. Les vôtres | avant les siens. Les leurs | après les autres. Les nôtres | avec les vôtres.

Le mien | et le tien (| ou le tien). Les miens | et les siens (| ou les siens). Les nôtres | et les vôtres (| ou les vôtres).

17) Entre les pronoms démonstratifs CEUX, CELLES et le mot suivant :

Les masses les plus nombreuses furent vraisemblablement celles | apportées par les courants de l'Est (P. Valéry). *Je ne parle pas de tous les pays, mais seulement de ceux | où j'ai vécu. Ceux | à qui je dois tout. Ceux | en qui j'ai confiance. Celles | avec qui je me suis entretenu. Ceux | aux soins desquels j'ai été confié. Ceux | auxquels je pense. Ceux | et celles qui... Ceux | ou celles dont...* Etc.

18) Entre les pronoms relatifs LESQUELS, LESQUELLES, AUXQUELS, AUXQUELLES, DESQUELS, DESQUELLES et un mot suivant :

Les dangers auxquels | André a dû faire face.
Ce sont des obligations auxquelles | un homme ne peut se dérober.
Problèmes autour desquels | une discussion s'est engagée.
Les conditions dans lesquelles | ils ont voyagé. Les amis auxquels | on se confie. Des questions au sujet desquelles | on a beaucoup discuté ! Etc.

19) Entre l'indéfini RIEN, substantif, et un mot suivant :

Un rien | effraie un enfant. Un rien | imperceptible. Il répondit un « rien » | à faire frémir. Un rien | et c'en était fait. Etc.

20) Entre l'indéfini RIEN, pronom, et un adverbe —, une préposition (dans le cas de *à*, seulement lorsqu'aucun infinitif ne suit) —, les articles contractés *au, aux* —, et la conjonction *et, ou* :

On ne voyait rien | hier (| auparavant). Il n'y a rien | ici (| aujourd'hui). Il ne comprend rien | à cela. Le temps ne fait rien | à l'affaire. Il ne dit rien | en plaisantant. On ne trouve rien | en ce moment. Il n'y a rien | entre eux. Je ne vois rien | aux environs. Il ne voit rien | et n'entend rien. Rien | ou presque rien. Etc.

REM. — On fait cependant la liaison lorsque *rien* est suivi d'un adverbe ou d'une locution adverbiale commençant par [ɑ̃] —, et dans le cas des formules *Il n'y a rien, N'y a-t-il rien?* suivies de *avec* adverbe ou d'une locution adverbiale commençant par *au* : *Ils ne font rien‿ensemble. N'y a-t-il rien‿avec ? Il n'y a rien‿au-dessous.* Etc.

Mais on ne fait pas la liaison dans : *Il n'y a rien | avec mon frère. Il n'y a rien | au-dessous de la table*, etc., où *avec* est préposition et *au-dessous de* une locution prépositive.

Conversation courante. — Les liaisons indiquées dans la remarque précédente se font de moins en moins à mesure que le langage devient plus familier.

21) Entre l'indéfini TOUT, substantif, et un mot suivant :

Le tout | est plus grand que la partie. Le tout | est de... Le tout | avait une certaine valeur. Il a cédé le tout | à son frère. Le tout | ou la partie. Diviser un tout | en plusieurs parties. Etc.

Il ne comprend rien du tout | à cela. Il ne faut point du tout | y songer. On ne doit pas du tout | en parler. Etc.

Rem. — On fait cependant la liaison dans : *Du tout‿au tout. Le tout‿ensemble.*

Style soutenu. — On peut entendre la liaison dans *Le tout est de savoir si...*

22) Entre l'indéfini TOUT, pronom, précédé d'une préposition et un mot suivant :

Il y a de tout | à Paris. (| en France). Il mange de tout | aux repas. Il parle de tout | et ne sait rien. J'ai en tout | une centaine de francs. Il a en tout | écrit une page. Il est par-dessus tout | orgueilleux. Etc.

Rem. — On fait cependant la liaison dans : *En tout‿et pour tout.*

Conversation courante. — La liaison indiquée dans la remarque précédente se fait ou ne se fait pas.

23) Entre l'indéfini TOUT, pronom complément d'un verbe qui précède, et les articles contractés *au, aux* —, un adverbe —, une préposition — ou une conjonction :

Il donne tout | aux pauvres. On trouve tout | ici. Il termine tout | aujourd'hui. Il répète tout | aussitôt. Il fait tout | autrement. Il dit tout | à l'envers, | à la fois, | au hasard. Il fait tout | à l'avenant, | à peu près, | à moitié, | à propos, | en même temps, | en vain, | en maugréant. Il veut tout | et rien. Il sait tout | et ne dit rien. Il sait tout | ou ne sait rien. Etc.

Rem. — On lie cependant dans : *Il veut tout‿ou rien. Et tout‿à l'avenant.*

Style soutenu. — La liaison est possible sauf devant les conjonctions *et* et *ou*, exception faite dans ce dernier cas du type *Il veut tout⌣ou rien*, où la liaison est obligatoire.

24) Entre les pronoms indéfinis, toujours accentués, L'UN, LES UNS, LES UNES, QUELQU'UN, QUELQUES-UNS, QUELQUES-UNES, LES AUTRES, D'AUTRES, QUELQUES AUTRES, CHACUN, CERTAIN, CERTAINS, PLUSIEURS et un mot suivant :

Ils demandaient l'un | *André, l'autre François. Ils ont accusé chacun* | *Emile. C'est pour certains* | *Henri, pour d'autres* | *Olivier. C'est pour plusieurs* | *André.* Etc.

Ils ont eu les uns | *une récompense, les autres* | *une punition. On a donné à chacun* | *un livre. C'est pour certains* | *un véritable soulagement. Ils en ont chacun* | *un. Ils en ont chacun* | *une.* Etc.

Ils se croient chacun | *assurés du succès. Il en trouva quelques-uns* | *endormis. Il y en a d'autres* | *aveugles. On juge quelqu'un* | *intelligent à sa façon d'agir.* Etc.

L'un | *en a profité et l'autre non. Quelqu'un* | *en vient. Les autres* | *en ont fait autant. Certains* | *y sont parvenus. Plusieurs* | *y sont allés. Chacun* | *y va de son histoire.* Etc.

Les uns | *ont fait ceci, les autres cela. Certain* | *a dit que... Chacun* | *a eu sa part. Quelqu'un* | *a frappé à la porte. Quelques-uns* | *avancèrent. Certains* | *ont eu bien du mal à le faire. Plusieurs* | *ont été tués.* Etc.

Ils ont travaillé les uns | *assez mal, les autres* | *aussi bien qu'on pouvait le souhaiter. Chacun* | *aussitôt s'est mis à rire. Il y en a plusieurs* | *ici. J'en ai vu quelques-uns* | *hier.* Etc.

Prenez-les chacun | *à part. Ils étaient les uns* | *à Paris, les autres* | *en Espagne. Je ne peux souffrir qu'on gêne les autres* | *en rien. Chacun* | *à l'ouvrage. Il est venu quelqu'un* | *entre six et sept heures. Il y en a certains* | *aux Etats-Unis. Les uns (unes)* | *aux autres.* Etc.

L'un | *et l'autre. A l'un* | *et à l'autre. Les uns (unes)* | *et les autres. Aux uns (unes)* | *et aux autres. L'un* | *ou l'autre. A l'un* | *ou à l'autre. Les uns (unes)* | *ou les autres. Aux uns (unes)* | *ou aux autres. Y en a-t-il d'autres (quelques-uns, quelques autres, plusieurs)* | *ou non.* Etc.

25) D'une façon ordinaire et sauf les exceptions indiquées dans

les remarques ci-dessous entre une forme verbale (pour *avoir* et *être* + participe passé, cf. p. 474) et un mot suivant :

Je suis | Henri. Tu es | Olivier ? Je vois | Emile. Tu connaissais | André ? Je te fais | envie. Tu lui rendais | hommage. Tu prendras | exemple sur lui. Tu parais | intelligent. Je les croyais | heureux. Tu te croyais | obligé de... Tu seras | aimable. Je lis | un roman. Tu écrivais | une lettre. Tu auras | une récompense. J'en veux | un. Tu en as | une. J'en prends | un. J'en lisais | un. Tu en voudrais | une ? J'en mangerais | un. Je n'en vois | aucun. Tu n'en trouveras | aucune. Tu n'en voudrais | aucun. Je vais | y aller. Tu vas | en acheter ? Cours | en chercher. J'aimais | en parler. Je voudrais | y voir. Je pourrais | en prendre. Je dois | écrire. Tu peux | avoir raison. Tu veux | aller à Paris ? Je voudrais | acheter une maison. Je voulais | écrire. Je comptais | accepter. Tu aimes | écouter la musique. Je ne sais | où. Je vais | ensuite me promener. Je tenais | absolument à le faire. Tu viendras | alors me le dire. Je descends | à la cave. Cours | à la poste. Tu vas | en Espagne ? Fais | au moins cela. J'allais | à Paris. Je parlais | avec mon frère. Je lis | et écris. Bois | et mange.

Nous sommes | Annie et Colette. Vous êtes | André et Pierre ? Nous cherchons | Henri. Vous y trouveriez | Olivier. Nous lui faisons | honneur. Prenez | exemple sur lui. Vous paraissez | aimables. Nous les croyons | honnêtes. Nous avons | un livre. Nous écrivons | une lettre. Vous resterez | une semaine. Prenez | un livre. Nous en voulons | un. Vous en achèterez | une. Vous en voudriez | une ? Nous n'en voyons | aucun. Vous n'en trouverez | aucune. Nous comptons | y aller. Vous pourriez | y tomber. Nous allions | en avoir. Vous voudriez | en avoir ? Allez | en chercher. Venez | y travailler. Nous devons | écrire. Nous allons | avoir la pluie. Vous pouviez | accepter. Nous le voulons | ainsi. Nous viendrons | ensuite. Vous le ferez | aujourd'hui ? Venez | à Paris. Nous aurons | à discuter. Vous voyagez | en auto ? Vous y habiteriez | avec votre frère. Nous allions | et venions. Etc.

Qui est | André ? Il voit | Emile. Il connaît | Annie. Que répond | André ? Que dit | Henri ? Il me fait | honneur. Il me prend | envie de... Il y prenait | intérêt. Il devient | aimable. Il se fait | avocat. Il les voyait | inquiets. Il resterait | inerte. Il écrit | une lettre. Il prend | un livre. Cela vaut | une fortune. Il lisait | un roman. On dirait | une cathédrale. Il en voit | un. Il en voulait | une. Il n'en sait | aucun. Il n'en prenait | aucune. Il doit | y aller. Il voulait | en prendre. Il pourrait | obéir. Il sait | acheter. Il devait | accepter. Il devrait | aller à Paris. Il vaut | autant que lui. Il reçoit | aujourd'hui. Il voyait | assez de monde. Il le pouvait | autrefois. Il comprend | à peine. Il répondait | à toutes les questions. Il s'assied | en face. Il parlait | en marchant. Il voyageait | avec nous. Il rit | et il chante. Il buvait | et mangeait toute la journée. Etc.

Ils aperçoivent | Henri. Ils verront | Emile. Que disent | Annie et Colette ? Que font | André et Pierre ? Ils cherchaient | André. Ce sont | André et Pierre. Ils lui rendent | hommage. Ils en avaient | envie. Ils nous feront | honneur. Ils deviennent | obéissants. Ils paraissaient | heureux. Ils resteront | ouverts. Ils écrivent | une lettre. Ils prennent | une leçon. Ils doivent | une grosse somme. Ils liront | un livre. Qu'ils fassent | une demande. Ils apercevaient | une montagne. Ils achèteront | un tableau. Ils voudraient | un cendrier. Ils en voient | un. Ils en chercheront | une. Ils en lisaient | un. Ils n'en trouvent | aucun. Ils n'en verront | aucune. Ils n'en avaient | aucune. Ils n'en auraient | aucun. Ils désirent | y aller. Ils voulaient | en prendre. Ils voudraient | en parler. Ils aiment | écrire. Ils préfèrent | écouter. Ils peuvent | accepter. Ils devaient | aller à Paris. Il faut qu'ils paient | aussitôt. Voulez-vous qu'elles jouent | ensemble ? Ils mangent | encore. Ils visiteront | aujourd'hui le Louvre. Ils verraient | encore de belles choses. Ils s'ennuient | à mourir. Ils croient | au bonheur. Ils comprennent | à demi-mot. Ils arrivent | à Paris... Ils arriveront | en Espagne. Ils parlent | en connaissance de cause. Ils l'interrompaient | à chaque instant. Ils causaient | avec lui. Ils iront | à Paris. Ils veulent | et ne veulent pas. Ils font | et défont. Ils parlaient | et discutaient depuis deux heures. Etc.

Je vais appeler | Olivier. Il croyait les trouver | heureux. Il est en train de raconter | une histoire. Je vais en chercher | un. Il est rare de n'en aimer | aucun. Il faut aller | y voir. Il ne faut pas compter | en avoir. Il va nous quitter | aujourd'hui. On l'a entendu crier | au secours. Il ne fait que manger | et dormir. Aller | et venir. Etc.

En entendant | Emile. En ayant | Olivier comme partenaire... Tout en étant | André, vous... En ayant | envie de... En prenant | exemple sur lui... En les voyant | inquiets... En ouvrant | une porte... En en cherchant | un... N'en trouvant | aucune... En allant | y puiser de l'eau... En allant | en acheter... En voulant | écrire... En partant | aujourd'hui... En restant | encore... En faisant | exprès de... En allant | à Paris... En voyageant | en Espagne... En jouant | au ballon... En parlant | avec douceur... En mangeant | et buvant... Etc.

Il a conduit | Olivier. Il lui a pris | envie de... Il a fait | appel. Il s'est fait | avocat. Elles sont devenues | aimables. Elles sont restées | ouvertes. Il a fait | un livre. Il en a construit | un. Il en a pris | une. Il n'en a fait | aucun. Il s'est fait | envoyer un... Il a fait | assez froid. Il a pris | aussitôt une résolution. Elles ont été construites [kɔ̃strɥit] | à Paris. Il l'a fait | à dessein. On les a mis | en avant. Ils l'ont pris | au piège. On les a mises [miz] | au feu. Ils sont partis | avec leur père. Ci-inclus | une lettre. Non compris | une certaine somme d'argent. Ci-joint | une notice. Fait | à Paris. Fait | en Angleterre. Fait | au moule. Cuit | à point. Soit dit | entre nous. Etc.

Rem. I. — On fait cependant la liaison entre c'est, c'était, ce serait et un nom propre : *C'est‿André. C'était‿Olivier*, etc.

Rem. II. — On fait la liaison entre une forme personnelle du verbe *être* (sauf *tu seras, que tu fusses*) et un article indéfini ou un adjectif.

Rem. III. — On fait la liaison entre une forme personnelle du verbe *être* (sauf *tu seras, que tu fusses*) et un adverbe ou une locution adverbiale, à condition que le verbe ne soit pas précédé d'un pronom personnel attribut. — Dans ce dernier cas, la liaison se fait pourtant lorsqu'il s'agit de locutions impersonnelles : *Il en était‿ainsi. Il en était‿autrement.*

Rem. IV. — On fait la liaison entre une forme personnelle du verbe *être* (sauf *tu seras, que tu fusses*) et une préposition, à condition que le verbe ne soit pas précédé d'un pronom personnel attribut ou des pronoms adverbiaux *en, y*.

Rem. V. — On fait la liaison entre une forme personnelle du verbe *avoir* (sauf *tu as, tu auras, que tu aies*) et un article indéfini à condition que le verbe ne soit pas précédé des pronoms adverbiaux *en, y* : *Nous avons‿un livre* ; mais : *Nous y avons | une maison.* Etc.

Rem. VI. — On fait la liaison entre une forme personnelle du verbe *avoir* (sauf *tu as, tu auras, que tu aies*) et un adverbe ou une locution adverbiale, à condition que le verbe ne soit pas précédé d'un pronom personnel complément ou des pronoms adverbiaux *en, y*. Dans ce dernier cas, la liaison se fait pourtant lorsqu'il s'agit de locutions impersonnelles : *Il y en avait‿encore. Il y en aurait‿ensuite.*

Rem. VII. — On fait la liaison entre une forme personnelle du verbe *avoir* (sauf *tu as, tu auras, que tu aies*) et une préposition, à condition que le verbe ne soit pas précédé d'un pronom personnel ou des pronoms adverbiaux *en, y*.

Rem. VIII. — On fait la liaison entre les 2ᵉ pers. plur. de l'indic. prés. ou de l'impératif *dites*, *faites* et un substantif, un adjectif, un article indéfini, un adverbe ou une préposition. Par contre, la désinence *-es* s'amuït devant *aucun*, *aucune*, et se prononce sous forme de [ə] devant les numéraux *un*, *une*.

Rem. IX. — Tandis que devant *aucun*, *aucune*, la désinence des 3ᵉ pers. plur. de l'indic. et du subj. prés. terminées par consonne + *-ent* est complètement muette, elle se prononce [ə] devant les numéraux *un*, *une*.

Rem. X. — On fait la liaison entre *ils font* et un substantif, un adjectif (avec *se font*), un article indéfini, un adverbe ou une préposition. Mais dans le dernier cas, à condition que *font* ne soit pas précédé d'un pronom personnel complément ou des pronoms adverbiaux *en*, *y*. Pour *font* suivi d'un infinitif, cf. rem. XXIII.

Rem. XI. — On fait la liaison entre *ils vont*, *qu'ils aillent*, *ils (qu'ils) arrivent*, *ils savent*, *qu'ils sachent*, *ils valent*, *qu'ils vaillent*, *ils veulent*, *qu'ils veuillent*, *ils (qu'ils) viennent* et un article indéfini, un adverbe ou une préposition. Dans le dernier cas, à condition que ces formes verbales ne soient pas précédées d'un pronom personnel complément ou des pronoms adverbiaux *en*, *y*. Pour les 3ᵉ pers. plur. de l'indic. et du subj. prés. de *aller*, *savoir*, *vouloir* suivies d'un infinitif, cf. rem. XXIII.

Rem. XII. — On fait ou non la liaison entre *ils (qu'ils) prennent* et un substantif, un article indéfini, un adverbe ou une préposition. Dans les deux derniers cas, la liaison ne se fait que si ces formes ne sont pas précédées d'un pronom personnel complément ou des pronoms adverbiaux *en*, *y*.

Rem. XIII. — On fait la liaison entre une 3ᵉ pers. sing. plur. de l'imparfait de l'indicatif ou du conditionnel et un adjectif, un article indéfini, un adverbe ou une préposition. Dans le dernier cas, à condition que le verbe ne soit pas précédé d'un pronom personnel complément ou des pronoms adverbiaux *en*, *y*. Pour une de ces formes verbales suivies d'un substantif, cf. rem. XV.

Rem. XIV. — Non précédés de *en* ou de *tout en*, les participes présents se lient avec le mot qui suit.

Rem. XV. — On fait la liaison entre *(ils) disent*, *font*, *ont*, une 3ᵉ pers. sing. plur. de l'imparfait de l'indicatif ou du conditionnel des verbes *avoir*, *dire*, *faire*, *prendre*, *rendre*, *tenir*, une 3ᵉ pers. plur. du futur des mêmes verbes — et un substantif. Cependant dans la locution *prendre acte*, la liaison se pratique avec toutes les formes personnelles du verbe.

Rem. XVI. — On fait la liaison entre *il paraît*, *ils paraissent*, une 3ᵉ pers. sing. plur. de l'imparfait de l'indicatif ou du conditionnel des verbes *devenir*, *paraître*, *sembler* et un adjectif. On la fait ou non après *je (tu) parais*.

Rem. XVII. — On fait la liaison entre les formules impersonnelles *il paraît*, *il paraissait*, *il paraîtrait* et un article indéfini.

Rem. XVIII. — Pour la liaison entre une 3ᵉ pers. sing. et les pronoms personnels *il*, *elle* ou le pronom indéfini *on* —, ou entre une 3ᵉ pers. plur. et les pronoms personnels *ils*, *elles*, cf. p. 475.

Rem. XIX. — Pour la liaison ou la non-liaison entre une 2ᵉ pers. sing. plur. de l'impératif et les pronoms adverbiaux *en*, *y*, cf. p. 474.

Rem. XX. — On fait ou non la liaison entre la 3ᵉ pers. plur. de l'indicatif présent, les 1ʳᵉ, 2ᵉ, 3ᵉ pers. sing., 3ᵉ pers. plur. de l'imparfait de l'indicatif ou du conditionnel des verbes *aller, croire, devoir, pouvoir, vouloir* et les pronoms adverbiaux *en, y* suivis d'un infinitif.

Rem. XXI. — On fait la liaison entre *(il) faut, fallait, faudrait* et un infinitif ou les pronoms adverbiaux *en, y* suivis d'un infinitif.

Rem. XXII. — On fait la liaison entre une forme personnelle de *aller, croire, devoir, pouvoir, vouloir* et les infinitifs *être* ou *avoir*.

Rem. XXIII. — On fait la liaison entre les 3ᵉ pers. sing. plur. des verbes *faire, aller* et un infinitif autre que *avoir* et *être*.

Rem. XXIV. — On fait ou non la liaison entre une 1ʳᵉ ou 2ᵉ pers. sing. plur. des verbes *aller, croire, devoir, pouvoir, savoir, vouloir* et un infinitif autre que *avoir* et *être*.

Rem. XXV. — On fait la liaison entre les verbes *aller, se rendre* et les prépositions *à, en*.

Note. — Les formes du passé simple et de l'imparfait du subjonctif ont disparu de la langue parlée. Mais elles se présentent au cours de la lecture. Dans ce cas, l'usage général est le même que celui qui a été décrit ci-dessus pour les autres temps. Les phénomènes de liaison signalés dans les remarques précédentes s'appliquent, verbe pour verbe, aux formes du passé simple et l'imparfait du subjonctif.

Conversation courante. — Les liaisons indiquées dans les remarques précédentes ont une tendance à disparaître à mesure que le ton devient plus familier.

Style soutenu. — Il est impossible d'entrer ici dans les détails. Cependant, en plus des cas de liaison indiqués dans les remarques précédentes, et exception faite de *tu as, tu auras* + article indéfini, adverbe, préposition, des 1ʳᵉ, 2ᵉ pers. sing. en *-rs, -rds, -ous, -ouds, -omps, -aincs (vaincs)*, des 2ᵉ pers. sing. en *-es*, des 2ᵉ pers. sing. du futur, des 3ᵉ pers. sing. en *-rd, -rt, -oud, -out, -ainc (vainc), -ompt, -ât*, on peut dire en gros que la liaison, pour ainsi dire générale à la 3ᵉ pers. plur. et très fréquente à la 3ᵉ pers. sing., est toujours possible. Sa fréquence est de plus en plus grande à mesure que le ton devient plus élevé.

26) Entre les adverbes Ailleurs, alors, après, auparavant, autant, avant, certes, debout, dedans, dehors, demain, depuis, dessous, dessus, devant, dorénavant, enfin, environ, exprès, loin, maintenant, soudain, tard, tantôt, tôt, volontiers et un mot suivant

J'aurai alors | intérêt à le faire. Il en a maintenant | envie. Je verrai après | (avant |, demain |) un de ses amis. Il est certes [sɛrt] | intelligent. Il est devenu enfin | aimable. Il y avait dessous | autre chose. Ailleurs | on s'amusait. Autant | en parler tout de suite. Autant | y aller. On entendit soudain | appeler au secours. Il faudra dorénavant | être plus sérieux. Il l'a depuis | oublié. On avait auparavant | ouvert la porte. Il s'est exprès | adressé à lui. Ils sont arrivés tôt | aujourd'hui. Il ne l'a pas autant | aimé. Il sera loin | à cette heure. Il le verra tantôt | à Paris. Il est debout | à cinq heures du matin. Courez devant | avec lui. Avant | et après. Avant | ou après. Devant | et derrière. Maintenant | ou jamais. Dedans | ou dehors. Autant | et plus. Etc.

Rem. I. — De même pas de liaison avec l'adverbe *incontinent*, aujourd'hui vieilli : *Il est parti incontinent | à Paris.*

Rem. II. — On fait cependant la liaison dans *tôt⌢ou tard*.

27) Entre les adverbes assez, aussitôt, autrefois, bientôt, combien, comment, désormais, longtemps, parfois, partout, plutôt, quand, quelquefois, sitôt, souvent, surtout, toujours et un mot suivant :

Il en a assez | envie. Il y a parfois | intérêt à le faire. J'ai eu souvent | affaire avec lui. J'ai lu autrefois | un de ses livres. Il y a toujours | un garde. Elle sera bientôt | utile. Il est assez | heureux. Il est plutôt | aimable. Sitôt | arrivé, il s'est mis à écrire. Il est resté longtemps | assis. C'était aussitôt | autre chose. Je ne sais combien | il en a. Je vois comment | on s'y est pris. Il aime beaucoup | y aller. Il faut surtout | en avoir. Combien | y a-t-il d'ici à Paris ? Combien | en a-t-elle ? Je ne sais comment | on peut se le figurer. Comment | appelez-vous cela ? Combien | avez-vous d'argent ? Quand | irez-vous à Paris ? Il aime beaucoup | aller en Angleterre. Il désire surtout | arriver. Il croit toujours | avoir raison. On a partout | annoncé cette nouvelle. Je l'ai quelquefois | utilisé. On en voyait beaucoup | autrefois. Ils étaient aussitôt | ici. Il a travaillé longtemps | aujourd'hui. Il a été longtemps | en France. Il a été longtemps | à s'y faire. Il a | assez à faire. Partout | à la fois. Souvent | ainsi. Souvent | aussi. (Plus) souvent | encore. Souvent | ensemble. Sitôt | ensemble, ils se disputent. Il ira *bientôt* | *en Espagne. Il est toujours* | *en retard. Quand* | *et comment ?* Etc.

Rem. I. — Cependant, par raison d'euphonie, on fait la liaison dans : *Toujours⌢heureux.*

Rem. II. — On fait aussi la liaison dans un certain nombre de locutions : *Etre assez⌢en train. Arriver assez⌢à temps. Aussitôt⌢après. Bientôt⌢après. Comment⌢allez-vous ? Comment⌢est-ce que... Partout⌢ailleurs. Partout⌢où... Quand⌢est-ce que... Toujours⌢est-il que...*

Style soutenu. — On peut entendre la liaison entre *assez, autrefois, combien, désormais, longtemps, parfois, partout, plutôt, quelquefois, souvent, surtout, toujours* et un adjectif.

Entre *aussitôt, partout, plutôt, sitôt, souvent, surtout, toujours* et un participe passé.

Entre *longtemps, plutôt, surtout* et les prépositions *à, en.*

Dans les locutions *partout⌢à..., partout⌢en...* placées en tête d'une proposition (*Partout⌢en France, on trouve...*, mais *On trouve partout* | *en France...*).

28) **Entre un adverbe en -ment et un mot suivant :**

Il n'y fait pas autrement | *attention. Récemment* | *avocat à la Cour. Il est excessivement* | *indulgent. Un homme vraiment* | *honnête. Il n'était nullement* | *affligé. Il me faut absolument* | *un livre. Cette disposition offre assurément* | *un avantage. Ce n'est pas vraiment* | *un homme. Tellement* | *on avait froid. Anciennement* | *on vivait d'une autre manière. Autrement* | *il vous punira. Seulement* | *il n'obéissait pas. Tellement* | *il était fort. Il fallait évidemment* | *y aller. J'allais naturellement* | *en prendre. Un livre nouvellement* | *écrit. Il l'a véritablement* | *aimée. C'est nettement* | *exposé. Je pouvais assurément* | *acheter cette maison. Je devais précisément* | *aller à Paris. Heureusement* | *encore qu'il ne pleut pas. Très sincèrement* | *aussi, c'est ce que je pense. Il dépense extrêmement* | *en voyages. Il va fréquemment* | *à Paris. Ils marchaient gaiement* | *au combat. Ils rampaient périlleusement* | *entre deux précipices.*

Noter les locutions : *Antérieurement* | *à... Conformément* | *à... Postérieurement* | *à... Préférablement* | *à... Proportionnellement* | *à... Relativement* | *à...*

Rem. — On fait cependant la liaison après *extrêmement, parfaitement*, se rapportant à un adjectif ou à un participe passé qui suit : *Elle est extrêmement⌣aimable. Un ouvrage parfaitement⌣écrit.* Etc.

Style soutenu. — On peut faire la liaison après tous ces adverbes lorsqu'ils sont suivis d'un adjectif, d'un participe passé ou des prépositions *à, en*.

29) Entre l'adverbe non et un mot suivant :

Non- | être. Non- | existence. Non- | usage. Non | achevé. Non | avenu. Non | écrit. Non | intéressé. Non | encore revu. Il a répondu non | à toutes les questions. Il est allé non | à Paris, mais à Londres. Il est allé non | en France, mais en Espagne. Il a dit non | avec énergie. Non | et non. Etc.

Rem. — Mais on fait la liaison, avec *non* prononcé [nɔn], dans : *Non⌣activité. Non⌣exécution. Non⌣intervention.*

30) Entre l'adverbe trop et un adverbe, une préposition ou une conjonction :

Il y en a trop | aujourd'hui. (| encore, | ici, etc.). Il y en a trop | à Paris. Il y en a trop | en France. C'est trop | ou trop peu. C'est trop | et trop peu. Etc.

31) Entre l'adverbe bien, lorsqu'il signifie « d'une manière satisfaisante, conforme à la perfection » ou qu'il a le sens de « pourtant », et un adverbe, une préposition (ou l'article contracté *au, aux*) et une conjonction :

On est bien | ici. Il y en avait bien | autrefois. Il se plaît bien | à Paris (| en France, | au Canada, | aux Philippines, etc.). Bien | ou mal. Est-il bien | ou non ? Etc.

Rem. — Pour les cas où *bien* se lie avec le mot suivant, cf. pp. 475-6.

32) Entre l'adverbe mieux et un mot auquel il ne se rapporte pas :

Il vaut mieux | Henri. Il valait mieux | un voyage. Il aime mieux | y aller (| en avoir). J'aimerais mieux | être à votre place. Il vaut mieux | agir. On est mieux | ici. On était mieux | auparavant. On est mieux | à Paris (| en France, | au Canada, etc.). Il y a mieux | ici. Est-ce mieux | ou non ? Etc.

Rem. — On fait cependant la liaison dans les locutions : *De mieux͜ en mieux. Ou mieux͜ encore.*

33) Entre l'adverbe MOINS et un article indéfini, le pronom adverbial *en*, un adverbe non terminé en *-ment*, une préposition ou les articles contractés *au, aux* :

J'aime moins | un roman. Je n'en suis pas moins | un homme. J'aime moins | y aller. Il y en a moins | aujourd'hui. (| ici, | encore, etc.*). Il y en a moins | à Paris (| en France). Il y a moins | à manger. Il y en a moins | au Brésil.* Etc.

Rem. — Cependant quand *moins* commence une phrase, on peut faire la liaison avec *à, en*, mais non avec *au* : *Moins͜ à Lyon qu'à Bordeaux. Moins͜ en France qu'en Angleterre*, mais *Moins | aux Etats-Unis qu'au Canada.*

34) Entre l'adverbe JAMAIS, à l'intérieur d'une proposition, et un nom propre, un substantif, un article indéfini, le numéral *un(e)*, les pronoms adverbiaux *en, y*, les adverbes *aussi, autant*, l'adverbe *assez* suivi de *de*, une préposition ou l'article contracté *au(x)*, lorsque dans ces deux derniers cas le verbe de la proposition est autre que *être*.

Je ne vois jamais | Henri. Je n'en ai jamais | envie. Tu n'as jamais | affaire à lui. Il n'y a jamais | un an ! Il n'y en a jamais | un. Il ne faut jamais | en parler. Il ne faut jamais | y aller. Il ne sera jamais | aussi riche que lui. Il n'a jamais | autant travaillé. Il n'a jamais | assez de temps. Il n'habitait jamais | à Paris (| en Angleterre). Il n'y en a jamais | à Londres (| en Amérique). Il ne va jamais | au Canada. Etc.

De même, entre JAMAIS, placé en tête d'une proposition, et un mot suivant.

Jamais | un cheval ne pourra sauter cet obstacle. Jamais | il ne le fera. Jamais | on n'a vu cela. Jamais | à la fois ! Jamais | à Paris ! Jamais | en France ! Jamais | ensemble ! Jamais | autant ! Jamais | ainsi ! Jamais | ici ! Jamais | encore, on n'en avait vu. Jamais | encore ! Jamais | et jamais ! Etc.

35) Entre les prépositions ENVERS, HORMIS, HORS, SELON, VERS, CONCERNANT, MOYENNANT, NONOBSTANT, TOUCHANT et un mot suivant :

On a été injuste envers | Henri. Hormis | un seul, tous les exemples sont faux. Ils sont tous partis, hors | un vieillard infirme. Selon | une ancienne tradition. Vers | Orléans. Nonobstant | une pareille attitude... Concernant | une affaire. Moyennant | une récompense. Etc.

36) Entre la préposition AVANT et un mot suivant :

Il est passé avant | Émile. C'était avant | Orléans. Avant | une heure. Dès avant | une heure. Avant | et après le repas. Etc.

REM. — On fait cependant la liaison dans *avant‿hier*. Ce n'est que dans la conversation courante qu'on dit aussi *avant- | hier*.

STYLE SOUTENU. — On peut entendre la liaison entre *avant* et *un, une* : *Avant‿un jour. Avant‿une semaine. Etc.*

37) Entre la préposition DEVANT et un nom propre ou les conjonctions *et, ou* :

Il était devant | Amiens. Devant | ou derrière. Etc.

38) Entre les conjonctions ET, SINON et un mot suivant :

Aide et | assistance. Lui et | elle. Il joue et | il perd. Il lit et | écrit toute la journée. En France et | en Espagne. Il est riche, sinon | heureux. Demain, sinon | aujourd'hui. Etc.

39) Entre les conjonctions CEPENDANT, NÉANMOINS, PARTANT, POURTANT, TOUTEFOIS et un mot suivant :

Il verra cependant | Émile. Il y a pourtant | une objection. Elle était bien élevée et partant | aimable. Il est néanmoins | assidu. Il est toutefois | obligé de le faire. Cependant | ils l'ont fait. Pourtant | elles l'ont dit. Il faut toutefois | y aller. Vous devez cependant | en savoir long. Il faut pourtant | écrire. C'est cependant | aujourd'hui qu'il vient. Toutefois | à Paris il en est ainsi. Il est pourtant | avec son frère. Etc.

STYLE SOUTENU. — On peut faire la liaison entre ces conjonctions et un adjectif ou un participe passé suivants.

40) Entre la conjonction TANTÔT répétée et un mot suivant :

Il voyait tantôt | André, tantôt | Henri. Tantôt | ingrat, tantôt | aimable. Tantôt | un chien, tantôt | un chat. Tantôt | il lisait, tantôt | il écrivait. Tantôt | à Paris, tantôt | en Espagne. Tantôt | au-dessus, tantôt | au-dessous. Tantôt | avec l'un, tantôt | avec l'autre. Etc.

STYLE SOUTENU. — On peut faire la liaison devant les prépositions *à, en.*

41) Entre une locution adverbiale, prépositive ou conjonctive et un mot suivant. Par exemple après :

Ex. : *d'abord, dès l'abord, tout d'abord, de prime abord, au premier abord, d'ailleurs, par ailleurs, partout ailleurs, bientôt après, ci-après, peu après, bien assez, tout auprès, à bas, en bas, ici-bas, là-bas, par en bas, ou bien, tout de bon, sur le champ, à tout bout de champ, pour combien, par conséquent, tout à coup, tout d'un coup, au dedans, de dedans, en dedans, là dedans, au dehors, de dehors, en dehors, après-demain, à dessein, au-dessous, ci-dessous, de dessous, en-dessous, là-dessous, par-dessous, au-dessus, ci-dessus, de dessus, là dessus, par-dessus, au devant, par devant, en effet, à la fin, à la fois, une fois, partout à la fois, au hasard, à tout hasard, par hasard, à l'instant, dans un instant, pour l'instant, (parler) de haut (à quelqu'un), en haut, là-haut, à jamais, à tout jamais, pour jamais, au loin, de loin, de loin en loin, moins loin, plus loin, très loin, trop loin, tout au loin, dès lors, au mieux, du mieux, de mieux en mieux, au moins, du moins, tout au moins, pour le moins, plus ou moins, d'autant moins, ni plus ni moins, de moins en moins, dans un moment, en ce moment, pour le moment, mot à mot, à part, nulle part, quelque part, et partant, de mal en pis, de pis en pis, à plein, de plein, en plein, de point en point, à cela près, de près, plus près, trop près, tout près, à présent, dès à présent, pour le présent, à propos, à tout propos, mal à propos, et puis, à quand ?, avec raison, à tort ou à raison, plus tard, très tard, trop tard, tôt ou tard, à témoin, de temps en temps, à tort, plus tôt, au plus tôt, moins tôt, pour toujours, après tout, du tout, en tout, du tout au tout, en tout et pour tout, à travers, en vain, vis-à-vis.*

REM. — On fait cependant la liaison entre *plus ou moins, d'autant moins, ni plus ni moins, tout à fait* et un adjectif suivant. Pour *d'après,* cf. p. 477.

STYLE SOUTENU. — On peut faire la liaison entre *à jamais, à tout jamais, pour jamais, au moins, du moins, tout au moins, pour le moins, de moins en moins* et un adjectif suivant. De même entre *au moins, du moins* et un pronom personnel ou indéfini.

II

Cas où on fait la liaison.

On fait la liaison :

① Entre un ARTICLE (défini ou indéfini), un ADJECTIF POSSESSIF, un ADJECTIF DÉMONSTRATIF et un mot suivant :

Les‿enfants. Aux‿amis. Un‿ennemi. Des‿affaires. Mes‿effets. Cet‿homme. Ces‿immeubles. Mon‿intime ami. Son‿entière liberté. Un‿an. Les‿autres enfants. Ces‿excellents peintres. Ces‿honnêtes gens. Un‿assez grand nombre de personnes. Etc.

Rem. — Pour les mots devant lesquels la liaison ne se fait pas, cf. p. 439 s.

② Entre un SUBSTANTIF PLURIEL et les conjonctions *et*, *ou* suivies immédiatement d'un autre substantif pluriel, lorsque le premier substantif se termine en *-ns*, *-nds*, *-nts* ou *-es* n'est pas précédé d'un déterminant et que les deux substantifs ne sont pas en fonction d'attribut :

Raconter monts‿et merveilles.

Après avoir avisé parents‿et alliés... Ils étaient, garçons‿ou filles, à peu près une vingtaine. Ils les massacrèrent tous, enfants‿et vieillards. Vins‿et liqueurs, toute la cave y passa. Savants‿ou ignorants, peu importe. Hommes‿et femmes remplissaient la nef. Collègues‿ou amis, tous venaient régulièrement lui rendre visite. Bêtes‿et gens, tout disparut en un clin d'œil. Jeunes‿et vieux étaient également atteints par la maladie. Etc.

Mais sans liaison : *Expéditeurs | et producteurs se réunirent. Ports | et villes, tout fut rasé. Lords | et pairs vinrent à la cour. Chefs | et soldats étaient également braves. Industriels | et commerçants se rendirent à la réunion.* Etc.

Et : *Ils étaient parents | ou alliés. Ils étaient savants | et ignorants à la fois. Ils sont collègues | et amis* [kɔlɛg]. Etc.

Rem. — On fait cependant la liaison dans les expressions : (On leur coupa) bras⁀et jambes. (Il est) pieds⁀et poings liés. Vertus⁀et vices, (tout se trouvait réuni chez lui). (Périr) corps⁀et biens.

Noter encore, bien que le second substantif pluriel ne suive pas immédiatement la conjonction et, l'expression : Par monts⁀et par vaux.

Conversation courante. — Les liaisons indiquées ci-dessus se font de moins en moins à mesure que le langage devient plus familier.

3) Entre un adjectif qualificatif au singulier ou au pluriel et un substantif :

Un grand⁀homme. En parfait⁀accord. Un bon⁀élève. Au prochain⁀avertissement... En plein⁀air. D'un commun⁀accord. Saint⁀André. Saint-Eloi. Etc.

De beaux⁀enfants. De gros⁀ennuis. D'excellents⁀artistes. De grands⁀espoirs. De lourds⁀anneaux [luRz]. De méchantes⁀idées. D'admirables⁀articles. Etc.

Rem. I. — On ne fait pas cependant la liaison entre un adjectif terminé en -eux ou -ier et un prénom ou un nom de famille : Ce vertueux | Henri. Ce singulier | Auger. Etc.

Il en est de même lorsque l'adjectif est terminé en -ant : Ce méchant | Emile. Ce déplaisant | Alain. Ce savant | Henri. Ce méchant | André. Etc.

Rem. II. — On ne fait pas non plus la liaison dans le cas des adjectifs court, fort, lourd : Un court | intervalle de temps [kuR]. Un fort | avantage [fɔR]. Un lourd | anneau [luR]. Etc. Mais, au pluriel : De courts⁀instants [kuRz]. De forts⁀arguments [fɔRz]. De lourds⁀étés [luRz]. Etc.

On ne la fait plus dans franc | étourdi, franc | hypocrite, franc | imbécile, tandis qu'on lie dans franc⁀alleu, franc⁀archer, à franc⁀étrier. Au pluriel, c'est le contraire qui a lieu : francs⁀étourdis [fRɑ̃z], francs⁀hypocrites, francs⁀imbéciles ; mais francs-alleus, francs-archers se prononcent comme au singulier.

Rem. III. — Bonhomme [bɔnɔm] et gentilhomme [ʒɑ̃tijɔm] font au pluriel bonshommes [bɔ̃zɔm] et gentilshommes [ʒɑ̃tizɔm].

Le pluriel de honnête homme qui s'emploie dans l'expression de parfaits honnêtes hommes se prononce [ɔnɛtɔm].

Rem. IV. — La liaison ne se faisant pas, ainsi qu'on l'a vu p. 440, entre un substantif singulier et un adjectif, on distingue dans la prononciation entre un savant | aveugle (= un savant qui est aveugle) et un savant⁀aveugle (= un aveugle qui est savant). Cf. encore un savant | étranger et un savant⁀étranger, un méchant | original et un méchant⁀original, etc.

4) Entre les adjectifs numéraux un, deux, trois, vingt, cent ou leurs composés et

a) un *substantif* :

Vingt et un‿hommes. Deux‿amis. Trois‿ouvriers. Vingt-trois‿estivants. Vingt‿animaux. Quatre-vingts‿Anglais. Cent‿agneaux. Deux cents‿arbres. Etc.

Rem. — Devant les trois noms de mois : *avril, août, octobre*, les numéraux *deux, trois, vingt, vingt et un, trente et un*, qui ont ici une valeur d'ordinaux, ne se lient pas. Exception possible pour le *(vingt-) trois avril*. C'est la continuation de l'ancien usage qui reste encore le bon. Mais il faut reconnaître qu'il est sérieusement menacé aujourd'hui et que la liaison devient de plus en plus fréquente.

b) un *adjectif qualificatif* :

Deux‿énormes piliers. Trois‿immenses rochers. Cent‿excellents ouvriers. Etc.

c) ou l'indéfini *autre(s)*.

Un‿autre. Deux (trois, vingt, etc.)‿autres soldats. Les trois‿autres. Etc.

5) Entre un ADJECTIF ORDINAL et un substantif ou un participe substantivé :

Le premier‿étage. Les premiers‿hommes [pʀəmjez]. Ses premières‿amours. Les secondes (troisièmes, etc.)‿épreuves. Le second‿étage [sgɔ̃t]. Le premier‿occupant. Les premiers‿occupants. Les premiers‿arrivés. Etc.

Rem. I. — On fait aussi la liaison dans *Tiers‿ordre* [tjɛʀz], *Tiers‿état*. Mais non dans *tiers | arbitre(s)* |tjɛʀ|, *tiers | opposant(s)*.

Rem. II. — Mais on ne fait pas la liaison dans *le premier | arrivé* [pʀəmje].

6) Entre les ADJECTIFS INTERROGATIFS OU EXCLAMATIFS *quels, quelles* et un mot suivant :

Quels‿hommes ? Quels‿imbéciles ! Quelles‿études ! Je ne sais quelles‿idées il a. Quels‿étaient ses revenus ? Quelles‿étaient ces personnes ? Etc.

7) Entre l'ADJECTIF RELATIF *quant et* la préposition *à* dans la locution *quant‿à* : *Quant‿à lui, Quant‿à le reconnaître*. Etc.

Rem. — Noter les substantifs composés : *Quant‿à-moi. Quant‿à-soi.*

8) Entre les adjectifs indéfinis : AUCUN, AUTRES, CERTAIN (-ains, -aines), DIFFÉRENTS (-entes), DIVERS (-erses), MAINT (-nts, -ntes), MÊMES, PLUSIEURS, QUELQUES, TELS (telles) et un mot suivant :

Aucun⁀homme. D'autres⁀amis. Bien d'autres⁀amis. Entre autres⁀ amis. Certain⁀hiver. Différents⁀entretiens. Divers⁀articles. Maint⁀ écrivain. Les mêmes⁀enfants. Plusieurs⁀armes. Quelques⁀animaux. De tels⁀arguments. Quelques (d'autres)⁀illustres représentants. Plusieurs⁀excellents poètes —. Aucun⁀autre. Certains (différents, divers, plusieurs, quelques)⁀autres. Etc.

9) Entre les adjectifs qualificatifs ou indéfinis TOUT, TOUS, TOUTES et un mot suivant (= substantif —, article indéfini *un* —, adjectif indéfini *autre* —, participe passé —, adverbe —, préposition) :

(Adj. qualif.) : *Il est tout⁀orgueil. Il était tout⁀imagination. Tout⁀Orléans. En tout⁀honneur. Tout⁀un livre. Je suis tout⁀à vous. Il est tout⁀à son travail. Il était tout⁀à la colère. Il est tout⁀à vous. Il se fait tout⁀à tous. Ils se sont faits tout⁀à tous. Il n'a pour tout⁀argent qu'un écu.* Etc.

(Adj. indéf.) : *A tout⁀instant. A tous⁀égards. Demandez tout⁀autre livre que celui-là. Il nous a toutes⁀aimées. Toutes⁀ensemble elles se mirent à crier. Les journées se passèrent toutes⁀ainsi. Elles sont toutes⁀ en bas (⁀avec leurs frères).* Etc.

REM. — On ne fait pas cependant la liaison dans les expressions du type : *Elles se font toutes à tous* [tut]. *Le Tout-Orléans, le Tout-Amiens*, etc.

CONVERSATION COURANTE. — Dans les expressions du type : *Il nous a toutes⁀aimées. Elles sont toutes⁀en bas (⁀avec leurs frères)*, la liaison est de moins en moins fréquente à mesure que le langage devient plus familier.

10) Entre les PRONOMS PERSONNELS OU INDÉFINI : *nous, vous, ils, elles, les, on* non précédés d'un verbe et un verbe à un mode personnel — ou les pronoms adverbiaux *en, y* suivis d'un verbe à un mode personnel :

Nous⁀écoutons. Vous⁀entendez. Ils (elles)⁀aiment à... On les⁀ achètera. On⁀appela. Etc.

Nous͜ y allons. Vous͜ y serez. Ils (elles)͜ y vont. On͜ y rira. Je vous͜ en prie. On les͜ y force. Nous͜ en parlerons. Ils (elles)͜ en viennent. On͜ en trouve. On les͜ en privera. Etc.

11) Entre les PRONOMS PERSONNELS : *nous, vous, les* non précédés d'un verbe et les pronoms adverbiaux *en, y* suivis d'un infinitif —, un infinitif ou un participe présent :

A force de nous (vous, les)͜ y habituer... Pour nous (vous, les)͜ amuser... En nous (vous, les)͜ arrêtant... Etc.

12) Entre les PRONOMS PERSONNELS : *nous, vous, les* précédés d'un verbe et les pronoms adverbiaux *en, y* non suivis d'un infinitif — ou un infinitif :

Habituons-nous͜ y. Fiez-vous͜ y. Délivrez-nous͜ en. Défaites-vous͜ en. Menez-les͜ y. Il est venu nous (vous, les) attendre. Etc.

13) Entre le pronom adverbial EN, quand il est inaccentué, et un verbe :

J'en͜ attends. Tu en͜ as. Il en͜ achète. Nous en͜ envoyons. Vous en͜ attendez un. Ils en͜ avalent. En͜ est-on certain? Etc.
Peut-on en͜ avoir? Pour en͜ acheter. On vient d'en͜ élire un. Etc.

14) Entre le pronom relatif DONT et un mot suivant :

Dont͜ acte. L'enfant dont͜ on m'a parlé. Voici un livre dont͜ une page manque. Voici ce dont͜ il s'agit. La maladie dont͜ il est mort. Etc.

15) Entre le pronom indéfini RIEN et le mot *autre* —, les pronoms adverbiaux *en, y* —, un infinitif —, un participe passé —, où la préposition *à* suivie d'un infinitif :

Il n'y a rien͜ autre (͜ autre chose) à faire. Ne rien͜ y voir. Sans rien͜ en dire. Il ne faut rien͜ acheter. Il n'a rien͜ appris. Il n'y a rien͜ à faire. Etc.

16) Entre le pronom indéfini TOUT, sujet, et un verbe à un mode personnel —, un adverbe —, ou une préposition :

Tout͜ est bien qui finit bien. Tout͜ est fini. Tout͜ était complet. Tout͜ avait disparu. Tout͜ y est. Tout͜ en découle. Tout͜ ici me remplit d'admiration. Tout͜ en lui respire la joie. Tout͜ à Paris m'a charmé. Tout͜ en Italie m'a émerveillé. Etc.

Conversation courante. — Sauf le premier exemple qui est une expression consacrée, la liaison est de moins en moins fréquente à mesure que le langage devient plus familier. C'est entre *tout* et *est* qu'elle résiste le plus.

17) Entre le pronom indéfini TOUT, complément d'un verbe qui suit, et un mot suivant :

Il a tout͜ écrit de sa main. Il a fallu tout͜ enlever. Il y a tout͜ à dire sur ce sujet. Etc.

18) Entre une forme du verbe *être* (sauf *que tu fusses*) et un participe passé :

Je suis͜ aimé. Tu es͜ aimé. Il est͜ aimé. Nous sommes͜ aimés. Vous êtes͜ aimés. Ils sont͜ aimés. J'(tu) étais͜ aimé. Il était͜ aimé. Nous étions͜ aimés. Vous étiez͜ aimés. Ils étaient͜ aimés. Tu serais͜ aimé. Etc.

Conversation courante. — On lie de moins en moins dans *tu seras aimé*, à mesure que le ton devient plus familier.

19) Entre une forme du verbe *avoir* (sauf *tu as, tu auras, que tu eusses*) et un participe passé.

Nous avons͜ aimé Vous avez͜ aimé. Ils ont͜ aimé. J' (tu) avais͜ aimé. Il avait͜ aimé. Nous avions͜ aimé. Vous aviez͜ aimé. Ils avaient͜ aimé. Tu aurais͜ aimé. Etc.

Conversation courante. — On lie de moins en moins aux 1res et 2es pers. à mesure que le ton devient plus familier.

20) On fait la liaison entre une 2e pers. sing. plur. ou une 1re pers. plur. de l'impératif et les pronoms adverbiaux *en, y* non suivis d'un infinitif :

Prends͜ -en. Finis͜ -en. Reviens͜ -y. Joins͜ -y cette lettre. Parles͜ -en. Aies͜ -en beaucoup. Songes͜ -y. Cueilles͜ -y de belles fleurs. Fais͜ -y un trou. Fais͜ -en beaucoup. Sois͜ -y à midi. Songez͜ -y. Cherchez͜ -en. Faites͜ -y attention. Allons͜ -y tous ensemble. Prenons͜ -en. Etc.

LIAISONS 475

Rem. — Cependant lorsque *en*, *y* sont accompagnés d'un infinitif, il faut faire une distinction. On continue de lier dans le cas de l'impératif de *faire* : *Fais⌢en peindre les murs. Fais⌢y creuser un trou. Faites⌢en prendre.* Etc. Sinon on ne lie pas : *Allons | en acheter. Venez | y travailler. Allez | y acheter du pain.* Etc. Noter l'opposition graphique et phonétique à la fois entre *vas⌢y* et *va | y puiser de l'eau, va | en savoir des nouvelles*, etc.

21) Entre une 3ᵉ pers. sing. plur. et les pronoms *il, ils, elle, elles, on* :

Que dit⌢il ? Que voit⌢elle ? Comment fait⌢on ? Où courent⌢ils ? Contre qui se battent⌢ils ? Que perd⌢il ? Pourquoi sortent⌢elles ? Quand part⌢on ? Que prend⌢il ? Etc.

22) Entre les adverbes DROIT, BEAUCOUP, FORT, NE... PAS, PIS, PLUS, NE... PLUS, POINT *(ne... point),* PUIS, TANT, TOUT, TRÈS et un mot suivant.

J'en ai plus⌢envie que vous. Tu ne fais pas (plus)⌢attention. Il a pris un cahier, puis⌢un livre. Il n'y en a pas (plus)⌢un. C'est tout⌢un. Il est plus⌢aimable. Il est très⌢ému. C'est fort⌢intéressant. Cette femme tant⌢aimée. Elle est tout⌢entière. Il est tout⌢autre. Tant⌢il y a de monde. Tant⌢il est vrai que... Puis⌢il partit. Plus⌢il parle, moins on l'écoute. Tant⌢y a que... Il ne faut pas (plus)⌢y aller. Il faut lire ces lettres, puis⌢y répondre. Si tant⌢est que... Il ne faut pas (point, plus)⌢accepter. Un pis⌢aller. Il l'a beaucoup⌢aimée. Il n'a pas (point, plus)⌢écrit. Ils ne sont pas (point, plus)⌢ici. Tout⌢autrement. Très⌢exactement. Ils ne sont plus⌢à Londres. Il y a beaucoup⌢à dire. Tant⌢à... qu'à... Il est très⌢à plaindre. Tout⌢à l'heure. Tout⌢à fait. Tant⌢en... qu'en... Tout⌢en chantant. Tout⌢en haut. Tout⌢au plus. Tout⌢au moins. Droit⌢au but. Tant⌢et tant. Tant⌢et plus. Etc.

Rem. I. — Cependant on ne fait pas la liaison dans les locutions *tout droit | à...* (*| en...*), ni entre *puis* et le pronom indéfini *on* ou un impératif : *Réfléchissez, puis | écrivez.*

Rem. II. — On ne fait pas non plus de liaison lorsque le mot qui suit est un nom propre : *Je ne vois plus | André. Je connais beaucoup | Henri.* Etc.

Rem. III. — On ne lie pas dans *tant |'et tant de... Il y a tant | en billets de mille. Tant | or qu'argent. Tant | à vous, tant | à moi.*

23) Entre les adverbes BIEN, MIEUX, inaccentués et un mot auquel ils se rapportent :

Il a eu bien⁀envie de rire. Une personne bien⁀aimable (⁀instruite, ⁀informée, etc.). Une page mieux⁀écrite. Il est mieux⁀assis. Tâchez de bien⁀y réfléchir (⁀en parler). Pour mieux⁀y réussir (⁀en jouir). A le bien⁀évaluer. Essayez de bien⁀écrire. Il faut mieux⁀employer votre temps. Pour mieux⁀atteindre son but. Bien⁀autrement. Bien⁀ exactement. Etc. *Une personne bien⁀à plaindre. Il reste encore bien⁀à faire. Bien⁀à point. Bien⁀en forme. C'est bien⁀à vous de dire cela. De mieux⁀en mieux. Bien⁀ou mal.* Etc.

24) Entre l'adverbe JAMAIS, à l'intérieur de la proposition, et un adjectif, un infinitif, un participe passé, les adverbes *encore, enfin, ensemble,* l'adverbe *assez* suivi d'une pause, d'un adjectif ou d'un participe passé ou de *à* + infinitif, une préposition ou l'article contracté *au(x),* lorsque dans ces deux derniers cas le verbe de la proposition est le verbe *être* :

Il n'est jamais⁀aimable. Il ne faut jamais⁀écrire. Il n'est jamais⁀ allé à Londres. Il n'a jamais⁀obéi. Il ne l'a jamais⁀encore fait. Il ne l'a jamais⁀enfin oublié. Ils ne sont jamais⁀ensemble. Il n'y en a jamais⁀assez. Ce n'est jamais⁀assez bon. Il n'a jamais⁀assez bien écrit. Il n'a jamais⁀assez à faire. Il n'est jamais⁀à Paris (⁀en France, ⁀au Canada). Etc.

REM. — On lie aussi dans la tournure littéraire *jamais* + substantif : *Jamais⁀ homme n'a vu cela. Jamais⁀école n'avait eu tant d'élèves.* Etc.

25) Entre l'adverbe MOINS et un substantif, un adjectif, un pronom personnel *il(s), elle(s), on,* le pronom adverbial *y,* un infinitif, un participe passé ou un adverbe terminé en *-ment* :

Tu fais moins⁀attention. J'en ai moins⁀envie. Il est moins⁀heureux que vous. Moins⁀il parle, mieux cela vaut. Plus on fait de bruit, moins⁀on écoute. Il faut moins⁀attendre. Il a moins⁀étudié. Il s'est conduit moins⁀aimablement que lui. Etc.

26) Entre l'adverbe TROP et un adjectif ou un participe passé :

Vous êtes trop⁀aimable. On n'est jamais trop⁀averti. Il a trop⁀écrit. Etc.

27) Entre l'ancien adverbe ORES et la conjonction *et* dans la locution adverbiale *d'ores⁀et déjà.*

28) Entre la préposition MOINS et un article indéfini ou l'adjectif numéral *un, une* :

Moins͜ un gramme. Moins͜ une minute. Moins͜ un. Moins͜ une.

29) Entre les prépositions APRÈS, CHEZ, DEPUIS, DÈS, DURANT, EN, PENDANT, SANS, SOUS, SUIVANT, ou les locutions prépositives D'APRÈS, DE CHEZ, et un mot suivant :

Chez͜ un ami. En͜ un jour. Après (avant, chez)͜ elle. En͜ y allant. En͜ en revenant, Après͜ y être retourné. Sans͜ en avoir pris. Après͜ être allé à Paris. Sans͜ avoir bu. En͜ effet. En͜ arrivant. Depuis͜ hier. Dès͜ avant. Dès à présent. D'après͜ une légende. D'après͜ elles. Etc.

REM. I. — Cependant on ne fait pas la liaison entre *après, d'après, avant* et le pronom personnel *eux*. De même, on lie ou ne lie pas lorsque le mot suivant est un nom de personne.

REM. II. — On ne fait pas la liaison entre *avant, devant* et les conjonctions *et, ou* : *Devant | et derrière ce mur. Avant | ou après le repas.* Etc.

30) Entre les conjonctions DONC, MAIS, QUAND, SOIT... SOIT... et un mot suivant :

Je verrai donc͜ André. Mais͜ un jour, il s'échappa. Quand͜ un orage éclate... Mais͜ il tomba malade. Quand͜ il arriva... Il faut donc͜ y aller (͜ en parler). Il faut soit͜ écrire, soit͜ envoyer quelqu'un. Donc͜ il partira. Il a donc͜ appelé. Soit͜ hier, soit͜ avant-hier. Mais͜ aujourd'hui, il va bien. Soit͜ à pied, soit͜ en voiture. Etc.

APPENDICE

Le phénomène de liaison dont on vient de parler n'est pas le seul en français qui relève de la phonétique syntactique. Il y en a encore deux autres dont l'importance est sans doute moins grande, mais qui méritent pourtant d'être notés.

A. — Dans les mots qui se terminent par [s] quand ils sont isolés, cet [s] se sonorise ordinairement devant un autre mot commençant par une voyelle :

Fils [fis] ; mais [fiz] dans *fils aîné, mon fils aimé*, etc.
Mœurs [mœrs] ; mais [mœrz] dans *mœurs antiques*.
Os [ɔs] ; mais [ɔz] dans *un os entier, os à moelle*.
Ours [uʀs] ; mais [uʀz] dans *un ours affamé*, etc.
Sus [sys] ; mais [syz] devant voyelle ou [j] : *sus à..., sus-occipital, sus-hyoïdien*, etc.
Tous, pronom [tus] ; mais [tuz] dans *ils sont tous arrivés*, etc.

Mais à part le cas de *sus* et de *tous ensemble* qui se prononce toujours [tuzɑ̃sɑ̃:bl̩], la prononciation avec [s], quoique moins fréquente, reste la meilleure.

La même sonorisation se produit dans *six* [sis] et *dix* [dis]. On prononce toujours [siz], [diz] dans les cas tels que : *Six hommes. Dix ans. Six excellents artistes. Dix autres. Dix-huit. Six y sont allés. Dix en voulaient. Il y en a six aujourd'hui. Dix à l'heure. Dix et trois font treize*, etc. Mais [sis] dans *six-huit*.

On peut cependant conserver encore la sourde finale devant les noms de mois *avril, août, octobre*, ainsi que dans le terme de musique *six-huit*. Mais la prononciation avec [z] est beaucoup plus répandue.

Au contraire, dans les mots qui se terminent par [f] quand ils sont isolés, cet [f] reste toujours sourd devant un autre mot commençant par une voyelle :

Bœuf [bœf] ; aussi [bœf] dans *bœuf à la mode*.
Neuf [nœf] ; aussi [nœf] dans *neuf amis, neuf enfants, neuf et demi, neuf ou dix*, etc.
Vif [vif] ; aussi [vif] dans *vif argent, vif ou mort*.

Il n'y a d'exceptions que dans le cas de *neuf* suivi des mots *ans, heures, hommes, autres*. On tend aussi de plus en plus à dire [nœv ɑ̃fɑ̃], *neuf enfants*, par dissimilation de l'[f] de *neuf* avec celui de *enfant*.

B. — Dans un certain nombre de cas et pour des raisons qui ne peuvent être développées ici, une consonne orthographique finale qui se prononce lorsque le mot est isolé est au contraire muette lorsque le mot se trouve devant un autre commençant par une consonne :

Bœuf [bœf] ; mais [bø] dans *le bœuf gras*, en face de [bœf] dans *du bœuf bouilli, du bœuf salé*.

Chef [ʃɛf] ; mais [ʃɛ] dans *chef-d'œuvre*, en face de [ʃɛf] dans *chef-lieu*. Cf. la graphie *chégros* « fil poissé des cordonniers », autrefois *chefgros*.

Neuf « nouveau » [nœf] ; mais [nø] dans *Neuf-Brisach, Neufchâteau, Neufchâtel, Neufvi, Neufvy*. Cf. aussi *Neuchâtel, Neuvy*, dont l'orthographe a suivi la prononciation.

Le même phénomène se constate pour les numéraux *six* [sis], *dix* [dis] et *huit* [ɥit]. On prononce [si], [di], [ɥi] dans *six (dix, huit) francs, tous les six (dix, huit) jours, vingt-six (vingt-huit) chevaux, six (huit) cents, six (dix, huit) mille*, etc., mais [dis] ou [di] dans *dix-sept* [dissɛt], [disɛt], [diz] dans *dix-neuf*, et [sis] dans *six-quatre, à la six-quatre-deux*. Devant les noms de mois commençant par consonne, les prononciations [sis], [dis], [ɥit] bien qu'existant encore, ne sont plus aujourd'hui les plus fréquentes.

D'autre part, les prononciations [sɛ], [nø] dans *sept francs, sept cents, sept mille*, etc., ou *neuf livres, neuf cents, neuf mille*, etc., en face de *sept* [sɛt], *neuf* [nœf], sont en train de disparaître. On dit couramment [sɛt frɑ̃], [sɛt sɑ̃], [sɛt mil], etc., [nœf li:vʀ], [nœf sɑ̃], [nœf mil], etc. Mais [sɛ̃k frɑ̃], [sɛ̃k sɑ̃], [sɛ̃k mil], etc. pour [sɛ̃ frɑ̃], *cinq francs*, [sɛ̃ sɑ̃] *cinq cents*, [sɛ̃ mil] *cinq mille*, etc., sont populaires.

REMARQUES. — La prononciation [fi] dans l'expression biblique *le fils de l'homme* a pour ainsi dire disparu. De même, la prononciation [sɑ̃] dans *sens commun*. On dit ordinairement [lə fis de l'ɔm], [sɑ̃s kɔmœ̃]. Mais on prononce toujours [sɑ̃] dans *sens dessus dessous, sens devant derrière*, locutions où le mot *sens* n'a d'ailleurs rien à voir avec *sens* dans *un sens, le bon sens, le sens commun*.

Le nom propre *Marc* se prononce [maʀk], sauf dans *Place Saint-Marc* (à Venise) et *le lion de Saint-Marc*, p. 411. Dans le nom du critique littéraire *Saint-Marc Girardin*, on dit [mar] ou [maʀk]. Mais on fait entendre le [k] dans *saint Marc l'évangéliste*.

Au sens figuré, *nerf* se prononce [nɛrf]. Mais on dit [nɛʀ] plutôt que [nɛrf] dans *le nerf de la guerre, le nerf de l'intrigue*.

La prononciation [sɛ] dans *cep de vigne* est aujourd'hui vieillie. On dit ordinairement [sɛp].

Un cas opposé à ceux dont il vient d'être question est représenté par le numéral *vingt*. Lorsque ce mot est isolé, il se prononce [vɛ̃]. Mais on dit [vɛ̃t] dans *vingt-deux* [vɛ̃tdø], *vingt-trois* [vɛ̃tʀwɑ], etc., avec un [t] qui s'explique par les anciennes formes *vingt et deux, vingt et trois*, etc., et en même temps par l'analogie avec *trente-deux, trente-trois*, etc.

INDEX ALPHABÉTIQUE DES GRAPHIES

GRAPHIES	POSITIONS	PRONONCIATION	EXEMPLES	PAGES
a		non prononcé	saoul, août	8, 9, 42.
A	accentué	[a] ou [ɑ]		56-63, 140-142.
A	inaccentué	[a] ou [ɑ]		84-90.
â, â		[ɑ]	là, grâce	43.
aa	dans les mots étrangers			142.
æ		[e]	cæcal	31, 142.
aë	dans les mots étrangers			142.
aen		[ɑ̃]	Caen	21, 42, 90, 143, 386.
aën		[ɑ̃]	Saint-Saëns	42.
»	au contraire =	[ae]	Laënnec	42.
ai		[ə] muet	faisan, (nous) faisons	32.
ai		[e]	(j')jai, (je) parlai	31, 50.
ai		[ɛ]	balai, vrai, craie, laid	31, 47-50, 143.
aï		[ɛ]	chaîne, (il) naît	32, 47, 49.
aï		[aj]	haïr ; aïeul	32, 143 ; xxxiii.
ail		[aj]	maille, Versailles	32, 59.
»	final	[aj] ou [aj]	ail, rail, émail	58, 59, 379.
aim, ain		[ɛ̃]	daim, main, Ain	15, 16, 382, 387, 435.
aim, aim, ain, ain	dans les mots étrangers			144.
ainc	final	[ɛ̃]	(il) vainc	411.
aint	final	[ɛ̃]	saint	428-429.
air		[ɛːʀ]	chair, pair	394.
ais		[ɛ]	anglais, palais	400.
ait		[ɛ]	bienfait, lait	405.
ait		[ɛ]	(il) connaît	49.
aix	final	[ɛ]	faix, paix, Desaix	407.
»	»	[ɛks]	Aix, Chaix	407.
al	final	[al]	cheval, journal	379.
am		[ɑ̃]	ambassade, champ	17, 149-150.
»	final	[ɑ̃]	Adam	151, 381.
»	»	[am]	macadam, tram	150, 381.

INDEX DES GRAPHIES

°ans	»	[ɑ̃]	*Tchang, Kiang*.....	414.
ans	final	[ɑ̃]	*dans, sans, Le Mans*.....	423.
ant	»	[ɑ̃s]	*Lans, Huysmans*.....	423-424.
ant	final	[ɑ̃]	*gant, charmant*.....	428-429.
ao, aô	»	[o]	*le Suosnois*.....	38, 39, 42, 52.
»	dans les mots étrangers	[ɑ̃]		145.
aon	»	[ɔ̃]	*paon, Laon*.....	21, 36, 389.
»	dans les mots étrangers	[ɑ̃ɔ]	*Saint-Laon*.....	21, 22, 42, 389.
»	»	[u]	*machaon, pharaon*.....	145, 389.
aou, aoû	»	[au]	*saoul, aoû*.....	8, 9, 42.
ard	final	[aʀ]	*Daoulas ; caoutchouc*.....	9, 145.
ars	final	[a]	*buvard, vieillard*.....	413.
»	»	[ɑʀs]	*un gars*.....	425.
as	final	[a] ou [ɑ]	*mars, Ars*.....	425
»	»	[ɑs]	*cadenas, verglas ; frimas, Nicoïas*.....	60, 395.
»	»		*as, mas, Arras*.....	57, 396.
»	»		Voir la liste des mots :.....	395-396.
asion	»	[azjɔ̃]	*évasion, occasion*.....	85, 389.
at	final	[a] ou [ɑ]	*chocolat ; achat, béat, Royat*.....	61, 403.
»	final	[at]	*Jal, Josaphat*.....	403.
ation	»	[asjɔ̃]	*consolation, narration*.....	85, 389.
au	final	[o] ou [ɔ]	*aucun ; automne*.....	39, 52, 76.
»	dans les mots étrangers			145-147.
aü	»			147.
aud, auld, ault, aux	»	[ay]	*Esaü, Saül*.....	53-54, 412, 428, 431.
»	»	[o]	*pataud, Arnauld, Chatellerault, taux*.....	
aul	»	[ol]	*Paul*.....	380, 394.
aur, aure	final	[ɔʀ]	*hareng saur ; Faure*.....	52, 394.
aut	»	[o]	*artichauts*.....	54, 406.
aux	»	[o]	*amicaux ; bestiaux*.....	409.
av	dans les mots étrangers	[a]		147.
ax	»	[aks]	*Oyonnax, St-Paul-de-Varax*.....	407.
»	final	[ei]	*anthrax, thorax, Dax*.....	407.
ay	»	[ɛj]	*pays, abbaye*.....	6, 27, 34.
»	»	[ɛj]	*saynète, Auray, La Haye*.....	33, 49.
»	»	[a]	(*je*) *paye, balayage, crayon*.....	xxxiv, 33-34.
»	dans les mots étrangers		*pagaye, Biscaye ; bayer, Bayard*.....	34, 46.
az	final	[ɑ]	*raz-de-marée, La Clusaz*.....	147-148.
				409.

INDEX DES GRAPHIES

GRAPHIES	POSITIONS	PRONONCIATION	EXEMPLES	PAGES
az	final	[az]	gaz, Hedjaz	409.
b	initial	[b]	bateau	233.
» »	intérieur	muet	Fabvier, Lefebvre	322.
» »	intérieur	[b]	abord, abdomen, doublure, galbe, combler, abhorrer	282, 322-323.
» »	»	[p]	abcès, obtus, obscène	322.
» »	final	[b]	snob	376.
bb	»	muet	radoub	376.
» »	»	[bb]	gibbon	304.
bs	»	[b]	abbé	304.
» »	»	[ps]	absent, absolu	362.
c	final	muet	dans cqu = [k] : acquérir, acquitter	323.
» »	initial	»	estomac, tabac	376.
ca, co, cœ, cu		[ka], [ko], [kœ], [ky]	cave, comte, cœur, curé	234.
» »	intérieur	»	bocal, école, écœuré, recul	284.
» »	+ consonne	»	alcali, balcon, concave	324, 325.
ce, ci, cy	initial	[se], [si]	cela, cigogne, cygne	234.
» »	intérieur	»	décent, acide	284.
» »	+ consonne	»	abcès, cerceau, ancien	324, 325.
c	dans les noms étrangers	[k]	mercredi, sanctuaire	234-236.
c	entre consonnes	[k]	bac, syndic, bouc	326.
c	final	[s]	façade, façon	377, 436.
ç				283.
cca, cco, ccu		[ka], [ko], [ky]	accabler, accord, occuper	304.
cce, cci, ccy		[kse], ksi]	accès, accident	305.
cc		[kk]	succussion	304.
cch		[k]	bacchante, ecchymose	331.
ced	+ voyelle prononcée	[sa]	doucedre	26, 44.
ch	+ a, e, i, o, u	[k]	chaos, chœur	271.
» »	entre voyelles	»	écho, trachome	326-327.
» »	+ a, e, i, o, u	[ʃ]	chat, cheval, chute	272.
» »	entre voyelles	[k]	écher, clocher	328, 329.
» »	+ consonne	[ʃ]	isochrone, strychnine	330.
» »	»	[ʃ]	fouchtra, Pouchkine	331.
» »	entre consonnes	[k]	synchrone	336-338.

INDEX DES GRAPHIES

»	chl	initial	[tʃ]	dans les mots anglais : *speech*.	416.
»	chl	initial	[kl]	*chlore*.	278.
»	chl	»	[ʃl]	*chleuh*.	278.
»	chr	»	[kr]	*chrétien*.	278.
»	ct	final	muet	*aspect, respect*.	428.
»	ct	»	[kt]	*contact, correct, strict*.	428.
»	d	initial	[d]	*dent*.	233.
»	d	+ consonne	»	*Ladvocat, Grandpré, Gérardmer*.	338-339.
»	d	final	muet	*nid, froid*.	377, 436.
»	d	+ consonne	[d]	*bridger, soldat, engendrer*.	338-340.
»	d	final	»	*celluloïd, le Cid*.	377, 436.
»	d	+ consonne	[t]	*adscrit, mandchou*.	339-340.
»	dd		[d]	*addition*.	305.
»	dd		[dd]	*adduction*.	305.
»	e		non prononcé	*Jeanne, flageolet, bougeoir*.	26-27.
»	e		muet		28, 91-139.
»	e	final	»		433.
é, è, ê, ë					30, 47-50, 64-75.
E		accentué	[e] ou [ɛ]		47-50.
E		inaccentué	[e] ou [ɛ]		64-75.
e		dans les mots étrangers	[a]	*femme, ardemment*.	28, 44.
e		après g		*orgeat, (il) mangea*.	157-161.
ea		dans les mots étrangers	[a]		26, 44.
ed		après c, g	[a]	*doucedtre, (nous) mangeâmes*.	26, 44.
eai		après g	[a]	dans : *mangeaille*.	36, 44.
»		»	[e]	*(je) mangeai*	36.
ean			[ɑ̃]	*vengeance, Jean*	20.
eau (x)			[o]	*agneau(x), beauté*.	40, 52, 92, 408.
ee		dans les mots étrangers	[e]		161-162.
ée			[eɛ̃]	*année, (il) suppléera*.	27.
éen			[e]	*européen, lycéen*.	386.
ef		final	[e]	*clef*	49.
ehould			[u]	dans : *Sainte-Menehould*.	9, 92.
ei, eï			[ɛ]	*neige, reître*.	32, 33, 47, 48.
»		dans les mots étrangers			162-163.
eil			[ɛj]	*éveil, conseil*.	380.
eim			[ɛ̃]	*Reims*.	16.
»		final	[em]	dans les noms alsaciens.	163, 382.

INDEX DES GRAPHIES

GRAPHIES	POSITIONS	PRONONCIATION	EXEMPLES	PAGES
eim	final	[ajm]	dans les noms allemands	163, 382.
ein	»	[ɛ̃]	rein, sein	387, 435.
»	dans les mots étrangers			163.
eing	final	[ɛ̃]	blanc-seing	414.
eint	final	[ɛ̃]	peint	428-429.
èir		[eːʀ]	désobéir	394.
eix	final	[e], [ɛks] ou [ɛ]		408.
el	final	[el]	ciel	379.
em		[ɛ̃]	sempiternel, Sembat	13, 169.
»		[ɑ̃]	emmener, Embrun	18, 169.
»	dans les mots étrangers	[em]		169-170.
»	final	[ɑ̃]	dans les noms de lieux du Nord de la France	381.
emment		[em]	harem, idem, Jérusalem	170, 381.
emps, empt		[ɑmɑ̃]	(adverbes en —)	28, 90.
en, èn		[ɑ̃]	temps, exempt	427.
en		[ɛ̃]	bien, (je) tiens, pentothal, Boën	13, 14, 15.
»		[ɑ̃]	enhardie, encore, cent, Rouen	18-20, 385, 435.
»	dans les mots étrangers			174-175.
»	final	[ɛ̃]	examen, Agen	15, 385, 387.
»	»	[en]	aven, abdomen, Suffren	29, 385.
»	»	[on]	garden-party, Beethoven	386.
enc	»	[ɛ̃k]	Doumenc, Thorenc	14, 411.
end	»	[ɑ̃]	(il) vend	412.
»	»	[ɛːd] ou [ɛnd]	dans les mots étrangers	413.
eng	»	[ɑ̃]	hareng	414.
ens	»	[ɑ̃]	(les) gens, (je) sens, Confolens (noms d'oïl)	20, 423-425.
»	»	[ɑ̃ːs]	sens, Lens	20, 424.
»	»	[ɛːs]	Bassens (noms d'oc)	14-15, 424-425.
ent	dans les mots étrangers	[ɑ̃]	insolent	428-429.
eo, eó		[o]	geôle, Georges	26, 39.
»	après g			164.
eoi		[wa]	asseoir, nageoire	46.
eoy	après g	[waːj]	rougeoyer	46.
eon		[ɔ̃]	pigeon, (nous) mangeons	22

INDEX DES GRAPHIES

»	»	[ɛrf]	serf	414.
ers, iers	»	[e], [je]	Angers, Poitiers	425.
»	»	[ɛr], [jɛr]	envers, (je) sers, Nevers, tiers, Thiers	425.
ers	»	[ɛrs]	Mers-el-Kebir, Flatters	425.
es	»	muet	Charles, Limoges	397.
»	»	[e]	mes, tes, ses	65, 66, 397.
»	»	[ɛ]	abcès, accès	48, 397.
ès	»	[ɛs]	aloès, Agnès, Cérès	397-398.
est	»	[ɛst]	(il) est, Genest, Ernest	429.
et	»	[ɛ]	est, lest, Brest, Ernest	430.
»	»	[ɛt]	billet, poignet, Faguet	404.
»	»	[ɛ]	net, Japhet	404.
êt	»	[ɛ]	forêt	48.
ets	»	[ɛ]	mets, rets, (je) mets, Cauterets	426.
etz	»	[ɛs]	Metz	432.
eu, eû	»	[y]	(j'ai) eu, gageure, (qu'il) eût	11.
»	accentué	[ø] ou œ	bleu, écureuil, jeune	40.
EU	inaccentué	[ø] ou œ		54-56.
EU	dans les mots étrangers	[ø] ou œ		80-83.
eu	»	[œj]	deuil, seuil	164-165.
euil	final	[œj]	glaïeul	380.
eul	»	[œ̃]	à jeun, Meung	380.
eun, eung	»	[œːʀ]	ardeur	24, 390, 414.
eur	»	[ø]	aïeux, cieux	394.
eux	»			408.
ew	»	[ɛ] ou [ɛː]	dans certains noms de lieux	165-166.
ex	dans les mots étrangers	[ɛks]	index, triplex, Essex	407.
»	final	[e]	beylical, Aveyron, Ney	407.
ey	»	[ɛːj]	(je) grasseye, (nous) grasseyons	xxxiv, 27, 35.
»	dans les mots étrangers	[e]	assez, chez, nez, chantez	166-168.
ez	final	[ɛz]	fez, Suez	49, 409.
»	»	muet	dans les composés de Neuf (Neufbourg)	409.
f	initial	[f]	dans : clef, Clefmont	340.
»	intérieur	[f]	farceur	377.
»	»	[f]	Afrique	234, 340.
»	final	[f]	chef	282, 340. 377, 478-479.

INDEX DES GRAPHIES

GRAPHIES	POSITIONS	PRONONCIATION	EXEMPLES	PAGES
ff		[f]	affaire	305, 410.
g	final	muet	doigt; longtemps, Bourgneuf	341, 344.
»	»	»	joug; faubourg, Hambourg	378, 415.
»	»	»	grog	378, 436.
ga, go, gu	initial	[ga], [go], [gy]	gare, gobelet, guerre	236.
»	intérieur	»	bagage, figure, algarade, argot	286, 342.
ge, gi, gy	initial	[ʒe], [ʒi]	gel, gigot, gymnastique	236.
»	intérieur	»	âgé, rougir, argent, argile	285, 342.
ge, gi	dans les mots étrangers	[ge], [gi]	Figeac	237.
gea, geâ		[ʒa]	Georges, geôle	26, 44.
geo, geô		[ʒɔ]		26, 39, 236.
g	+ consonne	[g]	grenier	341.
g	entre consonnes	[g]	jongleur	344-345.
gg		[d ʒ]	suggérer	306.
gh	et voyelle	[gg] ou [g]	toboggan; Hoggar	306.
»	et consonne	[g]	Les Châtes, Ghéon	270, 345.
»	final	[g]	Enghien	346.
»	»	[g]	Ranelagh, Van Gogh; Raleigh	417.
»	»	muet	dans les mots anglais : Raleigh	417.
gn	initial	[gn]	gnose	277.
»	intérieur	»	magnat, diagnostic	341.
»	initial	[ɲ]	gnole	276.
»	intérieur	»	magnéto, Batignolles	342, 345.
gua, gue, gui, guy	initial	[ga], [ge], [gi]	guaiacol, guerre, gui, Guy	265-266.
»	intérieur	»	aiguade, baguette, déguiser, narguer	287, 343.
gue, gui	initial	[gɥe], [gɥi]	arguer, linguiste	343.
gua	intérieur	[gwa]	guano, Guadeloupe, lingual	266, 343.
»	»	»	iguane, Nicaragua	286.
guë	final	[gy]	ambiguë, ciguë	287.
guy	initial	[gɥi]	Guyenne	267.
»	intérieur	»	aiguille	287.
h	»	aspiré ou muet	liste des mots	251-265, 439.
»	initial	aspiré	ahuri, cahot	252-258.
»	intérieur	muet		283.
»	final	»	pouah !	378.

INDEX DES GRAPHIES

ied		final	[je]	pieds ... xxxii ; 45.
ien ; iens		»	[jɛ̃]	comédien ; (je) tiens, Amiens ... 387 ; 15.
ient		»	[jɑ̃]	conscient ... 429.
ier		»	[je]	atelier, premier, répudier ... 391, 435.
»		»	[jɛːʀ]	hier, fier ... 391.
»		»	muet	fusil, persil ... 379.
il			[il]	cil, profil ... 379.
ille		final, après voyelle	[j]	paille, abeille ... 433.
»		« après consonne	[ij] ou [ij]	pupille, aiguille ... 433.
im			[ɛ̃]	imbécile, timbre, Quimper ... 12, 181.
»		final	[im]	Joachim ... 181-182, 381.
imm		initial	[ɛ̃]	intérim ... 381.
»		»	[imm]	immangeable ... 12.
in			[ɛ̃]	immédiat, immeuble ... 314.
in, in		dans les mots étrangers	[ɛ̃]	intact, mince, point, fin ... 12, 13, 387, 435.
»			»	(qu'il) tint, (qu'il) vînt ... 13.
ing		final	[iŋ]	building, Fielding ... 182-185.
ink		»	[in]	inhabile, inhumain ... 414.
ins		»	[ɛ̃ːs]	Provins, Salins ... 352.
»		»	[ɛ̃]	Lérins ... 423.
int			[ɛ̃]	(il) vint ... 424.
io		dans les mots étrangers	[jɔ]	opinion, occasion ... 428-429.
ion		final	[jɔ̃]	dormir ... 180.
ir		»	[iːʀ]		... 389.
is		»	[i]	avis, buis, pis, Paris ... 393.
»		»	[is]	iris, jadis, lis, Osiris (liste des mots) ... 398.
it		»	[i]	crédit, écrit, subit ... 398-399.
»		»	[it]	prurit, déficit ... 404.
»		»	[it]	coït ... 404.
iu		dans les mots étrangers		... 405.
ix		final	[i]	prix, perdrix ... 180.
»		»	[is]	six, dix ... 407.
»		»	[iks]	Phénix, Béatrix ... 407.
iz		»	[i]	riz, Agassiz ... 407.
»		»	[iz]	rémiz, Khirghiz ... 409.
j		initial	[ʒ]	jabot, joie ... 409.
»		intérieur		ajonc, bajoue ... 240.
»		initial	»	dans les mots latins et étrangers ... 283. 240-243.

INDEX DES GRAPHIES

Graphies	Positions	Prononciation	Exemples	Pages
j	+ consonne	[j] ou [ʒ]	....	347-349.
»	final	....	Jeanne	418.
jea	....	[ʒa]	....	26.
k	initial	[k]	kermesse	234.
»	+ consonne	....	....	349.
»	final	....	Khan, Khédive	378, 418-419.
kha, khe	....	[ka], [ke]	Fokker	270.
kk	....	[k]	aubée, Saulnier	306.
		muet	fusil, gentil	349.
l	final après i	....	maboul, Raoul ; mais saoul = [su]	379.
»	» après ou	[ul]	calcul, consul ; mais cul = [ky]	381.
»	» après u	[yl]	malheur, silhouette	380.
lh	....	[l]	gentilhomme, Meilhac	350.
li	après i	....	pilier ; billard, pétiller	350.
ll	+ voyelle	[lj] etc.	piller ; billard, pétiller	282.
»	après i	[lj] etc.	railler, oreiller, cueillir	282, 311.
»	après ai, ei, uei, etc.	....	aiguillée	313.
»	après ui	[ij]	guillemet	313.
»	après a, e, o, u	[lj]	allitération, collègue	306-308.
»	après i	[lj]	illettré, ancillaire	310, 410.
»	après a, e, o, u	[l]	allaiter, ballon, colline	308-309.
»	après i	»	tranquillité, village	311.
»	après e, o	[l] ou [lj]	intelligence	309.
ls	....	[s]	expulser, valser	362.
»	....	[lz]	Alsace	362.
m	+ initial	[m]	matin	234.
»	+ consonne	[m]	somnière	350-351.
»	final	....	....	381, 419.
ment	....	[nɑ̃]	intimement, deuxièmement	99.
mm	....	[mm]	mammifère, imminent	314.
»	....	[m]	comment, inflammable	314-315, 410.
mn	....	[mn]	amnésie, calomnie	351.
»	....	»	damner, condamner	351, 411.
n	initial	[n]	noce, nuit	234.
»	+ consonne	[n]	acné, mentir, teinture	351-352.

INDEX DES GRAPHIES

»	o	inaccentué	[u]	9.
	o		[o] long	52.
	ô			37.
	oa	dans les mots étrangers	[ɔa]	185-186.
»	oce	final	[e]	53.
	œ, oè, oê, oë, oê, oë			31, 47, 187-188.
	œ	dans les mots étrangers		37.
	œil		[œj]	186-187, 188.
	œu		[œ]	41, 380.
»			[ø]	41, 54.
	oi, oï		[wa]	41, 56.
	oï		[ɔ]	44, 45, 62.
	oie		[oi]	39, 44.
	oil	final	[wa]	37, 189; xxxiii.
	ol		[wal]	26, 45, 62.
»			[ɔjl]	380.
	oin	final	[wɛ̃]	5, 37, 380.
	oing		[wɛ̃]	388.
	oint		[wɛ̃]	414.
	oir	»	[wa:r]	429.
	ois	final	[wa]	394.
	oit	»	[wa]	400.
	oix	»	[wa]	405.
	ol		[ɔl]	408.
	om	final	[ɔ̃]	380.
»		»	»	21.
	om	final	[ɔ̃]	22, 382.
»		»	[ou]	196.
	om		»	196, 382.
	omb	final	[ɔ̃]	411.
	ome	»	[ɔm]	53.
		»	[o:m]	53.
		»	[ɔm]	52.
	omme	final	[ɔm]	427.
	omps, ompt		[ɔ̃]	22, 388, 436.
	on	dans les mots étrangers	[ɔ̃]	197-199.
»		final	[ɔ̃] ou [ɔn]	199-201, 388.

La Tremoille .... 9.
alcôve, trône .... 52.
cloaque .... 37.
.... 185-186.
final .... 53.
atroce .... 31, 47, 187-188.
œsophage .... 37.

œil, œillade .... 186-187, 188.
bœuf, œuf .... 41, 380.
vœu, bœufs .... 41, 54.
foi, joie, (tu) crois, benoît .... 41, 56.
.... 44, 45, 62.
oignon .... 39, 44.
égoïste ; Moïse .... 37, 189 ; xxxiii.
soies .... 26, 45, 62.
poil .... 380.
langue d'oïl ; gazoil .... 5, 37, 380.
coin, loin .... 388.
coing, poing, Loing .... 414.
point .... 429.
vouloir, boudoir .... 394.
anchois, gaulois .... 400.
adroit, étroit .... 405.
choix, noix .... 408.
rossignol .... 380.
ombre, bombe, nom .... 21.
dom, nom .... 22, 382.
romsteck, Omsk .... 196.
Bouzom, Epsom .... 196, 382.
plomb, Colomb .... 411.
nome, gastronome .... 53.
atome, idiome .... 53.
homme, (il) nomme .... 52.
(je) romps ; (il) rompt, prompt .... 427.
oncle, dont, bon, frelon .... 22, 388, 436.
dans les mots étrangers .... 197-199.
.... 199-201, 388.

INDEX DES GRAPHIES

Graphies	Positions	Prononciation	Exemples	Pages
onc	»	[ɔ̃]	jonc, tronc	411.
ond	»	[ɔ̃]	gond, rond, Edmond	412.
ons		[ɔ̃n]	anémone, carbone	53.
»	final	[ɔ̃n]	cyclone, zone	53.
ong	»	[ɔ̃]	long, Troplong	414.
»		[ɔ̃ŋ]	dans les mots étrangers : Hong-Kong	415.
onne	final	[ɔn]	bonne, (il) donne	52.
ons	»	[ɔ̃]	(nous) chantions, chantions, Bezons	423.
»		[ɔ̃ːs]	abscons, Mons, Pons	423-424.
»		[ɔ̃]		429.
ont		[ɔ]	pont	429.
oo		[ɔ]	alc(o)ol	36, 189-190.
»		[ɔ]	alcooliques, zoologie	36, 189-190.
»		[u]	dans les mots anglais : football	189.
ooz	final	[o]	Fooz	410.
or	»	[o]	Booz	410.
or		[ɔːʀ]	décor	394.
ords		[ɔːʀ]	remords, (je) mords	426.
os	final	[o]	gros, dos, repos, Duclos (liste des mots)	400.
»	final	[ɔs]	os, tétanos, Athos (liste des mots)	400.
»		[ɔs]	bosse, (il) écosse	52.
osse		[os]	fosse, grosse	52.
ost	»	[o]	Prévost (liste des mots)	429-430.
»		[ɔst]	ost, Alost (liste des mots)	429-430.
ot	final	[o]	argot, pot, Drouot	54, 405.
»		[ɔt]	dot, Lot	405.
ôt	»	[o]	aussitôt, impôt	405.
ou, où, oû	»	[u]	outil, où, goûter	7-9, 27.
ou	»		ouest ; jouir ; marsouin	xxxv.
»	+ voyelle sauf e muet dans les mots étrangers	[wa], [wɛ], etc.	babouin, Baudouin	190-194.
ouin	final	[wɛ̃]		388.
ouis		[wi]	cambouis	400.
oult		[u]	Arnoult	428.
»		[ult]	Soult	394.
our	»	[uːʀ]	amour	413.
ourd	»	[uːʀ]	lourd	415.
ourg	»	[uːʀ]	bourg	

INDEX DES GRAPHIES

			doux, bijoux, Chateauroux	408.
out	»			
oux	»			
ow	»	dans les mots étrangers		194-195.
oy	»	devant voyelle	boyau, (nous) croyons, voyou	xxxiv, 45.
»		final, ou devant e muet, ou devant consonne		
oz	»	final	[wa]	wa
»			Roy, Troyes, Coysevox	45.
p		initial	[o]	Buloz, Droz	410.
»		final	[oz]	Berlioz	52, 410.
»		muet	[p]	père, Paris	234.
ph			muet	drap, sirop ; champ	390, 420, 436.
phl, phr, pht		+ voyelle	[fa], [fe], etc.	cep, stop	390, 420, 436.
		+ voyelle	[fla], [fra], [fta], etc.	phare, euphémisme, phoque	270, 354.
pp				phlébite, phrase, phtisie	278.
pt			[p] ou [pp]	appendice, hippodrome	318-319.
»		final	[t]	rédempteur, somptueux	353, 354.
»			[pt]	baptême, septième, sculpter	352, 353.
»			[t]	prescript	429.
»			[pt]	sept	429.
q		final	[k]	rapt, concept	429.
qua		initial	[kwa]	coq, cinq	391, 420, 436.
»		intérieur	»	quatuor, quatrain	267.
»		intérieur	[ka]	aquarelle, équateur, quinquagénaire	288, 355.
que		initial	[kwe]	quart, qualifié	269.
»		intérieur	[kɥe]	reliquat	289.
»		intérieur	[ke]	quetsche	268.
qui		initial	»	questorien	288, 355.
»		intérieur	[kɥi]	déliquescent	269.
»		intérieur	[ki]	quel, querelle, queue	289.
quo		initial	[ko]	bouquet	268.
»		intérieur		quinquagénaire, quidam	288, 355.
qᵘ		+ consonne	[ky]	équidé, quinquennal	269, 355.
r		initial	[r]	qui, quitter, Esquimaux	289.
»		+ consonne	»	coquille	269.
				quotidien	289.
				liquoreux	
				piqûre	234.
				région, rouge	282, 355.
				parmi	

Graphies	Positions	Prononciation	Exemples	Pages
r	final	[R]	partir, mais premier, aimer	391, 420, 435-6.
re	initial	[Re]	rebours, ressemblance	92.
rh	+ voyelle	[R]	rhabiller, rhétorique, rhume	270, 355.
rr	»	[R]	horrible, larron	319.
rt	final		concert, sort	429.
s	»	muet	mesdames, lesquels, vosgiens	355-356.
»	intérieur	muet ou non	dans les noms de lieux et de personnes.	356-361.
»	final	muet ou non	-as : 395 ; -es : 397 ; -ès, 397 ; -is : 400 ; -os : 400 ; -ais : 400 ; -ois : 400 ; -uis : 400 ; -ouis : 400 ; -os : 400 ; -us : 402.	395-403, 421-427.
»	initial	[s]	sirop, soupente	436-437, 477-478.
»	+ voyelle	[s]	asepsie, présalé (mots composés dont le 2e élément commence par s)	234.
»	»	[z]	basane, basilic, besogne	290-292.
»	+ consonne	»		293.
sca, sco, scu	initial	[ska], [sko], [sky]	scandale, scorpion, sculpter	355-364.
»	intérieur	»	ascaride, biscotte, bascule	277.
sce, sci, scy	initial	[se], [si]	scélérat, science, scythe	325.
»	intérieur	[sk] : [ska], etc. [s] : [sa], etc.	discerner, disciple	277.
sch	+ voyelle	[ʃ]	schème, schisme ; Eschyle	325.
»	»		schizophrène, Scholie ; eschatologie	279, 355.
sh	»	[skwa]	shah	279, 355.
sph	»	[sf]	sphère ; asphalte	270.
squa	»	[skwa]	squale ; desquamer	279, 355.
sque, squi	»	[ske], [ski]	squelette, squirre	277, 355.
ss	»	[s]	assassins, dessous	277.
st	final	muet	(il) est, Saint-Genest	319, 410.
»	»	[st]	ballast, trust	429-430.
t	»	muet	composés de haut : hautbois	430.
»	»	»	-at : 403 ; -et : 404 ; -it : 404 ; -ait : de Font-, Mont-, Pont-	365.
»	final	»		368, 443, 446.

»	+ voyelle, sauf *i*	[t]	[illegible]	[illegible]
ti	+ consonne	[ti]	*futile ; actif*	298, 366.
»	final	[ti]	*roti, apprenti*	298, 366.
»	+ voyelle	[tj]	*cafetière, amitié ; centième*	298-301, 366-367.
»	»	[sj]	*patience, dévotion ; tertiaire, infectieux*	298-301, 367.
tch		[tʃ]	*tchèque*	279.
th		muet	*asthmatique, isthmique*	369.
»		[t]	*théâtre ; athée, anthologie*	270, 369.
»		[θ]	dans les mots anglais	369.
»	final			417.
thr	+ voyelle	[tʀ]	*thrêne, thrombose*	278.
trans	devant voyelle et *h*	[tʀɑ̃z]	*transit, transhumer*	363, 365.
tt		[tt]	*atticisme, vendetta*	320.
»		[t]	*attacher, flotter, lutter*	320, 410.
»		[tt] ou [t]	*Attila, Hittites*	320.
tz		[ts]	*quartzeux*	374.
»	final	muet	*Catz, Betz, Champcenetz*	432.
»	»	[s]	*Metz*	432.
»	»	[ts]	*Biarritz*	432.
u		[u]		9.
u, û		[y]		XXXVII ; 10-11.
u	+ voyelle sauf *e* muet	[ɥ]	*huer, nuage, ruelle, affectueux*	XXXVI.
u ; ü	dans les mots étrangers			202-209 ; 221-225
ua	dans les mots étrangers			210.
ue		[y]	*charrues*	27.
»	dans les mots étrangers			210-212.
ueil		[œj]	*accueil, orgueil, Arcueil*	41, 380.
ueu	après *g, q*	[ø]	*gueuse, queue*	41.
ui		[ɥi]	*huile, cuisse, fruit*	XXXVI ; 212-213.
uie		[ɥi]	*pluies*	26.
uin		[ɥɛ̃]	*juin, suint*	XXXVI ; 429.
uir		[ɥiːʀ]	*cuir*	394.
uis	final	[ɥi]	*buis, puis*	400.
uit	»	[ɥi]	*conduit*	405.
»	»	[ɥit]	*huit*	405.
ul	»	muet	*cul*	380.
»	»	[yl]	*consul, recul*	380.
um		[œ̃]	*humble, parfum, Humbert*	24.

INDEX DES GRAPHIES

Graphies	Positions	Prononciation	Exemples	Pages
um	....	[ɔ̃]	*umbracule*	23.
»	final	[ɔm]	*album, forum*	382.
»	dans les mots étrangers	[um]	*dum-dum, Bochum*	382.
un	....	[œ̃ː]	*lundi, défunt, Dunkerque ; aucun* ..	215-217.
»	....	[œ̃]	*uncial, tungstène, punch*	24, 390, 436.
»	dans les mots étrangers	[œ̃ː]		23.
»	final	[œ̃]		218-221.
ung	»	[œ̃]	*Le Mung*	414.
uns	»	[œ̃]	*(les) Huns*	423.
»	»		*Aruns, Feilluns*	424.
unt	»		*défunt*	429.
uo	dans les mots étrangers		*azur*	214-215.
ur	final	[yːʀ]	*dessus, jus, Camus* (liste des mots)	394.
us	final	[y]	*anus, lotus, Brutus* (liste des mots)	400.
»	»	[ys]	*début, salut*	401.
ut	»	[y]	*brut, scorbut*	406.
»	»	[yt]		405.
uu	dans les mots étrangers	[y]	*flux, Chastellux*	214.
ux	final	[y]	*lux, Pollux*	408.
»	»	[yks]	*Le Puy, Luynes*	408.
uy	» + voyelle	[ɥj]	*tuyau, Guyenne*	xxxvi.
»	dans les mots étrangers	[ɥi]	*Saint-Jean-de-Luz*	xxxiv, 6.
uz	final	[yz]	*vache*	214-215.
v	initial	[v]	*avide, avance*	410.
»	intérieur	»	dans certains noms allemands	243.
»	»	[f]	à la finale de noms slaves	283, 371.
w	final		*wafdiste*	283.
»	initial	[w]	*Longwy*	406.
»	intérieur		*wagon*	244.
»	initial	[v]	*Awoingt ; Favtier*	301.
»	intérieur	»	dans les noms allemands	244.
»	»	»	dans les noms anglais	301, 371.
»	final	[f]		371.
»	»			301-302.
»	»			406-407, 437, 478,

INDEX DES GRAPHIES — 495

»	final	[z] muet	certaines terminaisons en *-ax, -ex, -ix, -aix, -eix, -oix, -ux*...	407-409.
»	»	»	toutes les terminaisons en *-aux, -eux, -oux*...	408.
»	»	»	dans les noms catalans en *-ix, -aix, -eix, -oix, -uix*...	407-408.
xh	»	[ks]	*thorax, Aix, onyx; lynx*...	407-409, 431.
y	»	[gz]	*exhaler, exhorter*...	370.
»	»	[i]	*Yvetot, chrysanthème, Valmy*...	5-7.
»	+ voyelle	[j]	*yeux, Yonne, Amyot, Lyon*...	xxxiii-xxxiv.
yer	dans les mots étrangers final	[je] [je:ʀ]	*foyer, écuyer*... *Mayer, Meyer*...	225-228; xxxiii. 392.
ylle	»	[il]	*chlorophylle, Symphorien, thym*...	392.
ym	»	[ɛ̃]	*cymbale, Symphorien, thym*...	433.
yn	»	»		16, 229.
yn	dans les noms étrangers	[ɛ]	*lynx, Drouyn*...	229.
yon	dans les noms étrangers final		*embryon*...	16, 229. 229-230.
z	» initial	[iɔ̃] [z]	*crayon*... *zèle, zézayer, zébu*...	xxxiii; 390. 390.
»	»	[dz]	*zèta, Zeus*...	250.
»	intérieur	[ts]	dans les mots étrangers...	250.
»	+ consonne	[z]	*azur, douzaine*...	250.
»	»	[z]	*zigzag, colza*...	250.
»	»	[s]	dans les noms allemands, etc.	283.
»	final	muet	*(vous) chantez, assez, riz, La Forclaz*...	372-375.
»	»	[z]	*gaz, fez, Dalloz*...	372-375.
»	»	[s]	*Rodez; ruolz, Seltz*...	409-410, 432.
zz	»	[z] ou [dz]	*pouzzolane, razzia*...	409-410.
»	»	[dz]	*Brazza, lazzi*... dans les mots italiens et africains.	409-410, 431-432. 321. 321. 321.

INDEX DES MOTS

Il était impossible de réunir dans un Index la totalité des mots français et étrangers cités : ç'eût été grossir le Traité d'un Dictionnaire de prononciation de plus de 30.000 mots. Deux Tables guideront le lecteur : la Table des Matières, qui rend compte de l'ordre méthodique de l'exposé ; la Table des Graphies, qui permettra, en partant de l'orthographe, de retrouver les pages où sont traités les problèmes correspondants. On a pourtant groupé dans un Index un choix arbitraire de quelque 2.800 mots, qui pouvaient faire plus particulièrement difficulté. Mais cette liste n'est ni complète, ni systématique, et on n'a recherché que la commodité du lecteur, français ou étranger, qui trouvera ici *Sainte-Menehould* ou *Talleyrand*..., mais non pas *Zonguldak* ou *Whippingham*. Il ne pouvait pas s'agir d'énumérer tous les mots étudiés dans l'ouvrage, ni même tous ceux dont la graphie peut poser un problème, mais seulement ceux que l'on recherchera peut-être le plus souvent, ou qui ont paru les plus significatifs.

A

abasourdir : 293.
abâtardir : 84.
Abbans : 424.
abbaye : 6, 27, 34.
Abbecourt (et Abbécourt) : 30.
Abbeville (et Abbéville) : 30, 98, 304, 433.
abcès : 48, 322, 397.
abdomen : 385.
abhorrer : 323.
abrasif : 85.

abreuver, etc : 55, 81.
abrupt : 429.
abscons : 423.
accable (il), etc. : 57, 87, 89.
accelerando : 305.
acceptions : 368.
accès : 48, 305, 397.
accroc : 376.
Achéron : 328.
Achilléide : 328 ; mais Achille : 329.
aconit : 404.
âcre, âcreté, etc. : 89, 90.
acupuncture : 23.

adagio : 285.
Adam : 86, 151, 381.
adolescent : 325.
adoptions : 368.
adosse (il s') : 52.
affecter, affectueux, etc. : 41, 56, 72.
affections : 367, 368.
afféterie : 67.
affleure (il) : 55.
affres : 58.
âge : 61, 433.
Agen : 15, 385.
agio : 285.
agneau(-x) : 54, 408.

INDEX DES MOTS

agnostique, etc. : 341.
agrès : 397.
aï : 5.
aïe : 5, 440.
aïeul, aïeule : 54, 380 ; aïeux : 56, 408.
aigre, etc. : 70, 71, 73, 433.
aigu, aiguë : 10, 31, 286.
aiguille, aiguillon, etc. : 66, 287, 313, 433.
aiguiser : 287.
ail, aulx : 54, 379, 431.
ailleurs : 55, 425, 462.
Aix : 407.
Ajaccio : 283, 305.
ajonc : 283, 411.
albatros : 395, 400.
Albans : 423.
Albens : 14, 424.
alcool, alcoolique, alcoolisme : 36, 189, 324, 380.
Alcuin : 388.
Alexandre : 303.
Alfortville : 368.
Alfred : 377.
algèbre, etc. : 69.
Algésiras : 343.
alguazil : 344, 379.
all- (mots commençant par) : 306-310.
Allauch : 416.
almanach : 416.
alors : 425, 462.
Alsace, alsacien : 362.
amazone : 53.
ambesas : 57, 293, 396.
ambiguë : 287.
amer : 392.
ameuter, etc. : 55, 83.
amict : 428.
Amiens : 15, 423.
amitié : 300.
Ammon : 314 et 315.
Amphictyon, etc. : 368, 390.
amphitryon : 390.
anabaptisme, -iste : 352.
anachorète : 326.
anche : 258.

Anchise : 333.
Andrieux : 56.
Andryes : 6.
Angkor : 345.
Angers : 17, 425.
Anna : 318.
Anne : 60.
Annœuillin : 313.
Annunzio (d') : 316, 373.
anoblir : 19.
Anouilh : 8, 416.
Ans : 423.
antésite : 292.
antienne : 367.
Antommarchi : 314.
Anvers : 153, 426.
aoriste : 38, 42.
aorte : 38.
août, aoûtat, aoûter, etc : 9, 42, 406, 471, 478.
aphasie : 354.
api (pomme d') : 86.
aplomb : 411.
appeler, etc. : 73, 306.
appendice ; appendicite : 14, 318.
après : 48, 462, 477.
Apt : 429.
aquarium : 288, 383.
Aramits : 426.
arbre : 95.
arc : 411.
archaïque, etc. : 334.
archiduc, mais archiépiscopal : 334.
Arcueil : 41, 324, 380.
Argens : 15, 20, 424.
Argers : 425.
arguer : 343.
Arguin (Banc d') : 344.
argutier, etc. : 299, 300, 301.
Arjusanx : 431.
Arnauld : 54, 412.
Arnault : 428.
Arnould : 412.
Arold (Betting-les-, St-) : 412.
arome : 53, 79.
Arpaon (St-Julien-d') : 389.

Arrens : 14, 424.
Ars : 425.
arsenic : 377.
Artamps : 427.
Artassens : 14, 424.
Artaxerxès : 302.
artichaut : 54, 406.
Aruns : 424.
Arveiller : 392.
Asnières : 85.
Asnois : 358.
aspect : 428, 440.
Assens : 15.
assez : 49, 409, 463, 464, 466, 476.
assiéger, il assiège : 69.
Assomption : 354.
asthmatique : 369.
astre : 95.
atelier : 100.
Ath : 417.
atlas : 395, 396.
atome : 53, 80.
attentions : 368.
attitude : 320.
au, aux : 444, 449-450, 451, 452, 456, 466, 476.
Aucaleuc : 376.
Auch : 39, 416.
aucun (et liste de mots commençant par au-) : 76 ; 390, 436 ; 461, 472.
Auer : 146, 392.
aujourd'hui : 4.
aulnée ; Aulnaye, Aulnoy : 349.
Aulps (Blacas d') : 427.
Ault : 428.
auroch (-s) : 417 ; 422.
Aus (Ste-Eulalie-d') : 402.
aussitôt : 53, 405 ; 463.
Austerlitz : 146, 159, 432.
auto, automobile, etc. : 76, 80, 146, 204.
Auxerre : 76, 303.
auxiliaire : 302.
Auxois : 303.
Auxon : 303.
Auxonne : 303.
auxquels : 370, 455.
aven : 385.

INDEX DES MOTS

Averdoingt : 427.
aveu : 56.
aveugle : 56.
Aveyron : 35, 283.
avocaillon : 85.
avril : 379, 471, 478.
avunculaire : 23.
Awoingt : 427.
axe, etc. : 302.
axiome : 53, 80, 302.
Ay : 7, 33.
ayons, ayez, ayant : 34.
Ayrens : 15, 424.
azimut : 284, 405.

B

Baal : 142, 379.
babil : 379.
bâbord : 84.
Bacchus, bacchante, etc. : 331 ; mais bachique : 329.
bachelier, -e : 100.
bacille : 433.
bacon : 200 (et Bacon : 201).
Baedeker : 142, 393.
Bagdad : 341.
Bagration : 201, 301.
Baguer-Morvan ; Baguer-Picau : 391.
bai : 50.
baigneuse : 55.
baille (il) ; bâille (il) : 62, 313.
Baix : 407.
Balaam : 142, 381.
balafre : 58.
balbutier, etc. : 299, 300, 301.
Balkans : 155.
ballast : 430.
Bally : 309.
balsamine, etc. : 362.
Balsamo : 362.
banc : 17, 411.
Bangkok : 345.
banlieue : 56.
Banyuls : 9, 423.

baptême, baptiser, etc. : 352.
Baptiste, -in, -ine : 352.
Bardys-Saint-Priest : 402.
baril : 379.
Barils : 422.
baron, etc. : 85.
basalte : 85, 293.
basane : 85, 293.
base : 57, 433.
basilic : 85, 293.
basilique : 85.
basket-ball : 141, 361, 410.
basoche : 85.
Bassens : 15, 424, 425.
Bastia : 367.
bât : 62, 404.
bat (il), batte, etc. : 62.
bataille, bataillon : 89, 313.
Bataves : 86.
batelier : 100.
bâtonnet, etc. : 84.
Batrachomyomachie : 329.
Bats : 426.
Batz : 57, 432.
Bauduen : 387.
Baugé-Chambalud : 377.
bauxite : 303.
bayer : 34, 46.
Bayreuth : 165.
Bazan : 156, 384.
bazar : 85, 283.
Bazin : 86.
Beauchesne : 360.
beaucoup : 390, 475.
Beaumetz ; Dujardin-B. : 432.
Beauvais : 283.
Béduer : 391.
Beethoven : 283, 369, 386.
Bégouen : 15, 385.
bègue, bégaiement, bégayement, etc. : 33, 34, 69, 73.
béguë : 287.
Belfays : 403.
Belfort : 349.

Bello-Horizonte : 310.
Belzébuth : 372, 417.
Benoît, benoît : 405.
Benserade : 14.
Benvenuto (Cellini) : 207, 235.
Béotie, béotien : 300.
Berck : 418.
Bergson : 344.
Bernex : 407.
Berthauld : 412.
besaiguë : 287.
Besnard : 361.
Bessemer : 392.
Bessens : 15.
bestiaire : 367.
bêta : 57.
bête, bêtise, etc. : 71.
Betz : 432.
beugle (il) : 56.
beurre : 55, 81.
beuverie : 81.
Beuvrequen : 385.
Bex : 49, 407.
Biarritz : 432.
bien ; bienheureux ; bien-être ; bien-aimé : 14, 19 ; 435 ; 465, 475.
Bierset-Awans : 423.
billevesée : 312.
Billom : 22, 382.
bis : 399.
biscaïen : 387.
Biscaye : 34.
bismuth : 417.
Bixschoote : 364, 370.
bizuth : 417.
Baigts : 422.
blâmer, etc. : 87.
blanc : 274, 411.
Blanqui : 4.
Blascaneix (St-Georges-) : 408.
blason, etc. : 85.
Blaudeix : 408.
Blaye : 27, 34.
Blehen : 15, 385.
bleu : 56, 83.
bleuir : 394.
blockhaus : 146, 323, 402.
Blucher : 222, 330.

INDEX DES MOTS

bluff, etc. : 202, 410.
bobo : 76.
Boën : 15, 37, 387.
Boer : 160, 186, 391.
boesse, boësse : 37.
Boësset : 31, 37.
boette, boëtte, boitte : 28, 30, 37.
bœuf : 41, 54, 378, 478 ; bœufs : 56, 421 ; bœuf gras : 478.
boille : 39.
Boillot : 313.
Boilly : 313.
Bois- (noms propres commençant par) : 359.
Boishardy : 365.
Boix : 408.
bon : 22, 436.
bonneterie : 68.
Bontemps : 423.
Booz : 189, 410.
Bordeaux : 54, 75, 408.
Borgia : 343.
Bos- (noms propres commençant par) : 359.
Bosch : 418.
Boschyons : 423.
Bosmie : 358.
Bosquel : 358.
bosse, etc. : 77.
Bostens : 15, 424.
boueux : 56.
Boufflers : 426.
Bouilhet : 8, 350.
bourg ; Bourg : 415.
Bourg- : Bourgbarré, etc. : 344 ; 443.
Bourg-d'Oueil : 380.
Bourg-en-Bresse ; Bourg-la-Reine, etc. : 415, 446.
bourgmestre : 344.
Bourgoing : 414.
Bourgthéroulde : 344, 369.
bourrelier : 100.
Boursault : 54, 428.
Bourth : 418.
Bousbecque : 357.
Boussens : 15, 424.

bouvreuil : 54, 380.
Bouxières : 303.
Bouxom : 22, 382.
boxer, etc. : 303.
boyau : 53.
brahme, etc. : 60, 89, 346.
Brandt : 154.
brasiller : 85.
Brasparts : 357, 427.
Bray, Brayon : 34.
Brazza : 321.
Bremond : 27, 65.
Brens : 20, 425.
Brescia : 325.
Bretagne, Bretaigne : 32.
Briey : 35.
briqueterie : 68.
Brix : 407.
broc ; Broc ; de bric et de broc : 377.
Broëns : 15.
Broglie : 341.
brome : 53.
broncho- : 332 ; mais bronches, etc. : 333.
Brongniart : 345.
Broons : 23, 423.
Brown Sequard : 288.
Brueghel : 211.
Brueys : 403.
Bruix : 408.
Bruno : 207.
Brunswick : 220.
Brusvilly : 357.
brut : 405.
Bruxelles, -ois : 303.
bruyant : 6.
bruyère : 6.
Buchanan : 328.
Buchenwald : 328.
Buchez : 409.
Buckingham : 203, 323, 346.
Budapest : 206, 430.
Bueil : 41, 380.
Buenos-Aires : 148, 158, 211.
buffleterie : 67.
bull-dozer : 161, 204.
Buloz : 410.

Bunsen : 220, 364.
Burgundes : 23.
burnous : 402.
busc : 411.
Busloup : 390.
but : 406, 446.
Buxy : 303.
Byron : 201.

C

câble, cablogramme : 89.
cabre (il se) : 58.
cacao : 145.
cacaoyer : 392.
cachexie : 303.
cadavre, etc. : 57, 89.
cadran : 89, 383.
cadre, etc. : 58, 89.
Caen : 21, 42, 90, 386.
Caennais : 27, 42, 90, 91.
Caestre : 357.
Cagliostro : 341.
Cahen : 385.
Cahingt : 427.
Cahors : 283, 426.
cahot : 53, 283.
Cail : 58.
caille, caillette, cailletage, etc. : 89.
caillot : 89, 405.
Cain, Caïn : 144, 387, 388.
cairn : 143, 419.
Caix d'Hervelois : 407.
cake : 141.
Calabre : 58.
Calais : 85.
calfeutre (il) : 55.
câlinerie, etc. : 84.
Calix : 407.
Callao : 310.
caloyer : 37-38, 45.
Camoëns : 188, 424.
camp : 420.
Canchonprez : 409.
cancoillote : 39.
candélabre : 58.
Canens : 15, 424.
Canenx : 15, 431.
Cantabres : 58.

INDEX DES MOTS

cantaloup : 390.
caoutchouc : 145, 376.
cap : 391.
captieux : 367.
caqueterie : 68.
Carlux, 408.
Carmaux : 408.
Carnoët-Locarn : 404.
carrosse, etc. : 85.
carotte : 85.
carrousel : 85.
Carsix : 407.
Casals : 423.
casse : 61, 89.
casserole : 86, 89.
cassis : 399.
Castiglione : 341, 361.
catéchumène : 326.
Cattenom : 22, 382.
Catz : 432.
Caucase : 76.
cauchemar : 76.
Caus (Salomon de) : 402.
caustique, etc. : 76.
cautère, etc. : 76.
Cauterets : 76, 426.
Caylus : 66.
Cayx : 409.
ce : 93, 104, 121.
céans : 423.
Cellamare : 236, 310.
Cenci : 325.
cens : 423.
cent : 19, 451.
centaurée : 76.
centenier : 100.
centiare : 367.
cep : 391, 479.
ce que : 104.
cercle : 95.
cerf : 414.
Cernuschi : 207, 235, 335.
certain : 457, 472.
ces : 29, 65, 66, 397, 439.
Ceuta : 165, 237.
ceux, celles : 455.
Cézens : 15, 424.
chacun : 24, 457.
chair : 31, 272, 394.
Chaix : 407.
chalet : 86.

challenge : 140, 172, 272.
Chamberlain : 144.
chamelier : 100.
Chamisso : 272.
Chamonix : 407.
champ : 420.
Champ- : Champfort, Champsaur, etc. : 353.
Champaigne (Philippe de) : 32, 43, 272.
Champcenetz : 353, 432.
Champeix : 408.
Champlain : 353.
Champlatreux : 353.
Champmeslé (La) : 353, 360.
chancelier, -e : 100.
chandelier : 100.
Chandos : 152, 272.
Chaon : 21, 271.
chaos, chaotique : 38, 145, 271, 400.
chapelier, -e : 100.
Charens : 15, 424.
chargeure : 11, 40.
chariot, charrier, etc. : 86, 272.
Charix : 407.
Charles : 135, 272, 397.
Charnoz : 409.
charogne, etc. : 85.
Charost : 430.
charron, etc. : 85.
charrue : 86.
Chasles : 57, 360.
Chasnay : 357.
chasse, châsse : 62.
Chastellain : 28, 92.
Chastellux : 28, 92, 361, 408.
Chastreix : 408.
Chastres : 356.
châtaigneraie : 84.
Château-d'Oex : 37, 49, 187, 407.
Château-Yquem : 29, 381.
châtiment : 84.
chatterton : 200, 388.
Chaucer : 146, 272.
chaud : 53.
chaux : 54.

Chavanoz : 409.
chéchia : 329.
chef : 377, 479.
Chemnitz : 271, 351.
chenil : 379.
cheptel : 352.
Cherbuliez : 409.
Cherrueix : 408.
Cherveix : 408.
Chesn- (noms propres commençant par) : 360.
cheval : 121, 272, 379.
Cheviots : 272.
Chevroz : 409.
chewing-gum : 217, 272.
Cheyenne : 35.
chez : 65, 260, 409, 439, 477.
Chicago : 272.
chiendent : 14, 19.
chienlit : 19.
Chiers : 425.
Chili : 272.
Chilon : 272.
Chimborazo : 272, 284.
chimère, etc. : 272.
chimie, etc. : 272.
chimpanzé : 151, 181, 272, 373.
chinchilla : 311, 333.
Chiron : 272.
chirurgie, etc. : 272.
Chleuh : 278.
chocolat : 61.
chœur : 55, 271.
Chopin : 272.
Chostakovitch : 272.
Chouvalov : 272.
chrestomathie : 369.
chrétienté : 14, 278, 300.
Christ : 430.
Christian : 367, 385.
chrome : 53.
chromosome : 292.
Chrysostome (St Jean) : 53.
chtonien : 278.
chut ! : 405.
chyle ; chyme, etc. : 272.
Chypre, Cypriotes : 272.
cicerone : 235, 284.

INDEX DES MOTS

ciguë : 10, 287.
Cimabue : 212.
cinabre : 58.
cinq : 420, 479.
cinquantenier : 100.
cipaye : 148.
circompolaire : 22, 38.
circonspect : 428.
citoyen : 387.
Citroën : 188.
clair, éclairage, etc. : 70, 71, 73.
Clarens : 15, 20, 424.
classe, classer, etc. : 61, 87, 89, 90, 274.
classique : 89.
Clayette : 34.
clayon : 390.
clef : 49, 274, 377.
Clefmont : 340.
Clemenceau ; Clément : 27, 65.
clerc, Clerc : 411.
Clercq : 420.
climat, etc. : 61, 89, 90.
club : 202, 376.
Clusaz (La) : 409.
coaguler : 75.
cobalt : 428.
cobaye : 148.
Coblence : 432.
coccyx : 305, 409.
coco : 76.
Coëffeteau : 31, 37, 67, 306.
coemption : 37.
Coesnon : 37.
Coëtlogon : 31, 37, 366.
Coëtquidam : 37, 366.
cœur : 55, 82.
Coïmbre : 189.
coït : 405.
Colchide : 332.
collation : 310.
collection, etc. : 309.
Collioure : 310.
Colomb : 196, 411.
Côme, Cosme : 52, 360, 361.
Commonwealth : 198.
commun : 436.

compassion : 85.
Compeix (Le) : 408.
complètement, complétement : 75.
complexion : 303.
complexité : 303.
compost : 430.
compt- : comptable, compter, etc. : 353.
comput : 405.
concept : 429.
concert : 325, 429.
concetti : 325.
conchyliologie, etc. : 332.
Concini : 198, 325.
condamner, etc. : 60, 89, 351.
Condom : 22, 382.
Conflans : 423.
Confolens, confolentais, confolennais : 20, 28, 424.
congaye : 148.
congrès : 397.
conquassant : 355.
consanguinité ; consanguin : 343.
consomption : 354.
Constable : 198.
consubstantialité : 367.
contempteur : 353.
contentieux : 367.
contentions : 368.
Contescourt : 356.
contiguë : 10, 287.
contractions : 366, 368.
contrevenir, etc. : 104.
Contrevoz : 409.
Coolus (Romain) : 36.
coopérer, etc. : 36.
Coppens : 20, 424.
Copponex : 407.
coq : 391.
corbeille : 75.
Cormoz : 409.
corps : 422 ; 441.
Corps-Nuds : 422.
Correns : 15, 424.
cors : 425.
Corsept : 429.
Cosnac : 76, 356.

Cosqueville : 357.
côte, côtelette, etc. : 38, 52, 79, 80.
cotignac, Cotignac : 377.
cottage : 141.
couenne : 28, 44, 63.
Couesnon : 29, 37.
couette, coite : 28.
Couffoulens : 15, 424.
couleur : 55.
Coulounieix : 408.
coup : 390.
cours : 425.
courtil : 379.
Courtils : 422.
Coussens : 15.
coût : 406.
coutelier : 100.
Coutens : 15, 424.
coutil : 379.
Couzeix : 408.
covau, coyer, coyote : 38, 45.
crabe : 57.
crâner, etc. : 87-88, 89, 90, 274.
Craon : 21, 389.
crayon : 34, 390.
Cremps : 427.
Créqui : 4, 355.
crescendo : 325.
Crespy : 361.
cresson : 28.
Crest : 430.
creuser, etc. : 83.
cric ; cric-crac : 377.
Cristot : 357.
croc : 376 ; croc-en-jambe : 377, 446.
cromlech : 22, 38, 417.
Crosne : 52.
Crosnier : 76.
cross-country : 190, 225, 410.
croup : 190, 391.
Croy : 7, 9, 38, 45.
crucifix : 407.
cueillir, etc. : 54, 81, 313.
cuiller, cuillerée : 313, 392.
cuir : 394.
cul, cul-de-sac : 380.

Culoz : 52, 410.
Cuq : 391.
Custines : 357.
cyclone : 53.
cyprès : 48, 397.
czardas : 275.

D

Dachau : 328.
dahlia : 347, 395.
daim : 16, 382.
dam : 17.
Damiens : 15, 423.
damner, etc. : 60, 89, 351.
Damp- : Dampléger, etc.: 353.
dancing : 151, 325.
dans : 423, 439.
Daulnoy : 349.
daurade : 76.
Davenescourt : 358.
Daye (St-Jean-de-) : 34.
de : 93, 104, 121, 137, 138.
déblaiement, déblayement : 33, 34.
Decaen : 21, 42, 386.
décès : 397.
Defoe (De Foe) : 158, 186.
Déhodenc : 14, 411.
dehors : 101, 283, 425 ; 462.
déjeune (il) : 55.
Delabre : 58.
délabre (il se) : 58.
Delescluze : 360.
déliquescent, etc. : 288.
dendron, dendrite, etc. : 20.
denier : 101, 391.
Denys : 402.
Déprez : 409.
dernier : 391.
derrière : 66.
des : 29, 65, 66, 397, 439, 440.
dé, dés : 48, 397, 477.
Des- (noms propres commençant par) : 359.

Desaix : 31, 292, 407.
desdits : 355.
désertions : 367, 368.
Deshaies, Deshayes, etc. : 27, 365.
Deshoulières, Deshorts : 27, 365.
désinfections : 368.
Desormeaux, Desormes, Desormières : 27, 293.
désosse (il) : 52.
Desprez : 49, 409.
desquamer, -amation : 355.
Dessens : 15.
desquels : 355 ; 455.
dessous, dessus, etc. : 92, 400, 402, 462.
destroyer : 393.
Destry : 357.
Deûle : 40, 55.
deux : 56, 83 ; 408, 451.
deuxième, -ment : 99, 303.
devenir : 123, 125.
dévotion : 76.
dextre : 95.
Dezeuze : 55.
diable : 57.
diagnostic : 341.
dictions : 368.
diesel : 179.
différentier : 367.
dilettante : 93.
diplôme, etc. : 80.
discrétion, discrète : 69.
disjoindre, etc. : 356.
dissuasion, etc. : 85, 86.
distiller, etc. : 312.
distinct : 430.
distinguer : 343.
Diston-Arzal : 357.
distraire : 34.
Distré : 357.
district : 428.
divin : 435.
dix : 407, 478, 479.
dixième, -ment : 99, 303.
Dixmont : 370.
dizenier : 100.
Dnieper, Dniester : 158, 421.

dodo : 76.
doigt : 427 ; doigté, doigter, doigtier : 341.
dolichocéphale : 326.
dolmen : 385.
Dom : 196, 382.
Dombasle : 57, 360.
Dombes : 29.
Dominions : 198, 389.
Dommartin : 38, 315.
Domnom : 382.
dompt- : dompter, dompteur, etc. : 21, 353.
Domremy : 27, 65, 353.
Don : 201, 389.
donc : 411 ; 477.
d'ores et déjà : 397, 476.
dos, etc. : 53, 78.
dot : 405.
Douarnenez : 49, 409.
Doubs : 421.
Douglas : 192.
Doullens, Doulennais : 20, 28, 424.
Doumenc : 14, 411.
Douzens : 15, 424.
Dow (Gerard) : 195.
doyen : 387.
draisine : 143.
drap : 390.
Drap : 390.
drôle, etc. : 79, 80.
Drom : 382.
Drouin : 388.
Droz : 410.
Dubost : 430.
Duchesne (-ois) : 360.
Ducis : 399.
duègne : 211.
Duez : 409.
Dufresne (-oy, -y) : 360.
Dugazon : 85.
Dughet : 345.
Du Guesclin : 361.
Duguay-Trouin : 388.
Duhem : 29.
Duingt : 427.
Dukas : 397.
Dulaurens : 20, 425.
Dumouriez : 409.
Dupleix : 408.

INDEX DES MOTS

Dupuytren : 6, 15, 385.
Dupanloup : 390.
Duprez : 49, 409.
Durango : 207.
dysenterie : 293.

E

eau : 40, 92.
Eauze : 92.
ébène, ébéniste : 69.
éblouir : 394.
Ebroïn : 13, 388.
échecs (jeu d') : 421.
Echenoz : 409.
échevelé : 67.
Echinghen : 327, 385.
écho : 326.
Echternach : 331.
éclampsie : 353.
écœure (il) : 55.
école, etc. : 76, 284.
économe, etc. : 76.
Ecouen, -ais : 20, 91, 387.
écuyer : 392.
eczéma : 324.
edelweiss : 163, 410.
Edimbourg : 181, 203.
Edom : 196, 382.
Eduen : 387.
égrugeure : 11, 40.
Ehein : 16, 388.
Ehuns : 423.
Einstein : 163, 388.
Eix : 408.
Elchingen : 332.
Elisabeth : 417.
élixir : 303, 393.
elle, elles : 443, 452, 453, 472, 475, 476.
éloigner, etc. : 86.
Elorn : 27.
Elvein : 16, 388.
Elven : 15, 385.
Elzévir : 372, 393.
embryon : 390.
Emendraz : 14.
Emma : 314.
Emmanuel : 315.
empoigner : 39.

empyreume : 55.
en : 18, 435, 439, 443, 451, 454, 460, 461, 462, 465, 466, 468, 472, 473, 474-5, 477.
enamourer : 19.
enarbrer : 19.
encablure : 89.
encadre (il) : 58.
encaustique : 76.
encens : 423.
enchâsser, etc. : 88.
enclouure : 11.
Enco-de-Botte : 14.
encoignure : 39.
Encourtiech : 14.
endeuiller : 54, 313.
endosse (il) : 52.
Endoufielle : 14.
Endoume : 14.
enfer : 392.
Engayrac : 14.
Engayresque : 14.
Enghien : 15, 346, 387.
Engomer : 14.
Engraviés : 14.
engrosse (il) : 52.
Enguiales : 14.
enharmonie : 18, 352.
enharnacher, etc. : 351.
enherber : 18, 352.
enivrer : 19.
ennemi : 67.
ennoblir : 19, 317.
ennui, ennuyer, ennuyeux : 19, 317.
enorgueillir (s') : 19.
enraiement, enrayement : 33, 34.
enregistrer, -ement : 356.
Ens : 14, 15, 424.
enseigner, etc. : 73.
Ensuès : 14.
entrelacs : 58, 421.
entretenir, etc. : 104.
épanouir : 394.
Epieds : 422.
épieu : 56.
épizootie : 36, 300.
équestre, équitation : 289.

équi- : équilatéral, etc., mais équivoque, etc. : 288-289.
équidés : 288.
érafle (il) : 57.
errer, etc. : 72.
es (tu) : 29, 49, 71.
ès- (lettres, etc.) : 398, 444.
escadre : 58.
Escalles : 357.
Escalquens : 15, 424.
Escap (St-Julien-de-l') : 357, 391.
Escarbotin : 358.
Escarmain : 357.
escarole : 86.
Escatalens : 15, 424.
Escaudœuvres : 357.
Escaufourt : 356.
Escaut : 358, 406.
Escautpont : 357.
eschatologie : 335.
Escholier : 335.
Esclainvillers : 358.
esclave : 61.
Escobecques : 357.
Escœuilles : 357.
escompter : 353.
Escorpain : 357.
Escoublac : 357.
Escoussens : 15, 424.
Escrignelles : 357.
escroc : 376.
Escurolles : 356.
Esmery-Hallon : 358.
espace : 58.
Esperey (Franchet d') : 27, 65, 361.
Espiens : 15.
Espoey : 35.
Esquelbecq : 357.
Esquerdes : 357.
Esquibien : 357.
essaim : 16, 382.
essayer, etc. : 70, 91.
est : 430.
Esterel : 27.
Esternay : 357.
Estienne : 361, 367.
Estissac : 356.

INDEX DES MOTS

Estivareilles : 356.
estomac : 376.
Estourmel : 358.
Estouy : 357.
Estrablin : 357.
Estrebay : 356.
Estrebœuf : 358.
Estrées - Saint - Denis : 357 (et : les d'Estrées) : 361.
Estressin : 357.
et : 65 ; 441, 442, 447, 448, 450, 451, 452, 453, 457, 467, 469.
étaiement, étayement : 33, 34.
étaim : 16, 382.
éteuble : 54.
éteuf : 54.
étiage : 299.
étioler (s') : 300.
Eton : 201, 389.
Etrœungt : 427.
étui : 4.
eu, eût : 11, 40.
eucharistie : 327.
Eugène, Eugénie : 81.
Eustache : 81.
eux : 452, 477.
Evans : 424.
évasion, etc. : 85, 86.
Evellin : 28.
exact : 428.
examen : 174, 302, 385.
exceller : 370.
excentrique : 370.
exceptions : 366, 368.
excès : 397.
Excenevex : 407.
exciter : 370.
Exelmans : 424.
exempt : 302, 427 ; exempter : 353 ; exemptions : 354, 368.
exiguë : 10, 287, 302.
Expilly : 370.
exprès : 370, 397 ; 462.
express : 370, 410.
exsangue : 370.
extraire : 34.
extraordinaire : 38, 42.

Eybens : 14, 424.
Eyne : 35.

F

fable, etc. : 57, 89, 90.
Fabre : 58.
Fabvier : 322.
fâcher, etc. : 87, 89.
Fachoda : 330.
facies : 397.
factieux : 367.
Fahrenheit : 162, 347, 405.
faille : 59.
faim : 16, 382.
faisan ; faisons, etc. : 32, 94.
fait : 405 ; 440 ; 441, 443, 446.
faîte, etc. : 70.
faix : 31, 407.
faon, faonner : 21, 36, 38, 389.
fat, fats : 403, 421.
Faublas : 396.
faucher, etc. : 78, 79.
faudra (il) : 76.
Faulquemont : 349.
Faustine : 76.
fauteuil : 54, 55, 380.
Fawtier : 371.
Faye : 34.
Fays-Billot : 6, 33.
Fayt-lez-Manage : 406.
Febvre : 322.
Fécamp : 420.
fée, etc. : 68.
Feillens : 20, 424.
Feilluns : 424.
Feings : 421.
Feix : 408.
feld-maréchal : 339.
feldspath : 339.
femme : 28, 44, 63.
fenil : 379.
fenouil : 380.
fer : 392.
fermer, etc. : 72.
fête, fêter, etc. : 70, 71.

feuille, etc. : 82, 313, 433.
feutre, etc. : 83.
fez ; Fez : 409.
Fezzan : 321, 384.
fibrome : 53.
Ficin : 285.
fichtre : 331.
fief ; Fiefs : 377 ; 422.
fier : 391.
fil : 379, 423.
fille : 433.
fils : 423, 478, 479.
fisc : 411.
Fitz-James : 432.
fixer, etc. : 303.
flamme, etc. : 59, 89, 274.
flanc : 411.
Flassens : 15, 424.
Fleix : 408.
Flers : 426.
fleur, etc. : 82, 274.
flirt, etc. : 178, 429.
Flourens : 15, 425.
flueurs : 41.
Foch : 416.
foène, foéner : 37.
fœtus : 187.
folâtre, etc. : 89.
fonds : 426.
Fons : 424.
Fontbedeau, etc. : 368.
fontenier : 100.
Font-Mars : 425.
Fontrailles : 368.
football : 141, 189, 309, 410.
Forclaz (La) : 409.
Forens : 20, 424.
Foreste : 356.
Forez : 49, 409.
fors : 425.
fosse, fossoyeur, etc. : 52, 79, 80.
fossile : 76.
fouette, fouet : 28.
fouir : 394.
Fouleix : 408.
fournil : 379.
foyer : 392.

INDEX DES MOTS

fraîche, etc. : 70, 71, 73 ; 449.
franc : 274, 411 ; 442 ; 470.
Francesca de (da) Rimini : 325.
Franchomme : 333.
Franklin : 154, 185.
Franz : 432.
frayement : 33, 34.
Fréjus : 401.
Fresn- (noms propres commençant par) : 360.
Fresneville : 358.
Fresnois : 357.
Freud ; Freund : 165.
Friedland (Avenue de) : 179, 413.
frileux : 83.
froid, etc. : 90, 377.
frôler, etc. : 78.
fuir : 394.
fungible, fungicide : 23.
Furens : 20, 424.
fusil : 379.
fût : 406.

G

gâcher, gâchis, etc. : 88.
gageure : 11, 40.
gagne (il) : 58.
gai, etc. : 50, 68, 91.
Gainsborough : 192, 417.
galimatias : 299.
Galliéni ; Galliera : 308.
galop : 390.
Gambetta : 150.
Gand : 413.
ganglion : 389.
Gap : 391.
Garéoult : 428.
gars : 57, 425.
gâter, gâteux, etc. : 88.
gauche, etc. : 79.
gaucho : 329.
Gaultier : 348.
gaz, etc. : 57, 89, 409.
Gaz (St-André-le-) : 57, 409.
gaze : 57.

gazette, gazetier : 85.
gazon, gazonner : 85.
Gellée : 28.
gens : 19, 423.
Gensac : 14.
Gensonné : 14.
gentiane : 367.
gentil : 379.
gentilhomme, etc. : 350 ; 470.
geôle, etc. : 26, 39, 79, 236.
Georges : 26, 39, 238, 239.
Gérardmer : 339, 392.
Gérolstein : 163, 239, 388.
Gers : 29, 426.
Gespunsart : 356.
Gestel : 357.
Gérusez : 409.
Geulincx : 431.
Geüs : 402.
Gex : 407.
geyser : 167, 393.
Ghislenghien : 387.
gibbon, gibbosité, etc. : 304.
Gibraltar : 238.
Gien : 15, 387.
Giens : 15.
Gier : 391.
gigantomachie : 329.
Gil Blas : 238, 396.
Gilson : 201.
Giotto : 238.
Giren : 15, 385.
Giroussens : 15, 424.
glabre : 58.
gnaf : 276.
gnocchi : 277.
gnole : 276.
gnome : 53, 277.
gnose : 277.
gnouf : 276.
goéland, goélette, goémon : 30, 37 ; 412.
golf : 413.
Gometz : 432.
gong : 414.
Goth (Ostro-, Wisi-) : 53, 54, 417.

Gougenheim : 286.
Goulens : 15, 424.
Gounod : 53, 377.
goupil : 379.
Goustranville : 357.
goût : 406.
Gouvix : 407.
Gouzens : 15, 424.
Goyon : 390.
Gozlan ; Gozlin : 372.
grabat : 61, 403.
gracier : 89.
grâce, gracieux : 89.
graillon, graillonner : 85.
grand : 449.
Grandlup : 390.
granit : 404.
gras, grassouillet : 89.
grasseyer, etc. : 35, 89.
gravats : 61.
grave : 61.
greffe, etc. : 70.
grèneterie : 68, 101, 103.
grès : 48, 274, 397.
grésil : 379.
Grez (-sur-Loing, etc.) : 409.
gril : 379.
Groenland : 187, 188, 413.
gros, grosse, etc. : 52, 78, 79, 274.
Gros- (noms propres commençant par) : 360.
groseillier : 313.
Groshenny : 365.
Grotius : 402.
gruyère : 6.
Guam : 267.
Guardafui : 213, 267.
Guastalla : 267.
gué, etc. : 68, 265.
Guelma : 266.
Guembé : 266.
Guesde : 361.
gueule : 41, 55, 266.
Guez de Balzac : 409.
Guichen : 15, 266, 385.
Guiers : 425.
Guillaume : 313.
guillemet : 313.
Guimps : 427.

INDEX DES MOTS

Guingamp : 420.
Guipuzcoa : 266, 372.
Guiscard : 357.
Guise, guisard : 266.
Guiscriff : 357.
Guizot : 266, 405.
Gutenberg : 171, 206, 224, 415.
guttural : 320.
Guy : 7, 266.
Guyane : 267.
Guynemer : 6, 266.
Guyon : 390.
Guyton de Morveau : 6, 266.
Guzman : 157, 372, 385.
Gyp : 391.

H

h aspiré (mots commençant par) : 135 ; 252-258 (liste des mots) ; 259-261 (noms propres) ; 261-265 (mots étrangers) ; 439.
hâblerie, etc. : 89, 252.
hachette, Hachette : 252, 259.
haï, haïe : 5, 252.
haillon, haillonneux : 85, 252.
Haiphong : 143, 197, 265, 415.
haïtien : 143, 300.
Halatte : 259.
hallali : 258.
hameçon : 258, 439.
Hamilton : 200, 263, 389.
Hamlet : 150, 263, 404.
Hammourabi : 205, 261, 314.
hanap : 253, 391.
hanche : 253, 258.
Hanoï : 189, 265.
hanse, hanséatique : 253, 258.
Hansi : 264, 364.
haranguer : 343.
Harlem : 170, 263.

Harold : 263.
haschisch : 329, 335, 418.
Haslach : 264.
Haspres : 357.
hâte, etc. : 89, 254.
Hauser : 146, 264.
Hausset, Haussez : 259.
Haussonville : 76.
haut, Haut-... : 54, 255, 260.
hautbois : 52, 255, 365.
Hautbos, Hautmont, etc. : 365. Composés avec Haut-... : 260.
Haüy : 7, 259.
Havré ; Le Havre : 259.
havresac : 85, 255.
Haydée : 6, 33.
Haydn : 148, 262, 419.
Héas : 259.
hein : 387.
Heine : 163.
Heinsius : 402.
Helvétius : 402.
Hémonstoir : 357.
Hemptine : 18, 259.
Hendaye : 27, 34.
Henner : 264, 318.
hennir : 28, 44, 255.
Henri : 20, 260.
Henrichemont : 259.
Hérault : 54, 428.
héraut, héraldique, etc. : 255, 258.
Herbeys : 403.
Hérédia : 264.
Héricourt : 259.
hérisson, Hérisson (Comte d') : 255, 259.
héron, Héron (de Villefosse) : 259.
héros, héroïque, etc. : 255, 258, 400.
hertzien : 374.
Hesbaye : 34, 49, 259.
Hesdin : 65, 361.
Hestrud : 357.
heur, heureux, bonheur, etc. : 55, 82, 394.
heurt : 55, 256, 429.
heurter, etc. : 82, 256.

hiatus : 258, 439.
hier : 391.
hiéroglyphe : 258, 439.
Hiis : 4.
hile, hilifère : 256, 258.
Hitler, hitlérisme : 263.
Hittites : 261.
hiver : 392.
Hodenc : 20, 411.
Hoffmann : 264.
Hogarth : 418.
Hoggar : 265.
Hohneck : 264.
Hohwald : 264.
Holbein : 163, 263, 388.
Hollywood : 189, 263, 309, 377.
homœo-, homéo- : 31.
Homps : 427.
Hondschoote : 335, 364.
Honduras : 198, 207, 263.
Honfleur : 22, 55, 259, 394.
Hong-Kong : 198, 415.
hôpital : 76.
hors : 256, 425, 466.
Hoste-Haut : 357.
Hostias : 356.
hôte, hotte : 52, 79, 80, 256.
hôtel, hôtelier, -e, etc. : 80, 100, 356.
Houlgate : 259.
Houplines : 259.
Hovas : 265.
Hué : 212, 265.
Huelgoat : 259.
Huez (Alpe-d') : 409.
Hugo : 259, 264.
Huguenin : 259.
Hugues : 260.
Huguet : 259.
huis, huissier : 258.
huis-clos : 258, 400.
huit : 135-6, 258, 405, 439, 479.
Hulin : 259.
Hulot : 259.
Humboldt : 215, 427.
Humfroy, Humpfroy : 24, 260.

Huningue : 259.
Huns : 218, 260, 423.
Huon : 259, 390.
Huy : 7, 259, 263.
Huyghens : 214, 263, 346, 425.
Huysmans : 214, 263, 264, 424.
Hyds : 422.
hyène : 258.
Hymans : 227, 263, 424.
hymen : 228, 261, 385.

I

Ibiza : 284.
ichor : 327.
icone : 53, 80.
idiome : 53, 80.
Ids-Saint-Roch : 422.
igname : 342.
igné, etc. : 341.
Ijmuiden, Ijssel, etc. : 347.
il, ils : 443, 453, 472, 475, 476.
imbroglio : 181, 341.
immangeable, immanquable : 3, 12, 316.
impresario : 181.
impromptu : 354.
inaugurer : 76.
incognito : 342.
incompté : 353.
indemniser, indemnité : 29, 44, 351.
ineptie : 366.
inertie : 366.
inexpugnable : 341.
inextinguible : 343.
infamant, infamie, etc. : 89.
infect : 428 ; infectieux : 367.
Ingeburge : 184.
Inghelbrecht : 430.
inguinal : 343.
inhumain : 352.
inimitié : 300.
initier, etc. : 299, 300, 301.

insatiabilité : 299.
inspections : 368.
instiller, etc. : 312.
instinct : 430.
intègre, etc. : 69.
intelligence, etc. : 309.
intentions : 368.
interceptions : 368.
intermittent, etc. : 320.
interview, etc. : 166, 182.
introït : 405.
Intville : 368.
inventions : 367, 368.
Irigoyen : 387.
Isbergues : 357.
Isle (riv.) : 358 (et Rouget de l'- : 361).
Isques : 357.
Issepts : 422.
isthmique : 369.
Istres : 357.

J

jable : 57.
jacobinisme, -iste : 85.
Jacquard, Jacquemart, Jacquemin : 89.
Jacqueline : 89.
jacquerie : 89.
Jacques : 57, 89, 240.
jacquet : 89, 323.
jadis : 85.
jaguar : 286, 391.
jamais : 400, 466, 476.
Jamyn : 390.
jaune, etc. : 79.
Jaurès : 76.
jazeran : 86.
je : 93, 121.
Jean, Jeanne, etc. : 26, 44, 60, 90, 91, 240, 317.
Jemmapes : 27, 65, 315.
Jésus : 401 ; Jésus-Christ : 430.
jeun (à) : 24, 40, 390.
jeune, jeûne, etc. : 40, 55, 82, 83.
Jiménès : 243, 249.

Joachim : 181-2, 241, 328, 381.
joaillier, joaillerie : 313.
Jocelyn : 390.
Jodoigne : 39.
Joël : 379.
jonc : 22, 411.
Jordaens : 143, 242, 424.
Josué : 212, 241.
joug : 378, 440.
jouir : 394.
joyau : 53.
Juan : 210, 243, 384.
Juillac : 313.
juillet : 313.
Juilly : 313.
julep : 391.
Jumilhac : 350.
jungle : 218, 241.
junker : 219, 241.
Juscop : 357.
Juscorps : 358.
Justine : 356.

K

Kairouan : 143, 156.
Kaiser : 143, 393.
Kant : 155, 429.
kaolin : 38.
Kean : 161, 385.
Kemp (Robert) : 420.
Kerguélen : 385.
Kiel : 379.
Klincksieck : 364.
Klondyke : 178.
knout : 406.
Kosciuszko : 326.
krach : 417.
Krüger : 222, 286.

L

la : 84.
La Bouëxière : 303.
Labre (St-Benoit) : 58.
La Bruyère : 6.
L'Absie : 362.
lacer, etc. : 58, 89.

INDEX DES MOTS

laceure : 11, 40.
lâcher, etc. : 87, 88.
lacs : 58, 421.
ladre, etc. : 89.
Laënnec : 42, 317.
Lafosse : 52.
La Guadeloupe : 266.
laid, etc. : 50, 70, 71, 73, 377.
Lainez : 409.
laïus : 402.
Lalbenque : 14.
Lamennais : 28, 400.
Lametz : 432.
lampas : 396.
Lampsaque : 354.
Lancia : 325.
Lanester : 357.
Laniscat : 357.
Laniscourt : 356.
Lans : 424.
Laocoon : 189, 390.
Laon : 21, 389.
La Postolle : 358.
La Rochefoucauld : 54, 412.
larron : 85.
Laruns : 424.
lasser, etc. : 87, 89.
Lastelle : 357.
La Trémoille : 9, 39.
Lauraguais : 76, 287.
lauréat : 76.
Laurens : 15, 20, 425.
laurier : 76.
Laveleye : 35.
Law : 147, 407.
laxatif : 303.
Lay : 7, 33.
layetier : 34, 91.
layette : 34.
layeur : 34.
Lazare : 86.
lazzi : 321.
le : 93, 104, 121.
leader : 161, 393.
Lear : 161, 391.
Le Câtelet : 84.
Lechesne : 360.
Le Claon : 389.
Leclerc : 411.

Leclercq : 420.
Le Croisty : 357.
Le Crould : 412.
Leczinski : 375.
Le Faou ; Le Faoüet : 8.
Lefebvre : 322.
leggings : 306.
legs : 49, 421.
Lembous ; Lemboulas : 13.
Lens : 20, 424.
Léopold : 412.
lèpre, etc. : 69.
Le Reculex : 407.
Lérins : 424.
les : 29, 49, 65, 66, 397, 439, 440, 453, 472, 473.
Les- (noms propres commençant par) : 359.
Les Blards : 426.
Les Chabauds : 422.
Lesconil : 357.
Les Huns : 423.
Lespesses : 357.
Lescouët-Gouarec et Lescouet-Jugon : 357.
Les Coëvrons : 37.
lesdits : 355.
léser ; il lèse : 69.
Les Mantils : 422.
Les Mauds : 422.
Lesneven : 15, 385.
lesquels : 355 ; 454, 455.
lest : 430.
Lestiou : 357.
L'Estoile : 361.
Lestre : 357.
Lestrem : 357, 381.
Lesueur : 394.
Lesvellec : 357.
Le Trayas : 34.
Leuctres : 55.
leude : 55.
leurs : 439, 454.
Lévens : 15, 424.
lexique, etc. : 303.
Leyritz : 432.
lez- : 409.
L'Hay : 7, 33.
Libye : 6.
lichen : 327, 385.

Ligescourt : 358.
lignite : 342.
Linards : 426.
lingual, mais : linguiste, linguistique : 343.
lipome : 53.
liquéfaction : 289.
Lisieux : 56.
Lisle (Leconte de) : 361.
L'Isle-Adam : 381.
L'Isle-Arné, L'Isle-Bouzon, L'Isle-de-Noé, L'Isle-Jourdain, L'Isle-en-Dodon : 356.
littéraire, littérature : 320.
littoral : 320.
loch : 417.
lock-out : 190, 406.
loge, etc. : 76.
logomachie : 329.
Longemer : 392.
long : 414.
Long- : Longchamps, Longjumeau, etc. : 344.
Longchamp : 344, 420.
Longnon, Longny : 345.
longtemps : 344 ; 463, 464.
Longuyon : 390.
Longwy : 344.
Lons : 424.
Lons-le-Saulnier : 349, 424.
loquace : 288.
Lorenzaccio : 373.
lorsque : 98.
Los Angeles : 343, 397.
Lostebarne : 357.
Lot : 405.
Loth : 417.
Loubens : 15, 424.
Loubieng : 414.
Louer : 392.
Louis, louis : 400.
Louit : 405.
loup : 390.
louveterie : 68, 101, 103.
Louvroil : 380.
Louÿs (Pierre) : 403.
Louzoner : 392.
Lugné-Poë : 188, 342.

lunch : 218, 333, 417.
Lund : 219.
luth : 417.
luxer, etc. : 303.
luxueux, luxure, etc. : 56, 303.
Luynes : 6, 397.
Luz : 410.
Lynch ; lyncher : 230, 417.
lysimachie : 327, 329.

M

ma : 84.
macabre : 58.
macadam : 141, 381.
macaron : 86.
Machabées : 327, 331.
machaon : 327, 389.
mâcher, mâchonner, etc : 89.
Machiavel : 327 ; machiavélique : 328.
mâchicoulis : 84.
maçon, etc. : 85.
Madeleine : 86.
madré : 85.
Madrid : 377.
madrier : 86.
Maës : 142, 398.
maestro : 142.
Maeterlinck : 142, 183, 418.
maflu : 85.
Magdelain, Magdelenat, Magdelon, Magdinier : 341.
Magellan : 286.
Magen : 15.
Magenta : 286.
Magnan, Maignan, Magneux, Maigneux : 32 ; 342.
magnat : 341, 403.
magnésie, magnétique, etc. : 342.
magnolia : 342.
magot : 86.
magyar : 227, 285.

maille, maillon : 89.
maillot : 89.
Maimonide : 32, 144.
Main (Mein) : 144, 163, 388.
maintien : 367.
maïs : 400.
Maisonneuve : 38.
Maistre : 361.
majeur : 86.
major : 86.
Malachie : 328.
malachite : 327.
mâle, malle : 62.
malheur, malheureux : 350, 394.
malin : 435.
malt : 428.
mammouth : 315, 417.
manager : 141, 161, 285.
mandchou, etc. : 337, 340.
mangeure : 11, 40.
mangeaille : 36, 44.
manichéen : 328.
Manom : 382.
maquis : 86.
maraude : 86.
Marboz : 409.
marc ; Marc : 411, 479.
Marchampt : 427.
Marcq : 420.
mardi : 86.
Maresquel : 357.
Maresville : 357.
Mareugheol : 345.
Marlborough : 192, 355, 417.
Marloz : 409.
marqueterie : 67-68, 103.
marraine, etc. : 85.
marri : 86.
marron, etc. : 85.
mars ; Mars : 425.
martial : 367.
Marzens : 15, 424.
mas : 57, 396.
Mastaing : 357.
masure : 85.
mat : 403.
mât : 62, 404.

mate (il), mâte (il) : 62.
matin, mâtin : 84.
Matz (Les-, Ressons-sur- —) : 57, 432.
Maupeou : 9, 26.
maure, etc. : 77.
Maurens : 15.
Mauriac : 76.
Maurice : 76.
Maurienne : 76.
Maurras : 76.
Maury : 76.
mauvais : 76.
Mauvens : 15, 424.
Mauzens : 15, 424.
maxillaire : 303.
maxima : 303.
maxime : 303.
maximum : 217, 303.
Mayer ; Meyer : 168 ; 392.
mazdéisme : 372.
mazéage, etc. : 89.
mazette : 86.
me : 93, 121.
Meaux : 54, 408.
mécompter : 353.
médaille : 59.
Médicis : 285, 399.
Mégève : 30.
Meilhac : 350.
Meix (Le) : 408.
Mélanchthon : 336.
mélange, mélanger ; mêle (il) : 69.
Melgven : 344.
même : 73.
Méneslies : 358.
menhir : 27, 352, 393.
Ménilmontant : 349.
Ménesqueville : 357.
Menestreau : 357.
Mens : 20, 424.
mentions : 367, 368.
mer : 392.
merveille, etc. : 73.
mes : 29, 65, 66, 397, 439.
mesdames : 355.
mesdemoiselles : 355.
Mesnil : 360.
Mespaul : 357.

Mesquer : 357.
Messiaen (Olivier) : 21, 42.
messieurs : 56, 425.
métayage, métayer : 34 ; 392.
métempsychose : 353.
Méteren : 385.
mètre, etc. : 69.
mets : 426.
Metz : 432.
meugle (il) : 56.
meule : 55.
meunerie, meunier : 81.
Meung : 24, 414.
meurtre, etc. : 82, 95.
meut (il se) : 56.
Mézenc : 14, 411.
miaou : 8.
Michel-Ange : 327.
Milhaud : 350, 377.
mille : 136.
millénaire, millimètre, etc. : 310.
Millet : 313.
Milton : 201, 389.
Mincio : 325.
miracle : 58.
mitoyen : 387.
mode, etc. : 76.
moelle, moelleux, etc. : 28, 37, 63.
moellon : 28, 37.
moere, moère : 37.
Moët : 37, 404.
mœurs : 426, 478.
moignon : 39.
moins : 423 ; 466, 476, 477.
moitié : 300.
mon : 22, 436.
monachisme : 328.
Moncaup : 391.
Monestier : 356.
Mongreleix : 408.
Monmouth : 199.
monochrome : 53.
Mons : 424.
monsieur : 56, 94, 394.
Monsteroux : 357.
monstrueux : 41.

Mont-... : 443.
Mont- (noms propres commençant par) : Montbard, etc. : 368.
Montaigne : 29, 32.
Montbazens : 15.
Montcuq : 391.
Montgommery : 197, 198, 368.
Montjuich : 212, 368, 417.
Montluc : 368, 377.
Montmirail : 380.
Montpaon : 389.
Montpellier : 28, 309, 368.
Montréal : 368, 379.
Montrésor, Montreuil, Montreux, etc. : 368.
Montrose : 197, 198, 368.
Mont-Saxonnex : 407.
Montserrat : 197, 368.
Montyon : 368.
Morcenx : 15.
Morellet : 28.
Morenx : 15, 431.
Morestel (St-Victor-de-) : 357.
Morgan : 385.
Morhaix : 407.
mors : 425.
mot-à-mot : 75 ; 446.
Mouchez : 409.
mousqueterie : 68, 103.
Moussoulens : 15, 424.
Moustoir ; Moustoirac : 357.
moût : 406.
moyen : 387.
muid : 377.
Munchhausen : 146.
Munich : 417 ; Munichois : 327.
Murger : 343, 392.
musc : 411.
Muscourt : 356.
muselière : 100.
Museum (British) : 203, 296, 416.
music-hall : 141, 410.
myosotis : 294.

N

Naegelen : 286, 385.
Nanc : 411.
Nans : 424.
narguer : 343.
nasal : 86.
naseaux : 86.
Natchez : 409.
nation : 85.
naufrage : 76.
naumachie : 329.
Navarrenx : 15, 431.
Nay : 33.
ne : 93.
Necker : 160, 323, 393.
nèfle, néflier : 69.
neige : 48.
nenni : 28, 44.
nerf : 414, 479.
net : 71, 404.
nettoyer, etc. : 71, 86.
neuf (-s) : 54, 55, 478.
neuf, dans : Neuchâtel, Neufchâtel, Neuf-Brisach, etc. : 82-83, 340, 479.
neutre, etc. : 83.
Newton : 166, 201, 389.
New-York : 166.
Ney : 35, 49.
nez : 49, 409.
nid : 377.
Noards : 426.
Noël : 37, 47, 379.
nœud : 41, 56, 377.
Nolhac : 350.
nom, prénom, surnom, etc. : 22, 382.
nombril : 379.
Nordausques : 357.
nos : 76, 439.
Nostang : 357.
notre, le nôtre : 52, 75.
nous : 402 ; 452, 453, 472, 473.
noyau : 53.
Noyon : 390.
Nucingen : 206, 386.
Nueil : 380.

INDEX DES MOTS

nuncupatif : 23.
nundinaire : 23.
nuptial : 367.
nurse, nursery : 202.
Nyons : 423.

O

obéir : 394.
Oberkampf (rue) : 413.
objections : 368.
obliquité : 288.
obséquieux, etc. : 289, 363.
occasion, etc. : 85, 389.
occiput : 405.
octobre : 471, 478.
octroi : 62.
œil : 41, 54, 82, 380.
œstre : 31, 47.
œuf : 41, 54, 378 ; œufs : 56, 421.
Oex : 407.
Ohnet : 346.
oignon : 39.
oïl (langue d') : 5, 37, 380.
oille : 39.
Olemps : 427.
Olt (St-Laurent d') : 428.
Olympe ; Olympio : 229.
ombre : 23.
ombre : 23.
Oms : 22, 38.
on : 22, 436, 443, 453, 472, 475.
Onfroy : 24.
onze : 135-6 ; 373, 439.
oolithe : 36.
options : 368.
oracle : 58.
orang-outang : 155, 414, 442.
orchestre : 334.
orgueil, etc. : 82, 380.
os : 51, 53, 395, 478.
osciller, etc. : 312.
oseillier : 313.
oser, etc. : 78.
Osmanville : 357.
Osmeaux : 357.

Ostel : 356.
Ostrel : 357.
Ostreville : 357.
Ostricourt : 357.
ou : 441, 442, 447, 448, 450, 451, 452, 453, 457, 469.
ouest : 430.
oui : 137, 439.
ouïr : 394.
ours : 7, 425, 478.
Oust : 430.
outil : 379.
outsider : 161, 178, 190.
Ouzouer : 392.
oxygène, etc. : 303.
oyant : 38.
oyat : 37, 45.
Oye-Plage : 38.
Oyonnax : 38, 407.

P

pacha : 329.
pachyderme : 327, 328.
Pachymère : 328.
pagaïe, pagaille, pagaye : 34.
paiement, payement : 33, 34.
païen : 387.
paillard, paillardise, etc. : 89.
Paillard : 89.
paillasse, paille, paillon, etc. : 89, 90.
pailleter, paillette, etc. : 89.
paix : 31, 407.
Paixhans : 370, 424.
palabre : 58.
pâmer (se), pâmoison, etc. : 89.
Panchaïe : 333.
Panckoucke : 323.
paneterie : 68, 101, 103.
Pangloss : 152, 345.
paon, paonne, etc. : 21, 36, 38, 389.
papeterie : 68.

papillome : 310. **Mais** papilleux : 313.
paradoxal : 303.
Paraguay, Paraguayen : 34, 148, 287.
parasite : 292, 294.
parc : 411.
parce que : 98, 104.
Pareid : 377.
Parentis : 14.
parfum : 24, 382.
Paris, Pâris : 84, 399.
paroxysme : 303.
parqueterie : 68, 103.
parrain, etc. : 85.
partial : 367.
partir, etc. : 86.
Pas- (noms propres commençant par) : 360.
pascal : 86 ; 379.
Paslières : 356.
Pasquier : 85, 391.
passer, passager, etc. : 89, 90.
passereau : 85.
passion, etc. : 85.
pasteur, pastoral, etc. : 86.
pâte, pâtisserie, etc. : 90.
Pauillac : 76, 313.
Paul, Paule : 52, 380.
Paulhan : 350.
Paulhenc : 14, 411.
Paulmier ; Paulmy : 349 ; 391.
paulownia : 371.
paupière : 76.
paye, payeur, etc. : **33**, 34, 70, 73, 91.
Payen : 387.
pays, paysan, paysage : 6, 33, 66 ; 403.
pechblende : 331.
Pechelbronn : 330, 410.
pêcher, etc. : 73.
Peirehorade : 27.
pélasgien, etc. : 356.
pelleterie : 68, 101, 103.
Penmarch : 14, 417.
Pentateuque : 55, 164.
Penthièvre : 14, 369.

INDEX DES MOTS

percer, etc. : 72.
perdre, etc. : 73, 95.
perdrix : 407.
péremption : 354.
péremptoire : 353.
Périchole (La) : 327.
péril : 379.
persil : 379.
persuasion, etc. : 85, 86.
Perth : 418.
Pétion : 301.
peu, peut, à peu près, peut-être : 83.
peuple : 54, 82.
peur, etc. : 82, 93.
Peutinger : 165.
Peyrens : 15, 424.
Pharaon : 145, 389.
philharmonie, -ique : 350.
philhellène, -isme : 350.
phrase, etc. : 90.
Piccini : 305.
Picrochole : 327.
pied : 377.
pilchard : 332.
pipe-line : 159.
Piscop : 357.
pitié : 300.
Plancoët : 404.
plâtre, etc. : 89.
plein : 16, 387 ; 450.
Plescop : 357, 391.
Plestin : 357.
pleurer, etc. : 82.
pleutre : 83.
Pleuven : 385.
pleuvoir, etc. : 83.
Pléven : 385.
Pleyben : 15, 385.
pleyon : 390.
Ploërmel : 37.
plomb : 22, 411.
Ploubazlanec : 372.
Plouer : 392.
Plougastel : 357.
Plougrescant : 357.
Plouguer : 391.
Ploumanach : 417.
Ploumoguer : 391-2.
plus : 401.

plusieurs : 425, 457, 472.
Plusquellec : 357.
Poe : 186.
poêle, etc. : 30, 37, 44, 63.
poids : 422.
poignard, poigne, poignet : 39.
pôle, polaire, etc. : 80.
polychrome : 53.
Polyeucte : 55.
pompeux : 83.
Pomps : 427.
poney : 166.
Pons : 424.
Pont-Aven : 385 ; 443.
Pontcarré, etc. : 368 ; et Pont-... : 443, 446.
Pont-de-Roide : 45.
Pontrieux, Pontru : 368.
porc : 411.
port : 368.
Port-à-(-au-)... : 446.
Portbail : 368.
portions : 367, 368.
Portrieux : 368.
possède (il) : 69.
postdater, etc. : 368.
pot, pot à eau, pot au feu, etc. : 75-76 ; 405 ; 446-7.
Poudenx : 15, 431.
Poulenc : 14, 411.
Poullaouen : 387.
pouls : 422.
praline, etc. : 85.
Praslin : 361.
Praz (La) : 409.
prélat : 61.
premier : 391.
près : 397.
présomptif : 353.
présomption, -ueux : 354.
presse, etc. : 70.
prétentieux : 367.
prix : 407.
procès : 274, 397.
profès : 397.
professer, etc. : 71.
prognathe : 341.

prompt : 427 ; promptement, promptitude : 353.
promulguer : 343.
propitiatoire, etc. : 299.
Prosper : 392.
Provins : 12, 423.
prudent, prudemment : 90.
prurit : 404.
pschent : 281.
psychanalyse, psychasthénie, psychiatre, psychose : 327.
psyché, psychique, psychisme : 329.
Puccini : 305.
puddler, etc. : 202.
pugnacité : 341.
Puig : 212-3, 378, 416.
Puisaye : 34.
puisque : 98.
puits : 426.
Pulchérie : 332.
pull-over : 161, 204, 393.
punch : 218, 417.
punctiforme : 23.
pupille : 433.
Puvis de Chavannes : 399.
Puylaurens : 15, 20, 424.
Puymorens : 15, 424.
Puységur : 6, 292.
puzzle : 202.
Pys : 402.

Q

quadr- (quadrant, etc.) : 267.
quai : 50.
Quaix : 407.
quaker : 141, 161, 267, 393.
quand : 412 ; 463, 477.
quant à : 471.
quanta : 268.
quartz, etc. : 374, 431.
quasi, etc. : 86, 267, 293.
Quasimodo : 268, 293.
que : 93, 121, 138, 269.

INDEX DES MOTS 513

Quélen : 15, 385.
quelque chose : 98.
quelque fois : 98 ; 463, 464.
quels, quelles : 454, 471.
Quend : 412.
quérimonie : 268.
Quesn- (noms propres commençant par) : 360.
Quesques : 357.
Questembert : 357.
questeur, questure : 268.
Questrecques : 357.
quetsche : 268.
queue : 41, 56, 269.
Quichotte (Don) : 329.
quidam : 151, 269, 381.
Quiers : 425.
Quiestède : 357.
quiétisme, etc. : 269.
Quimper : 392.
quincaillier, quincaillerie : 313.
quindé-, quinqué-, quinti- : 268.
quinquagésime, -génaire : 268, 355.
quinquennal : 268, 355.
Quinte-Curce : 269.
Quintilien : 269.
quintupler : 269.
quiproquo : 269.
Quirinal : 268-9.
Quistinic : 357.
Quœux : 408.
quoi : 270.
Quost : 269.

R

Rabastens : 15, 424.
raccroc : 376.
Rachel : 329.
rachidien, rachitisme, etc. : 329.
racler, etc. : 58, 88.
radoub : 376.
rafle (il) : 57.
rail : 58, 59, 143, 379.

railler, etc. : 87, 90.
ramasse : 86.
Ramouzens : 15, 424.
ramure : 86.
Ranc : 411.
Ranelagh : 417.
ranz : 432.
Raon-l'Étape : 21, 389.
raout : 145, 406.
rapt : 429.
rare, etc. : 90.
ras : 396.
raser, raseur, etc. : 88.
râteau, ratisser, etc. : 84.
râtelier : 100.
ratiociner, etc. : 299.
ration, etc. : 85, 90.
rationnel, etc. : 299.
rats, mort aux rats : 61.
rayement : 33, 34.
ray-grass : 147, 410.
rayon, rayonne, etc : 34.
Raz (Pointe du) : 57, 409.
raz-de-marée : 409.
Réaup : 391.
rébellion : 307.
recors : 425.
redemander : 115, 118, 119, 125 à 132.
rédempteur, rédemption, etc. : 354.
redevenir : 117 à 120, 122, 124, 125.
registre : 356.
règle, régler, etc. : 69.
réglementaire : 74.
Regnard, Régnier, etc. : 342.
Reichshoffen : 331, 386.
Reims : 16, 423.
reître : 33, 47.
relaxer : 303.
reliquat : 289, 403.
Rembrandt : 154, 169, 431.
Remi : 27, 65.
remords : 426.
Renescure : 357.
Renwez : 409.
résipiscence : 293.
respect : 355, 428, 440.

ressemeler, etc. : 122, 124, 126 à 129.
ressusciter : 92.
ressuyer : 92.
rester, etc. : 73.
Restif de La Bretonne : 65, 361.
Restigné : 357.
Retournemer : 392.
rétractions : 368.
rets : 426.
Retz : 49, 432.
Reuchlin : 331.
révéler, il révèle : 69.
révisable, revisable, réviser, reviser, etc. : 30.
revolver : 393.
Rex (St-Georges-de-) : 407.
Rey : 35.
Reynauld : 412.
rez-de-chaussée : 409.
rhizome : 53.
rhum : 217, 382.
rhumb : 215, 411.
riant, rieur : 100.
Richelieu : 100, 282.
rien : 435, 455, 473.
Rimailho : 350.
Rinxent : 370.
Rio de Janeiro : 158, 162.
Riom : 22, 382.
Rive-de-Gier : 391.
Rix-Trébref : 407.
riz : 409.
Roanne : 37.
Robinson Crusoé : 183, 187, 201, 204, 296, 389.
roche, etc. : 77.
rococo : 76.
Roë (St-Aignan-sur-) : 31, 32, 342.
Rœux : 408.
roide : 45.
Romans : 423.
Roncevaux : 408.
Roosevelt : 190, 296.
Roscanvel : 357.
Roscoff : 357.
rose, etc. : 78, 79.
Rosnoen : 357.

INDEX DES MOTS

Rosny : 76, 361.
Rospez : 357.
Rosporden : 15, 357, 385.
Rostrenen : 15, 357.
rôt, rôtir : 38, 80, 405.
Rotherens : 20, 424.
Roubaix : 31, 407.
Rouen, rouennerie, Rouennais : 20, 28, 90, 387.
rougeoyer : 46.
rouir : 394.
Roullens : 15, 424.
Roumens : 15, 424.
round : 190, 413.
Royan : 383.
Ruben : 385.
Rubens : 171, 425.
Rubescourt : 358.
Rueil : 41, 380.
rugby : 202, 225.
Ruisdaël : 379.
ruolz : 432.
Rupt (et composés) : 429.
rut : 405.
Ryes : 6.
Ryswick : 227, 347.

S

sa : 84.
Saales : 42.
sable, etc. : 57-58, 88, 89, 90.
sabre : 58.
Sabres : 58.
Sacher-Masoch : 328, 417.
Saigon : 144.
Sailly-en-Ostrevent : 357.
St-Aignan : 32.
St-Boil : 380.
St-Boingt : 427.
St-Brieuc : 56, 376.
St-Cloud : 377.
Ste-Menehould : 9, 27, 92, 412.
St-Fons : 424.
St-Gaudens : 15, 424.
St-Genest : 429.
St-Genest-Lerpt : 427.
St-Geniez : 409.

St-Genix : 407.
St-Germain-Lavolps : 427.
Saint-Graal : 42, 57, 379.
St-Haon : 21, 389.
St-Hélen : 385.
Saint-Just : 430.
St-Laon : 21, 22, 42, 389.
Saint-Loup : 390.
St-Malc : 411.
St-Maur : 394.
St-Omer : 392.
St-Ouen : 20, 91, 387.
St-Paër : 393.
St-Pierre-ès-Liens : 424.
St-Pons : 424.
St-Priest : 4, 27, 91, 402, 430.
St-Remi : 27, 65.
Saint-Roch : 417.
St-Romain-Bapens : 20, 424.
Saint-Saëns : 21, 42, 424.
St-Tropez : 409.
St-Vaast : 42.
St-Witz : 432.
St-Yrieix : 408.
sais (je, tu) : 50.
saisir, saisissement : 66.
salpêtre, etc. : 70, 71.
Samoëns : 15, 37, 424.
Samson : 150, 363.
San-... : 157, 384.
Sancho Pança : 333 ; 334.
Sand (George) : 412.
sandwich : 339, 416.
San Francisco : 153, 384.
Sanghen : 385.
sangsue : 344.
sanguification : 343.
sans : 423 ; 477.
Sanxoy : 370.
Saône : 39, 52.
Saosnois : 38, 42, 358.
saoul, soûl : 8, 42, 381.
sapientiaux (livres) : 20, 367.
Sarajevo : 283.
sarcome : 53.
Sarpourenx : 15, 431.

sarrau : 86.
Satan : 86, 383.
satiété : 299.
Saubens : 15, 424.
sauf-conduit : 76.
Saul, Saül : 147, 380, 381.
Saulcis ; Saulcy : 349.
Saulnier : 349.
Saulteux : 349.
Saulxures : 349, 370.
Saulzais : 349.
saur (hareng-) : 394.
saurai (je) : 76.
Saussens : 15, 424.
Sauternes : 76.
saxophone : 303.
sayette : 34.
sayon : 34, 390.
scabreux : 85, 277.
Scaliger : 286.
Sceaux : 54, 277, 408.
schème : 279.
Schiaparelli : 280.
Schopenhauer : 146, 160, 280, 392.
scierie : 91, 277.
scintiller, etc. : 312.
scorbut : 277, 405.
sculpter, sculpteur, etc. : 353.
se : 93, 121.
Sébastien : 367.
second, etc. : 284.
sécrétion, secrète : 69.
secundo : 284.
Sées : 27, 409.
Seignalens : 15, 424.
sein : 16, 387.
Seingalt : 428.
seize : 48.
Seltz : 432.
Sembat : 13.
Sempé : 13.
sempiternel : 13.
Sénarens : 15, 424.
sens : 423, 479.
Sens : 20, 424.
sententieux : 367.
sept : 429, 479.
sept- (septembre, etc.) : 353.

INDEX DES MOTS

septain ; septième : 352.
Septmoncel ; Septmonts : 353, 368.
sequin : 388.
serein : 16, 388.
serf : 414.
serrer, etc. : 72.
Sérieys : 403.
ses : 29, 65, 66, 397, 439.
seul : 54, 55, 93.
sévère, sévérité : 69.
sexa- : 302.
sexennal, etc. : 303.
sexuel, etc. : 303.
Seznec : 372.
Shakespeare : 141, 270.
shampooing : 190, 414.
Shanghaï : 144, 346.
Sierck : 418.
sieur : 394.
Sigalens : 15, 424.
signet : 342.
silentieux : 367.
silhouette, -er : 350.
sirop : 390.
Sirven : 385.
six : 407, 478, 479.
sixième, -ment, etc. : 303.
sloop : 189, 391.
Sixt : 427.
Soheit : 405.
soigner, etc. : 86.
Soings : 421.
soit : 403 ; 477.
soixante, -aine : 303.
solennel (et ses dérivés) : 28, 84.
sommelier : 100, 315.
somptuaire : 354.
somptueux, somptuosité : 354.
son : 22, 436.
Sottens : 20, 424.
souhait, souhaiter : 8.
Soult : 428.
Soultz : 432.
sourcil : 379.
soutenir, etc. : 100.
souvenir (se), etc. : 100.
spartiate : 368.
spectre : 95.

spleen : 387.
sport : 429.
square : 141, 277.
Staal (baronne de) : 379.
Staël : 142, 379.
staphylome : 53.
station, etc. : 85.
steamer : 161, 393.
Stendhal : 379.
stilligoutte, still- : 312.
stop : 391.
subséquent, sub-, etc. : 362.
subside : 322, 362.
subsistance, etc. : 362.
succès : 48, 305, 397.
succinct : 305, 430.
sud : 377.
Suez : 211, 409.
Suffren : 385.
suggérer, etc. : 306.
Sund : 219.
sunna : 220, 316.
sus ! en sus : 402.
sus- (mots commençant par) : 356.
suspect : 428.
susurrer : 293.
Sutherland : 203.
symptôme, etc. : 354.
synchrone, etc. : 336.
syngnathe : 345.
système, etc. : 69.

T

ta : 84.
tabac : 376.
tache, tâche (il) : 62.
tachéo- : 327.
tachy- : 327.
tahitien : 300.
Tailhade : 89, 350.
taille, etc. : 59, 89, 90.
Taisnil : 358.
Taitbout : 366, 407.
Taix : 407.
talc : 411.
Talleyrand : 17, 35, 310.

tamaris (-isc, -isque, -ix) : 399, 407, 411.
tandis que : 399.
tank : 154, 418.
Tannhaüser : 146, 160.
taon, taonner, tonner : 21, 36, 38, 389.
tape-cul : 380.
Tardinghen : 385.
tasse : 61.
tasseau : 86.
tâter, etc. : 87, 90.
Taunus : 146, 205.
taureau, tauromachie : 80.
Tauride : 76.
tauromachie : 329.
taxer, etc. : 303.
te : 93, 121.
Teisserenc : 14, 411.
temps : 18, 427 ; 440, 441, 444.
ténèbres, etc. : 69.
tenir, etc. : 101.
terre, terrain, etc. : 72.
tes : 29, 65, 66, 397, 439.
Têt : 404.
tête, têtard, etc. : 70, 71.
teugue : 56.
Thackeray : 270.
Thaims : 423.
Thaon : 21, 389.
thé, etc. : 68.
Theys : 403.
Thiboust : 430.
Thiers : 425.
Thomas, Thomson, Thompson : 270.
Thorenc : 20, 411.
Thorens : 20, 424.
Thorrenc : 14, 411.
Thuin : 388.
Thuir : 394.
thym : 16, 270, 383.
titiller, etc. : 312.
Titye : 6, 298.
toast : 430.
toboggan : 306.
Tokay : 148.
ton : 436.
Tonneins : 16, 424.

INDEX DES MOTS

tonnelier : 100.
Torquemada : 355.
tortionnaire : 368.
toujours : 425 ; 463, 464.
Tournus : 401.
tous : 402 ; 472, 478.
tout : 406 ; 456, 472, 473, 474, 475.
Toutens : 15, 424.
trachée : 329 ; mais trachéal, etc. : 327.
Trachiniennes : 328.
trachome : 327.
traîner, traîneau, etc. : 70, 71, 73.
traire, trayeur, trayon : 34.
Tramayes : 34.
tramway : 147.
trans- : 363.
transcendant : 364.
transept : 363, 429.
transhumance : 365.
transi, transir : 363.
transsubstantiation : 368.
Transvaal : 379.
transvaser, etc. : 87.
trayon : 390.
Trégastel : 357.
treize : 48, 70.
très : 397 ; 475.
Trestraou : 357.
Trestrignel : 357.
trichine, trichinal : 328.
Tristan : 384.
Trith-Saint-Léger : 417.
trochanter : 327.
trois : 62 ; 451.
Trois- (noms propres commençant par) : 360.
troisièmement : 99.
tronc : 411.
trop : 75, 390 ; 465, 476.
Troplong : 352.
Troyon : 390.
trust : 430.
tsar : 275.
tungstène : 23.
tunnel : 220.
turc : 411.

tuyau, tuyère : 6, 53.
Tycho Brahé : 227, 328.

U

Ubaye : 34.
ubiquité, etc. : 288.
uhlan : 137, 156, 347, 440.
umbre : 23.
un : 135, 137 ; 436, 439, 440, 443, 451, 452, 453, 457, 460, 461, 466, 472, 477.
uncial (oncial) : 23.
unci- : 23.
undécennal : 23.
unguéal : 23.
unguifère, etc. : 23, 343.
unguinal : 23.
Urdens : 15, 424.
Uruguay, Uruguayen : 34, 148, 287.
us et coutumes, 402.
ut : 405.
Uxelles : 303.

V

Vabre : 58.
vaciller, etc. : 312.
vaillant, vaillamment : 90.
valet, etc. : 86.
Valparaiso : 143.
Vals : 423.
Van- : 157.
Van Dyck : 227, 418.
Van Gogh : 417.
Vanxains : 370.
Varax (St-Paul-de-) : 407.
varech : 417.
Variscourt : 356.
vase, vaseux, etc. : 88, 90.
Vasteville : 357.
Vaucresson : 28.
vaudeville : 433.
vaudrai (je) : 76.

vaurien : 79.
veine, etc. : 70.
Vélabre : 58.
Vellescot : 356.
velours : 425.
Vénétie, vénitien : 300.
Vénézuéla : 284.
venir, etc. : 101.
ver : 392.
verdict : 428.
vergeure : 11, 40.
Vergt : 427.
vermout (-th) : 193, 244, 406.
Vernaz (La) : 409.
Verneix : 408.
Verneugheol : 345.
Vernioz : 409.
Verrouil : 380.
vers : 425 ; 466.
Vesoul : 381.
vestiaire : 367.
veule ; Veules : 55.
vexer, etc. : 72, 303.
Veys (Les) : 403.
Vez : 409.
Videix : 408.
vieil : 380.
villa : 311.
Villa Cisneros : 313.
ville : 433.
Viller : 392.
Villers : 426.
Villeurbanne : 40, 312.
Villiers : 311, 425.
Villon : 312.
Vinci (Léonard de) : 325.
vingt : 427 ; 451 ; 479.
vingtaine, vingtième, etc. : 344, 366.
vis-à-vis : 398.
vœu : 41, 56, 243.
Vœuil : 380.
Vogüé : 287.
voiler, voile, etc. : 86.
voïvode : 5, 244.
vol, etc. : 77.
volontiers : 366, 425 ; 462.
volt : 428.
voluptueux : 41, 56.
vomir : 76.

INDEX DES MOTS

von : 199, 200, 244.
vos : 76, 439.
Vosges, vosgien : 51, 52 ; 356 ; 358, 397.
votre, le vôtre : 52, 75.
vous : 402 ; 452, 453, 472, 473.
vrai : 50, 274.
Vred : 377.

W

Waben : 385.
wagon : 246.
Wallis (îles) : 247.
Wallon, etc. : 245, 309.
Wantzenau : 374.
Warens : 20, 245, 425.
warrant, etc. : 141, 246, 319.
Wasquehal : 245, 357.
Waterloo : 189, 247.
waters, water-closet, water-polo, etc. : 141, 159, 161, 246, 294, 404.

Westbécourt : 357.
Wez : 409.
whisky : 225, 270.
Wimille : 245.
Wiseman : 178.
Wissant : 245.
Woëvre : 31, 37, 245.
Woluwe : 245, 247, 301.
Wrangel : 343.
Wynants : 422.

X

Xavier : 249.
Xérès : 243, 249, 397.
Xerxès : 370, 398.

Y

y : 443, 451, 460, 461, 466, 472, 473, 474-5, 476.
yacht : 430, 439.

yachting, yachtman : 330, 365, 384, 414, 439.
Yencesse : 14.
Youen : 387.
Ysaye : 6, 34.
Ysengrin : 387.
Yser : 227.
Yseult : 56, 428.
Yucatan : 207.
Yvrench : 417.

Z

zagaie : 250.
zéphyr : 250, 394.
Zeus : 164, 250, 402.
zigzag : 372, 378.
zinc : 411.
zone : 53.
zoo, zoologie : 36, 250.
Zudausques : 357.
Zurbaran : 207, 251, 385.
Zurich, Zurichois : 223, 327, 417.
zut ! : 405.

TABLE DES MATIÈRES

Avant-propos.................................... i
Introduction................................... ix
    I. — Les Voyelles........................ ix
   II. — Les Consonnes xix
  III. — Les Semi-voyelles.................... xxx
  IV. — La Durée vocalique................... xxxvii
   V. — L'Enchaînement des mots.............. xlii
  VI. — L'Accent xlix
      I. — Accent normal.................. xlix
     II. — Accent d'insistance.............. lviii

PREMIÈRE PARTIE : VOYELLES

Chapitre premier : Voyelles avec un seul timbre dans les mots et noms propres français : [i], [u], [y], [ɛ], [ɑ̃], [ɔ̃], [œ̃] 3

[i].. 3
    Graphies *i* : p. 3 ; *î* : p, 5 ; *ï* : p. 5 ; *y* : p. 5.

[u] 7
    Graphies *ou* : p. 7 ; *où* : p. 8 ; *oû* : p. 8 ; *aou* : p. 8 ; *aoû* : p. 9 ; *eou* : p. 9 ; *-ehould* : p. 9 ; *o* : p. 9 ; *u* : p. 9.

[y] 10
    Graphies *u* : p. 10 ; *û* : p. 10 ; *eu* : p. 11 ; *eû* : p. 11.

[ɛ̃] 12
    Graphies *im* : p. 12 ; *in* : p. 12 ; *în* : p. 13 ; *īn* : p. 13 ; *em* : p. 13 ; *en* : p. 13 ; *ën* : p. 15 ; *aim, ain* : p. 15 ; *eim, ein* : p. 16 ; *ym* : p. 16 ; *yn* : p. 16.

[ã] 17
    Graphies *am* : p. 17 ; *an* : p. 17 ; *em* : p. 18 ; *en* : p. 18 ; *ean* : p. 20 ; *aen* : p. 21 ; *aën* : p. 21 ; *aon* : p. 21.

[ɔ̃] 21
    Graphies *om* : p. 21 ; *on* : p. 22 ; *aon* : p. 22 ; *eon* : p. 22 ; *um* : p. 23 ; *un* : p. 23 ; *oon* : p. 23.

[œ̃] 24
    Graphies *um* : p. 24 ; *un* : p. 24 ; *eun* : p. 24.

Chapitre II : Voyelles avec deux timbres dans les mots et noms propres français.................................. 25

I. — Représentation graphique de *E, O, EU, A* en français 25

E 25
    Graphies *e* : p. 26 ; *é* : p. 30 ; *è* : p. 30 ; *ê* : p. 30 ; *ë* : p. 30 ; *æ* : p. 31 ; *œ* : p. 31 ; *ai* : p. 31 ; *aī* : p. 32 ; *aî* : p. 32 ; *ei* : p. 32 ; *eî* : p. 33 ; *ay* : p. 33 ; *ey* : p. 35 ; *eai* : p. 36.

O 36
    Graphies *o* : p. 36 ; *ô* : p. 38 ; *ao* : p. 38 ; *aô* : p. 39 ; *eo* : p. 39 ; *eô* : p. 39 ; *oi* : p. 39 ; *au* : p. 39 ; *eau* : p. 40.

EU 40
    Graphies *eu* : p. 40 ; *eû* : p. 40 ; *ue* : p. 41 ; *ueu* : p. 41 ; *œu* : p. 41 ; *œ* : p. 41.

A 42
    Graphies *a* : p. 42 ; *à* : p. 43 ; *â* : p. 43 ; *e* : p. 44 ; *ê* : p. 44 ; *ea* : p. 44 ; *eâ* : p. 44 ; *eai* : p. 44 ; *oi* : p. 44 ; *oî* : p. 45 ; *oy* : p. 45 ; *eoi* : p. 46 ; *eoy* : p. 46 ; *ay* : p. 46.

II. — Détermination du double timbre de *E, O, EU, A* en français 46

1ʳᵉ partie : *E, O, EU, A* en syllabe accentuée 47
E accentué = [e] ou [ɛ] ? 47
   1. *E* accentué suivi d'une consonne prononcée 47
   2. *E* accentué non suivi d'une consonne prononcée.. 48
O accentué = [o] ou [ɔ] ? 50
   1. *O* accentué suivi d'une consonne prononcée..... 51
   2. *O* accentué non suivi d'une consonne prononcée. 53
EU accentué = [ø] ou [œ] ? 54
   1. *EU* accentué suivi d'une consonne prononcée. 54
   2. *EU* accentué non suivi d'une consonne prononcée. 56
A accentué = [a] ou [ɑ] ? 56
   1. Cas où l'on prononce toujours un [ɑ].......... 57
   2. Terminaisons où l'on prononce tantôt [a], tantôt [ɑ], suivant les mots......................... 57

2ᵉ partie : *E, O, EU, A* en syllabe inaccentuée 63
E inaccentué = [e] ou [ɛ] ? 64
   I. Mots dans lesquels *E* inaccentué n'a pas, comme correspondant, de *E* accentué dans la langue....... 64
     A) La syllabe suivante contient une voyelle fermée. 64
     B) La syllabe suivante contient un [ə] muet.... 66
   II. Mots dans lesquels *E* inaccentué a, comme correspondant, un *E* accentué dans la langue 68
     A) La syllabe suivante contient un voyelle fermée. 68
     B) La syllabe suivante contient un [ə] muet.... 73
O inaccentué = [o] ou [ɔ] ? 75
   I. Mots dans lesquels *O* inaccentué n'a pas, comme correspondant, de *O* accentué dans la langue.... 75
   II. Mots dans lesquels *O* inaccentué a, comme correspondant, un *O* accentué dans la langue.......... 77

EU inaccentué = [ø] ou [œ] ?..................... 80
   I. Mots dans lesquels *EU* inaccentué n'a pas, comme correspondant, de *EU* accentué dans la langue.. 80
   II. Mots dans lesquels *EU* inaccentué a, comme correspondant, un *EU* accentué dans la langue.. 81

A inaccentué = [a] ou [ɑ] ?...................... 84
   I. Mots dans lesquels *A* inaccentué n'a pas, comme correspondant, de *A* accentué dans la langue.... 84
   II. Mots dans lesquels *A* inaccentué a, comme correspondant, un *A* accentué dans la langue........ 86

Chapitre III : E muet.............................. 91
   I. — *E* muet à la fin d'un polysyllabe isolé ou suivi d'un mot commençant par une consonne................ 94
     A) Polysyllabes à la pause...................... 94
     B) Polysyllabe suivi d'un mot commençant par une consonne................................. 95
   II. — *E* muet à l'intérieur d'un polysyllabe ou *E* muet de monosyllabe à l'intérieur d'un groupe rythmique.. 96
     A) Une seule voyelle avec *e* muet................ 97
     B) Deux syllabes consécutives avec *e* muet....... 101
     C) Plus de deux syllabes consécutives avec *e* muet. 105
       Trois syllabes : p. 105 ; quatre syllabes : p. 107 ; cinq syllabes : p. 110 ; six syllabes : p. 113 ; sept syllabes : p. 116 ; huit syllabes : p. 118 ; neuf syllabes : p. 119.
   III. — *E* muet au début d'un polysyllabe isolé ou d'un groupe rythmique isolé ou initial de phrase.......... 120
     A) Une seule syllabe avec *e* muet au début d'un mot ou d'un groupe.............................. 120
     B) Deux syllabes consécutives avec *e* muet au début d'un mot ou d'un groupe...................... 122
     C) Trois syllabes consécutives.................... 124

TABLE DES MATIÈRES

D) Quatre syllabes consécutives	127
E) Cinq syllabes consécutives	129
F) Plus de cinq syllabes	132

IV. — *E* muet au début d'un groupe rythmique intérieur de phrase.................................... 133

    A) Le groupe rythmique est séparé du précédent par un silence.................................... 133

    B) Le groupe rythmique est soudé au précédent.. 133

V. — *E* muet final de polysyllabe ou *E* de monosyllabe suivis d'un mot commençant par une voyelle......... 135

    Terminaison *-e* : p. 135 ; terminaison verbale *-es* : p. 138 ; terminaison nominale *-es* et terminaison verbale *-ent* : p. 138.

Chapitre IV : LA PRONONCIATION DES VOYELLES DANS LES MOTS ET NOMS PROPRES ANCIENS ET ÉTRANGERS.... 140

a	140
aa, ae, aë	142
aen, ai, aï	143
aim, aïm, ain, aïn	144
ao, ão, aon, aou, au	145
aü, aw, ay	147
ayn	148
am (suivi de consonne)	149
am (final)	150
an (suivi de consonne)	151
an (final)	156
e	157
ea, ee	161
ei	162
ein, eim	163
eo, eu	164
ew	165
ey	166

eyn, éy	168
em	169
em (final), *en*	170
en (final)	174
i (anglais)	176
ie	179
ieuw, io, iu	180
im (suivi de consonne), *im* (final)	181
in (suivi de consonne)	182
in (final)	184
oa	185
oe	186
œ	187
oë	188
oï, oo	189
-ooing, ou	190
ow	194
om (suivi de consonne), *om* (final)	196
on	197
on (final)	199
ö, ŏ, ŏe, ø	201
u	202
ua, ue	210
ué, ui	212
uo	213
uu, uy	214
um	215
um (final)	217
un	218
un (final), *ü*	221
üe, y	225
ym, yn	229

DEUXIÈME PARTIE : CONSONNES

Chapitre V : Consonnes a l'initiale du mot............ 233

  A. — Consonnes simples........................... 233

    I) *B, D, F, K, L, M, N, P, R, S, T*............ 233
    II) *C* initial.................................... 234
        G initial.................................... 236
        J initial..................................... 240
        V initial..................................... 243
        W initial 244
        X initial..................................... 248
        Z initial..................................... 250
        H initial..................................... 251

  B. — Mots commençant par les groupes *GU, QU* + voyelle 265

    I) Groupe *GU*................................. 265
    II) Groupe *QU*................................ 267

  C. — Mots commençant par consonne + *H*.......... 270

    I) Groupes *PH, TH, KH, GH, SH, LH, RH, MH, WH* 270
    II) Groupe *CH*................................ 271

  D. — Mots commençant par deux consonnes.......... 273

    I) Un seul son................................. 273
    II) Deux sons.................................. 274
    III) Un ou deux sons............................ 276

  E. — Mots commençant par *SQU* + voyelle........ 277

  F. — Mots commençant par consonne + *H* + consonne. 278

  G. — Mots commençant par deux consonnes + *H*.... 279

  H. — Mots commençant par trois consonnes 280

  I. — Mots commençant par deux consonnes + *H* + consonne.. 281

Chapitre VI : Consonnes a l'intérieur du mot........ 282

   A. — Les consonnes simples intérieures............ 282
      B, D, F, K, L, M, N, P, R..................... 282
      H, Ç, J, V, Z................................ 283
      C.. 284
      G.. 285
      Q.. 288
      S.. 289
      T.. 298
      W.. 301
      X.. 302

   B. — Les consonnes doubles intérieures............ 304
      BB, CC...................................... 304
      DD, FF...................................... 305
      GG, KK...................................... 306
      LL : 1) Après une voyelle autre que *I*........ 306
          2) Après *I* initial ou une consonne suivie de *I*. 310
          3) Après les groupes vocaliques *AI, EI, UEI,*
             EUI, ŒUI, AUI, OUI................. 313
          4) Après le groupe *UI*..................... 313
      MM.. 314
      NN... 316
      PP... 318
      RR, SS....................................... 319
      TT... 320
      ZZ... 321

   C. — Groupes de consonnes à l'intérieur du mot......... 321
      B.. 322
      C : I) Devant consonne....................... 323
          II) Après consonne......................... 324
          III) Entre consonnes........................ 326
          IV) Devant *H* : Voyelle + *CH* + voyelle...... 326
                  Voyelle + *CH* + consonne.... 330

Consonne + *CH* + voyelle....	331
Consonne + *CH* + consonne..	336
D	338
F	340
G	341
H + consonne..........................	346
J	347
K, L...................................	349
M	350
N	351
P	352
Q.....................................	354
R	355
S : devant consonne....................	355
après consonne.....................	362
entre consonnes....................	364
devant *H*..........................	365
T	365
X	370
V, W..................................	371
Z.....................................	372

Chapitre VII : Consonnes finales...................... 376

A. — Les consonnes simples finales.................. 376

B, C	376
D, F..................................	377
G, H, K...............................	378
L.....................................	379
M	381
N	383
P	390
Q, R..................................	391
S.	395
T	403
V, W..................................	406

X	407
Z	409
B. — Les consonnes doubles finales	410
C. — Les groupes de consonnes finals	411
dont la dernière consonne est : *B, C*	411
D	412
F	413
G	414
H	416
J, K	418
L, M, N	419
P, Q, R	420
S	421
T	427
X, Z	431
Notes sur les consonnes suivies de *e* muet final	433
Chapitre VIII : Liaisons	434
A. — Qu'est-ce qu'une liaison ?	434
B. — Phénomènes phonétiques entraînés par la liaison.	434
C. — Quand fait-on la liaison ?	437
I. Cas où on ne fait pas de liaison	438
II. Cas où on fait la liaison	469
Appendice	477
Index alphabétique des graphies	480
Index des mots	496

Consonnes étrangères en français dont les signes phonétiques sont utilisés au cours de cet ouvrage :

[θ] dans l'angl. thing, l'esp. razon, etc.
[x] dans l'allem. Bach, l'esp. hijo, etc.
[ŋ] dans l'angl. thing, l'allem. lang, etc.
[λ] dans le castill. lleno, l'ital. figlia, etc.

* * *

Les deux points (:) placés après une voyelle indiquent que cette voyelle est longue.

Le point placé après [R] (= [R·]) indique que cet [R] est légèrement long (cf. p. xxi).